CONCOURS

ATSEM

Épreuves écrites et orale

Le Méga Guide

W0378934

Chez le même éditeur

Dans la collection concours ATSEM

Mémo-fiches concours ATSEM, par J. Gassier, É. Giroulle, O. Meyer. 2014, 344 pages.

Dans la collection Concours AS/AP

Concours d'entrée AS/AP. Epreuve orale, par J. Gassier, 2014, 439 pages, avec un DVD

Concours d'entrée AS/AP. Epreuves écrites, par J. Gassier, M. Vassseur, F. Magère, M.H. Bru, 2013, 378 pages

Méga guide Concours AS/AP, par J. Gassier, M.H. Bru, P. Lecocq, C. Siebert, G. Moussy-Binet, 2012, 657 pages

Dans la collection Études AS/AP

Guide AP - Auxiliaire de puériculture, Modules 1 à 8. 3ème édition, par B. Boyanov, J. Gassier, 2014, 624 pages

Guide pratique de la VAE AS/AP, par L. Mira, 2010, 104 pages.

Dans la collection CAP Petite enfance

CAP Petite enfance Matières professionnelles, par J. Gassier, F. Filachet, 2013, 442 pages

Fiches techniques CAP petite enfance, par J. Gassier, 2013, 191 pages

TD CAP Petite enfance. Sciences médico-sociales, par J. Gassier, I. Dimier, 2012, 142 pages

TD CAP petite enfance. BTSE, par J. Gassier, F. Filachet, 2012, 107 pages

Pour les professionnels

Fiches de soins pour l'auxiliaire de puériculture, 2ème édition, par J. Gassier et Muriel Bénazet, 2014, 200 pages

100 activités et jeux pour les 0-6 ans, 2ème édition, par J. Gassier et E. Allègre, 2013, 224 pages.

Guide de la petite enfance, 2ème édition, par J. Gassier, M. Beliah-Nappez, E. Allègre, 2013, 440 pages.

Guide de l'alimentation. De la naissance à l'adolescence, par J. Gassier, C. Daelman, 2011, 240 pages

Manuel d'ergonomie à l'usage des professionnels de la petite enfance. Prévention des lombalgies, par J. Curraladas, 2009, 104 pages.

CONCOURS

ATSEM

Épreuves écrites et orale

Le Méga Guide

Jacqueline Gassier
Puéricultrice diplômée d'État
Professeur de Sciences et techniques médico-sociales

Évelyne Giroulle
Directrice d'école primaire d'application
Maître formateur, Neuilly-sur-Seine (92)

Odile Meyer
Cadre en DRH
Formatrice au Conseil Départemental du Val-de-Marne et au CNFPT

Avec la collaboration du Docteur Perreaux

4e édition

ELSEVIER
MASSON

Ce logo a pour objet d'alerter le lecteur sur la menace que représente pour l'avenir de l'écrit, tout particulièrement dans le domaine universitaire, le développement massif du « photo-copillage ». Cette pratique qui s'est généralisée, notamment dans les établissements d'enseignement, provoque une baisse brutale des achats de livres, au point que la possibilité même pour les auteurs de créer des œuvres nouvelles et de les faire éditer correctement est aujourd'hui menacée.
Nous rappelons donc que la reproduction et la vente sans autorisation, ainsi que le recel, sont passibles de poursuites. Les demandes d'autorisation de photocopier doivent être adressées à l'éditeur ou au Centre français d'exploitation du droit de copie : 20, rue des Grands-Augustins, 75006 Paris. Tél. 01 44 07 47 70.

Crédits photographiques :

Page 1 : © Fotolia; page 17 : © Matka_Wariatka – Fotolia.com; page 199 : © Picsfive – Fotolia.com; page 245 : © Igor Yaruta – Fotolia.com; p. 309 : © Matka_Wariatka – Fotolia.com; page 369 : © Dron – Fotolia.com; page 401 : © Colcanopa; page 473 : © uwimages – Fotolia.com.

Tous droits de traduction, d'adaptation et de reproduction par tous procédés, réservés pour tous pays.

Toute reproduction ou représentation intégrale ou partielle, par quelque procédé que ce soit, des pages publiées dans le présent ouvrage, faite sans l'autorisation de l'éditeur est illicite et constitue une contrefaçon. Seules sont autorisées, d'une part, les reproductions strictement réservées à l'usage privé du copiste et non destinées à une utilisation collective et, d'autre part, les courtes citations justifiées par le caractère scientifique ou d'information de l'œuvre dans laquelle elles sont incorporées (art. L. 122-4, L. 122-5 et L. 335-2 du Code de la propriété intellectuelle).

© 2015, Elsevier Masson SAS. Tous droits réservés
ISBN : 978-2-294-74499-0

ISBN numérique : 978-2-294-74689-5
Elsevier Masson SAS, 62, rue Camille-Desmoulins, 92442 Issy-les-Moulineaux cedex
www.elsevier-masson.fr

SOMMAIRE

PARTIE 1 Tout savoir sur le concours et le métier d'ATSEM et d'ASEM

PARTIE 2 Le rôle et la place de l'ATSEM à l'école maternelle

PARTIE 3 Le développement de l'enfant

PARTIE 4 L'alimentation de l'enfant

PARTIE 5 L'hygiène et la sécurité à l'école

PARTIE 6 La prévention des risques, les gestes de sécurité et les premiers soins

PARTIE 7 L'organisation et le fonctionnement des collectivités

PARTIE 8 Concours externe : annales corrigées

PARTIE

1

Tout savoir sur le concours et le métier d'ATSEM et d'ASEM

CHAPITRE 1

Le métier d'ATSEM

Le rôle de l'ATSEM

La scolarisation des enfants de deux ans exige une bonne connaissance et une prise en compte des intérêts des très jeunes élèves par des professionnels de la petite enfance : les ATSEM. Une concertation étroite entre les différents partenaires, enseignants, parents et ATSEM, est indispensable. Une pédagogie spécifique, une posture et des gestes professionnels adaptés sont essentiels pour répondre au mieux aux besoins des enfants.

L'ATSEM est appelé à côtoyer les parents au quotidien. Son rôle est essentiel pour le bon fonctionnement de l'école. L'ATSEM est pratiquement toujours présent quand les parents accèdent aux classes. Il est un relais essentiel dans la coopération active entre les familles et l'école. Les rapports entre parents et ATSEM doivent se faire dans le respect mutuel.
Les activités de l'ATSEM s'organisent autour de trois axes :

- *les activités à dominante relationnelle* :
  - l'aide et les soins à dispenser aux élèves,
  - les relations avec les parents d'élèves;
- *les activités à dominante éducative* (Fig. 1.1) :
  - la participation aux ateliers,
  - l'assistance lors d'activités spécifiques comme l'EPS,
  - les activités d'animation hors temps scolaire,
  - le service de cantine et l'accompagnement du temps du repas;
- *les tâches matérielles* (Fig. 1.2) :
  - la collaboration avec l'enseignant pour la préparation matérielle des activités pédagogiques,
  - la mise en propreté des locaux et du matériel scolaire,
  - la préparation des repas.

FIG. 1.1. **L'ATSEM dans sa relation éducative.**

© 2015, Elsevier Masson SAS. Tous droits réservés

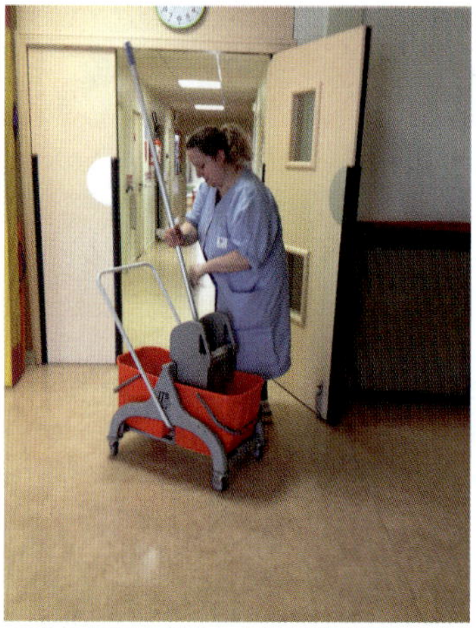

FIG. 1.2. **L'ATSEM dans les tâches matérielles.**

Les «qualités» de l'ATSEM

Les parents ont des contacts journaliers avec les ATSEM. C'est le plus souvent la personne qu'ils rencontrent en premier quand ils pénètrent dans l'école, le matin en accompagnant leur enfant dans la classe ou le soir à l'heure de la sortie. Ils peuvent directement apprécier la qualité de la relation de l'ATSEM avec les enfants : sa disponibilité, l'attention qu'il porte à chaque enfant. L'ATSEM doit tout mettre en œuvre pour gagner la confiance des enfants, des parents et des enseignants.

- Proche des enfants, patient, l'ATSEM peut dispenser aux enfants *les soins les plus divers*. Il porte une attention toute particulière aux élèves.
- L'ATSEM *privilégie la parole* plutôt que les démonstrations affectives, sans toutefois repousser les marques d'attachement des enfants.
- L'ATSEM doit avoir *une bonne qualité d'écoute et d'attention* pour identifier les besoins des enfants. Il ne suffit pas d'avoir la «fibre maternelle» pour être ATSEM.
- Attentif, disponible, dynamique, l'ATSEM aide les enfants dans l'acquisition d'habiletés nouvelles et dans l'acquisition de gestes pratiques.
- L'ATSEM contribue à consolider les *premiers apprentissages* : être propre, se vêtir, se dévêtir, manger correctement.
- L'ATSEM encourage l'enfant *à faire seul*, pour se libérer de l'aide de l'adulte.
- Aimable, souriant, discret, rassurant, à l'écoute des préoccupations et des questionnements des parents, l'ATSEM se montre capable de calmer d'éventuelles anxiétés des parents ou des élèves.
- L'ATSEM peut *faire le lien* entre les parents et les enseignants.
- L'ATSEM sait se montrer fiable pour *transmettre des informations* à la demande d'un membre de l'équipe éducative ou d'un parent d'élève.
- L'ATSEM ne se substitue jamais à l'enseignant et ne doit pas faire aux parents de commentaires sur le comportement d'un enfant.
- L'ATSEM a une *obligation de réserve* sur tout ce qu'il peut observer ou constater de certaines problématiques scolaires ou familiales.
- L'ATSEM n'a pas d'avis à avoir sur la qualité de la relation éducative entre parents et enfants et doit se garder de faire circuler des avis sur une famille vers une autre famille.

Les associations de parents sont très vigilantes quant à la présence d'un ATSEM auprès de l'enseignant dans les classes de maternelle.

TÉMOIGNAGE

« Comme toute personne ayant une profession de contact humain, surtout s'il s'agit d'enfants, les qualités nécessaires sont les suivantes : disponibilité, ouverture d'esprit, tolérance, adaptabilité, apprécier de rendre service, etc. Le tout avec le sourire. Un point que j'apprécie énormément est le « devoir de réserve », à savoir ne pas divulguer la vie personnelle des gens. »[1]

Les missions de l'ATSEM

- L'ATSEM accompagne les enfants dans la *construction et l'utilisation du langage*. Il est présent à leurs côtés dans des circonstances favorables à l'accession au langage : c'est en «situation», dans le besoin et en relation individuelle avec l'adulte, que l'enfant est le plus incité à parler. L'ATSEM doit se sentir investi d'une mission importante qui requiert une bonne correction de son langage.
- L'ATSEM aide chaque enfant dans la compréhension et l'intériorisation des *règles de vie sociale*. Il explique les raisons des règles de propreté, de civilité, de respect de soi et des autres. Il dit et explique les interdits, rappelle les règles de la vie collective quand celles-ci sont transgressées et aide les élèves à gérer les conflits.
- L'ATSEM doit faire preuve *d'esprit d'équipe*, savoir prendre des initiatives. C'est un emploi qui exige de grandes qualités relationnelles.
- L'ATSEM contribue à créer un *climat favorable* à l'enseignement.

TÉMOIGNAGE

« Je travaillais avec une ATSEM parfaite. Elle ne parlait pas aux parents devant l'école du comportement de leur enfant. Elle savait toujours où j'avais rangé les « trucs ». Quand elle voyait que j'étais occupée avec un groupe d'enfants, je n'avais pas besoin de lui demander, elle savait très bien gérer les autres et leur trouver une activité lorsqu'ils étaient désœuvrés. Elle savait mieux dessiner que moi. Elle savait gérer toute seule son travail. Je n'avais jamais besoin de lui demander de faire quelque chose ; les crayons étaient toujours taillés, les travaux des enfants collés dans le cahier, les livres rangés. L'esprit d'initiative, en fait. Ce qui me dérange le plus avec certaines ATSEM, c'est que si on ne leur dit pas ce qu'il faut faire, elles ne le font pas. Je parle des tâches courantes, comme tailler les crayons ou ranger. »[2]

L'emploi du temps des ATSEM

Les emplois du temps sont fixés pour les *4 jours ½ de classe* : lundi, mardi, mercredi matin, jeudi et vendredi. Le mercredi après-midi et les vacances scolaires sont consacrés à l'organisation d'activités dans le cadre des centres de loisirs et au ménage complet des classes et des parties communes.

---

[1] Témoignage d'une maman.
[2] Avis d'une enseignante sur les ATSEM, *aufeminin.com*

Emploi du temps d'une ATSEM de moyenne ou de grande section de 8 h 15 à 17 h 15

TABLEAU 1.1. **Emploi du temps d'une ATSEM de moyenne ou de grande section de 8 h 15 à 17 h 15.**

8 h 15	– Prise de service et arrivée en classe – Vérification de l'état de propreté des toilettes
8 h 20–8 h 40	Accueil des élèves dans l'espace vestiaire et surveillance du couloir
8 h 40–8 h 50	– Aide au rangement des ateliers proposés à l'accueil – Après l'appel, transmission des absences et de l'effectif de la cantine
8 h 50–9 h 05	Préparation matérielle des ateliers selon les directives de l'enseignant
9 h-9 h 45	Participation aux ateliers de langue orale et écrite
9 h 45–10 h 15	Habillage des enfants et participation au service de récréation. Assurer les éventuels soins, en cas d'accident
10 h 15–11 h 20	– Suite des ateliers. Participation et rangement avec les élèves – Classement pendant les temps de regroupement
11 h 20–11 h 30	Préparation des enfants pour la sortie et préparation des enfants qui déjeunent à l'école avec l'animateur de la pause méridienne
11 h 30–12 h	Atelier périscolaire dans la salle de jeux avec l'animateur
12 h-12 h 15	Passage aux toilettes, lavage des mains et accès au réfectoire
12 h 15–13 h	Entrée au réfectoire, installation du couvert avec les enfants, prise du repas et lavage des mains
13 h-13 h 20	Temps calme avec l'animateur ou rangement du réfectoire selon le tableau de roulement
13 h 20–13 h 30	Accueil des élèves dans la cour ou fin du rangement du réfectoire, selon le tableau de service
13 h 30–14 h	Pause repas
14 h-14 h 30	Aide pour les activités d'EPS selon le dispositif mis en place par l'enseignant et la salle attribuée au planning
14 h 30–14 h 45	Récréation. Participation au service dans la cour ou «réserve» pour les soins selon le tableau de service
14 h 45–15 h 15	Participation aux ateliers d'arts visuels
15 h 15–15 h 30	Rangement du matériel et début du ménage en classe pendant que les élèves sont en bibliothèque
15 h 30–15 h 45	Habillage et sortie des enfants et/ou accompagnement des enfants avec l'animateur pour le goûter dans le réfectoire
15 h 45–16 h 15	Service du goûter dans le réfectoire ou début du ménage selon le tableau de roulement
16 h 15–17 h 15	Nettoyage de la classe, des toilettes, des couloirs et de la salle de jeux

FIG. 1.3. L'ATSEM préparant les activités.

Emploi du temps d'une ATSEM de petite section

TABLEAU 1.2. **Emploi du temps d'une ATSEM de petite section.**

8 h 15	– Prise de service et arrivée en classe – Vérification de l'état de propreté des toilettes
8 h 20–8 h 40	Accueil des élèves dans l'espace vestiaire et surveillance du couloir
8 h 40–8 h 50	– Aide au rangement des ateliers proposés à l'accueil – Après l'appel, transmission des absences et des effectifs de la cantine
8 h 50–9 h	Préparation matérielle de la salle d'EPS selon les directives de l'enseignant
9 h-9 h 45	Accompagnement des enfants aux toilettes et accompagnement du groupe en salle de jeux pour l'EPS. Participation aux activités.
9 h 45–10 h	Retour de la salle de jeux et passage aux toilettes
10 h-10 h 30	Habillage des enfants et participation au service de récréation. Assurer les éventuels soins, en cas d'accident
10 h 30–10 h 40	Préparation des ateliers selon les directives de l'enseignant pendant le temps de regroupement des élèves.
10 h 40–11 h 20	– Participation aux ateliers selon les demandes de l'enseignant – Rangement avec les élèves
11 h 20–11 h 30	Préparation des enfants pour la sortie avec l'enseignant et préparation des enfants qui déjeunent à l'école avec l'animateur de la pause méridienne
11 h 30–11 h 40	Passage aux toilettes, lavage des mains ou préparation du dortoir selon le tableau de service. Accès au réfectoire avec l'animateur
11 h 40–12 h 15	Service du repas dans le réfectoire avec l'animateur. Aide aux enfants pour la prise de repas

(*Suite*)

TABLEAU 1.2. **Suite.**

12 h 15–12 h 30	Passage aux toilettes et lavage des mains ou préparation du dortoir selon le tableau de service
12 h 30–12 h 40	Déshabillage et coucher des enfants qui sont confiés à l'animateur pour la sieste
12 h 40–13 h 30	Remise en état du réfectoire et/ou vaisselle selon le tableau de service
13 h 30–14 h	Pause repas
14 h-14 h 30	Balayage de la salle de jeux et nettoyage des toilettes
14 h 30–14 h 45	Fin du lever des enfants et remise en état du dortoir
14 h 45–15 h 15	Participation aux ateliers de jeux éducatifs
15 h 15–15 h 30	Rangement du matériel et classement des productions des enfants pendant que les élèves sont en regroupement
15 h 30–15 h 45	Habillage et sortie des enfants et/ou accompagnement des enfants avec l'animateur pour le goûter dans le réfectoire
15 h 45–17 h 15	Nettoyage de la classe, des toilettes, des couloirs et de la salle de jeux

La collaboration entre l'enseignant et l'ATSEM

- L'enseignant définit les objectifs pédagogiques, les situations, les tâches et les exercices en fonction de la compétence qu'il souhaite travailler avec les élèves.

Pendant les activités scolaires, l'ATSEM travaille sous la responsabilité de l'enseignant. Leurs rôles sont différents et complémentaires.

- L'enseignant et l'ATSEM travaillent ensemble au sein de la classe dans l'intérêt des enfants.

L'ATSEM ne peut pas remplacer l'enseignant en cas d'absence, même temporaire.
Une collaboration fondée sur le respect est un gage de coopération efficace.
Pour vivre de manière harmonieuse cette collaboration quotidienne, il faut que chaque partenaire se sente respecté dans sa fonction spécifique. Une bonne communication doit s'installer pour déterminer les rôles et les attributions de chacun. L'enseignant et l'ATSEM doivent essayer de dégager des temps de concertation pour élaborer des stratégies pédagogiques adaptées.

- Le travail d'un ATSEM est très dépendant du projet pédagogique d'un enseignant, une information précise sur les moyens nécessaires pour mener à bien les activités mises en place est indispensable.

FIG. 1.4. **Porte de classe sur laquelle figurent le nom de l'enseignante et celui de l'ATSEM.**

CHAPITRE 2

Le concours et la carrière de l'ATSEM

Le cadre d'emplois des agents territoriaux spécialisés des écoles maternelles (ATSEM) est classé en catégorie C et relève de la filière médico-sociale de la fonction publique territoriale.
Il comprend les grades d'agents spécialisés de 1re classe des écoles maternelles, d'agent spécialisé principal de 2e classe des écoles maternelles et d'agent spécialisé principal de 1re classe des écoles maternelles.

Les conditions d'accès à la fonction publique française

Il existe cinq conditions :

- posséder la nationalité française ou celle d'un des autres États membres de la communauté européenne ou d'un État partie à l'accord sur l'espace économique européen ;
- jouir de ses droits civiques dans l'État dont on est ressortissant ;
- ne pas avoir subi de condamnation incompatible avec l'exercice des fonctions ;
- être en position régulière au regard des obligations de service national de l'État dont on est ressortissant ;
- remplir les conditions d'aptitude physique exigées pour l'exercice des fonctions.

Les conditions particulières d'accès au cadre d'emplois des ATSEM : le concours

La réussite au concours vaut inscription sur la liste d'aptitude et non, comme certains pourraient le penser, recrutement immédiat. Le recrutement dans le grade d'agent spécialisé de 1re classe des écoles maternelles, en qualité de stagiaire, ne peut intervenir qu'après inscription sur une liste d'aptitude. Celle-ci est établie par le centre de gestion organisateur à l'issue d'un concours externe sur titres avec épreuves ou interne avec épreuve ou d'un troisième concours avec épreuves. Si chaque maire est le recruteur du personnel de sa commune, il ne peut recruter un agent que sur un poste qu'il a préalablement déclaré vacant. La liste d'aptitude ayant une valeur nationale, chaque lauréat peut ensuite proposer sa candidature dans n'importe laquelle des 36000 communes de France.

Les trois concours

Les postes à pourvoir sont généralement répartis entre les trois concours distincts :

- un *concours externe* ouvert pour 60 % au moins des postes ;
- un *concours interne* ouvert pour 30 % au plus des postes ;
- un *troisième concours* ouvert pour 10 % au plus des postes sans être inférieur à 5 % des postes à pourvoir.

© 2015, Elsevier Masson SAS. Tous droits réservés

Toutefois, le jury peut faire évoluer cette répartition.

Dispositions applicables aux candidats handicapés : les candidats reconnus handicapés par la Commission des droits et de l'autonomie des personnes handicapées, peuvent bénéficier d'un aménagement spécial des épreuves prévues par la réglementation (adaptation de la durée, fractionnement des épreuves, aides humaines et techniques).

L'octroi d'aménagements d'épreuves est subordonné à la production d'une demande du candidat accompagnée :

- de la *notification de la décision de la commission* lui reconnaissant la qualité de travailleur handicapé et l'orientant en milieu ordinaire de travail ;
- d'un *certificat médical* délivré par un médecin généraliste agréé par le préfet du département de son lieu de résidence (si possible compétent en matière de handicap), confirmant la compatibilité de son handicap avec l'emploi auquel le concours ou l'examen professionnel donne accès et précisant l'aménagement nécessaire.

RAPPEL

L'article 1er du décret n° 96-1087 du 10 décembre 1996 prévoit que les travailleurs handicapés peuvent être recrutés directement sans concours. Ils sont engagés en qualité d'agent contractuel, puis titularisés à la fin du contrat lorsque leur handicap a été jugé compatible avec l'emploi postulé.

Le concours externe

Le concours externe est ouvert aux candidats titulaires du certificat d'aptitude professionnelle petite enfance ou justifiant d'une qualification reconnue comme équivalente.

Demande d'équivalence de diplôme

Peuvent se présenter au concours, sous réserve de remplir les conditions générales de recrutement, les candidats qui justifient de qualifications au moins équivalentes au CAP Petite enfance attestées :

- par un *diplôme* ou autre *titre de formation* délivré en France ou dans un autre État membre de la communauté européenne ou dans un autre État partie à l'accord sur l'espace économique européen ;
- par un *autre diplôme* ou titre sanctionnant une formation ou par toute attestation prouvant que le candidat a accompli avec succès un cycle d'études au moins équivalent à celui sanctionné par le diplôme requis ;
- par *l'expérience professionnelle*.

Les diplômes, titres ou attestations doivent être délivrés par une autorité compétente, compte tenu des dispositions législatives, réglementaires ou administratives applicables dans l'État concerné.

Le candidat est tenu de fournir, à l'appui de sa demande, une copie du diplôme ou titre, le cas échéant, dans une traduction en français établie par un traducteur assermenté.

Depuis le 1er juillet 2014, que vous disposiez d'un diplôme français ou d'un diplôme étranger, vous ne devez plus saisir qu'une seule commission d'équivalence de diplômes à l'adresse suivante : 80, rue de Reuilly – CS 41232 – 75578 Paris. Le dossier de demande d'équivalence est à télécharger sur le site du CNFPT : www.cnfpt.fr. Cette commission est également compétente pour apprécier l'expérience professionnelle du demandeur, soit en complément de ces mêmes diplômes et titres, soit en l'absence de tout diplôme.

La décision favorable doit être produite par le candidat au plus tard le jour de l'épreuve écrite. Dans l'hypothèse où le candidat serait dans l'impossibilité de la fournir dans les délais, son inscription au concours ne pourrait être rendue définitive et celui-ci ne pourrait être admis à concourir qu'à la session suivante.

Pour plus d'informations sur les équivalences de diplômes, consulter le site : www.cnfpt.fr.
Sont toutefois dispensés de la condition de diplôme :

- les mères et pères d'au moins trois enfants qu'ils élèvent ou ont élevés effectivement ;
- les sportifs de haut niveau figurant sur la liste publiée l'année du concours par le ministre chargé des Sports.

Le concours interne

Il concerne les agents qui travaillent déjà dans la fonction publique : les fonctionnaires et les agents publics non titulaires des trois fonctions publiques, ainsi que les agents en fonction dans une organisation internationale intergouvernementale.

- *Pour se présenter au concours interne*, les candidats doivent justifier au 1er janvier de l'année du concours de deux années au moins de services publics effectifs effectuées auprès de jeunes enfants en milieu scolaire et maternel, compte non tenu des périodes de stage ou de formation dans une école ou un établissement ouvrant accès à un grade de la fonction publique.
- *Le concours interne est également ouvert* aux candidats qui justifient d'une durée de services accomplis dans une administration, un organisme ou un établissement d'un État membre de la Communauté européenne ou d'un État partie à l'accord sur l'espace économique européen autres que la France dont les missions sont comparables à celles des administrations et des établissements publics dans lesquels les fonctionnaires civils mentionnés à l'article 2 de la loi n° 83-634 du 13 juillet 1983 précitée exercent leurs fonctions, et qui ont, le cas échéant, reçu dans l'un de ces États une formation équivalente à celle requise par les statuts particuliers pour l'accès aux cadres d'emplois considérés.

Le troisième concours

Le troisième concours est ouvert aux candidats justifiant de l'exercice, pendant une durée de quatre ans au moins, soit d'une ou de *plusieurs activités professionnelles* accomplies auprès de jeunes enfants, soit d'un ou plusieurs mandats de membre d'une assemblée élue d'une collectivité territoriale, soit d'une ou plusieurs activités en qualité de responsable d'une association.
Ces activités ne peuvent être prises en compte que si les candidats n'avaient pas, lorsqu'ils les exerçaient, la qualité d'agent public, de militaire ou de magistrat.

Épreuves des concours

Le concours externe

Le concours externe comprend une épreuve écrite d'admissibilité et une épreuve orale d'admission.

- *Épreuve écrite d'admissibilité* : l'épreuve d'admissibilité consiste en la réponse à vingt questions à choix multiple portant sur des situations concrètes habituellement rencontrées par les membres du cadre d'emplois dans l'exercice de leurs fonctions (durée : 45 minutes ; coefficient 1).
- *Épreuve orale d'admission* : l'épreuve d'admission consiste en un entretien permettant d'apprécier l'aptitude du candidat et sa motivation à exercer les missions dévolues aux membres du cadre d'emplois ainsi que ses connaissances de l'environnement professionnel dans lequel il sera appelé à exercer ses fonctions (durée : 15 minutes ; coefficient 2).

Le concours interne

- Le concours interne comprend une *épreuve orale d'admission*. Cette épreuve consiste en un entretien débutant par une présentation par le candidat de son expérience professionnelle et des compétences qu'il a acquises à cette occasion, sur la base d'un document retraçant son parcours professionnel. Ce document, établi conformément au modèle fixé par arrêté du

ministre chargé des Collectivités territoriales, est fourni par le candidat au moment de son inscription et remis au jury préalablement à cette épreuve.
Cet entretien se poursuit par une *conversation* visant à apprécier, le cas échéant sous forme de *mise en situation professionnelle*, la capacité du candidat à analyser son environnement professionnel et à résoudre les problèmes les plus fréquemment rencontrés par un agent territorial spécialisé des écoles maternelles (durée : 20 minutes, dont 5 minutes au plus d'exposé).

Le troisième concours

Le troisième concours comprend une épreuve écrite d'admissibilité et une épreuve orale d'admission.

- *Épreuve écrite d'admissibilité* : l'épreuve d'admissibilité consiste en une série de trois à cinq questions à réponse courte posées à partir d'un dossier succinct remis aux candidats portant sur les problèmes susceptibles d'être rencontrés par un agent territorial spécialisé des écoles maternelles dans l'exercice de ses fonctions (durée : 2 heures ; coefficient 1).
- *Épreuve orale d'admission* : l'épreuve d'admission consiste en un entretien débutant par une présentation par le candidat de son expérience professionnelle et des compétences qu'il a acquises à cette occasion, sur la base d'un document retraçant son parcours professionnel. Ce document, établi conformément au modèle fixé par arrêté du ministre chargé des Collectivités territoriales, est fourni par le candidat au moment de son inscription et remis au jury préalablement à cette épreuve. Cet entretien se poursuit par une conversation visant à apprécier, le cas échéant sous forme de mise en situation professionnelle, la capacité du candidat à analyser son environnement professionnel et à résoudre les problèmes les plus fréquemment rencontrés par un agent territorial spécialisé des écoles maternelles (durée : 20 minutes, dont 5 minutes au plus d'exposé ; coefficient 2).

Il est attribué à chaque épreuve une note de 0 à 20. Chaque note est multipliée par le coefficient correspondant. Toute note inférieure à 5 sur 20 à l'une des épreuves obligatoires d'admissibilité ou d'admission entraîne l'élimination du candidat. Un candidat ne peut être admis si la moyenne de ses notes aux épreuves est inférieure à 10 sur 20 après application des coefficients correspondants. Tout candidat qui ne participe pas à l'une des épreuves est éliminé. Seuls les candidats déclarés admissibles par le jury peuvent se présenter à l'épreuve d'admission.
À l'issue de l'épreuve d'admission, le jury arrête, dans la limite des places mises au concours, la liste des candidats admis au concours. Cette liste est publiée par le centre de gestion organisateur du concours, par ordre alphabétique. Le nombre total de lauréats correspond, au plus, au nombre total de postes déclarés vacants par les collectivités territoriales du territoire. Cela sous-entend qu'il peut y avoir moins de lauréats que de postes mis en vacances, si le jury estime que le niveau des candidats n'est pas à la hauteur des attentes (25 lauréats pour 30 postes mis à concours !).

Le recrutement dans le cadre d'emplois des ATSEM

Il s'effectue après inscription sur une liste d'aptitude. Si le lauréat est simultanément admis à un même concours dans plusieurs centres de gestion différents, il doit le signaler et opter pour l'une ou l'autre liste car il ne peut être inscrit que sur une seule liste. Les listes d'aptitude ont une validité nationale.

- *La durée de validité* de la liste d'aptitude est d'un an. Elle est reconduite pour une, voire deux années supplémentaires, en cas de non-nomination du candidat. Cependant, le candidat doit en faire explicitement la demande écrite auprès du centre de gestion, faute de quoi il perdrait le bénéfice du concours. Cette période d'un à trois ans peut être prolongée, après présentation des justificatifs, du temps nécessaire à l'accomplissement du service national ou en cas de congé maternité ou de congé parental.
- *L'inscription sur la liste d'aptitude* ne vaut pas recrutement dans la fonction publique territoriale – mais elle permet de poser sa candidature auprès des collectivités territoriales, notamment auprès des

communes. C'est une démarche personnelle des lauréats de concours. Toutefois ils peuvent aussi consulter les offres d'emploi proposées par les centres de gestion (www.fncdg.com), les centres de gestion départementaux (www.cig929394.fr pour la petite couronne parisienne).

La nomination et la titularisation des ATSEM

- À son recrutement dans une collectivité, le lauréat est recruté et nommé en *qualité d'agent spécialisé des écoles maternelles de 1re classe stagiaire*. Le stage est une période probatoire qui a pour but de vérifier l'aptitude du candidat à l'exercice des fonctions. La durée du stage est d'un an.
- Cependant, cette période peut être, à titre exceptionnel, prolongée d'une durée maximale d'un an par l'autorité territoriale et après avis de la commission administrative paritaire. À l'issue du stage, si la titularisation n'est pas prononcée, l'agent stagiaire est soit licencié (s'il n'avait pas auparavant la qualité de fonctionnaire), soit réintégré dans son précédent cadre d'emplois, corps ou emploi d'origine (s'il était déjà titulaire d'un grade). Toutefois, les agents titulaires qui ont acquis au moins deux ans de services publics effectifs dans un emploi de même nature sont dispensés de cette période de stage.
- Généralement, si tout se passe bien, *la titularisation* intervient à l'issue de cette période de stage. Toute décision, quelle qu'elle soit, est soumise à l'avis préalable du directeur de l'école.

Le déroulement de carrière

Les agents territoriaux spécialisés de 1re classe des écoles maternelles sont susceptibles, au cours de leur carrière, de bénéficier d'un avancement au grade *d'agent spécialisé principal de 2e classe des écoles maternelles*, puis d'agent spécialisé principal de 1re classe des écoles maternelles (Fig. 1.5).

Sous réserve de l'existence d'un poste vacant, la nomination au grade supérieur est prononcée par l'autorité territoriale, après inscription sur un tableau annuel d'avancement.

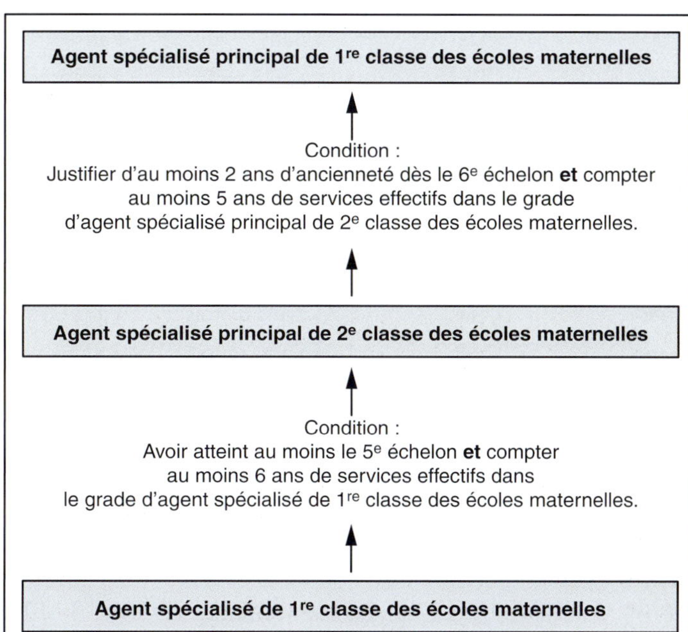

FIG. 1.5. **Le déroulement de carrière.**

Traitement brut mensuel en 2015

La valeur du point indiciaire publiée au Journal officiel est de 4,630291 euros depuis le 1er juillet 2010, et sans changement depuis cette date.

- Un agent spécialisé de *1re classe* des écoles maternelles en *début de carrière*, à l'indice majoré 323, perçoit donc un traitement de base brut de 1495,59 euros (323 × 4,63 = 1495,59 €).
- Un agent spécialisé principal de *2e classe* des écoles maternelles en *fin de carrière*, à l'indice majoré de 407, perçoit un traitement brut indiciaire de 1884,53 euros.
- Un agent spécialisé principal de *1re classe* des écoles maternelles en *fin de carrière*, à l'indice 462, perçoit un traitement de base brut de 2139,20 euros.

À ce traitement de base s'ajoutent l'indemnité de résidence (3 % du traitement brut en région parisienne) et, éventuellement, le supplément familial de traitement dans le cas d'enfant(s) à charge.

Peuvent s'ajouter à cette rémunération de base des primes et indemnités en fonction du lieu d'exercice de l'agent (en zones urbaines sensibles), de travaux supplémentaires (heures supplémentaires), de fonctions particulières ou décidées par les élus de la collectivité territoriale qui emploie l'agent.

Agent spécialisé de 1re classe des écoles maternelles

- *Filière* : médico-social.
- *Catégorie* : C.
- *Cadre d'emploi* : agent territorial spécialisé des écoles maternelles – ATSEM.
- *Grade* : ATSEM de 1re classe.

TABLEAU 1.3. Grille indiciaire du grade ATSEM de 1re classe (grade de recrutement de début de carrière).

Échelon	Indice brut	Indice majoré	Mini	Maxi	Salaire brut
1	342	323	1 an	1 an	1495,59 €
2	343	324	1 an	1 an	1500,22 €
3	347	325	1 an 8 mois	2 ans	1504,85 €
4	348	326	1 an 8 mois	2 ans	1509,48 €
5	349	327	1 an 8 mois	2 ans	1514,11 €
6	352	329	1 an 8 mois	2 ans	1523,37 €
7	356	332	1 an 8 mois	2 ans	1537,26 €
8	374	345	2 ans 6 mois	3 ans	1597,45 €
9	386	354	2 ans 6 mois	3 ans	1639,13 €
10	409	368	3 ans 4 mois	4 ans	1703,95 €
11	422	375	3 ans 4 mois	4 ans	1736,36 €
12	432	382	-	-	1768,77 €

Tableau d'avancement

Conditions d'inscription au tableau d'avancement : avoir atteint au moins le 5e échelon du grade d'agent spécialisé de 1re classe des écoles maternelles et justifier d'au moins 6 ans de services effectifs dans le grade.

Agent spécialisé principal de 2e classe des écoles maternelles

Les agents spécialisés de 1re classe des écoles maternelles promus au grade d'agent spécialisé principal de 2e classe sont classés à l'échelon du nouveau grade correspondant à celui auquel le fonctionnaire est parvenu dans son précédent grade. Les intéressés conservent, dans la limite de durée maximale de service exigée pour l'accès à l'échelon supérieur du nouveau grade, l'ancienneté d'échelon qu'ils avaient acquise dans leur grade antérieur.

- *Filière* : médico-social.
- *Catégorie* : C.
- *Cadre d'emploi* : agent territorial spécialisé des écoles maternelles – ATSEM.
- *Grade* : ATSEM principal de 2e classe.

TABLEAU 1.4. Grille indiciaire du grade ATSEM principal de 2e classe.

Échelon	Indice brut	Indice majoré	Mini	Maxi	Salaire brut
1	348	326	1 an	1 an	1509,48 €
2	349	327	1 an	1 an	1514,11 €
3	351	328	1 an 8 mois	2 ans	1518,74 €
4	354	330	1 an 8 mois	2 ans	1528,00 €
5	356	332	1 an 8 mois	2 ans	1537,26 €
6	366	339	1 an 8 mois	2 ans	1569,67 €
7	375	346	1 an 8 mois	2 ans	1602,08 €
8	396	360	2 ans 6 mois	3 ans	1666,91 €
9	423	376	2 ans 6 mois	3 ans	1740,99 €
10	437	385	3 ans 4 mois	4 ans	1782,67 €
11	454	398	3 ans 4 mois	4 ans	1842,86 €
12	465	407	-	-	1884,53 €

Tableau d'avancement

Conditions d'inscription au tableau d'avancement : justifier d'au moins 5 ans de services effectifs dans le grade d'agent spécialisé principal de 2e classe des écoles maternelles et d'au moins 2 ans d'ancienneté dans le 6e échelon du grade d'agent spécialisé principal de 2e classe des écoles maternelles.

Agent spécialisé principal de 1re classe des écoles maternelles

Les agents spécialisés principaux de *2e classe des écoles maternelles* promus agents spécialisés principaux de *1re classe* sont classés à l'échelon comportant un indice égal ou, à défaut, immédiatement supérieur à celui qu'ils détenaient dans leur précédent grade. Ils conservent leur ancienneté d'échelon qu'ils avaient acquise dans leur précédent grade, dans la limite de la durée maximale de l'échelon du nouveau grade, lorsque l'augmentation de traitement consécutive à cette promotion est inférieure à celle qui aurait résulté d'un avancement d'échelon dans leur précédent grade ou qui a résulté de leur nomination audit échelon si celui-ci est le plus élevé dudit grade.

- *Filière* : médico-social.
- *Catégorie* : C.
- *Cadre d'emploi* : agent territorial spécialisé des écoles maternelles – ATSEM.
- *Grade* : ATSEM principal de 1re classe.

TABLEAU 1.5. **Grille indiciaire du grade ATSEM principal de 1re classe.**

Échelon	Indice brut	Indice majoré	Mini	Maxi	Salaire brut
1	364	338	1 an	1 an	1565,04 €
2	374	345	1 an	1 an	1597,45 €
3	388	355	1 an 8 mois	2 ans	1643,76 €
4	416	370	1 an 8 mois	2 ans	1713,21 €
5	437	385	2 ans 6 mois	3 ans	1782,67 €
6	457	400	2 ans 6 mois	3 ans	1852,12 €
7	488	422	3 ans 4 mois	4 ans	1953,99 €
8	506	436	3 ans 4 mois	4 ans	2018,81 €
9	543	462	-	-	2139,20 €

Pour toute information supplémentaire concernant le recrutement ou la mobilité dans la fonction publique territoriale, vous pouvez vous renseigner sur les sites Internet : www.cig929394.fr et www.fncdg.com ou le site du centre de gestion de votre département.
Vous y trouverez :

- les calendriers des concours et les modalités d'inscription ;
- les résultats des concours ;
- les offres d'emploi de toutes les collectivités territoriales.

Le statut des agents spécialisés des écoles maternelles est régi par quatre décrets, consultables sur le site Internet www.legifrance.fr :

- *Décret n° 87-1107 du 30 décembre 1987* modifié portant organisation des carrières des fonctionnaires territoriaux de catégorie C ;
- *Décret n° 87-1108 du 30 décembre 1987* modifié fixant les différentes échelles de rémunération pour la catégorie C des fonctionnaires territoriaux ;
- *Décret n° 92-850 du 28 août 1992* modifié portant statut particulier du cadre d'emplois des agents territoriaux spécialisés des écoles maternelles ;
- *Décret n° 93-398 du 18 mars 1993* modifié relatif aux conditions d'accès et aux modalités d'organisation des concours sur titres pour le recrutement, notamment, des agents spécialisés des écoles maternelles.

PARTIE

2

Le rôle et la place de l'ATSEM à l'école maternelle

CHAPITRE 3

L'école maternelle

CE QU'IL FAUT SAVOIR

L'école maternelle, dont la création en France remonte à 1881, remplit, en ce début de XXIe siècle sa mission : «garantir la réussite de tous les élèves au sein d'une école juste pour tous et exigeante pour chacun... L'école maternelle est une école bienveillante, sa mission principale est de donner envie aux enfants d'aller à l'école pour apprendre, grandir et s'affirmer comme sujet singulier»[1].

Repères historiques sur l'histoire de l'école (*cf.* annexe 1)

1871 : à l'initiative du pasteur Oberlin, création dans les Vosges des « écoles à tricoter » encadrées par les « conductrices de la tendre enfance ».
1825 : création des « salles d'asile » destinées à accueillir les enfants de 2 à 6 ans.
1881 : lois Jules Ferry qui fondent l'école maternelle.
Jusqu'en 1970 : massification de la scolarisation en école maternelle.
1975 : création des comités de parents et des conseils d'école.
1989 : organisation de la scolarité en cycles.
2008 : mise en place du socle commun de compétences et de connaissances.
2013 : *loi sur la refondation de l'école* et mise en place des *nouveaux rythmes scolaires.*
2014 : rédaction des nouveaux programmes pour l'école maternelle et du socle commun de compétences, de connaissances et de culture.
2015 : mise en place des nouveaux programmes pour l'école maternelle et du socle commun de connaissances, de compétences et de culture à la rentrée 2015.

FIG. 2.1.
a. Bâtiment scolaire type Jules Ferry.
b. Bâtiment scolaire contemporain.
c. Bâtiment scolaire en banlieue parisienne.
d. École située en bas d'une tour de 45 étages.

[1] Conseil supérieur des programmes, «Les missions de l'école maternelle», www.education.gouv.fr.

© 2015, Elsevier Masson SAS. Tous droits réservés

En 2012, la France comptait 15 435 écoles maternelles publiques et 123 privées. L'école maternelle est un *service public gratuit*. Les trois années d'école maternelle ne font pas partie de la scolarité obligatoire[2].

La création et l'implantation des classes maternelles (et élémentaires) d'enseignement public relèvent de décisions du conseil municipal après avis du représentant de l'État dans le département.

TABLEAU 2.1. Temps de scolarisation des élèves d'école maternelle.

Âge des enfants	Temps partiel	Temps complet	Total
2 ans	23 %	14 %	37 %
3 ans	26 %	71 %	97 %
4 ans	7 %	92 %	99 %
5 ans	3 %	96 %	99 %

Source : DREES, Direction de la recherche, des études, de l'évaluation et de statistiques.

La scolarisation des moins de 3 ans, mise en place par le «décret Peillon» de 2013, est un facteur de réussite scolaire lorsque les élèves et leurs familles sont éloignés de la culture scolaire.

Dans la circulaire sur l'accueil en école maternelle du 15 janvier 2013, les missions de l'école maternelle ont été redéfinies afin de lui permettre de jouer pleinement le rôle majeur qui doit être le sien dans la prévention des difficultés scolaires et la réduction des inégalités. Dès la rentrée 2013, l'accueil en maternelle des enfants de moins de trois ans doit se faire dans des conditions particulières et adaptées à leur très jeune âge. La scolarisation des enfants de moins de trois ans à l'école maternelle sera développée en priorité dans les écoles des zones défavorisées : zones urbaines, zones rurales, zones de montagnes, départements et régions d'outre-mer. Dans les trois prochaines années, 30 % des enfants de moins de trois ans des zones défavorisées devront être scolarisés[3].

La loi de 2013 sur la refondation de l'école

Les composantes essentielles de la loi, en ce qui concerne l'école maternelle, sont :
- la réforme des rythmes scolaires ;
- la définition de nouveaux programmes et de nouveaux cycles ;
- l'entrée de l'école dans l'ère du numérique ;
- l'ouverture de classes scolarisant des enfants de moins de 3 ans.

La réorganisation de la semaine scolaire : les petits écoliers français, au regard de ceux des autres pays de l'OCDE, subissaient des journées trop longues et un nombre de jours scolaires bien trop faible. La réforme des rythmes scolaires vise à mieux répartir les heures de classe sur la journée et sur la semaine, en supprimant la rupture du mercredi (*cf.* annexe 2).

La scolarisation des élèves à l'école maternelle

2557000 élèves étaient recensés dans l'enseignement préélémentaire public et privé à la rentrée de septembre 2012.

- En 2012, 11 % des enfants de 2 ans et la quasi-totalité des enfants de 3 à 5 ans étaient scolarisés en maternelle.
- Le nombre moyen d'élèves par classe est de 25,8[4].

[2] Article L. 2121-30 du Code général des collectivités territoriales.
[3] Vincent Peillon, ancien ministre de l'Éducation nationale.
[4] Source : ministère de l'Éducation nationale.

- La scolarisation des enfants de 2 ans tendait à fortement baisser ces dernières années. De 37 % en 2006, elle était passée à 12,6 % à la rentrée 2011. Dans certaines régions, elle était pratiquement inexistante.
- Dans le cadre de *la loi sur la refondation de l'école*, la rentrée 2013 a vu le développement de l'accueil des enfants de moins de 3 ans à l'école maternelle. Ce dispositif implique des conditions spécifiques d'accueil des enfants et des familles, des locaux et du matériel adapté, la disponibilité d'une ATSEM (voire deux) à plein temps, une relation de confiance établie avec les parents, des objectifs tout particulièrement ciblés autour de l'entrée en communication par le langage, du devenir élève grâce à une pédagogie adaptée aux tout-petits.
- La scolarisation des enfants de 2 ans exige une bonne connaissance et une prise en compte par les professionnels de la petite enfance, enseignants et ATSEM, des intérêts des très jeunes élèves. Une concertation étroite entre les différents partenaires (enseignants, parents et ATSEM) est indispensable. Une attitude pédagogique spécifique, une posture et des gestes professionnels adaptés, sont essentiels pour répondre au mieux aux besoins des enfants de 2 ans.

La scolarisation d'un enfant de moins de 3 ans est une chance, pour lui et sa famille, lorsqu'elle correspond à ses besoins et se déroule dans des conditions adaptées. Elle constitue une toute première étape de son parcours scolaire[5].

La scolarité des enfants de 2 ans en question

L'INSEE expliquait dans son « Portrait social » de La France en 2005 que « les enfants scolarisés à 2 ans à l'école maternelle, ne réussissent pas significativement mieux que ceux qui sont entrés à l'école maternelle à 3 ans ». La scolarisation à 2 ans est vivement critiquée par les pédopsychiatres. Geneviève Haag, pédopsychiatre, affirme que « scolariser un enfant trop tôt reviendrait à le brusquer et provoquer des réactions diverses, telles que l'inhibition, le sentiment de solitude, les conduites agressives ». Dans un sondage, la fédération de parents d'élèves PEEP avançait que 60 % des parents n'étaient pas prêts à mettre leur enfant à l'école à 2 ans. Toutefois, les professionnels de l'enseignement s'accordent à penser que, pour les enfants de milieux défavorisés, l'école à 2 ans peut être un véritable atout. Le porte-parole de la fédération de parents d'élèves FCPE se désole du « recul de la scolarisation précoce qui joue un rôle important dans l'acquisition du langage, en particulier dans les couches les plus défavorisées de population, souvent issues de l'immigration ».

Les nouveaux rythmes scolaires

La réforme des rythmes scolaires est une composante de la loi sur la refondation de l'école. Dans le cadre de la nouvelle organisation du temps hebdomadaire de l'enfant, les collectivités territoriales doivent réfléchir avec les équipes enseignantes pour mettre en place des activités périscolaires correctement articulées avec les activités scolaires. Depuis la rentrée 2014, tous les élèves bénéficient de ces nouveaux rythmes scolaires.

Pourquoi fallait-il lancer cette réforme ?[6]

La réforme des rythmes scolaires poursuit en premier lieu un objectif pédagogique : la réussite des enfants à l'école primaire dépend pour une part essentielle des conditions dans lesquelles se déroulent leurs apprentissages. Or, depuis la mise en place de la semaine de quatre jours en 2008, les élèves français subissaient des rythmes scolaires totalement inadaptés à leurs rythmes biologiques.

---

[5] Eduscol.
[6] www.education.gouv.fr

Le temps scolaire

L'année scolaire comporte 36 semaines, réparties en cinq périodes de travail, de durée comparable, séparées par quatre périodes de vacances des classes. Un calendrier scolaire national est arrêté par le ministre de l'Éducation nationale pour une période de trois années.

- *Depuis la rentrée 2014*, pour tous les écoliers, la semaine scolaire doit être organisée selon les principes suivants :
  - 24 heures d'enseignement hebdomadaire pour tous les élèves;
  - une répartition hebdomadaire sur 9 demi-journées : lundi, mardi, mercredi matin, jeudi et vendredi;
  - une journée d'enseignement de 5 h 30 maximum;
  - une demi-journée ne pouvant excéder 3 h 30;
  - une pause méridienne d'1 h 30 minimum;
  - la mise en place d'activités pédagogiques complémentaires (APC), soit 36 heures par année scolaire, en groupes restreints pour les élèves rencontrant des difficultés dans leurs apprentissages.

FIG. 2.2. **Une journée en petite section.**

- *Dans le cadre du «décret Hamon»*, des assouplissements adaptés à des réalités locales peuvent être mis en place. Les recteurs ont la latitude d'autoriser à titre expérimental quelques adaptations comme :
  - le déplacement du mercredi matin au samedi matin;
  - le regroupement des temps d'activités périscolaires (TAP) sur une même demi-journée (le vendredi après-midi par exemple);
  - un allègement de la semaine scolaire en réduisant le nombre d'heures et en les répartissant sur les vacances scolaires, comme par exemple des semaines de 22 heures d'enseignement et 15 journées à récupérer sur les congés scolaires.
- Les horaires d'entrée et de sortie sont fixés par le maire de la commune dans le cadre du respect de la loi de 2013. Les municipalités ont *la responsabilité de l'organisation d'activités périscolaires* gratuites ou payantes comme :
  - le service de cantine;
  - le temps d'activités périscolaires (TAP) pendant la pause méridienne ou après le temps scolaire;
  - l'accueil du matin;
  - l'accueil du soir;
  - le centre de loisirs du mercredi après-midi.
- Sur proposition du conseil d'école, le directeur académique des services de l'Éducation nationale (DASEN) peut déroger à l'organisation de la semaine scolaire. Toutefois, *la semaine scolaire doit obligatoirement s'étaler sur 5 matinées*. Il n'est pas permis de porter sa durée à plus de 9 demi-journées, ni la durée des journées scolaires à plus de 5 heures 30

(*cf.* annexe 3).

- Même s'il n'existe pas de répartition horaire à l'école maternelle, *les emplois du temps des classes montrent un réel souci d'équilibre* entre les différents domaines d'activité (*cf.* annexes 4 et 5). Au-delà des 24 heures d'enseignement hebdomadaire dispensées à tous les élèves, les enseignants doivent consacrer 1 heure par semaine, soit 36 heures annuelles, aux activités pédagogiques complémentaires (APC) pour les élèves qui rencontrent des difficultés d'apprentissage. La participation des élèves à cette aide personnalisée est soumise à une autorisation des parents. Selon les écoles, cette aide peut être placée le matin avant la classe, le midi sur la pause méridienne qui ne doit pas durer moins d'1 h 30, ou le soir après la classe sans prolonger la journée au-delà de 6 heures.
- On note donc une *grande disparité d'organisation* de la semaine scolaire et de la journée scolaire selon les communes. Dans certaines communes, les élèves travaillent le mercredi matin, d'autres le samedi matin. Les journées scolaires peuvent avoir la même durée tous les jours de la semaine ou se voir allongées ou raccourcies certains jours, cela peut avoir une incidence sur les heures d'entrée et de sortie selon les jours de la semaine. Toutes ces répartitions horaires ont une répercussion réelle sur la vie des familles, mais plus spécifiquement sur l'organisation du temps de travail des enseignants, des animateurs et bien sûr des ATSEM.
- Les *études des chronobiologistes* montrent que les élèves sont soumis à des fluctuations de concentration hebdomadaires et journalières. La journée doit faire alterner des temps d'activité soutenue et des temps moins contraignants.
  - Il est fondamental de ne pas prévoir des activités trop exigeantes sur le plan de l'attention au cours de la première heure de classe du matin et de l'après-midi.
  - De même, la journée du lundi est un jour où les performances des élèves sont moindres, du fait de devoir se réadapter à la vie scolaire.
  - La réceptivité maximale des élèves se situe entre 9 h et 11 h. Les activités proposées pendant l'accueil doivent conduire les élèves à entrer progressivement dans les apprentissages de la journée.

Quels sont les avantages d'une réforme des rythmes scolaires ? [7]

Une réforme dans l'intérêt des élèves qui correspond aux principales préconisations des scientifiques, spécialistes des rythmes de l'enfant

Dans un rapport de janvier 2010, l'Académie nationale de médecine soulignait que la désynchronisation des enfants, c'est-à-dire l'altération du fonctionnement de leur horloge biologique lorsque celle-ci n'est plus en phase avec les facteurs de l'environnement, entraîne **fatigue et difficultés d'apprentissage.**

Les chronobiologistes Robert Debré, Guy Vermeil, Hubert Montagner, François Testu et leurs collaborateurs ont, quant à eux, dans le cadre de leurs publications, formulé un certain nombre de préconisations qui ont été largement partagées lors de la concertation pour la refondation de l'École.

Ces préconisations sont les suivantes :

- **revenir à une semaine de quatre jours et demi, avec une priorité au mercredi matin scolarisé**, afin de répartir le travail scolaire sur davantage de jours, de diminuer la durée de toutes les journées scolaires et d'éviter la rupture de rythme causée par un mercredi hors temps scolaire, ce type de rupture étant préjudiciable aux apprentissages des enfants ;
- **avoir une approche globale du temps de l'enfant** prenant en compte la nature des trois temps qui composent les 24 heures de la journée, à savoir les temps familiaux, les temps scolaires et les temps récréatifs, sociaux, associatifs, sportifs, artistiques, culturels passés en dehors de la famille et de l'école ;
- **tendre vers un système d'alternance régulière des plages scolaires et des périodes de vacances** ; à cet égard, l'alternance dite « 7-2 », c'est-à-dire sept semaines de classe suivies de deux semaines de vacances, fait globalement consensus ;
- **penser l'école comme un lieu de vie et d'éducation**, au-delà du lieu essentiel d'instruction qu'elle constitue, pour qu'elle permette à chaque enfant de révéler ses possibilités et ses aspirations grâce à des interactions complémentaires et une écoute mutuelle de l'ensemble des acteurs (enseignants, autres éducateurs, familles, collectivités locales, autres partenaires, notamment associatifs).

---

7 www.education.gouv.fr

Le financement de l'école

- La commune a la *charge des écoles publiques*. C'est une dépense obligatoire pour une commune.

La création et l'implantation de classes maternelles d'enseignement public relèvent de décisions du conseil municipal après avis du représentant de l'État dans le département[8].

- La commune *est propriétaire des locaux* et en assure :
  - la construction, la reconstruction, l'extension, les grosses réparations;
  - l'équipement, le fonctionnement, à l'exception des droits dûs en contrepartie de la reproduction par reprographie à usage pédagogique des œuvres protégées.
- D'après le Code général des collectivités territoriales et le Code des communes, toute classe maternelle doit bénéficier des services d'un agent communal occupant l'emploi d'agent spécialisé des écoles maternelles et des classes enfantines. Son traitement est exclusivement à la charge de la commune.
- Les salaires des enseignants sont versés par l'État.
- Les crédits alloués aux écoles sont inscrits dans le budget municipal. Le budget est voté chaque année lors d'une séance du conseil municipal. Le directeur de l'école est informé de la somme attribuée à son école. Cette somme est calculée par rapport au nombre d'élèves inscrits dans l'école. Il y a deux postes :
  - les *crédits d'investissement* qui concernent le mobilier, les matériels multimédias, le matériel informatique, le gros matériel de gymnastique, les porteurs (tricycles, patinettes);
  - les *crédits de fonctionnement* qui concernent les fournitures scolaires : papiers, outils scripteurs (crayons, feutres), les peintures, les jeux éducatifs, le petit matériel de gymnastique (ballons, cerceaux, tapis, etc.)
- Le directeur de l'école prépare ses commandes et les envoie au service de l'enfance de la mairie qui les transmettra au fournisseur après accord du service des achats. Le montant de ces dépenses étant élevé, il est soumis à des procédures d'appels d'offres.
- Le directeur d'une école n'achète pas directement chez un fournisseur ou chez un éditeur. Il se réfère à des catalogues spécifiques préparés par le service des achats dans le cadre de l'appel d'offres. Le directeur de l'école propose des commandes qui seront validées par les services municipaux. Les fournisseurs livrent directement à l'école.

FIG. 2.3. **Catalogues de mobilier scolaire.**

[8] Article L. 2121-30 du Code général des collectivités territoriales.

FIG. 2.4. **Différentes tailles de mobilier scolaire.**

Combien coûte la scolarité d'un enfant à l'école maternelle ? [9]

En 2012, la dépense moyenne pour la scolarisation d'un élève de maternelle s'élevait à 5 790 €, contre 4 980 € en 2000 (francs convertis en euros de 2012) :

- le ministère de l'Éducation nationale participe au financement à hauteur de 30,7 % consacrés pour l'essentiel aux rémunérations des personnels enseignants;
- les communes assument le complément. Une part importante de ces dépenses est affectée à la rémunération des personnels, les agents territoriaux spécialisés des écoles maternelles, le personnel d'animation et les personnels d'entretien.

L'inscription des enfants à l'école maternelle

FIG. 2.5. **Campagne d'inscription à l'école maternelle.**

- *L'inscription des enfants* est enregistrée à la mairie de la commune pour tous les enfants qui atteindront 3 ans dans l'année civile. Les enfants de 2 ans peuvent être admis dans la limite des places disponibles.
- Cette inscription se fait sur présentation :
  - d'un justificatif de domicile;
  - du livret de famille;
  - du carnet de santé de l'enfant sur lequel doivent figurer les certificats de vaccinations obligatoires.

[9] Données issues du ministère de l'Éducation nationale, *L'Éducation nationale en chiffres*, 2013.

- Depuis novembre 2009, les enfants doivent être acceptés à l'école *même s'ils n'ont pas encore acquis la propreté*.

Un enfant doit être vacciné (sauf contre-indication médicale) contre la diphtérie, le tétanos et la poliomyélite (DTP) pour pouvoir être inscrit à l'école maternelle, à l'école primaire, en garderie, en colonie de vacances ou dans toute autre collectivité d'enfants.
Le médecin qui procède à la vaccination obligatoire de l'enfant doit l'inscrire sur son carnet de santé. Les autres vaccinations contre la rougeole, la rubéole, la coqueluche ne sont pas obligatoires[10].

- Le nom de l'école à laquelle l'enfant est affecté, est fonction du *lieu d'habitation des parents*. Le nom de cette école est inscrit sur la fiche d'inscription. Le périmètre scolaire a été délimité par une délibération du conseil municipal. Cette délimitation impose à chaque famille une école dans un secteur déterminé au plus proche du domicile des familles. Certains élèves peuvent bénéficier d'une dérogation de secteur scolaire ou même d'une dérogation de commune afin d'être scolarisés à proximité du domicile de la personne qui en assure la garde ou du lieu de travail des parents.

Lorsque les écoles maternelles d'une commune reçoivent des élèves dont la famille est domiciliée dans une autre commune, la répartition des dépenses de fonctionnement se fait par accord entre la commune d'accueil et la commune de résidence[11].

La carte scolaire

Chaque année, au mois de janvier, les mairies établissent des prévisions globales d'effectif pour toutes les écoles de la commune, c'est ce que l'on appelle la **carte scolaire**. Conjointement, les services de l'inspection académique et les services municipaux déterminent le nombre de classes nécessaires pour chaque école à la rentrée scolaire suivante. L'effectif global des élèves inscrits dans la commune est divisé par 30 (effectif théorique maximum d'élèves par classe). Si dans la commune, il y a moins d'élèves que l'année précédente, il peut y avoir une ou plusieurs fermetures de classe; s'il y en a plus, il peut y avoir une ouverture. C'est ainsi que l'administration détermine le nombre de classes à implanter dans une commune. Il y a ensuite des ajustements école par école. Il est essentiel que le service municipal de l'enfance produise des prévisions précises et anticipe les départs ou les arrivées importantes de familles avec enfants dans la commune.
Les écoles classées en réseau d'éducation prioritaire (REP) bénéficient d'allègement d'effectifs. À la rentrée 2013, le dispositif « plus de maîtres que de classes » a été mis en place dans les zones les plus défavorisées pour apporter une aide spécifique aux élèves en grande difficulté.

- À réception de la fiche d'inscription, délivrée par le service de l'enfance, les parents prennent rendez-vous avec le directeur de l'école.
- Le directeur de l'école procède alors à l'admission de l'élève. C'est souvent le premier contact de l'enfant et de sa famille avec l'école. Il ne s'agit pas d'une simple formalité administrative. Le directeur fait visiter les locaux. Il explique le fonctionnement de l'institution et présente le déroulement du temps scolaire.
- Le directeur demande aux parents si l'enfant va rester à l'école hors temps scolaire, il fait préciser les jours en cas d'irrégularité du rythme :
  - repas à la cantine;
  - accueil du matin avant l'école;

[10] Code de la santé publique : articles L.3111-1 à L.3111-11.
[11] Code des collectivités territoriales, article L.212-8.

- garderie du soir;
- activités périscolaires;
- centre de loisirs du mercredi après-midi.

- Le directeur explique le *fonctionnement* et le *coût* des différents services périscolaires. Si besoin est, il oriente les parents vers le service municipal qui procède à ces différentes inscriptions. Il répond aux questions des parents sur l'organisation de la scolarité, les contenus et les modalités pratiques.
- Tout au long de cette phase d'inscription, *le «futur élève» est impliqué*. Le directeur s'adresse à lui. Il peut aussi proposer à l'enfant de s'occuper dans un espace situé à proximité. L'enfant peut jouer, dessiner ou feuilleter un livre. Le directeur écoute les parents présenter leur enfant. Il leur demande s'il a fréquenté la crèche ou tout autre mode de garde collectif, ou individuel, s'il était chez une assistante maternelle ou s'il était gardé à la maison.
- Le directeur insiste sur l'importance *de l'assiduité et de la régularité* de la fréquentation scolaire dans le cadre de la prévention de l'absentéisme.
- Le directeur profite de cette première rencontre pour faire *visiter l'école*. Il explique le déroulement du temps scolaire. À cette occasion, les parents peuvent observer le personnel de l'école (enseignants, ATSEM) et les élèves en activité. L'ATSEM doit rester naturelle et pratiquer ses activités comme à l'accoutumée. Son attention doit rester focalisée sur l'aide qu'elle dispense aux élèves.
- Certaines équipes pédagogiques ont rédigé un *livret d'accueil* qui présente plus spécifiquement le fonctionnement de leur école. Les horaires, le nombre de classes, les activités scolaires et périscolaires, les options pédagogiques sont expliquées.
- *Au mois de juin*, tous les parents des futurs élèves sont invités à une première réunion de parents d'élèves afin de préparer la rentrée du mois de septembre. C'est un moment très important, les «futurs parents d'élèves» se rencontrent et peuvent échanger entre eux. Les enseignants de petite section et les ATSEM participent à cette réunion. Ils donnent des conseils pratiques qui ont pour objectif de faire en sorte que l'entrée à l'école et les premiers jours de classe se déroulent au mieux pour les nouveaux élèves et leurs parents. Ils présentent leurs classes et exposent les contenus pédagogiques au regard des activités qui seront proposées aux futurs élèves. Ils répondent aux questions particulières que les nouveaux parents peuvent se poser. La présence de professionnels qualifiés est rassurante pour certains parents qui pourraient être anxieux au seuil d'une première séparation avec leur petit enfant. Aimables, souriants, à l'écoute des questionnements et des préoccupations légitimes des familles, les membres de l'équipe éducative, le directeur, les enseignants et les ATSEM se rendent disponibles pour ces premiers contacts et répondent aux questions des parents selon les missions qui leur sont confiées.
- *Au mois de septembre*, au cours de la deuxième ou de la troisième semaine, les parents sont à nouveau réunis pour la réunion de rentrée. Ils sont accueillis en classe où sont déjà affichées quelques productions des élèves. Ils peuvent s'installer dans les espaces où évoluent les enfants et l'enseignant explique le déroulement de la journée et le contenu des activités proposées.
- Lors de cette réunion, les représentants des *fédérations de parents d'élèves* se présentent et annoncent les élections de nouveaux représentants au cours du mois d'octobre.

Depuis 2009, tous les élèves admis à l'école sont inscrits sur la base de données ministérielle « Base Élèves ». C'est une application informatique qui permet la gestion administrative et pédagogique de tous les élèves de la maternelle au CM2 dans les écoles publiques et privées. Elle a été déclarée à la Commission nationale de l'informatique et des libertés (CNIL).

- Un *Identifiant National Élève* (INE) est attribué à chaque enfant au moment où il entre dans le système éducatif. Les parents sont invités à remplir une fiche de renseignements spécifique. Malgré les progrès de l'informatique, le directeur doit inscrire l'élève de façon manuscrite sur le registre matricule des élèves. Il doit écrire le nom de l'élève, sa date de naissance, le nom, l'adresse et la profession de ses parents, la date du premier jour de scolarisation et la date de départ définitif de l'école. Le jour où l'élève quitte l'établissement, le directeur édite un certificat de radiation. L'inscription dans une nouvelle école est liée à la présentation de ce certificat. Cette procédure a deux objectifs :
  - suivre le parcours scolaire d'un enfant;
  - éviter que les élèves soient inscrits dans deux écoles à la fois.
- La tenue et l'archivage du registre matricule dans l'école sont obligatoires sans limitation de durée.

Le déroulement de la scolarité à l'école maternelle

- La scolarité à l'école maternelle s'organise en *trois années* qui recouvrent *trois sections* :
  - la petite section, dite PS;
  - la moyenne section, dite MS;
  - la grande section, dite GS.
- Depuis la rentrée 2014, ces trois sections appartiennent toutes au *cycle 1*.
- Si des élèves entrent à 2 ans, ils fréquentent une *section dite TPS*, et leur scolarité maternelle se déroulera sur 4 années.
- C'est le directeur qui *répartit les élèves dans les classes*. Il prend l'avis du conseil des maîtres afin d'équilibrer le nombre d'élèves dans chaque classe, d'éviter de regrouper des élèves qui ont pu avoir des relations conflictuelles les années antérieures. Selon les effectifs et l'attribution des postes d'enseignants par l'inspecteur d'académie, il arrive souvent que les sections ne recouvrent pas une seule classe. Il faut alors créer des classes à double niveau comme des PS/MS ou MS/GS et même quelquefois des PS/GS. On appelle cela des classes à «double niveau». Dans ces cas de classes «à deux cours», les élèves de chaque section suivent le programme scolaire adapté à leur âge. Il peut y avoir aussi des classes à trois cours, ces classes sont appelées classes «multi-âges». Une école maternelle et une école élémentaire fusionnées forment une école primaire. En l'absence d'école maternelle dans une commune, les enfants de 5 ans peuvent être scolarisés à l'école élémentaire dans une section enfantine.

La place de l'école maternelle dans le système éducatif

- La scolarité primaire est organisée en trois cycles :
  - le *cycle 1*, ou cycle des apprentissages premiers, correspond aux trois sections de l'école maternelle : PS, MS et GS. Depuis la loi sur la refondation de l'école de 2013, la grande section (GS) est entièrement intégrée dans le cycle 1 (et non plus à cheval sur les cycles 1 et 2);
  - le *cycle 2*, ou cycle des apprentissages fondamentaux, recouvre les deux premières sections de l'école élémentaire : le cours préparatoire (CP) et le cours élémentaire 1re année (CE1);
  - le *cycle 3*, ou cycle des approfondissements, débute au cours moyen 1re année (CM1), continue au cours moyen 2e année (CM2) et se termine en fin de 6e du collège.

Une transition très importante, *la liaison «grande section/CP»*, requiert toute l'attention des équipes pluridisciplinaires dans le cadre de la continuité entre les cycles.

- La scolarité obligatoire, de 6 ans à 16 ans, repose sur l'acquisition par les élèves du *socle commun de connaissances, de compétences et de culture*. Le socle commun vise à donner une «culture commune» à tous les élèves.

TABLEAU 2.2. **Progression de la scolarité par classe et par cycles.**

Enseignement PRIMAIRE									**Enseignement SECONDAIRE**			
École maternelle				**École élémentaire**					**Collège**			
TPS	PS	MS	GS	CP	CE1	CE2	CM1	CM2	6e	5e	4e	3e
Cycle 1				**Cycle 2**		**Cycle 3**						DNB[1]
Socle commun de connaissances, de compétences et de culture												

1. DNB : diplôme national du brevet.

À partir de la rentrée 2015, le CE2 sera intégré au cycle 2 et la classe de 6e appartiendra au cycle 3.

- *Les effectifs par classe*

Le directeur prend l'avis du conseil des maîtres pour répartir dans les classes, les élèves affectés à l'école.

Il n'y a pas de seuil minimum ou maximum, il faut tendre à une répartition équilibrée au plus près de 30 élèves par classe. Il peut y avoir 31 élèves dans une classe et 25 ou 27 dans les autres.

- *Les classes à double niveau*

Il arrive souvent que les sections ne recouvrent pas une seule classe. Il faut alors créer des classes à double niveau comme des PS/MS ou MS/GS et même quelquefois des PS/GS. On appelle cela des classes à «double niveau». Il peut y avoir aussi des classes à trois cours, ces classes sont appelées classes «multi-âges». Dans ce type de classes, les élèves de chaque section suivent le programme scolaire adapté à leur âge.

Les programmes 2015 de l'école maternelle

Les nouveaux programmes sont en application depuis la rentrée scolaire de septembre 2015.

- *Dès la rentrée 2013*, une circulaire parue au Bulletin Officiel (BO n° 15 du 11 avril 2013) a recentré *les priorités de l'école maternelle autour de cinq axes de développement* :
  - le développement *affectif de l'élève*;
  - le développement *social de l'élève*;
  - le développement *sensoriel de l'élève*;
  - le développement *moteur de l'élève*;
  - le développement *cognitif de l'élève*.

Une consultation s'est déroulée au cours du 1er trimestre de l'année scolaire 2014/2015 afin de recueillir les avis et suggestions des personnels sur les contenus de ces programmes. Dans les écoles, les ATSEM qui l'ont souhaité ont pu être associés à cette réflexion.

L'accueil des personnels et des syndicats est globalement positif.

Les missions des personnels de l'école maternelle sont bien définies : donner envie aux enfants *d'aller à l'école, d'apprendre pour grandir et de devenir élève.*

Le cadre scolaire est décrit comme «sécurisant et riche d'exploration».

FIG. 2.6. **Exemple d'une affiche réalisée avec les élèves de MS/GS.**

- Les nouveaux programmes montrent des ambitions fortes et une *attention toute particulière portée au développement global de l'enfant* dans un *cadre bienveillant et sécurisant*. La priorité donnée à l'acquisition du langage, la place du jeu, des activités physiques et artistiques montrent une volonté d'assurer un développement harmonieux des enfants.

Les programmes de 2015 offrent une vision positive de l'école maternelle décrivant une école bienveillante mais exigeante, soucieuse de développer l'envie d'apprendre, de valoriser et de réussir.

- *Dans un chapitre, «Éthique professionnelle des enseignants»*, le programme met l'accent sur la *posture des enseignants,* qui doit être basée sur :
  - l'écoute;
  - la confiance dans les capacités de l'enfant;
  - la valorisation de ses essais et de ses réussites;
  - *le travail en partenariat avec les ATSEM* et les membres des RASED (Réseaux d'aides spécialisées aux élèves en difficulté);
  - les relations de confiance établies avec les familles.
- Ce texte insiste sur *la spécificité de l'école maternelle et la diversité des modalités d'apprentissage* :
  - le jeu;
  - l'observation;
  - l'imitation;
  - l'entraînement;
  - la réflexion;
  - les interactions entre élèves.
- En maternelle, *la qualité du langage* de toutes les personnes qui participent à l'éducation est déterminante, parce que *le langage est le vecteur de tous les apprentissages*. Chaque adulte doit être attentif à son propre langage à chaque instant d'une journée d'école. Pour s'adresser aux enfants les plus jeunes, le débit de parole se ralentit, l'adulte produit des énoncés brefs et soigneusement articulés.

L'adulte à l'écoute des enfants cherche à comprendre ce qu'ils veulent dire et réagit à leurs propos par des reprises de leurs énoncés.

- La classe et le groupe sont définis comme des lieux et des modes d'apprentissage : «*apprendre ensemble pour vivre ensemble*». Dès la maternelle, l'école forme des citoyens, travaille au respect de soi et des autres dans un esprit d'entraide et de coopération.
  - L'objectif du «devenir élève» est affirmé comme c'était déjà le cas dans les programmes de 2008 : «*L'école maternelle initie à la construction progressive d'une posture d'élève [...]. Les enseignants donnent aux enfants les moyens de comprendre ce qu'ils font à l'école au fur et à mesure de la scolarité maternelle*».
  - Dans le cadre des programmes de 2008, l'école maternelle s'était focalisée sur les compétences attendues en fin de classe de grande section en anticipant les apprentissages, reproduisant dans les petites classes le modèle de l'école élémentaire. Le conseil supérieur des programmes, dans la conception des programmes de 2015, a souhaité mettre un terme à cette logique qui profitait le plus souvent aux enfants les plus avancés et rarement aux élèves les plus fragiles.
  - Les programmes de 2015 balisent le parcours des 3 ou 4 années d'école maternelle et proposent des parcours adaptés aux enfants aux besoins différents et variés[12].

La mission principale de l'école maternelle est de donner envie aux enfants d'aller à l'école pour apprendre, affirmer et épanouir leur personnalité. Elle s'appuie sur un principe fondamental : tous les enfants sont capables d'apprendre et de progresser.

Trois spécificités sont prises en compte :

- *une école adaptée aux jeunes enfants* :
  - une école qui accueille les enfants et leurs parents : un dialogue régulier et constructif s'établit entre enseignants et parents; il exige de la confiance et une information réciproques,
  - une école qui accompagne les transitions vécues par les enfants : l'équipe pédagogique organise la vie de l'école en concertation avec d'autres personnels, en particulier les ATSEM, l'école élémentaire, le RASED,
  - une école qui tient compte du développement de l'enfant : l'équipe pédagogique aménage l'école afin d'offrir aux enfants un univers qui stimule leur curiosité, répond à leurs besoins de jeu, de repos, de mouvement, de découverte, etc. Chaque enseignant détermine l'organisation du temps adaptée à leur âge,
  - une école qui pratique une évaluation positive : les enseignants rendent explicites pour les parents, les démarches, les attendus et les modalités d'évaluation propres à l'école maternelle;
- *une école qui organise des modalités particulières d'apprentissage* :
  - apprendre en jouant : le jeu favorise la richesse des expériences, permet d'exercer l'autonomie, d'agir sur le réel, de développer leur imaginaire, etc. Il favorise la communication,
  - apprendre en réfléchissant et en résolvant des problèmes,
  - apprendre en s'exerçant,
  - apprendre en se remémorant et en mémorisant;
- *une école où les enfants vont apprendre et vivre ensemble* :
  - comprendre la fonction de l'école : l'école maternelle initie ainsi la construction progressive d'une posture d'élève, fait acquérir des habitudes de travail, définit les critères de réussite pour que chacun puisse situer le chemin qu'il a réalisé et perçoive les progrès qu'il doit encore effectuer,
  - se construire comme une personne singulière au sein du groupe : c'est participer à des projets communs, prendre des initiatives et des responsabilités, prendre du plaisir à échanger et à confronter son point de vue à celui des autres.

[12] Bulletin officiel spécial n°2 du 26 mars 2015 : http://www.education.gouv.fr/pid25535/bulletin_officiel.html?pid_bo=32001

FIG. 2.7. **Les règles de vie de la classe.**

FIG. 2.8. **Tableau hebdomadaire des responsabilités en GS.**

Cinq domaines d'apprentissages sont déclinés :

1. Mobiliser le langage dans toutes ses dimensions;
2. Agir, s'exprimer, comprendre à travers l'activité physique;
3. Agir s'exprimer, comprendre à travers les activités artistiques;
4. Construire les premiers outils pour structurer sa pensée;
5. Explorer le monde.

Chacun de ces cinq domaines est essentiel au développement de l'enfant et doit trouver sa place dans l'organisation du temps quotidien.

1. Mobiliser le langage dans toutes ses dimensions

Le mot «langage» désigne un ensemble d'activités mises en œuvre par un individu lorsqu'il parle, écoute, réfléchit, essaie de comprendre et progressivement lit et écrit. L'école maternelle permet à tous les enfants de mobiliser les *deux composantes du langage* :

- *le langage oral,* qui permet de communiquer, de comprendre, d'apprendre et de réfléchir;
- *le langage écrit,* dont les enfants découvrent le rôle pour garder trace et s'adresser à un destinataire absent.

2. Agir, s'exprimer, comprendre à travers l'activité physique

La pratique d'activités physiques contribue au développement moteur, sensoriel, intellectuel et relationnel des enfants. Ces activités sont l'occasion d'éprouver des émotions et des sensations nouvelles. Elles permettent d'éprouver le plaisir du mouvement et de l'effort. Elles répondent au besoin de mouvement des enfants. L'éducation à la santé permet de mieux connaître son corps pour le respecter.

3. Agir, s'exprimer, comprendre à travers les activités artistiques

La pratique d'activités artistiques enrichit l'imaginaire des enfants. Ce domaine se réfère aux arts visuels (peinture, sculpture, dessin, photographie, arts graphiques, cinéma, bande dessinée, arts numériques) et aux arts du spectacle vivant (danse, théâtre, cirque, marionnettes, etc.). C'est la première étape de l'acquisition d'une culture artistique.

4. Construire les premiers outils pour structurer sa pensée

- Par exemple l'école maternelle conduit progressivement chacun à comprendre que les nombres permettent d'exprimer des quantités (usage cardinal) ou un positionnement dans une liste (usage ordinal).
- Explorer des formes, des grandeurs, des suites organisées.

5. Explorer le monde

Par exemple :

- Se repérer dans le temps et dans l'espace.
- Explorer le monde du vivant, des objets et de la matière. Observer les manifestations de la vie animale, mieux connaître son corps.

La figure 2.9 présente l'architecture des programmes.

Les attendus de fin de cycle 1 (fin de l'école maternelle)

Les attendus de fin de cycle, au nombre de 59, fixent l'horizon pour la fin de la grande section. L'évaluation réside dans «l'observation et l'interprétation de ce que chaque enfant dit et fait». Ce n'est pas «un instrument de prédiction ni de sélection, mais un outil de régulation».

1. Mobiliser le langage dans toutes les dimensions

- Communiquer avec les adultes et avec les autres enfants par le langage, en se faisant comprendre.
- S'exprimer dans un langage syntaxiquement correct et précis. Reformuler pour se faire mieux comprendre.
- Pratiquer divers usages du langage oral : raconter, expliquer, questionner, proposer des solutions, discuter un point de vue.
- Dire de mémoire et de manière expressive plusieurs comptines et poésies.
- Comprendre des textes écrits sans autre aide que le langage entendu.
- Manifester de la curiosité par rapport à l'écrit. Pouvoir redire les mots d'une phrase écrite après sa lecture par l'adulte, les mots du titre connu d'un livre ou d'un texte.
- Participer verbalement à la production d'un écrit. Savoir qu'on n'écrit pas comme on parle.
- Repérer des régularités dans la langue à l'oral en français (éventuellement dans une autre langue).
- Manipuler des syllabes.
- Discriminer des sons (syllabes, sons-voyelles; quelques sons-consonnes hors des consonnes occlusives).
- Reconnaître les lettres de l'alphabet et connaître les correspondances entre les trois manières de les écrire : cursive, script, capitales d'imprimerie. Copier à l'aide d'un clavier.
- Écrire son prénom en écriture cursive, sans modèle.
- Écrire seul un mot en utilisant des lettres ou des groupes de lettres empruntés aux mots connus.

Une école adaptée aux jeunes enfants / Une école qui organise des modalités particulières d'apprentissage / Apprendre ensemble pour Vivre ensemble

1 Mobiliser le langage dans toutes ses dimensions		2 Agir, s'exprimer, comprendre à travers l'activité physique	3 Agir, s'exprimer, comprendre à travers les activités artistiques	4 Construire les premiers outils pour structurer sa pensée	5 Explorer le monde
L'oral **Oser entrer en communication :** dire, exprimer un avis, un besoin, questionner, annoncer une nouvelle **Comprendre et apprendre** **Échanger et réfléchir avec les autres** **Commencer à réfléchir sur la langue et acquérir une conscience phonologique :** apprendre à manipuler les sons, les identifier, repérer les ressemblances et les différences. Éveil à la diversité linguistique	**L'écrit** **Écouter de l'écrit et comprendre** **Découvrir la fonction de l'écrit** : découvrir des supports variés (livres, affiches, lettres, étiquettes, messages électroniques, etc.) **Commencer à produire des écrits et en découvrir le fonctionnement** **Découvrir le principe alphabétique et commencer à écrire tout seul** : relation entre lettres et sons et entre les 3 écritures : cursive, scripte, capitales	**Agir dans l'espace, dans la durée et sur les objets** : engager des efforts et y prendre plaisir **Adapter ses équilibres et ses déplacements à des environnements ou des contraintes variées** : explorer différentes situations en prenant des risques mesurés **Communiquer avec les autres au travers d'actions à visée expressive ou artistique** : inventer, improviser en participant à un projet collectif **Collaborer, coopérer, s'opposer** individuellement ou collectivement, dans le cadre d'une règle, pour participer à la recherche de différentes solutions ou stratégies. S'approprier des rôles sociaux variés : joueur, arbitre, observateur	**Développer le goût pour les pratiques artistiques** : laisser des traces, explorer des outils et des matériaux **Découvrir différentes formes d'expression artistique** **Vivre et exprimer des émotions, formuler des choix :** – dessiner – s'exercer au graphisme décoratif – réaliser des compositions plastiques, planes et en volume – observer, comprendre et transformer des images **Univers sonores :** – jouer avec sa voix et acquérir un répertoire de comptines et de chansons – explorer des instruments, utiliser les sonorités du corps – affiner l'écoute **Pratiquer quelques activités du spectacle vivant** : s'approprier un espacescénique, acquérir des postures d'acteur et de spectateur	**Découvrir les nombres et leurs utilisations :** – construire le nombre pour exprimer des quantités – stabiliser la connaissance des petits nombres – utiliser le nombre pour désigner un rang, une position – organiser et structurer des quantités – évaluer et comparer des grandeurs et des quantités – acquérir la suite orale des mots-nombres – écrire des nombres avec des chiffres **Dénombrer** **Dénombrer une collection :** – compter 1 à 1 – réciter la suite des petits nombres jusqu'à 30 **Explorer des formes, des grandeurs, des suites organisées :** – trier, organiser selon des critères de formes et de couleurs – réaliser des algorithmes simples	**Se repérer dans le temps et l'espace** **Le temps :** – construction de repères temporels – sensibilisation aux durées : temps court (avant, après, journée) et temps long (jours, semaines, mois, saisons) – stabiliser les premiers repères temporels – introduire les repères sociaux – consolider la notion de chronologie – sensibiliser à la notion de durée **L'espace :** – faire l'expérience de l'espace – construire une image orientée de son corps – représenter l'espace (dessins, photos, maquettes, plans) et s'orienter – découvrir différents milieux **Explorer le monde du vivant des objets et de la matière :** – découvrir, organiser et comprendre le monde – découvrir le monde du vivant – explorer la matière – utiliser, fabriquer, manipuler des objets – utiliser des outils numériques

FIG. 2.9. L'architecture des programmes.

FIG. 2.10. **La bibliothèque de l'école.**

FIG. 2.11. **A. Étiquettes de lecture en GS. B. Tableau de phonologie.**

2. Agir, s'exprimer, comprendre à travers l'activité physique

- Courir, sauter, lancer de différentes façons, dans des espaces et avec des matériels variés, dans un but précis.
- Ajuster et enchaîner ses actions et ses déplacements en fonction d'obstacles à franchir ou de trajectoire d'objets sur lesquels agir.
- Se déplacer avec aisance dans des environnements variés, naturels ou aménagés.
- Construire et conserver une séquence d'actions et de déplacements, en relation avec d'autres partenaires, avec ou sans support musical.
- Coordonner ses gestes et ses déplacements avec ceux des autres, lors de rondes et jeux chantés.
- Coopérer, exercer des rôles différents complémentaires, élaborer des stratégies pour viser un but ou un effet commun.

FIG. 2.12. **Une séance d'EPS avec du matériel.**

3. Agir, s'exprimer, comprendre à travers les activités artistiques

Univers plastiques et visuels

- Choisir différents outils, médiums, supports en fonction d'un projet ou d'une consigne et les utiliser en adaptant son geste.
- Pratiquer le dessin pour présenter ou illustrer, en étant fidèle au réel ou à un modèle, ou en inventant.
- Réaliser une composition personnelle en reproduisant des graphismes. Créer des graphismes nouveaux.
- Réaliser des compositions plastiques, seul ou en petit groupe, en choisissant et combinant des matériaux, en réinvestissant des techniques et des procédés.

FIG. 2.13. **Productions plastiques en MS.**

FIG. 2.14. **Productions graphiques et plastiques.**

Univers sonores

- Avoir mémorisé un répertoire varié de comptines et de chansons et les interpréter de manière expressive.
- Jouer avec sa voix pour explorer des variantes de timbre, d'intensité, de hauteur, de nuance.
- Repérer et reproduire, corporellement ou avec des instruments, des formules rythmiques simples.
- Décrire une image, parler d'un extrait musical et exprimer son ressenti ou sa compréhension en utilisant un vocabulaire adapté.
- Proposer des solutions dans les situations de projet, de création, de résolution de problèmes, avec son corps, sa voix ou des objets sonores.

4. Construire les premiers outils pour structurer sa pensée

Utiliser les nombres

- Évaluer et comparer des collections d'objets avec des procédures numériques ou non numériques.
- Réaliser une collection dont le cardinal est donné. Utiliser le dénombrement pour comparer deux quantités, pour constituer une collection d'une taille donnée ou pour réaliser une collection de quantité égale à la collection proposée.

- Utiliser le nombre pour exprimer la position d'un objet ou d'une personne dans un jeu, dans une situation organisée, sur un rang ou pour comparer des positions.
- Mobiliser des symboles analogiques, verbaux ou écrits, conventionnels ou non conventionnels pour communiquer des informations orales et écrites sur une quantité.

Étudier les nombres

- Avoir compris que le cardinal ne change pas si on modifie la disposition spatiale ou la nature des éléments.
- Avoir compris que tout nombre s'obtient en ajoutant un nombre au nombre précédent et que cela correspond à l'ajout d'une unité à la quantité précédente.
- Quantifier des collections jusqu'à dix au moins; les composer et les décomposer par manipulations effectives puis mentales. Dire combien il faut ajouter ou enlever pour obtenir des quantités ne dépassant pas dix.
- Parler de nombres à l'aide de leur décomposition.
- Dire la suite des nombres jusqu'à trente. Lire les nombres écrits en chiffres jusqu'à dix.

Explorer des formes, des grandeurs, des suites organisées

- Classer des objets en fonction de caractéristiques liées à leur forme. Savoir nommer quelques formes planes (carré, triangle, cercle ou disque, rectangle) et reconnaître quelques solides (cube, pyramide, boule, cylindre).
- Classer ou ranger des objets selon un critère de longueur, de masse ou de contenance.
- Reproduire un assemblage à partir d'un modèle (puzzle, pavage, assemblage de solides).
- Reproduire, dessiner des formes planes.
- Identifier le principe d'organisation d'un algorithme et poursuivre son application.

5. Explorer le monde

Se repérer dans le temps et dans l'espace

- Situer des événements vécus les uns par rapport aux autres et en les repérant dans la journée, la semaine, le mois ou la saison.
- Ordonner une suite de photographies ou d'images, pour rendre compte d'une situation vécue ou d'un récit fictif entendu, en marquant de manière exacte succession et simultanéité.
- Utiliser des marqueurs temporels adaptés (puis, pendant, avant, après, etc.) dans des récits, descriptions ou explications.
- Situer des objets par rapport à soi, entre eux, par rapport à des objets repères.
- Se situer par rapport à d'autres, par rapport à des objets repères.
- Dans un environnement bien connu, réaliser un trajet, un parcours à partir de sa représentation (dessin ou codage).
- Élaborer des premiers essais de représentation plane, communicables (construction d'un code commun).
- Orienter et utiliser correctement une feuille de papier, un livre ou un autre support écrit, en fonction de consignes, d'un but ou d'un projet précis.
- Utiliser des marqueurs spatiaux adaptés (devant, derrière, droite, gauche, dessus, dessous, etc.) dans des récits, descriptions ou explications.

Explorer le monde du vivant, des objets et de la matière

- Reconnaître les principales étapes du développement d'un animal ou d'un végétal, dans une situation d'observation du réel ou sur une image.
- Connaître les besoins essentiels de quelques animaux et végétaux.
- Situer et nommer les différentes parties du corps humain, sur soi ou sur une représentation.
- Connaître et mettre en œuvre quelques règles d'hygiène corporelle et de vie saine.
- Choisir, utiliser et savoir désigner des outils et des matériaux adaptés à une situation, à des actions techniques spécifiques (plier, couper, coller, assembler, actionner, etc.).
- Réaliser des constructions; construire des maquettes simples en fonction de plans ou d'instructions de montage.
- Utiliser des objets numériques : appareil photo, tablette, ordinateur.
- Prendre en compte les risques de l'environnement familier (objets et comportements dangereux, produits toxiques).

FIG. 2.15. **Les jeux éducatifs (PS).**

Le projet d'école

- Le projet d'école est un *document contractuel* entre les enseignants et les autres membres de la communauté éducative, il prend en compte les besoins particuliers des élèves. Il organise la progressivité des apprentissages de la petite à la grande section. La finalité du projet d'école, c'est d'assurer la cohérence des actions des enseignants dans chaque classe, et plus largement des adultes dans l'école afin d'accroître l'efficacité de l'enseignement.
- Le projet d'école intègre l'ensemble des dispositifs mis en place, et notamment :
  - les *activités pédagogiques complémentaires* (APC);
  - les *ateliers périscolaires* (TAP) mis en place dans le cadre du *projet éducatif territorial* (PEDT). Ce dernier formalise une démarche permettant aux collectivités territoriales de proposer à chaque enfant un parcours éducatif cohérent et de qualité avant, pendant et après l'école, organisant ainsi, dans le respect des compétences de chacun, la complémentarité des temps éducatifs.
- Le projet d'école prévoit les modalités de relation avec les parents. Les enjeux sont éducatifs et pédagogiques. Il implique tous les partenaires du monde éducatif et favorise le travail en équipe.

- Le projet d'école concrétise la volonté de placer l'enfant au centre du système éducatif, en prenant en compte la diversité des situations dans lesquelles il évolue.
- Le projet d'école reconnaît l'espace d'autonomie indispensable aux acteurs du système éducatif pour adapter leurs actions aux réalités du terrain. Il doit contribuer à développer le sens de la responsabilité, l'implication effective de chacun des membres de l'équipe pédagogique et de l'équipe éducative.
- Le projet d'école est mobilisateur des énergies et des compétences.
- Le projet d'école est un instrument de cohérence, tant à l'intérieur de l'école et du réseau éducatif local que dans les relations avec les différents partenaires impliqués.

- La mise en place d'un projet d'école requiert :
  - une démarche d'analyse de la situation;
  - une définition des objectifs prioritaires dans le respect des programmes scolaires;
  - une définition des moyens à mettre en œuvre.
- La mise en œuvre du projet d'école, son évaluation et sa régulation sont coordonnées par l'équipe pédagogique sous la responsabilité du directeur de l'école.

REMARQUE Un ATSEM trouvera mieux sa place dans l'équipe éducative de l'école si elle connaît les axes éducatifs du projet d'école (Fig. 2.16).

FIG. 2.16. **Le projet d'école.**

L'évaluation des élèves

Toutes les activités proposées à l'école maternelle sont des supports d'apprentissage de compétences, qu'elles soient comportementales, sociales, pratiques, gestuelles ou notionnelles. Les élèves de l'école maternelle acquièrent des «savoirs» que l'on qualifie de «savoir-être» et de «savoir-faire». Toutefois, à l'école maternelle, les activités sont toujours proposées sous forme de jeu.

TÉMOIGNAGE « Le jeu c'est le travail de l'enfant, c'est son métier, c'est sa vie. L'enfant qui joue à l'école maternelle s'initie à la vie scolaire, et l'on oserait dire qu'il n'apprend rien en jouant ! »[13]

[13] Pauline Kergomard, inspectrice des écoles maternelles de 1879 à 1917.

- Les compétences qui doivent être travaillées et acquises selon les sections de l'école maternelle sont organisées en *progressions*, dans chaque *domaine d'apprentissage*. Le parcours scolaire et le développement des compétences de chaque élève sont l'objet d'une attention toute particulière de la part des maîtres afin d'assurer un suivi régulier des élèves. Chaque fin de semestre ou de trimestre, selon les sections ou les politiques des écoles, les observations continues et les résultats partiels des élèves sont consignés dans un livret d'évaluation.

TÉMOIGNAGE « La pratique de l'évaluation est non seulement légitime mais aussi indispensable, en maternelle comme ailleurs. Il faut simplement faire la distinction entre l'évaluation-bilan et une évaluation que l'on souhaite formative, conçue comme une aide aux apprentissages. »[14]

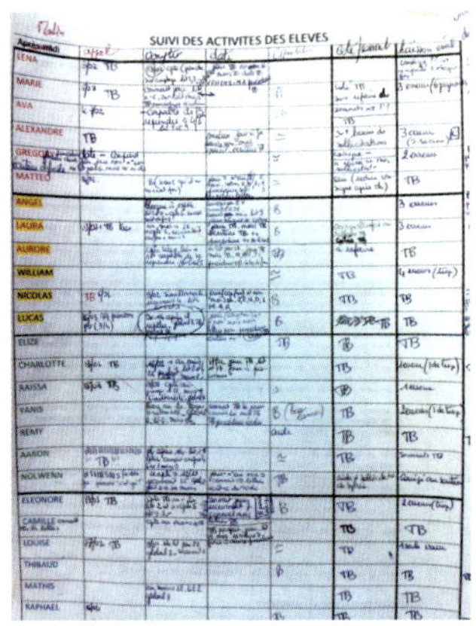

FIG. 2.17. Tableau d'évaluation d'une enseignante de PS.

- Le *livret d'évaluation des compétences* est un «outil de communication» avec les familles. Il doit être remis aux familles plusieurs fois dans l'année scolaire, en général à chaque fin de trimestre. Ce livret suit l'élève tout au long de sa scolarité, même en cas de changement d'école. Cette évaluation doit être un regard positif porté sur l'enfant et ses progrès. Les cahiers et les productions des élèves accompagnent le livret lorsqu'il est communiqué aux parents. Les productions sont organisées, classées en fonction des compétences travaillées.
- Un «*bilan des compétences de fin d'école maternelle*» est mis en place en grande section pour repérer et identifier les éventuelles difficultés des élèves afin de prévenir l'échec scolaire.

Enseignants, membres du RASED[15], ATSEM, médecin scolaire, et autres partenaires de l'école, ont des actions conjointes à mener pour atteindre les objectifs de réussite scolaire pour chacun. Tous les adultes qui travaillent à l'école maternelle ont pour mission de conduire ensemble un projet au service des enfants. L'éducation est un travail collégial, une collaboration efficace est nécessaire.

[14] M.-T. Zerbato-Poudou, Docteur en sciences de l'éducation.

[15] Le RASED (Réseau d'aide spécialisée aux enfants en difficulté), se compose de maîtres spécialisés et d'un ou plusieurs psychologues scolaires. Ces maîtres sont aussi appelés «rééducateurs». Ils interviennent à la demande du maître de la classe, sur le temps scolaire, avec l'autorisation des parents, auprès d'un élève ou d'un groupe d'élèves, dans la classe ou hors la classe. Ces séances sont toujours programmées par rapport à un projet pédagogique d'aide personnalisée, c'est une aide qui doit être temporaire. Ces maîtres interviennent sur les trois cycles de l'école.

- L'école maternelle joue aussi un *rôle important dans le dépistage précoce des handicaps*. Tous les élèves de grande section sont vus l'année de leurs 6 ans par le médecin scolaire afin de dépister d'éventuels troubles spécifiques des apprentissages.

Dans le cas de difficultés scolaires importantes, le directeur réunit une équipe éducative à laquelle les parents sont convoqués. Lors de cette réunion, sont conviés : le maître de la classe assisté éventuellement de l'ATSEM, la psychologue scolaire et les membres du RASED qui ont travaillé avec l'enfant, ainsi que les personnes qui suivent l'enfant à l'extérieur de l'école (pédopsychiatre, orthophoniste, psychomotricien, ergothérapeute). Des propositions, des engagements sont pris afin d'optimiser les interventions de chacun pour travailler de manière concertée à l'amélioration de la scolarité de l'enfant.

La continuité avec l'école élémentaire

- Dans les classes de grande section, les élèves pratiquent des *activités régulières*, conçues en partenariat avec les élèves des classes de CP de l'école élémentaire. Il peut s'agir d'échanges de messages, de lectures d'albums, d'activités communes comme le chant choral ou les activités sportives. Au-delà des visites des classes de fin d'année, des sorties pédagogiques peuvent être programmées. Des invitations à des spectacles ou des expositions sont de bons moyens pour tisser des liens entre les deux écoles. Des échanges de services entre les maîtres de l'école maternelle et ceux de l'école élémentaire peuvent être organisés.
- Le projet d'école est le moyen de garantir la continuité nécessaire entre l'école maternelle et l'école élémentaire. La grande section, classe de l'école maternelle, est une classe «charnière». Les inspecteurs de l'Éducation nationale recommandent aux enseignants que tous les projets d'école comportent un volet qui spécifie la manière d'organiser les liaisons entre les deux écoles, la maternelle et l'élémentaire.

La participation effective des parents au projet d'école, et plus largement à la vie de l'école, est recherchée.

L'aménagement des classes

Les classes de l'école maternelle sont des lieux aménagés et organisés par l'enseignant en fonction de ses intentions pédagogiques.

La classe est un lieu assorti de règles de vie et de fonctionnement qui répond à des objectifs d'apprentissage. Le cadre doit être sécurisant, accueillant, confortable et esthétique.

> «L'aménagement d'une salle de classe d'école maternelle doit offrir de multiples occasions d'expériences sensorielles et motrices [...]. Il permet de faire évoluer les relations entre enfants, ou avec les adultes [...], de satisfaire son besoin d'activité et son envie d'apprendre. Il doit pouvoir peindre, découper, lire, bricoler, observer, jouer [...], communiquer avec les autres.»[16]

[16] Horaires et programmes d'enseignement de l'école primaire, ministère de l'Éducation nationale, 2008.

FIG. 2.18. **Légo® vertical.**

FIG. 2.19. **Maxicoloredo®.**

- Il y a des espaces de jeux et des espaces d'activités. *L'aménagement d'une classe doit* :
  - respecter les normes de sécurité;
  - répondre aux besoins des enfants;
  - permettre des actions diversifiées;
  - donner l'envie d'agir;
  - permettre aux enfants de prendre des repères (affichages, rangements);
  - faciliter les circulations.
- Dans une classe de l'école maternelle, il y a des *espaces d'activités dédiés* comme le regroupement, les chevalets de peinture ou les tables d'écriture face au tableau et de nombreux «coins jeux». On appelle «jeux d'imitation», les espaces de «jeux symboliques» comme la cuisine, la chambre, l'épicerie, les déguisements. Il y a des espaces réservés aux activités de manipulations (bac à eau, à semoule, etc.) et de bricolage. Il y a des espaces d'activités polyvalents qui varient selon le moment de la journée, la nature de l'activité ou les périodes de l'année comme le graphisme, les livres, les jeux éducatifs, les espaces d'activités scientifiques et de découvertes sensorielles. Les activités comme le jardinage sont proposées à l'extérieur quand cela est possible.

Le coin regroupement

C'est l'espace où les élèves sont regroupés pour les activités en grand groupe dites «collectives» : le langage, les lectures d'histoires ou de contes, le chant, la présentation des projets de travail.
Dans certaines classes, cet espace est utilisé pendant le temps des ateliers comme espace de jeux libres.

- **Localisation** : dans la classe, il doit être spacieux, accueillant et convivial.
- **Mobilier** : bancs à dossiers, chaises, tapis, coussins.

TABLEAU 2.3. **Caractéristiques du coin regroupement.**

Caractéristiques du lieu	Moyens mis à disposition
Il doit favoriser l'attention des élèves ainsi que les échanges et les relations.	L'espace doit être suffisant et bien éclairé. Le matériel doit être confortable. Il faut veiller à ce que tous les enfants soient bien assis, puissent bien voir l'enseignante et les documents présentés.
Les élèves y trouvent leurs repères sociaux.	Les affichages (calendriers, tableaux de rituels, étiquettes) sont *lisibles* et faciles à manipuler.
Les événements de la vie de la classe sont affichés sous forme de photos, images ou comptes-rendus.	C'est la «mémoire» de la vie de la classe qui doit être lisible par les élèves.

FIG. 2.20. **Affichages espace regroupement PS.**

Les espaces ludiques : les jeux symboliques, le coin des « jeux d'imitation »

Les coins jeux présentent l'intérêt de créer un espace transitionnel entre la maison et l'école pour faciliter le passage du statut d'enfant au statut d'élève.

Caractéristiques du lieu	Moyens mis à disposition
Il doit favoriser la communication et la coopération entre les élèves. – Coin cuisine, chambre, toilette sous forme de soins aux bébés ou aux poupées – Jeu de marchande, déguisements – Jeux de circuits, garage, train – La ferme et ses animaux	L'espace doit être suffisant pour jouer à plusieurs. Il faut qu'il soit bien aménagé et souvent renouvelé et enrichi. Le matériel doit être en parfait état, adapté à la taille des élèves.
Les élèves y construisent leurs repères sociaux.	Les adultes viennent jouer avec les enfants et sollicitent les échanges verbaux.
Des situations réelles sont affichées sous forme de photos prises à la maison ou lors de situations inventées par les enfants.	L'écrit fonctionnel (marque des produits sur les étiquettes, prix, marques de voitures et sigles, etc.) a toute sa place dans cet espace.

FIG. 2.21. **Catalogue de jeux d'imitation.**

FIG. 2.22. **Jeux d'imitation PS.**

Le coin peinture

C'est un endroit où les élèves ont besoin d'espace pour circuler. Les chevalets ou les murs doivent pouvoir accueillir des supports de formats différents. Plus les enfants sont jeunes, plus l'espace doit être important.

- **Localisation** : dans la classe, ou quelquefois commun à deux classes. Si l'espace manque, il peut être placé dans le couloir. Il doit être bien éclairé et si possible près d'un point d'eau.
- **Mobilier** : chevalets, mur ou piste graphique, tables. Le sol et les murs doivent être protégés.
- **Matériel** : pinceaux de toutes tailles et tous modèles, rouleaux, éponges, coton-tige, peignes et tout le matériel hétéroclite qui peut laisser des traces. Peintures de fluidité différente, encres, colle, gomme à dessiner, paillettes et tout ce qui pourra donner des effets. Papiers, cartons, de toutes couleurs et épaisseurs.

TABLEAU 2.4. **Caractéristiques du coin peinture.**

Caractéristiques du lieu	Moyens mis à disposition
Il doit favoriser l'expression et la création.	L'espace doit être vaste pour permettre la circulation.
Il doit permettre d'expérimenter différents gestes et techniques et de manipuler pour laisser des traces et s'inscrire dans une démarche artistique.	Le matériel et les supports proposés sont extrêmement variés.
Un espace d'affichage d'œuvres se trouve à proximité.	Les modèles graphiques ou picturaux proposés et les productions ont leur place dans cet espace.

FIG. 2.23. **Mobilier et matériel (espace peinture).**

FIG. 2.24. **Espace peinture (MS).**

L'espace graphique

C'est un espace qui permet d'utiliser des outils et des supports variés pour laisser des traces. L'élève apprend à reproduire des modèles et à exercer la précision de son geste.
Dans cet espace, les enfants peuvent pratiquer les arts plastiques.
Dans cet espace, les élèves s'entraînent à acquérir les gestes normés de l'écriture.

- **Localisation** : dans la classe.
- **Mobilier** : tables, plan vertical, tableau vert, tableau blanc, chevalets.
- **Matériel** : bacs permettant le rangement de toutes sortes d'outils scripteurs (feutres de toutes tailles, de toutes couleurs et tous modèles, crayons, stylos, plumes, etc.). Supports papiers de toutes couleurs et épaisseurs.

TABLEAU 2.5. **Caractéristiques de l'espace graphique.**

Caractéristiques du lieu	Moyens mis à disposition
Il doit favoriser le geste graphique.	L'espace permet de disposer différents supports.
Il doit permettre l'exploration et l'expérimentation de différents types de traces.	Le matériel est facilement accessible.
Il doit permettre à l'élève d'apprendre à voir et à reproduire.	Un affichage des modèles graphiques déjà travaillés permet aux enfants d'enrichir leurs productions.

FIG. 2.25. **Rangement du matériel de graphisme.**

FIG. 2.26. **Espace graphisme et écriture.**

L'espace des livres (la bibliothèque de la classe)

Même s'il y a une bibliothèque dans l'école, un espace livre dans la classe est indispensable. C'est un lieu calme qui permet aux élèves de s'isoler, de communiquer et d'échanger. Tous les supports écrits ou d'arts visuels y ont leur place. Les règles d'utilisation de ce lieu sont fixées par l'enseignant et doivent être scrupuleusement respectées.

- **Localisation** : dans la classe, dans un espace protégé calme et bien éclairé.
- **Mobilier** : tables, présentoirs pour ranger les livres, étagères, bacs à livres. Fauteuils, tapis, coussins, tables.
- **Matériel** : albums de fiction ou documentaires, imagiers, textes des chansons, des poésies, des comptines, cartes postales, fichiers d'images, livres de vie de la classe, photos de sorties ou de spectacles, etc.

TABLEAU 2.6. **Caractéristiques de l'espace livres.**

Caractéristiques du lieu	Moyens mis à disposition
Il doit favoriser la lecture par une bonne installation et des albums motivants et variés.	Le fonds doit être régulièrement enrichi et renouvelé pour soutenir l'intérêt des élèves.
Il doit être facile à utiliser, tant pour les recherches que pour le rangement.	Les livres sont étiquetés et les bacs ou étagères de rangement bien identifiés.
C'est un lieu où il faut s'assurer du respect des ouvrages.	Il ne faut présenter que des livres en bon état.

FIG. 2.27. **Espace bibliothèque de la classe.**

FIG. 2.28. **Affichage dans l'espace lecture.**

L'espace jeux de société, jeux mathématiques et jeux à règles

C'est l'espace des jeux à règles où les relations et le respect entre enfants, les capacités à observer, à mémoriser et à développer des stratégies de jeux peuvent s'exercer.

- **Localisation** : dans la classe, dans un espace réservé aux jeux.
- **Mobilier** : tables, présentoirs et casiers pour ranger les jeux.
- **Matériel** : jeux de type lotos, mémory, dominos, cartes, jeux de piste adaptés à l'âge des enfants.

TABLEAU 2.7. **Caractéristiques de l'espace jeux.**

Caractéristiques du lieu	Moyens mis à disposition
Il doit rendre facile les échanges entre les enfants et permettre de se placer face à face, deux à deux, en rond pour attendre son tour.	Les tables ne doivent être ni trop grandes ni trop petites. Le mieux, c'est un espace modulable.
Le rangement doit être pratique.	Il faut être très exigeant sur le rangement et le respect des jeux. Il ne faut surtout pas perdre une pièce.
C'est un lieu où il faut pouvoir afficher les règles.	Les enfants doivent pouvoir se référer aux règles en cas de différents (GS). Des modèles de résultats peuvent être photographiés (lotos ou dominos en PS).

FIG. 2.29. **Enfilage de perles en PS.**

Les espaces de découverte de la matière

Cet espace permet de mener des expériences et de découvrir les propriétés des matériaux. Il permet aux élèves de manipuler, de constater et de généraliser les résultats de leurs explorations. Un coin bricolage peut être installé sur le même mode avec d'autres types de matériaux.

- **Localisation** : dans la classe ou dans un espace commun à deux classes, dans un espace protégé.
- **Mobilier** : bac à eau qui peut être rempli de toutes sortes de matériaux (sable, semoule, pâtes, graines, etc.).
- **Matériel** : des cuvettes, des entonnoirs, des cuillères, des petits et des grands contenants, des passoires, des pulvérisateurs, de la pâte à modeler, etc.

TABLEAU 2.8. **Caractéristiques des espaces de découverte de la matière.**

Caractéristiques du lieu	Moyens mis à disposition
Il doit rendre faciles les explorations et permettre aux enfants d'échanger et de s'observer.	Les tables bacs à eau permettent de placer les élèves autour.
Il faut mettre à portée des enfants une multitude de contenants qui permettent aux enfants de mener des expériences.	Le matériel est trié et rangé dans des bacs adaptés.
C'est un lieu où il faut pouvoir afficher les réalisations des élèves prises en photos.	Les enfants doivent pouvoir se référer aux photos qui sont un excellent support de langue orale.

FIG. 2.30. **Catalogue «MAJUSCULE».**

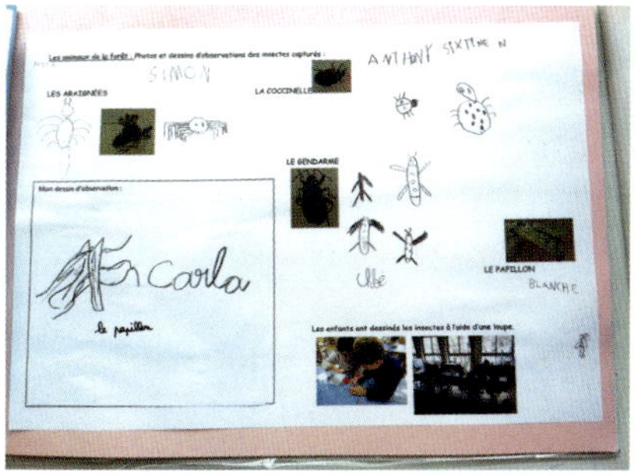

FIG. 2.31. **Cahier de découverte.**

Les outils numériques

Ces dernières années, les outils numériques d'apprentissage (ordinateurs, tablettes, vidéoprojecteurs et tableaux numériques interactifs) ont fait leur entrée dans les classes de l'école maternelle. Pour certains élèves, cela présente les activités de manière plus attractive. La technique n'est pas un obstacle pour les enfants, car les applications sont très simples à maîtriser et la plupart des enfants utilisent déjà les outils informatiques au quotidien à la maison. Le numérique offre de nouvelles possibilités créatives. Dans le cadre de la classe, c'est l'enseignant qui évalue si l'enfant est prêt pour cette activité et conçoit un équilibre entre les différentes situations d'apprentissage proposées en classe.

« Si la priorité de l'Éducation nationale porte sur les apprentissages fondamentaux – lire, écrire, parler correctement la langue française, compter, calculer –, l'école doit également donner à chaque enfant les clés pour réussir dans une société irriguée par le numérique. »[17]

Toutefois, il ne faut pas oublier que les élèves de l'école maternelle ont surtout *besoin de manipuler* (papiers, ciseaux, crayons, matériaux) et de *communiquer oralement* pour progresser dans la socialisation et l'apprentissage de la langue orale.

Les langues étrangères

Dans le cadre de la sensibilisation aux langues étrangères, il peut y avoir des affichages spécifiques en anglais ou dans une autre langue (Fig. 2.32).

FIG. 2.32. Abécédaire en anglais.

[17] L'école numérique, décembre 2014 – Projet porté par Najat Vallaud-Belkacem.

S'ENTRAÎNER

QCM

1. Qu'est-ce que le RASED?

A. Réunion annuelle de soutien aux enfants en difficulté. ☐
B. Réseau administratif scolaire et éducatif départemental. ☐
C. Réseau d'aide spécialisé aux enfants en difficulté. ☐

2. Le supérieur hiérarchique de l'enseignant est :

A. Le directeur. ☐
B. L'adjoint au maire chargé des affaires scolaires. ☐
C. L'inspecteur de l'Éducation nationale. ☐
D. Le maire. ☐

3. Pendant le temps scolaire, un ATSEM est chargé :

A. De mettre en place le matériel destiné aux activités d'accueil des jeunes enfants à l'école maternelle. ☐
B. De l'hygiène des très jeunes enfants. ☐
C. De nettoyer et de préparer les locaux servant aux enfants. ☐
D. D'assurer seul la surveillance pendant la récréation. ☐

4. Les ATSEM sont membres de la communauté éducative. À ce titre, ils peuvent être appelés :

A. À participer aux réunions de l'équipe éducative. ☐
B. À participer aux réunions des équipes pédagogiques. ☐
C. À représenter les enseignants au conseil d'école. ☐
D. À donner des conseils aux parents concernant le sommeil ou les habitudes alimentaires. ☐
E. À participer et encadrer les sorties sur le temps scolaire. ☐

5. Ce matin, l'enseignant est absent pour une raison exceptionnelle, il reviendra cet après-midi et il n'y a pas de remplaçant :

A. Vous gardez les enfants une demi-journée, vous savez ce qu'il faut faire, vous avez l'habitude d'encadrer les ateliers du matin. ☐
B. Vous répartissez les enfants dans les autres classes. ☐
C. C'est du ressort du directeur ou de son remplaçant d'organiser l'accueil. ☐
D. Vous demandez aux parents qui se présentent de garder leur(s) enfant(s) pour éviter de surcharger les classes. ☐
E. Vous acceptez de travailler avec un(e) nouvel(le) enseignant(e) désigné(e) par le directeur. ☐

6. À la récréation :

A. Vous acceptez d'assurer seul la surveillance. ☐
B. Vous acceptez de surveiller la cour de récréation avec une autre ATSEM. ☐
C. Vous acceptez la surveillance car il y a moins d'élèves que d'habitude. ☐
D. Vous êtes de service avec l'enseignant de votre classe. ☐
E. Vous êtes de service avec un enseignant de l'école. ☐

7. Qui est le président du conseil d'école?

A. Le directeur de l'école. ☐
B. Le maire. ☐
C. L'inspecteur d'académie. ☐
D. Le professeur des écoles le plus âgé. ☐

8. L'école primaire est communale, cela signifie que la commune :

A. Rémunère les enseignants. ☐
B. Gère la construction, l'entretien et l'équipement. ☐
C. Doit assurer la restauration des élèves. ☐
D. Rémunère les ATSEM. ☐

9. Pour l'école publique dans l'enseignement primaire, la gratuité est :

A. Partielle. ☐
B. Totale. ☐
C. Exceptionnelle. ☐
D. Liée aux revenus parentaux. ☐

10. L'école préélémentaire publique est :

A. Facultative. ☐
B. Obligatoire à partir de 3 ans. ☐
C. Obligatoire à partir de 5 ans. ☐
D. Payante.

11. Pour construire une école, une commune doit :

A. Avoir l'autorisation du préfet. ☐
B. Obtenir l'accord de la Banque de France. ☐
C. Avoir recours à un architecte. ☐
D. Avoir prévu la somme à son budget. ☐

12. En classe, dans une école maternelle, quel est le rôle de l'ATSEM?

A. Un rôle médical. ☐
B. Un rôle éducatif. ☐
C. Une participation aux activités et une aide à leur mise en œuvre. ☐

13. Quel âge minimum doit avoir un enfant pour rentrer à l'école maternelle?

A. Il doit avoir au minimum 2 ans. ☐
B. Il doit avoir au minimum 2 ans et demi. ☐
C. Il doit avoir au minimum 1 an et demi. ☐
D. Il doit avoir au minimum 3 ans. ☐

14. Dans le cadre de la loi sur la refondation de l'école, quelle est la durée de l'année scolaire?

A. 52 semaines. ☐
B. 36 semaines. ☐
C. 32 semaines. ☐

15. Avec l'application de la réforme des rythmes scolaires, quelle est la durée de la semaine scolaire?

A. 20 heures. ☐
B. 24 heures. ☐
C. 27 heures. ☐

16. Avec la réforme des rythmes scolaires, combien de matins sont travaillés par semaine?

A. 4. ☐
B. 5. ☐
C. 6. ☐

17. Quelle est la durée maximum de la journée scolaire depuis la réforme des rythmes?

A. 8 heures.
B. 6 heures.
C. 5 heures 30.

18. S'il y a des activités numériques à l'école, qui doit fournir les ordinateurs?

A. Le ministère. ☐
B. Les parents. ☐
C. Les associations de parents. ☐
D. La mairie. ☐

19. Qu'est-ce que «Base Élèves»?

A. Les programmes de 2008. ☐
B. Les nouveaux programmes de 2015. ☐
C. La base de données ministérielle. ☐

20. Dans les programmes de 2015 :

A. La GS fait partie intégrante du cycle 1. ☐
B. La GS est rattachée à l'école élémentaire, donc elle fait partie du cycle 2. ☐
C. La GS est à cheval entre le cycle 1 et le cycle 2 pour faire le lien. ☐

21. Quel est l'objet du projet éducatif territorial (PEDT)?

A. Il organise les contenus du temps périscolaire. ☐
B. Il organise le temps de travail des enseignants. ☐
C. Il propose des activités périscolaires en cohérence avec l'axe éducatif du projet d'école. ☐

22. Qu'est-ce que le jeu symbolique ou «jeu d'imitation»?

A. C'est un exercice où l'élève doit reproduire des figures tracées par le maître. ☐
B. Ce n'est pas un jeu à pratiquer à l'école maternelle. ☐
C. C'est un jeu où on joue «à faire semblant». ☐

23. Qu'est-ce que les APC? Qui les organise et qui les dispense?

A. Ce sont des activités pédagogiques complémentaires organisées par les enseignants pour les élèves qui rencontrent une difficulté scolaire. ☐
B. Les enseignants demandent aux animateurs d'organiser les APC après le temps scolaire, mais c'est l'enseignant qui définit les contenus. ☐
C. Le RASED intervient après le temps scolaire pour une demi-heure d'APC avec les élèves désignés par l'enseignant. ☐

Questions orales

1. Quels sont les apprentissages travaillés par les enfants de l'école maternelle et quel est le rôle de l'ATSEM dans l'acquisition de ces apprentissages?
2. Comment se déroule la journée d'un enfant à l'école maternelle?
3. Comment sont aménagées les classes de l'école maternelle?
4. Qui règle les frais de scolarité?
5. Comment inscrit-on un enfant à l'école maternelle?
6. Quel est le rôle de la PMI?
7. Quelles sont les missions du RASED?

CORRIGÉS

QCM

1. C. Le personnel du RASED (Réseau d'aide spécialisée aux enfants en difficulté) est chargé d'organiser et de dispenser une aide spécifique auprès des élèves en difficulté scolaire. Il travaille en accord avec la famille, le directeur et le maître de la classe. L'équipe du RASED est composée de maîtres spécialisés E et G et d'un psychologue scolaire. Le maître E s'occupe plus spécifiquement des difficultés pédagogiques, avec l'élève ou le petit groupe d'élèves concerné. Le maître E ne reproduit pas ce qui est fait en classe, mais aide l'élève à dominer ce qui fait obstacle aux apprentissages (problèmes de perception, d'attention ou de logique défaillante). Le maître G s'occupe plus spécifiquement de ce qui relève des troubles du comportement et des difficultés d'adaptation à l'école.
Le psychologue scolaire est un médiateur entre enfants, parents et enseignants. Il assure le lien avec les suivis extérieurs à l'école.
Le RASED a aussi une mission de prévention des difficultés scolaires dans le cadre du projet d'école. Il participe aux conseils de maîtres, de cycles et d'école.
2. C. Le supérieur hiérarchique de l'enseignant est l'inspecteur de l'Éducation nationale. Le directeur est aussi un enseignant chargé d'une fonction administrative et pédagogique. Toutefois, en ce qui concerne la circulation de l'information, il est le «premier maillon» de la voie hiérarchique.
3. A, B, C. L'ATSEM assure le nettoyage des locaux destinés aux élèves : la classe, les toilettes, les couloirs, le dortoir et le réfectoire. À la demande de l'enseignant et selon les modalités déterminées à l'avance entre l'ATSEM et l'enseignant, l'ATSEM est chargé de mettre en place le matériel pédagogique qui sera utilisé par les élèves lors des activités d'apprentissage. Après les activités éducatives, il procède au rangement et au nettoyage du matériel utilisé. L'ATSEM dispense les soins d'hygiène dont ont besoin les jeunes enfants, il les accompagne aux toilettes, les change si nécessaire, il les aide à se laver les mains avant et après le repas, après les activités salissantes.
4. A, E. Les ATSEM peuvent participer à certaines réunions de l'équipe éducative lorsqu'ils y sont invités et pour les questions qui les concernent. Ils peuvent participer au conseil d'école selon ces mêmes modalités lorsque sont évoquées par exemple les questions d'accueil au centre de loisirs, de restauration scolaire. Un ATSEM peut être invité à participer à une équipe éducative concernant un élève pour évoquer des situations spécifiques du temps de cet enfant dans le cadre scolaire. Les ATSEM participent aux sorties scolaires régulières (piscine, stade, bibliothèque municipale) ainsi qu'aux sorties occasionnelles (visites du quartier, ferme pédagogique, musées, expositions). Les ATSEM ne représentent jamais les enseignants, ne sont pas impliqués directement dans l'élaboration des projets pédagogiques et ne sont pas habilités à conseiller les familles sur l'éducation des enfants.
5. C, E. Le directeur organise l'accueil des élèves et vous serez fort probablement affecté à d'autres tâches pendant cette absence. Le directeur peut vous demander d'intervenir dans une ou plusieurs autres classes où les élèves ont été répartis pendant l'absence de l'enseignant. En aucun cas, un ATSEM ne doit prendre l'initiative d'assurer seul la classe ou de demander aux parents de garder les enfants.
6. E. Un ATSEM ne doit jamais surveiller la cour de récréation hors de la présence d'un enseignant, quel que soit le nombre d'élèves. L'ATSEM travaille toujours sous la responsabilité d'un enseignant, même si ce n'est pas celui de la classe à laquelle il est rattaché habituellement.
7. A. Le directeur d'école préside le conseil d'école. Le maire, l'inspecteur en sont membres de droit et peuvent y participer.

8. B, D. La construction des bâtiments, l'équipement et l'entretien des locaux des écoles communales sont assurés par le budget des communes ou d'intercommunalité. Les rémunérations des ATSEM et les frais de fonctionnement des écoles sont également assurés par les communes. Pour leur activité principale, les temps d'enseignements obligatoires, les enseignants ne sont pas rémunérés par la commune mais par l'État. Ils peuvent parfois assurer des compléments de service pour les communes dans le cadre d'un cumul d'emploi.
9. B. Le fonctionnement des écoles primaires communales est intégralement pris en charge par le budget des communes. Pour tous les enfants qui résident dans la commune, la gratuité est totale. Les repas des enfants qui déjeunent à la cantine sont à régler par les familles selon un barème calculé par rapport au quotient familial.
10. A. L'école maternelle, que l'on appelle aussi l'enseignement préélémentaire, est facultative. Elle est cependant fréquentée par la plupart des enfants. La fréquentation de l'école maternelle est entièrement gratuite, sauf les repas à la cantine et les services de garderie hors temps scolaire.
11. A, D. Le maire d'une commune doit demander l'autorisation au représentant de l'État dans le département, le préfet, pour lancer la construction d'une école communale. Il doit bien sûr avoir inscrit cette somme à son budget.
12. B, C. Le rôle de l'ATSEM dans la classe est particulièrement important. Il participe à la mise en place et à la mise en œuvre des activités, mais il veille aussi à leur bon déroulement. Il fait partie de l'équipe éducative et de ce fait a un rôle éducatif et non un rôle pédagogique.
13. A. Dans la limite des places disponibles, tout enfant de 2 ans révolus peut être admis à l'école maternelle. Dans les zones défavorisées ou rurales, les enfants de 2 ans sont admis afin de prévenir l'échec scolaire grâce à une scolarisation précoce.
14. B.
15. B.
16. B.
17. C.
18. D. Comme tous les matériels et les fournitures scolaires, c'est la mairie qui achète le matériel multimédia comme les TNI (tableaux numériques interactifs), les ordinateurs et les tablettes. Elle en assure aussi la maintenance.
19. C. Il s'agit de la base de données de tous les élèves des écoles de France.
20. A. Dans le cadre de la loi sur la refondation de l'école, la GS est totalement intégrée au cycle 1 et doit établir la liaison GS/CP.
21. A et C.
22. C. Les jeux d'imitation occupent une place très importante en PS, l'espace diminue progressivement en MS puis en GS. Les enfants jouent aussi à des jeux symboliques sur le temps périscolaire.
23. A. Les enseignants organisent et assurent les APC pendant 1 heure par semaine tout au long de l'année scolaire, pour aider les élèves en difficulté passagère.

Questions orales

QUESTIONS 1, 2 ET 3

Pour traiter ces trois questions, il faut s'appuyer sur sa pratique quotidienne et faire preuve d'expérience.
La première question permet d'évoquer les domaines d'apprentissage de l'école maternelle et de montrer que l'on connaît les programmes de 2015. Il faut s'appuyer sur des exemples précis d'activités, les décrire pour expliquer comment les enfants peuvent développer des compétences pour atteindre les attendus de fin de cycle.

La deuxième question permet de montrer que l'on a compris que les journées de l'enfant à l'école maternelle sont construites de manière à alterner les activités collectives et les temps de travail de groupe ou individualisé. Il faut montrer dans sa réponse que l'on a bien intégré les nouveaux rythmes scolaires et les alternances scolaire et périscolaire. La construction de l'emploi du temps permet aux enfants de prendre des repères stables et de pratiquer des activités variées complémentaires pour construire les apprentissages.
La troisième question est l'occasion d'évoquer l'aménagement des différents espaces de la classe. Il faut aussi parler des activités qui y sont pratiquées. La description du mobilier, le fait qu'il soit modulable, les différents espaces de travail, de jeu, la disposition de la classe selon les moments de la journée, l'accessibilité du matériel, le rangement, toutes ces spécificités de l'espace d'une classe de maternelle permettent de montrer que le cadre de vie des élèves est conçu à des fins d'apprentissages par le jeu.

QUESTIONS 4 ET 5

Ces deux questions sont l'occasion de montrer que le fonctionnement du système scolaire est bien compris. Il faut parler des relations entre les services municipaux et l'école. Il faut décrire les procédures administratives, mais aussi l'offre périscolaire.

QUESTIONS 6 ET 7

À travers ces deux questions, il vous est demandé de montrer vos connaissances dans le domaine médico-psycho-pédagogique. La structure de la PMI, son rôle de prévention et d'accompagnement des familles sont évoqués, ainsi que ses interventions dans le cadre de l'école pour les bilans annuels et les dépistages de troubles qui pourraient gêner les apprentissages, tels que les déficits auditifs ou visuels, les troubles du langage, les retards intellectuels ou moteurs. Il faut aussi évoquer le travail en lien avec les autres structures de la petite enfance, comme les crèches.
Pour montrer que l'on connaît le rôle du RASED, il faut parler des personnes qui le composent : le psychologue scolaire et les maîtres spécialisés. À la demande des enseignants et avec l'autorisation des parents, ces maîtres apportent une aide psychologique ou pédagogique aux élèves en difficulté d'adaptation scolaire ou dans certains apprentissages. La encore, pour montrer ses connaissances, il faut parler en s'appuyant sur des cas rencontrés dans son milieu professionnel.

CHAPITRE 4

La dimension relationnelle du métier

CE QU'IL FAUT SAVOIR

Les rôles respectifs de l'ATSEM et de l'enseignant

- L'ATSEM doit être reconnue dans son rôle *d'assistant de l'enseignant* par tous les membres de la communauté éducative.

TÉMOIGNAGE

« Le statut de L'ATSEM a fortement évolué, passant de la femme de ménage au personnel titulaire du CAP petite enfance et d'une formation spécifique. Cette évolution doit nous conduire à envisager différemment leur fonction. »[18]

- L'ATSEM *ne peut pas remplacer l'enseignant* en cas d'absence, même temporaire.
- L'ATSEM, qui est *soumis à une double autorité*, le maire et le directeur, doit aussi composer avec celle de l'enseignant avec qui il faut planifier les modes d'interventions et les contenus.

Il est très important de définir les rôles de chacun, de répartir les tâches. Une collaboration fondée sur le respect est un gage de coopération efficace.

Pour vivre de manière harmonieuse cette collaboration quotidienne, il faut que chaque partenaire se sente respecté dans sa fonction spécifique. Une bonne communication doit s'installer pour déterminer les rôles et les attributions de chacun. Ce dialogue va permettre d'instaurer une relation de confiance réciproque pour construire des actions conjointes dans l'intérêt bien compris des élèves.

- L'enseignant et l'ATSEM doivent essayer de dégager des *temps de concertation* pour élaborer des stratégies pédagogiques adaptées à mettre en place de manière équitable. Le travail d'un ATSEM est très dépendant du projet pédagogique d'un enseignant, une information précise sur les moyens nécessaires pour mener à bien les activités mises en place est indispensable.

Toutefois, la réalité fait apparaître des situations très contrastées et parfois difficiles. Certains enseignants se placent en position hiérarchique, refusent de reconnaître les compétences professionnelles de l'ATSEM. Par conséquent, ces enseignants ne trouvent pas nécessaire d'expliquer leurs attentes, de clarifier leurs pratiques, de rendre leur pédagogie « lisible »... Ce manque de communication génère des incompréhensions et peut déclencher des conflits. Les ATSEM se sentent écartés, relégués à des « tâches de seconde zone », écartés du « travail de classe ».

- Il faut absolument éviter ces situations de concurrence et *privilégier la complémentarité*. Des échanges constructifs, une bonne répartition des tâches, en explicitant la dimension pédagogique, éviteraient bien des malentendus. Par exemple, procéder à l'habillage d'un enfant après le lever de la sieste n'est pas seulement un geste technique. C'est un moment essentiel de construction du langage en situation.

[18] Thierry Vasse, séminaire sur la spécificité du travail en équipe à l'école maternelle pour le ministère de l'Éducation nationale.

© 2015, Elsevier Masson SAS. Tous droits réservés

TÉMOIGNAGE « Je demande toujours aux élèves de respecter le travail de L'ATSEM, ils ne partent pas sans avoir rangé la classe, nous le faisons ensemble. Ils veillent à bien accrocher leurs manteaux, leurs sacs, ils apprennent aussi à débarrasser leur table lorsqu'un atelier est fini, c'est un travail collectif qu'ils aiment faire. »[19]

- *Il y a de grandes disparités de fonctionnement* des ATSEM sur le territoire. Les rôles sont très différents d'une école à une autre et au sein d'une même commune.

On remarque de grands écarts dans :
- l'amplitude horaire et le temps de pause ;
- les temps de réunions qui se tiennent sur le temps de travail donc rémunérés ou fondés sur le bénévolat ;
- la nature des tâches qui sont confiées aux ATSEM ;
- le temps de présence en classe.

TÉMOIGNAGE « La clarification des attentes de chacun permet d'aboutir rapidement à une communication réciproque afin d'éviter les non-dits, et de construire une confiance réciproque à partir de pratiques partagées. En effet, tout en reconnaissant que l'enseignant définit le cadre et demeure maître d'œuvre du projet de classe, l'ATSEM doit être reconnu dans sa prise d'initiative quotidienne. »[20]

REMARQUE Un ATSEM comprendra mieux son rôle dans la classe s'il montre de la curiosité et de l'intérêt pour la pédagogie menée dans la classe. Il est souhaitable qu'il adhère aux différentes actions mises en œuvre. Le recrutement et l'avancement des ATSEM se font sous l'autorité du maire de la commune, qui est leur supérieur hiérarchique. L'Éducation nationale n'est que l'utilisatrice de ce personnel. Cela est confirmé par l'article 7 du décret de 1992 qui indique que « la nomination des agents spécialisés des écoles maternelles et la décision de mettre fin à leurs fonctions sont soumises à l'avis préalable du directeur d'école ».

Les ATSEM et l'équipe éducative

La loi d'orientation de 1989 fait de l'ATSEM un membre à part entière de l'équipe éducative.

- Aujourd'hui, de plus en plus d'équipes éducatives *associent les ATSEM au projet d'école*. Cela est tout à fait légitime.
- Les *nouveaux programmes* réaffirment la nécessité pour les enseignants de travailler en équipe : « L'équipe pédagogique organise son travail en concertation avec d'autres personnels, en particulier les ATSEM. »[21]

Quelle évolution depuis la « femme de service » du XIXe siècle qui était cantonnée aux tâches de ménage ! Elle a peu à peu été investie d'une mission d'hygiène, et désormais des missions d'éducation lui sont confiées. Cela a fait déclarer à l'une d'entre elles : « Nous avons posé nos balais pour nous intéresser davantage aux enfants, c'est ce qui fait l'intérêt de ce poste. »

19 Une enseignante.
20 Thierry Vasse.
21 Conseil supérieur des programmes, 3 juillet 2014.

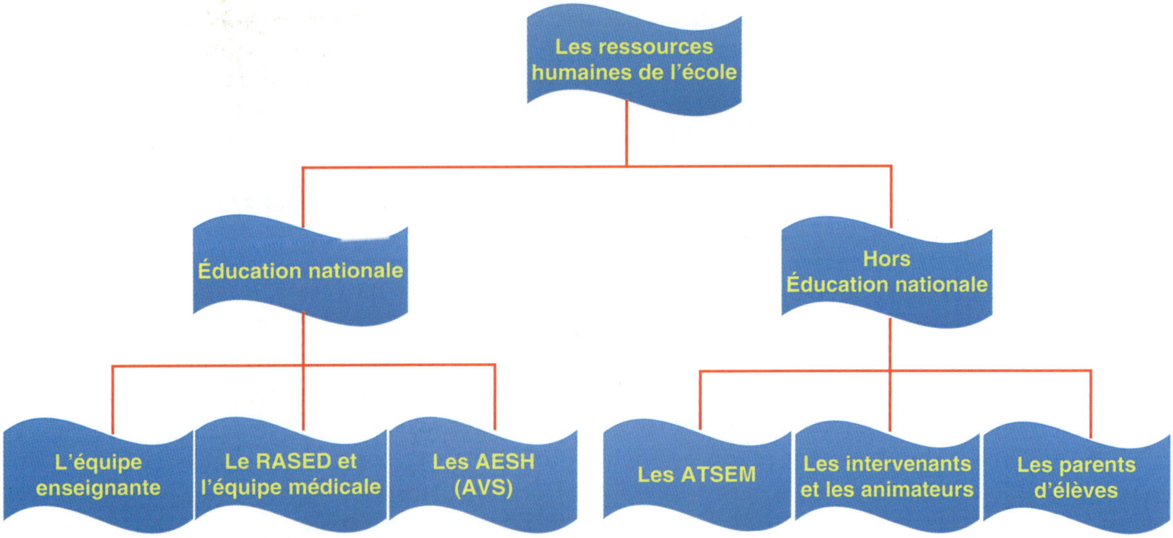

FIG. 2.33. **Les ressources humaines de l'école.**

Le conseil d'école

Chaque année, les élections des représentants des parents d'élèves aux conseils d'école sont organisées au mois d'octobre. Les parents élisent leurs délégués en nombre égal au nombre de classes de l'école. Les deux parents d'un enfant sont éligibles et électeurs[22].

- Le premier conseil d'école est réuni dans le mois qui suit la date des élections.
- Les ATSEM peuvent siéger aux *conseils d'école* avec voix délibérative pour les problèmes les concernant depuis le décret du 13 mai 1985.
- Le conseil d'école est réuni au moins trois fois par an. Il est présidé par le directeur de l'école. En sont membres de droit :
  - l'inspecteur de l'Éducation nationale ;
  - le maire de la commune ou son représentant ;
  - les maîtres de l'école ;
  - un membre de l'équipe du RASED ;
  - les parents d'élèves élus (1 par classe) ;
  - le délégué départemental de l'Éducation nationale (DDEN) chargé de visiter l'école.
- Sont invités à titre consultatif pour les questions les concernant :
  - le médecin scolaire ;
  - le médecin de PMI ;
  - les ATSEM.
- Les attributions du conseil d'école sont les suivantes :
  - il vote le règlement intérieur de l'école (*cf.* annexe 7) ;
  - il approuve le projet d'école ;
  - il donne son avis sur le fonctionnement de l'école, l'utilisation des locaux, la répartition des moyens d'enseignement, l'hygiène, la sécurité, les activités périscolaires.
- Le conseil d'école est informé sur l'organisation des réunions de parents d'élèves.
- Un procès-verbal des délibérations et des décisions est établi par le directeur. Il est signé par le directeur et les représentants des parents d'élèves élus. Il est transmis à l'inspecteur de

[22] Circulaire du 31 août 2006.

l'Éducation nationale, au maire et aux participants. Il est aussi affiché dans l'école et peut être communiqué à tous les parents par l'intermédiaire du carnet de correspondance des élèves.

Les acteurs et les partenaires de l'école

- Les acteurs à temps plein de la vie scolaire sont le personnel enseignant et le personnel communal affecté à l'école. Tous les autres sont des partenaires ou des intervenants temporaires.
- *L'inspecteur de l'Éducation nationale* est le supérieur hiérarchique des enseignants, le directeur est le responsable administratif de l'école. De ce fait, il est le « premier maillon » de la voie hiérarchique entre les enseignants et l'inspecteur.
- *Le directeur* réunit les maîtres en conseil au moins une fois par trimestre. Plus généralement, le directeur prend l'avis du conseil des maîtres à chaque fois qu'une décision importante est à prendre. Un maître peut demander la réunion d'un conseil.
- *Les conseils de cycles* sont réunis au moins 3 fois par an et par cycle. Il doit aussi y avoir des conseils intercycles pour la liaison de la GS au CP. Ces conseils font l'objet de comptes-rendus archivés à l'école et transmis à l'inspecteur de l'Éducation nationale.

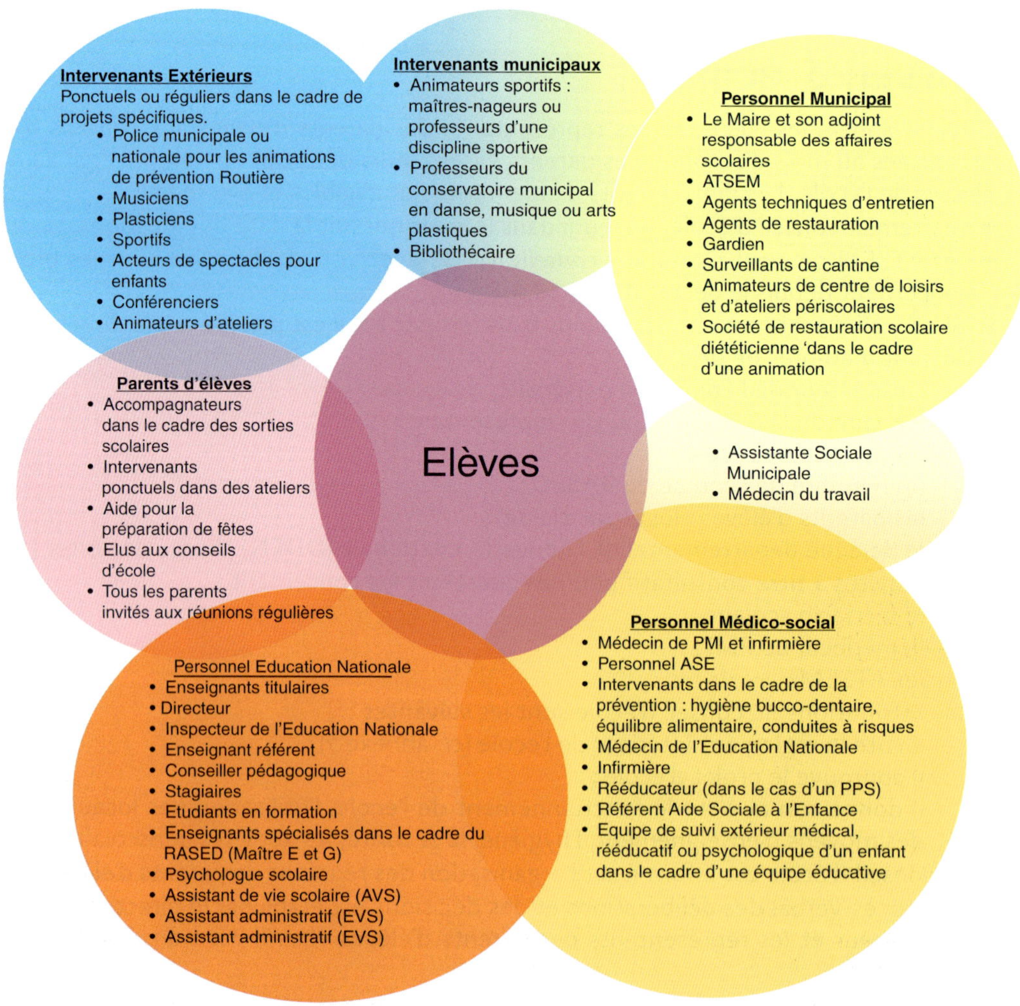

FIG. 2.34. **Acteurs et partenaires dans le cadre de la vie scolaire.**

Les relations avec les parents d'élèves

TÉMOIGNAGE « Aux yeux des parents, L'ATSEM doit être reconnue dans son rôle d'assistant de l'enseignant, mais il ne se substitue pas à celui-ci, il n'a pas à faire de commentaires sur le comportement d'un enfant avec les parents. »[23]

L'ATSEM doit établir une relation de confiance avec les familles. Toutefois, il revient à l'enseignant et au directeur de rappeler à l'ATSEM son *devoir ou obligation de réserve vis-à-vis des familles*.

L'accueil des parents avant ou après la classe peut représenter un temps fort dans le processus de construction d'un lien entre l'école et les familles (*cf.* chapitre 5, paragraphes « L'accueil du matin » et « La sortie des classes »). C'est une relation différente qui s'établit selon qu'il s'agit d'un accueil par l'ATSEM ou par l'enseignant. Il est utile de multiplier la pluralité des approches.

Les relations avec le directeur de l'école

- Le directeur établit *l'emploi du temps* des ATSEM après consultation du conseil des maîtres et en accord avec le responsable du personnel des écoles à la mairie (*cf.* annexe 6).
- Un ATSEM peut être chargé par le directeur d'un *travail à connotation administrative*. Il peut lui être demandé de transmettre chaque demi-journée après l'appel du matin le nombre d'élèves absents afin que le directeur prenne contact avec les familles dans le cas d'absences répétitives ou non excusées. Le directeur peut aussi demander à l'ATSEM de coller des informations dans le carnet de correspondance des élèves ou d'afficher à la porte de l'école des informations destinées aux familles.

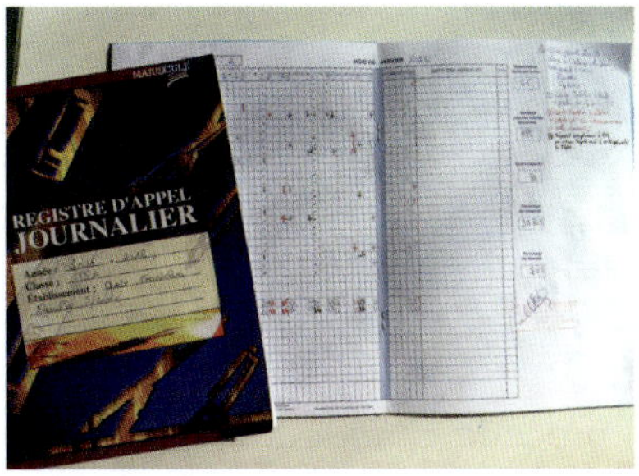

FIG. 2.35. **Registre d'appel.**

Il faut parfois réguler des relations humaines difficiles. Selon la taille et la manière de gérer les personnels de la commune, c'est la mission du coordonnateur municipal ou du responsable du service de l'enfance, du chef du personnel ou du directeur des ressources humaines (DRH).

- Même dans le *cas de conflits*, il faut éviter toute « victimisation » et préférer engager un dialogue pour trouver une solution.
- Il faut savoir aussi que, lors de leurs inspections des personnels de l'Éducation nationale dans les classes d'école maternelle, les inspecteurs évoquent le rôle de l'ATSEM dans la classe. C'est le moment de *rappeler la collaboration indispensable* pour assurer un travail de qualité au sein de l'école. L'inspecteur peut faire état dans le rapport d'inspection de la place de l'ATSEM dans la classe et des tâches qui lui sont confiées.

[23] Une enseignante.

Les relations avec le responsable municipal

- L'ATSEM est soumis à une *double autorité* :
  - celle du maire qui gère son affectation et son avancement ;
  - celle du directeur de l'établissement qui organise son travail.

Le responsable municipal du personnel et le directeur conduisent les entretiens annuels d'évaluation et indiquent les objectifs fixés à l'agent.

- Le *coordonnateur municipal*, quand il existe, est un personnage qui a pour mission de faire le lien entre la municipalité et le directeur de l'école. Il transmet les informations venant de la mairie et fait remonter des demandes particulières d'une équipe ou d'une personne. Il travaille en partenariat avec le directeur. En accord avec lui, il valide les emplois du temps et peut exercer un suivi direct du travail des agents. Il peut avoir un rôle d'animateur des équipes. Il propose des formations. Il gère les absences et organise, quand cela est possible, les remplacements. Il peut proposer des heures complémentaires. Il organise le planning des congés. Il gère les commandes et les répartitions des produits d'entretien. Il procède à l'évaluation des agents.

Offre d'emploi sur Emploipublic.fr

Recrutement pour la direction de l'éducation

Cadre d'emplois des rédacteurs territoriaux et des adjoints administratifs. Sous l'autorité du Directeur de l'éducation, vous planifiez, pilotez et contrôlez la réalisation des activités des agents d'entretien et des ATSEM (65 agents) ainsi que la gestion administrative inhérente à ce secteur.

Missions :

- encadrement, pilotage et animation des équipes en collaboration avec le responsable de la restauration ;
- assistance et formation des équipes dans le domaine de l'entretien et de l'hygiène des locaux et des fonctions d'ATSEM ;
- gestion des moyens et des ressources : techniques, financières, humaines, informationnelles ;
- préparation et suivi du budget de fonctionnement et d'investissement du secteur ;
- planification des activités et des moyens : élaboration des plannings hebdomadaires multisites, contrôle et *reporting* ;
- effectuer et contrôler les achats de produits et de matériels ;
- actualisation/élaboration des procédures et mise en œuvre des procédures et consignes spécifiques à son secteur.

L'évaluation des ATSEM

Le responsable municipal procède chaque année à l'évaluation du personnel des écoles de la commune dont font partie les ATSEM. Cette évaluation conduit à une notation. Certaines municipalités prennent l'avis du directeur pour « évaluer » les ATSEM.

- 37 % des directeurs donnent leur avis lors de la nomination des ATSEM.
- 57 % des directeurs sont invités à participer à l'évaluation des ATSEM.
- 77 % des directeurs sont invités à donner leur avis en cas de problème.
- 60 % des directeurs estiment que leur avis a une influence moyenne.
- 33 % des directeurs estiment que leur avis a une influence forte.
- 7 % des directeurs estiment que leur avis a une influence nulle[24].

[24] *Gazette des communes*, 27 mars 2006, enquête menée dans l'Académie d'Orléans/Tours en 2006.

Les relations avec la municipalité

- Concernant la situation des ATSEM, on remarque *une grande diversité* selon les municipalités. Dans certaines municipalités, les ATSEM dépendent du service de l'enfance, dans d'autres du service de l'éducation, dans d'autres encore elles sont rattachées au service « entretien ». Ces disparités montrent une grande hétérogénéité dans la considération qui est portée aux « agents ».
- Certaines communes ont mis en place des « *chartes des ATSEM* » qui ont pour objectif de définir les missions des agents et de clarifier les rôles. Ces chartes sont souvent exhaustives par rapport aux attributions et aux devoirs des ATSEM. Elles précisent la durée du temps de travail, la rémunération et le droit à la formation.
- *Ces chartes des ATSEM* ont été élaborées en présence des ATSEM, des directeurs d'école et de représentants de l'inspection académique. C'est le cas de villes comme Bordeaux, Annecy, Avon, Rueil-Malmaison, etc. Il est possible d'accéder au contenu de ces chartes sur internet.
- Dans certains centres universitaires de formation des maîtres, sont organisés par des inspecteurs de l'Éducation nationale (IEN) des *stages en direction des maîtres* qui associent des ATSEM.

Le temps de travail des ATSEM

Le temps de travail des ATSEM est fixé à 35 heures par semaine. Le plus souvent, les congés annuels ne sont accordés que pendant les congés scolaires.

TÉMOIGNAGE

« Je parle en tant qu'ATSEM dans la fonction publique. Le temps de travail d'une ATSEM peut être très variable d'une personne à l'autre. En général, nous sommes annualisées. Nous pouvons être à 100 % de 35 heures (soit environ 1600 h à l'année). Il est possible d'être à 91 %, à 85 %, 82 %. En fait, tout est possible. Tout dépend du temps de travail proposé par l'employeur.
Par exemple, je peux parler de mon temps : je travaillais 41 heures par semaine, 10 heures à chaque période de petites vacances et 74 heures l'été. Grâce à cela, j'étais annualisée à 100 % de 35 heures.
Dans ce temps sont compris le temps scolaire et le ménage des locaux ».

FIG. 2.36. **Une ATSEM passant l'aspirateur dans l'escalier.**

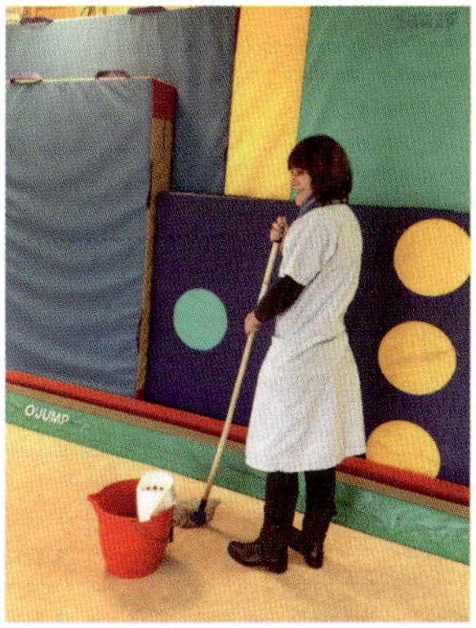

FIG. 2.37. **Une ATSEM procédant à un nettoyage spécifique.**

- *L'amplitude d'ouverture des locaux scolaires*, les temps de présence des élèves, des enseignants, des animateurs, les temps d'entretien pendant les périodes scolaires ou les congés sont des données à prendre en compte pour établir les emplois du temps ou les plannings de congés annuels.
- *Le temps de présence des élèves* est de 24 heures par semaine, augmenté pour certains du temps d'activités pédagogiques complémentaires (APC) de 1 heure par semaine. Le temps de travail des maîtres est de 24 heures, auxquelles s'ajoutent 3 heures par semaine à répartir entre les APC, la formation, les concertations et les temps dévolus aux conseils de maîtres, d'école ou de cycles. Il faut ajouter le temps de préparation personnelle de l'enseignant qu'il peut faire dans sa classe.
- *Le temps de travail des ATSEM* peut être différent d'une commune à une autre. La commune peut proposer un temps plein, un temps partiel, des heures complémentaires ou un temps de travail annualisé.
- *Les emplois du temps* des élèves et ceux des ATSEM se recouvrent mais ne coïncident pas exactement (*cf.* annexes 4, 5 et 6).
- Dans une même école, selon les sections dans lesquelles ils interviennent, les tâches inscrites à l'emploi du temps des ATSEM ne sont pas réparties de manière similaire. Un ATSEM affecté en PS passera plus de temps en classe qu'un ATSEM de GS. Les municipalités proposent souvent d'affecter un ATSEM par petite section puis un pour deux classes de MS ou GS.
- La réforme des *rythmes scolaires* a profondément modifié le rythme de travail des élèves et de tous les partenaires de l'école.

Exemple d'emploi du temps aménagé dans le cadre de la réforme des rythmes scolaires

Cet emploi du temps favorise le temps de présence auprès des enfants :

- 40 heures de temps de travail hebdomadaire ;
- 32 jours de conges annuels ;
- 27 jours d'ARTT par an.

- **Emploi du temps appliqué tous les jours du calendrier scolaire** :

Lundi	De 8 h 15 à 17 h
Mardi	De 8 h 15 à 17 h
Mercredi	De 8 h 15 à 14 h
Jeudi	De 8 h 15 à 17 h
Vendredi	De 8 h 15 à 16 h 15

Les ATSEM encadrent les enfants pendant la pause méridienne de 2 heures.
Chaque ATSEM bénéficie d'une pause déjeuner de 30 minutes.

- **Emploi du temps pendant les congés scolaires** :

Toussaint	2 jours de travail
Noël	2 jours de travail
Hiver	2 jours de travail
Printemps	2 jours de travail
Été	12 jours de travail, dont 5 après la sortie des classes et 12 avant la rentrée

« Les ATSEM peuvent être présents, à l'école, de quelques heures à la totalité du temps scolaire, soit 24 heures hebdomadaires. Afin de compléter leur temps de travail (1607 heures annuelles pour un agent à temps complet, soit 35 heures hebdomadaires), la semaine scolaire ne comptant que 24 heures, le maire peut leur confier des missions d'entretien des locaux en dehors des heures de classe, de surveillance de la restauration scolaire ou les mêmes missions dans les accueils de loisirs des très jeunes enfants en dehors du domicile parental. Conformément à l'article 4 du décret du 12 juillet 2001 relatif à l'aménagement et à la réduction du temps de travail dans la fonction publique territoriale, la collectivité définit, par voie de délibération et auprès du comité technique paritaire compétent, les conditions de mise en place des cycles de travail des ATSEM. Les heures effectuées par les ATSEM, en dehors du temps scolaire, notamment dans le cadre d'une création de garderie en maternelle, ne peuvent être considérées comme des heures complémentaires ou supplémentaires que s'il y a dépassement des bornes horaires définies par le cycle de travail. »[25]

- Le directeur arrête la *liste des actions matérielles et éducatives* à réaliser chaque jour et à répartir sur la semaine. Il peut prendre l'avis des enseignants et de l'équipe des ATSEM.

Le directeur attribue également les classes où interviendront les ATSEM, il prévoit des roulements afin d'équilibrer les durées des temps d'intervention dans les classes.
L'emploi du temps (*cf.* annexe 6) fixe les horaires de travail, les actions et les lieux d'intervention : classe, salle de sport, cantine, cour. L'emploi du temps précise le déroulement horaire, les contenus et les modalités d'intervention. La mise en place des emplois du temps, les jours de prérentrée, est un moment très important. Il se fait sous le contrôle, et avec l'accord de la municipalité.

Le service minimum d'accueil (SMA) les jours de grève des enseignants

- *Un droit d'accueil des élèves* des écoles maternelles et élémentaires pendant le temps scolaire a été institué par *la loi du 20 août 2008*.

« Tout enfant scolarisé dans une école maternelle ou élémentaire publique ou privée sous contrat est accueilli pendant le temps scolaire pour y suivre les enseignements prévus par les programmes. Il bénéficie gratuitement d'un service d'accueil lorsque ces enseignements ne peuvent lui être délivrés en raison de l'absence imprévisible de son professeur et de l'impossibilité de le remplacer. Il en est de même en cas de grève (...) ».

- *Cette loi permet de concilier deux libertés* :
  - la liberté pour les enseignants de faire grève ;
  - la liberté pour les familles de poursuivre leur activité les jours de grève.

Les communes assurent le SMA si le taux prévisionnel de grévistes est supérieur ou égal à 25 % des enseignants. Pour mettre en place le SMA, les municipalités utilisent les animateurs et les ATSEM comme « moyens humains ».

Les relations avec les collègues

- Le travail en équipe, les échanges de pratiques et la mutualisation des expériences sont une dimension importante du métier. Les temps de mise en commun sont très rarement prévus dans les emplois du temps des ATSEM. Pour optimiser les pratiques, il faudrait pouvoir prévoir, dans chaque équipe, des temps de concertation.
- Il peut arriver que des ATSEM « chevronnés » se voient confier des missions de formation d'apprentis ou de stagiaires « CAP petite enfance » ou « Bac pro », pendant leur temps de

[25] JO Sénat du 7 août 2008.

stage pratique. Dans ce cas, une convention est établie entre la municipalité et le centre de formation ou le lycée professionnel. Le directeur de l'école partage la responsabilité du stagiaire avec le directeur du centre de formation.

- L'ATSEM est associé à l'évaluation de l'apprenti sous le titre de « maître de stage ».

FIG. 2.38. **Une ATSEM et une stagiaire préparant les activités.**

FIG. 2.39. **Convivialité au moment du repas.**

Les vêtements de travail de l'ATSEM

Les ATSEM sont dotés par la commune de tenues adaptées. En général, il s'agit de deux blouses et de chaussures de sécurité de couleur blanche. Ce vestiaire est renouvelé chaque année. Certaines municipalités choisissent de changer la couleur des blouses chaque année. S'ils doivent laver la cour, une paire de bottes en caoutchouc est fournie.

S'ENTRAÎNER

QCM

1. Un agent territorial spécialisé des écoles maternelles est en termes de responsabilité, placé sous l'autorité :

A. Du directeur des services. ☐
B. Du maire. ☐
C. Du directeur de l'école. ☐

2. Une ATSEM souhaite assister au conseil d'école :

A. Elle peut. ☐
B. Elle ne peut pas. ☐
C. Elle peut si elle en a informé le directeur 15 jours à l'avance. ☐
D. Elle peut si elle y a été invitée. ☐

3. Un enfant vous raconte des choses graves qui semblent se passer à la maison :

A. Vous n'en parlez pas, c'est trop gênant. ☐
B. Vous en parlez aux parents. ☐
C. Vous en parlez au directeur ou à l'enseignant. ☐

4. Quelle est la tenue de travail obligatoire d'un ATSEM ?

A. Il n'y en a pas. ☐
B. Chaussures de sécurité. ☐
C. Blouse. ☐
D. Tablier. ☐
E. Coiffe. ☐

5. Le directeur de l'école vous rappelle à l'ordre après votre arrivée tardive un matin :

A. Vous vous mettez en colère car votre retard est exceptionnel. ☐
B. Vous n'aimez pas que le directeur vous le signale et vous le lui dites avec fermeté. ☐
C. Vous écoutez calmement ce qu'il a à vous dire. ☐
D. Vous lui demandez éventuellement une entrevue pour lui apporter des explications. ☐
E. Vous ne comprenez pas son attitude car vous estimez qu'un retard est sans importance. ☐

6. Vous arrivez un matin à l'école et sur les quatre ATSEM intervenant dans les quatre classes, deux sont absentes. Il est 7 h 45 et les enfants arrivent à partir de 8 h 20. Habituellement vous assurez, sur cette tranche horaire, les finitions de votre classe et installez le matériel pour l'accueil. Que faites-vous ?

A. En priorité, vous ouvrez les volets, aérez, assurez les finitions de votre classe, vérifiez le sanitaire qui la jouxte et installez les jeux. S'il reste un peu de temps, vous jetez un coup d'œil dans les autres classes. ☐

B. Vous vous mettez d'accord avec votre collègue pour vous partager les tâches (propreté minimale des espaces, jeux sur les tables, sécurité, etc.) et permettre un accueil optimal. ☐
C. Vous assurez en priorité votre service habituel, ainsi que votre collègue, puis attendez les consignes de la directrice qui a coutume d'arriver à 8 h 10. ☐
D. Vous appelez le service scolaire pour obtenir des remplacements ; dans l'attente, vous assurez les finitions et la préparation de l'accueil de votre classe. ☐

7. Pendant l'accueil périscolaire, un parent souhaite parler des difficultés de son enfant:
A. Vous répondez à ses questions car vous travaillez dans la classe où est son enfant. ☐
B. Vous lui demandez de voir l'enseignant. ☐
C. Vous lui demandez de contacter un psychologue scolaire. ☐

8. À la garderie, un père vous explique que la mère n'a pas le droit de venir chercher l'enfant :
A. Vous devez prendre en compte la demande du père. ☐
B. Le père doit présenter une décision de justice le prouvant. ☐
C. La mère peut récupérer son enfant s'il n'y a pas de justification juridique. ☐

9. Une personne se présente pour venir chercher un enfant. Vous l'avez déjà vue, mais elle n'a pas d'autorisation. Que faites-vous ?
A. Vous lui confiez l'enfant. ☐
B. Vous demandez à l'enfant si c'est bien cette personne qui doit venir le chercher. ☐
C. Vous ne donnez pas l'enfant et vous prévenez les parents. ☐

10. Quelles sont les personnes autorisées par la loi à venir chercher un enfant à l'école ?
A. Les titulaires de l'autorité parentale. ☐
B. Les grands-parents, même sans autorisation. ☐
C. Toute personne autorisée par les titulaires de l'autorité parentale. ☐

11. Au cours de sa journée de travail, un ATSEM :
A. N'est pas obligé de porter une blouse. ☐
B. Porte une seule blouse pour effectuer l'ensemble de ses tâches. ☐
C. Doit porter une blouse différente par type de tâche effectuée. ☐

12. Dans vos fonctions d'ATSEM, vous rencontrez des difficultés relationnelles avec un enfant. Qui contactez-vous en premier ?
A. Les parents. ☐
B. Un collègue. ☐
C. L'enseignant. ☐
D. Le directeur. ☐

13. L'enseignante est occupée au téléphone. À l'heure de la sortie, un adulte que vous ne connaissez pas vient chercher une élève. Cette élève le reconnaît et veut partir avec lui :
A. Vous lui remettez l'enfant car vous êtes persuadé qu'elle connaît très bien l'enfant. ☐
B. Vous lui demandez de revenir avec un mot de la maman car elle n'habite pas très loin. ☐
C. Vous appelez la maman sur son portable car vous la connaissez bien et vous ne souhaitez pas déranger l'enseignante. ☐
D. Vous faites patienter la personne et prévenez l'enseignante qui prendra la décision. ☐

14. Qu'est-ce que le SMA ?

A. Le service minimum d'accueil. ☐
B. Le soutien à l'école maternelle pour les apprentissages. ☐
C. Le plan de sécurité minimum adapté. ☐

Questions orales

1. Quelles sont les qualités d'un ATSEM ? ☐
2. Quelles sont les limites de l'obéissance à la hiérarchie ? ☐
3. Qu'est-ce que l'obligation de réserve ? ☐
4. Comment travailler en équipe dans une école ? ☐
5. Le conseil d'école : comment est-il organisé et quelle est la place des ATSEM dans ce conseil ? ☐
6. Quelles sont les tâches à accomplir par un ATSEM pendant son temps de travail à l'école ? ☐

CORRIGÉS

QCM

1. B. Les ATSEM sont des fonctionnaires territoriaux. Ils sont placés sous l'autorité de l'élu-employeur, qui a seul qualité pour régler leur situation administrative. Ces agents sont également placés sous l'autorité fonctionnelle du directeur d'école pendant le temps scolaire et à l'intérieur des locaux scolaires. L'ATSEM ne peut être tenu responsable d'un accident arrivant à un élève pendant le temps scolaire que dans des cas très rares (par exemple en cas de faute intentionnelle de sa part). Les enfants sont placés sous la responsabilité des enseignants et des directeurs d'école pendant le temps scolaire.
2. D. L'ATSEM peut assister au conseil d'école si elle y a été invitée et pour les questions de l'ordre du jour qui relèvent de ses fonctions.
3. C. « Tout citoyen est dans l'obligation légale de signaler, dès qu'il en a connaissance, la situation d'un enfant en danger ou en risque de le devenir » (article 40 du Code de procédure pénale). Dans le cadre de ses fonctions, un ATSEM parle de ce qu'il sait d'une situation dont il a été mis au courant. Dans le cadre scolaire, c'est le directeur de l'école qui fait le signalement au procureur de la République.
4. B, C, D. L'ATSEM doit porter une tenue de travail en bon état de propreté. La blouse et les chaussures antidérapantes sont l'essentiel. Pour le service de cantine, l'ATSEM portera une coiffe du type « charlotte ».
5. C, D. Le directeur est responsable de l'organisation du service. À ce titre, il est fondé à faire respecter les horaires de travail. Il faut prendre conscience que les retards perturbent l'organisation du service.
6. A, C, D. Le directeur est chargé de l'organisation du service, c'est donc lui qui doit gérer la situation en cas d'absence d'un agent. L'ATSEM doit donc dans un premier temps accomplir les tâches habituelles. Dans l'attente d'un remplacement, une préparation minimum des autres espaces est un geste de prise d'initiative et de coopération qui sera apprécié.

7. B. Pour toute explication concernant le comportement ou les résultats scolaires d'un enfant, seul l'enseignant est fondé à donner des réponses, des explications ou des conseils. Il faut toujours renvoyer les parents vers les enseignants.
8. B, C. Les droits de garde, de visites et d'hébergement des enfants par les parents sont fixés par le juge des affaires familiales. Ces décisions sont écrites dans le jugement et les parents doivent le présenter pour justifier de leurs droits.
9. C. Les seules personnes autorisées à prendre un enfant à la sortie de l'école sont les parents ou les personnes nommément désignées par eux. Il ne faut pas confier un enfant à une personne sans en avoir été autorisé par écrit.
10. A, C. Les personnes autorisées à venir chercher un enfant à l'école doivent, soit détenir l'autorité parentale, soit y être autorisées par les personnes titulaires de cette autorité. Aucune personne ne peut prendre un enfant sans autorisation écrite.
11. B. Un ATSEM ne peut pas travailler sans blouse. Chaque tâche effectuée nécessite des mesures d'hygiène particulières. Toutefois, l'ATSEM porte la même blouse pour la distribution d'un repas et pour l'entretien d'une salle de classe.
12. C. L'enseignant est la première personne à qui l'ATSEM peut exprimer ses difficultés relationnelles dans le travail. L'enseignant connaît bien les élèves et leur famille. Il peut expliquer des comportements difficiles d'enfants qui sont souvent liés à un contexte familial particulier. Le directeur peut aussi entendre l'ATSEM dans un second temps. En aucun cas, l'ATSEM ne doit s'adresser directement aux parents d'un enfant pour évoquer son comportement.
13. D. La liste des personnes autorisées à prendre un enfant après le temps scolaire est connue de l'enseignante et du directeur. En cas de doute, même si l'enfant connaît la personne qui se présente, il ne faut pas laisser partir l'élève. Cette personne n'est peut-être pas autorisée. Il y a des risques d'enlèvement, heureusement rares, mais aussi des questions de responsabilité en cas d'accident qui pourrait survenir sur le trajet. Il ne faut pas confier un enfant à la maman d'un autre enfant qui veut rendre service ou inviter un petit camarade à jouer à la maison. Il doit toujours y avoir une trace écrite. Quelle que soit la situation particulière, c'est l'enseignant ou le directeur qui prend la responsabilité de l'autorisation ponctuelle. Il faut respecter au pied de la lettre les directives des parents. L'autorisation de sortie, signée en début d'année, jointe à la liste des personnes habilitées, fait autorité. En cas de parents séparés ou divorcés, le jugement qui stipule les clauses de l'autorité parentale (avec les jours et heures de garde de l'enfant par chacun des parents) est joint à cette autorisation de sortie.
14. A.

Questions orales

QUESTION 1

Il faut se référer à sa pratique et présenter les qualités d'un ATSEM en prenant des exemples pratiques dans la vie quotidienne d'une classe. Par exemple, vous pouvez évoquer les qualités humaines comme « accueillant, aimable, disponible, à l'écoute » en décrivant un temps d'accueil. Pour ce même temps ainsi que celui de la sortie des classes, il faudra parler de l'obligation de réserve et de la discrétion. Quand vous décrivez une séance d'activités en classe, vous pouvez mettre en avant tout ce qui a trait au travail sous la responsabilité de l'enseignant, les interventions auprès des élèves qui doivent rester dans le cadre de ce qu'a préconisé l'enseignant. Lors de la présentation des temps de remise en ordre des locaux et du ménage, il faut parler du travail d'équipe.

QUESTION 2

Avant de traiter les limites de l'obéissance, il ne faut pas hésiter à présenter les devoirs et les obligations du fonctionnaire territorial et à chaque rubrique présenter ce qui n'est pas dans vos missions. Par exemple : la surveillance seul des récréations, faire classe en cas d'absence d'un enseignant, raccompagner un enfant à son domicile, donner des médicaments, rendre des services qui ne sont pas dans les missions, etc.

QUESTION 3

C'est un sujet très important. Il faut évoquer tout ce qui touche au relationnel avec les parents d'élèves, mais aussi avec les collègues de travail. Il faut bien distinguer tout ce qui doit être dit à l'enseignant ou au directeur et tout ce qui ne doit pas être partagé à l'intérieur ou à l'extérieur de l'école. Il faut même étendre cette obligation de réserve au cadre de la vie privée et des relations amicales. Il faut aussi parler des limites de ce que l'on peut dire ou demander aux élèves par curiosité déplacée, tout ce qui concerne leur vie familiale et qui ne regarde pas les adultes de l'école.

QUESTION 4

Pour répondre à cette question, il faut distinguer le travail en équipe en binôme avec l'enseignant, du travail en équipe avec les collègues ATSEM. Vous pouvez décrire des pratiques d'écoles avec des répartitions de tâches pour des classes de même âge, ou des échanges de services ou des moments d'entraide. Vous pouvez aussi évoquer votre collaboration avec les animateurs de cantine ou les agents de restauration pendant le temps du repas. L'important, c'est de faire ressortir les bénéfices du travail en équipe. Si vous évoquez un conflit, il est conseillé d'en parler sur un mode positif en en décrivant la gestion dans le cadre d'une équipe qui a été un élément moteur pour la résolution.

QUESTION 5

C'est une question plus « technique ». Elle permet de parler de la place de l'ATSEM dans l'équipe éducative. Il ne faut pas oublier de rappeler la fréquence des conseils d'école et les membres qui y siègent de droit ainsi que les membres invités. Une fois encore, il faut se référer à l'expérience. Si vous n'en avez pas, il faut savoir que les questions qui concernent les ATSEM sont multiples. Il peut s'agir de leur rôle pendant le service des repas, de leurs missions pendant le centre de loisirs, d'une éventuelle participation à une classe de découverte.

QUESTION 6

Pour répondre à cette question, il est facile de suivre le déroulement d'une journée scolaire type et d'y ajouter les missions plus spécifiques du temps de centre de loisirs et des congés scolaires. Il faut penser aux tâches matérielles bien sûr, mais surtout ne pas oublier tout ce qui relève du relationnel.

Dans ce chapitre et dans le chapitre suivant, les situations de classe présentées sont décrites et analysées.

CHAPITRE 5

Le rôle éducatif de l'ATSEM

Dans ce chapitre, les objectifs et les missions confiés à l'ATSEM sont indiqués, le cadre, l'organisation matérielle, spatiale et temporelle. Les relations de l'ATSEM avec les parents, les enfants et les membres de l'équipe pédagogique, sont précisées. Les attitudes et comportements attendus de l'ATSEM dans la relation éducative sont expliqués et commentés.

TÉMOIGNAGE « Je suis le plus souvent avec les enfants. J'assiste la maîtresse d'une section de moyens-grands. Je prépare les petits déjeuners (du pain, des fruits, du fromage), le matériel (découpage, peinture, feuilles), j'aide les plus petits. Mais je ne remplace pas la maîtresse dans les apprentissages. Je fais l'ouverture et la fermeture des portes de l'école. Je surveille les récréations. Pour la cantine, je prends ceux qui mangent au premier service, j'aide les petits à couper leur viande, je les aide à manger. Je les accompagne aux toilettes, je les aide pour la sieste. Je mange à mon tour puis j'aide les enfants qui mangent au deuxième service. Je fais aussi un peu de ménage. »[26]

CE QU'IL FAUT SAVOIR

L'accueil du matin

Le temps de l'accueil est un moment très important pour l'enfant et sa famille.

- C'est un *moment de transition* qui permet aux enfants et à leur famille de comprendre que l'école est un lieu d'apprentissages structurés et pas seulement un mode de garde. C'est le moment où *l'enfant entre dans sa posture d'élève*. L'ATSEM accompagne ce moment de «passation». Le respect des horaires et la proposition dès l'arrivée en classe de réelles situations scolaires, contribuent à la construction par les parents, de l'image et du rôle de l'école maternelle.

TÉMOIGNAGE « Ce qui me plaît le plus dans le travail d'ATSEM, c'est le rapport aux enfants. C'est simple, gratuit, sans faux-semblants. On est un relais entre parents et enseignants, à condition de ne se substituer ni aux uns ni aux autres. »[27]

- C'est un moment où l'enfant doit se séparer de sa cellule familiale pour intégrer l'école. C'est un *moment «transitionnel»* essentiel pour vivre de manière positive son entrée dans la communauté des élèves. C'est souvent de la qualité de ce moment que découle «la sérénité de la journée» et la disposition de l'enfant à entrer dans les apprentissages.

Il ne s'agit pas d'occuper les enfants en attendant les «retardataires», mais d'accueillir chacun de façon rassurante et personnalisée.

© 2015, Elsevier Masson SAS. Tous droits réservés

[26] Témoignage d'ATSEM, *Publidia.fr*
[27] Témoignage d'ATSEM, *Publidia.fr*

- C'est un *temps d'adaptation*, un moment qui a pour vocation d'évoluer tout au long de l'année et qui est très différent d'une section à l'autre.

Il est question ici de l'accueil en classe et non de l'accueil à la garderie du matin qui se pratique dans certaines communes.

FIG. 2.40. **Une ATSEM à l'accueil (à la porte extérieure de l'école).**

Objectifs pédagogiques

- Accueillir chacun et faciliter la séparation de l'enfant avec sa famille.
- Faire en sorte que chaque enfant trouve sa place au sein de la communauté scolaire et devienne un élève.

Organisation

Les lieux

- L'accueil se déroule le plus souvent dans la classe.
- L'ATSEM et l'enseignant sont présents dans la classe avant l'arrivée des parents et des enfants. C'est souvent à ce moment qu'à deux, ils préparent la classe en vue des activités qui vont s'y dérouler.
- Dans certaines écoles où les salles de classe se trouvent trop éloignées de l'entrée principale, l'équipe pédagogique peut décider d'organiser l'accueil dans le *hall*, le *préau*, la *salle de jeux*, etc. Il peut arriver que les élèves soient accueillis dans la cour, mais c'est plutôt rare car trop peu confortable et tributaire des conditions météorologiques.
- La circulation des parents à l'intérieur de l'école peut quelquefois poser des problèmes de *surveillance*, mais aussi d'*hygiène* et d'*entretien* – tout particulièrement les jours de pluie. Il est en général demandé que les poussettes ne circulent pas dans l'école. Depuis l'instauration du plan Vigipirate, en 1996, certaines écoles ont dû faire le choix d'accueillir seulement les enfants et de demander aux parents de rester à l'extérieur de l'école.
- Pour la transmission d'informations quotidiennes concernant des changements dans le rythme de vie de l'enfant telles que suppression d'un temps de cantine, changement d'adulte autorisé qui vient le reprendre après le temps scolaire ou vêtements égarés, etc., un cahier peut être placé à l'entrée de l'école ou de la classe.

La durée

C'est un moment qui *dure 20 minutes*. L'accueil du matin débute 10 minutes avant le début des classes, et se prolonge une dizaine de minutes après, afin de ne pas bousculer parents et enfants. C'est un moment qui ne doit pas s'éterniser au risque que les enfants s'ennuient. Le règlement intérieur des écoles exige un strict respect des horaires d'entrée et de sortie de l'école. Les retards perturbent le déroulement des activités scolaires, mais certains parents sont difficiles à convaincre!

Comportement et relation éducative

L'ATSEM et les enfants

En petite section

- *L'ATSEM aide l'enfant* à enlever son manteau si cela est nécessaire, tout en l'encourageant à se débrouiller seul. Il l'invite à ranger ses affaires de manière rationnelle et l'habitue notamment à accrocher ses vêtements au porte-manteau marqué à son nom.

FIG. 2.41. **Étiquettes de porte-manteaux.**

- *L'ATSEM félicite l'enfant* qui a fait des progrès dans ce domaine. Il faut porter un intérêt particulier à chaque élève. Il ne faut jamais manquer une occasion de valoriser un enfant.

Si la politique de l'école instaure le port des chaussons pour les activités physiques, l'ATSEM aide l'enfant à enlever ses chaussures, à les ranger dans le casier désigné et à enfiler ses chaussons.

- *L'ATSEM veille à ce que le «doudou» soit rangé* le plus rapidement possible, car il gêne l'enfant dans la pratique des activités. Le plus souvent, les «doudous» ne sont acceptés qu'en petite section, et seulement pour le moment de la sieste. L'enfant est donc invité à ranger son doudou dans son casier à l'arrivée en classe, il ne le retrouvera qu'au moment de la sieste.

FIG. 2.42. **«Je range doudou dans mon casier».**

Dans toutes les sections

Les adultes et les enfants doivent se dire «bonjour» et se parler doucement. L'accueil est un moment très propice au langage «en situation» (je commente ce que je fais, ce que je ressens, etc.) et au langage «d'évocation» (je raconte mon vécu, etc.).
L'enfant est invité à matérialiser sa présence en plaçant son étiquette. C'est une première entrée dans le monde de l'écrit. Cette «étiquette de présence» va évoluer tout au long de la scolarité. L'enfant peut assurer quelques «services», comme nourrir les animaux ou arroser les plantes, mettre à jour le calendrier, préparer le tableau de la météo.

FIG. 2.43. **Une semaine à l'école (MS).**

L'ATSEM occupe un poste stratégique pour remarquer des carences dans le domaine de l'hygiène ou du confort. L'ATSEM doit porter beaucoup d'attention à chaque enfant et ne pas hésiter à rapporter à l'enseignant tout ce qui peut lui sembler particulier dans la tenue ou le comportement d'un enfant ou d'une famille.

L'ATSEM et les parents

- L'ATSEM doit être conscient qu'il *établit un lien entre le milieu familial et le milieu scolaire*. Quand des parents signalent à l'ATSEM des petites modifications dans l'emploi du temps de l'élève (pas de cantine, pas de garderie, etc.), il est préférable qu'il leur conseille de le mettre par écrit dans le carnet de correspondance de l'enfant ou dans un «petit mot» placé sous enveloppe à destination de l'enseignante. Certaines écoles placent à l'entrée de l'école un cahier où les parents peuvent noter des changements ponctuels dans le rythme de vie de leur enfant.
- Si des parents ont des *demandes précises* concernant la scolarité de leur enfant, l'ATSEM doit toujours les renvoyer vers l'enseignant. Si des parents profitent de ce temps d'accueil pour réclamer un vêtement égaré, ce n'est pas le moment pour l'ATSEM de quitter la classe pour entreprendre des recherches. Il doit répondre poliment «que le vêtement égaré sera recherché dans la journée, que cela ne devrait pas poser de problème si le nom de l'enfant est marqué et qu'il sera remis ce soir».

- Dans le cas où les vêtements ne seraient pas encore marqués, il faudra rappeler à la famille qu'elle doit le faire. Le moment de l'accueil ne devant pas s'éterniser, les parents sont incités à quitter les lieux rapidement pour ne pas retarder le début des activités.
- *Si un enfant est visiblement malade* dès son arrivée en classe (fièvre, yeux collés, etc.), il faut mettre les parents en relation avec l'enseignant qui évaluera s'il est opportun d'accepter l'enfant ou s'il faut demander aux parents de le conduire chez le médecin.
- Bien entendu, un ATSEM *n'accepte jamais un médicament* qu'il devrait administrer à l'élève en cas de besoin, même sur prescription médicale (*cf.* chapitre 8).

L'ATSEM et l'enseignant

L'ATSEM aide l'enseignant à s'occuper des enfants au fur et à mesure de leur arrivée. Il occupe souvent une place stratégique, entre la classe et le couloir, afin de surveiller les allers et venues de chacun. Dès que les élèves sont prêts, l'ATSEM les dirige vers l'enseignant pour commencer les activités.L'enseignant est déjà occupé à des tâches pédagogiques : c'est le temps de l'accueil et des activités rituelles qui aident l'enfant à se repérer dans le temps et à marquer leur présence dans le groupe-classe.

Recommandations

Il faut veiller à rester davantage disponible pour les enfants plutôt que pour les parents. Il faut éviter d'entretenir des conversations particulières avec les familles. Ce n'est pas le rôle de l'ATSEM, et encore moins le lieu ni le moment. Le professeur est là pour éclairer les parents sur les questions pédagogiques et proposer des rendez-vous hors temps scolaire.
Les contenus pédagogiques du temps de l'accueil vont évoluer tout au long de l'année au fur et à mesure que les élèves gagnent en autonomie.

FIG. 2.44. **Appel cantine et goûter avec les étiquettes (MS).**

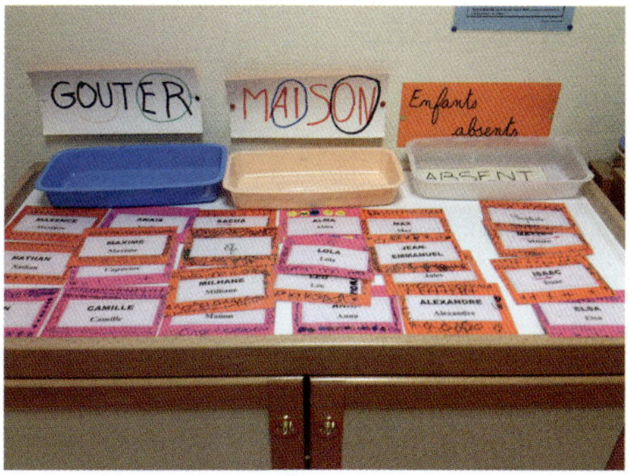

FIG. 2.45. **Appel cantine et goûter avec les étiquettes (MS/GS).**

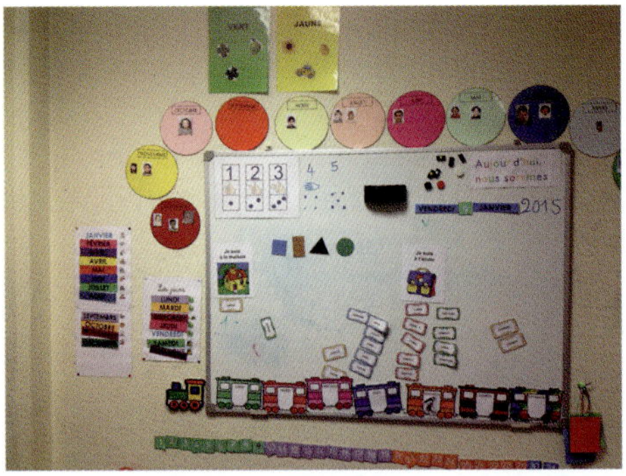

FIG. 2.46. Tableau des rituels, présence et repérage dans les jours de la semaine.

FIG. 2.48. Rituel étiquettes (GS).

FIG. 2.47. L'ATSEM repère qui mange et qui goûte à l'école.

TÉMOIGNAGE

«Je suis attachée à une classe petite section, après avoir eu des moyens. Je suis multipolyvalente. Je fais l'accueil avec la maîtresse, les jeux, les câlins s'il y a des pleurs, je prépare les activités, je fais du découpage si besoin, je change un enfant en cas d'accident. À l'heure du déjeuner, je récupère les enfants pour la cantine. Nous mangeons avec eux, une ATSEM par table. Nous sommes sur le terrain pour l'Éducation nationale avec l'institutrice et pour la collectivité territoriale à la cantine ou dans la cour avec un agent d'animation de la mairie.»[28]

La sortie des classes

Le règlement intérieur des écoles maternelles (*cf.* annexe 7) stipule que «les enfants sont repris à la fin des classes par leurs parents ou une personne nommément désignée par eux et présentée au directeur de l'école».

[28] Témoignage d'ATSEM, *Publidia.fr*

FIG. 2.49. **Sortie des classes à 15 h 45.**

Objectifs

- Répartir les enfants selon leur mode de garde après le temps scolaire.
- Veiller à la sécurité des élèves.

Organisation

Les lieux

La sortie peut avoir lieu soit dans la classe soit dans le hall de l'école. Elle se fait dans les mêmes conditions que l'accueil. Il faut veiller à ce que les règles de vie soient respectées dans les couloirs, même en présence des «nounous» ou des parents.

La durée

Le moment de la sortie se déroule à la fin de chaque demi-journée de classe. Les enfants qui déjeunent à la cantine à midi ou ceux qui goûtent l'après-midi sont pris en charge par les animateurs. Il faut éviter que les enfants qui restent croisent dans les couloirs ceux qui partent. La sortie dure 10 minutes. Une dernière sortie s'opère à la fin de la garderie et après les éventuels ateliers périscolaires.

Comportement et relation éducative

L'ATSEM et les enfants

- L'ATSEM aide à habiller les enfants qui rentrent à la maison.
- L'ATSEM et le gardien de l'école doivent redoubler d'attention pour éviter qu'un enfant puisse sortir seul de l'école.

L'ATSEM et les parents

L'ATSEM doit être très vigilant, et vérifier que l'enfant est bien repris par une personne autorisée. En cas de litige, à ce moment de la journée, l'ATSEM doit toujours s'abriter derrière les instructions données par le directeur. *Sous aucun prétexte, il ne donne l'enfant à une personne qui n'a pas été présentée par les parents.* En cas de doute, il faut prévenir les parents par téléphone. Une ATSEM ne raccompagne jamais un enfant chez lui.

Cas particulier

- *Il arrive qu'un enfant soit «oublié» après l'école.* Les parents peuvent avoir un très grand retard, ou chacun avoir compté sur l'autre pour aller chercher l'enfant... L'ATSEM avertit le directeur qui essaiera de régler le problème. En priorité, après l'accord de la municipalité, l'enfant peut être accueilli au centre de loisirs. En dernier recours, si personne n'est joignable, ou si les très grands retards sont fréquents, le directeur appellera le commissariat de police. C'est extrêmement rare car très traumatisant pour les adultes et les enfants.

- **Mise en garde :** il ne faut jamais confier un enfant à une personne qui n'est pas autorisée à venir le chercher. *Une autorisation est toujours écrite*, et la personne désignée doit présenter une pièce d'identité. En cas d'hésitation, il faut avertir le directeur qui avisera.

Dans le cas de parents séparés, la garde de l'enfant est organisée par le juge. Le directeur a dans ses dossiers la copie du jugement qui indique les jours et heures auxquels chacun des parents peut prendre l'enfant. Le directeur transmet l'information à l'enseignant et à l'ATSEM concernés qui ont pour obligation de respecter ces décisions de justice.

L'aide aux élèves dans les activités dirigées

TÉMOIGNAGE

« J'aime énormément travailler avec les enfants. Je me régale. Ils viennent me voir avant d'aller voir la maîtresse pour vérifier qu'ils ont réussi. Je les rassure. »[29]

FIG. 2.50. **Préparation matérielle et protection des tables.**

FIG. 2.51. **Préparation des encres.**

- *Les activités dirigées* ont pour objectif de faire acquérir les compétences inscrites dans les programmes de l'école maternelle. Elles sont souvent appelées «*ateliers*» quand les enfants travaillent à une tâche en petit groupe. Le fonctionnement en ateliers exige que les élèves aient développé une certaine autonomie.

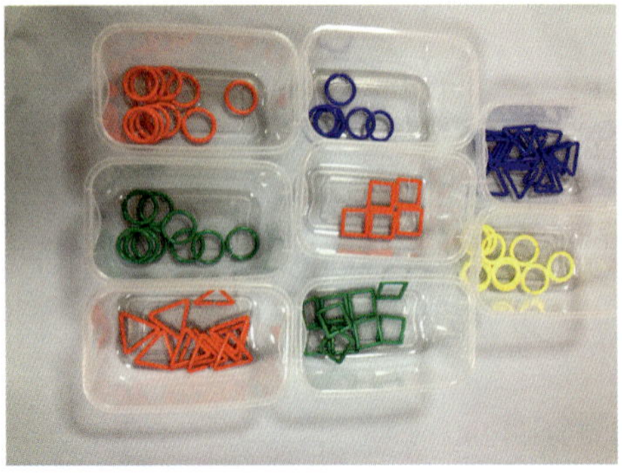

FIG. 2.52. **Tri par formes et couleurs.**

FIG. 2.53. **Algorithmes.**

[29] Témoignage d'ATSEM, *publidia.fr*

De très ponctuelles avec les petits, les activités dirigées deviennent régulières chez les moyens et chez les grands. Il peut s'agir :

- de travaux en référence à *la langue orale et la langue écrite* : entraînement au graphisme, à l'écriture ou à la lecture;

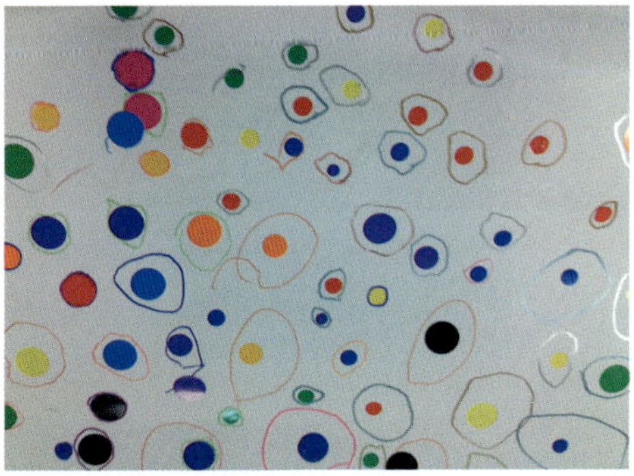

FIG. 2.54. **Gommettes entourées.**

FIG. 2.55. **Tracer des lignes verticales et horizontales.**

FIG. 2.56. **Écrire son prénom (PS).**

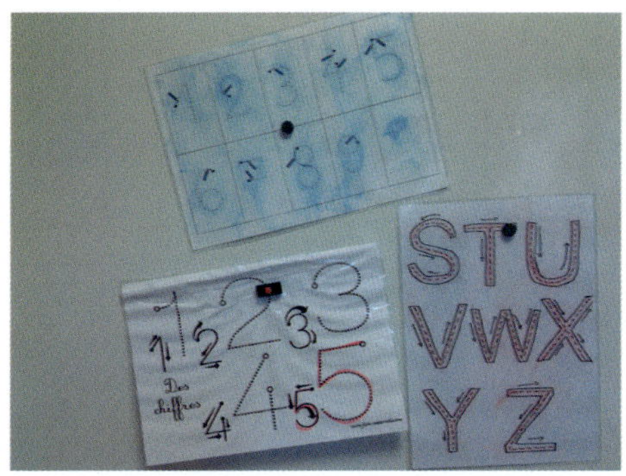

FIG. 2.57. **Modèles fléchés pour acquérir les gestes graphiques corrects.**

FIG. 2.58. **Modèle de graphisme dirigé et productions.**

FIG. 2.59. **Jeux mathématiques.**

FIG. 2.60. **Découverte du monde.**

- d'activités de *découverte du monde* : travail sur le monde du vivant, le monde des objets, les notions d'espace et de temps, les nombres, les quantités, etc.;
- de la pratique *d'arts plastiques* : peinture, modelage, collage, expérimentation d'outils, de gestes et de procédés

FIG. 2.61. **Graphisme décoratif.**

FIG. 2.62. **Encres et gommettes.**

FIG. 2.63. **Empreintes à la gouache.**

FIG. 2.64. **Collage de paillettes pour les cartes de Noël.**

- *d'activités de jeux éducatifs* : puzzles, encastrements, jeux de construction, jeux de société, etc.;
- *d'activités de manipulation ou d'expérimentation* (bac à eau ou à semoule), tris et classement de matériel divers, etc.

FIG. 2.65. Un atelier préparé par l'ATSEM.

FIG. 2.66. Production dans l'atelier.

Objectifs

- Mettre en place le matériel selon les prescriptions de l'enseignant.
- Créer un climat favorable à l'acquisition de la compétence.
- Assister les élèves dans la réalisation des exercices ou des tâches demandés par le maître.
- Aider les élèves à ranger le matériel.

Organisation

Le lieu

Les activités dirigées se déroulent dans la classe, où chaque espace est dévolu à un type d'atelier : un pour la lecture, un autre pour les arts plastiques, un autre pour les jeux. Au cours de la journée, la destination des différents espaces de la classe se modifie selon les activités proposées et le matériel mis à disposition. L'ATSEM est en charge de la préparation matérielle de ces espaces. Les ateliers peuvent changer plusieurs fois au cours de la journée.

La durée des activités dirigées

La durée est variable selon la nature, la forme et les contenus de l'activité proposée.
De 10 à 15 minutes en PS, la durée des séances peut s'allonger jusqu'à 20 à 30 minutes en GS.

REMARQUE

Il ne faut pas confondre « activité dirigée » et exercice écrit sur une fiche photocopiée qui n'a que peu d'intérêt à l'école maternelle. Il est important de laisser une large place aux activités de manipulation, d'expérimentation et de résolution de problèmes.

Le matériel

La préparation matérielle est essentielle, elle garantit une bonne mise en œuvre et un bon déroulement des activités.

Le matériel adapté à l'activité est préparé par l'ATSEM selon les prescriptions de l'enseignant.

- L'ATSEM *place le matériel sur les tables* ou le dispose à proximité immédiate. Il est souhaitable que les enfants se servent de manière autonome. Toutes les activités graphiques requièrent des outils en bon état (crayons taillés, qualité des crayons et feutres vérifiée, etc.). Il faut surtout faire en sorte qu'aucun enfant ne soit mis en difficulté, voire en échec, du fait de matériel manquant ou défectueux.
- L'ATSEM *veille à protéger les tables pour les activités salissantes* (modelage, encre, peinture).

L'enseignant peut demander à l'ATSEM de l'aider dans la préparation des supports, découpages ou pliages, etc. Il peut également demander à l'ATSEM de faire des photocopies.
Dans une classe de maternelle, le moindre contretemps est générateur d'agitation pour les élèves.

> À propos des photocopies : « À l'école maternelle, les apprentissages exigent rarement le recours à des supports photocopiés. À ce niveau de la scolarité, les acquisitions se font par des jeux, par des manipulations, dans des activités animées par l'enseignant, dans des échanges langagiers à propos des activités et des lectures, dans des situations de production graphique, ou d'écriture pour les plus grands. »
> **Inspection de la Goutte d'Or, Paris 18e**
> À savoir : « [...] Le nombre de copies limité à 180 copies d'une page de format A4, par an et par élève »[30].

Comportement et relation éducative

L'ATSEM et l'enseignant

L'ATSEM a le plus souvent été associé à la préparation matérielle de l'activité. Il ne doit pas hésiter, à ce moment-là, à demander des explications sur le déroulement de l'activité et les résultats attendus par l'enseignant. Une bonne représentation de la compétence travaillée qui répond à la question : «Qu'est-ce que les élèves sont en train d'apprendre?», est très importante pour accompagner efficacement les élèves.

> À l'école maternelle, à la différence des structures de centre de loisirs, les activités proposées aux élèves doivent répondre à des objectifs d'apprentissages en cohérence avec les programmes de l'Éducation nationale. Pendant le temps scolaire, il ne devrait pas y avoir d'activités que l'on range sous le terme générique d'« occupationnelles ».

Déroulement des activités

- L'enseignant présente aux élèves les consignes des ateliers en grand groupe. L'ATSEM doit écouter l'enseignant, car il est souhaitable dès le début d'un atelier de s'assurer que les élèves ont bien compris la consigne en la leur faisant répéter ou éventuellement la leur redire.
- L'ATSEM prend en charge le groupe que l'enseignant lui confie. C'est l'enseignant qui fixe le niveau d'exigence pour chacun de ses élèves; l'évaluation des productions est de son ressort.

L'ATSEM et les enfants

- Tout d'abord, l'ATSEM laisse les élèves *s'approprier les consignes de travail*, il peut les répéter et/ou les expliciter à certains élèves. Il veille à ce que les élèves se mettent au travail.
- L'ATSEM peut *guider les moins rapides* et féliciter les plus efficaces. Il met en garde ceux qui se trompent, mais surtout ne fait jamais à la place de l'élève.

---

[30] Publié au BO en octobre 2009, un nouvel accord a été signé le 25 septembre 2008 entre l'État, le centre français d'exploitation du droit de copie (CFC) et la société des éditeurs et auteurs de musique (SEAM).

- Le rôle de l'ATSEM est *d'encourager*, de *faciliter la tâche*, de solliciter les élèves trop lents. En aucun cas, il ne doit s'autoriser à modifier les consignes de travail ou à porter un jugement de valeur par rapport à la qualité de la production des élèves.

Recommandations

- Il est recommandé de s'asseoir auprès des élèves, même si les chaises sont basses. La communication est bien meilleure quand l'adulte se place à la hauteur de l'enfant.
- Il est conseillé de se placer en position assise ou accroupie auprès des enfants afin de prévenir les lombalgies chez l'adulte.

Mise en garde : l'enseignant a la responsabilité pédagogique des activités, et *l'ATSEM doit se garder d'intervenir sur les contenus*, de modifier les consignes ou les critères d'évaluation. Elle ne doit pas faire à la place de l'élève ni l'aider outre mesure. L'ATSEM ne peut pas refuser de préparer une activité ou de nettoyer après sous prétexte qu'il n'était pas en accord avec les méthodes ou les objectifs de l'enseignant.

Après l'activité

- L'ATSEM aide les élèves à ranger le matériel.
- L'ATSEM veille à ce que les productions soient marquées au nom de l'enfant. Dès la moyenne section, un grand nombre d'élèves sait écrire son prénom en majuscules d'imprimerie. En petite section, il leur est souvent proposé de coller leur étiquette prénom.

FIG. 2.67. **Étiquettes pour marquer ses productions.**

FIG. 2.68. **Couverture du cahier de vie.**

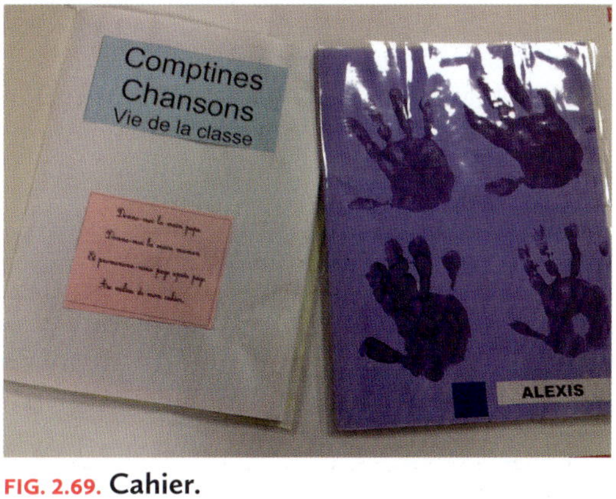

FIG. 2.69. **Cahier.**

FIG. 2.70. **Dessins avec prénoms en étiquette.**

- L'ATSEM veille à ce que les productions des élèves soient rangées là où il le faut. S'il s'agit de constructions.
- L'enseignant peut demander à l'ATSEM des indications sur les procédures utilisées par certains élèves lors de la réalisation de l'exercice. Il peut lui demander de l'aider à classer, ranger, présenter les productions des élèves dans les cahiers ou les afficher sur les murs de la classe.

Commentaire : le travail de rangement ou de présentation des productions des élèves demande de l'organisation, du soin et du sens esthétique.

FIG. 2.71. Le projet de classe expliqué aux parents dans le cahier de vie.

FIG. 2.72. Collage dans les cahiers.

FIG. 2.73. Production graphique en MS.

REMARQUE

Il pourra arriver plusieurs fois dans l'année scolaire que l'enseignant reçoive des visites dans sa classe : le conseiller pédagogique, des stagiaires, le médecin scolaire, la psychologue scolaire, le maître du RASED ou l'inspecteur. L'ATSEM doit se garder de tout avis personnel ; il doit rester efficace et très discret.

TÉMOIGNAGE

« Ne lui réclamez pas trop vite de super bonhommes ! Chaque chose en son temps, l'école maternelle est avant tout un lieu de découvertes, de plaisirs et de rencontres ! Les activités manuelles sont à l'honneur et les enfants gardent souvent, d'ailleurs, un souvenir singulier de leurs premières productions. »[31]

[31] Témoignage d'une maman sur *blog info bébé*.

TABLEAU 2.9. L'évolution de la représentation du schéma corporel chez l'enfant[1]

Classes	Forme	Description
TPS et PS	Les premières traces	Le réalisme fortuit. On remarque quelques traces qui permettent d'identifier un bonhomme.
PS et début de MS	Le bonhomme «têtard» qui se complète	La tête est la partie la plus importante. On l'appelle aussi «bonhomme patate». On remarque les yeux, la bouche, le nez puis les oreilles et les cheveux. Les bras et jambes, souvent très longs, sont rattachés à la tête. Essai de symbolisation du tronc.
MS	Le bonhomme s'enrichit	Le tronc apparaît. Il est attaché à la tête et les bras s'y rattachent aussi. Les proportions sont meilleures et le visage devient expressif.
Fin de MS et GS	Le bonhomme est complet	Il s'accessoirise (vêtements, chaussures). Il se met en mouvement et peut représenter des situations spécifiques : courir, jouer à 2, etc. Le dessin raconte une histoire.
GS	Le bonhomme est complet et articulé	Les membres sont représentés en épaisseur par des doubles traits. Le tracé des contours du corps donne plus de fluidité au geste graphique. Les articulations sont représentées (coudes, genoux). De nombreux détails sont représentés : bijoux, armes, cils, décoration des tissus.

1 D'après les travaux de Georges-Henri Luquet, ***Le dessin enfantin***, 1927.

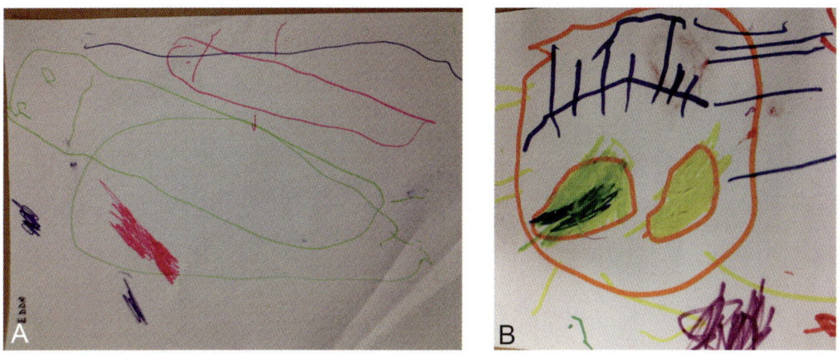

FIG. 2.74. Bonhommes premières traces.

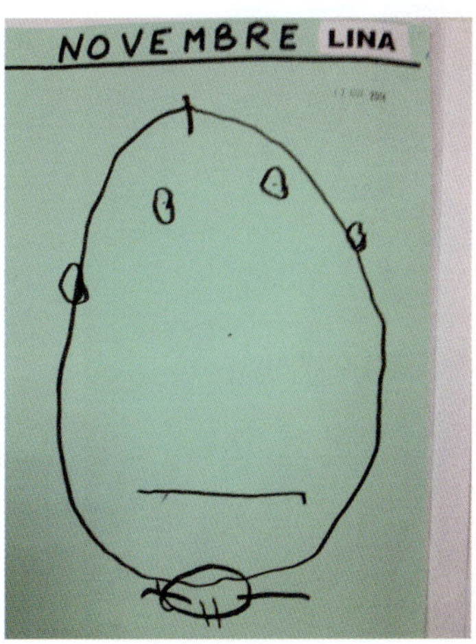

FIG. 2.75. Bonhomme «patate».

FIG. 2.76. Bonhomme «têtard».

FIG. 2.77. Bonhomme tracé libre en octobre (PS).

FIG. 2.78. Bonhomme tracé dirigé en octobre (PS).

FIG. 2.79. Bonhomme d'un enfant de MS en MS/GS.

FIG. 2.80. Bonhommes complets (GS).

FIG. 2.81. Bonhommes silhouette.

Les activités dans la bibliothèque

L'ATSEM est souvent associé aux déplacements des enfants à la bibliothèque de l'école.
Un tableau est établi par le conseil des maîtres qui fixe les jours et heures d'occupation de la bibliothèque par les différentes classes de l'école. Selon les classes, les enfants y vont entre une fois par jour et une fois par semaine. Les livres sont répertoriés, le classement et le rangement sont codifiés : par thème, par série et par âge. Quelquefois, la classification DEWEY par nom d'auteur est utilisée. Chaque livre est marqué par les trois premières lettres du nom de l'auteur.

Objectifs pédagogiques

- Développer chez l'enfant un comportement de lecteur.
- L'aider à se construire une culture littéraire.
- Présenter des supports et des thèmes qui soutiennent le développement des projets de la classe.

La relation éducative

- L'ATSEM peut aider les élèves à rechercher un livre, s'installer dans un espace protégé pour raconter une histoire.
- L'ATSEM et l'enseignant insistent sur le fait qu'un livre est un objet particulier qu'il faut respecter. Ils exigent que les enfants en prennent soin. C'est un objet orienté qu'il faut savoir feuilleter et ranger.
- L'ATSEM ou l'enseignant peuvent utiliser du matériel, pour raconter une histoire, des marottes ou des marionnettes.Il est souvent fabriqué par l'adulte ou par les enfants, à partir des images des albums.

FIG. 2.82. **Des marottes.**

FIG. 2.83. **Des marionnettes.**

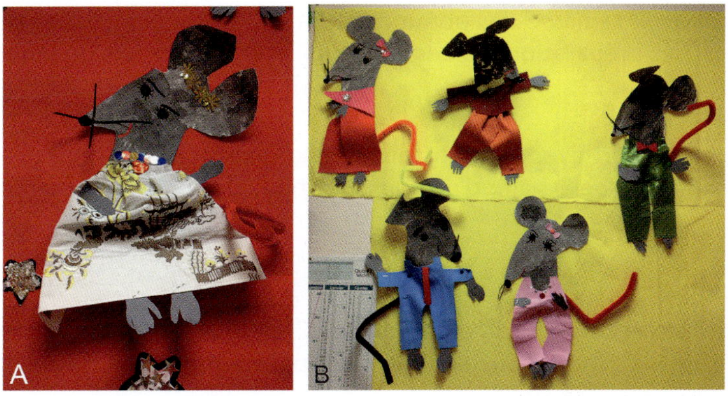

FIG. 2.84. **Souris : productions après la lecture d'un album.**

Après l'activité

L'ATSEM s'assure que, lorsque les élèves quittent la salle, tous les livres sont rangés. Il vérifie que le classement est scrupuleusement respecté.

Commentaire : ce temps de «lecture» dans un espace préservé est un moment de relation privilégiée entre l'adulte et l'enfant. Lorsqu'il lit une histoire, l'adulte doit veiller à bien mettre le ton, à ne pas modifier le texte, à expliquer les mots difficiles. Il doit aussi écouter attentivement, sans l'interrompre, l'enfant qui fait une «relecture».

REMARQUE

Certains adultes du monde associatif interviennent dans les écoles. Il peut s'agir par exemple de l'association « Lire et faire lire ». Ces personnes, bénévoles, racontent des histoires aux enfants sur le temps scolaire ou périscolaire. Ils sont agréés par le ministère de l'Éducation nationale et ont signé avec la municipalité une convention qui les autorise à intervenir.

Les ateliers de «cuisine»

La sécurité alimentaire impose des règles d'hygiène très strictes. La manipulation d'un matériel spécifique tel que des objets *tranchants* (couteaux), *piquants* (fourchettes, brochettes), *chauffants* (plaques de cuisson) ou *électriques* (batteur) requiert une vigilance extrême quant aux règles de sécurité. Il faut aussi prendre garde à ce que les enfants ne mangent pas des produits qui ne leur conviennent pas, tout particulièrement dans le cas des enfants qui présentent des allergies alimentaires.

Objectifs

- Mettre les élèves en situation de préparer pour les autres.
- Réaliser selon les demandes de l'enseignant une préparation culinaire.
- Éduquer et développer le goût.
- Observer les transformations de la matière.

Organisation

Toutes sortes d'activités culinaires sont organisées dans les classes. Les enfants peuvent préparer un petit déjeuner, un buffet pour recevoir les parents ou les élèves d'une autre classe, un gâteau d'anniversaire, des galettes pour la fête des Rois, des crêpes pour la Chandeleur, de la compote après avoir ramassé des pommes, de la confiture, des salades de fruits, etc. On peut envisager aussi des préparations salées : des feuilletés, du potage, du pain, etc.

Les lieux

Les activités en rapport avec la nourriture se pratiquent dans un espace adapté. Il doit y avoir de l'eau à proximité. Il peut s'agir d'un coin spécifique de la classe, du réfectoire ou de la cuisine de l'école.

Le matériel

Le matériel utilisé est toujours du matériel réel. C'est le plus souvent le matériel de la cuisine de l'école qui est utilisé. Il arrive que l'enseignant apporte du matériel personnel (moule à gâteau, batteur-mixeur, sorbetière, etc.).

Les ingrédients sont apportés par l'enseignant ou par les parents. Il peut arriver qu'au préalable, les enfants soient sortis avec l'enseignant et l'ATSEM pour faire les courses. Les ingrédients sont soigneusement rangés dans des placards ou dans le réfrigérateur selon leur mode de conservation. Dans le cas d'un stockage à plus long terme, il faut penser à vérifier régulièrement les dates de péremption des produits.

Recommandations

Si une collation du matin est servie, cela doit se faire au plus tard deux heures avant le déjeuner. « Cette collation vise à pallier des apports insuffisants mais surtout pas à augmenter l'ingestion calorique au-delà des apports nutritionnels recommandés ». Le Plan Nutrition Santé (PPNS) de 2009 et les circulaires sur la « nutrition à l'école » recommandent de ne pas systématiser les prises alimentaires à l'école et de privilégier la consommation de fruits et de légumes.

Comportement et relation éducative

Avant toute activité liée à la nourriture, l'ATSEM doit conduire les enfants aux lavabos, les faire se laver les mains et se brosser les ongles; au préalable, il les invite à se moucher.

La préparation

L'ATSEM et l'enseignant

L'ATSEM met en place le matériel nécessaire selon les demandes de l'enseignant, et vérifie qu'il est en parfait état de propreté.

L'ATSEM et les enfants

- Avec les élèves, l'ATSEM *prépare les éléments nécessaires*. C'est un moment privilégié pour la communication et le langage en situation. Il veille à utiliser les termes précis en ce qui concerne le nom des ustensiles, les ingrédients et les actions à réaliser.
- Les enfants peuvent être amenés à éplucher, couper, mélanger, vider, remplir, tartiner, etc. L'ATSEM *montre ces gestes, les explique*. Il peut les aider à les effectuer, mais ne le fait pas à leur place. Par moments, l'ATSEM agit seul, il demande alors aux enfants de bien observer pour décrire ce qu'il a fait. Il commente alors avec des termes adaptés et précis ses faits et gestes.
- L'ATSEM *engage les élèves à prévoir*, *compter*, *vérifier*, etc. Les activités culinaires sont des moments propices aux apprentissages numériques.

REMARQUE Lorsqu'il s'agit de procéder à la cuisson, c'est l'ATSEM et lui seul qui doit le faire, pour des raisons évidentes de sécurité. Les enfants peuvent cependant être conduits par petits groupes dans la cuisine pour surveiller la cuisson. C'est une excellente occasion d'éducation aux risques domestiques.

La dégustation

- L'ATSEM *accompagne* les enfants aux lavabos pour qu'ils se lavent les mains avant et après la collation.
- L'ATSEM et l'enseignant font *respecter les règles de vie* : les enfants doivent être bien installés à table, attendre leur tour pour se servir. Ils sont invités à manger proprement et à dire «merci».

Commentaire : le principe de la collation à l'école a été remis en cause par les médecins, qui craignent des problèmes de surcharge pondérale. Dans l'hypothèse où elle est maintenue, il faut privilégier la consommation de fruits et plus rarement de produits laitiers. Il faut bannir les produits trop gras et trop sucrés comme les pâtisseries industrielles. Souvent, un menu est établi dans la classe avec les enfants. L'objectif est de varier, de diversifier et d'équilibrer les apports alimentaires sur la semaine, voire sur le mois. La prévention de l'obésité est un objectif de santé publique que l'école se doit de relayer.

Recommandations concernant les collations et goûters[32]

La collation matinale à l'école n'est ni systématique ni obligatoire. Elle ne se justifie pas pour les élèves qui ont pris un petit déjeuner avant de venir à l'école. Les enseignants peuvent cependant en mettre une en place, au moins deux heures avant le déjeuner. Les boissons ou aliments proposés aux élèves permettent une offre alimentaire diversifiée en privilégiant l'eau, les jus de fruit sans addition de sucre, le lait ou les produits laitiers demi-écrémés, le pain, les céréales non sucrées.
D'autres moments de la vie de l'école sont l'occasion d'apports alimentaires supplémentaires : goûters d'anniversaire, fêtes de Noël ou de fin d'année, etc. Ces événements festifs offrent un moment de convivialité, de partage et de plaisir. Il est souhaitable de ne pas les multiplier et de les regrouper par exemple mensuellement, afin d'éviter des apports énergétiques excessifs.

Les activités d'éducation physique et sportive (EPS)

« L'école maternelle permet aux enfants de réaliser des expériences corporelles au travers de la pratique d'activités physiques. Ces expériences contribuent au développement moteur, sensoriel, affectif, intellectuel et relationnel des enfants. »[33]

Objectifs

- Mettre en place sous la responsabilité de l'enseignant des installations propices aux apprentissages moteurs.
- Aider les élèves en difficulté.
- Veiller à la sécurité.

Organisation

Les lieux

Les activités physiques et sportives peuvent se dérouler à l'intérieur ou à l'extérieur, dans des espaces aménagés ou non. La répartition des espaces et l'attribution des créneaux horaires entre les différents enseignants de l'école sont affichées sous forme de tableaux qui sont établis en conseil des maîtres.

Le matériel

Le matériel utilisé est très varié. Il est rangé dans les salles de motricité ou dans des espaces adaptés.
Ce matériel sert à favoriser les actions motrices fondamentales :

- la locomotion ou les déplacements, comme marcher, courir, sauter, grimper, rouler, glisser;
- les projections et les réceptions, telles que lancer et recevoir;
- les équilibres et les manipulations, comme tirer, pousser, etc.

---

[32] www.education.gouv.fr
[33] Conseil supérieur des programmes, juin 2014.

Il peut s'agir de petit matériel (ballons, cordes, cerceaux, caissettes) ou de gros matériel (tapis, blocs de mousse, poutre, etc.). On peut aussi utiliser des dispositifs fixes : mur d'escalade, balançoires, espaliers, etc. On peut encore utiliser des matériaux détournés de leur usage premier : gros cartons d'emballage, tissus, etc. À l'extérieur, il est fréquent d'utiliser des engins roulants : tricycles, bicyclettes, rollers.

FIG. 2.85. **Rangement du matériel d'EPS.**

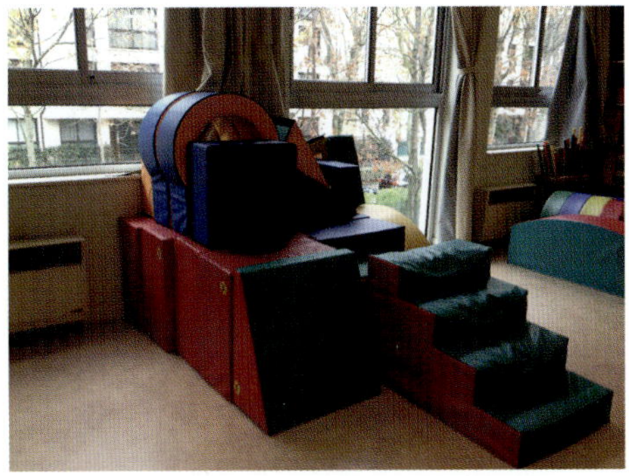

FIG. 2.86. **Matériel d'EPS utilisé pour construire des parcours.**

FIG. 2.87. **L'ATSEM démonte la structure en fin de séance.**

- L'ATSEM *doit apporter une aide efficace* au montage, au démontage et à l'installation des dispositifs. Il est utile de connaître les spécificités de chaque matériel et les consignes de montage pour faire une installation qui réponde aux normes de sécurité.
- L'ATSEM est quelquefois *obligé de demander de l'aide à l'un de ses collègues* pour la manipulation et l'installation des grandes structures. Une modification ponctuelle d'emploi du temps peut être pour cela nécessaire. Elle doit avoir reçu l'aval du directeur et des enseignants concernés.

Les enseignants s'organisent souvent pour utiliser à plusieurs classes, les unes après les autres ou pour un temps défini, des structures qui demandent beaucoup de manipulation pour leur installation.

Certaines activités physiques requièrent une prise de risques. Il faut faire preuve de vigilance, et mettre en place des dispositifs de prévention des accidents : tapis amortissant les chutes sur le sol et les angles de murs.

Comportement et relation éducative

L'ATSEM est le plus souvent présent lors des activités d'éducation physique pour aider les enfants les moins agiles et renforcer la sécurité.

L'ATSEM et l'enseignant

- L'ATSEM et l'enseignant conduisent les enfants de la classe au lieu où se déroule l'activité. Il peut s'agir de la salle de gymnastique, du gymnase, du préau, de la salle de danse, du stade ou de la cour.
- Dans le cas de parcours avec prise de risques, la sécurité requiert la présence de deux personnes.
- Quand il s'agit de parcours où il faut grimper, escalader, sauter, rouler, l'enseignant et l'ATSEM se placent de manière stratégique de façon à pouvoir intervenir rapidement auprès des élèves peu sûrs d'eux.
- C'est l'enseignant qui détermine le rôle et la place de chacun. En aucun cas, un ATSEM ne peut changer l'installation ou les règles du jeu sans l'accord de l'enseignant.

L'ATSEM et les enfants

- L'ATSEM vérifie qu'il n'y a pas de lacets défaits. Il faut aussi vérifier qu'aucun enfant ne porte de vêtements qui pourraient s'accrocher et présenter un danger lors de la pratique de l'activité. Si les enfants ont des chaussons, c'est le moment de les leur faire mettre. Quand la séance se passe à l'intérieur, l'ATSEM propose d'enlever le gilet car les enfants vont se dépenser et risquent d'avoir trop chaud. *A contrario*, si l'activité est prévue à l'extérieur, il faudra, l'hiver, aider les enfants à s'habiller.
- L'enseignant pourra aussi demander à l'ATSEM de mettre d'autres vêtements à un enfant qui aurait des vêtements gênants ou dangereux (jupe trop longue ou trop serrée, pull de type poncho, etc.). Si des enfants ont des tenues complètement inadaptées à la pratique des activités physiques, l'enseignant le fera remarquer à la famille.

Après l'activité

L'ATSEM doit être très organisé et veiller à bien ranger le matériel après l'activité. Ses collègues et les autres enseignants de l'école sont en général très exigeants sur la qualité de ce rangement. Quelquefois, plusieurs enseignants qui se succèdent en salle de gymnastique choisissent de faire pratiquer des activités qui utilisent le même matériel afin de faciliter les procédures de rangement.

Commentaire : c'est l'enseignant, et lui seul, qui prépare les situations pédagogiques. Toutefois, l'ATSEM peut et doit faire part au directeur et à l'enseignant de remarques éventuelles concernant la sécurité des élèves s'il constate par exemple du matériel défectueux ou remarque chez un élève un comportement à risque.

Les activités aquatiques

Les activités aquatiques se déroulent en général à la piscine municipale où les enfants se rendent à pied ou en autocar. Le directeur doit informer la mairie si l'ATSEM doit accompagner les élèves. Des parents bénévoles sont aussi sollicités pour aider à déshabiller et rhabiller les enfants. Les maîtres nageurs de la piscine encadrent et surveillent l'activité.

Objectifs

- Participer à l'organisation de l'activité.
- Contribuer à la sécurité.

Organisation

L'ATSEM ne participe pas aux activités, il ne se baigne pas. L'enseignant en revanche peut participer à l'activité avec ses élèves, et prendre place dans le bassin. Les parents peuvent encadrer les activités dans l'eau, seulement s'ils ont obtenu l'agrément de l'Éducation nationale. L'agrément de l'Éducation nationale est une autorisation délivrée par l'inspecteur d'académie aux intervenants bénévoles qui encadrent régulièrement des activités sur le temps scolaire. Dans le cadre des activités aquatiques, une épreuve a lieu à la piscine avant le début de l'activité afin de déterminer si les accompagnateurs sont aptes à encadrer un groupe d'élèves.

- Dans le cas d'élèves de l'école maternelle, l'activité doit être encadrée par l'enseignant et deux adultes agréés. En pratique, il est d'usage de prévoir dans l'eau un adulte pour cinq enfants.
- Les enfants restent entre 20 et 30 minutes dans l'eau, au-delà ils risquent d'avoir froid.

Comportement et relation éducative

Au vestiaire

Le rôle de l'ATSEM consiste à aider les enfants à ranger leurs vêtements quand ils se déshabillent afin de faciliter le rhabillage.

Sur le bord du bassin

- Les enfants sont répartis en groupes selon leurs compétences. Les maîtres nageurs, l'enseignant ou les parents habilités prennent chacun un groupe en charge.
- L'ATSEM est sur le bord du bassin, il ne porte pas de chaussures. Il renforce la surveillance des maîtres nageurs.
- L'ATSEM intervient rapidement au cas où il faudrait sortir un enfant qui a froid ou qui doit être conduit aux toilettes.

Après l'activité

- L'ATSEM doit aider les enfants à s'essuyer et se sécher rapidement. Les enfants ont besoin de beaucoup d'assistance pour se rhabiller. Les vêtements glissent mal sur une peau humide! Si la piscine est équipée de séchoirs, l'ATSEM peut aider les enfants à se sécher les cheveux.
- L'ATSEM doit veiller à ce que rien ne soit oublié dans les vestiaires. Si des vêtements restent alors que tous les élèves sont rhabillés, elle les rapporte à l'école, ils seront identifiés au retour.

Commentaire : à l'école maternelle, même si les élèves n'apprennent pas à nager, les activités aquatiques ne sont pas des moments simplement récréatifs, ce sont des temps d'apprentissage à part entière. Avant d'engager ses élèves dans cette activité, l'enseignant a rédigé un projet pédagogique qui doit être visé par l'inspecteur. Au retour en classe, les enseignants exploitent ces moments avec les enfants qui produisent des dessins ou des textes dictés à l'adulte représentatifs des apprentissages réalisés.

REMARQUE D'autres activités sportives sont soumises à la rédaction de projets pédagogiques spécifiques. Ainsi, les élèves de certaines classes peuvent aller au poney-club, à la patinoire, au stade. Après accord de la municipalité, l'ATSEM accompagne ces sorties.

« L'hygiène et la santé dans les écoles », consignes pour les baigneurs[34]

Le baigneur (animateur, surveillant de baignade ou enfant) est la principale source de contamination de l'eau. Pour ne pas contaminer l'eau de la piscine, le bain doit être interdit aux porteurs de plaies ou de maladies transmissibles (mycoses ou autres maladies cutanées, ORL et digestives). Avant le bain, des règles d'hygiène élémentaires permettent de limiter les risques sanitaires et les apports de matières organiques (sueur, urine, produits cosmétiques, peaux mortes), qui peuvent être responsables de la mauvaise qualité de l'eau. Après le bain, une douche savonnée permet d'éliminer les contaminants.

Règles élémentaires d'hygiène

Se déchausser avant l'entrée au vestiaire ; passer aux toilettes ; prendre une douche savonnée avant et après le bain ; traverser le pédiluve (et non le contourner !) ; respecter la propreté du bassin (ne pas uriner, ne pas cracher, ne pas manger, etc.) ; protéger les cheveux par un bonnet de bain ; porter un maillot (propre) une pièce (pour les filles) ou un slip de bain, et non un short de bain (pour les garçons) ; utiliser une serviette de bain personnelle.

Les rondes et jeux dansés

Les rondes et jeux dansés, les jeux de mime ainsi que la préparation de spectacles, sont des activités couramment pratiquées à l'école maternelle. L'enseignant et l'ATSEM participent, montrent les gestes et les pas aux élèves ou agissent selon la chorégraphie ou la mise en scène. Il ne faut pas être gêné d'agir et de s'exprimer. Les enfants sont heureux de la participation de l'ATSEM et de l'enseignant. Ils procèdent par imitation.

La sortie éducative

- *L'école est le lieu d'acquisition des savoirs*. Elle doit s'ouvrir sur le monde qui l'entoure, c'est pourquoi les enseignants organisent des activités à l'extérieur de l'école.

Finalités et intérêt : «Les sorties scolaires contribuent à donner du sens aux apprentissages en favorisant le contact direct avec l'environnement naturel et culturel [...] le besoin de comprendre et de communiquer s'en trouve activé [...]. Elles tendent à compenser certaines inégalités sociales et culturelles.»[35] Toutes les sorties obligatoires sont gratuites. La gratuité est l'une des conditions de l'égalité des chances.

- *Les enseignants organisent des sorties scolaires* régulières ou occasionnelles pour leurs élèves. Sur le temps scolaire, la participation de l'ATSEM est souhaitable. Toutefois, cette participation est soumise à autorisation du maire. Les sorties sur le temps scolaire se font dans le cadre d'un projet pédagogique. Ce projet indique le lieu de la sortie, le moyen de transport, la durée du trajet, le nombre d'accompagnateurs et les objectifs pédagogiques poursuivis. C'est le directeur qui autorise la sortie. Dans le cas de sorties avec nuitées comme les classes de découverte, c'est le DASEN (Directeur académique des services de l'Éducation nationale) de l'académie d'origine qui autorise.
- *Les normes d'encadrement* sont définies par des textes sur les sorties scolaires, publiés au BO. Il doit toujours y avoir deux adultes, dont le maître de la classe et un intervenant qualifié ou bénévole. Au-delà de 16 élèves, un adulte supplémentaire pour 8 élèves. Pour accompagner une classe de 30 élèves en sortie, il faut quatre adultes : l'enseignant, l'ATSEM et deux personnes bénévoles agréées par le directeur de l'école, il s'agit le plus souvent de parents d'élèves.

---

[34] Recommandations Eduscol.

[35] Bulletin officiel de l'Éducation nationale, Hors série, n° 7, 23 septembre 1999.

TABLEAU 2.10. **Taux minimum d'encadrement au cours de la vie collective selon les types de sorties scolaires.**

Sortie régulière	– 2 adultes au moins, dont le maître de la classe, quel que soit l'effectif de la classe – Au-delà de 16 élèves, un adulte supplémentaire pour 8.
Sortie occasionnelle sans nuitée ou sortie avec nuitée(s)	– 2 adultes au moins, dont le maître de la classe, quel que soit l'effectif de la classe – Au-delà de 16 élèves, un adulte supplémentaire pour 8.

- Les ATSEM peuvent accompagner les sorties scolaires avec nuitées après accord du maire.
- Tout doit être mis en œuvre pour qu'un élève en situation de handicap participe aux sorties scolaires.
- Le transport :
  - afin d'éviter une perte de temps et une fatigue excessive pour les élèves, il est souhaitable que la durée de déplacement aller/retour ne soit pas supérieure au temps réel de l'activité;
  - pendant le transport, un accompagnateur se tient à proximité d'une issue de secours;
  - une liste des élèves est établie avec le numéro des personnes à contacter en cas d'urgence;
  - les enfants sont comptés un à un à chaque montée et descente du véhicule;
  - le port de la ceinture de sécurité est obligatoire. À l'échéance du 1er septembre 2015, tous les autocars devront en être équipés. Les adultes vérifient que chaque enfant a bien attaché sa ceinture.

FIG. 2.88. **Autocar pour une sortie éducative.**

Objectifs

- Accompagner les élèves.
- Assurer la sécurité des élèves.
- Prendre en charge un groupe pour une recherche particulière.

Organisation

Les lieux

En fonction de leur projet pédagogique, les enseignants organisent différents types de sorties :
- *à pied dans le quartier* : marché, bureau de poste, commerces, jardins, etc.;
- *dans les lieux culturels* : musées, monuments, expositions, etc.;
- *en pleine nature* : découverte de l'environnement, de la nature, du milieu, etc.

Le transport se fait généralement en autocar. Depuis l'instauration du plan Vigipirate, il est déconseillé de faire circuler les enfants en transports en commun. Le plan Vigipirate impose de rester prudent dans les zones très fréquentées par le public, telles que les gares et les musées. Lorsque le plan *Vigipirate attentat* est en place, les sorties ne sont plus autorisées.
Quand il faut circuler en ville dans la rue, les adultes se placent du côté de la circulation.
Dans l'autocar, la première rangée de sièges est toujours occupée par des adultes, ainsi que la rangée à hauteur de laquelle se trouve une sortie de secours. La place du dernier rang face au couloir est interdite aux élèves. Il faut prendre garde à ce que les enfants bouclent leur ceinture. Les enfants doivent rester assis et calmes pendant tout le trajet.

Recommandation

L'enseignant et l'ATSEM doivent être particulièrement prudents en veillant à ce que les enfants restent attachés, mais aussi en évitant le bruit et les cris qui peuvent gêner le chauffeur du car.

Le matériel

- L'ATSEM doit penser, sur recommandation de l'enseignant, à emporter la *trousse de secours* préparée et vérifiée par l'infirmière scolaire lors de son passage à l'école. Cette trousse comprend du Dakin®, des compresses et des pansements. Une seconde trousse de secours est disponible dans l'autocar.

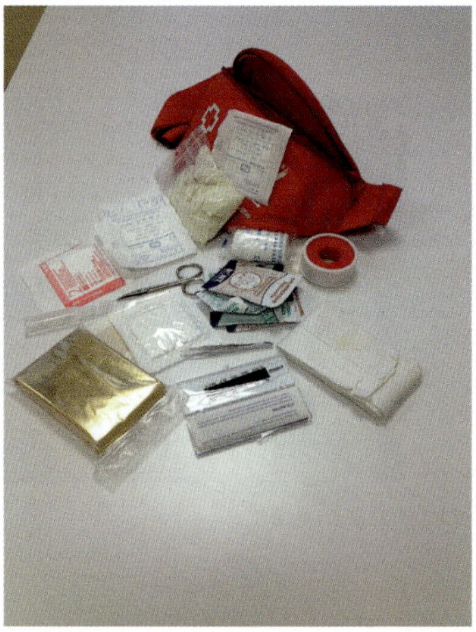

FIG. 2.89. **Trousse de secours.**

- Si un élève est porteur d'un PAI, l'enseignant emporte les médicaments et les protocoles.
- L'ATSEM doit prévoir des *vêtements de rechange* au cas où des enfants seraient malades dans l'autocar. Une petite serviette de toilette, un gant de toilette et une bouteille d'eau peuvent être précieux à ce moment-là, ainsi qu'un sac plastique pour ranger les effets salis.
- En cas de sortie où les enfants risquent de se salir en tombant (forêt par temps humide par exemple), il est prudent *d'emporter un change* ou deux. C'est l'ATSEM qui sera chargé de remettre l'enfant en état de propreté.
- Pour certains types de sorties, il faut penser à emporter le matériel que l'ATSEM aura préparé avec l'enseignant : crayons, papiers ou livrets photocopiés pour le musée, petits sacs en plastique pour rapporter des échantillons récoltés dans la forêt, paniers pour les cueillettes, pain sec pour nourrir les animaux, etc.

- La liste nominative des élèves et des accompagnateurs qui participent à la sortie est placée à l'avant du car ou confiée au chauffeur.

Comportement et relation éducative

- Les projets pédagogiques sont mis en place par l'enseignant. L'enseignant a expliqué avant la sortie à tous les accompagnateurs, parents et ATSEM, *les objectifs de la sortie* et ce qu'il attend de chacun d'eux.
- Un groupe d'enfants peut être confié à l'ATSEM ou à un parent sous la responsabilité de l'enseignant. L'ATSEM doit les aider dans leur démarche de recherche ou d'exploration du milieu visité.

Exemples de sorties souvent proposées

- *Visite à la ferme* pour faire des cueillettes, nourrir les animaux, assister aux soins, observer des ruches et la fabrication du miel, préparer du pain dans le cadre d'un atelier «du blé au pain», dans le cadre des ateliers du goût : élaboration de chocolat, de préparations culinaires, etc.
- *Assister à un spectacle* de théâtre, de cirque, de danse, de marionnettes, etc.
- *Visite de musées* et participation à des animations ou ateliers pédagogiques : exploration d'œuvres d'art, parcours découverte, fabrication d'instruments de musique, visite d'un atelier de sculpture et réalisations, travail sur un chantier de fouilles reconstitué, etc.
- *Visite d'un zoo, d'un élevage* ou d'un parc animalier.
- *Repérage dans le quartier* : boutiques, maisons, panneaux, aller faire des courses au marché, etc.

Cas particulier : le pique-nique

- Les repas sont préparés soit par la société de restauration, soit par les parents.
- Les ATSEM vérifient avant de quitter l'école que rien ne risque de manquer. Ils *prévoient de l'eau* en quantité suffisante. Ils veillent à stocker les repas dans un endroit aussi frais que possible, par exemple la soute de l'autocar.
- Les ATSEM et les enseignants assistent les élèves pour ce temps de repas. C'est en général un service qui ne pose aucune difficulté. Les sociétés de restauration prévoient des collations faciles à servir et à manger. Les parents ont à cœur de faire plaisir à leurs enfants pour ce repas exceptionnel et prévoient des aliments que les enfants ont plaisir à manger.

Commentaire : il arrive souvent que les parents mettent des bonbons dans les poches de leurs enfants lors des sorties scolaires. Il faut faire en sorte que les enfants ne mangent pas dans le car pour éviter qu'ils soient malades.

La sieste en petite section : la préparation du dortoir

L'enjeu de l'organisation de ce temps de repos est double :

- satisfaire aux besoins de l'enfant;
- améliorer l'articulation entre ce repos nécessaire et les indispensables temps d'apprentissages de l'après-midi dans les écoles maternelles.

Objectifs

- Mettre en place les conditions nécessaires au repos des élèves.
- Mettre les élèves en situation favorable à l'endormissement.

Organisation

- Le temps de sieste, que l'on appelle aussi *temps de repos*, peut débuter au plus tôt tout de suite après le repas, après un temps de jeux dans la cour si le temps le permet ou dans la salle de jeux en cas d'intempéries. Les enfants entrent au dortoir au plus tard 15 minutes après l'entrée des classes de l'après-midi.
- La sieste a une durée très variable selon les enfants : de 45 minutes à 2 heures.
- Les ATSEM des classes de petits doivent préparer, et même dans certaines écoles, installer le dortoir.

FIG. 2.90. **Un enfant à la sieste.**

Le lieu

C'est dans le dortoir que les enfants sont invités à venir se reposer. Cependant, il arrive que les locaux de l'école soient trop exigus pour qu'il y ait un dortoir. Les enfants sont alors allongés dans une salle polyvalente ou dans la classe. Des lits, des matelas, des couchettes ou des petits tapis sont disposés.

- Les ATSEM doivent dans ce cas *installer les couchages* dès le départ des élèves en fin de demi-journée. Il faut pour cela :
  - favoriser l'esthétique de la salle;
  - éviter les trop longues rangées;
  - espacer les lits;
  - éviter que les enfants ne se gênent les uns les autres.
- *Par mesure d'hygiène*, chaque couchage est marqué au nom de l'enfant. Au moment de l'installation du dortoir, l'ATSEM doit se souvenir de la place dévolue à chaque enfant. Les élèves sont souvent répartis de manière judicieuse par l'enseignant. Même pour des raisons pratiques, l'ATSEM ne doit surtout rien changer au dispositif prévu par l'enseignant sans lui avoir demandé son accord au préalable. La qualité du repos des élèves en dépend. Les plus agités sont séparés, ceux qui s'endorment difficilement sont placés de manière stratégique, à proximité de l'enseignant qui surveille. Il est bon d'avoir relevé le plan d'installation du dortoir afin de respecter les habitudes des élèves et de l'enseignant.

Le matériel

- Le matériel est différent d'une école à une autre. Cela va du simple tapis ou matelas posé au sol jusqu'au petit lit. Les couchettes sont disposées de manière harmonieuse. Il faut libérer des espaces de circulation afin que l'enseignant puisse s'approcher de chaque enfant.

- Chaque enfant a un *petit oreiller*, un *drap-housse* et une *couverture*. Si le dortoir n'est pas installé à plein temps, la literie peut être rangée dans une petite caisse en plastique marquée au nom de l'enfant. La literie est changée chaque semaine, c'est-à-dire après quatre siestes. Elle est aussi changée chaque fois qu'un enfant mouille son lit et dans le cas de pédiculose.
- Selon les demandes de l'enseignant, les *lits peuvent être préparés*, c'est-à-dire draps et couvertures installés. Dans d'autres cas, chaque enfant peut avoir à préparer sa couche lui-même, aidé de l'ATSEM et de l'enseignant.
- Il faut *veiller à ne pas échanger les literies* d'un élève à l'autre pour d'évidentes raisons d'hygiène.

Commentaire : ce moment d'installation se place après le temps de classe du matin. Il coïncide souvent avec le début du service de cantine. En général, le directeur a prévu un roulement dans l'emploi du temps. Le service peut se faire seul, dans le cas où chaque classe dispose de son dortoir, ou à deux ou trois lorsque le dortoir est partagé entre plusieurs classes ou par roulement.

Le coucher des enfants

Organisation

- Les enfants sont conduits par l'ATSEM et l'animateur de cantine jusqu'au dortoir, en général après un temps de récréation. Le plus souvent, les enfants qui ont déjeuné à l'école sont couchés en premier.
- Avant d'entrer au dortoir, les enfants passent aux toilettes, se lavent les mains.
- Dans un *espace spécifique organisé pour le déshabillage*, les enfants enlèvent leurs chaussures qu'ils sont invités à ranger soigneusement. Ils enlèvent leurs pull, pantalon, robe ou jupe qu'ils placent au vestiaire ou dans un petit casier adapté. Ils entrent dans le dortoir et vont s'allonger sur leur couchette. À ce moment-là, l'enfant peut récupérer le «doudou» qu'il avait déposé le matin dans son casier. Quand la classe est éloignée du dortoir, l'ATSEM s'est occupé de récupérer les «doudous» et les a déjà déposés sur le lit.

FIG. 2.91. **Livre des doudous.**

La photo de l'enfant apparaît quand on soulève l'image du doudou.

- Les rideaux sont tirés pour *atténuer la lumière afin de faciliter l'endormissement*. Le temps du coucher dure environ 20 minutes. Dix minutes avant le début de la classe de l'après-midi, l'enseignant est à nouveau présent dans la classe, auprès de l'ATSEM, car l'animateur de cantine a terminé son service.

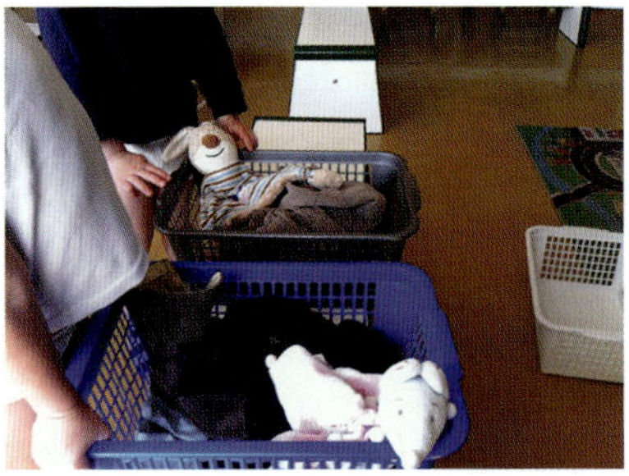

FIG. 2.92. **Panier de vêtements.**

Relation éducative

L'ATSEM n'est pas habilité à surveiller seul le temps de sieste. Il aide au coucher, à l'endormissement, au lever et à l'habillage des enfants.

L'ATSEM et l'enseignant

- L'ATSEM et l'enseignant accueillent ensemble les enfants qui viennent l'après-midi après avoir déjeuné chez eux. Les enfants sont conduits dans le dortoir au fur et à mesure de leur arrivée, ou en petits groupes s'ils viennent de classes différentes. L'arrivée échelonnée des enfants doit se faire dans le calme car les premiers couchés sont souvent déjà endormis.
- L'ATSEM et l'enseignant encouragent chacun à la relaxation qui précède le sommeil.

L'ATSEM et les enfants

- Il veille à ce que les enfants *rangent bien leurs vêtements*. Ils doivent apprendre à les accrocher ou à les plier. Souvent, les vêtements sont disposés dans une petite caisse marquée au nom de l'enfant. Cela évite les confusions de vêtements et facilite le rhabillage.
- Pour endormir un enfant, il faut éviter qu'il s'agite, lui *parler tout doucement* pour ne pas perturber l'endormissement des autres. L'ATSEM sourit à l'enfant pour le rassurer, éventuellement il lui caresse la tête pour qu'il revienne au calme et évite de lui parler. S'asseoir auprès d'un enfant remuant se révèle efficace.
- Toutefois, un enfant n'est pas obligé de dormir. Il peut simplement se reposer, du moment qu'il ne perturbe pas les autres. Le temps d'endormissement et le temps de sommeil sont très *variables d'un enfant à l'autre*. Ceux qui ne s'endorment pas sont levés dès que l'enseignant le juge utile.

Commentaire :

- la sieste ou temps de repos est un moment inscrit à l'emploi du temps des petites sections;
- c'est souvent le moment choisi par le directeur pour attribuer à l'ATSEM une pause-repas.

Recommandations

- L'endormissement peut être favorisé par l'écoute en « sourdine » d'une musique relaxante. Une petite lumière placée sur le bureau du maître qui surveille peut suffire à rassurer ceux qui craignent un environnement assombri.
- Il peut arriver que des parents demandent à ce que leur enfant ne dorme pas sous prétexte qu'il tarde à s'endormir le soir à la maison. C'est vers l'enseignant qu'il faut diriger de telles demandes.
- En tout état de cause, il ne faut pas contraindre un enfant à dormir… On doit seulement lui proposer de se reposer sans gêner les autres. L'enseignant qui surveille le dortoir invitera l'enfant à se lever quand il le jugera bon pour lui.
- Selon les textes, il est conseillé de proposer à l'enfant qui ne s'est pas endormi après 20 minutes, de reprendre une activité.

Le réveil et le lever des enfants

- L'ATSEM revient dans la classe une heure environ après le début de la sieste. En général, c'est le temps qui lui a été attribué pour la pause (repas de 30 à 45 minutes) dans le cas d'une journée continue.
- Avant le retour en classe, il est judicieux que l'ATSEM vérifie l'état des toilettes et les nettoie, si nécessaire. Pour mémoire, la propreté des toilettes doit être vérifiée plusieurs fois par jour.
- Quand l'ATSEM revient en classe, il est souvent temps pour l'enseignant de proposer aux enfants qui ne se sont pas endormis ou qui sont déjà réveillés, de se lever. *Les enfants doivent se déplacer sans bruit*, sans déranger les autres enfants qui dorment encore. Les adultes respectent également le sommeil des enfants, en évitant de parler fort et de manipuler bruyamment le matériel. Dès le lever de la sieste, il est proposé aux enfants de passer aux toilettes. Ils se dirigent ensuite dans l'espace vestiaire pour se rhabiller. Après le temps de repos, les élèves vont reprendre les activités scolaires inscrites au programme de l'après-midi.
- Dans le respect des rythmes biologiques de chacun, il est conseillé que le réveil des enfants se fasse de manière échelonnée.
- *Le réveil après la sieste est un temps calme*. Les ATSEM, l'enseignant et les enfants réveillés doivent respecter le sommeil des élèves encore endormis. Au fur et à mesure que l'année scolaire avance et que les enfants grandissent et dorment moins longtemps, l'enseignant adapte l'emploi du temps de la classe à cette spécificité. En petite section, il ne devrait pas y avoir de récréation l'après-midi puisque les enfants ont déjà eu une période de vacuité pendant la sieste. Les activités reprennent après l'habillage et le passage aux toilettes qui se fait à ce moment de la journée de manière individuelle.

La relation éducative

- Le *moment du rhabillage* est un temps privilégié pour les contacts individuels. Il est l'occasion d'un moment de langage en situation et de réinvestissement de notions simples. Dire le nom des vêtements, identifier et comparer les couleurs, lire ce qui est inscrit sur un pull ou un t-shirt, écouter l'enfant raconter dans quelle situation ce vêtement a été acheté ou par qui il a été offert, sont autant d'occasions de pratiquer la langue orale.
- L'habillage est aussi un *réel moment d'apprentissages moteurs*. Attacher ses boutons de chemise, tirer les fermetures éclair, appuyer sur les boutons pression, enfiler et attacher ses chaussures sont des «exercices» de coordination motrice et d'entraînement à la motricité fine en grandeur réelle. Enfiler ses chaussettes, son collant, ses chaussures, son pull sont des actions qui posent encore de réels problèmes aux petits, ce sont parfois de véritables exercices d'équilibre! Les enfants rencontrent souvent des difficultés avec leurs chaussures : inversion pied gauche, pied droit; c'est normal à cet âge, les enfants ne sont pas encore bien latéralisés.
- Il faut aider les enfants mais ne pas faire à leur place, même pour gagner du temps. L'ATSEM explique, commente ses gestes : *c'est du langage en situation*. Ce moment d'habillage permet la construction de repères essentiels comme : dessus, devant, derrière, avant, après, dedans, dehors, etc., et l'utilisation des verbes d'action : enfiler, tirer, fermer boutonner, remonter, etc.
- Après le temps de sieste et le temps d'habillage, les élèves reprennent des activités à leur rythme.

REMARQUE Tout au long de l'année, on note d'énormes progrès dans l'habileté et l'efficacité de l'enfant pour s'habiller. Il est bon de remarquer ces progrès et de féliciter les enfants.

Le nettoyage et la remise en ordre

- Après le lever de tous les enfants, les rideaux sont ouverts, le dortoir est aéré, les lits sont rangés.
- Quand un enfant a mouillé son lit (plus on avance dans l'année scolaire et plus c'est rare), les draps et la couverture sont changés et lavés.
- Chaque mercredi après-midi, jour de congé pour les élèves, le dortoir est nettoyé à fond et toute la literie est changée.

Commentaire :

- *un ATSEM ne surveille jamais la sieste seul*. Cependant, quand la classe est contiguë au dortoir, si l'enseignant fait travailler les élèves réveillés, il peut être demandé à l'ATSEM de rester dans le dortoir pour accompagner le réveil des «gros dormeurs»;
- la sieste n'est pas un moment reposant pour l'adulte qui la surveille. Il ne faut jamais laisser les enfants seuls au dortoir, même s'ils sont tous endormis. Un enfant qui se réveille parce qu'il fait un cauchemar a besoin d'être immédiatement rassuré par un adulte, pour lui, bien sûr, mais aussi pour éviter de réveiller tous les autres.

La récréation

> «Apprendre à jouer ensemble, discuter, négocier, partager, s'affirmer... la cour de récréation est un prélude de la vie en société. Les enfants se confrontent aux autres et nouent un lien social à travers le jeu, notamment. Le jeu collectif suppose une distribution des rôles et crée un lien de dépendance entre joueurs.
> La récréation, c'est le moment où l'on se confronte à l'autre, où se nouent des amitiés et parfois aussi des inimitiés. Une chose est sûre : on apprend la vie en groupe. En effet, les enfants qui débarquent en petite section de maternelle ont souvent eu une expérience minime de la collectivité (s'ils ont eu la chance d'aller à la crèche). Ils connaissent quelques règles de base : ne pas piquer le jouet du copain, l'aider si besoin, partager des crayons de couleur... Mais l'essentiel n'est pas encore acquis. Si dès 4 ans, leurs rapports sont plus structurés, plus définis, ils vont devoir apprendre à nouer de vraies relations amicales et à véritablement jouer ensemble... Souvent les parents se plaignent du langage fleuri de leurs enfants, dès leur entrée à l'école maternelle. Les plus jeunes se mettent à proférer des «cacas boudins» à tue-tête.»[36]

Objectif

Il s'agit de veiller à la *sécurité physique et affective* des élèves.
Le temps de récréation est inscrit à l'emploi du temps des élèves de l'école maternelle. Ce temps de récréation est un temps de jeux libres sous la responsabilité des enseignants. La surveillance doit être assurée de manière continue par les enseignants car pendant toute la durée du temps scolaire, l'enseignant est toujours seul responsable de ses élèves. Dans le cas d'une école à plusieurs classes, la surveillance de la cour peut être répartie entre les enseignants et assurée par un ou deux maîtres pour plusieurs classes. Ce maître est appelé «maître de service». Un tableau de service est établi en début d'année, en conseil des maîtres. Il est affiché dans chaque classe et à côté de la porte de la cour.

---

[36] Audrey Achekian, «Faut-il avoir peur de la cour de récréation?», *Le journal des femmes*, septembre 2014.

Organisation

Le lieu

- *La cour de récréation* peut avoir différentes formes. Elle peut être carrée, plantée de marronniers, entourée de bâtiments ou de forme originale. Il peut y avoir des tracés au sol ou des jardins pédagogiques. En ville, il arrive qu'elle soit située en étage. La cour est dans le meilleur des cas accessible depuis la classe.
- *Les cours sont souvent aménagées*. Il peut y avoir un ou plusieurs toboggans, un bac à sable, des cages à grimper, des tunnels, des ponts de singes, etc. Il peut y avoir des tricycles et autres engins roulants à utiliser à deux, trois ou quatre enfants. On constate que les cours aménagées sont moins dangereuses que les cours où les enfants ne peuvent que courir, souvent bien trop vite. Les aménagements favorisent la collaboration verbale et gestuelle, mais, dans ce type de cour, la surveillance doit être renforcée, car certains élèves prennent des risques qu'ils ne mesurent pas.

FIG. 2.93. **Équipement de cour de récréation.**

FIG. 2.94. **L'ATSEM participe au service de récréation.**

FIG. 2.95. **Les jeux de cour.**

Durée de la récréation et précautions particulières

- La durée de la récréation est fixée à *30 minutes* en maternelle et *15 minutes* en élémentaire, habillage et déplacements compris. Dans le cadre de la réforme des rythmes scolaires, si la durée de la classe de l'après-midi a été diminuée (ramenée à 2 heures ou 2 heures 15 au lieu de 3 heures), la durée de la récréation peut être réduite à 15 ou 20 minutes afin de conserver un temps d'activité conséquent.

Dès la fin des activités, l'enseignant annonce aux élèves qu'il est l'heure d'aller en récréation. Quelquefois, la fin des activités est ponctuée par un son de cloche ou une musique. Les enfants passent dans l'espace vestiaire pour s'habiller.

- L'ATSEM et l'enseignant doivent veiller à ce que les enfants *soient bien couverts* et aider les élèves à attacher les boutons et fermer correctement les manteaux. Aucun enfant ne doit sortir sans être convenablement habillé. Il faut savoir convaincre certains élèves qui refusent de s'habiller seuls, d'essayer de progresser. D'autres enfants, très pressés d'aller jouer dans la cour, préfèrent «oublier» la cagoule, l'écharpe ou même... le manteau!
- L'ATSEM doit vérifier qu'il ne reste plus de vêtements accrochés aux porte-manteaux.
- Les enfants sont conduits dans la cour par les enseignants qui confient leurs élèves à l'enseignant ou aux enseignants de service. Dès la fin du temps de récréation, ils viendront les rechercher pour les reconduire en classe et reprendre les activités.

REMARQUE

La cour de récréation est un grand espace qui peut paraître hostile aux plus jeunes enfants, surtout en début d'année. C'est aussi le lieu privilégié des agressions en tous genres : cheveux tirés, distribution de coups, etc. Ce sont, malheureusement, les activités favorites de certains enfants! L'enseignant de service et l'ATSEM doivent être extrêmement vigilants. Il faut faire respecter scrupuleusement les règles de vie : pas de jeux dangereux, pas d'agressions, le respect des autres s'impose à tous les moments de la vie scolaire. Il faut veiller à ce que ce moment reste un temps de détente pour chaque enfant, et non un temps d'excitation. Les enfants «perturbateurs ou agressifs» seront raisonnés par l'enseignant et exclus temporairement des jeux. Le plus souvent, ces enfants doivent circuler dans la cour, un petit moment à proximité de l'enseignant, qui en profite pour leur rappeler les règles de vie. Les enfants les plus inquiets peuvent donner la main aux adultes présents dans la cour.

Relation éducative

- *Le tableau de service des récréations* associe le nom du ou des enseignants et le nom d'un ATSEM pour chaque temps de récréation. L'ATSEM doit bien vérifier ses jours de service et respecter les horaires. Les recommandations en ce qui concerne la surveillance sont données par le directeur en conseil des maîtres. Ces prescriptions sont adaptées à la configuration des lieux, aux aménagements et au nombre d'enfants.
- Dans les écoles qui comportent un nombre important de classes, *plusieurs services de récréations sont organisés*. Il peut y avoir des récréations spécifiques pour les petits, les moyens ou les grands. Toutefois, à certains moments, le mélange des âges et des classes est souhaitable dans le respect des besoins spécifiques relatifs à l'âge des enfants. Les enfants qui ont des frères et sœurs, plus jeunes ou plus âgés, aiment bien se retrouver ensemble dans la cour de récréation. C'est souvent le cas lors des récréations sur le «temps de cantine». Il ne faut pas oublier que l'école est le lieu des apprentissages sociaux.

L'ATSEM et l'enseignant

- Les adultes qui surveillent *doivent être «mobiles»*, c'est-à-dire qu'il faut qu'ils se déplacent d'un bout à l'autre de la cour pour éviter que des enfants échappent à la surveillance qui doit être continue.
- L'ATSEM et l'enseignant *observent les jeux* des enfants, et *anticipent les dangers* qui pourraient être encourus par certains. Ils doivent intervenir et faire cesser les bagarres et les jeux dangereux.
- Même si plusieurs adultes, enseignants ou ATSEM, *surveillent la cour de récréation*, il faut se garder de discuter.
- Si des espaces de la cour présentent un *risque particulier*, un des adultes de surveillance est désigné pour s'y tenir en prévention. Au toboggan, au bac à sable où les jets de sable sont fréquents, la présence continue d'un adulte est nécessaire. La surveillance doit s'exercer de manière efficace et constante. Il faut pouvoir se déplacer rapidement en cas de danger ou d'accident. Il faut faire attention aux enfants qui courent trop vite, s'énervent, ont trop chaud. Ce sont des sources d'accidents.

L'ATSEM et les enfants

- Les plus jeunes enfants ont quelquefois encore envie qu'on leur donne la main. Ils ont besoin de cette *présence sécurisante* de l'adulte. Lors des jeux, certains entrent en conflit, d'autres prennent des risques sans les mesurer.
- L'ATSEM doit veiller à ce que les élèves ne se déshabillent pas, pour qu'ils n'attrapent pas froid ou tout simplement qu'ils ne perdent pas leurs vêtements.
- Quand le sol est mouillé, l'ATSEM doit remonter les bas de pantalons pour éviter que les enfants ne les mouillent en marchant dans les flaques d'eau.

REMARQUE

L'ATSEM ne surveille jamais seul une récréation. Il est toujours accompagné d'un ou deux enseignants. La cour de récréation est un excellent poste d'observation du comportement social des enfants. L'ATSEM ne doit jamais hésiter à faire part de ses remarques aux enseignants. Ces regards croisés seront de précieux indicateurs pour mieux comprendre le comportement de certains enfants.

Commentaire : en cas de pluie ou de grand froid, quand la cour est gelée par exemple, les élèves ne vont pas en récréation à l'extérieur. Les ATSEM et les enseignants proposent alors aux élèves de participer à des jeux collectifs dans la salle de jeux. On peut aussi regarder avec les élèves un film vidéo récréatif.

La préparation de la rentrée des classes

Les deux jours de prérentrée sont des moments extrêmement importants pour préparer l'année scolaire à venir, surtout si l'un des deux, enseignant ou ATSEM, est nouveau dans l'école.

Objectifs

- *Rencontrer les personnes* avec qui on va travailler et s'harmoniser pour travailler ensemble.
- *Préparer l'espace* de la classe afin de le rendre gai, familier et accueillant pour les élèves et leurs parents.
- *Préparer des dispositifs* permettant d'assurer la sécurité affective et le bien-être des élèves.
- *Préparer un matériel spécifique* pour accueillir chaque élève de manière personnalisée.

FIG. 2.96. **Étiquetage des casiers.**

Organisation

- Le retour de congés des ATSEM se fait en général une semaine, au plus tard, avant la reprise des élèves.
- Le «grand ménage» des espaces et du matériel pédagogique est réalisé pendant l'été.
- Un jour avant la reprise des élèves, les enseignants ont pour obligation d'être présents à l'école. Ce jour-là, les enseignants participent à des conseils de maîtres auxquels les ATSEM sont le plus souvent conviés pour l'organisation des services.

Comportement et relation éducative

L'ATSEM et l'enseignant

- Ce moment de prérentrée permet aux enseignants et aux ATSEM de faire connaissance, de prendre ou de renouer des contacts, d'échanger de manière conviviale hors de la présence des élèves.
- L'ATSEM doit *soigner tout particulièrement ces premières rencontres* avec l'enseignant, essayer dès le début de comprendre le fonctionnement de la classe, il doit proposer son aide sans jamais s'imposer. Si l'enseignant est nouveau professeur des écoles stagiaire ou débutant T1 (titulaire 1re année), c'est-à-dire que l'enseignant était l'année précédente étudiant, et que l'ATSEM travaillait auparavant dans l'école, c'est lui qui peut aider l'enseignant à prendre ses repères.
- L'ATSEM *doit se rendre disponible* pour aider l'enseignant dans la préparation matérielle de la classe.
- Quelquefois, l'ATSEM connaît les familles, certains enfants ont eu des frères et sœurs. Sans oublier son devoir de réserve, il peut évoquer des souvenirs en rapport avec la scolarité des aînés. Toute information peut se révéler précieuse pour un nouvel enseignant qui arrive dans une nouvelle école, qui vient parfois d'une autre région ou qui prend un premier poste.
- L'ATSEM doit cependant éviter de faire trop souvent référence au fonctionnement de l'enseignant précédent. Cela peut être désobligeant pour le nouveau titulaire.
- *L'ATSEM doit être très à l'écoute.* Il ne doit pas hésiter à poser des questions. L'enseignant explique le fonctionnement de la classe, montre ses prévisions d'emploi du temps, évoque les projets qui seront menés dès la rentrée. L'enseignant explique aussi sa manière de travailler, ses attentes et surtout ce qu'il ne veut pas... L'enseignant peut exposer ses conceptions du travail avec les enfants et l'implication qu'il attend de la part de l'ATSEM. C'est un moment important d'harmonisation. Enseignant et ATSEM sont dans une relation de complémentarité et non de rivalité.
- Il arrive aussi que deux enseignants soient affectés sur une même classe à «temps partagé» (mi-temps, tiers-temps, quart-temps). Le rythme de travail à temps partiel des enseignants est

fixé par l'inspection académique : un jour sur deux, sur trois, sur quatre, le matin ou l'après-midi, par roulement. Il faudra alors s'harmoniser à trois personnes. Il se peut aussi qu'un remplaçant soit affecté pour quelque temps sur la classe pendant un stage ou un congé de maladie ou de maternité qui se prolonge sur un début d'année scolaire. L'ATSEM et l'enseignant devront construire des références communes.

- L'ATSEM, affecté à plusieurs classes, *devra se montrer souple et adaptable*. Il devra aider à «faire du lien» entre les deux ou trois personnes, faciliter les relations d'un enseignant à l'autre et surtout éviter tout commentaire comparatif de l'un à l'autre.

REMARQUE

- Les jours de prérentrée, les ATSEM sont souvent mobilisées par le centre de loisirs, surtout si l'accueil des enfants est organisé dans l'école. Il est difficile, tout au long de l'année, de dégager du temps de concertation entre les équipes d'enseignants et d'ATSEM.
- Lors du conseil des maîtres de rentrée, le directeur remet la liste des élèves à chacun des enseignants. Cette liste sera photocopiée et affichée sur la porte de la classe. Une autre affichette indique le nom de l'enseignant ou des enseignants titulaires de la classe avec la mention «assisté de...», suivie du nom de l'ATSEM.
- L'ATSEM et l'enseignant vont procéder ensemble à un rapide inventaire du matériel et compléter avec le nouveau matériel commandé.

En petite section

- Les enseignants préparent le plus souvent des étiquettes sous forme de petits colliers. Ce *collier-étiquette* sera passé autour du cou de l'enfant dès son arrivée dans la classe pour qu'il puisse être identifié et appelé par son prénom par tous les adultes de l'école. L'ATSEM et l'enseignant préparent ces étiquettes en se référant à la liste des élèves inscrits. Les étiquettes restantes permettront de repérer les élèves qui ne se sont pas présentés.
- Dès le jour de la rentrée, l'ATSEM doit penser à *installer des gobelets* près du point d'eau pour pouvoir faire boire les enfants à la demande.
- L'ATSEM doit vérifier que le *savon*, les *essuie-mains* et les *mouchoirs* en papier sont disponibles en grande quantité.
- L'ATSEM et l'enseignant placent sur les tables des jeux motivants faciles à ranger pour ce premier jour, des crayons et du papier. Dans le coin bibliothèque, des livres simples sont présentés. Des jeux de construction sont disposés sur le tapis. Un faux téléphone pour parler avec maman est disponible dans le coin des jeux d'imitation. Des petites peluches dans la poche du tablier de l'ATSEM peuvent rassurer ceux qui pleurent.

REMARQUE

Tous les moyens sont bons pour bien accueillir, réconforter et essayer de faire cesser les pleurs éventuels des petits nouveaux. Il faut aussi garder à l'esprit que l'impression que les parents garderont de l'école en ce jour de première rentrée scolaire est très importante.

En moyenne et grande section

- L'ATSEM et l'enseignant préparent aussi les étiquettes où sont inscrits les prénoms des élèves de la classe. Ces étiquettes seront prêtes à être décorées pour être ensuite installées afin d'identifier les porte-manteaux, marquer les casiers individuels et tout autre matériel à disposition des élèves.
- L'ATSEM doit aussi vérifier l'état des crayons, les tailler ou en mettre des neufs. Il peut aider à préparer le matériel et les cahiers qui seront utilisés tout au long de l'année scolaire.

Recommandations
L'ATSEM doit savoir se servir de la photocopieuse, de la plastifieuse, du massicot et de l'ordinateur, outils indispensables pour réaliser des affichages soignés.

REMARQUE Ces deux jours de prérentrée peuvent être l'occasion d'une formation accélérée dans un temps minimum… L'enseignant ne doit pas avoir besoin de vérifier le travail de l'ATSEM. Pouvoir lui faire confiance est primordial et essentiel.

Le jour de la rentrée

Le jour de la première rentrée à l'école maternelle est un moment extrêmement important, tant pour les élèves que pour leurs parents. Chaque membre de l'équipe éducative s'efforcera de rendre ce jour le plus agréable et le moins difficile possible. Plus que jamais, en ce premier jour d'école, il faut éviter toute séparation brutale que les parents et les enfants pourraient vivre comme une violence. Tous les membres de l'équipe éducative doivent s'accorder et mettre en place une organisation optimum et éviter ainsi aux petits la bousculade des jours de rentrée.

Objectifs

- Atténuer les effets d'une rupture nécessaire.
- Tisser des liens entre le milieu familial et l'école.

Organisation

Les lieux

- Le *jour de la rentrée*, la grande majorité des écoles maternelles accueille les parents et les enfants de toutes les sections dans les classes. En moyenne et en grande section, cela ne doit pas excéder une vingtaine de minutes. Les parents des enfants de petite section qui font leur première rentrée à l'école sont accueillis un peu plus longtemps. Le cheminement dans les couloirs de l'école a été balisé, les listes des enfants sont affichées sur les portes des classes. Le niveau de la classe, le nom de l'enseignant et de l'ATSEM sont indiqués sur la porte de la classe.
- Quelquefois, *les classes portent le nom d'une couleur* (classe rose) ou le nom d'un animal (classe des écureuils) assortis d'un codage. Toutes ces signalétiques n'ont qu'un but : aider les nouveaux venus à prendre des repères dans un espace qui doit rapidement leur devenir familier.

La durée

- Afin de pouvoir accueillir chaque enfant et ses parents de manière individualisée, beaucoup d'équipes pédagogiques essaient de programmer l'accueil des nouveaux élèves de façon échelonnée, sur 1 h 30 ou 2 h.
- Il n'est pas rare que la *rentrée soit étalée sur deux jours*. Toutefois, si cette répartition est certainement très confortable pour les enfants et les enseignants, elle est rarement du goût des parents, qui ont des obligations de travail.

Comportement et relation éducative

L'ATSEM et les parents

- Ce moment de rentrée des classes est un moment privilégié pour établir un climat de confiance avec les enfants, mais aussi pour établir une relation positive entre la famille et l'école.

- *Dès l'arrivée des parents et des enfants en classe*, il faut proposer aux parents d'installer les vêtements de leur enfant au porte-manteau marqué à son nom. Grâce à cette attention, les parents sentent que leur enfant est attendu à l'école. Il faut en profiter pour leur rappeler, s'ils ne l'ont pas encore fait, que le règlement scolaire recommande de marquer tous les vêtements au nom de l'enfant pour limiter les pertes et les échanges. Il n'est pas rare qu'un enfant refuse de se déshabiller, il faut attendre... Un enfant inquiet refuse souvent d'abandonner quoi que ce soit qui vient de la maison. Certains vont ensuite tout essaimer dans la classe. L' ATSEM essaie d'identifier et de ranger.
- *Si un enfant pleure*, s'accroche à sa mère, c'est une situation qui peut mettre un peu de temps à se réguler. Il faut prendre du temps, dédramatiser, ne pas s'acharner... Il faut éviter de se passer l'enfant de bras en bras et faire en sorte qu'il soit posé au sol par ses parents.

L'ATSEM et les enfants

- Il est souhaitable que l'ATSEM *se baisse pour parler à l'enfant* en se mettant à sa hauteur, elle capte son attention, son regard et peut ainsi instaurer plus facilement une relation sécurisante.
- L'ATSEM lui dit «bonjour», *lui demande son prénom*. Il lui offre le petit collier à son nom, préparé avec l'enseignant le jour de la prérentrée. Ce petit collier, outre qu'il permet aux adultes d'identifier l'enfant, lui montre qu'il est attendu. Il arrive en ce premier jour de classe qu'un enfant rejette tout ce qui vient de l'école : s'il refuse le collier, l'adulte doit abandonner pour cette fois.
- On évite de séparer les enfants de leur «doudou» dès le premier jour.

REMARQUE

La tétine est incompatible avec l'acquisition du langage oral. On leur laisse leur tétine, seulement si on ne peut vraiment pas faire autrement ! L'enseignant recommandera aux parents de la laisser à la maison, mais ce problème délicat sera à régler ultérieurement et progressivement.

- L'ATSEM demande aux enfants s'ils n'ont pas envie d'aller aux toilettes pour *prévenir tout «accident»*. Les petits élèves, tout à fait passionnés par le nouvel espace, les nouveaux amis, les jeux, risquent d'oublier d'y aller! L'ATSEM les accompagne aux toilettes et leur montre le cheminement pour y accéder.
- Il participe aux jeux avec ceux qui acceptent bien ce nouvel environnement et tente d'attirer ceux qui restent encore en retrait. Il essaie d'entrer en communication orale avec chacun des enfants.
- L'ATSEM et l'enseignant doivent être très prudents en ce début d'année scolaire. Certains enfants peuvent *avoir envie de s'enfuir de l'école*. Les petits nouveaux peuvent aussi s'égarer dans l'école, car ils ne connaissent pas encore bien la configuration des lieux. D'autres recherchent un frère ou une sœur dans la classe des moyens ou des grands et se perdent dans la cour ou les couloirs. Un ATSEM ou la gardienne de l'école sont chargés de surveiller la porte en continuité.

REMARQUE

Il faut rester attentif aux enfants passifs. Ce ne sont pas ceux qui s'expriment avec le plus de force et de violence qui sont les plus malheureux et ont besoin d'être rassurés !

L'ATSEM et l'enseignant

- L'accueil se termine quand les derniers parents sont partis et que l'enseignant a réussi à regrouper les élèves. Chacun se présente, puis ils chantent une comptine ou pratiquent toute autre activité visant à donner de la cohésion au groupe classe. Vient ensuite le moment de la récréation; souvent, les pleurs reprennent.
- L'ATSEM aide l'enseignant à habiller les élèves; ils accompagnent les élèves dans la cour.
- L'ATSEM et l'enseignant promènent les enfants les plus craintifs par la main. Au moment de la récréation, certains petits aiment bien retrouver leur grand frère ou grande sœur, ou les copains de la crèche qui ne sont pas dans la même classe. Au retour de la récréation, l'étiquette avec le nom de l'enfant et l'indication de la classe est une aide précieuse pour que chaque maître, aidé de l'ATSEM, retrouve ses élèves.
- Après le temps de classe, l'ATSEM et l'enseignant vont ranger les jeux. C'est à ce moment que l'on comprend pourquoi on dit que 3 ans est l'«âge déménageur».

REMARQUE Le jour de sa première rentrée à l'école maternelle, l'enfant accède à un nouveau statut, celui d'élève. Il quitte le monde des «bébés». Il devient «grand» par rapport au milieu familial, au monde de la crèche et de la garderie. Pour les parents aussi, cette première rentrée est un fait marquant. Ils deviennent «parents d'élève». Leur enfant va devoir se débrouiller seul dans le monde des «grands», le monde de l'école qui est avant tout le «lieu des enfants». Pour la plupart des enfants, tout se passe bien le premier jour… C'est plus difficile le deuxième, quand ils ont compris que cela va durer encore… de longues années!

Commentaire : le jour de la rentrée est un moment éprouvant où il faut être disponible pour chacun. Rien n'est pire que de devoir gérer à la fois les demandes ou l'anxiété des parents, celle des élèves, et les problèmes matériels. Une préparation efficace lors de la prérentrée est un gage de réussite. Les coins «jeux d'imitation» comme la cuisine, la chambre des poupées, le garage, etc., sont très attirants pour les élèves en ce jour de rentrée. De l'organisation matérielle va dépendre la qualité de l'accueil et des actes pédagogiques.

S'ENTRAÎNER

QCM

1. L'ATSEM placé dans la classe d'un professeur des écoles a un rôle :

A. D'adjoint. ☐

B. D'accompagnement des activités mises en place par l'enseignant. ☐

C. D'aide aux élèves. ☐

2. La maîtresse de petite section conduit ses élèves à la bibliothèque :

A. Pour que les élèves changent de lieu de travail. ☐

B. Pour que les élèves apprennent à lire. ☐

C. Pour que les élèves prennent plaisir à manipuler les livres. ☐

3. Un enfant a mordu un autre enfant :

A. Vous prévenez l'enseignant. ☐

B. Vous posez une poche de glace sur la morsure. ☐

C. Il n'y a rien à faire sur une morsure. ☐
D. Vous retrouvez l'enfant qui a mordu et vous lui donnez une petite fessée. ☐

4. Un ATSEM peut punir un enfant qui a été violent avec un autre :
A. En lui donnant une fessée. ☐
B. En le conduisant au bureau du directeur ou auprès de l'enseignant. ☐
C. En l'isolant tout seul dans la classe. ☐
D. En demandant à l'autre enfant de lui rendre les coups. ☐

5. Un enfant fait pipi dans sa culotte pendant l'atelier de peinture :
A. Vous continuez l'activité comme si de rien n'était. ☐
B. Vous vous fâchez : «Ça n'est vraiment pas le moment». ☐
C. Vous prévenez l'enseignant et vous conduisez l'enfant aux toilettes. ☐

6. L'enseignant de moyenne section propose chaque jour des activités que vous trouvez salissantes :
A. Vous prévenez que vous ne nettoierez plus. ☐
B. Vous en discutez avec l'enseignant et lui proposez de mieux protéger les tables et le sol. ☐
C. Vous intervenez auprès des enfants et vous interrompez l'activité. ☐

7. Après l'atelier de peinture, un enfant s'est lavé les mains et a mouillé ses manches de chemise :
A. Vous changez la chemise et mettez la sienne à sécher. ☐
B. Vous roulez les manches jusqu'aux coudes en attendant que cela sèche. ☐
C. Vous le grondez parce qu'il a joué avec l'eau. ☐

8. Un enfant n'arrive pas à défaire les bretelles de sa salopette pour aller aux toilettes :
A. C'est l'heure de la sortie, il ira aux toilettes chez lui. ☐
B. Vous l'aidez et lui dites pour le rassurer que c'est bien difficile pour un petit garçon des bretelles comme ça! Il faudra en parler à maman. ☐
C. Vous le houspillez, il doit se débrouiller tout seul. ☐

9. Deux enfants ont inondé les toilettes pendant la récréation :
A. Vous en parlez à la maîtresse. ☐
B. Vous vous fâchez. ☐
C. Vous leur dites : «Ce n'est pas grave, je vais tout nettoyer». ☐
D. Vous leur proposez de nettoyer avec vous. ☐

10. Un matin, à l'accueil, une maman réclame une cagoule que son enfant a oubliée la veille :
A. Vous demandez à la maman si la cagoule est marquée du nom de l'enfant. ☐
B. Vous lui dites que vous la chercherez dans la journée et ferez en sorte de la lui rendre le soir. ☐
C. Vous lui dites : «L'enfant essaiera de la retrouver». ☐
D. Vous partez tout de suite à la recherche de la cagoule dans l'école. ☐

11. Une maman est très en colère. Son enfant s'est fait voler son blouson en jean. Vous lui dites :
A. Attendez demain, le blouson a dû être emporté par mégarde. ☐
B. L'école n'est pas responsable des vols. ☐
C. Je vais en parler à l'enseignant. ☐

12. Un enfant pleure ce matin à l'arrivée à l'école :
A. Vous dites à la maman de rester et d'essayer de le consoler. ☐
B. Vous lui parlez doucement et faites signe à la maman de s'éloigner. ☐
C. Vous le grondez en lui disant «d'arrêter sa comédie». ☐

13. Un enfant a apporté son lapin en peluche, son «doudou», pour faire la sieste :

A. Vous lui proposez de garder son lapin avec lui et vous le dirigez vers un «coin-jeu». ☐
B. Vous demandez à la maman de repartir avec le «doudou». ☐
C. Vous lui proposez de ranger son «doudou» dans son casier. ☐
D. Vous prenez le «doudou» et le lui rendrez à la sieste. ☐

14. La veille de la rentrée, la nouvelle enseignante de la classe à laquelle vous êtes affecté, vous demande de l'aider à préparer le matériel pour la rentrée (cahiers, papiers, crayons, jeux) :

A. Vous refusez, vous n'avez pas fini le ménage de la réserve. ☐
B. Vous acceptez, vous proposez même de vérifier les crayons de l'an passé. ☐
C. Vous dites à la maîtresse que c'est à elle de le faire. ☐

15. Le jour de la rentrée, la classe des petits est totalement dérangée. Les puzzles sont dans le coin dînette, les poupées dans le garage... Que faire?

A. Vous dites que vous rangerez tout pendant la sieste. ☐
B. Vous ne rangez pas, les enfants vous aideront après la sieste. ☐
C. Vous ne rangez pas, l'enseignant le fera après la classe. ☐
D. Vous demandez à l'enseignant quand il souhaite que vous procédiez au rangement. ☐

16. Un pot de peinture tombe pendant que l'enseignant est à l'atelier graphisme et vous à l'atelier modelage :

A. Vous demandez aux enfants de nettoyer. ☐
B. Vous ferez le nettoyage après avoir fini l'atelier modelage. ☐
C. Vous demandez aux enfants de l'atelier modelage de travailler seuls une minute et vous allez vite nettoyer. ☐
D. Vous demandez à l'enseignant d'aller nettoyer. ☐

17. Un enfant, qui était propre, mouille son lit régulièrement à la sieste :

A. Vous ne dites rien et vous changez les draps chaque jour. ☐
B. Vous le grondez, ça suffit, il n'est plus un bébé. ☐
C. Vous en parlez à l'enseignant. ☐

18. Un matin, à l'accueil, une maman arrive avec son fils, Romain, dans les bras. Quand elle veut le poser au sol, il hurle. Que faire?

A. Vous proposez de le prendre dans vos bras. ☐
B. Vous demandez à la maman de Romain de le mettre sur ses pieds. Il va s'habituer peu à peu. ☐
C. Vous conseillez à la maman de rentrer à la maison avec son enfant et de revenir demain. ☐
D. Vous proposez à la maman de rester en classe.

19. Pendant un atelier peinture, un élève de moyenne section ne comprend pas la consigne «tracer des lignes verticales». Que faites-vous?

A. Vous le faites à sa place. ☐
B. Vous lui montrez un exemple à l'aide d'un autre dessin d'enfant. ☐
C. Vous lui dites de faire un effort et de se concentrer davantage. ☐
D. Vous lui réexpliquez la consigne. ☐
E. Vous en parlez à l'occasion à l'enseignant. ☐

20. Au cours d'une activité, un enfant met dans sa bouche de la pâte à modeler. Que faites-vous?

A. Vous la lui faites recracher. ☐
B. Vous lui expliquez que cette pâte n'est pas consommable. ☐

- **C.** Vous lui demandez de quitter l'atelier pour que les autres enfants ne l'imitent pas. ☐
- **D.** Vous arrêtez les activités avec la pâte à modeler. ☐

21. Au réveil de la sieste, vous devez aérer et ranger le dortoir. Comment procédez-vous pour réveiller les derniers enfants endormis?

- **A.** Vous tirez les rideaux et ouvrez les fenêtres. ☐
- **B.** Vous faites une annonce générale. ☐
- **C.** Vous réveillez les enfants individuellement. ☐

22. Paul s'est fait réprimander par l'enseignant; il n'a pas respecté la consigne de travail donnée et n'en fait qu'à sa tête. Il vient se faire consoler auprès de vous :

- **A.** Vous lui expliquez qu'il doit écouter l'enseignant comme le font les autres enfants et vous lui conseillez de retournez travailler. ☐
- **B.** Vous le consolez, après tout il est bien jeune et on ne peut pas forcer un enfant à faire ce qu'il ne veut pas faire à cet âge. ☐
- **C.** Vous le réprimandez : il doit écouter et arrêter ses caprices. ☐
- **D.** Vous faites à sa place le travail demandé. ☐
- **E.** Vous demandez à l'enseignant de faire preuve de compréhension. ☐

23. Cochez les affirmations exactes :

- **A.** L'ATSEM peut encadrer un atelier sous la responsabilité de l'enseignant. ☐
- **B.** L'ATSEM peut librement diriger en classe l'activité de son choix. ☐
- **C.** L'ATSEM peut renseigner les parents sur les apprentissages de leur enfant. ☐
- **D.** L'ATSEM prépare et entretient le matériel destiné aux activités. ☐
- **E.** L'ATSEM peut accompagner un groupe d'enfant dans l'eau, à la piscine. ☐

24. Les élèves viennent de terminer un coloriage. L'ATSEM :

- **A.** Écarte les moins réussis. ☐
- **B.** Termine les coloriages si besoin. ☐
- **C.** Remet les feuilles à l'enseignant. ☐
- **D.** Les corrige. ☐

25. Depuis plusieurs jours, un enfant empêche les autres de faire la sieste, ce qu'il n'avait jamais fait auparavant :

- **A.** Vous informez les parents de l'enfant en leur demandant de le rappeler à l'ordre. ☐
- **B.** Vous prévenez l'enseignant en insistant sur le changement de comportement. ☐
- **C.** Vous isolez l'enfant dans une classe pendant le temps de sieste. ☐
- **D.** Vous ne dites rien les premières fois, puis vous grondez l'enfant. ☐

26. Malgré le froid, un enfant refuse de mettre son manteau pour aller en récréation :

- **A.** Vous le laissez dans la classe le temps de la récréation. ☐
- **B.** Il sort quand même. ☐
- **C.** Vous prenez le temps qu'il faut pour le convaincre de mettre son manteau. ☐

27. Lors d'une activité peinture, l'ATSEM peut :

- **A.** Aider les enfants à enfiler les tabliers. ☐
- **B.** Décider des consignes que doivent suivre les enfants. ☐
- **C.** Expliciter les consignes données par l'enseignant. ☐
- **D.** Peindre sur les supports des enfants. ☐

28. Vous remarquez qu'un enfant est souvent distrait pendant les activités. Que faites-vous?

- **A.** Vous l'observez pour comprendre son comportement. ☐
- **B.** Vous le sollicitez pour qu'il participe. ☐
- **C.** Vous l'isolez pour qu'il ne retarde pas le groupe. ☐

D. Vous alertez l'enseignant. ☐
E. Vous le rappelez à l'ordre. ☐

29. Un enfant mord un autre enfant de la classe :
A. Vous lui expliquez qu'il est interdit de mordre et que s'il est en colère, il faut en parler. ☐
B. Vous le mordez à votre tour. ☐
C. Vous le réprimandez en le mettant au coin. ☐
D. Vous réconfortez l'agressé et l'agresseur. ☐

30. Un enfant pleure beaucoup au moment du coucher :
A. Vous vous renseignez pour savoir s'il a un «doudou» et vous restez auprès de lui pour qu'il se calme. ☐
B. Vous le laissez pleurer, car il faut qu'il s'habitue à la collectivité. ☐
C. Vous le rassurez et attendez une demi-heure avant de le lever. ☐
D. Vous le levez sans attendre. ☐

31. Un enfant arrache régulièrement les jouets des mains à un autre enfant :
A. Vous faites preuve d'autorité et proposez à l'enfant agressif de se calmer. ☐
B. Vous interdisez le jouet aux deux enfants. ☐
C. Vous parlez à l'enseignante de cette situation récurrente. ☐
D. Vous punissez l'enfant agressif. ☐
E. Vous proposez le même type de jouet à l'enfant agressif. ☐

32. Un enfant fait pipi au lit et ce n'est pas la première fois :
A. Vous lui dites que vous ne pouvez pas laver la couchette tous les jours. ☐
B. Vous le punissez. ☐
C. Vous le réconfortez et le changez. ☐
D. Vous en parlez au responsable de l'établissement. ☐
E. Vous en faites part aux parents avec l'accord de l'enseignant. ☐

33. Vous êtes en désaccord avec l'enseignant concernant les activités proposées :
A. Vous le lui dites et refusez d'y participer. ☐
B. Vous n'avez pas à intervenir sur les contenus des activités. ☐
C. Vous en faites part aux enfants. ☐
D. Vous échangez avec l'enseignante en dehors de la présence des enfants. ☐

34. Pour l'enfant, le jeu est avant tout :
A. Une activité moins importante que le travail. ☐
B. Une activité indispensable à son équilibre et son apprentissage. ☐
C. Une activité secondaire. ☐
D. Une activité socialisante. ☐

35. Les petites sections sont en jeux libres. Ils doivent participer à un atelier graphisme :
A. Vous proposez de ranger les jeux en expliquant qu'ils vont faire des dessins. ☐
B. Vous ordonnez immédiatement d'arrêter les jeux et de les ranger. ☐
C. Vous emmenez les enfants à l'atelier graphisme puis vous revenez ranger les jeux. ☐

36. À la piscine, lors de l'habillage :
A. Vous habillez chacun à leur tour les enfants qui vous sont confiés. ☐
B. Vous les guidez oralement et vous aidez ceux qui ont des difficultés. ☐
C. Vous attendez silencieusement que chaque enfant s'habille tout seul. ☐

37. Vous avez un problème avec un enfant difficile :

A. Vous prévenez les parents. ☐
B. Vous informez la directrice pour qu'elle gère ce problème. ☐
C. Vous prévenez la mairie. ☐

38. Qu'est-ce qu'un bonhomme «têtard»?

A. Le dessin représentant un monstre. ☐
B. La représentation d'une expérience en sciences. ☐
C. La représentation du propre schéma corporel d'un enfant de 3 ans. ☐

39. À la garderie, une maman inquiète vous demande des renseignements concernant son enfant en classe :

A. Vous demandez à la maman de prendre contact avec l'enseignant de son enfant. ☐
B. Vous discutez des relations de l'enfant avec ses camarades. ☐
C. Vous expliquez tout ce que fait l'enfant en analysant son comportement. ☐

Questions orales

1. En quoi le jeu est-il important pour l'enfant?
2. Quelle est la fonction du «doudou»?
3. Un enfant ne veut pas participer à l'atelier peinture, que faites-vous?
4. Quel est le rôle de l'ATSEM pendant les ateliers?
5. Quel est le rôle de l'ATSEM à l'accueil?
6. Quel est le rôle de l'ATSEM à la sortie des élèves?
7. Pendant la récréation, un enfant tombe du toboggan, que faites-vous?
8. Au moment de ranger les jeux, un enfant en mord un autre, que faites-vous?
9. Pendant la sieste, un enfant ne veut pas dormir, que faites-vous?
10. Dans la cour de récréation, vous remarquez qu'un enfant est triste, que faites-vous?
11. Que faut-il emporter en sortie scolaire?
12. À la fin de la sieste, vous devez remettre le dortoir en ordre. Comment procédez-vous?
13. Quels éléments permettent de respecter les rites du coucher chez l'enfant?

CORRIGÉS

1. B, C. Dans le cadre des activités scolaires, l'ATSEM a un rôle d'aide aux élèves. L'ATSEM accompagne les élèves dans les activités mises en place par l'enseignant selon les recommandations qui lui ont été données dans le cadre des exercices proposés.
2. C. Dès la petite section, la «découverte de l'écrit» est inscrite dans les programmes de l'école maternelle. La manipulation des ouvrages, la découverte de leurs spécificités et des contenus est une activité essentielle. La bibliothèque de l'école ou la section enfantine de la bibliothèque municipale répondent parfaitement à cet objectif.
3. A, B. Il faut prévenir l'enseignant qui en parlera avec les deux familles, les parents de l'enfant mordeur et ceux de l'enfant mordu. Rassurez-vous, rien d'extraordinaire, tous les enfants mordent un jour ou l'autre, c'est un stade de développement normal de la petite enfance. Évitez de stigmatiser. Il y a d'un côté l'enfant mordu qui a mal et la trace des dents du petit copain est

là pour matérialiser sa douleur. De l'autre côté, l'enfant mordeur est aussi en souffrance, il est désemparé face à la situation qu'il a engendrée. Il doit faire face à la colère des adultes. Le plus souvent, il n'y a pas de plaie, la poche de glace calmera la douleur.

4. B. Un ATSEM ne punit pas un enfant pendant le temps scolaire. C'est l'enseignant ou le directeur qui décideront des mesures à prendre pour régler la situation. Les châtiments corporels sont interdits à l'école. Les adultes sont présents dans les cours de récréation afin de prévenir la violence entre enfants. En aucun cas, un enfant ne doit rester sans surveillance.

5. C. Les petits accidents sont encore fréquents à l'école maternelle. Il faut procéder à une petite toilette et changer l'enfant. Tout cela doit se faire avec la plus grande bienveillance.

6. B. Les enseignants mettent en place des activités conformes aux programmes de l'Éducation nationale, les ATSEM ont en charge la mise en propreté des locaux et des matériels. Certaines activités d'arts plastiques peuvent être génératrices de «désordres» en tous genres... Toutefois, le respect du travail des uns et des autres est une condition nécessaire pour établir une bonne relation de travail. Les échanges entre les adultes pourront amener à trouver des aménagements.

7. A. Certaines tâches matérielles sont encore difficiles à réaliser en autonomie par les jeunes enfants. Un enfant a mouillé les manches de sa chemise, ça n'est pas grave! L'ATSEM le change et peut profiter de ce moment pour lui rappeler la technique de lavage des mains.

8. B. L'ATSEM doit aider les enfants qui en ont besoin, lors des passages aux toilettes et à chaque fois que c'est nécessaire. Petit à petit, si on leur facilite les choses, les enfants pourront accéder à l'autonomie.

9. A. Les enfants ont fait des bêtises et cela devra être évoqué en classe. C'est l'enseignante qui doit gérer cette situation et proposer des actions pédagogiques qui vont conduire les enfants à réfléchir sur le respect des règles.

10. A, B. Comme elle est marquée au nom de l'enfant, cette cagoule devrait être retrouvée dans la journée. Les collègues des autres classes peuvent aider à la recherche. Il n'est pas question de répondre immédiatement à la demande de la maman en quittant son poste à l'accueil.

11. C. Il peut arriver par mégarde qu'un enfant emporte un vêtement qui n'est pas le sien et que les parents ne s'en aperçoivent pas le jour même. C'est l'enseignant qui doit gérer cette situation et essayer de savoir où se trouve le blouson.

12. B. Le rôle de l'ATSEM à l'accueil est très important. Elle doit savoir gérer les pleurs des enfants et quelquefois les angoisses des parents. Lorsqu'un enfant doit quitter sa maman, c'est un moment difficile pour lui. Cette séparation l'amène à pleurer, voire hurler! L'ATSEM doit immédiatement lui apporter la chaleur humaine dont il a besoin, en le prenant dans ses bras et en lui parlant «vrai». Par exemple : «Ta maman te quitte pour la matinée, elle reviendra te chercher pour le repas».

13. C. Le «doudou» est généralement accepté à l'école en petite section. Le matin à l'arrivée, les enfants le placent dans leur casier, ils le reprendront pour la sieste.

14. B. Il est dans les missions de l'ATSEM d'aider l'enseignante dans la mise en place du matériel scolaire.

15. D. C'est l'enseignant qui décide des modalités pédagogiques qu'il met en place pour les enfants de sa classe. Le rangement est aussi un moment pédagogique. Le fait de ranger tout de suite ou après, avec ou sans les enfants, est du ressort de l'enseignant.

16. C. Il faut nettoyer tout de suite pour éviter les risques de «sur-accident». Les enfants peuvent marcher dedans, en mettre partout ou glisser. Il faut nettoyer au plus vite. Pendant ce temps, les enfants vont travailler en autonomie, ils sont de toute façon, à tout moment, sous la responsabilité de l'enseignant.

17. C. Il est fort probable que cet enfant vit une situation perturbante. C'est l'enseignant qui devra en parler à l'enfant et aux parents.

18. A, B. Les deux réponses sont possibles. Si l'ATSEM prend l'enfant dans ses bras, il ne peut s'agir que d'un court moment de transition. Très rapidement, l'enfant sera posé à terre et invité

à entrer dans les activités de sa classe. Il y a certainement entre cet enfant et sa maman une problématique liée à la séparation. Proposer à sa maman de rester en classe ne serait pas une bonne solution. Si cette situation perdure, l'enseignant devra envisager d'en parler avec les parents.
19. B, D, E. L'ATSEM est chargé d'aider les enfants dans leurs activités. Pendant la présentation des activités, l'ATSEM doit aussi écouter les consignes afin de pouvoir les réexpliquer si nécessaire. L'ATSEM ne fait jamais à la place de l'élève, mais peut expliquer les procédures ou montrer les productions d'un autre enfant pour aider un enfant en difficulté. Après l'activité, un temps de bilan entre adultes permettra d'échanger avec l'enseignant.
20. A, B. La mission première de l'ATSEM, c'est de veiller à la sécurité des élèves. Le rôle de l'ATSEM dans le cadre des ateliers, c'est de faire respecter et éventuellement de réexpliquer les consignes de travail.
21. C. Les enfants ont des plages de sommeil de durées différentes. Certains s'endorment rapidement et d'autres se réveillent tardivement. C'est pour respecter leur rythme de sommeil qu'il est conseillé de pratiquer un réveil échelonné. Ce moment de réveil est un moment important de transition entre le repos et la reprise des activités.
22. A. La fonction de l'ATSEM consiste à aider les enfants dans les activités conçues par l'enseignant. L'ATSEM travaille selon les directives données par l'enseignant. Avant le début des activités, l'enseignant donne le cadre de travail : les consignes, le déroulement, les démarches à suivre. Les activités proposées répondent à des objectifs d'apprentissages conformes aux programmes de l'Éducation nationale. L'ATSEM doit rester dans son rôle, ne pas se placer en «défenseur des élèves» ni en «conseiller pédagogique».
23. A, D. Selon les demandes de l'enseignant, l'ATSEM prépare et entretient le matériel destiné aux activités pédagogiques. Pendant l'activité, l'ATSEM encadre les élèves dans le respect des consignes de travail. Les activités proposées par l'enseignant sont conçues selon un projet d'apprentissage. L'enseignant désigne l'atelier attribué à l'ATSEM, c'est lui et lui seul qui fixe le cadre de travail. À la piscine, l'ATSEM ne va pas dans l'eau avec les élèves, son rôle est d'aider les enfants dans les phases de déshabillage et d'habillage. L'ATSEM doit toujours diriger les parents vers l'enseignant pour toute information qui concerne l'entrée des élèves dans les apprentissages.
24. C. Le rôle de l'ATSEM n'est pas d'évaluer le travail des élèves. C'est l'enseignant et lui seul qui procède à l'évaluation. L'ATSEM ne doit porter aucun jugement de valeur quant au travail des élèves et surtout se garder de faire à leur place.
25. B. Les enfants ne sont pas obligés de dormir pendant la sieste, mais ils doivent se reposer, et bien sûr respecter le sommeil des autres. L'ATSEM doit signaler à l'enseignant tout changement de comportement d'un enfant et ne pas prendre l'initiative d'informer directement les parents ou de traiter le problème elle-même. Le changement de comportement d'un enfant est toujours un indicateur dont il faut savoir tenir compte. L'enseignant se chargera d'en parler avec les parents de l'enfant.
26. C. L'ATSEM doit encourager les enfants à s'habiller seuls. Parfois, il faut insister! En petite section, l'ATSEM doit souvent aider les enfants et surtout leur apprendre à enfiler les manches, remonter une fermeture à glissière et attacher les boutons. C'est une façon de développer leur autonomie. En aucun cas, il ne faut céder au caprice d'un enfant, l'ATSEM est là pour expliquer le bienfondé des règles.
27. A, C. Le rôle de l'ATSEM est multiple, mais elle ne doit jamais se substituer à l'enseignant en donnant des consignes de travail. L'ATSEM aide les enfants dans les tâches matérielles, mais ne pratique pas l'activité avec eux.
28. A, B, D. Toute remarque de l'ATSEM sur le comportement d'un enfant est précieuse pour l'enseignant. Cependant, toute action, qu'elle soit pédagogique ou une demande d'aide au psychologue scolaire, relève de l'enseignant et de lui seul.
29. A. Lorsqu'un enfant mord un autre enfant de la classe, le rôle de l'ATSEM est de lui expliquer calmement qu'il est interdit de mordre, que cela ne se fait pas, et que, s'il est en colère contre

lui, il faut qu'il en parle. À cette occasion, l'ATSEM peut échanger avec l'enfant pour mieux comprendre son comportement.
30. A. Lorsqu'un enfant pleure au moment du coucher, l'après-midi à la sieste, l'ATSEM peut utiliser trois moyens, toujours efficaces pour calmer l'enfant : lui proposer son «doudou», c'est son compagnon familier, utiliser la «parole», des mots apaisants, et lui offrir une «présence bienveillante».
31. C. L'école maternelle propose aux enfants des situations de jeux qui leur permettent de devenir élèves. Lorsqu'un enfant arrache les jouets des mains d'un autre enfant, il faut d'abord parler avec l'enfant agressif de son attitude et essayer de lui faire comprendre et intégrer les règles de la vie collective. Si la situation perdure, il faut en parler avec l'enseignant.
32. C, D. Lorsqu'un enfant fait pipi au lit à la sieste, le rôle de l'ATSEM est de le réconforter, de le changer et ensuite de signaler ce problème au responsable de l'établissement. L'ATSEM ne doit en aucun cas culpabiliser l'enfant. Il faut comprendre que cet incident, sur lequel l'enfant n'a pas de maîtrise, est souvent révélateur de problèmes ou de souffrances. L'ATSEM doit donc lui apporter davantage d'attention, de présence affective et de respect. C'est l'enseignant qui devra gérer la situation avec les parents.
33. B, D. Un ATSEM n'a pas à intervenir sur les contenus des activités. Si l'ATSEM est en désaccord avec l'enseignant, il faut lui en parler et surtout le faire avec tact et respect, en dehors de la présence des enfants. Une explication argumentée est toujours le meilleur moyen de clarifier une situation et d'éviter le conflit.
34. B. Le jeu est essentiel à l'épanouissement de l'enfant, à sa maturation psychologique, donc à son équilibre. À l'école maternelle, le jeu supporte et favorise les apprentissages.
35. A. L'ATSEM ne laisse pas les enfants ranger seuls le matériel utilisé, il ne range pas non plus à leur place. Il propose aux enfants de ranger les jeux avant de participer aux ateliers. Cette attitude développe leur autonomie et leur donne de bonnes habitudes de vie.
36. B. Le moment de l'habillage à la piscine est révélateur du degré d'autonomie des enfants. En cas de difficulté observée, l'ATSEM explique comment enfiler le vêtement. Elle propose de l'aide à ceux qui ont des vêtements un peu difficiles à enfiler.
37. B. Tout problème avec un enfant dit «difficile» ne peut être réglé que par l'enseignant ou le directeur. Ces deux professionnels de l'enseignement ont certainement des informations sur les difficultés scolaires ou relationnelles de l'enfant, ses suivis au RASED ou à l'extérieur, son contexte familial. Le cas de cet élève sera évoqué en équipe éducative.
38. C. Le «bonhomme têtard» est la première trace qui vise à représenter le corps humain. À 3 ans, l'enfant dessine une tête avec deux yeux et deux longues jambes. Cela évoque la forme du têtard. Les bras, les traits du visage et le ventre apparaîtront plus tard. Aux alentours de 4 ans, le dessin se complète, les visages sont expressifs et toutes les parties du corps sont présentes. Vers 5 ans, les personnages sont moins statiques, les articulations et les mouvements sont représentés.
39. A. Seul l'enseignant est habilité à communiquer sur les comportements et les résultats scolaires d'un enfant. L'enseignant devra faire usage de tact et de diplomatie, car les parents sont souvent très inquiets et très sensibles à l'écoute des premiers résultats scolaires de leur enfant.

Questions orales

QUESTION 1

«Le jeu c'est le travail de l'enfant», disait Pauline Kergomard, inspectrice de l'Éducation nationale au début du siècle dernier. Il faudra, en vous appuyant sur votre expérience du travail dans les classes de l'école maternelle, expliquer que toutes les activités présentées aux élèves leur sont toujours proposées sur des supports ludiques.
Il y a toutes sortes de jeux : le jeu symbolique, que l'on appelle aussi jeu d'imitation, comme la «cuisine», la «marchande»; les jeux de construction qui permettent à l'enfant de faire preuve de

créativité ou de montrer qu'il est capable de réaliser à partir d'un modèle. L'enfant aura aussi à résoudre des problèmes d'équilibre, il pourra exercer sa motricité fine pour encastrer ou visser. Il construit sa capacité à repérer les formes et à prendre des indices dans la réalisation de puzzles. Les séances d'apprentissages en mathématiques sont construites à partir de phases de manipulations avec du matériel ludique adapté. L'enseignant ou l'ATSEM doivent jouer avec les enfants et des jeux de société qui ont pour objectif la construction du nombre, l'acquisition des premières techniques opératoires de l'addition ou de la soustraction. Le recours régulier à la trace écrite n'a de sens qu'à partir de la grande section. En graphisme, activité préparatoire à l'écriture, l'élève qui trace des boucles ou des ponts pour décorer une couronne des rois par exemple, s'entraîne à l'écriture. Sur cette même couronne, l'élève qui colle des gommettes de différentes tailles, formes ou couleurs apprend à trier puis à ordonner en réalisant un rythme régulier selon la consigne donnée. À l'école maternelle, il faut «donner à jouer», «laisser jouer» et «jouer avec».

QUESTION 2

le doudou est un objet transitionnel qui aide l'enfant à supporter la séparation d'avec sa mère. Il s'agit d'un objet de substitution qui permet à l'enfant de se rassurer. L'Éducation nationale ne donne aucune directive sur l'accueil du doudou, chaque directeur est libre de choisir la démarche à adopter. En général, le doudou se repose dans le casier de l'enfant pendant les activités et l'enfant le retrouve pour le temps de repos. Il faut noter que les boîtes à doudous sont à proscrire, par mesure d'hygiène en priorité, mais aussi pour éviter la promiscuité des doudous censés marquer l'individualité de l'enfant. L'école, source de découvertes, va aider l'enfant à devenir moins dépendant de son doudou. L'enfant l'abandonnera dès que le monde de l'école sera accepté, en général vers 5 ans. Cet abandon n'est que la conséquence d'une bonne intégration dans l'école, il ne peut être obtenu par contrainte. Plus d'une centaine d'albums de littérature enfantine évoquent les relations des enfants avec leur doudou. Ces albums sont souvent utilisés en classe par les enseignants.

QUESTION 3

Une fois encore, pour répondre à cette question, il faut faire appel à vos souvenirs car ce type de situation s'est certainement présenté. Si ce n'est pas à l'atelier «peinture», c'était peut-être à l'atelier «collage» ou pour réaliser un puzzle. Il est possible de transposer vos réactions. En premier, il faut solliciter l'élève, le rassurer en lui donnant des explications, lui faire observer comment les autres élèves procèdent, lui dire qu'il peut regarder pendant un temps, qu'il le fera la prochaine fois. Lui prendre la main sans faire à sa place peut permettre à l'élève de s'engager dans l'action. Il ne faut pas s'énerver, crier, entrer en conflit ou, pour éviter toute discussion, faire à la place de l'enfant. Il ne faut pas que l'enfant se sente rejeté ou mis à l'écart. Avec certains élèves, il faut de longues discussions pour lever les anxiétés dont les causes peuvent avoir des origines multiples : répulsion pour la matière, peur de se salir ou de laisser une trace.

QUESTION 4

Les situations de travail en ateliers sont multiples et variées tout au long de la journée. Cette question vous donne l'occasion d'évoquer votre participation aux ateliers mis en place par l'enseignant au quotidien. Il ne faudra pas se limiter aux ateliers dans la classe, il faut aussi parler des ateliers en EPS (éducation physique et sportive), en bibliothèque, en atelier «cuisine», etc. Ce que vous devez mettre en avant, c'est comment vous mettez en œuvre les ateliers : la préparation matérielle, l'accueil des élèves, la répétition de la consigne de travail, la sollicitation des enfants les plus lents, la régulation des échanges entre les élèves, l'accompagnement de la tâche et le rangement. Il faut montrer que vous avez bien compris que vous participez à mettre en œuvre les objectifs pédagogiques de l'enseignant.

QUESTION 5

Le moment de l'accueil du matin, qui se déroule le plus souvent dans la classe, est déterminant pour le déroulement de la journée et l'engagement des élèves dans les activités d'apprentissages.

Il faut insister sur le caractère transitionnel et relationnel de ce moment spécifique. Il faut évoquer le rôle de l'ATSEM dans la transmission des informations entre les parents et l'enseignant et montrer qu'on en connaît les limites. Il faut décrire la relation individuelle particulière avec l'élève qui quitte sa famille pour retrouver ses pairs. Il faut aussi parler des progrès en autonomie qui sont visibles et quantifiables chez les enfants pendant ce temps d'accueil tout au long de l'année scolaire :

- progrès en autonomie affective quand, de jour en jour, les enfants surmontent les difficultés inhérentes à la séparation;
- progrès en autonomie matérielle dans le déshabillage et le rangement des vêtements.

C'est aussi l'occasion d'évoquer les activités rituelles : installation des étiquettes de présence, observation météo et préparation des «jeux libres» qui ont leur place à l'accueil.

QUESTION 6

L'aide à la surveillance des portes est particulièrement importante. Il faut parler de sécurité. Les parents sont les seuls habilités à reprendre leur enfant, ainsi que les personnes désignées par eux. Il faut montrer que l'on connaît les procédures, les autorisations à signer, la pièce d'identité à présenter et surtout bien montrer que l'on sait que seul l'enseignant est habilité à prendre une décision en engageant sa responsabilité.

QUESTION 7

Par la réponse à cette question, il faut montrer que vous connaissez les gestes de premiers secours et que vous connaissez aussi les limites de votre responsabilité. Dans ce cas précis, il faut tout de suite porter secours, c'est-à-dire s'approcher de l'enfant, le laisser au sol en position de sécurité et faire prévenir l'enseignant et le directeur qui organiseront les secours si la gravité de l'accident le nécessite. En cas de chute peu grave, vous rassurez l'enfant mais vous gardez un regard sur lui jusqu'à la fin de la récréation. Au retour en classe, si l'enseignante n'a pas assuré le service de récréation, il ne faut pas oublier de l'avertir afin qu'elle poursuive l'observation et informe les parents à l'heure de la sortie des classes.

QUESTION 8

Il faut bien penser à dire qu'en premier lieu vous rassurez et soignez l'enfant qui a été mordu. L'agresseur doit être raisonné et l'enseignante prévenue. Montrez bien que vous savez qu'il revient à l'enseignant de gérer et de réguler les conflits entre les élèves. Surtout ne pas s'engager dans un jugement de valeur, des réprimandes verbales ou physiques ou des conseils éducationnels qu'il faudrait donner à la famille...

QUESTION 9

Il faut montrer que vous connaissez bien la réglementation et que vous savez qu'un ATSEM n'est pas habilité à surveiller seul un dortoir. Dans le cadre d'une cosurveillance, vous pouvez évoquer les techniques qui aident les enfants à se détendre pour s'endormir : s'asseoir près de lui, lui confier son doudou... et surtout se montrer patient. La durée du temps de repos adapté aux besoins spécifiques des enfants peut aussi être abordée.

QUESTION 10

Il faut profiter de cette question pour parler du rôle de l'ATSEM pendant la récréation. Sa mission première n'est pas la surveillance qui relève des enseignants, mais plus spécifiquement l'accompagnement des enfants dans leurs jeux. Un enfant triste et isolé doit être l'objet de toute son attention, il faut le prendre par la main, essayer de rentrer en communication avec lui et proposer aux autres enfants de l'associer à leurs jeux. Bien sûr, il faudra en parler avec l'enseignant.

QUESTION 11

Cette question donne l'occasion de montrer que l'on sait ce que contient la trousse d'urgence. Toutefois, il ne faut pas oublier de compléter avec des vêtements de rechange, quelques mouchoirs, une bouteille d'eau... et à la demande de l'enseignant, le matériel pour prendre des notes, photographier ou dessiner si l'on va au musée.

QUESTION 12

Il faut montrer que vous savez que le temps de repos n'est pas le même pour tous les enfants et que vous vous préoccupez de respecter le sommeil de chacun. Vous pouvez ensuite décrire les techniques de rangement et de ménage. Il faut montrer que vous connaissez les règles d'hygiène : ne pas mélanger le linge de lit qui, comme les couchettes, doit être identifié.

QUESTION 13

Cette question donne l'opportunité d'expliquer pourquoi les enfants ont besoin de «rituels» pour se coucher. Passer aux toilettes, se laver les mains, se mettre à l'aise en enlevant les vêtements serrés, les ranger soigneusement dans son petit panier, prendre son doudou, etc. Quelques enseignants mettent un petit peu de musique douce, circulent et font une petite caresse sur le front : le coucher dans le calme est la «recette» pour une sieste apaisée, profitable et réparatrice.

CHAPITRE 6

Les soins aux enfants

CE QU'IL FAUT SAVOIR

« À l'école, l'enfant va apprendre les règles de base d'une bonne hygiène de vie, le respect de son corps et de celui des autres.
L'école doit accueillir les enfants dans les meilleures conditions d'hygiène, de sécurité et de bien-être. Les règles d'hygiène doivent être appliquées au quotidien par tous les enfants et tous les adultes intervenant à l'école. »[37]

Le passage aux toilettes

Objectifs

- Apprendre à utiliser un espace dévolu à l'*hygiène*.
- Apprendre à gérer ses *besoins* et son *corps*.
- Apprendre à *respecter son corps* et celui des autres.
- Faire intégrer aux élèves des règles élémentaires d'*hygiène*, de *propreté* et de *sécurité*.

Organisation

Les lieux

En début de scolarité de petite section, il est très important de *faire repérer les lieux* par les élèves. Les toilettes des écoles sont de vastes pièces d'eau carrelées. Souvent, les lavabos se présentent sous forme de vasques collectives.

FIG. 2.97. **Les toilettes.**

© 2015, Elsevier Masson SAS. Tous droits réservés

[37] Collectif, *L'hygiène à l'école maternelle*, CNDP, 2008.

Les petits pots en porcelaine sont séparés par des demi-cloisons, les petits garçons utilisent des urinoirs. À l'école maternelle, *les toilettes sont collectives* ! Même si cette absence d'intimité choque parfois les parents et inhibe certains enfants, elle est volontaire et permet d'assurer la surveillance et la sécurité des élèves, qui ne sont pas encore très autonomes.

> « Ce qui nous a mis la puce à l'oreille, c'est le nombre d'accidents qui surviennent chaque année dans les sanitaires. Certes, il n'est pas très important : 2,5 % du total, et jusqu'à 4,4 % en petite section de maternelle. Mais il n'est pas normal que des choses pareilles se produisent ! Par ailleurs, des médecins ont alerté les pouvoirs publics sur des problèmes d'hygiène et de santé liés à la propreté des toilettes. »[38]

Le matériel et les produits

L'ATSEM doit veiller à ce que les distributeurs de papier toilette et les distributeurs de savon liquide soient régulièrement approvisionnés. Par mesure de prévention, depuis la menace d'épidémie de grippe, les serviettes en tissus sont déconseillées. Dans la plupart des écoles, les enfants s'essuient les mains avec des serviettes en papier.

Comportement et relation éducative

L'ATSEM et l'enfant

Il faut montrer aux enfants comment on utilise l'eau, le savon, où se trouve le papier, comment on tire la chasse d'eau. Il faut leur expliquer que l'on attend son tour, que l'on respecte l'intimité de l'autre. Il faut engager tous les élèves à respecter la propreté des lieux.

- Il est préférable, en début de petite section, que les élèves se rendent aux toilettes en petits groupes *sous la responsabilité de l'ATSEM*. Certains enfants de petite section ont encore besoin de l'aide de l'ATSEM pour enlever leur pantalon pour aller aux toilettes, surtout quand les parents ne leur ont pas facilité la tâche en leur mettant des bretelles ou une ceinture compliquée à défaire !
- Les enfants vont aux toilettes plusieurs fois par jour. L'ATSEM *doit accompagner l'enfant* si les toilettes sont trop loin de la classe, ou si l'enfant n'est pas très autonome. On voit de moins en moins de passages collectifs, à heures fixes, aux toilettes : cette façon de faire est génératrice d'attente, de bruit et d'agitation, et donc de risques d'accidents. Les enfants ont par ailleurs besoin que leur *intimité soit respectée*, et cela dès le plus jeune âge. Les enfants de petite section sont accompagnés pour aller aux toilettes. Pour les élèves de moyenne et de grande section, il est préférable, si les toilettes sont placées à proximité de la classe, que les élèves puissent y aller seul. Dans ce cas, l'élève demande l'autorisation à l'enseignant pour quitter la classe, l'ATSEM est averti, il veille à ce que l'enfant ne se trouve pas en danger et à ce que ce moment soit court.
- Les enfants peuvent passer aux toilettes de *manière autonome plusieurs fois par jour* : avant d'aller en récréation ou en éducation physique, à chaque moment d'interclasse, avant et après les collations ou repas, etc. Le groupe de ceux qui n'ont pas besoin d'aller aux toilettes attend quelques instants dans le couloir. Un enfant qui quitte la classe pour aller aux toilettes doit toujours avoir demandé l'autorisation à l'enseignant. Il appartient à l'enfant de commencer à apprendre à gérer ses besoins naturels en collectivité.

L'ATSEM et les parents

En réunion de rentrée, le directeur recommande l'*usage de vêtements pratiques*, mais il est souvent nécessaire de le rappeler aux parents. L'ATSEM, après en avoir parlé avec l'enseignant, pourra évoquer ce problème à l'accueil du matin.

[38] Jean-Marie Schléret, Président de l'Observatoire national de la sécurité (ONS).

L'ATSEM et l'enseignant

- Il faut être très attentif au temps qu'un enfant passe aux toilettes : s'il y va trop souvent, s'il en entraîne d'autres à le suivre. Si l'ATSEM observe des comportements suspects ou répétitifs, il doit en parler à l'enseignant.
- Les ATSEM et les enseignants doivent faire attention aux bêtises que peuvent faire plusieurs enfants qui vont aux toilettes ensemble : ouvrir les robinets et provoquer des inondations, boucher les urinoirs avec le papier toilette, grimper, escalader, etc.
- Il se peut aussi qu'un enfant se retienne pour éviter d'aller aux toilettes à l'école. C'est un problème que l'enseignant devra résoudre avec l'enfant et sa famille.

> « Le passage de la vie familiale à la vie collective peut entraîner une régression dans ce domaine et pour de nombreux enfants, le passage collectif aux toilettes est inadéquat et provoque même des réactions d'évitement liées à l'absence d'intimité de ces moments collectifs. »[39]

TÉMOIGNAGE

« À la maternelle, votre petit écolier doit changer ses habitudes : sieste, repas, passage aux toilettes, etc. Il peut avoir du mal à se caler sur le rythme de la collectivité. Demander à aller aux toilettes au milieu d'une activité ou y aller avec une trentaine d'enfants peut nécessiter un temps d'adaptation.
Ce qu'il faut faire : parlez-en avec la maîtresse. Elle expliquera à votre enfant qu'il peut demander l'autorisation d'aller aux toilettes et que l'ATSEM l'accompagnera. Il se calera peu à peu sur la vie du groupe.
Ce qu'il faut lui dire : « C'est important d'aller aux toilettes plusieurs fois par jour. Tu te sentiras mieux pour jouer, pour dessiner. »[40]

Le lavage des mains

Les mains sont responsables de la transmission d'un grand nombre de maladies infectieuses. La première étape, essentielle, de l'apprentissage de l'hygiène à l'école, c'est le lavage des mains.

Objectif

- Prévention des infections.
- Lutter contre la transmission et la propagation des microbes.

> L'hygiène individuelle est une marque de respect de soi et des autres. Elle doit être appliquée au quotidien, par les enfants et tous les adultes intervenant à l'école. Les mesures d'hygiène sont d'autant plus importantes que l'école accueille de jeunes enfants, population plus exposée au risque infectieux[41].

Organisation

Les lieux

Dans les toilettes ou au lavabo de la classe, l'ATSEM propose aux enfants, plusieurs fois par jour, de se laver les mains.

39 Recommandations aux enseignants des écoles maternelles, rentrée 2010.
40 Conseil d'un pédiatre à une maman.
41 Éduscol, «L'hygiène et la santé dans les écoles», 2009.

Les moments

Avant d'aller à table ou de toucher de la nourriture, après être allé aux toilettes, après s'être mouché, après des activités salissantes : peinture, modelage, jeux de sable, etc.

Comportement et relation éducative

L'ATSEM et l'enfant

Le rôle de l'ATSEM consiste à accompagner l'enfant dans ses gestes, lui montrer comment on se lave les mains en accompagnant verbalement ses actions : «Passer les mains sous l'eau courante, avec du savon, frotter le dos des mains, les paumes des mains et entre les doigts, rincer sous l'eau courante en comptant jusqu'à «5», sécher avec une serviette propre.»

Recommandations

Quelquefois, les robinets sont placés un peu trop en hauteur par rapport à la taille des enfants. Il faut que l'ATSEM soit vigilante car dans ce cas de figure, l'eau glisse sous les manches du vêtement et le mouille.

L'ATSEM et l'enseignant

Plusieurs fois par jour, l'enseignant demande à l'ATSEM d'accompagner les enfants pour un lavage des mains.

Comptine pour se laver les mains

Lave, frotte, rince et sèche
Lave, lave, lave, tes deux mains salies
Lave, lave, lave tes poignets aussi
Frotte, frotte, frotte, frotte-les maintenant
Frotte, frotte, frotte, frotte-les complètement
Rince, rince, rince, tes deux mains jolies
Rince, rince, rince, tes poignets aussi
Sèche, sèche, sèche tes mains maintenant
Sèche, sèche, sèche, sèche-les complètement.

Commentaire : l'ATSEM doit également veiller à se laver les mains plusieurs fois par jour selon les mêmes modalités, tout particulièrement avant de nettoyer une plaie (et après).

Apprendre à se moucher

Objectif

Prévenir et limiter la contagion car tout au long de l'année, les rhumes et autres maladies enfantines circulent à l'école.

Organisation

Le matériel

Il doit toujours y avoir des boîtes de mouchoirs en papier disponibles dans la classe, à portée des élèves.

Comportement et relation éducative

L'ATSEM et l'enfant

- Quand un enfant *a le nez qui coule*, l'ATSEM lui propose de se moucher. Il doit l'aider s'il ne sait pas encore le faire. Il doit lui proposer de mettre un mouchoir dans sa poche pour éviter ce type de désagrément.
- L'ATSEM peut expliquer à l'enfant ce qui se passe *quand il éternue* ou *quand il tousse* : il projette des petites particules dans l'air ou sur les autres. Il lui fait ainsi comprendre la nécessiter de mettre sa main devant sa bouche ou son nez quand il tousse ou qu'il éternue. Il doit insister sur l'utilité d'avoir le nez propre pour éviter la contamination des autres enfants. Il doit sensibiliser les élèves sur l'importance d'utiliser des mouchoirs jetables.

L'ATSEM et les parents

Il faut demander aux parents de penser à *mettre un mouchoir jetable* dans la poche de leur enfant et de l'aider à apprendre à se moucher. Quelquefois, des conseils concernant la manière de couvrir l'enfant peuvent éviter les rhumes à répétition.

Hygiène de vie[42]

Afin de développer la lutte simple contre les infections microbiennes saisonnières, responsables notamment d'absentéisme scolaire important dans les petites classes, le rappel régulier des « gestes-barrières » doit être réalisé en milieu scolaire :
- se laver les mains plusieurs fois par jour, au savon et pendant trente secondes ;
- utiliser un mouchoir jetable pour éternuer ou tousser ;
- jeter immédiatement ce mouchoir à la poubelle et se laver les mains à nouveau.

Les symptômes de maladies

Tout enfant malade ou indisposé doit être isolé de la classe. C'est le directeur ou l'ATSEM qui le prend en charge car un enfant ne peut jamais être laissé sans surveillance.

Organisation

Le matériel

Il *arrive qu'un enfant soit malade à l'école*. L'enseignant demande à l'ATSEM de vérifier la température de l'enfant à l'aide du thermomètre frontal. Si l'enfant a de la fièvre, l'enseignant prévient la famille. Il arrive aussi qu'un enfant se sente mal sans manifestation fébrile. Dans tous les cas, les parents sont avertis et doivent venir chercher leur enfant à l'école. Il n'y a, à l'école, généralement ni médecin ni médicament, et il est hors de question d'administrer quelque traitement que ce soit. En attendant qu'une personne autorisée vienne le chercher, l'enfant est allongé sur une petite couchette.

Comportement et relation éducative

L'ATSEM et l'enfant

- Un enfant qui est malade et vomit est conduit aux toilettes immédiatement. L'ATSEM doit le laver et le changer.
- Un enfant qui a de la fièvre doit être découvert.

[42] www.education.gouv.fr

Relation avec les parents

Les parents doivent venir chercher leur enfant à l'école dans les meilleurs délais. L'heure de son départ est notée dans le cahier de soins. *Le cahier de soins est obligatoire* dans toutes les écoles. On y note : le nom de l'enfant malade ou accidenté, l'heure des soins et leur nature, l'heure à laquelle l'enfant quitte l'école et avec qui. En cas d'urgence (forte fièvre, risque de convulsions) et si les parents ne sont pas joignables, il faut appeler le 15. Le médecin régulateur organise alors la prise en charge de l'enfant et son transfert éventuel à l'hôpital. Les parents qui ont été avertis par le directeur de l'école reprendront leur enfant à l'hôpital.

L'accident scolaire

Organisation

Si un ATSEM constate un accident, quels que soient l'heure ou le lieu, il faut faire prévenir immédiatement l'enseignant ou le directeur. Cela peut se faire directement ou par l'intermédiaire d'un collègue ou d'un autre élève. Dans les cas graves, le directeur est immédiatement informé. Le directeur évalue la gravité de la situation et décide d'appeler les parents et/ou les secours. L'essentiel est de porter secours, il sera temps plus tard de déterminer les responsabilités.

Typologie des accidents dans la cour

Bien que les accidents ne soient pas très fréquents, ils peuvent être de genres très différents et engendrer des blessures d'une gravité plus ou moins importante.

- *Les simples écorchures* aux genoux ou aux mains sont les blessures les plus fréquentes. Les bosses occasionnées par une chute ou une collision d'enfants en train de courir sont tout aussi fréquentes. Les morsures et les griffures entre enfants sont encore le lot des enfants de petite section. Les chutes de tricycle ou de porteurs, de structures du type toboggan ou cage à grimper sont peu fréquentes, car en général les enfants ne procèdent à la pratique de ces jeux que lorsqu'ils s'y sentent bien prêts et assurés.
- Toutes les parties du corps peuvent être touchées, mais on soigne le plus souvent les genoux et les coudes, *les bosses au front*, *les saignements de nez* (épistaxis), *de la bouche*, *des lèvres* ou encore *des dents* qui quelquefois sont ébranlées. Les petites plaies au front ou au cuir chevelu ne sont pas rares. Très rarement, heureusement, on rencontre des fractures ou des traumatismes crâniens sans ou avec perte de connaissance. Les doigts coincés se voient de moins en moins, car la plupart des portes des écoles sont désormais équipées de dispositifs anti-pince doigts.

REMARQUE

Les produits utilisés pour les travaux manuels dans les classes sont non toxiques. Les produits d'entretien doivent être placés hors de portée des élèves. *Les accidents par intoxication ne devraient pas avoir lieu.* Il importe néanmoins de connaître les dispositions à prendre en cas d'absorption. Il ne faut surtout pas essayer de faire vomir l'enfant. L'ATSEM prévient l'enseignant, montre ou explique ce qui a été ingéré et dans quelle quantité. L'enseignant et le directeur évaluent la gravité de la situation par un appel au médecin régulateur du 15. En cas d'ingestion d'un objet du type barrette, punaise, bouton, il faut procéder de la même manière.

Matériel

L'armoire à pharmacie d'une école est très succincte. Elle ne contient aucun médicament. En général, on y trouve :

- des gants à usage unique pour procéder à la désinfection;
- des compresses;

- du désinfectant;
- des pansements hypoallergéniques;
- du micropore;
- un gobelet;
- un thermomètre frontal;
- une paire de ciseaux;
- une pince à échardes;
- un coussin thermique pour atténuer le gonflement des bosses. Il est conservé au réfrigérateur.

À chaque départ en sortie éducative, il faut emporter une trousse de secours dont le contenu est similaire.

Conduite à tenir en cas d'accident

L'école n'est habilitée qu'à dispenser des petits soins courants. À l'école, il n'y a ni médecin ni infirmière à temps complet ou partiel. Quand un enfant a eu un accident et qu'il pleure, il faut d'abord le rassurer et lui expliquer comment on va procéder pour le soigner. La personne qui soigne le «petit bobo» doit se rapprocher de l'armoire à pharmacie.

- *Dans le cas d'une petite plaie* (écorchure, griffure, etc.), il faut désinfecter et poser éventuellement un pansement. Une plaie se nettoie toujours du centre vers l'extérieur.
- *En cas de bosse*, il faut placer la poche de froid. Si un choc à la tête a été violent, l'enfant est gardé en observation et les parents avertis. Il faut s'assurer que l'enfant se souvient de l'accident, qu'il ne présente pas de signe d'agitation ou de prostration, qu'il ne vomit pas ou n'a pas de maux de tête persistants.
- *En cas de traumatisme d'un membre supérieur*, il faut laisser le blessé soutenir lui-même son bras. Dans le cas d'un membre inférieur, le blessé est laissé dans la position où il se trouve. Il faut le caler en attendant la personne qui assurera le transport. Dans le cas d'un choc à la colonne vertébrale ou de traumatisme crânien, il ne faut pas bouger le blessé et maintenir sa tête dans la position où elle se trouve. Il faut alerter le SAMU en composant le 15.
- *En cas de saignement de nez*, il faut faire asseoir l'enfant, la tête penchée en avant. Il faut appuyer efficacement avec le doigt sur la narine qui saigne. Quand l'écoulement est jugulé, il faut le plus souvent changer les vêtements de l'enfant. Si le saignement reste abondant après 15 minutes, il faut appeler le 15.
- *Dans le cas de plaies à la bouche*, on procède au rinçage et l'on vérifie l'état des dents. Si une dent a été ébranlée, il faut toujours prévenir la famille qui consultera un dentiste.
- *Pour une brûlure*, il faut placer la zone brûlée sous l'eau froide à 10 ou 15 cm pendant au moins 5 minutes.
- *Si un enfant perd connaissance*, il faut le placer en position latérale de sécurité, position dans laquelle la victime est placée sur le côté, tête en arrière, bouche ouverte et dirigée vers le sol, ainsi sa langue ne peut plus tomber dans sa gorge ni ses vomissements. L'enfant doit être couvert pour empêcher qu'il se refroidisse. Il faut lui parler. Il faut surveiller la durée de la perte de connaissance pour en informer les secours qui ont été appelés au 15.

Comportement et relation éducative

Les relations avec les familles

- Les familles doivent toujours être informées d'un accident survenu à l'école, dont leur enfant a été victime, quelle qu'en soit la gravité. Dans le cas d'un petit bobo, les parents sont prévenus à l'heure de la sortie oralement ou par l'intermédiaire d'un *mot dans le carnet de correspondance* si c'est une autre personne qui reprend l'enfant.

- Pour *les accidents importants* (fracture, plaie nécessitant des points de suture, etc.), le directeur appelle les parents et attend leur arrivée. Si les parents ne sont pas joignables, il faut prendre l'attache du SAMU au 15 qui dispensera les conseils sur la démarche à suivre.

Le jour même de l'accident, le directeur rédige une déclaration d'accident qui relate les circonstances de l'accident. Il recueille éventuellement des témoignages d'adultes. La déclaration d'accident, accompagnée d'un certificat médical initial établi par un médecin qui a examiné l'enfant, est transmise à l'inspection académique qui va l'archiver jusqu'aux 21 ans de l'enfant. Un double de cette déclaration est transmis aux parents. Les parents se chargent de faire parvenir cette déclaration à leur compagnie d'assurance s'ils le souhaitent.

Recommandations

- En aucun cas, un enfant ne peut être transporté chez le médecin ou dans un centre de soins par une personne de l'école.
- En cas d'accident grave ou de maladie à évolution rapide, le directeur appelle les secours (le 15) et prévient les parents. Le SAMU et les pompiers sont les seuls habilités à prendre les décisions qui s'imposent et à assurer le transfert.

Précaution

Il peut arriver que des enfants fassent des crises convulsives ou d'épilepsie, consécutives ou non à un accident. Les secours sont immédiatement appelés.

Commentaire : tous les accidents ou les maladies doivent être répertoriés dans le cahier de soins. On y inscrit :

- le nom de l'élève;
- la nature des blessures et des soins qui ont été prodigués;
- l'heure à laquelle la famille a été appelée;
- l'heure à laquelle l'élève a quitté l'école.

L'enfant qui se salit

- Il arrive qu'un enfant se salisse (avec de l'encre, de la peinture, etc.), ou qu'il mouille ses vêtements. Il peut aussi renverser son verre ou son assiette à la cantine. Quels que soient l'heure ou la situation, *l'ATSEM doit changer l'enfant*. Il adapte son comportement au contexte : s'il s'agit d'une bêtise, il lui explique fermement le respect des règles de vie et de travail. Si c'est un accident, il le rassure. Les vêtements salis sont rendus à la famille dans un sac plastique, les vêtements prêtés seront rendus à l'école, bien lavés et repassés, dans les meilleurs délais. C'est l'ATSEM qui vérifie que les vêtements prêtés ont été restitués. Si les familles tardent, il en informe l'enseignant qui fera des relances.
- Dans la cour, les jours de pluie, les bas de pantalon peuvent être mouillés ou les chaussures prendre l'eau. L'ATSEM change l'élève et le réchauffe s'il a froid. Si l'enfant a fait des bêtises comme piétiner dans les flaques d'eau, l'ATSEM ne doit pas hésiter à prévenir l'enseignant qui se chargera des remontrances.

Recommandations

Tout au long de la journée, il faut veiller à ce que les enfants n'aient ni trop chaud ni trop froid et ne soient pas gênés par leurs vêtements. Les parents n'habillent pas toujours leurs enfants de manière adaptée à leur taille ou aux conditions climatiques. L'enseignant se chargera d'attirer leur attention sur ce fait.
L'ATSEM et l'enseignant doivent toujours être attentifs au confort des élèves.

Commentaire : grâce aux dons des parents, l'école dispose d'un petit stock de vêtements de tailles 3 à 6 ans. Ces vêtements sont donnés à l'école par certaines familles quand leurs enfants ont grandi. Ce stock doit être vérifié régulièrement lorsque ce type d'accident survient fréquemment, car il peut s'épuiser rapidement.

Les problèmes de propreté

Un enfant qui a eu un «petit accident», formule édulcorée pour un «pipi» ou un «caca-culotte», doit être conduit aux toilettes sans tarder.

Organisation

Il faut *remettre un enfant qui s'est sali en situation confortable* afin qu'il reste disponible pour les apprentissages.

L'ATSEM conduit l'enfant aux toilettes, il le déshabille, et l'installe dans le bac à douche prévu à cet effet. Il procède à sa toilette. L'ATSEM rhabille l'enfant avec des vêtements propres. Il le raccompagne en classe le plus rapidement possible. Quand l'accident a sali le sol de la classe, les élèves sont écartés ou quittent la pièce avec l'enseignant et l'ATSEM procède au nettoyage. Il procède ensuite au rinçage des vêtements salis, puis il les place dans un petit sac plastique sur lequel il écrit le nom de l'enfant. Ce sac sera remis aux parents à l'heure de la sortie des classes. Dans la plupart des écoles, en début d'année scolaire, les enseignants de petite section proposent aux parents de laisser un petit sac contenant un change pour l'enfant.

Les relations avec les familles

Le problème de la propreté est un *sujet délicat à gérer avec l'enfant et ses parents*. Les familles sont souvent gênées et inquiètes. C'est un problème qui peut se résoudre rapidement après un entretien avec l'enseignant, l'enfant et ses parents. Il se peut que l'enfant n'ait pas bien compris les enjeux de l'école ou montre son opposition par ce moyen. Il ne faut pas dramatiser, mais ne pas passer sous silence non plus. En cas de grandes difficultés, si le problème est récurrent et s'inscrit dans la durée, si c'est pareil à la maison, c'est le directeur, l'enseignant et la psychologue scolaire qui vont recevoir la famille et gérer la situation.

Précautions

L'origine du trouble pouvant être infectieuse (gastro-entérite par exemple), il faut veiller à bien se laver les mains et nettoyer les lieux en utilisant un produit désinfectant. Quand il y a suspicion de maladie, l'ATSEM doit prévenir l'enseignant quand il raccompagne l'enfant en classe.

Encoprésie[43]

«À l'âge de 4 ans, un enfant devrait avoir acquis la propreté pour les selles. Après cela, on parle d'encoprésie. Cet âge limite est arbitraire, mais il correspond aux observations effectuées dans la pratique. Une mauvaise observation de l'hygiène anale par un enfant de cet âge amenant à la présence constante de souillures dans ses sous-vêtements est une observation plutôt rare. Dans ce cas, sa mère doit procéder à une nouvelle instruction à l'hygiène anale. Lors de récidive, il faut évoquer la possibilité de troubles d'origine psychosociale.»

Commentaire : même sur proposition des parents, et quand bien même cela faciliterait la vie de tout le personnel, il ne peut être question d'accepter à l'école un enfant avec des couches, sauf dans le cas d'un enfant scolarisé dans le cadre d'un PAI ou d'un PPS qui le préconise. Des

[43] Site suisse «Pédiatrica». Texte allemand de T. Baumann, traduit par R. Tabin Sierre.

«accidents» à répétition peuvent être l'expression d'un mal-être ou de difficultés, surtout si l'enfant avait acquis la propreté depuis longtemps. Si cela se produit en dehors du temps scolaire, à la cantine, au centre de loisirs, l'ATSEM doit informer l'enseignant. L'enseignant, les parents et éventuellement la psychologue scolaire vont ensemble envisager la manière de faire évoluer la situation.

La pédiculose (les poux)

La pédiculose est une *parasitose* (*infestation de la peau par les poux*), contagieuse et désagréable en raison du prurit qu'occasionnent les morsures des poux, mais bénigne. Elle est considérée comme une maladie fréquente et endémique, notamment dans les collectivités d'enfants, et peut parfois évoluer sur un mode épidémique.

Définitions
- Endémique : qui affecte une population de manière habituelle.
- Épidémique : augmentation rapide du nombre de cas.

Organisation

La présence de poux ou de lentes chez un enfant peut être remarquée, par exemple au moment de l'accueil, lorsqu'il enlève sa cagoule ou son bonnet. On peut aussi remarquer qu'un enfant a des démangeaisons du cuir chevelu et des rougeurs à la nuque. Dans ce cas, il faut se laver les mains avant d'aider un autre enfant à se déshabiller.
Quand on range les vêtements, il faut éviter, dans la mesure du possible, qu'ils se touchent les uns les autres. Dans le cas où l'enfant fait la sieste à l'école, il faudra changer la literie chaque jour.

La lutte contre la pédiculose relève de la protection générale de la santé et entre dans les attributions des services communaux d'hygiène et de santé. Il appartient aux autorités d'édicter les mesures nécessaires à la lutte contre la pédiculose dans la commune et aux services d'hygiène et de santé de contrôler l'application de ces règles.
L'arrêté du 3 mai 1989 ne prévoit pas expressément l'éviction des élèves non traités atteints de pédiculose ; ce texte dit seulement qu'il n'y a « *pas d'éviction scolaire* », ce qui est confirmé en mars 2008 dans la brochure *« Hygiène et santé à l'école » du CNDP.*
Sur la sécurité et la protection des élèves dans les écoles : on rappelle que l'instituteur doit demeurer attentif à l'état de santé physique et moral de ses élèves, en liaison avec les services de santé scolaire[44].

Relation avec les parents

L'ATSEM prévient l'enseignant qui avertira la famille. L'enseignant devra persuader les parents de traiter la chevelure de l'enfant et de procéder au lavage des vêtements et de la literie à la maison. Il n'y a pas d'éviction possible, sauf de la part du médecin scolaire. L'enseignant demandera aussi aux parents des autres élèves d'être vigilants et de faire un traitement préventif.

« La rentrée des poux »[45]
Contrairement aux idées reçues, les poux prolifèrent davantage pendant les vacances à cause des brassages de population et surtout de la baisse de vigilance des parents. Le pic épidémique se situe avant la rentrée des classes.

---

[44] Note de service n° 87-288 du 25 septembre 1987.
[45] Propos de Vincent Auvigne, épidémiologiste, qui réalise un cartogramme de la progression de l'épidémie en s'appuyant sur les données de 4600 pharmacies françaises, quant à l'achat des produits anti-poux, *Ouest France*, 26 aout 2014.

S'ENTRAÎNER

QCM

1. Une enfant a des poux depuis une semaine. Sa maman ne fait pas le traitement efficace :

- **A.** Vous apportez un produit et vous lui traitez le cuir chevelu. ☐
- **B.** Vous prenez vos précautions. Tout le monde va en attraper! ☐
- **C.** Vous n'en parlez pas, si les autres parents l'apprennent, ils vont se fâcher... ☐
- **D.** Vous demandez à l'enseignant de rencontrer à nouveau la maman. ☐

2. Une petite fille a des poux depuis une semaine. Sa maman ne lui fait aucun traitement :

- **A.** Vous apportez un produit et vous lui traitez le cuir chevelu. ☐
- **B.** Vous prévenez l'enseignante afin qu'elle en informe les autres familles. ☐
- **C.** Vous regardez les chevelures de tous les enfants de la classe. ☐
- **D.** Vous prévenez les autres enfants afin qu'ils ne s'approchent pas de cette petite fille. ☐

3. Un enfant a 38 °C au thermomètre frontal :

- **A.** Ça n'est pas beaucoup de fièvre, il peut attendre la fin de la classe. ☐
- **B.** Vous prévenez l'enseignant. ☐
- **C.** Vous téléphonez aux parents. ☐

4. Les parents d'un enfant vous demandent de lui mettre un peu de crème solaire avant la récréation :

- **A.** Vous refusez. ☐
- **B.** Vous leur dites de demander à l'enseignant. ☐
- **C.** Vous prenez le tube et lui en mettrez juste avant la récréation. ☐
- **D.** Vous prenez le tube, mais vous ne lui en mettrez pas. ☐

5. Un enfant heurte violemment un autre enfant dans la cour et s'écroule à terre. Que faites-vous?

- **A.** Vous attendez qu'il se relève. ☐
- **B.** Vous le placez en PLS et vous faites appeler les secours. ☐
- **C.** Vous lui parlez doucement. ☐

6. Un enfant de 3 ans a uriné au lit pendant la sieste. Que faites-vous?

- **A.** Vous le grondez.
- **B.** Vous l'envoyez aux toilettes pour qu'il puisse se changer tout seul. ☐
- **C.** Vous lui expliquez que cela n'est pas grave et que vous allez l'aider à se changer. ☐

7. Un enfant vous a tapé : comment réagissez-vous?

- **A.** Vous le tapez légèrement sur le dos de la main pour lui signifier votre mécontentement. ☐
- **B.** Vous le punissez en l'isolant seul dans un coin. ☐
- **C.** Vous en parlez à l'enseignante. ☐
- **D.** Vous dites à ses parents le soir que c'est inadmissible. ☐

8. Quelles sont les circonstances dans lesquelles il est indispensable de se laver les mains?

- **A.** Après avoir accompagné un enfant aux toilettes. ☐
- **B.** Avant de moucher un enfant. ☐

C. Avant d'accompagner un enfant aux toilettes. ☐
D. Après avoir éternué. ☐
E. Avant le repas. ☐
F. Après le repas. ☐

9. Un enfant s'est écorché. Pour le soigner :
A. Vous vous lavez les mains et mettez des gants. ☐
B. Vous nettoyez la plaie avec de l'alcool à 70°, en vous étant lavé les mains au préalable. ☐
C. Vous désinfectez la plaie avec un antiseptique incolore. ☐
D. Vous attendez le retour de ses parents, ne jugeant pas utile d'intervenir. ☐

10. Un enfant se blesse à la tête en tombant et reste inconscient. Qui prévenez-vous et dans quel ordre?
A. Les parents de l'enfant et la directrice. ☐
B. La directrice, les parents et le SAMU. ☐
C. Le SAMU, la directrice et les parents. ☐

11. Un parent vous demande de donner un antibiotique à son enfant pendant le temps scolaire :
A. Vous acceptez. ☐
B. Vous refusez car vous n'avez pas d'ordonnance du médecin. ☐
C. Vous refusez d'accueillir un enfant avec un traitement médical. ☐
D. Vous lui demandez d'en parler au responsable de l'établissement. ☐

12. En jouant dans la cour de l'école, un enfant s'est mis du sable dans les yeux. Vous devez :
A. Lui demander de se frotter l'œil. ☐
B. Lui mettre un collyre antibiotique dans l'œil. ☐
C. Lui faire rincer l'œil avec de l'eau. ☐

13. Un enfant arrive le matin avec les yeux collés et des écoulements jaunes : quelle attitude adopter?
A. Lui demander pourquoi il ne s'est pas lavé le visage ce matin.
B. Le nettoyer avec un mouchoir.
C. Conseiller aux parents de le conduire chez le pédiatre.
D. Lui passer un gant mouillé sur le visage.

14. Quelles conduites particulières adopter en cas d'épidémie de gastro-entérite?
A. Augmenter la fréquence de nettoyage des toilettes. ☐
B. Changer les draps plus fréquemment. ☐
C. Veiller à ce que portes et fenêtres soient correctement fermées. ☐
D. Porter un masque de chirurgien. ☐
E. Se laver les mains très fréquemment. ☐

15. Au cours de la récréation, vous assistez à la chute d'un enfant du haut du toboggan : que faites-vous?
A. Vous accourez pour aider l'enfant à se relever. ☐
B. Vous prenez l'enfant dans vos bras pour le soigner. ☐
C. Vous observez la réaction de l'enfant au sol sans le toucher et vous le rassurez. ☐
D. Vous alertez. ☐

16. Un enfant fait un spasme de sanglot. Que faites-vous?

- **A.** Vous le secouez. ☐
- **B.** Vous le rassurez. ☐
- **C.** Vous l'aspergez d'eau. ☐
- **D.** Vous gardez votre calme. ☐
- **E.** Vous ne faites rien puisque vous n'êtes pas autorisé à toucher un enfant. ☐

17. Un enfant saigne du nez. Pour stopper l'hémorragie :

- **A.** Vous mettez une mèche de coton dans sa narine et vous nettoyez son visage. ☐
- **B.** Vous lui faites basculer la tête en arrière, appuyer sur sa narine quelques instants et vous lui nettoyez ensuite le visage. ☐
- **C.** Vous lui faites basculer la tête en avant, appuyer sur sa narine quelques instants et vous lui nettoyez ensuite le visage ☐

18. En échappant à votre surveillance, un enfant a avalé une gorgée de produit ménager liquide. Que faites-vous?

- **A.** Vous le faites vomir. ☐
- **B.** Vous appelez d'urgence le centre anti-poison. ☐
- **C.** Vous lui faites boire du lait. ☐
- **D.** Vous lui faites boire de l'eau. ☐
- **E.** Vous appelez d'urgence l'enseignant ou le directeur. ☐

19. La maman de Paul vous signale que son enfant est encoprétique. Cela signifie :

- **A.** Qu'il faut contrôler régulièrement son taux de glycémie. ☐
- **B.** Qu'il a des difficultés à s'endormir. ☐
- **C.** Qu'il souffre d'un trouble lié aux émissions fécales. ☐
- **D.** Qu'il a des émissions d'urine inconscientes et involontaires. ☐

20. Une mère demande à l'ATSEM d'administrer un sirop contre la toux à son enfant à 11 h :

- **A.** L'ATSEM administre le sirop à 11 h. ☐
- **B.** L'ATSEM laisse le sirop dans le petit sac de l'enfant qui le prend seul. ☐
- **C.** L'ATSEM refuse car cela ne relève pas de ses attributions. ☐
- **D.** L'ATSEM renvoie la mère vers l'enseignant. ☐

Questions orales

1. Quels types de soins l'ATSEM doit-il dispenser aux enfants?
2. Un enfant présente des signes de chaleur, que faites-vous?
3. Que faut-il faire en cas d'épidémie de gastro-entérite?
4. Quelle attitude avoir face à un enfant dont l'hygiène est défectueuse?
5. Que faire si un enfant est malade?
6. Quelles sont les circonstances dans lesquelles il est indispensable de se laver les mains?

CORRIGÉS

QCM

1. B, D.

2. B. La pédiculose (présence de poux) est courante à l'école, c'est particulièrement contagieux. Cependant, la pédiculose ne peut pas justifier une éviction et aucun traitement ne peut être dispensé à l'école. Ce sont les familles qui doivent traiter le cuir chevelu de l'enfant. C'est l'enseignante qui doit se charger de l'information des familles. Par mesure de précaution, elle avertira tous les parents et demandera aux parents de l'enfant concerné de traiter la chevelure de l'enfant et la literie. L'ATSEM devra aussi laver le linge de couchage des enfants, les éventuels coussins du coin bibliothèque.

3. B. En cas de fièvre ou de tout symptôme, même s'il paraît bénin, c'est l'enseignant qui doit prévenir les parents.

4. A, B. Aucun traitement, même s'il s'agit d'une simple crème solaire, ne peut être administré sans prescription dans le cadre d'un PAI. De toute façon, l'enseignant doit être mis au courant.

5. B, C. L'enfant doit être placé en PLS pendant que les secours sont appelés (le 15). En même temps, il faut prévenir les parents. En attendant les secours, les paroles rassurantes d'une personne qu'il connaît vont aider l'enfant à surmonter le stress dû à l'accident.

6. C. Les «pipi au lit» pendant la sieste sont encore fréquents à 3 ans, il faut rassurer l'enfant pendant qu'on le change.

7. C. C'est l'enseignante qui devra évoquer cette situation avec l'enfant d'abord puis, si cela se reproduit, avec ses parents.

8. A, D, E, F. Par mesure d'hygiène, il faut se laver les mains avant et après le repas, et surtout, après chaque passage aux toilettes, car nos mains sont porteuses de nombreux micro-organismes pathogènes. C'est une précaution d'hygiène indispensable pour soi et pour les autres.

9. A, C. Il est nécessaire de nettoyer la plaie avec un désinfectant, selon les consignes reçues, du milieu de la plaie vers l'extérieur, et de consoler l'enfant. La précaution élémentaire d'hygiène avant tout soin est de se laver les mains et d'enfiler des gants.

10. C. Lorsqu'un enfant s'est blessé à la tête en tombant et reste inconscient, il faut prévenir rapidement et dans l'ordre de priorité : le SAMU au 15, car la vie de l'enfant est en danger, et la directrice qui prévient les parents. Si la directrice n'est pas là, il y a dans l'école un enseignant qui la remplace. L'enseignante titulaire de la classe peut se charger de prévenir la famille en cas d'absence de la directrice. Cette annonce, toujours difficile, doit être faite avec beaucoup de tact.

11. B, D. L'ATSEM ne peut pas donner un antibiotique à un enfant, car il n'est pas autorisé à donner des médicaments. En outre, il doit parler de cette demande à la responsable, afin qu'elle interroge les parents à ce propos. Pour administrer un médicament dans le cadre scolaire, il faut établir un PAI. Un formulaire de PAI simplifié existe pour les traitements de courte durée. De toute façon et quelles que soient la nature ou la durée du traitement, pour rédiger ce document, le directeur doit être informé car il est signataire.

12. C. Dans le cas de sable dans l'œil, il faut tout simplement rincer à l'eau. Aucun collyre n'a sa place dans la pharmacie de l'école.

13. C. Les enfants qui viennent à l'école doivent être en bon état de santé et de propreté. Il ne faut donc pas accepter d'enfant malade. Cependant, c'est l'enseignant qui devra l'expliquer à la famille.

14. A, B et E. En cas d'épidémie, et tout particulièrement dans le cas de la gastro-entérite, il faut redoubler de vigilance en ce qui concerne les mesures d'hygiène et de prévention. Le lavage des mains, du linge et le nettoyage efficace des toilettes peuvent aider à enrayer l'épidémie.

15. C, D. Lorsqu'un enfant chute d'une façon violente, il faut le laisser au sol, ne pas le bouger, le placer éventuellement en PLS (position latérale de sécurité) et faire appeler les secours (le SAMU au 15).

16. B, D. Le spasme du sanglot chez l'enfant est un spasme nerveux provoqué souvent par une vive contrariété. Il est très impressionnant pour l'entourage! L'ATSEM doit garder son calme, rassurer et consoler l'enfant. L'ATSEM veillera à prévenir ou faire prévenir l'enseignant et le directeur qui seront chargés d'informer la famille.

17. C. Une épistaxis (saignement de nez) se soigne en penchant la tête en avant et en pressant sur la narine. Il ne faut pas oublier de prévenir l'enseignant qui informera la famille.

18. B, E. Il faut appeler de toute urgence le centre anti-poisons et leur donner les spécificités du produit qui a été avalé. Le médecin régulateur indiquera la conduite à tenir.

19. C. Cet enfant souffre d'un trouble lié aux émissions fécales. Toutefois, il peut fréquenter l'école dans le cadre d'un PAI.
20. D. Il faut absolument prévenir l'enseignant. C'est lui qui envisagera avec la maman la manière de procéder pour que son enfant puisse prendre son sirop : peut-être avant ou après le temps scolaire ou accepter que la maman vienne donner le sirop à son enfant sur le temps scolaire ou établir un PAI simplifié s'il y a urgence.

Questions orales

QUESTION 1

Il faut montrer que vous avez bien pris la dimension du métier en ce qui concerne les tâches d'hygiène et de soins.
Il est préférable de sérier les différents moments d'intervention auprès des élèves. Les temps d'accueil et de sortie sont l'occasion d'évoquer l'aide à l'habillage et au déshabillage des élèves. Il faut insister sur le confort tout au long de la journée et les recommandations afin de veiller au confort des enfants, ni trop chaud dans la classe ou à l'extérieur l'été, ni trop froid dans la cour ou si un enfant se découvre pendant la sieste. Pensez aussi à rappeler qu'il faut faire boire régulièrement les enfants. Le temps du repas permet d'insister sur le lavage des mains, mais aussi sur le nettoyage du visage des enfants après le repas. À tout moment dans la journée, les enfants vont aux toilettes, il faut faire attention à ce qu'ils le fassent dans de bonnes conditions d'hygiène : essuyage, lavage des mains. Le coucher des enfants et le lever après la sieste sont des moments favorables pour repérer le fait que certains enfants ont une mauvaise hygiène. Il faut le signaler à l'enseignant ou au directeur. Dans le cas de vomissements ou de «pipi» ou «caca» au lit ou dans la culotte, l'ATSEM se charge de laver et de changer l'enfant en prenant garde de le faire avec douceur en le rassurant. Si c'est répétitif, il faut alerter l'enseignant ou le directeur. Le linge est rincé et rendu dans un petit sac plastique au départ de l'enfant de l'école. Si un enfant fait une chute dans la cour, c'est souvent l'ATSEM qui est chargé de soigner le «petit bobo». Il le fait après avoir enfilé des gants. Si c'est grave, il faut appeler l'enseignant. Quel que soit l'incident survenu pendant la récréation ou l'interclasse, l'enseignant doit être averti.
Si un enfant est malade, l'ATSEM prend sa température au thermomètre frontal, communique le résultat à l'enseignant qui estime la nécessité ou l'urgence à faire venir un parent. Pour mémoire, aucun médicament n'est dispensé à l'école en dehors du cadre d'un PAI.

QUESTION 2

Un coup de chaleur, ou hyperthermie, est une fièvre élevée qui provoque une dangereuse surchauffe du corps. Elle résulte d'une exposition prolongée à la chaleur. Le coup de chaleur peut frapper un enfant trop couvert dans la classe ou dans la cour de récréation en plein soleil l'été. Cela peut entraîner l'inconscience du sujet quelques minutes seulement après l'apparition des premiers symptômes. Dans ce cas, l'enseignant ou le directeur doivent appeler le SAMU et la famille.
Il faut transporter l'enfant dans un lieu frais, l'allonger puis le déshabiller au maximum. Il faut l'envelopper dans un drap humide et frais et appliquer un linge humidifié à l'eau froide sur le visage. Il faut lui faire boire de l'eau fraîche.

QUESTION 3

Diarrhées, douleurs au ventre, nausées sont les symptômes de la gastro-entérite. Une hygiène irréprochable est la seule prévention en cas d'épidémie. La gastro-entérite s'attrape en mangeant des aliments contaminés ou en buvant de l'eau souillée, mais aussi par contact direct avec les malades. Ainsi, pour éviter d'être infecté, il faut veiller à l'hygiène des mains et des surfaces, se laver les mains avec du savon le plus souvent et le plus soigneusement possible, ne pas partager les verres d'eau ou les couverts à table. Lors de la préparation des repas, des règles d'hygiène strictes doivent être respectées.

QUESTION 4

La notion d'hygiène défectueuse doit être entendue au sens large, c'est-à-dire qu'il s'agit bien sûr en premier lieu d'un enfant mal tenu sur ses vêtements, mais aussi d'un enfant dont la toilette n'est pas faite régulièrement. On entendra aussi l'hygiène au sens plus large comme la présence d'affections cutanées, de pédiculose, de caries dentaires. Il faudra aussi penser à l'hygiène de vie qui concerne la fatigue qui peut être en lien avec un temps de sommeil trop réduit ou de mauvaise qualité, ou encore l'obésité ou la maigreur qui tiennent à une mauvaise alimentation. Concernant tous ces sujets, les observations de l'ATSEM sont précieuses. Cependant, la discrétion et l'obligation de réserve impliquent que l'ATSEM n'entre pas en contact direct avec la famille. L'enseignant et le directeur doivent être mis au courant de tout ce qui est constaté. Ils se chargeront de gérer ce problème en relation avec la PMI et le médecin scolaire.

QUESTION 5

Quand un enfant présente les symptômes d'une maladie pendant le temps scolaire, il faut prendre sa température avec le thermomètre frontal. S'il a de la température, il faut prévenir l'enseignant qui téléphonera aux parents afin qu'ils viennent le chercher. En attendant, l'enfant est placé au repos ou à l'isolement s'il semble que c'est une maladie contagieuse. Il faut veiller à ce que l'enfant ne se déshydrate pas et pour cela lui faire boire de l'eau.

QUESTION 6

Plusieurs fois dans la journée, l'ATSEM devra se laver les mains et aussi faire laver les mains aux enfants. Avant et après le repas et le goûter, c'est une obligation. Après le passage aux toilettes ainsi qu'après avoir changé un enfant qui s'est sali, c'est indispensable.

Avant de préparer le repas, mais également avant de réaliser des préparations culinaires avec les élèves, il faut procéder à un soigneux lavage des mains et à un éventuel brossage des ongles.

Après les activités salissantes comme la peinture, le modelage avec de la terre ou de la pâte à sel, les enfants doivent se laver les mains.

Pendant les périodes d'épidémies, il faut procéder à des lavages des mains encore plus fréquents.

CHAPITRE 7

L'ATSEM pendant le temps périscolaire

CE QU'IL FAUT SAVOIR

La réforme des rythmes scolaires a imposé une réorganisation des temps éducatifs et impliqué la nécessité de réinventer la continuité et les coopérations entre le temps scolaire et le temps périscolaire. Le temps périscolaire s'inscrit dans une logique de continuité éducative pour devenir un temps éducatif à part entière dont le contenu pédagogique est élaboré par toutes les parties prenantes, les enseignants, les membres de l'équipe d'animation et les représentants de la municipalité. *Le projet est formalisé dans le projet éducatif territorial (PEDT).*

- Les ATSEM sont impliqués dans la mise en œuvre de *temps d'activités périscolaires* (TAP) au sein des écoles.
- Les ATSEM peuvent intervenir pendant la pause méridienne, avant et après le temps scolaire, avec des enfants de tranches d'âges différentes dans le cadre d'activités avec des objectifs spécifiques.
- Les ATSEM doivent développer des compétences essentielles pour que ces temps d'activités ne se transforment pas en temps de garderie. Il est indispensable que des formations soient proposées pour réussir la mise en œuvre de cette réforme et contribuer au développement du bien-être des enfants.

Le temps du repas

Actuellement, 80 % des élèves de l'école maternelle restent à l'école pendant la pause méridienne et déjeunent à la cantine. Ce nombre s'est considérablement accru ces vingt dernières années. Il s'agit aujourd'hui de faire évoluer le temps du repas en un temps de réussite éducative et nutritionnelle.

- *Une formation* sur les risques sanitaires et à l'application des bonnes pratiques adaptées à la nutrition des enfants, devrait être dispensée aux ATSEM.
- La capacité du réfectoire d'une école n'a pas toujours été prévue en rapport avec le nombre d'élèves à accueillir. Cela a une influence très importante sur la forme et la qualité du service. Dans certaines écoles, il faut *organiser un, deux ou plusieurs services* ; dans d'autres, une salle polyvalente ou une salle de classe est utilisée pour ce temps de restauration.

Les types de restauration scolaire

Plusieurs types de restauration collective existent. Les repas peuvent être préparés à l'école, ou dans une cuisine centrale, ou encore livrés par une société de restauration. Le choix du type de restauration a une influence sur l'organisation du service. La confection des repas à l'école par les ATSEM est de moins en moins pratiquée. Aujourd'hui, un grand nombre de municipalités préfèrent, pour des questions de sécurité alimentaire, faire appel à des sociétés de restauration privées.

- *La liaison chaude* avec une cuisine centrale communale ou privée se pratique encore souvent. Les plats sont maintenus à la *température de + 63 °C* de la préparation jusqu'au service, y compris pendant la livraison.

© 2015, Elsevier Masson SAS. Tous droits réservés

- *La liaison* froide avec des sociétés de restauration tend à se généraliser. Les préparations sont refroidies rapidement et conditionnées à froid. Le transport et le stockage se font à la température de *0 à + 3 °C*. Cette méthode permet de mieux gérer les stocks et d'éviter les pertes. Toutefois, elle implique d'avoir une cellule de refroidissement rapide afin que les plats préparés ne restent pas trop longtemps à une température favorable au développement bactérien.

De nombreux contrôles permettent de s'assurer de la qualité des repas servis dans les cantines scolaires.

L'organisation et le service de cantine restent inscrits dans les missions des ATSEM. Toutefois, dans beaucoup d'écoles, le service de cantine est maintenant confié partiellement ou dans sa totalité à des sociétés privées de restauration (*Eurest*, *Avenance*, *Sogeres*, etc.). La mission des ATSEM a aujourd'hui tendance à se recentrer sur l'accompagnement des enfants pendant le temps du repas, c'est davantage un temps d'animation et d'éducation auprès des enfants.

La réception des repas

Objectifs

- S'assurer de l'adéquation entre le nombre de repas et le nombre de convives.
- S'assurer de la bonne conservation des repas qui seront servis.

Rôle de l'ATSEM

Dans le cadre de la liaison froide, les sociétés de restauration livrent les repas à l'école, la veille, par camion frigorifique, dans le courant de l'après-midi ou le vendredi pour le lundi. Les repas, livrés en barquettes, sont placés dans un réfrigérateur spécifique. La porte de ce réfrigérateur est équipée d'un disque enregistreur qui indique tout écart de température qui pourrait avoir une répercussion sur la conservation des aliments. En cas de rupture de la chaîne du froid, à la suite d'une panne d'électricité par exemple, les repas sont intégralement repris par la société de restauration qui procède à une nouvelle livraison.

LA LIAISON FROIDE

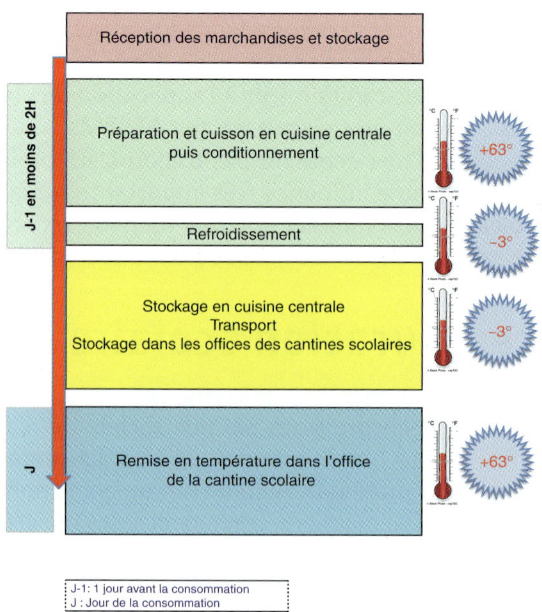

FIG. 2.98. **La liaison froide.**

■ *Les instructions pour la réception*

Un ATSEM, désigné par la municipalité, est chargé de la réception des repas. Il vérifie :
- la conformité de la livraison par rapport à la commande. Ce nombre est basé sur l'effectif moyen des élèves par rapport à un jour donné ;
- l'aspect du produit (état des conserves et des barquettes) ;
- la date limite des produits sur l'étiquetage ;
- la température des produits en piquant une sonde désinfectée.

Il ne doit pas y avoir d'attente, à température ambiante, avant de placer les produits dans l'armoire de stockage afin d'éviter une rupture de la chaîne du froid.

■ **Le stockage**. Dès l'arrivée en cuisine, il faut vérifier la conformité de la température de la chambre froide. Les produits doivent être rangés par catégories :
- les plats préparés et les fromages en haut ;
- les yaourts en zone médiane ;
- les fruits et légumes frais en bas.

■ Chaque matin, les enseignants procèdent à *l'appel des élèves présents* qui déjeunent à la cantine. L'effectif est alors précis au repas près. Par téléphone, l'ATSEM responsable de la restauration réajuste le chiffre du nombre des repas. Un véhicule léger isotherme procède à une éventuelle livraison complémentaire. Le pain est livré le jour même.

FIG. 2.99. **Barquettes livrées par la société de restauration.**

La composition des repas

L'alimentation d'un enfant d'âge scolaire est essentielle pour sa croissance, son développement psychomoteur et ses capacités d'apprentissage. Elle doit être équilibrée, variée et répartie au cours de la journée : 20 % du total énergétique le matin, 40 % au déjeuner de midi, 10 % à 16 h et 30 % le soir. Le temps du repas est l'occasion pour les élèves de se détendre et de communiquer. Il doit aussi être un moment privilégié de découverte et de plaisir[46].

■ *Les principes*

L'Éducation nationale a réfléchi sur la qualité de l'alimentation des enfants d'âge scolaire. L'Éducation nationale préconise de servir des menus qui répondent aux besoins nutritionnels des enfants. Elle recommande de préserver l'équilibre alimentaire en respectant les principes suivants :
- diminuer les apports lipidiques ;
- augmenter les apports en fer ;
- augmenter les apports en vitamines et en fibres ;
- augmenter les apports calciques.

[46] Éduscol, *La restauration à l'école*, octobre 2013.

Les composantes

En général, le repas est organisé autour *de cinq composantes* : entrée, viande ou poisson, légumes, fromage et dessert. Il arrive que deux composantes soient associées en un plat complet tel que gratin dauphinois, hachis parmentier, raviolis. L'entrée et le fromage peuvent être « couplés » dans des préparations du type salade de tomates mozzarella, salade composée avec des cubes de gruyère ou de gouda. Les fruits peuvent se trouver dans diverses compositions, il y a quelquefois des pommes ou des pamplemousses dans la salade en entrée ou des fruits en compote avec du fromage blanc, des *milk-shake* sont quelquefois proposés pour le plus grand plaisir des enfants.

Le programme national de l'alimentation (PNA)

Le PNA a, entre autres, pour objectif de faciliter l'accès des plus jeunes à une bonne alimentation fondée sur le goût, l'équilibre entre les aliments, les rythmes des prises alimentaires et la convivialité dès l'école primaire. Avec le secteur de la restauration scolaire, un travail en partenariat est engagé pour améliorer les conditions de restauration dans les établissements scolaires, notamment pour faire respecter les règles nutritionnelles et améliorer l'offre alimentaire.

REMARQUE

Les sociétés de restauration organisent des animations destinées aux enfants dans les restaurants scolaires. Il peut y avoir une semaine de repas à thème autour d'une famille d'aliments comme les fruits ou une déclinaison sur les légumes. Il y a des animations plus spécifiques comme « du cacao au chocolat » ou « les graines dans l'alimentation ». Des repas à dominante régionale comme « la tartiflette » pour la Savoie, un colombo (peu épicé) pour les Antilles, le couscous, etc. Ce sont des moments très appréciés par les enfants et le personnel. Le réfectoire est décoré d'affiches, une table spécifique est dégagée pour une présentation d'ingrédients, d'ustensiles. C'est un moment très éducatif qui implique et rassemble tous les membres de la communauté éducative. Des repas festifs pour Noël avec un petit cocktail de fruits et une bûche glacée, des galettes partagées entre les enfants pour fêter les rois à l'Épiphanie ou des crêpes pour la Chandeleur sont l'occasion de célébrer des moments forts de l'année. Les enfants participent dans le cadre scolaire et pendant les temps de centre de loisirs à la décoration du réfectoire.

Le temps de préparation et de présentation

Objectif

Préparer et présenter les plats de manière hygiénique et appétissante.

Organisation

La remise en température

Il faut regarder le temps de réchauffage indiqué sur la barquette et s'assurer du mode de réchauffage (couvercle piqué ou non). Il faut compter le nombre de barquettes par service et prévoir l'heure de début en conséquence.
À la fin du réchauffage, il faut vérifier la température à cœur (+63 °C).

Les préparations froides (fruits, légumes, herbes)

Les légumes sont lavés à l'eau froide, additionnée d'une solution désinfectante. Attention à bien respecter les dosages et le temps de désinfection selon les produits utilisés. Ils sont ensuite rincés à l'eau froide.

Le déconditionnement et le dressage

- Le plan de travail doit être désinfecté, ainsi que les couvercles des conserves et la lame de l'ouvre-boîte.
- Tous les emballages sont systématiquement évacués avant toute découpe.
- Après le dressage, les préparations froides sont filmées et placées rapidement dans l'armoire réfrigérée.
- Il ne faut pas préparer deux produits en même temps pour éviter toute contamination.
- Pour tout ce qui touche à la manipulation des aliments, le port de la charlotte, coiffe qui doit couvrir toute la chevelure, est obligatoire. Quand on touche à la nourriture, le port de gants à usage unique est obligatoire.

Rôle de l'ATSEM

La préparation vise notamment à présenter avantageusement les plats proposés : l'appétit des enfants en dépend largement. Les ATSEM présentent les entrées, les fromages et les desserts sur des assiettes individuelles. Les fruits sont découpés et épluchés. Les assiettes sont changées entre l'entrée et le plat principal.

- La *préparation des repas* suppose le respect des «*grammages*», qui sont les quantités de chaque plat à donner à chaque enfant. Les grammages répondent à une législation spécifique. Ils sont indiqués par les fournisseurs sur les « barquettes » qui contiennent les aliments. Les barquettes, contenants en plastique, permettent le stockage et la remise en température. Elles doivent toujours être étiquetées. Ces étiquettes indiquent : le contenu, la date de fabrication, la date de consommation et le temps de réchauffage. Elles sont prévues pour 6 ou 8 enfants selon les plats.
- Les ATSEM organisent le service en *répertoriant les barquettes des plats principaux* qui seront réchauffés dans le four, 30 à 45 minutes avant l'heure du service. Les ATSEM doivent alors programmer le réchauffage en fonction des heures d'arrivée des enfants. Ils présentent les plats chauds aux élèves dans des plats de service. La température doit être au minimum de 63 °C.
- Certains jours d'hiver, il y a du potage au menu, les ATSEM le servent dans des bols. Les enfants peuvent le manger à la cuillère, les plus petits préfèrent le boire. Des présentations composées comme « salade aux croûtons », « pain aux noix » pour le fromage sont très motivantes pour les petits convives.

L'installation du couvert

Objectif

Recommandations

Certains repas « sans porc » ou « sans viande » peuvent être servis aux enfants à la demande des parents. Cette demande se fait en début d'année scolaire auprès du directeur, qui informe les ATSEM et les animateurs qui s'occupent des enfants concernés. Il faut éviter de regrouper les élèves à repas spéciaux à la même table ou dans un même espace, même pour des raisons pratiques. On doit respecter les convictions et interdits de chacun. Il faut se garder de faire des remarques, et en aucun cas se permettre de transgresser ces interdits.

REMARQUE Le ministère de l'Agriculture a voté une loi sur la diversification des repas dans les cantines scolaires afin de faire évoluer la qualité, la variété et l'équilibre des repas. Le programme national de l'alimentation (PNA) a pour objectif de faciliter l'accès des enfants à une bonne alimentation.

FIG. 2.100. **Une ATSEM pendant la préparation des repas.**

Mettre en place un accueil de qualité pour les enfants.

Rôle de l'ATSEM

- Les ATSEM installent le couvert sur les tables. Dans certaines écoles, les enfants de grande section accèdent à un système de *self-service* pour l'installation du couvert. Au fur et à mesure que les enfants grandissent, le couvert est de plus en plus complet. Les petits de 3 ans n'ont pas de couteau, non par mesure de sécurité, mais parce qu'ils n'ont pas l'habileté motrice nécessaire pour l'utiliser. Les sociétés de restauration donnent des serviettes en papier.
- Les ATSEM préparent des tables selon le nombre d'enfants et le mobilier existant. Sur chaque table, il faut prévoir le pain et l'eau.
- Le pain ne doit pas être coupé trop tôt pour ne pas sécher, les carafes ou les pots à eau sont lavés quotidiennement et remplis d'eau seulement quelques minutes avant le repas.

Recommandations

L'application des règles de base d'hygiène personnelle est particulièrement importante lors des services de cantine. Une tenue spécifique est réservée au travail à l'office. Des chaussures de sécurité ou des sabots sont réservés pour le travail en office. Ils doivent être lavés une fois par semaine. Le port des bijoux est déconseillé. Le lavage des mains est obligatoire avant la reprise du poste et après un passage aux toilettes. La commande du robinet d'eau n'est pas manuelle, mais se déclenche avec le genou. Les ongles doivent être coupés courts et le vernis à ongles peut être évité.

Commentaire : la préparation des repas est un moment important. De sa qualité dépend l'efficacité du service. Les menus sont élaborés sur les conseils de diététiciens, en accord avec les services concernés de la mairie, les directeurs d'école et les représentants des parents d'élèves. Dans certaines communes, la commission des menus recueille l'avis des ATSEM, des animateurs et celui des enfants dans le cadre d'actions autour de la restauration scolaire.

L'accompagnement des enfants au réfectoire

Organisation

Selon les écoles et l'organisation du temps scolaire, la pause de midi dure de 1 h 30 à 2 h. Les élèves qui déjeunent à l'école quittent la classe à la fin de la demi-journée avec l'animateur de cantine et l'ATSEM.

Objectifs

- Préparer les enfants à prendre leur repas dans de bonnes conditions.
- Veiller au lavage des mains.

L'ATSEM et les enfants

- *Un moment de récréation* plus ou moins long est placé avant ou après le repas. Les enfants entrent au réfectoire de manière échelonnée au fur et à mesure que les tables se libèrent et que le personnel de service à l'intérieur du réfectoire a nettoyé et a remis le couvert.
- *S'il fait mauvais temps*, l'animateur et l'ATSEM doivent organiser des activités à l'intérieur.
- *Avant de passer à table*, les enfants sont conduits aux toilettes et doivent obligatoirement se laver les mains très soigneusement. L'ATSEM vérifie l'utilisation efficace du savon. Il est demandé aux enfants de penser à « faire pipi » pour éviter les déplacements pendant le repas.
- *Les animateurs et les ATSEM* s'occupent du groupe d'enfants qui leur a été confié. Le nombre d'enfants par adulte est un facteur déterminant de la qualité du service. Les ATSEM doivent faciliter la tâche des enfants, même si le principal objectif éducatif est la conquête de l'autonomie.

Le service du repas

Objectifs

- Mettre en place et maintenir des conditions favorables à la prise des repas.
- Faire respecter les règles de vie collective.
- Éduquer le goût des élèves.

Organisation

- Les ATSEM sont *présents*, *efficaces* et *actifs* toute la durée du service. Ils ne déjeunent pas au même moment que les élèves. Au regard du nombre élevé de convives et de la taille des réfectoires, il est souvent nécessaire d'organiser plusieurs services (deux, voire trois) pour que les enfants prennent leurs repas dans des conditions confortables.
- Les enfants prennent place dans le réfectoire dans l'espace qui leur est dévolu. Le moment du repas est un *moment de détente*, un moment *convivial*. Il est souhaitable que les enfants puissent choisir de s'asseoir à côté du petit camarade de leur choix. Dans le cas d'association d'enfants qui posent des problèmes, il faut d'abord leur expliquer à nouveau les règles de vie et, si cela s'avère nécessaire, les séparer dans l'intérêt de chacun. Le moment du repas est un temps récréatif, mais aussi un temps éducatif. Les ATSEM et les animateurs qui encadrent ce service sont responsables de son bon déroulement.

Les lieux

Les enfants se rendent par *petits groupes* sous la conduite d'un ATSEM ou d'un animateur au réfectoire. Ils sont installés par *tables de quatre, six, huit ou dix*. Les conditions dans lesquelles se déroulent les repas sont souvent conditionnées par la configuration des lieux. Il faut pouvoir circuler entre les tables de manière aisée et veiller à ce que les enfants aient un espace suffisant pour ne pas se gêner les uns les autres.

Relation éducative

Manger est un acte social, un moment de convivialité et de communication. Les échanges dans le calme sont favorisés.

- Il faut que les enfants intègrent un *certain nombre de codes sociaux* : savoir se tenir à table, savoir se servir des couverts et progressivement se servir des plats, se soucier des autres, ceux avec qui on partage le repas et ceux qui l'ont préparé, ne pas gâcher la nourriture. Les enfants doivent se tenir convenablement, se parler à voix basse, rester calmes. Les adultes s'imposent les mêmes modalités de communication : ne pas parler fort, s'interpeller, faire du bruit en entrechoquant le matériel.
- L'ATSEM doit *encourager les enfants à manger seuls*. Il doit aussi aider ceux qui sont très lents. Il demande à l'enfant quelle quantité il désire afin qu'il s'habitue à évaluer son appétit. Il faut veiller à ce que les enfants boivent suffisamment à chaque repas.
- L'ATSEM et les animateurs doivent profiter de ce temps de repas pour mettre en place un *moment d'éducation nutritionnelle*, en donnant des explications aux enfants sur ce qu'ils mangent. Il est important de donner aux enfants envie de découvrir de nouvelles saveurs. Ces expériences les aideront à se former le goût. L'ATSEM doit y encourager les enfants sans jamais les forcer à manger. Il ne faut pas forcer un enfant à finir son assiette, mais l'inviter à goûter avant de dire « je n'aime pas ».

Recommandations

- Le service doit se dérouler sans précipitation. Il doit se faire au rythme des enfants. Le jour où un plat complet est au menu, les ATSEM savent que cela facilite le service, ce n'est toutefois pas une raison pour accélérer les choses.
- Après le service de cantine, il faut débarrasser les tables, faire la vaisselle, laver les tables, les chaises et le sol. Tous les torchons doivent être mis au lavage.

Précautions

L'ATSEM doit être très prudent au moment du service. Ses gestes doivent être mesurés pour éviter tout risque d'accident. Certains accidents peuvent cependant survenir, tels que des brûlures, des étouffements. Il faut toujours garder son calme. En cas d'urgence, il faut appeler les secours (le 15).

Commentaire : le service de cantine est le temps fort de l'emploi du temps de l'ATSEM. Il conjugue dans une durée limitée le service et l'assistance aux élèves.

Le goûter

Pendant le temps périscolaire, après les classes de l'après-midi, les enfants ont un goûter. Il est préparé par les ATSEM, souvent avec la participation des animateurs.
La livraison est prise en charge par la mairie ou par la société. La conservation, la préparation et la présentation requièrent les mêmes règles d'hygiène et répondent aux mêmes critères que le repas du midi.

FIG. 2.101. **Les tables du goûter.**

La fête à l'école

Objectif

Faire de l'école un lieu d'échange et de convivialité entre les membres de la communauté éducative.

Organisation

C'est un moment de convivialité très important, nécessaire pour intégrer les règles de la vie sociale. Une fête organisée avec des enfants de 3 à 6 ans est une grande joie pour l'ATSEM, les enseignants et les parents. Des fêtes sont organisées à l'école à des moments importants de l'année scolaire comme Noël, le carnaval, la fête des rois, la fête du printemps, la fête de fin d'année.

FIG. 2.102. **Un spectacle à l'école.**

FIG. 2.103. **Affiches de spectacles.**

Les lieux

- Ces manifestations sont organisées dans des *espaces spécifiques* selon le nombre d'enfants et éventuellement de parents invités. La forme et les modalités de la fête, en tenant compte des conditions météorologiques, déterminent les espaces à utiliser.
- Un *moment festif*, une invitation des enfants d'une ou plusieurs autres classes, une invitation des parents peuvent s'organiser dans la classe, au réfectoire, dans la cour, ou dans tout autre endroit adapté à la circonstance

Relation éducative

L'organisation de fêtes à l'école donne beaucoup de travail aux enfants, à l'enseignant et à l'ATSEM. Il faut décorer la classe, éventuellement préparer des costumes, des déguisements, des décors. Souvent, des activités culinaires sont organisées pour garnir les buffets. L'ATSEM doit aussi recueillir les denrées apportées par les familles et les placer dans un espace adapté à leur conservation. Dans le cadre de la circulaire sur la sécurité et l'hygiène des produits alimentaires à l'école, la réglementation est très stricte.

Relation avec les parents

Pour préparer ces fêtes, les enseignants font parfois appel à des parents d'élèves qui interviennent en classe, sous la responsabilité de l'enseignant *dans le cadre d'une mission définie* auparavant. Ils peuvent aider à confectionner les costumes, à maquiller les enfants, à monter les décors. Dans le cadre d'une kermesse, ils peuvent préparer les stands et les affichages. Le plus souvent, ils aident à préparer et présenter les buffets. Si des enfants leur sont confiés, l'ATSEM et l'enseignant veillent à ce que les parents s'occupent bien du groupe d'élève, et pas seulement de leur enfant. Il faut bien clarifier les rôles de chacun, le parent qui intervient n'est pas à même de remplacer l'enseignant ou l'ATSEM.
Commentaire : si l'ATSEM en trouve le temps, il faut songer à prendre des photos !

Précautions

Le jour de la fête, certains parents retenus par leur travail ne peuvent pas se déplacer jusqu'à l'école, donc certains enfants n'ont pas la présence d'un membre de leur famille. L'ATSEM et l'enseignant sont là pour veiller à leur sécurité physique, bien sûr, mais aussi affective. Il faut entourer ces enfants qui évoluent seuls, les rassurer et faire en sorte qu'ils prennent eux aussi du plaisir à faire la fête.
Dans ce type de manifestation, où les règles de vie scolaire sont plus « floues », il faut surtout veiller à ce que les manifestations de joie ne tournent pas au « chahut » générateur d'accidents. L'ATSEM et l'enseignant doivent tout prévoir, tout voir et veiller à la sécurité de tous.

Recommandations

Il est préférable que les ATSEM se libèrent pour participer aux moments festifs organisés par l'école, même si ceux-ci se situent en dépassement de ses horaires habituels. Il est de bon aloi de participer activement à ces actions ponctuelles qui sont souvent la conclusion d'une période ou d'une année scolaire, le « point d'orgue » d'un projet. C'est souvent le moment choisi par les parents d'élèves pour exprimer leur satisfaction et leurs remerciements

L'animation au centre de loisirs

Pendant le temps périscolaire, géré par la municipalité, les ATSEM sont responsables à part entière des enfants qui leur sont confiés. Ils peuvent assurer seuls, les services de récréation, les surveillances de siestes, les activités avec les enfants.

Objectifs

- Faire le lien entre le scolaire et le périscolaire.
- Assurer la continuité éducative.

Organisation

- *Avant le temps scolaire*, selon son emploi du temps, l'ATSEM accueille avec l'animateur, les enfants qui sont déposés à l'école avant l'heure de début des classes. Ce service dure selon les communes 1 h à 1 h 30. 10 minutes avant l'heure de début de la classe, juste au début de l'accueil du matin, l'ATSEM accompagnera les enfants dans leurs classes respectives.
- *Après le temps scolaire*, l'ATSEM se charge de regrouper les enfants qui vont « à la garderie », « au centre » ou « au service d'accueil », toutes ces expressions définissant le mode de garde assuré dans l'école après la sortie des classes. Avec l'animateur, elle les conduit au « goûter ». Plusieurs organisations existent selon les municipalités. La participation des ATSEM pendant le temps périscolaire est très variable d'une école à une autre et même, selon les horaires et le contrat de travail, d'un ATSEM à un autre. Ce service dure selon les communes 2 h à 2 h 30.
- Les ATSEM peuvent aussi être requis pour participer aux activités mises en place dans le cadre du *centre de loisirs du mercredi*.

REMARQUE Certaines écoles ouvrent à 7 h ou 7 h 30 et ferment leurs portes à 18 h 30 ou 19 h pour répondre aux besoins de garde des familles.

Le lieu

Le centre de loisirs est souvent intégré à l'école. Cependant, il n'est pas rare qu'il soit séparé de l'école. Dans ce cas, le transfert des enfants se fait sous la responsabilité de l'animateur et de l'ATSEM.

Relation éducative

Les temps périscolaires sont des *temps forts de la vie de l'enfant*. Le matin, l'enfant doit quitter sa famille pour un temps bien long et le soir après la classe, l'enfant est maintenu dans un cadre collectif alors qu'il est déjà très fatigué, et parfois saturé de la vie en collectivité. Certains enfants passent 10 heures par jour, 5 jours par semaine, dans une collectivité structurée par des règles plus ou moins contraignantes. L'ATSEM ne peut pas avoir deux attitudes, *l'une éducative* pendant le temps scolaire et l'autre *permissive* pendant le temps périscolaire. Dans ces moments-là, l'ATSEM doit privilégier les échanges individuels et porter une attention toute particulière aux enfants les plus en demande affective.

Les espaces ludiques[47]

- *Depuis la rentrée 2014*, dans le cadre de l'aménagement des rythmes scolaires et des PEDT, il est recommandé de mettre en place dans les écoles, *des espaces ludiques*. Ce sont des espaces dédiés au jeu qui accueillent sur le temps périscolaire (avant et après la classe et pendant la pause méridienne) les enfants qui font le choix d'y venir librement « juste pour le plaisir de jouer ». L'espace ludique offre aux enfants des « séquences de décompression ». Ils peuvent s'y détendre, se « défatiguer » et se remobiliser pour le travail scolaire.
- *L'intérêt de ce dispositif* repose sur une combinaison de trois familles de jeux qui participent au développement global de l'enfant :
  - les jouets symboliques ;
  - les jouets d'imagination et de construction ;
  - les jeux de règles.

TABLEAU 2.11. **Typologie et classement des jeux et jouets.**

Les jouets symboliques	Les jouets d'imagination et de construction	Les jeux de règles
Les jeux d'imitation et de rôle permettent à l'enfant : – de comprendre le monde, – de gérer des situations – de se projeter dans un devenir d'adulte.	Ils permettent à l'enfant de : – tester son énergie et sa créativité – construire – démolir et reconstruire	Ces jeux permettent de : – se confronter aux autres – apprendre à appliquer et respecter les règles – apprendre à gagner, à perdre, à rejouer pour gagner
– Poupées et accessoires – Dînettes, cuisines – Déguisements – Figurines, robots et marionnettes – Cabanes, tentes, etc.	– Jeux de construction – Circuits auto et trains – Voitures, bateaux, avions – Puzzles – Jeux musicaux, etc.	– Jeux de société – Cartes – Mémory – Lotos – Jeux d'adresse et de rapidité, etc.

Les bénéfices attendus grâce à la mise en place de tels dispositifs sont des progrès significatifs en termes de socialisation, pacification des comportements, autonomie et prise d'initiative, mixité au sein des groupes (garçons et filles, petits et grands).

S'ENTRAÎNER

QCM

1. Un enfant malade a vomi pendant le service de cantine. Que faites-vous ?

A. Vous demandez à vos collègues d'éloigner les enfants et de laver le sol pendant que vous allez laver et changer l'enfant. ☐
B. Vous continuez le service de cantine, c'est le plus urgent. ☐
C. Vous lavez le sol et changez l'enfant tout de suite après. ☐
D. Vous demandez à une de vos collègues d'aller changer l'enfant et vous lavez le sol. ☐

[47] Recommandations issues d'une circulaire commune entre le ministère de l'Éducation nationale et l'Agence nationale pour la cohésion sociale et l'égalité des chances (ACSE) d'octobre 2014.

2. Aujourd'hui, il y a du poulet rôti au menu :

A. L'enfant peut manger la cuisse de poulet avec ses doigts. ☐
B. Vous découpez le poulet et mettez les os sur le bord de l'assiette. ☐
C. Le poulet a déjà été préparé avant d'être servi. ☐
D. L'enfant doit se débrouiller tout seul comme un grand. ☐

3. Nicolas a mis sa main dans l'assiette au moment où vous serviez la purée. Il pleure, il a la main toute rouge (peut-être une brûlure). Que faire ?

A. Il faut appeler le 15. ☐
B. Vous lui dites qu'il est bien douillet, « de la purée chaude, ça n'a jamais brûlé personne ». ☐
C. Vous lui passez la main sous l'eau et prévenez le directeur. ☐
D. Vous faites appel au médecin solaire. ☐

4. Aujourd'hui, la cuisine centrale de la commune a livré en liaison chaude du potage, des escalopes, des pâtes, un fromage et une compote :

A. Vous pensez : « Du potage à midi, ça fait beaucoup pour les petits. » Vous leur en donnez très peu. ☐
B. Vous servez à chacun un bol de potage et même si les enfants n'aiment pas cela, vous leur conseillez d'y goûter. ☐
C. Vous leur faites avaler tout le bol de potage. ☐
D. Vous leur dites : « Ce n'est pas grave, si tu n'aimes pas le potage… Laisse-le ! » ☐

5. Un élève de petite section a décidé qu'il ne goûterait pas aux carottes râpées :

A. Vous lui expliquez que c'est très bon pour la santé, qu'il faut y goûter. ☐
B. Vous vous en servez une assiette et lui montrez que vous en mangez. ☐
C. Vous proposez à son voisin de l'aider à finir son assiette de carottes râpées. ☐

6. Une enfant mange très peu à la cantine. Elle n'aime rien de ce qui est servi :

A. Vous en parlez à la maman et vous lui proposez d'apporter un repas particulier. ☐
B. Vous l'aidez en lui proposant de goûter à tout. ☐
C. Vous le forcez à manger, il faut bien qu'il s'habitue. ☐

7. Un enfant de grande section arrive à table avec de la peinture sur les mains :

A. Vous le grondez en lui disant que la prochaine fois, il faudra qu'il se lave les mains pour passer à table. ☐
B. Vous ne l'acceptez pas à table et lui demandez d'aller se laver les mains. ☐
C. Vous veillez après le repas à ce qu'il fasse disparaître toute trace de peinture. ☐

8. À table, deux enfants mangent avec leurs mains. Que faites-vous ?

A. Vous les punissez car ils vont salir leurs vêtements. ☐
B. Vous leur montrez comment utiliser une cuillère. ☐
C. Vous leur expliquez qu'au restaurant scolaire, il faut manger à l'aide de couverts. ☐
D. Cela n'a aucune importance. ☐

9. Pour faire manger un enfant en restauration scolaire, vous devez :

A. Lui proposer un peu de tout afin qu'il en connaisse le goût. ☐
B. Le forcer à goûter de tout. ☐
C. Cesser de faire goûter à l'enfant s'il n'a pas aimé deux fois de suite un aliment. ☐

10. Pendant le repas, un enfant s'agite énormément. Pour le calmer :

A. Vous le mettez à une autre table. ☐
B. Vous le privez de dessert. ☐
C. Vous le mettez au coin. ☐

D. Vous lui donnez une tape légère sur la tête. ☐
E. Vous lui rappelez les règles à respecter à table. ☐

11. Vous devez arrêter un atelier jeux pour emmener les enfants déjeuner au réfectoire, comment procédez-vous ?
A. Vous demandez aux enfants de laisser les jeux et vous les rangez vous-même. ☐
B. Vous cessez immédiatement les jeux et vous les faites ranger par les enfants. ☐
C. Vous faites ranger les jeux par les enfants en leur expliquant qu'ils vont aller déjeuner. ☐

12. La distribution des repas en liaison froide, c'est :
A. Les repas sont préparés à l'avance en cuisine centrale. Les plats chauds sont refroidis rapidement, livrés réfrigérés et remis en température à + 63 °C à la cantine juste avant d'être servis. ☐
B. Les repas sont préparés à l'avance en cuisine centrale. Les plats chauds sont livrés rapidement, maintenus à + 63 °C à la cantine jusqu'au service. ☐
C. Les repas sont des préparations froides. Les plats sont mis en cuisson à + 63 °C à la cantine juste avant d'être servis. ☐

13. À la cantine scolaire, le repas est :
A. Un temps éducatif permettant de découvrir de nouveaux aliments. ☐
B. Un moment mal vécu car il faut rester assis et manger de tout. ☐
C. Un temps sans contrainte et de repos au milieu de la journée. ☐

14. Lors d'un jeu collectif, l'adulte doit :
A. Être garant des règles du jeu et des règles de sécurité. ☐
B. Ranger le matériel. ☐
C. Adapter le jeu aux capacités des enfants. ☐
D. Intervenir le plus possible. ☐

QUESTIONS ORALES

1. Quel est le rôle de l'ATSEM pendant le temps de cantine ?
2. Un enfant refuse de manger à la cantine. Que faites-vous ?
3. Comment réagir si un enfant est malade pendant le repas ?
4. Pendant le repas, un enfant s'étouffe, que faites-vous ?
5. Quelles sont les activités qui peuvent vous être confiées dans le cadre du centre de loisirs ?
6. Quel est le rôle de l'ATSEM le jour de la fête de l'école ?

CORRIGÉS

QCM

1. A, D. Le plus urgent, c'est de changer l'enfant et de le réconforter. Il est préférable que ce soit la personne qui le connaît le mieux qui le fasse. Toutefois, ce n'est pas toujours possible. Il faut aussi dans le même temps éloigner les autres enfants et laver le sol. Peu importe la personne qui le fait, l'important c'est que ce soit fait rapidement !
2. B, C. Le poulet a pu être préparé à l'avance, soit par la société de restauration soit par le personnel de service, mais ce n'est pas toujours le cas. Si la cuisse de poulet est entière, il faut aider les enfants pour la préparation. À l'école, il est hors de question de manger avec les doigts.
3. C. L'ATSEM n'est pas à même d'évaluer le degré de brûlure, elle doit donc en référer au directeur.

4. B. L'ATSEM doit servir l'intégralité des repas préparés à destination des enfants. Le plus souvent, une diététicienne fait partie de l'équipe qui conçoit les repas. Ces repas sont élaborés dans le cadre de normes spécifiques.
5. A. Le rôle de l'ATSEM au restaurant scolaire vise en priorité à aider, solliciter et encourager les enfants à prendre un repas équilibré dans de bonnes conditions. Les quantités sont ajustées à l'âge des élèves, il n'est pas question de faire finir l'assiette par un autre enfant, prioritairement pour des raisons d'hygiène. Il faut laisser à la famille la persuasion par l'exemple. À l'école, la parole doit être privilégiée.
6. B. Au restaurant scolaire, les repas sont composés en prenant en compte les goûts et l'âge des enfants. Pour des raisons multiples, certains enfants mangent peu, il faut les solliciter, les stimuler par des explications adaptées à leur âge. Il faut aussi penser à prévenir l'enseignant qui en parlera aux parents de l'enfant concerné.
7. B. Il ne faut pas laisser passer à table un enfant qui ne s'est pas lavé les mains. Cela ne devrait jamais arriver, les ATSEM sont chargés de veiller à ce que tous les enfants procèdent à un soigneux lavage des mains.
8. B, C. Le temps du repas est un moment de socialisation et de vivre ensemble. Il n'est pas question d'accepter que les enfants se tiennent mal à table. Même les enfants de petite section doivent manger avec des couverts. En début d'année, la cuillère peut encore être utilisée, mais très rapidement tous les enfants utilisent la fourchette. En tout état de cause, il n'est pas question d'accepter qu'un enfant mange régulièrement avec les mains. Il faut le signaler le plus rapidement possible à l'enseignant pour qu'il en parle avec la famille.
9. A. Le rôle éducatif de l'ATSEM consiste à aider les enfants à connaître les goûts des aliments. Il faut leur proposer de goûter à tout, mais ne pas les forcer.
10. E. À l'école, les enfants doivent respecter les règles de vie en toutes circonstances, et ce quel que soient les adultes à qui ils sont confiés. L'ATSEM s'interdira tout geste déplacé et toute réprimande. Si l'ATSEM a des difficultés avec un élève, il doit rapporter les faits à l'enseignant qui évaluera la manière de sanctionner.
11. C. Les transitions entre les activités se font en douceur. En général, l'heure du repas est fixe, donc prévisible. L'ATSEM a le temps d'annoncer la suite des activités aux élèves et de leur demander de commencer à ranger. Le rangement des jeux ou du matériel par les élèves fait partie des activités. Il est rarement demandé aux ATSEM de ranger seuls.
12. A. Les repas en liaison froide doivent être remis en température à l'école, à une température de + 63 °C. Ils sont ensuite servis en moins d'une heure aux convives.
13. A. La pause méridienne et le temps du repas sont des moments éducatifs. Les élèves sont invités à prendre leur repas de manière conviviale. C'est aussi l'occasion de mettre en place des échanges sur le goût des aliments et la nutrition.
14. A, C. Les jeux collectifs proposés ainsi qu'un éventuel matériel doivent être adaptés à l'âge et aux possibilités des élèves. L'adulte expose les règles du jeu et de sécurité avant le jeu. Les règles sont reformulées par les enfants. Lors d'un jeu collectif, l'adulte doit être garant des règles du jeu et des règles de sécurité.

Questions orales

QUESTIONS 1, 2 ET 3

Il faut pour répondre à ces différentes questions concernant la restauration scolaire envisager le service cantine sous plusieurs axes : la préparation des plats, la présentation et le service à table, l'aide aux élèves dans les gestes pratiques et les mesures d'hygiène, l'éducation à la nutrition et à la santé, la vigilance concernant la sécurité.

Les missions de l'ATSEM sur ce temps de la pause méridienne sont multiples. Pendant le temps de préparation du repas, il faut veiller à respecter les mesures d'hygiène en se lavant soigneusement les mains, en couvrant ses cheveux et en portant des gants à usage unique. Il faut penser à faciliter la prise des repas par les plus petits, par exemple en épluchant les fruits, en en découpant certains, en enlevant les pépins.
Avant de les faire entrer dans le réfectoire, il faut s'assurer que les enfants se sont bien lavé les mains. Dès l'arrivée au réfectoire, l'ATSEM s'assure avec l'animateur que les enfants sont bien installés, entretiennent des relations conviviales avec les autres. Même si le temps du repas est court car il y a beaucoup d'enfants à nourrir quelquefois en plusieurs services, il ne faut pas presser les enfants. L'ATSEM aide les enfants en coupant la viande, en mélangeant éventuellement avec les légumes. C'est un moment tout à fait adapté pour expliquer le contenu de l'assiette et les vertus de certains aliments. Il faut prendre le temps de motiver certains enfants qui mangent peu et lentement. Il faut stimuler leur appétit, les encourager, proposer à chaque enfant de goûter aux différents aliments. Forcer un enfant à manger n'est pas une bonne solution, il ne faut absolument pas le faire, les résultats seraient à l'inverse de l'effet attendu. Si cet état de fait persiste, il faudra prévenir l'enseignant qui se rapprochera de la famille pour en parler.
Pendant le repas, il peut arriver qu'un enfant soit malade et pris de vomissement. Il faut l'amener aux toilettes, le laver et le changer pendant qu'un collègue se charge du nettoyage de sa place dans la salle de repas. Il faut rassurer l'enfant à qui cela vient d'arriver et dédramatiser auprès de ses petits camarades.

QUESTION 4

Il faut faire attention à ce qu'un enfant glouton et pressé ne s'étouffe pas en mangeant trop vite. Si cela devait arriver, il faut agir très vite. Il faut pratiquer la technique des compressions abdominales.
« Il faut se tenir derrière la victime et placer ses bras autour de la partie supérieure de son abdomen, pencher la victime vers l'avant, placer un de vos poings fermés entre le nombril et l'extrémité inférieure du sternum, maintenir votre poing en place à l'aide de votre autre main. Il faut alors enfoncer fortement votre poing vers vous et vers le haut. Il faut recommencer ce geste 5 fois au maximum. »[48]
Parallèlement, il est conseillé de prévenir les secours et les parents de l'enfant. Prévenir les étouffements demande une vigilance constante. Il faut faire preuve de rigueur dans la surveillance des petits. Il faut :

- apprendre aux enfants à mâcher lentement et à bien mastiquer ;
- ne pas bousculer les repas ;
- limiter les distractions durant le repas ;
- insister pour que l'enfant soit bien assis et tranquille durant le repas ;
- surveiller les enfants de près pendant les repas ;
- ne jamais les laisser seuls.

QUESTION 5

L'ATSEM, affecté le mercredi ou pendant les vacances scolaires au centre de loisirs, participe à l'élaboration du projet du centre. Il peut lui être demandé de participer à l'accompagnement des enfants pour les sorties. L'ATSEM peut avoir à prévoir et mettre en place des activités manuelles.

[48] Extrait du *Guide des gestes qui sauvent* de la Croix-Rouge française.

QUESTION 6

La fête de l'école, qu'elle soit placée à Noël, au carnaval, au printemps ou en fin d'année est un temps fort de la vie scolaire.

Si cette fête se déroule en dehors du temps scolaire et du temps de travail de l'ATSEM, il faut que le directeur demande au maire une autorisation d'utilisation des locaux et une autorisation pour que l'ATSEM puisse y participer et travailler auprès des élèves. Si le directeur ne demande pas cette autorisation, l'ATSEM ne sera pas considérée comme « au travail » et ne pourra participer à la fête qu'en tant qu'invité. Il ne pourra donc pas intervenir auprès des enfants.

Dans le cas où le cadre administratif est respecté, l'ATSEM pourra être sollicité pour préparer les enfants pour un spectacle, pour préparer des buffets avec les victuailles apportées par les parents. C'est un grand jour pour toute la « communauté scolaire ». Bien souvent les parents, les enfants et les enseignants en profitent pour remercier les ATSEM dans leur engagement auprès des enfants.

CHAPITRE 8

Les enfants à besoins particuliers

CE QU'IL FAUT SAVOIR

L'école développe tout un ensemble de comportements attendus qui peuvent, pour les jeunes enfants, être très différents des comportements habituels dans leur cellule familiale.
Les troubles de la socialisation, du comportement, des apprentissages ou certaines déficiences font qu'un enfant peut se trouver « en décalage ».

- Les enseignants et les ATSEM *posent sur les élèves des regards de professionnels*, observateurs éclairés. Possédant de nombreuses références construites grâce à la fréquentation quotidienne d'autres enfants, leurs regards sont avant tout bienveillants.

Un recueil d'observations précises et factuelles est un outil indispensable pour comprendre et échanger puis construire des situations spécifiques qui permettront aux enfants de progresser. Certains comportements révèlent une difficulté passagère ou une réaction forte à un moment donné, mais ils peuvent aussi signifier quelque chose de plus grave.

- Dans le cadre de la collaboration entre les enseignants et les ATSEM, *des guides pour l'observation du comportement des enfants,* lorsqu'ils se socialisent dans le cadre scolaire, ont été élaborés. Les enseignants peuvent demander aux ATSEM de les aider à conduire des observations au moment de l'accueil, pendant les récréations, lors des temps collectifs comme l'EPS, pendant des temps d'ateliers ou lors des temps d'accueil périscolaire.

Ces grilles permettent d'évaluer la qualité de l'adaptation de l'enfant au milieu scolaire.

TABLEAU 2.12. **Guide d'observation du comportement de l'enfant à la rentrée scolaire en PS. Le projet personnalisé de scolarisation (PPS).**

Nom : .... Prénom :	OUI	NON
Se sépare de ses parents sans pleurer		
Pleure (larmes, cris, hurlements)		
Ne réclame pas ses parents et comprend que la séparation est momentanée		
S'isole, se replie sur lui, cherche à se cacher, à s'échapper, etc.		
Se montre agressif (tape, mord, prend les jouets des autres, etc.)		
Accepte d'enlever ses vêtements		
N'appréhende pas la récréation		
Montre de l'autonomie		
Se déshabille seul		
Accroche ses vêtements au portemanteau		
Sait enfiler son manteau		
Est capable d'aller seul aux toilettes		
Se lave les mains sans mouiller ses vêtements		

(Suite)

© 2015, Elsevier Masson SAS. Tous droits réservés

TABLEAU 2.12. **Suite.**

Nom : .... Prénom :	**OUI**	**NON**
Accepte de répondre aux consignes		
Établit des relations avec les adultes		
Se dirige sans réticence vers l'enseignant ou l'ATSEM		
Recherche la présence des adultes		
Parle avec les adultes		
Répond à son prénom		

Le projet personnalisé de scolarisation (PPS)

■ *L'accueil de l'enfant*

L'accueil d'un enfant handicapé dans une classe est toujours un projet collectif qui s'inscrit dans la durée et la continuité. L'ATSEM, l'enseignant et toute l'équipe de l'école *doivent être parties prenantes*. Les enfants de l'école et leurs parents doivent positiver cet accueil. C'est un moment enrichissant pour les enfants de la classe et de l'école, une éducation à la tolérance, au respect et à la vie citoyenne pour tous. L'accueil en classe d'un enfant handicapé n'implique pas automatiquement la présence d'un accompagnant d'un élève en situation de handicap (AESH), nouvelle dénomination des anciens auxiliaires de vie scolaire (AVS) par le décret de juillet 2014.

La loi du 11 février 2005 pour l'égalité des droits et des chances, la participation et la citoyenneté des personnes handicapées, renforce les actions en faveur de la scolarisation des élèves handicapés. Elle affirme le droit pour chacun à une scolarisation en milieu ordinaire au plus près de son domicile et à un parcours scolaire continu et adapté.

■ *La mission des IME*

Il existe aussi des structures spécialisées qui accueillent les élèves handicapés : les *instituts médico-éducatifs* (IME) ont pour mission d'accueillir des enfants et adolescents handicapés atteints de déficience intellectuelle, quel que soit le degré de leur déficience. L'IME est le terme générique qui permet de regrouper plusieurs catégories de structures qui fonctionnent en internat, en externat, en semi-internat ou en accueil temporaire. Ils peuvent se distinguer en fonction de l'âge des enfants accueillis :

- de 3 à 20 ans, en institut médico-éducatif (IME, terme générique) ;
- de 3 à 14 ans, en internat médico-pédagogique (IMP) ou externat médico-pédagogique (EMP).

■ *L'accord de la MDPH*

Les parents sont de plus étroitement associés à la décision d'orientation de leur enfant, c'est la MDPH qui propose les structures adaptées au handicap de l'enfant.

- Un enfant handicapé peut et *doit être scolarisé* dans l'école maternelle de son secteur dès l'âge de 3 ans si les parents en font la demande.
- Un *projet personnalisé de scolarisation* (PPS) organise la scolarité de l'élève handicapé en assurant la cohérence et la qualité des aides nécessaires.
- Dès que l'enfant arrive à l'école, le directeur réunit une *équipe éducative* à laquelle il convie *l'enseignant référent.*
- À l'âge de l'entrée au CP, soit 6 ans, il n'y a aucun maintien possible une année de plus à l'école maternelle si l'enfant n'est pas porteur d'un handicap. Cette décision requiert l'accord de la MDPH.

L'enseignant référent est chargé du suivi de la scolarisation des élèves handicapés de la maternelle au lycée. Ce suivi assuré dès la maternelle représente une réelle avancée pour l'entrée au collège. En effet, l'enseignant référent est la seule personne qui pourra faire le lien entre l'école élémentaire et le collège puisqu'il aura suivi le parcours de l'enfant sur plusieurs années. Il a un rôle de médiateur entre la famille et l'école et une fonction ressource pour les enseignants afin de les aider à construire le PPS des élèves. Il s'assure également de la validité des dossiers à envoyer à la MDPH.

- *Les partenaires de l'équipe éducation*

Sont invités à l'équipe éducative :
- les parents de l'élève ;
- l'enseignant qui accueille l'enfant ;
- l'AVS qui aide l'élève en classe (dite accompagnant des enfants en situation de handicap [AESH] dans les nouveaux textes) ;
- la psychologue scolaire ;
- le médecin de PMI si l'enfant a moins de 4 ans ou le médecin scolaire s'il a plus de 4 ans ;
- les membres de l'équipe de soins (médecin, kinésithérapeute, orthophoniste, psychomotricien, ergothérapeute) qui participent au suivi de l'enfant peuvent être présents si les parents le souhaitent.

- *La proposition des PPS*

À la suite de cette réunion, une proposition de PPS est rédigée par l'enseignant référent, l'enseignant de la classe, les parents et le directeur.
- Les parents sont invités à se mettre en rapport avec la Maison des personnes handicapées (MDPH) pour présenter cette demande de PPS. C'est la MDPH qui valide le projet. Après accord de la MDPH, la Commission des droits et de l'autonomie des personnes handicapées (CDAPH) peut accorder la présence d'un accompagnant des enfants en situation de handicap (AESH, autrefois appelé AVS), pour une quotité horaire définie ou l'attribution de matériel spécifique.
- Le PPS *contractualise les temps* dévolus à l'enseignement et ceux sur lesquels pourront être organisés les soins. Le PPS comporte un volet pédagogique qui doit être réactualisé chaque année, il formalise les objectifs d'apprentissages scolaires. Ce projet suivra l'élève tout au long de sa scolarité pour assurer la cohérence de son parcours. Plusieurs équipes de suivi de la scolarité (ESS) sont organisées chaque année.
- Le Pôle d'accompagnement à la scolarisation des élèves sourds (PASS) permet de scolariser les enfants sourds et malentendants en milieu ordinaire, quel que soit le mode de communication choisi par la famille (programme de langue des signes française [LSF]).

Objectifs

L'ATSEM a un rôle très important pour accueillir un enfant handicapé dans une classe ordinaire :
- accueillir un enfant différent ;
- assister l'enfant dans ses apprentissages quotidiens.

Organisation

- *Les conditions de scolarisation* d'un enfant handicapé sont précisées dans le PPS. Le rôle de chacun est défini, et les missions de l'ATSEM, en particulier lors des activités dirigées, des activités physiques, pendant les déplacements et les récréations, sont décrites.
- L'enfant peut être porteur d'un handicap *physique* ou *moteur*, *auditif* ou *visuel*, d'un handicap *intellectuel* (déficience, autisme, trisomie, etc.) ou être polyhandicapé. L'approche est très différente selon le type de handicap. Dans tous les cas, elle nécessite patience et écoute.

- L'enfant participe à *toutes les activités* de la classe, dans la mesure du possible. Les enfants porteurs de handicaps lourds sont souvent scolarisés à temps partiel, ce qui permet un suivi à l'extérieur sur le temps scolaire.
- Dans le *cadre d'un PAI*, en complément du PPS, l'enfant peut prendre un traitement médical sur le temps scolaire. Ses repas pourront aussi être adaptés.

Relation éducative

S'il n'y a pas d'AESH ou d'AVS, s'il est absent ou si il n'est là qu'à temps partiel, c'est en général l'ATSEM de la classe concernée qui est requis en priorité pour accompagner l'enfant pendant le temps scolaire.

- Si l'enfant handicapé est appareillé, l'ATSEM devra aider à mettre en place le fauteuil, le déambulateur ou tout dispositif nécessaire à son déplacement. L'ATSEM et l'enseignant prévoient aussi d'aménager les circulations. La relation éducative avec un enfant handicapé consiste, dans la classe, à prendre en charge la majeure partie des difficultés matérielles afférentes aux activités, afin de lui permettre de réaliser, malgré son handicap, certaines acquisitions.
- L'ATSEM y prend une large part mais il doit en même temps poursuivre l'objectif commun à tous les élèves de l'école maternelle : *accéder progressivement à l'autonomie*.
- L'ATSEM *peut aider l'enfant* dans les activités scolaires, lui tenir la main pour dessiner, écrire ou pratiquer des activités manuelles, et lui décrire la démarche à suivre. Il peut même quelquefois faire avec lui, ou pour lui, afin qu'il se sente en réussite. Le temps de récréation peut être aménagé.

Recommandations

L'ATSEM doit s'abstenir de dire ou de faire tout ce qui peut être générateur d'anxiété ou d'agressivité. Quand on y veille, les autres enfants acceptent bien la différence. Il faudrait prendre à part tout enfant qui aurait un comportement inacceptable envers un enfant handicapé, et lui donner des explications. Le plus important, pour l'enseignant comme pour l'ATSEM, est de faire accepter cette différence par les autres : il faut répondre aux questions des élèves et expliquer de manière simple la situation.

Commentaire : la présence ou non d'un AESH ou d'AVS ne régit pas la présence d'un enfant à l'école. L'école doit d'accueillir tous les enfants dans de bonnes conditions et les ATSEM doivent dispenser tous les soins dont les élèves ont besoin (lavage, changes, etc.).

Le projet d'accueil individualisé (PAI)

Le PAI permet l'accueil en collectivité des *enfants atteints de troubles de la santé évoluant sur une longue période*, ceci afin d'éviter l'exclusion et l'isolement dans lequel la maladie peut placer l'enfant et de développer des comportements solidaires au sein de la collectivité.

- Le PAI est établi par le *médecin scolaire* à la demande des parents, sur prescription du médecin qui suit l'enfant.
- Il est *signé par la famille*, le *directeur* de l'école, *l'enseignant* qui accueille l'enfant, *le médecin* traitant et le médecin scolaire. Si l'enfant est inscrit au service de restauration scolaire, le PAI est aussi signé par le maire.
- Le PAI permet aux enfants atteints *d'affections chroniques,* telles que l'asthme, les convulsions hyperthermiques, l'épilepsie, le diabète, les allergies alimentaires, de mettre en place un *protocole en cas d'urgence* ou plus simplement de suivre leur traitement sur le temps scolaire.
- Le protocole à appliquer en cas de crise est décrit précisément dans un *projet d'accueil individualisé* (PAI). Les enfants qui présentent des allergies alimentaires peuvent, dans le cadre d'un PAI, prendre un repas spécifique au restaurant scolaire.

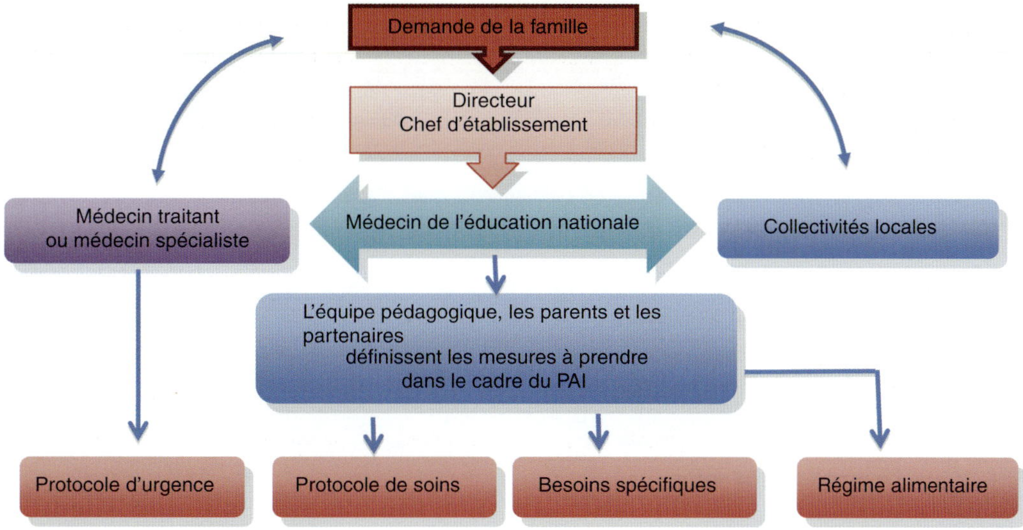

FIG. 2.104. **Le cheminement du PAI.**

Objectifs

- Permettre à des enfants suivant un *traitement médical* ou un *régime alimentaire* particulier de poursuivre une scolarité normale.
- Organiser des *soins* et des *aménagements* pour favoriser la vie quotidienne de l'enfant à l'école.
- Assurer la *sécurité* et l'administration d'un traitement en cas de crise.

Organisation

- Le directeur est chargé de faire signer le PAI et d'informer tous les partenaires concernés.
- Le PAI *est renouvelé chaque année.* Une ordonnance du médecin est adossée au PAI. L'ordonnance du médecin est une pièce indispensable qui doit être régulièrement réactualisée pour prendre en compte la croissance de l'enfant. Les doses de médicament à administrer sont établies en rapport avec le poids de l'enfant.
- Les médicaments sont confiés au directeur qui vérifie les dates de péremption. Il stocke les médicaments dans un endroit adapté (éventuellement le réfrigérateur) et sécurisé.
- Pour des traitements de courte durée, il existe des PAI simplifiés qui doivent aussi être signés par le médecin scolaire.
- Le directeur doit informer les personnes susceptibles de le remplacer en cas d'absence des modalités des PAI des enfants concernés dans l'école. Lorsque l'ATSEM transmet des informations concernant un PAI, il ne doit pas perdre de vue son obligation de réserve.

Le protocole de soins

Le protocole de soins est établi par le médecin qui soigne l'enfant. Il est adressé, avec l'accord des parents, sous pli confidentiel au médecin scolaire. Il précise :

- le diagnostic ;
- les signes d'appel visibles.

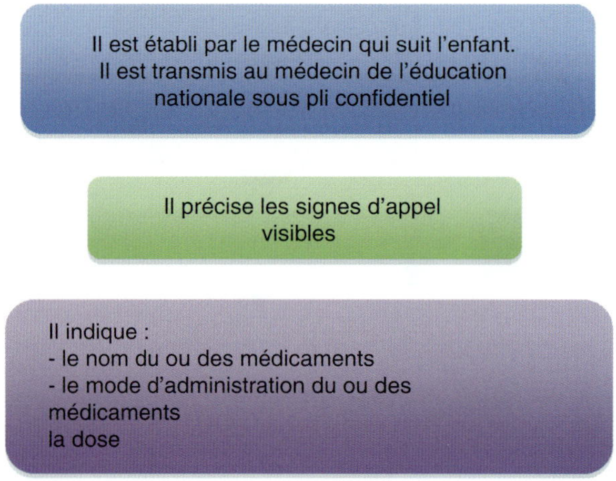

FIG. 2.105. **Le protocole de soins.**

Le protocole d'urgence

Si l'état de santé de l'enfant le nécessite, c'est-à-dire s'il y a un risque vital pour lui, le médecin qui le suit établit un protocole d'urgence qui est, avec l'accord des parents, joint au PAI et porté à la connaissance des personnels. Ce protocole est limité aux seuls cas où il peut y avoir un risque vital pour l'enfant. Le médecin qui soigne l'enfant indique dans ce protocole l'ensemble des mesures à prendre en cas d'accident aigu.

- Ce protocole *doit être clair*, *concis* et *facile à lire*. Il décrit en termes très simples les signes d'appel et les symptômes visibles des épisodes critiques.
- Il consigne les *informations* à donner au médecin des urgences auquel l'enfant sera confié et les référents à contacter.
- Il décrit la *conduite à tenir et les gestes* à faire en attendant les secours.
- Si des injections sont à prévoir en urgence, seul le stylo auto-injectable peut être prescrit.
- Tous les médicaments prévus dans le protocole d'urgence sont en permanence à disposition.

Le lieu

Le directeur se charge de déterminer un lieu dans l'école pour procéder aux soins. Le cabinet médical ou la tisanerie, quand ils existent dans l'école, sont des locaux propices à cet usage.

- Dans la plupart des écoles, il n'y a pas d'infirmier(e) à plein temps. Il faut donc qu'un membre de l'équipe pédagogique accepte d'administrer le traitement. C'est souvent le directeur qui s'en charge. Certains gestes sont difficiles, tels que les piqûres pour un enfant diabétique par exemple, et doivent s'apprendre. Un membre de l'équipe éducative sera désigné.
- Il peut être stipulé dans le PAI qu'une personne viendra, à un horaire déterminé, pour dispenser un traitement ou des soins spécifiques, dans le cadre d'une rééducation par exemple. C'est dans les missions de l'ATSEM d'accompagner l'enfant dans un endroit déterminé à l'avance pour que la personne extérieure puisse lui administrer son traitement ou procéder aux soins dans les meilleures conditions d'hygiène, de sécurité et de discrétion.

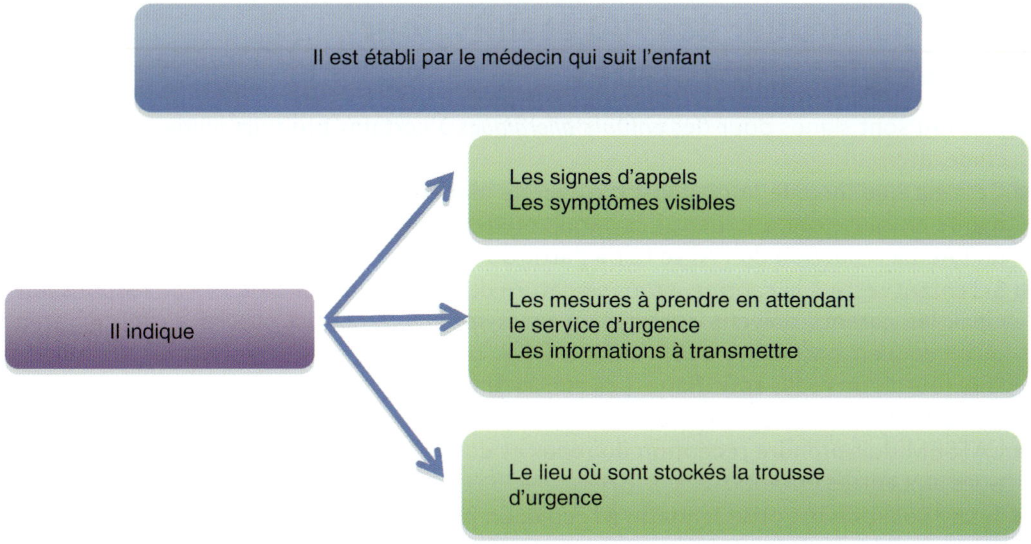

FIG. 2.106. **Le protocole d'urgence.**

Précaution

- Le PAI est la seule situation dans laquelle un traitement peut être administré à l'école.
- Hors PAI, aucun médicament ne peut être administré à un enfant à l'école. Un ATSEM ne doit jamais accepter que les parents lui confient le moindre médicament à administrer à leur enfant, même le plus anodin (comme de l'aspirine par exemple). Même à titre exceptionnel ou à titre privé, même si les parents lui présentent une prescription médicale ou une ordonnance, un ATSEM ne doit jamais accepter de donner un médicament hors PAI.
- Si un enfant a été malade, et qu'un traitement doit être poursuivi après que l'enfant a repris l'école, les parents doivent demander à ce que soit établi un PAI « simplifié » ou s'organiser pour venir à l'école afin de donner eux-mêmes le médicament à l'heure « dite ».

Relation éducative

- L'ATSEM de la classe concernée a toujours connaissance de la mise en place d'un PAI.
- L'ATSEM doit disposer des *informations nécessaires* : il doit être capable d'intervenir et de pratiquer les gestes d'urgence. Les informations sont données en début d'année par les parents ou par le médecin scolaire.
- L'ATSEM sait où sont *stockés les médicaments* à administrer dans le cadre du PAI. Les médicaments doivent toujours être rangés hors de portée des enfants. Certains médicaments doivent être conservés au réfrigérateur.
- L'ATSEM doit *faire le lien entre* les différents temps scolaires et périscolaires (cantine, centre de loisirs).

Recommandation

En cas de sortie éducative, il faut penser à se munir du traitement.

Cas particulier des PAI établis pour des allergies alimentaires

- Des PAI sont signés pour des *enfants allergiques* à certains produits alimentaires (gluten, arachide, etc.).
- Ce n'est que lorsque le diagnostic d'allergie alimentaire a été confirmé, et que le ou les aliments en cause ont été identifiés par un médecin allergologue, que la famille peut demander un PAI. La rédaction du PAI se fait à partir de ces éléments.
- Si l'enfant reste à la cantine, après signature du PAI par le maire ou par un responsable municipal, les parents doivent *apporter un repas spécifique* qui est stocké au réfrigérateur, ainsi qu'un couvert particulier pour l'enfant. Dans certaines écoles, le service de restauration scolaire fournit un repas spécifique. Les contenants sont scellés et portent une étiquette au nom de l'enfant.
- L'ATSEM doit prendre réception du repas et du couvert, et les *stocker à l'écart* des repas destinés aux autres enfants.
- Si une collation est prise le matin à l'école, on procède de la même manière.
- Si aucun PAI n'a été signé, aucun repas particulier ne peut être donné à l'école. L'ATSEM ne doit donc pas accepter, même si les parents insistent, de donner à l'enfant une nourriture spécifique.

Depuis quelques années, les services municipaux acceptent d'inscrire des enfants au restaurant scolaire en stipulant des *restrictions alimentaires sans risque vital*, telles que « sans porc » (qui est souvent remplacé par de la volaille), « sans laitages » ou « sans viande ». Ces spécificités figurent sur les listes à côté du nom de l'enfant concerné et l'ATSEM ou l'animateur se chargent de les faire respecter.

Commentaire : la signature de ces PAI vise à protéger l'enfant. Elle permet notamment d'encadrer les demandes de certains parents qui pourraient, pour des raisons fantaisistes ou sectaires, surmédicaliser ou négliger l'équilibre alimentaire de l'enfant.

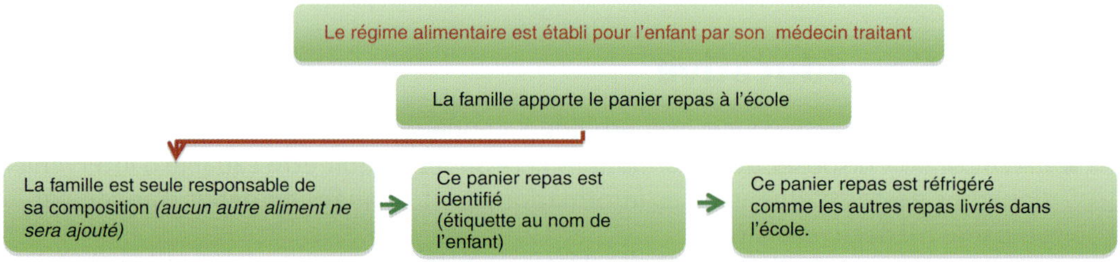

FIG. 2.107. **Le PAI établi pour des allergies alimentaires.**

Cas particulier des PAI établis pour des incontinences

Des troubles spécifiques, comme *l'énurésie* ou *l'encoprésie,* ne nécessitent pas de prise de médicament, mais une attention toute particulière de l'ATSEM pour les prévenir et les gérer. Il peut être stipulé dans le PAI que des passages plus fréquents aux toilettes ou des changes plusieurs fois par jour seront nécessaires. L'ATSEM doit toujours faire preuve de disponibilité, de patience et de douceur.

Cas particuliers

Dans le cas d'enfants *malades* ou *accidentés*, l'enseignement est dispensé à l'hôpital ou à la maison. Ce sont les services du SESSAD (Service d'éducation spécialisé et de soins à domicile) qui sont chargés, en lien avec l'enseignant de la classe, de mettre en place le suivi de scolarité.

Les troubles spécifiques des apprentissages scolaires et les projets d'accompagnement personnalisé (PAP)

L'école maternelle est le premier lieu de repérage des troubles des apprentissages. L'acquisition du langage oral entre 0 et 3 ans a une forte influence sur la scolarité future. Il est important de prendre en considération un trouble du langage oral avant l'âge de 5 ans. Il est très important d'identifier au plus tôt les enfants en difficulté.

- *Un repérage systématique* est conduit par les enseignants de petite et moyenne section. L'examen des 4 ans est organisé par le médecin de PMI.
- *Le bilan de santé systématique* de la sixième année participe au dépistage des troubles des apprentissages.
- *Les principaux troubles des apprentissages*, dits *troubles « dys »* sont :
  - la dysphasie, trouble du langage oral qui altère significativement la communication ;
  - la dyslexie, trouble de l'apprentissage de la lecture qui se traduit en GS par des confusions de sons et de lettres ;
  - la dyscalculie, qui gêne l'enfant pour accéder au raisonnement logique ;
  - la dyspraxie, trouble de la coordination des gestes ;
  - les troubles de la mémoire ;
  - les troubles de l'attention et les troubles comportementaux dits troubles du déficit de l'attention avec ou sans hyperactivité (TDAH). Ils sont caractérisés par une multitude de symptômes tels que l'agitation, l'anxiété, l'agressivité, l'impulsivité, la difficulté à terminer une tâche, le rejet de l'école.

Une prise en charge précoce par des professionnels est indispensable pour prévenir les situations d'échec scolaire.

REMARQUE

La mise en place d'un PAP implique une pédagogie adaptée et une attention toute particulière portée à l'élève par l'enseignant, l'ATSEM et le médecin scolaire ainsi qu'une mise en place de suivis spécifiques par les parents (orthophonie, psychomotricité, ergothérapie) qui aideront l'enfant à surmonter ses difficultés. Dans le cadre d'un PAP, il n'y a pas d'appui de la MDPH.

Le repérage de troubles « dys » n'entraîne donc pas automatiquement la mise en place d'un PPS dans le cadre d'un handicap validé par la MDPH. Toutefois, si le retentissement des troubles est trop sévère, la famille sera orientée vers la MDPH pour mettre en place un rythme scolaire adapté.

Les PAI, les PPS et les PAP permettent de prendre en compte les accompagnements et les aménagements nécessaires.

Relation éducative

- L'ATSEM aide l'enseignant à mettre en place des *pratiques pédagogiques adaptées*.

Il peut s'assurer que l'enfant a bien compris la consigne ; à la demande de l'enseignant, il peut la lui reformuler, la lui faire répéter. Les modèles d'écriture en GS peuvent être adaptés et l'ATSEM chargé de guider oralement ou manuellement le geste de l'élève.

La prise en compte des difficultés de l'élève est essentielle pour le faire progresser.

- Dans le cadre de l'équipe éducative qui réunit tous les partenaires (les parents, l'équipe médico-sociale, le directeur, l'enseignant), l'ATSEM peut être invité *à participer* pour décrire le comportement de l'enfant sur le temps scolaire et périscolaire.

Commentaire : il ne peut y avoir de sortie régulière sur le temps scolaire pour un suivi médical sans qu'un projet soit établi en collaboration avec le directeur de l'école, le médecin de PMI ou le médecin scolaire et le centre de soins. Dans ce cas, un enfant peut quitter l'école pendant le temps scolaire pour suivre une rééducation orthophonique, une thérapie ou des séances de psychomotricité. Ces séances ont lieu soit en cabinet privé soit au centre médico-psycho-pédagogique (CMPP). Les noms des personnes habilitées à venir chercher l'enfant et les heures de sortie et de retour à l'école y sont stipulés.

L'ATSEM sera chargé de conduire l'enfant jusqu'à la porte de l'école pour le remettre à ses parents à l'heure prévue, il accueillera l'élève pour l'installer dans les activités au moment de son retour à l'école.

REMARQUE

Selon l'Institut national de la santé et de la recherche médicale (INSERM), 6 à 8 % des enfants en âge d'être scolarisés présenteraient un trouble de l'attention ou des troubles spécifiques des apprentissages. Tout enfant, quel que soit son niveau d'intelligence, peut être affecté par un trouble d'apprentissage scolaire. Faute de prise en charge adaptée, la plupart des élèves se retrouvent en situation d'échec scolaire.

La classe d'inclusion scolaire (CLIS)

FIG. 2.108. CLIS.

- Les classes de CLIS ont *pour vocation* l'accueil des enfants handicapés dans des écoles ordinaires. Les CLIS s'adressent aux élèves de 6 à 11 ans. L'effectif de ces classes est limité à 12 élèves, mais, dans certains cas comme par exemple des troubles graves du développement, l'effectif envisagé doit être très sensiblement inférieur (*cf.* annexe 6).
- Il existe *quatre types de CLIS* selon la nature du handicap des élèves :
  - les CLIS 1 sont les plus nombreuses, elles accueillent les enfants qui présentent des troubles importants des fonctions cognitives (handicap mental) ;
  - les CLIS 2 accueillent les enfants présentant une déficience auditive grave ou une surdité ;
  - les CLIS 3 accueillent les enfants présentant une déficience visuelle grave ou une cécité ;
  - les CLIS 4 accueillent les enfants présentant une déficience motrice, dont font partie les troubles dyspraxiques.

Le réseau des CLIS est très majoritairement constitué de CLIS 1 : 94 % des classes.

- *La population des enfants scolarisés* est en forte croissance ces dernières années. Il y a peu d'élèves d'âge maternel accueillis en CLIS. Seulement 6 % de l'effectif des élèves scolarisés en CLIS est âgé de 6 ans. 28,6 % des élèves scolarisés en CLIS y sont accueillis après une année de maintien à l'école maternelle, soit à 7 ans.
  - Les élèves *orientés* en CLIS bénéficient d'une pédagogie adaptée à leurs besoins spécifiques.
  - Les élèves *scolarisés* en CLIS peuvent, suivant leur projet personnel de scolarisation (PPS), être intégrés individuellement ou collectivement dans les autres classes de l'école pendant un temps donné. Les élèves de CLIS sont partie prenante des activités organisées dans l'école dans le cadre du projet d'école.
  - La présence d'un ATSEM en CLIS relève d'une décision municipale.

Relation éducative

- *Les besoins des élèves de CLIS sont très hétérogènes.* Les interventions sont le plus souvent individualisées ou en groupe très restreint.

L'organisation de la classe et des apprentissages se rapproche du type de la classe à plusieurs cours. Le rythme de travail est adapté à chaque élève. La présence de l'ATSEM est sécurisante, structurante. L'agencement des classes, les temps d'accueil, de rituels, les modalités de regroupement, tout ce que l'on peut appeler les « temps sociaux » sont très proches de ceux de l'école maternelle.

L'ATSEM et l'enseignant veillent à maintenir le calme, la sérénité et des relations positives entre les élèves.

- *La présence de l'ATSEM* est un facteur déterminant pour *aider et accompagner* les élèves. L'ATSEM peut prendre en charge des groupes constitués pour les accompagner dans la réalisation de la tâche prévue par le maître. L'ATSEM apporte un étayage dans la construction des apprentissages, elle est un facteur important de réussite.

L'enseignant procède par séances pédagogiques adaptées à des petits groupes d'élèves et donne ensuite un travail à réaliser en autonomie.

- *L'ATSEM accompagne chaque élève dans sa démarche d'apprentissage* :
  - il veille à ce que l'élève accomplisse le travail scolaire qui lui est demandé ;
  - il s'assure que la consigne est bien appliquée, si besoin est, il la répète ;
  - il encourage un élève à se mettre au travail ;
  - il focalise l'attention de l'élève sur le travail ;
  - il le stimule et l'aide à soutenir son attention, à produire des réponses adaptées pour mener un travail à son terme ;
  - il veille au soin et au rangement du matériel utilisé.

- Quand un exercice est terminé, il peut proposer à un petit groupe d'enfants une *activité ludique* comme une lecture d'album ou un jeu éducatif. Ces enfants ayant besoin d'une présence étroite de l'adulte, l'ATSEM s'implique aussi dans le jeu.

La gestion de crises, liées aux difficultés des enfants, fait partie des missions de l'ATSEM. Il peut être nécessaire d'isoler temporairement un élève de la classe ou de l'éloigner de certains de ses camarades. L'ATSEM peut « gérer la crise » selon les modalités établies auparavant avec l'enseignant, cela permet à l'enseignant de poursuivre sa séance d'apprentissage.

- L'ATSEM accompagne toutes les *activités pratiquées à l'extérieur* : les sorties, la piscine, le stade, le poney-club. Sa présence en classe et hors de la classe auprès de l'enseignant et des élèves est incontournable.
- L'ATSEM assure la *continuité éducative* pour les élèves de la CLIS. Il les accompagne à la cantine, il participe avec l'enseignant à toutes les récréations. Dans le cas de sorties d'un élève sur le temps scolaire pour un suivi thérapeutique à l'extérieur de l'école, ce qui est souvent le cas pour les enfants scolarisés en CLIS, l'ATSEM se charge de remettre l'enfant à la personne qui est responsable de l'accompagnement.

Commentaire : pour chaque enfant inscrit en CLIS, dans le cadre de son PPS, il y a trois fois par an une équipe de suivi de scolarité (ESS) à laquelle participent les parents et toutes les personnes qui assurent l'enseignement, les rééducations et les soins.

Recommandations

Le temps de concertation entre l'enseignante et l'ATSEM de la CLIS est extrêmement important. L'ATSEM a besoin d'informations sur le type de handicap de l'élève et son projet personnalisé de scolarisation. Toutes ces informations doivent rester confidentielles. L'obligation de réserve doit être strictement respectée.

REMARQUE

Les CLIS sont presque toujours implantées en école primaire. À l'école maternelle, rares sont les CLIS. Il existe, dans certaines villes, des « classes médicalisées ». Par convention, elles travaillent en partenariat avec l'hôpital de jour.

Cas spécifique d'enfants à besoins particuliers

Les enfants *allophones* sont des enfants qui parlent exclusivement une langue étrangère. Les enfants de l'école maternelle, qu'ils aient été scolarisés auparavant ou non, doivent être intégrés dans la classe qui correspond à leur âge.

La présomption de maltraitance

La maltraitance est un problème grave que chaque citoyen a le devoir de signaler. Elle peut s'exercer sous plusieurs formes.

- *Les mauvais traitements physiques* : il peut s'agir de châtiments corporels, de coups, de brûlures qui laissent des traces visibles sur le corps. L'enfant a pu subir des violences qui ne laissent pas de traces sur le corps, il a pu être secoué.
- *Les mauvais traitements sexuels* peuvent laisser des lésions physiques, mais aussi entraîner des troubles psychiques importants.
- *Les mauvais traitements psychiques* : il s'agit d'actes répétés qui terrorisent l'enfant, l'humilient, lui donnent l'impression d'être rejeté.

- *La négligence, l'abandon ou la privation de soins* : les enfants doivent être nourris, surveillés, protégés et tenus dans un bon état d'hygiène. Les situations d'alcoolisme ou de toxicomanie dans l'entourage de l'enfant sont aussi des situations préoccupantes.

Objectif

Protéger les enfants.

L'ATSEM et les enfants

- L'ATSEM *dispense des soins corporels aux élèves*. Cette étroite relation avec les élèves peut le conduire à remarquer des traces suspectes ou à recueillir de propos inquiétants. Toute trace d'ecchymose ou de coup inexpliqué, d'hématome, de griffe, de morsure, de brûlure est à signaler immédiatement à l'enseignant et au directeur, même si c'est la première fois. Il faut aussi être attentif à l'état de la chevelure (présence d'alopécies qui indiquent des arrachements répétés).
- L'ATSEM doit aussi plus généralement *prêter attention à l'aspect de l'enfant*, sa tenue, son état de propreté.
- Une *dénutrition* peut entraîner un retard de développement important. Il faut être attentif au rapport taille/poids.
- Les élèves entretiennent avec les ATSEM des *relations de confiance*. La proximité et la sécurité affective peuvent inciter un élève à faire des confidences. Un enfant qui se plaint de mauvais traitements doit être pris au sérieux, même s'il ne présente aucune trace. Les troubles du développement psychomoteur, l'instabilité scolaire et le retard de langage peuvent être des indicateurs. Les troubles du comportement comme l'agressivité ou la dépression, la quête affective, la tristesse sont des indicateurs. Les troubles du sommeil, l'énurésie et l'encoprésie, les maux de ventre sont des symptômes à prendre en compte.

> Les troubles répétés sont de précieux indices : « Je m'occupe de tout-petits, et ils communiquent de manière étonnante en dépit de leur jeune âge. Cela peut passer par une quête affective importante, un état de crispation au moindre contact physique, une attitude exhibitionniste, une apparence souffreteuse, un élève qui ne rit jamais, qui ne demande jamais rien, ou à l'inverse qui réclame une attention excessive ». Autant de repères et de conséquences qui diffèrent en fonction de la personnalité du maltraité[49].

Les observations de l'ATSEM

L'accueil du matin, les sorties de classe sont des moments qui peuvent laisser paraître des tensions, des relations conflictuelles entre des adultes et un enfant. Les relations entre l'ATSEM et la famille sont quelquefois plus étroites, plus proches que les relations entre parents et enseignant. Les parents ont parfois moins de retenue, moins de méfiance vis-à-vis d'un ATSEM. En outre, des comportements familiaux particuliers peuvent échapper à l'enseignant, occupé à des tâches spécifiques d'enseignement dès le moment de l'accueil, mais pas à l'ATSEM qui reste plus à l'écoute des familles.

- Si l'ATSEM est témoin de coups, de propos violents, de menaces sur des enfants à l'intérieur ou à l'extérieur de l'école, *il a l'obligation de le signaler*.

[49] Propos d'une institutrice (professeur des écoles), Plaquette « Enseignement et prévention à l'école » éditée par la MAIF, 2009.

- Tout propos grossier ou présentant un caractère sexuel, tenu par un adulte ou un enfant, doit être rapporté, même si le contenu est difficile à répéter.
- Le manque d'hygiène, l'habillement inadapté aux conditions climatiques, la malnutrition sont aussi des signes de maltraitance.

Précaution

- Il faut prendre en compte les conduites violentes des enfants entre eux, notamment dans la cour, lors des récréations. Des conduites racistes ou sectaires peuvent aussi être remarquées.
- Il faut également veiller à ce qu'un enfant ou un groupe d'enfants n'en maltraite pas un autre. Les petits trafics de bonbons, de jouets, etc., et le racket peuvent se pratiquer dans les cours de l'école maternelle. Le règlement intérieur de l'école précise que les élèves ne doivent apporter à l'école aucun objet. Le directeur se chargera de convoquer la ou les familles des enfants concernés.
- Dans la cour, dans la classe, il faut être attentif aux comportements excessifs des élèves.

Pendant son temps de présence auprès des élèves, l'ATSEM doit prévenir les conduites à risques. Certains enfants sont agressifs, d'autres sont craintifs, inhibés ; certains se mettent en situation de faiblesse, de danger, d'autres recherchent des protections. Il doit toujours réguler et normaliser les relations entre les enfants. L'adulte joue le rôle de médiateur.

Cas particulier : la conduite violente d'un adulte au sein de l'école

Dans le cadre scolaire, si l'ATSEM remarque qu'un adulte de l'équipe éducative a des gestes équivoques ou des propos déplacés envers un élève, ou s'il le frappe, son devoir est de *prévenir le directeur* ou de faire directement un *signalement au 119*, numéro d'appel disponible 24 h sur 24 pour signaler toute violence sur un enfant. Ce numéro d'appel est *obligatoirement affiché à l'entrée de l'école*, visible et lisible par tous.
Les punitions ne sont pas autorisées à l'école ; on peut seulement isoler un élève perturbateur jusqu'à ce qu'il retrouve son calme et ne présente plus de danger pour lui ou pour les autres.

Comportement et conduite à tenir

En France, chaque année, 98 000 enfants sont signalés comme enfants en danger de maltraitance, dont 19 000 sont réellement maltraités et ces chiffres augmentent d'année en année d'environ 1 000 enfants signalés comme étant en danger[50].

- 44 % des enfants maltraités ont moins de 6 ans.
- 60 % des cas de maltraitance ont lieu dans la famille des victimes.
- 600 à 700 décès sont imputables à des mauvais traitements infligés par les parents[51].

- L'ATSEM doit *écouter un enfant* qui lui confie des faits troublants. Il est toutefois déconseillé de faire répéter plusieurs fois les propos entendus. Les services sociaux ou la brigade des mineurs se chargeront d'en vérifier le bienfondé et d'évaluer les risques avant d'entamer une procédure.

[50] Chiffres de l'Observatoire national de l'action sociale décentralisée (ODAS), novembre 2007.
[51] Données issues de « L'enfant bleu, enfance maltraitée » (association qui lutte contre la maltraitance des enfants et qui porte assistance et soutien aux enfants victimes de maltraitance).

- L'ATSEM *ne doit jamais prévenir directement la famille*, ni à l'intérieur ni à l'extérieur de l'école.
- L'ATSEM *doit informer dans les meilleurs délais* l'enseignant et le directeur de l'école ; il n'est pas question de délation, mais d'assistance à personne en danger.

Procédure de signalement

- Un service national d'accueil téléphonique pour l'enfance maltraitée, *« Allô Enfance en Danger » ou 119*, mettra l'enfant victime ou l'adulte qui lui vient en aide, en relation avec des professionnels de la protection de l'enfance :
  - l'assistant du service social (ASS) de secteur ;
  - le médecin de santé scolaire ;
  - le médecin de protection maternelle et infantile (PMI) ;
  - l'inspecteur de l'aide sociale à l'enfance (ASE) auprès du Conseil général.
- Si la situation l'exige, ces professionnels peuvent saisir le juge des enfants pour qu'il prenne des mesures de protection, appelées « *mesures d'assistance éducative* ». Ce sont des mesures préventives mises en place quand il existe un risque de danger pour l'enfant.
- *Les mesures d'assistance éducative en milieu ouvert (AEMO)* protègent l'enfant dans son milieu familial. Cette mesure, prononcée par les instances administratives ou judiciaires, intervient dès lors que les conditions de vie de l'enfant sont susceptibles de le mettre en danger ou quand ses parents rencontrent des difficultés particulières dans leurs responsabilités éducatives. Il s'agit de mettre en place une assistance éducative au domicile (AED) des parents.
- *Un appel téléphonique au 119 est couvert par le secret* et ne figure jamais sur la facture détaillée correspondant au téléphone utilisé. Ce numéro est obligatoirement affiché à l'entrée de l'école, visible et lisible par tous.
- On peut aussi *porter plainte* auprès du Procureur de la République, en se rendant dans un bureau de police ou de gendarmerie.
- La loi de 2007 réformant la protection de l'enfance, a mis en place dans chaque département une *cellule de recueil des informations préoccupantes* (CRIP) qui permet d'autoriser le partage des informations dans le respect du secret professionnel. Il s'agit de faire converger vers un même lieu toutes les informations préoccupantes afin d'en éviter la déperdition.
- Signaler un enfant en danger *est un devoir*. La loi précise qu'il est obligatoire de porter assistance aux enfants maltraités ou en situation de risque.

Précaution

Les ATSEM doivent également se garder de tout comportement ambigu avec un enfant. Un enfant en détresse doit être consolé bien sûr, mais pas câliné régulièrement, pris dans les bras, appelé par un diminutif, etc. Même quand on accompagne un enfant aux toilettes, il faut être vigilant sur ce qui pourrait être pris pour des attouchements.

La loi et les droits des enfants

1983 : circulaire de l'Éducation nationale qui exprime la responsabilité pénale du personnel des établissements scolaires en cas de non-signalement.

1989 : loi relative à la prévention des mauvais traitements à l'égard de mineurs et à la protection *de l'enfance*.

Code pénal :

- Article 434.123 : « Obligation de dénoncer aux autorités administratives ou judiciaires des faits pour quiconque a connaissance d'un crime qu'il est possible de prévenir ou de mauvais traitements ou de privations infligés à un mineur de moins de15 ans ».
- Article 223.6 : « Une non-dénonciation équivaut à une non-assistance à personne en péril ». Il y a donc obligation de signalement.

La Convention internationale des droits de l'enfant (ONU), ratifiée par la France en 1990

Ces droits sont au nombre de 10 :
- la vie ;
- la santé ;
- l'éducation ;
- la famille ;
- la protection contre le racisme et autres formes de discrimination ;
- la protection de leur corps contre toute utilisation sexuelle et tout mauvais traitement ;
- la protection contre l'exploitation des enfants dans le travail, le droit au repos et au jeu ;
- la protection contre la guerre et la privation de liberté ;
- l'identité culturelle et religieuse ;
- l'expression.

Recommandations

Aucune crainte ni intimidation ne doit empêcher un ATSEM de témoigner quand la sécurité physique ou affective d'un enfant est mise en jeu. C'est son devoir de citoyen de signaler toute violence à enfant.

S'ENTRAÎNER

QCM

1. Le numéro d'appel pour l'enfance maltraitée est le :

- **A.** 111. ☐
- **B.** 119. ☐
- **C.** 15. ☐
- **D.** 118. ☐

2. Un enfant est autorisé à prendre un médicament pendant le temps scolaire. Il a été établi un :

- **A.** PPS. ☐
- **B.** PIIS. ☐
- **C.** PAI. ☐

3. Que signifie PAI ?

- **A.** Projet d'aide individuelle. ☐
- **B.** Projet d'accueil individualisé. ☐
- **C.** Préparation à l'accueil intégré. ☐

4. La maman d'un enfant vous montre une ordonnance et vous demande de donner une dose d'antibiotique à midi à la cantine puisqu'il faut 3 prises par jour :

- **A.** Vous prenez le médicament et le lui donnerez à l'heure du repas. ☐
- **B.** Vous prenez le médicament et vous demandez à l'enseignant de lui donner la dose à midi. ☐
- **C.** Vous refusez de prendre le médicament. ☐

5. Des parents vous demandent de donner un médicament à leur enfant, que faites-vous ?

A. Vous refusez car ce n'est pas dans vos attributions. ☐
B. Vous acceptez cette tâche parce qu'elle fait partie de vos missions. ☐
C. Vous acceptez, mais exigez de voir l'ordonnance du médecin. ☐

6. En présence d'un enfant allergique sous projet d'accueil individualisé (PAI), vous constatez, après le repas, un gonflement rouge autour de sa bouche, que faites-vous ?

A. Vous donnez à boire à l'enfant. ☐
B. Vous rafraîchissez le visage de l'enfant. ☐
C. Vous alertez l'enseignant ou le (la) directeur(trice). ☐
D. Vous laissez l'enfant rejoindre le groupe. ☐
E. Vous donnez à l'enfant son médicament selon les instructions du projet d'accueil individualisé. ☐

7. On prépare un PAI pour :

A. Un enfant asthmatique. ☐
B. Un enfant ayant des problèmes de retard de langage. ☐
C. Un enfant ayant un retard scolaire. ☐

8. À table, un enfant accueilli dans le cadre d'un PAI en raison d'allergies alimentaires est sur le point d'échanger des denrées avec son voisin. Que faites-vous ?

A. Vous le laissez faire. ☐
B. Vous le lui interdisez strictement. ☐
C. vous le lui interdisez en expliquant pourquoi. ☐

9. Que signifie PPS ?

A. Projet personnalisé de scolarisation. ☐
B. Projet particulier et spécifique. ☐
C. Plan personnel de suivi. ☐

10. Un enfant handicapé :

A. Ne peut pas fréquenter une école ordinaire. ☐
B. Peut fréquenter l'école à mi-temps. ☐
C. Peut fréquenter l'école si un PPS est établi. ☐

11. Le PPS, pour les enfants en situation de handicap :

A. Est transmis et validé par la Maison départementale des personnes handicapées. ☐
B. Est élaboré exclusivement par les parents. ☐
C. Donne droit à du personnel pour accompagner ces enfants. ☐

12. Un enfant handicapé qui a des troubles du comportement est accueilli dans la classe où vous travaillez :

A. Vous refusez de travailler dans cette classe. ☐
B. Vous trouvez cela difficile et vous demandez de l'aide. ☐
C. Vous dites à ses parents qu'ils ne doivent plus le mettre à l'école parce qu'il est dangereux. ☐

13. Dans le cas d'un accord d'intégration d'un enfant handicapé dans votre classe :

A. Vous pouvez refuser de vous en occuper tout en restant dans votre classe. ☐
B. Vous ne devez vous en occuper qu'après avoir suivi une formation adaptée. ☐
C. Vous devez vous en occuper au même titre que les autres élèves de la classe. ☐
D. Vous pouvez exercer votre droit de retrait et demander à changer de classe. ☐

14. Dans le cas de la scolarisation d'un enfant handicapé dans la classe :

A. Vous pouvez refuser de vous en occuper tout en restant dans la classe. ☐
B. Vous devez vous en occuper au même titre que les autres élèves de la classe. ☐
C. Vous pouvez exercer votre droit de retrait et demander à changer de classe. ☐

15. Comment pouvez-vous favoriser l'intégration d'un enfant handicapé ?

A. En l'imposant au sein du groupe sans rien dire aux enfants. ☐
B. En le mettant toujours hors du groupe pour le protéger. ☐
C. En l'accompagnant dans ses activités et en le faisant participer progressivement à la vie du groupe. ☐

16. Un enfant handicapé :

A. N'a pas le droit de fréquenter une école pour enfants valides. ☐
B. A le droit d'être scolarisé dans l'école la plus proche de son domicile. ☐
C. Ne peut être scolarisé que dans un établissement spécialisé. ☐
D. Doit suivre sa scolarité à la maison. ☐

17. Quel est le rôle d'un AESH ?

A. Aider les ATSEM à s'occuper des enfants de la classe. ☐
B. Préparer les ateliers d'arts plastiques. ☐
C. Aider un élève à besoins particuliers à mieux réaliser le travail demandé par l'enseignant. ☐
D. Assurer l'animation du temps périscolaire. ☐

18. À quel(s) signe(s) peut-on repérer un déficit auditif chez un enfant en classe maternelle ?

A. L'enfant ne communique pas ou très peu. ☐
B. L'enfant parle fort. ☐
C. L'enfant présente des troubles du langage (mauvaise prononciation). ☐
D. L'enfant pleure fréquemment. ☐

19. Vous accompagnez un enfant aux toilettes. Vous remarquez alors d'importants hématomes dans son dos, que faites-vous ?

A. Vous appelez la police. ☐
B. Vous l'emmenez chez le médecin. ☐
C. Vous en parlez aux parents. ☐
D. Vous prévenez l'enseignant ou le (la) directeur(trice) de l'école. ☐
E. Vous lui mettez de la pommade. ☐

20. Un enfant vous confie qu'il est brutalisé par ses parents :

A. Vous en parlez au responsable de l'établissement. ☐
B. Vous en parlez aux parents de l'enfant. ☐
C. Vous préférez garder l'information pour vous. ☐
D. Vous prévenez l'enfant que vous ne garderez pas l'information pour vous. ☐

21. Vous remarquez des traces de coups sur le corps d'un enfant :

A. Vous en parlez aux parents. ☐
B. Vous en parlez à l'enfant. ☐
C. Vous en parlez à l'enseignant. ☐

22. Lors du passage aux toilettes, vous remarquez des marques suspectes sur le corps d'un enfant :

A. Vous en parlez avec les parents. ☐
B. Vous faites un signalement au service social. ☐
C. Vous le signalez à l'enseignant.

23. Un enfant est énurétique. Cela signifie :
- **A.** Qu'il a des difficultés à s'endormir. ☐
- **B.** Qu'il pleure souvent. ☐
- **C.** Qu'il a un retard de maturité de la propreté. ☐

24. L'encoprésie est :
- **A.** Une allergie à un type d'antibiotiques. ☐
- **B.** Une émission de selles non contrôlée par l'enfant en âge d'« être propre ». ☐
- **C.** Une paralysie partielle d'un membre inférieur. ☐

25. Un parent d'élève vous questionne sur un enfant de la classe ayant un trouble de santé :
- **A.** Vous le dirigez vers l'enseignant. ☐
- **B.** Vous répondez à ses questions. ☐
- **C.** Vous vous taisez car vous êtes tenu au secret professionnel. ☐
- **D.** Vous donnez les coordonnées des parents de l'enfant au parent d'élève. ☐

Questions orales

1. Un enfant présente des traces de morsures sur les bras, que faites-vous ?
2. Quel est le rôle de l'ATSEM dans la classe auprès d'un enfant handicapé ?
3. Comment accueillir un enfant malvoyant dans l'école ?
4. Comment pouvez-vous favoriser l'intégration d'un enfant handicapé ?
5. Comment gérer l'administration d'un traitement médical à l'école ?

CORRIGÉS

QCM

1. B. Le 119

2. C. Un PAI (projet d'accueil individualisé) est établi pour autoriser la prise d'un médicament à l'école pendant le temps scolaire ou périscolaire.

3. B. PAI signifie « projet d'accueil individualisé ».

4. C.

5. A. En cas d'affections aiguës et brèves, les enfants seront gardés à domicile tant qu'un traitement s'impose. Aucun médicament ne peut être administré à l'école, même à la demande des parents ou sur prescription médicale, si un PAI (projet d'accueil individualisé) n'a pas été établi. Pour des traitements de courte durée, le directeur peut demander au médecin scolaire d'établir un PAI simplifié.

6. C. Dans le cadre d'un PAI, un enfant allergique peut fréquenter le restaurant scolaire pour y consommer un repas adapté. Cependant, nul n'est à l'abri d'un problème, il faut donc avertir au plus vite l'enseignant ou le directeur qui appliquera le protocole d'urgence stipulé dans le PAI.

7. A. Un PAI est un projet d'accueil individualisé. Il permet à un enfant malade de suivre un traitement médical à l'école, ce qui est le cas pour un enfant asthmatique. Voici quelques autres affections chroniques pouvant relever de PAI : asthme, cancer, cardiopathie, diabète, maladie de Crohn, épilepsie, mucoviscidose, hémophilie.

8. C. Un enfant porteur d'un PAI doit en connaître le contenu. Il doit être conscient des risques qu'il encourt au cas ou son régime ne serait pas respecté. Ses parents ainsi que l'enseignant ont dû lui expliquer le pourquoi de ce régime afin de le responsabiliser. Les autres enfants doivent aussi respecter le protocole afin de ne pas mettre leur petit camarade en danger.
9. A.
10. C. Un enfant handicapé peut fréquenter l'école de son quartier dans le cadre d'un PPS.
11. A. Le PPS de l'enfant doit être validé par la MDPH. Le PPS peut donner droit à des heures d'AESH, mais ce n'est pas toujours le cas.
12. B.
13. C. L'accueil d'un enfant qui présente des troubles du comportement peut se révéler difficile. La MDPH accorde souvent des heures d'AESH. En ce qui concerne l'ATSEM, il n'a pas le choix d'accepter ou non. En aucun cas, l'ATSEM ne peut ni ne doit communiquer avec les parents pour exprimer ses difficultés.
14. B. Tout enfant a le droit d'être admis à l'école, même s'il est porteur d'un handicap. Dans ce cas, un PPS (projet personnalisé de scolarisation) est rédigé. L'ATSEM et l'enseignant doivent s'occuper de lui comme des autres élèves, tout en respectant les préconisations contenues dans le PPS. Il peut s'agir d'aménagements spécifiques ou d'adaptation du rythme scolaire. Quelquefois la présence d'une autre personne, telle que l'AESH, est nécessaire, c'est la MDPH qui attribue la quotité horaire.
15. C. Un des objectifs principaux de la scolarisation des enfants handicapés en milieu ordinaire est la socialisation. Les enfants de la classe doivent apprendre à vivre ensemble. Il ne peut pas être question de mettre un enfant à l'écart en pensant le protéger. Pour accueillir un enfant handicapé, l'enseignant met en place un PPS qui, dans son volet pédagogique, définit les objectifs visés ainsi que les moyens pédagogiques qui seront mis en place pour développer les compétences de l'élève. L'ATSEM travaille selon les indications de l'enseignant.
16. B. Un enfant handicapé a le droit d'être scolarisé dans l'école de son quartier. L'affectation dans une école spécialisée relève de la MDPH après accord des parents. La scolarisation à domicile est réservée aux enfants malades qui ne peuvent intégrer l'école.
17. C. L'AESH est recruté par la MDPH pour accompagner dans le cadre de l'école des enfants à besoins particuliers. L'AESH travaille sous la responsabilité de l'enseignant et met en place les processus d'apprentissages élaborés dans le cadre des objectifs définis dans le volet pédagogique du PPS. Accompagnant des élèves en situation de handicap (Ex-AVS).
18. A, B et C. Un enfant qui souffre de troubles auditifs peut présenter des troubles associés, par exemple un retard de langage. Il peut avoir des troubles de prononciation ou d'articulation. Le fait de parler fort peut être lié à des troubles auditifs. L'enseignant ou le médecin scolaire peut recommander aux parents de faire passer à l'enfant un bilan auditif.
19. D. Des hématomes sur le corps d'un enfant sont des indices qui permettent de suspecter une maltraitance. Il faut, dès qu'on la constate, avertir l'enseignant ou le directeur, et éviter, bien sûr, toute démarche directe vers les parents. C'est le directeur qui se charge de faire le signalement au procureur.
20. A.
21. C.
22. C. Lorsqu'un enfant se confie à l'ATSEM pour lui révéler les mauvais traitements qu'il subit de la part de ses parents ou de toute autre personne, l'ATSEM doit écouter l'enfant sans le presser de questions, le rassurer et le remercier de la confiance qu'il lui témoigne par cette confidence. L'ATSEM peut lui dire qu'il va l'aider. Son rôle, dans le cadre scolaire, est de signaler cette information au directeur de l'école ou à l'enseignant. Ils feront les démarches appropriées à la situation.
23. C. L'énurésie est un retard d'acquisition de la propreté qui fait que l'enfant fait « pipi dans sa culotte » sans pouvoir se contrôler. Ce trouble peut avoir des origines diverses. C'est un domaine

où l'ATSEM doit faire preuve de beaucoup de respect envers l'enfant qui souffre intérieurement de ce problème.

24. B. L'encoprésie est une émission de selles incontrôlées. Ces incidents peuvent être révélateurs de troubles physiologiques et psychologiques chez l'enfant en âge d'être propre. De ce fait, les enfants qui souffrent de ce trouble doivent être pris en charge par des spécialistes. L'ATSEM veillera à entourer l'enfant de toute sa sollicitude et fera preuve de respect, l'enfant souffre de cette situation.

25. A, C. Lorsqu'un parent d'élève questionne l'ATSEM sur les problèmes d'un enfant de la classe, comme un trouble de santé par exemple, l'ATSEM ne doit donner aucune information. Dans le cadre de son travail, l'ATSEM a une obligation de réserve, aussi appelée « discrétion professionnelle ». Elle doit diriger aimablement ce parent vers l'enseignant.

Questions orales

QUESTION 1

La première précaution à prendre lorsque l'on découvre des traces de violence sur un enfant, c'est d'en parler discrètement à l'enseignant. Toutefois lors de la découverte de ces traces, si l'enfant en parle spontanément, l'ATSEM se doit de recueillir ses propos en faisant preuve d'empathie. Pas de sollicitation excessive, ni de dramatisation ni de compassion, une attitude d'écoute bienveillante est la plus adaptée. Il peut y avoir toutes sortes de raisons qui ont fait que la famille n'a pas jugé bon de prévenir. Il se peut que les parents, manquant de vigilance et d'un élémentaire sens de l'observation, n'aient rien remarqué et que l'enfant se soit fait mordre à l'école sans s'en plaindre à un adulte. À la maison, il a pu être mordu par son petit frère ou un autre enfant du voisinage. Les parents peuvent être gênés d'avoir à raconter ce type d'événement.
Toutefois, s'il s'agit de morsures d'adulte ou d'un animal, l'enfant est certainement en danger. C'est la mission de l'enseignant et du directeur de l'école de lancer un signalement. À ce sujet, il faudra parler de l'obligation de réserve.

QUESTIONS 2, 3 ET 4

Ces trois questions vont permettre de montrer que vous avez bien compris vos missions auprès des élèves à besoins particuliers.
Accueillir un enfant « à besoins spécifiques » dans une classe maternelle, c'est travailler « autrement ». C'est un travail en complémentarité entre les différents adultes qui vont travailler auprès de cet enfant : l'enseignant, l'AESH, les personnes qui peuvent dispenser des aides spécifiques ou des soins à l'école. C'est une situation qui demande une grande attention et une disponibilité de chaque instant. Il faut aider les enfants en situation de handicap à conquérir de l'autonomie physique et affective. Les objectifs pédagogiques prioritaires à travailler à l'école et les interventions des différents adultes sont stipulés dans le PPS. Pour l'ATSEM, une dimension importante dans l'accueil d'un enfant handicapé consiste à être à l'initiative de comportements d'acceptation lucide par les autres élèves. Travailler dans une classe où est accueilli un enfant handicapé est un investissement en temps et en énergie, mais c'est aussi un enrichissement personnel.
Pour favoriser l'accueil d'un enfant malvoyant, il faut l'accompagner vers les autres enfants. C'est l'ATSEM, l'AESH et l'enseignant qui établiront les contacts, pour lui permettre de partager certains jeux avec les autres enfants.

QUESTION 5

Tout traitement médical à l'école doit obligatoirement faire l'objet d'un PAI. Cette question permettra d'affirmer vos connaissances sur la législation qui régit l'administration d'un traitement médical dans le cadre scolaire. Il faut bien montrer que vous connaissez les limites de vos

fonctions. Même un médicament en apparence anodin, pour soigner un rhume, une toux, un traitement de très courte durée, une application de pommade, ne peuvent être dispensés à l'école par un ATSEM sans être contractualisés par un PAI.
Pour traiter cette question, il faut expliquer où et comment sont stockés les médicaments, qui intervient, à quel moment et selon quel protocole. Il faudra s'appuyer sur des exemples précis comme l'asthme, les convulsions fébriles ou la prise quotidienne d'un traitement.

CHAPITRE 9

La prévention des risques à l'école : hygiène et sécurité

CE QU'IL FAUT SAVOIR

Les objectifs

Le directeur de l'école a pour mission d'assurer la sécurité des personnes et des biens placés sous sa responsabilité. Ses objectifs sont les suivants :

- la prévention ;
- l'action en cas d'échec de la prévention ;
- connaître les consignes de sécurité ;
- se montrer efficace en cas d'évacuation de l'école.

La commission de sécurité

La commission de sécurité vérifie l'état des locaux. À la fin de la construction, c'est elle qui donne le feu vert pour ouvrir une école. Les écoles sont classées en *trois catégories* selon leur capacité :

- catégorie 1 : moins de 100 personnes ;
- catégorie 2 : en dessous de 301 personnes ;
- catégorie 3 : de 300 à 700 personnes.

À chaque visite, tous les 3 ou 5 ans selon la catégorie de l'établissement, la commission de sécurité émet des prescriptions et des recommandations. La municipalité et le directeur sont tenus de les exécuter pour mettre les locaux en conformité.

Le registre de sécurité

Dans chaque école, il y a un *registre de sécurité*, il doit être présenté à la commission. Il contient tous les documents relatifs à la sécurité du bâtiment :

- les consignes d'évacuation ;
- les plans d'évacuation ;
- les comptes-rendus des commissions de sécurité précédentes ;
- les comptes-rendus des exercices d'évacuation ;
- les rapports des visites des différentes entreprises chargées de vérifier la sécurité du bâtiment (vérification de l'état des installations électriques et de gaz, contrôle de l'alarme, contrôle de la chaufferie, des ventilations).

Les municipalités doivent faire vérifier tous les ans l'installation électrique et les installations de gaz par un organisme agréé. Les rapports sont joints au registre de sécurité.

La sécurité incendie

Les consignes de sécurité

- Les consignes de sécurité sont élaborées par le directeur de l'établissement et soumises à la commission de sécurité.

© 2015, Elsevier Masson SAS. Tous droits réservés

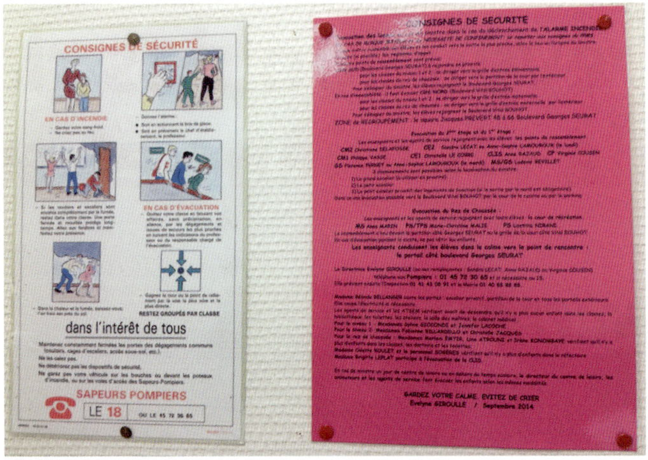

FIG. 2.109. **Affichage des consignes de sécurité.**

- En début de chaque année scolaire, en général le jour de la prérentrée et au plus tard au début de la première semaine de classe, le directeur présente les consignes actualisées à l'équipe éducative.
- Enseignants, ATSEM et autres partenaires et utilisateurs de l'école sont tous concernés.
- Les consignes sont affichées dans chaque classe, dans les couloirs, le réfectoire, les dortoirs et les salles de jeux. Les plans d'évacuation des locaux sont affichés à chaque étage.

La prévention des risques

Rôle de l'ATSEM

Les responsabilités de chacun sont clairement précisées, L'ATSEM a un rôle important.

- L'ATSEM et l'enseignant doivent toujours *organiser l'espace* de manière à pouvoir bien circuler. L'ATSEM doit rester vigilant quant à la disposition du mobilier dans les classes. Même si un local a deux ou trois portes, il faut veiller absolument à n'en encombrer aucune : toutes doivent pouvoir s'ouvrir très rapidement. L'ATSEM veille ainsi à ne pas entreposer d'objets devant l'une d'elles.
- Les matériaux utilisés dans l'école doivent être *traités anti-feu* (rideaux, tapis, dalles de plafond, etc.) Les enseignants et les ATSEM doivent se garder de procéder à trop d'affichages qui risqueraient de dégager des gaz toxiques en brûlant.
- L'utilisation des *appareils de cuisson est interdite* en classe.
- À la lecture des consignes à suivre en cas d'évacuation, l'ATSEM ne doit surtout pas hésiter à poser des questions sur les cheminements proposés et à se faire préciser ce que l'on attend de lui, ce qu'il doit faire et où conduire les enfants.

Commentaire : chaque membre de l'équipe est un élément essentiel pour la sécurité de l'établissement. Aucun manquement aux règles de sécurité ne peut être accepté. Il ne faut jamais hésiter à signaler au directeur un dysfonctionnement observé dans les locaux. Le directeur doit convaincre l'ensemble des personnels de l'école de l'importance de respecter les règles de sécurité.

L'exercice de sécurité

Les exercices de sécurité ont lieu trois fois par an. Le premier exercice est placé obligatoirement au cours du premier mois qui suit la rentrée scolaire.

Objectif

Pratiquer une évacuation en temps réel.

Organisation de l'exercice

Dès que l'alarme sonne, il faut appliquer les consignes et se rendre le plus rapidement possible, tout en gardant son calme, vers le point de ralliement. Dans la rédaction des consignes de sécurité, les attributions de chacun sont inscrites nominativement. En général, l'enseignant guide ses élèves avec l'aide de l'ATSEM qui est chargé de s'assurer qu'aucun élève n'est resté en classe.

Rôle de L'ATSEM

Vigilance, *rapidité* et *efficacité* sont de mise. Les consignes sont claires. Il ne faut ni crier ni courir. Les enfants sont guidés par le maître vers la sortie. Les enfants sont accompagnés vers le point de ralliement et rassurés si cela est nécessaire.

Il ne faut pas habiller les enfants. Les consignes de sécurité le précisent bien : il ne faut jamais aller chercher des effets personnels. L'ATSEM vérifie que chaque élève a bien suivi et que personne n'est resté occupé dans un coin de la classe, au dortoir ou aux toilettes. Le maître doit prendre le *registre d'appel* et, à la fin de l'exercice, vérifier que personne ne manque.

Évacuation pendant la sieste

Un des trois exercices doit avoir lieu pendant la sieste. Dans ce cas, il faut réveiller les élèves et prendre dans les bras ceux qui ne se lèveraient pas assez rapidement. Comme le point de ralliement est souvent situé à l'extérieur, si l'évacuation doit se faire pendant la sieste des petits, on peut prendre des couvertures mais surtout sans perdre de temps.

Fin de l'exercice

Après chaque exercice d'évacuation, le directeur note dans le registre de sécurité :

- *l'effectif* des personnes évacuées ;
- *la durée* de l'évacuation ;
- *les remarques* sur les éventuels dysfonctionnements.

Chacun s'efforce de faire au mieux, le plus rapidement possible. Des difficultés matérielles peuvent cependant survenir, qu'il faudra signaler et régler au plus vite.

Commentaire : quand l'alarme se déclenche, il ne faut jamais supposer qu'il s'agit d'un exercice de routine ou d'un déclenchement intempestif. Il faut toujours faire évacuer les locaux. Lorsqu'une école est équipée de portes coupe-feu, ces portes doivent être refermées après chaque passage d'élèves.

Le plan particulier de mise en sûreté (PPMS)

Un exemplaire du PPMS doit se trouver dans chaque classe. En début d'année scolaire, le directeur réunit l'équipe éducative pour présenter la version actualisée. Il s'assure que chacun a bien identifié son rôle. Une fois par an, un exercice de mise à l'abri (MAA), ou confinement suivi d'un déconfinement, doit être organisé par le directeur.

Objectif

- Assurer la sécurité des élèves.
- Être prêt à faire face à une situation de crise liée à la survenue d'un accident majeur.
- Attendre l'arrivée de secours organisés.

Recommandations

En cas de risque majeur, il ne faut pas évacuer mais se confiner. Les signaux d'alerte sont différents. Pour l'évacuation en cas d'incendie, c'est l'alarme incendie qui se déclenche. Pour la mise à l'abri (MAA) ou le confinement, c'est le directeur qui alerte à l'aide d'une corne de brume et d'un mégaphone.

FIG. 2.110. **Document PPMS.**

Qui déclenche le PPMS ?

C'est le directeur qui déclenche l'alerte à l'audition du signal national d'alerte (SNA) diffusé par les sirènes ou sur demande des autorités ou s'il est témoin d'un accident majeur pouvant avoir une incidence sur l'école.

Définition des risques et réponse

Les risques naturels : mise à l'abri (MAA)

Le directeur alerte oralement en passant de classe en classe.
Il peut s'agir de *phénomènes météorologiques* dangereux :

- la tempête (avis de vents violents ou très violents) ;
- les fortes précipitations ;
- les inondations.

Dans ces cas, les avis émanent de Météo France. Selon l'intensité du phénomène, la vigilance est « *orange* » ou « *rouge* ». Cet avis de vigilance permet d'anticiper le danger. L'alerte n'est déclenchée que lorsque le risque est avéré.
Il peut également s'agir de :

- glissements de terrain, effondrements de carrières, avalanches, rupture de barrage ;
- séismes (pour les zones concernées).

Les risques technologiques : le confinement

Le directeur alerte à l'aide de la corne de brume et parle dans le mégaphone.
Il peut s'agir :

- d'une alerte à la bombe, d'un risque d'attentat, d'une prise d'otages en cours ;
- d'une explosion, d'une rupture de canalisation ;
- d'un accident lié au transport de matières dangereuses ;
- d'un accident industriel de type Seveso ;
- d'un nuage toxique ou radioactif.

Des risques spécifiques liés à la localisation de l'école sont identifiés dans le PPMS.
Commentaire : la mise à l'abri (MAA) consiste simplement à rester à l'intérieur des locaux dans des zones éloignées des portes et des fenêtres. C'est le plus souvent la procédure dans le cas de risques naturels. Toutefois, en cas de glissement de terrain, il faut quitter le bâtiment et se

regrouper à l'extérieur comme dans le cas de l'incendie. Le confinement n'est indiqué que dans le cas des phénomènes dangereux à évolution rapide.
Cas particulier : lors de la prise d'otages de janvier 2015, certaines écoles parisiennes ont dû procéder à un confinement immédiat sur ordre de la police afin de prévenir les risques. Les enfants ont été maintenus dans les écoles et les parents n'ont pas été autorisés à venir les chercher.

Les lieux

Des zones de mise à l'abri (MAA) et des zones de confinement ont été définies dans un document spécifique : le PPMS. La mairie, l'inspection de circonscription, la DSDEN et la sécurité civile en ont un exemplaire. Ce document a été transmis à la sécurité civile par le maire dans le cadre de son PPMS municipal.

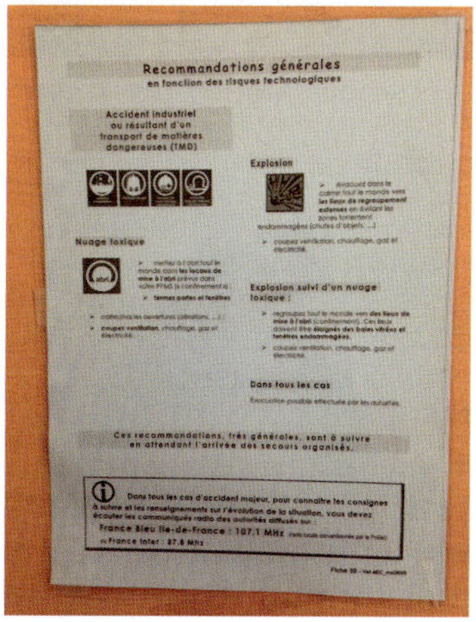

FIG. 2.111. Recommandations PPMS en cas de risque majeur.

Le matériel

Des mallettes de première urgence (MPU) sont constituées. Il y a une mallette par zone de mise en sûreté et une pour la cellule de crise.
Ces mallettes (MPU) contiennent :

- une trousse de premiers secours (TPS) : sucres, sacs plastiques, gants jetables, couverture de survie, mouchoir en papier, savon, compresses, pansements, sparadrap, écharpes, garnitures périodiques, désinfectant pour les plaies ;
- un poste de radio ne fonctionnant pas sur secteur, à piles ou de préférence à recharge manuelle par manivelle (sur dynamo) ;
- une lampe de secours manuelle ;
- du ruban adhésif large pour calfeutrer les fenêtres ou renforcer les vitrages, des ciseaux ;
- de l'essuie-tout ;
- des serpillières pour calfeutrer les portes, des chiffons ;
- des gobelets ;
- une enveloppe comportant les documents, les plans et les fiches de fonction, de liaison, d'observation et d'intervention.

L'exercice de simulation

Les objectifs

Une fois par an, le directeur organise un exercice de mise à l'abri ou de confinement d'une durée de 1 h 30 à 2 h. L'objectif est de s'assurer que chacun a bien compris sa place et ses missions. Quelques jours avant cet exercice, un document vidéo est montré aux élèves afin qu'ils en perçoivent les objectifs et la nécessité.

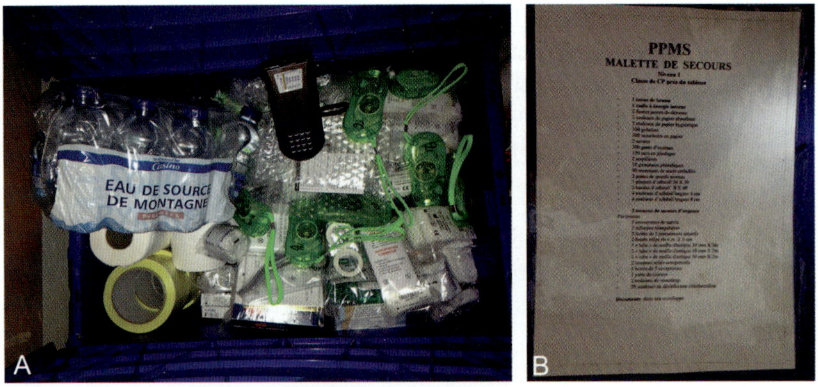

FIG. 2.112. **La mallette de premiers secours (MPU) et son contenu.**

> « Tout élève bénéficie dans le cadre de sa scolarité obligatoire, d'une sensibilisation à la prévention des risques et aux missions des services de secours. »[52]

La répartition des tâches

Chacun rejoint sa zone de mise en sûreté. Les zones de confinement et les personnes qui doivent y être accueillies sont définies dans le document de PPMS. Le directeur rejoint la cellule de crise et ferme les accès à l'école, il pose une affichette indiquant le déroulement de l'exercice. Les chefs de zones, en général un enseignant, répartissent les tâches selon les fiches de répartition des missions.

- *Les missions en direction des enfants :*
  - assurer l'encadrement des élèves ;
  - porter une attention particulière aux enfants porteurs de handicap ou de PAI ;
  - faire asseoir les enfants, éviter qu'ils ne s'agitent ;
  - gérer l'attente par des occupations calmes, des comptines, des dessins, des histoires racontées ;
  - rassurer et réconforter les enfants qui ne se sentent pas bien ;
  - donner à boire, accompagner aux toilettes s'il y en a dans la zone ou placer les enfants sur un seau prévu à cet effet et placé dans un espace à l'écart.
- *Les tâches matérielles :*
  - confiner l'espace en plaçant de l'adhésif sur les huisseries des portes et des fenêtres. Les rideaux, s'il y en a, sont tirés et scotchés ;
  - calfeutrer les grilles de ventilation ;
  - placer des serpillières mouillées sous les portes.

REMARQUE Dans le cas d'un exercice, l'électricité n'est pas coupée. Il faut toutefois éteindre toutes les lumières, les ordinateurs, les appareils de production de son ou d'image, pour bien se mettre dans les conditions véritables.

[52] Code de l'Éducation, Art. L.31213.1.

Le rôle du directeur

Le directeur :

- coupe les circuits (eau, gaz, ventilation, électricité) ;
- se tient informé en réglant la radio sur la fréquence locale de France Bleu (43 radios locales) ;
- gère les secours ;
- gère les communications téléphoniques et les contacts avec les médias.

Dans les zones de confinement, la personne désignée utilise la trousse de premiers secours pour soigner les blessés. Elle signale à la cellule de crise, si cela est possible, le nombre de blessés, les personnes qui font des malaises et tout autre incident. Elle remplit des fiches d'observation pour chaque malade ou blessé.

La fin de l'exercice : le déconfinement

Il faut donner des explications aux enfants afin d'évacuer le stress lié à ce type d'exercice. Il faut aérer les locaux. Le directeur remplit une fiche d'évaluation de l'exercice après avoir recueilli les informations de l'équipe éducative.

Le plan Vigipirate

Le plan Vigipirate consiste en un dispositif permanent de vigilance, de prévention et de protection face à la menace terroriste ou en réaction à une attaque.

Les caractéristiques du nouveau plan Vigipirate

Les objectifs et les niveaux

Il a pour objectif de :

- prévenir ou déceler le plus en amont possible toute menace d'action terroriste ;
- organiser un dispositif national de préparation des moyens de protection et de réponse ;
- permettre une réaction rapide et coordonnée en cas d'action terroriste.

Il est simplifié, il n'y a plus que deux niveaux (au lieu de cinq qui étaient auparavant) représentés par des couleurs :

- *la vigilance*, qui correspond à une posture permanente de sécurité. *Cette vigilance peut être renforcée* par l'addition de mesures temporaires pour faire face à une augmentation des menaces ;
- *l'alerte attentat* s'applique à un contexte de péril imminent ou à une situation où une ou plusieurs actions terroristes sont commises sur le territoire national. Des mesures exceptionnelles et temporaires, *éventuellement très contraignantes*, sont alors à prendre. Les sorties scolaires peuvent être interdites, tout particulièrement celles qui se font en transport en commun. Les déplacements à pied peuvent aussi être limités. Les visites de sites à risques comme les musées et les magasins sont interdites.

Le cas particulier (Janvier 2014)

- *Cas particulier de l'activation du plan Vigipirate attentat en Île-de-France dès le 7 janvier 2014* :
  - toutes les sorties dans les musées, les salles de spectacle sont suspendues ;
  - les départs en classe de découverte se feront en autocar, il est interdit de déplacer un groupe d'élèves dans les gares ou les aéroports. Seules les sorties en car municipal pour des destinations sans risque (les forêts, la piscine municipale, etc.) peuvent être maintenues ;
  - le stationnement aux abords des écoles est strictement interdit par la présence de barrières et d'un affichage spécifique.

FIG. 2.113. **Renforcement de la sécurité à la sortie des écoles.**

FIG. 2.114. **Panneau Vigipirate.**

- Mesures à mettre en place pour assurer la sécurité des personnes et des biens :
  - surveiller, contrôler et filtrer les entrées de l'école ;
  - identifier toute personne ou tout objet suspect ;
  - donner l'alerte en cas d'intrusion.
- Recommandations permanentes de sécurité :
  - signaler tout objet suspect à l'intérieur ou aux abords de l'école ;
  - ne pas accepter de prendre un colis sans avoir été averti à l'avance ;
  - être particulièrement vigilant lors des rassemblements (sorties scolaires ou fêtes d'école ouvertes au public) ;
  - ne laisser aucune personne étrangère au service accéder à l'école sans autorisation du directeur ;
  - sans céder à l'inquiétude, *chacun doit être vigilant et s'installer dans une posture permanente de sécurité.*

L'hygiène et la prévention des maladies infectieuses

En septembre 2014, la ministre de la Santé, en cohérence avec la loi de refondation de l'école évoquée, a affirmé l'importance d'accentuer la prévention auprès des enfants. Elle a indiqué que « *la politique de prévention se fera dès le plus jeune âge* parce qu'il faut agir le plus tôt possible pour que les comportements d'aujourd'hui ne deviennent pas les maladies de demain ». La ministre entend généraliser le « réflexe prévention » en dix ans : « Pour cela, nous devons d'abord progresser dans le domaine de l'éducation à la santé : c'est l'un des objectifs inscrits dans la nouvelle loi sur l'école. »

Objectif

L'objectif, c'est de *réduire le taux des maladies infectieuses*, en particulier gastro-intestinales et les infections des voies respiratoires supérieures.

- Le personnel et les élèves sont régulièrement encouragés à :
  - prendre des précautions en cas de toux ou d'éternuement ;
  - faire les bons gestes pour se laver les mains.
- L'ATSEM est *directement concerné*. Non seulement il se lave les mains après chaque soin, mais surtout il apprend aux enfants à tousser avec la main devant la bouche, ou mieux encore le bras, à se moucher régulièrement dans un mouchoir jetable et le jeter ensuite dans une poubelle fermée, puis à se laver les mains.

Des posters éducatifs, placés à différents endroits stratégiques, expliquent des procédures simples et efficaces.

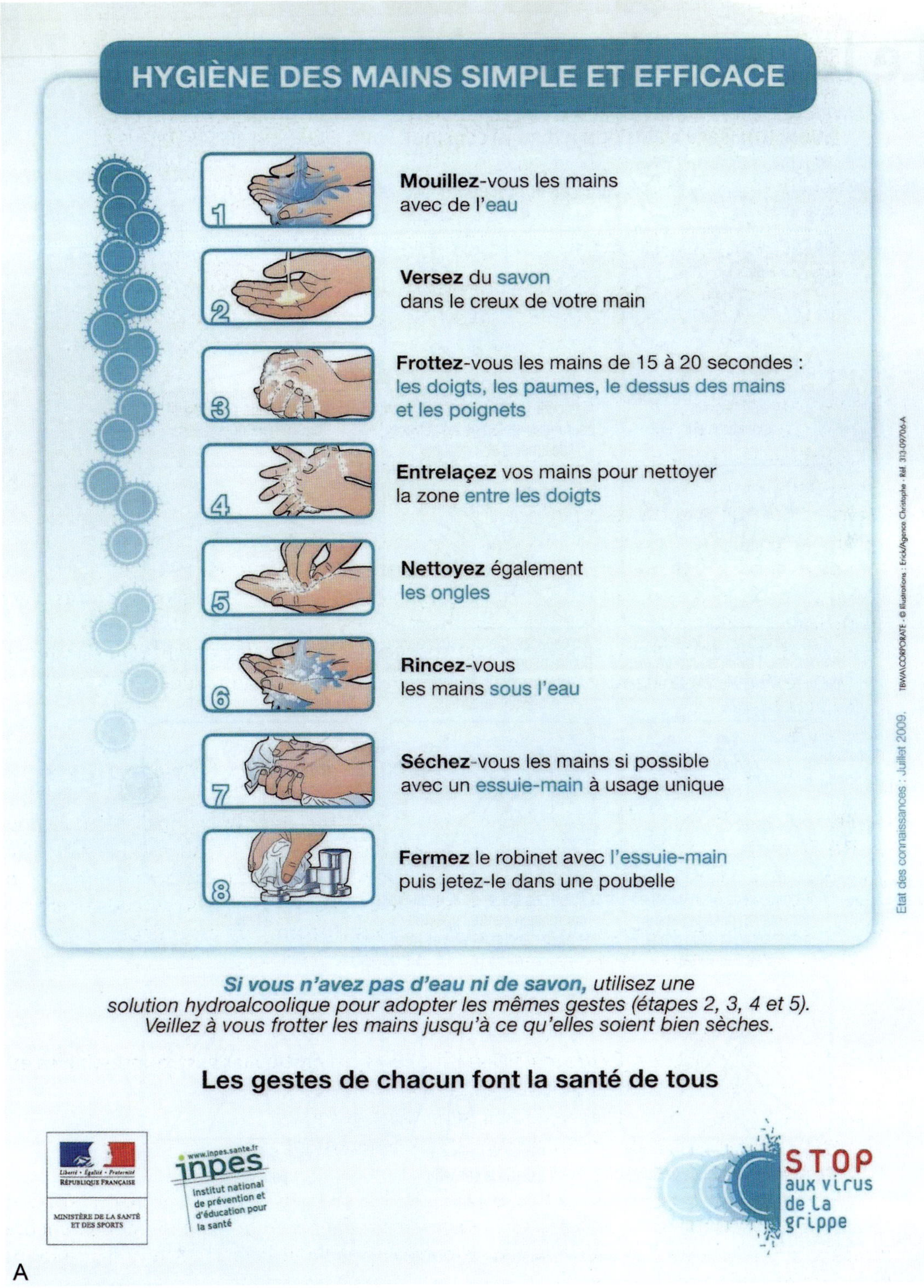

FIG. 2.115. A. L'hygiène des mains, B. Le lavage des mains.

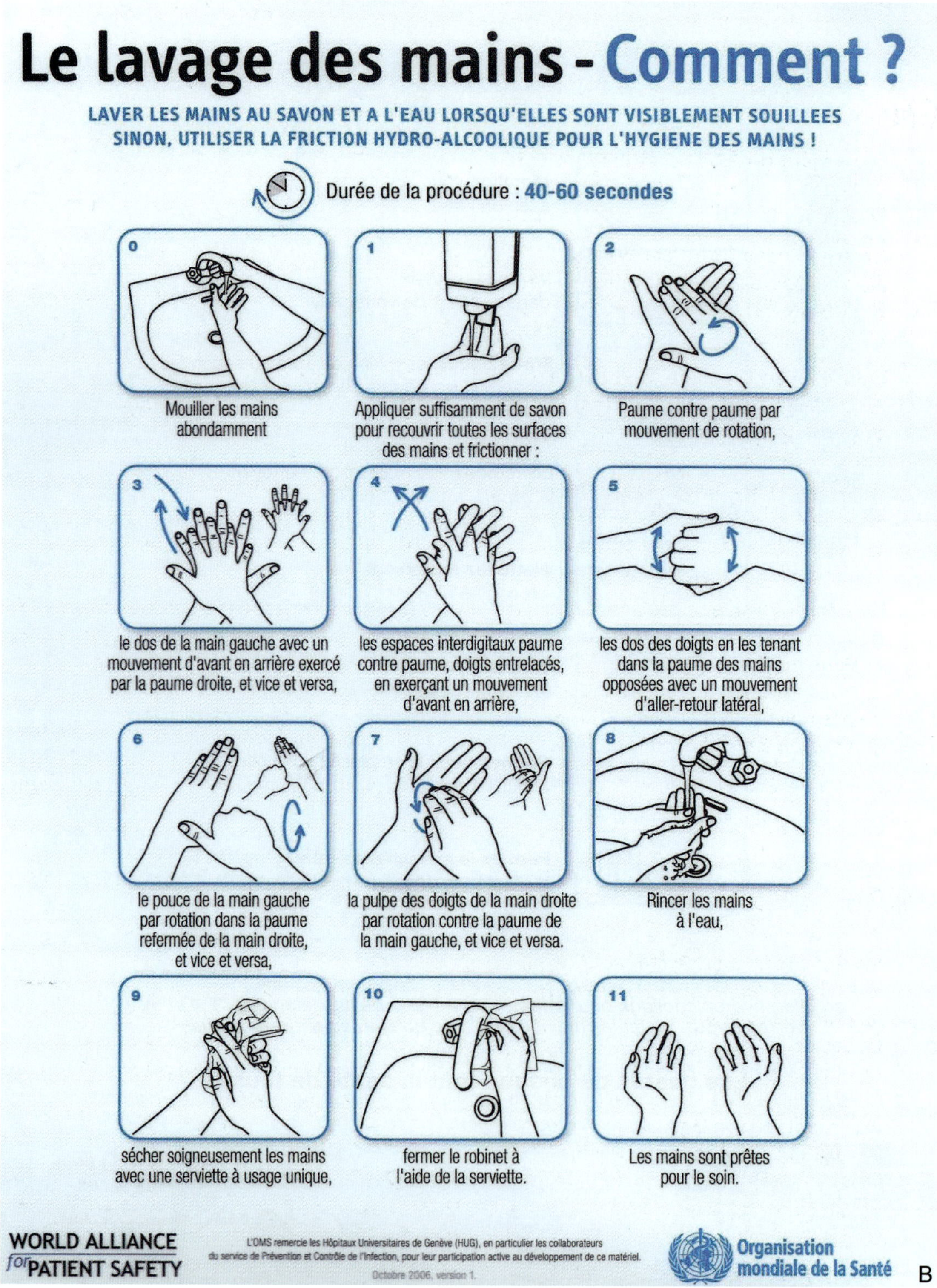
Le lavage des mains - Comment ?
LAVER LES MAINS AU SAVON ET A L'EAU LORSQU'ELLES SONT VISIBLEMENT SOUILLEES
SINON, UTILISER LA FRICTION HYDRO-ALCOOLIQUE POUR L'HYGIENE DES MAINS !
Durée de la procédure : 40-60 secondes
0
Mouiller les mains abondamment
1
Appliquer suffisamment de savon pour recouvrir toutes les surfaces des mains et frictionner :
2
Paume contre paume par mouvement de rotation,
3
le dos de la main gauche avec un mouvement d'avant en arrière exercé par la paume droite, et vice et versa,
4
les espaces interdigitaux paume contre paume, doigts entrelacés, en exerçant un mouvement d'avant en arrière,
5
les dos des doigts en les tenant dans la paume des mains opposées avec un mouvement d'aller-retour latéral,
6
le pouce de la main gauche par rotation dans la paume refermée de la main droite, et vice et versa,
7
la pulpe des doigts de la main droite par rotation contre la paume de la main gauche, et vice et versa.
8
Rincer les mains à l'eau,
9
sécher soigneusement les mains avec une serviette à usage unique,
10
fermer le robinet à l'aide de la serviette.
11
Les mains sont prêtes pour le soin.
WORLD ALLIANCE for PATIENT SAFETY
L'OMS remercie les Hôpitaux Universitaires de Genève (HUG), en particulier les collaborateurs du service de Prévention et Contrôle de l'Infection, pour leur participation active au développement de ce matériel.
Octobre 2006, version 1.
Organisation mondiale de la Santé

B

S'ENTRAÎNER

QCM

1. Le numéro du SAMU est le :

A. 15. ☐ B. 18. ☐ C. 17. ☐
D. 119. ☐ E. 112. ☐

2. L'alarme incendie se déclenche :

A. Vous courez voir vos collègues pour savoir ce qui se passe. ☐
B. Vous ne faites rien, c'est certainement un exercice. ☐
C. Vous faites sortir les élèves selon les dispositions des consignes de sécurité. ☐

3. L'alarme se déclenche, que faire ?

A. L'enseignant et l'ATSEM attendent dans la classe les directives du directeur. ☐
B. L'enseignant et l'ATSEM sortent avec les enfants et se dirigent vers un point déterminé. ☐
C. L'ATSEM appelle les pompiers. ☐
D. L'ATSEM couvre les enfants avec une couverture. ☐
E. L'enseignant sort avec les élèves et l'ATSEM continue son travail car c'est un exercice incendie. ☐

4. L'alarme à incendie se déclenche pendant que vous surveillez la sieste des enfants de petite section :

A. Vous sortez en courant voir ce qui se passe. ☐
B. Vous réveillez les enfants et les faites sortir dans la cour de l'école. ☐
C. Vous attendez un peu afin d'être sûr que ce n'est pas une fausse alerte pour ne pas réveiller les enfants pour rien. ☐
D. Vous attendez les consignes du directeur ou de la directrice. ☐

5. Dans une école maternelle, les portes coupe-feu doivent-elles être maintenues fermées après chaque passage d'enfants ?

A. Oui. ☐ B. Non. ☐

6. Un exercice de sécurité se déroule dans votre maternelle. Dans la liste suivante, indiquez les affirmations exactes :

A. L'exercice de sécurité doit avoir lieu au moins 3 fois par an, chacun applique les consignes qui ont été rédigées par le directeur. ☐
B. L'ATSEM veille à habiller tous les enfants de sa classe avant de les emmener au point de ralliement. ☐
C. Les consignes peuvent prévoir qu'un des ATSEM est chargé de vérifier qu'aucun des enfants de l'école n'a été oublié ; il aura à visiter toutes les pièces. ☐
D. Si l'exercice a lieu pendant la sieste des tout petits, il faut éviter de réveiller les enfants car il s'agit d'une simulation.
E. Dès que l'alarme se déclenche, chacun se rend le plus rapidement possible au point de ralliement en appliquant les consignes qui ont été établies.
F. L'ATSEM ne peut participer à l'exercice que lorsqu'il a effectué le PSC1 (prévention sécurité civique 1er niveau).

7. Que signifie l'abréviation PPMS ?

A. Plan Particulier de Mise en Sûreté. ☐
B. Projet de Pilotage du Maintien de la Sécurité. ☐
C. Plan Particulier de Maintenance et de Sécurité. ☐

Questions orales

1. Quel est l'objectif de l'exercice de confinement et comment y participez-vous ?
2. Que faire en cas d'incendie ?
3. Comment l'ATSEM peut-il participer à la politique d'éducation à la santé ?

CORRIGÉS

1. A. Le 15, numéro de téléphone du SAMU, doit être affiché très visiblement en collectivité ; il doit surtout être mémorisé.
2. C.
3. B.
4. B. Quand l'alarme incendie se déclenche, il ne faut pas hésiter un seul instant. Il faut faire évacuer les élèves selon le dispositif décrit dans les consignes de sécurité. Il ne faut pas attendre de confirmation orale de qui que ce soit. Il faut respecter les consignes d'évacuation, ne pas prendre d'initiative personnelle comme téléphoner aux pompiers, continuer le ménage ou ne pas évacuer sous prétexte que vous pensez que c'est un exercice.
5. A. Les portes coupe-feu doivent être refermées après chaque passage d'élève, même si cela n'est pas pratique ; c'est une mesure de sécurité en cas d'incendie.
6. A, C et E. Le directeur doit organiser un exercice de sécurité 3 fois par an. Cet exercice a pour objectif l'entraînement des personnels, le repérage de difficultés éventuelles et l'évaluation de la durée de l'évacuation. Quels que soient l'heure, la situation de travail ou son poste de travail, dès que l'alarme se déclenche, il faut faire évacuer les élèves même s'ils font la sieste. Dans ce cas, il faut réveiller les enfants au plus vite. Avant de quitter les locaux, l'ATSEM vérifie qu'aucun enfant n'a été oublié. Il faut évacuer au plus vite, donc ne pas perdre de temps en habillant les enfants.
7. A. Le PPMS est un plan particulier de mise en sûreté. Il décrit la procédure à suivre pour confiner dans l'école les élèves et le personnel. Comme pour les consignes d'évacuation en cas d'incendie, les rôles et les missions de chaque adulte qui travaille dans l'école sont définis pour procéder au confinement. Les zones d'accueil et les cheminements sont indiqués.

Questions orales

QUESTION 1

Il faut montrer que vous faites bien la différence entre le confinement et l'évacuation. En évoquant des situations possibles comme la tempête ou le nuage toxique, vous pourrez expliquer les deux niveaux d'activation du plan particulier de mise en sûreté : la mise à l'abri et le confinement. Vous devez connaître la nature du signal. Vous devez décrire les missions qui vous sont confiées, l'attitude adaptée et les précautions à prendre avec certains élèves. Vous expliquez la configuration des lieux et comment il faut pratiquer pour les protéger des émanations (pose de ruban adhésif, coupure des fluides, écoute de la radio réglée sur France Bleu). N'oubliez pas de parler du déconfinement.

QUESTION 2

Les consignes de sécurité affichées dans chaque classe expliquent la procédure à suivre pour évacuer les lieux. La priorité essentielle, c'est la protection des enfants. Quand l'alarme se déclenche, quelle que soit l'activité en cours, il faut toujours évacuer les lieux. Toutefois, cette évacuation doit se faire selon les directives que le directeur de l'école a expliquées en début d'année scolaire. Pour montrer vos connaissances en matière de sécurité incendie, il est bon de vous appuyer sur l'expérience du dernier exercice d'évacuation auquel vous avez participé pour montrer que vous connaissez et appliquez les consignes d'évacuation dans leur intégralité.

QUESTION 3

L'ATSEM joue un rôle essentiel dans la politique d'éducation à la santé et de prévention des risques infectieux. Il faut parler des actions des ATSEM en classe : aider les enfants à se moucher avec de mouchoirs à usage unique, leur donner de bonnes habitudes, comme mettre la main devant la bouche ou le nez quand on éternue, se laver les mains plusieurs fois par jour et surtout avant et après les repas. Il faut aussi évoquer l'entretien des locaux (balayage humide) et le lavage régulier du matériel pédagogique. Il faut éviter de ranger les vêtements et les doudous par exemple dans des grands bacs, et privilégier les rangements individuels du linge pendant la sieste. Il faut évoquer la vigilance en cas de pédiculose et les limites des interventions vis-à-vis des familles. Enfin, il est utile d'insister sur le rôle éducatif de l'ATSEM, comme éviter que les enfants portent le matériel à la bouche et leur apprendre les conduites à risques.

PARTIE

3

Le développement de l'enfant

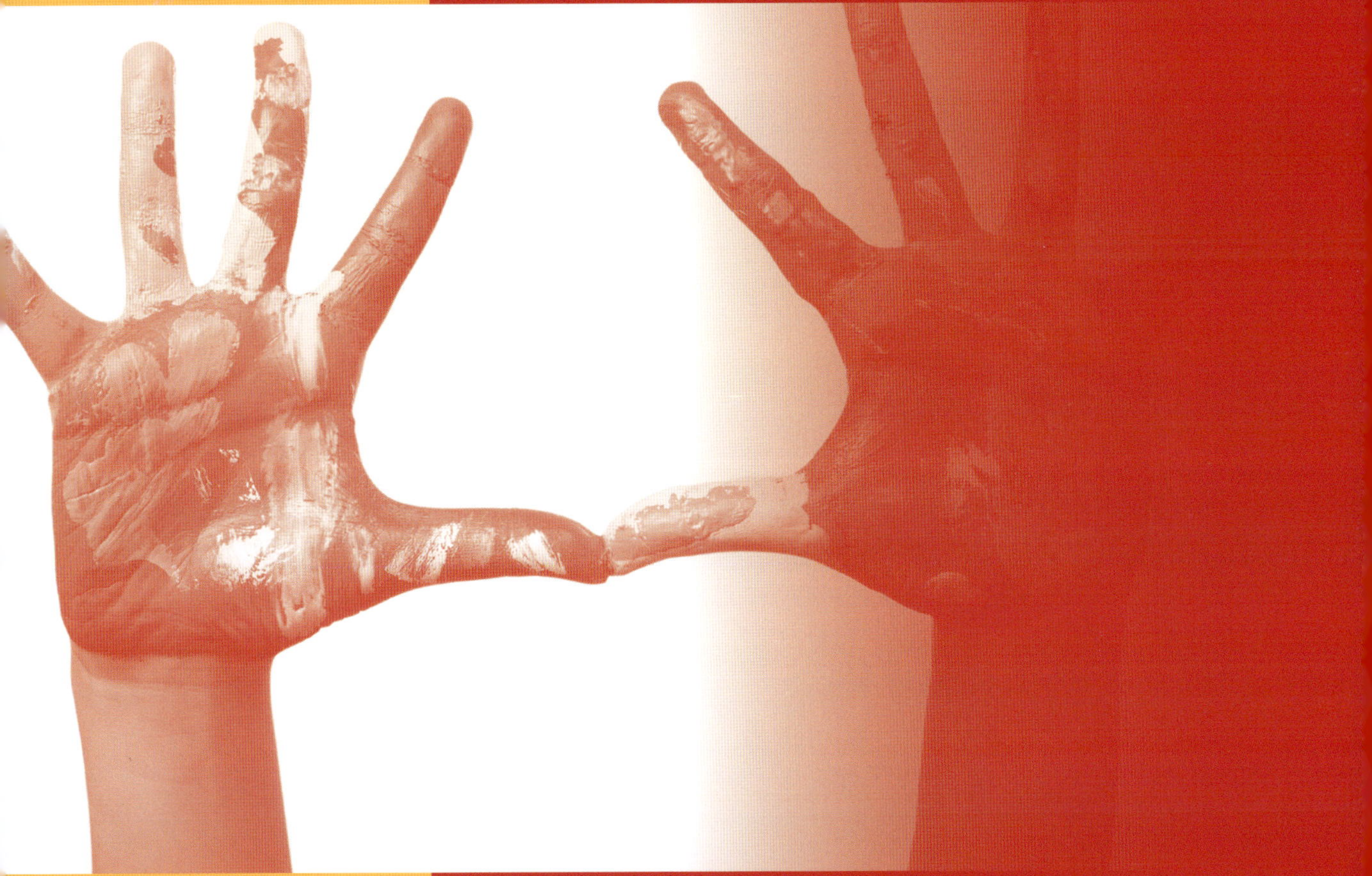

CHAPITRE 10

Le développement somatique de l'enfant

CE QU'IL FAUT SAVOIR

Le développement somatique[1] est programmé, l'enfant va croître en taille et en poids. C'est un phénomène global et unique :

- *global*, car il concerne autant la croissance pondérale et staturale que les proportions du corps. La vitesse de croissance varie en fonction de l'âge ;
- *unique*, car le rythme de développement est propre à chaque individu.

L'évolution de la croissance en taille et en poids (*staturo-pondérale*) est étudiée à partir de moyennes établies d'après des statistiques. Il est donc évident que tous les enfants n'auront pas le même développement, que ce développement ne suivra pas systématiquement les « *normes* » établies.

Le rythme et les facteurs du développement

Le *développement somatique* est un phénomène global ; il concerne la croissance pondérale et staturale (poids et taille).

Le rythme du développement

La *vitesse de croissance* varie en fonction de l'âge. Elle est :

- très rapide durant la vie utérine ;
- rapide de la naissance à 3 ans ;
- plus lente de 4 à 10 ans ;
- puis rapide à l'adolescence.

Les facteurs de croissance

On distingue des facteurs extrinsèques liés à l'environnement et des facteurs intrinsèques spécifiques à l'individu.

Facteurs intrinsèques

Il y a deux types de facteurs intrinsèques.

- Les *facteurs génétiques* : les poids et taille de chacun des deux parents doivent être pris en considération pour évaluer la croissance de l'enfant.
- Les *facteurs hormonaux* : différentes hormones agissent sur la croissance. Citons plus particulièrement l'hormone de croissance, sécrétée durant le sommeil (d'où l'importance du respect du sommeil de l'enfant).

[1] Étymologie : « somatique » vient du mot grec *soma*, qui signifie « corps » (développement du corps).

© 2015, Elsevier Masson SAS. Tous droits réservés

Facteurs extrinsèques

Les facteurs extrinsèques sont nombreux et variés. Citons les principaux.

- L'*hygiène alimentaire* : l'alimentation doit être équilibrée en qualité et en quantité afin de répondre aux besoins de l'enfant.
- L'*hygiène de vie*, en particulier la qualité de l'environnement (ensoleillement, absence de pollution), le sommeil, les activités physiques.
- Les *conditions psycho-affectives* : tous les psychologues de la petite enfance ont démontré le retentissement des carences affectives sur la croissance de l'enfant et, à l'inverse, l'importance de l'affectif dans le développement harmonieux de l'enfant[2].
- Une *surveillance médicale régulière et les vaccinations* participent à l'évolution harmonieuse de la croissance par la prévention des pathologies.

L'évolution du poids

La surveillance de la croissance en poids de l'enfant constitue un des aspects de l'appréciation de son état de santé. Elle repose, de façon indissociable, sur les courbes de croissance, véritable indicateur de la qualité du développement somatique de l'enfant.

La courbe pondérale

Les grilles des mesures de croissance proposées dans le carnet de santé de l'enfant, et tenues à jour, constituent un outil fiable d'évaluation.
Il est important de s'intéresser davantage à la *régularité de la courbe* qu'au poids effectif de l'enfant (surtout dans la première enfance).

Normes de 2 à 4 ans

La surveillance du poids se fait d'abord à la maternité, puis au rythme des consultations médicales de l'enfant. Il existe des « chiffres repères » permettant une évaluation rapide du gain pondéral, en référence au poids de naissance de l'enfant (PN). Leur valeur indicative est cependant approximative, le suivi de la courbe pondérale de l'enfant reste la règle (Tableau 3.1).

TABLEAU 3.1. Progression du poids de 2 à 4 ans et points de repère par rapport au PN.

	A	B	C
Âge de l'enfant	**Points de repère**	**Poids (approximatif)**	**Gain pondéral mensuel**
2 ans	PN × 4	13 kg	250 g
3 ans		14,500 kg à 15 kg	180 g
4 ans	PN × 5	17 kg	150 g

La colonne A permet de calculer le poids de l'enfant à partir du poids de naissance selon les points de repère.
La colonne B indique le poids approximatif.
La colonne C indique le gain pondéral mensuel (à titre indicatif).

[2] Le psychologue W. Scott a dit : « L'amour maternel est la vitamine psychologique de croissance. »

TABLEAU 3.2. **Gain pondéral moyen de 4 à 10 ans.**

Âge de référence	Mensuel	Annuel
De 4 à 5 ans	170 g	1,700 kg
De 5 à 7 ans	125 g	1,500 kg
De 8 à 10 ans	115 g	1,400 kg

Normes entre 4 et 10 ans

La croissance pondérale se ralentit progressivement à partir de 4 à 5 ans, et reste lente jusqu'à 10 à 12 ans (Tableau 3.2).

L'évolution de la taille

La taille est la hauteur du corps, du sommet de la tête aux talons. La mesure se fait à l'aide d'une toise.

Normes de 2 à 4 ans

TABLEAU 3.3. **Taille de 2 à 4 ans[a] et points de repère à 4 ans.**

Âge de référence	Taille	Points de repère
Vers 2 ans	85 cm	
Vers 3 ans	95 cm	
Vers 4 ans	1 m	TN × 2

a. Il s'agit de moyennes statistiques ; les variations individuelles sont fréquentes, chaque enfant ayant son rythme propre.

Normes entre 5 et 10 ans

L'enfant grandit de 5 à 6 cm par an environ.

TABLEAU 3.4. **Taille de 5 ans à 10 ans.**

Âge de référence	Filles	Garçons
Vers 5/6 ans	1,08 m	1,10 m
Vers 7/8 ans	1,25 m	1,25 m
Vers 9/10 ans	1,34 m	1,35 m

S'ENTRAÎNER

QCM

1. Le développement somatique de l'enfant dépend :

A. De la corpulence des parents. ☐

B. De l'alimentation des parents. ☐

C. De la qualité affective des liens familiaux. ☐
D. De son hygiène alimentaire. ☐
E. De son hygiène de vie (sommeil, vaccins, etc.) ☐

2. À 2 ans, l'enfant pèse :
A. 8 kg. ☐
B. 13 kg. ☐
C. 16 kg. ☐

3. À 2 ans, l'enfant mesure :
A. 75 cm. ☐
B. 90 cm. ☐
C. 85 cm. ☐

4. À 3 ans, l'enfant mesure :
A. 95 cm. ☐
B. 110 cm. ☐
C. 85 cm. ☐

5. À 3 ans, l'enfant pèse :
A. 15 kg. ☐
B. 6 kg. ☐
C. 8 kg. ☐

6. À 3 ans, l'enfant a un gain pondéral mensuel de :
A. 120 g. ☐
B. 140 g. ☐
C. 180 g. ☐

7. À 4 ans, l'enfant :
A. Double son poids de naissance. ☐
B. Triple son poids de naissance. ☐
C. Quintuple son poids de naissance. ☐

8. À 4 ans, l'enfant pèse (environ) :
A. 17 kg. ☐
B. 19 kg. ☐
C. 21 kg. ☐

9. À 4 ans, l'enfant mesure :
A. 1 m. ☐
B. 90 cm. ☐
C. 80 cm. ☐

CORRIGÉS

1. A, C, D, E ; **2.** B (13 kg) ; **3.** C (85 cm) ; **4.** A (95 cm) ; **5.** A (15 kg) ; **6.** C (180 g) ; **7.** C ; **8.** A (17 kg) ; **9.** A (1 m).

CHAPITRE 11

Le développement psychomoteur, affectif et social

CE QU'IL FAUT SAVOIR

L'expression même de *développement psychomoteur* implique le parallélisme des progrès de l'enfant sur deux plans : *neuromusculaire* (acquisition du tonus de certains groupes musculaires permettant à l'enfant des positions déterminées) et *psychologique* (apparition par étapes de manifestations sociales, affectives et cognitives de plus en plus évoluées), ainsi que le langage.

- Nous vous donnons ici les « *notions de base* » de ce développement en nous référant aux grands courants de la psychologie de l'enfant.
- Nous soulignons les périodes dites « *sensibles* » (où les acquisitions sont les plus fécondes et les plus structurantes) et le *rôle de l'adulte* auprès de l'enfant, qu'il s'agisse des parents ou du professionnel de l'enfance (au sens le plus large).

Les facteurs et les rythmes du développement

Les facteurs de développement

Le développement psychomoteur de l'enfant dépend étroitement de deux facteurs.

Un facteur intrinsèque : la maturation cérébrale

La maturation cérébrale est indispensable à la progression du développement dans un ordre donné, étape par étape. Le développement neurologique (qui permet le contrôle musculaire) suit un *axe précis* : il va de la tête aux pieds et du centre du corps à la périphérie (Fig. 3.1).

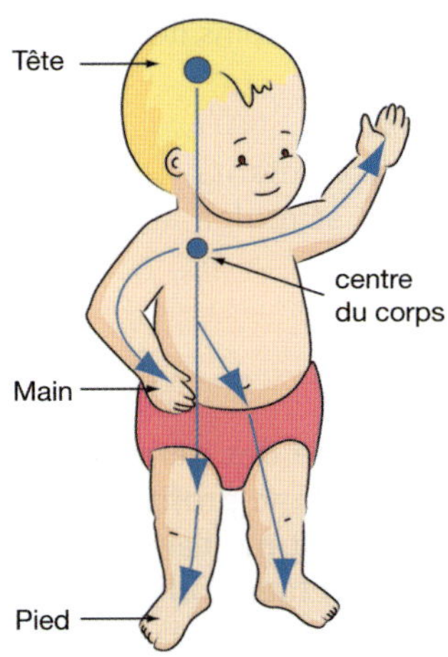

FIG. 3.1. **Axes du développement psychomoteur de l'enfant.**

© 2015, Elsevier Masson SAS. Tous droits réservés

Un facteur extrinsèque : l'entourage humain et les stimulations

Le développement de l'enfant dépend aussi de la qualité des échanges affectifs de l'enfant avec ses proches. Faute d'affection, son développement s'arrête. Les *stimulations offertes à l'enfant* sont aussi à prendre en compte : découvrir, expérimenter sont des actes fondamentaux pour l'enfant. L'adulte est là pour le stimuler, le féliciter, autant dans ses essais (même infructueux) que dans ses réussites.

Le rythme du développement

Le développement de l'enfant se fait par *stades* (ou étapes) se succédant toujours dans le même ordre, indépendamment de l'environnement humain.

Les stades du développement

Un stade de développement est l'ensemble des compétences d'un enfant à un âge donné. C'est aussi la préparation des compétences de l'âge suivant.

EXEMPLES
- L'enfant marche d'abord à quatre pattes, puis se met debout et marche seul.
- L'enfant attrape d'abord un objet involontairement et globalement, puis acquiert la préhension volontaire et précise.

Les paliers du développement

Le développement de l'enfant ne suit pas une ligne ascendante continue, mais il se fait par *paliers* successifs, de durée variable selon les enfants. Il s'agit de périodes où le développement semble être stationnaire. En fait, le palier sert de tremplin pour acquérir une nouvelle capacité motrice.

Rôle de l'ATSEM

L'ATSEM veillera à :
- adapter ses actions aux capacités de chaque enfant ;
- « accompagner » l'enfant dans son développement ;
- le stimuler en tenant compte des besoins liés à son âge ;
- conseiller aux parents de :
  - respecter le rythme de chacun,
  - éviter les comparaisons entre enfants,
  - parler à leur enfant et le stimuler au moyen de jeux adaptés à son âge et à ses capacités.

Les « périodes sensibles »

Au cours du développement, il existe des périodes sensibles où l'enfant est *prêt* pour acquérir de nouvelles compétences. Il faut donc profiter de ces périodes pour lui donner la possibilité d'apprendre, soit par l'expérience, soit par l'enseignement.
Il a été démontré que, pour être fructueux, un apprentissage ne doit être *ni trop précoce, ni trop tardif*, mais se rapprocher le plus possible de la « période sensible » qui est une période féconde. Avant ou après, l'apprentissage est plus laborieux, voire impossible.

Le développement de l'enfant la troisième année (2 à 3 ans)

Au cours de la 3e année, l'enfant va demander de plus en plus à l'adulte de partager les activités de la vie quotidienne (mettre le couvert, desservir la table, etc.) Il est souvent autorisé à faire « seul », ce qui renforce son autonomie. Plus sociable, l'enfant de 3 ans apprécie beaucoup la compagnie de ses pairs. Ce qui accroît son intégration à la vie sociale.

Le développement de la motricité, les activités et les jeux

Au cours de la 3e année, l'enfant atteint l'*apogée de la motricité* et son intelligence lui permet de maîtriser divers *jeux de réflexion* (Fig. 3.2).

FIG. 3.2. Le développement de l'enfant la 3e année[3].

[3] Source : J. Gassier, *Guide de la petite enfance*, chapitre « Le développement psychomoteur de 0 à 3 ans », Elsevier Masson, p. 138.

Le développement affectif et social

L'enfant de 2 à 3 ans commence à bien se différencier des autres et prendre position par rapport à eux. Dans ses relations avec autrui, il est tantôt acteur, tantôt spectateur. Cette prise de « conscience de soi » se traduit par la crise d'opposition et de négativisme, dite *crise de la personnalité* : l'enfant s'oppose sans cesse à l'autre, lui dit « non », s'entête, n'obéit pas et refuse d'être aidé. Il veut tout faire seul. Il affirme par là sa *personnalité naissante*.

TABLEAU 3.5. **Le développement affectif et social de 2 à 3 ans.**

Développement affectif et social de 2 à 3 ans	Rôle de l'adulte
a) La construction de la personnalité Au cours de la 3e année, l'enfant fait une crise de personnalité qui se traduit par : – *la construction du « moi »* L'enfant se sent distinct d'autrui. Cette prise de conscience atteint son apogée à 3 ans, avec l'utilisation du « moi » et du « je ». – *le négativisme* L'affirmation de soi se manifeste par l'opposition à l'autre. C'est l'âge du « non » (*crise de négativisme*). L'enfant « s'oppose » pour se « poser » ! – *le développement de l'autonomie* L'enfant veut « faire seul ! », il est capable de se laver, de s'habiller, de manger seul, il acquiert la propreté.	a) *Pour aider l'enfant à s'affirmer*, l'adulte veillera à : – ne pas lui créer de contraintes inutiles, provoquant le « non » ; – lui expliquer les règles de vie en collectivité ; – favoriser la convivialité, l'inciter à tenir compte de l'existence de l'autre, à partager ses jouets, etc. ; – ne pas engager de lutte avec l'enfant à propos du « non », il suffit souvent de détourner son attention ; – lui demander son avis ; – lui expliquer les interdits, etc.
b) L'ouverture aux autres – *les relations avec les copains* L'enfant joue avec ses semblables, il établit de bonnes relations avec eux, il leur offre ses jouets, il apprécie les jeux collectifs, etc. – *les relations avec l'adulte* Dans la quête d'identité, après la phase d'opposition, l'enfant cherche l'approbation de l'adulte. Il veut plaire (« Maman, regarde ! »). 3 ans est l'âge de la grâce et de la convivialité.	b) *Pour développer la sociabilité de l'enfant*, l'adulte veillera à : – lui proposer des jeux collectifs, des jeux d'interactions où l'enfant a besoin de l'autre dans un but précis ; – favoriser les échanges verbaux, les premières relations de copinage (on joue avec, on fait avec, on échange avec, etc.) ; – le valoriser, le féliciter de ses activités ; – le regarder avec un regard bienveillant, le stimuler, l'encourager, etc.

Les aspects de la personnalité d'un enfant de 3 ans

« *Trois ans est une sorte de majorité* », dit Gesell[4] ; c'est l'âge adorable. Tous les excès, les paradoxes, les bouillonnements des mois précédents cèdent le pas à un degré de plus de maturité. L'enfant paraît plus sérieux, plus maître de lui, c'est le moment idéal pour le mettre à la maternelle.

3 ans, l'âge de « l'ouverture aux autres »

- Plus sociable (il aime la compagnie de ses pairs) et plein de vitalité, l'enfant de 3 ans aime *les jeux de plein air* (les toboggans, les balançoires, le ballon, etc.) qui vont lui permettre de dépenser son énergie et d'apprendre les règles des jeux collectifs.

[4] Arnold Gesell, *Le jeune enfant dans la civilisation moderne*, PUF.

- Mais l'*autodiscipline* est difficile à cet âge… Son désir de partager le jeu est certain, mais il a du mal à se débarrasser de son égocentrisme. Lorsqu'il voit son copain réaliser un pâté de sable à ses côtés, il veut s'emparer brusquement de son seau et de sa pelle. Cette attitude traduit en fait un progrès, une réelle volonté de coopération que l'enfant va progressivement établir. Il ne veut pas le voler, il veut « *devenir l'autre qui joue* ».

3 ans, l'âge de la compréhension du « permis » et du « défendu »

- Vers 3 ans, l'enfant est capable de comprendre le « *permis* » et le « *défendu* » (qui sont à la base de l'éducation morale). Le « *non* » de l'adulte (parents ou professionnel) suggère à l'enfant qu'il fait une faute et son degré de mécontentement lui indique la gravité de celle-ci.
- À 3 ans, le *bien*, c'est le plaisir de l'adulte référent (parent ou professionnel).
- Vers 4 ans, les lois des adultes feront partie de l'enfant, et constitueront ce que les psychanalystes appellent le « *sur-moi* » qui s'enracine à jamais dans l'inconscient.

3 ans, l'âge de la construction du « moi » (la crise du négativisme)

- L'enfant devient plus conscient de ses capacités, de ses pouvoirs, de son individualité. Il se sent *distinct* d'autrui, il utilise souvent le « *je* », le « *moi* », a tendance à se croire le centre du monde. Dans sa quête d'*identité*, il se réalise surtout en fonction de l'approbation ou la désapprobation de l'adulte référent (parent ou professionnel). Rien ne le rassure autant que les actes qu'il réussit aux yeux de celui-ci ; « Regarde ! » est le mot typique prononcé à longueur de journée par l'enfant de 3 ans. Ainsi de succès en succès, de compliment en compliment, l'enfant acquiert une confiance en lui de plus en plus grande. Il devient plus indépendant, plus éveillé.
- Mais au travers de ses actes se cache une ambivalence, il cherche souvent à s'affirmer en s'opposant à l'adulte. C'est le défi permanent, l'âge du « *non* » ostentatoire et provocant (l'enfant fait une *crise de négativisme*).

3 ans, l'âge du développement de l'autonomie

- Lorsque l'enfant acquiert un nouvel apprentissage, il ne tolère plus aucune aide extérieure. Peu lui importe de mal se coiffer, de mal se laver, de casser, de renverser, ce qu'il veut c'est faire seul ! Or, les parents viennent trop souvent au secours de l'enfant, qu'ils considèrent presque comme un handicapé. Ses maladresses et sa lenteur leur sont pénibles à supporter.
- L'enfant veut faire comprendre que son individualité est à prendre en considération, même si ses initiatives n'ont pas toujours les résultats souhaités (*cf.* encadré ci-après).

Résultat d'une enquête auprès de 400 enfants[5]

Une enquête a été réalisée auprès de 400 enfants de 3-4 ans. On leur proposait huit photographies de mères avec leurs enfants dans des situations très caractéristiques. La mère qui obtint le score le plus éblouissant fut la *mère camarade* : celle qui donne de petits rôles à l'enfant, qui se fait aider. À l'inverse, *la mère couveuse* fut totalement rejetée de la majorité des enfants !

Remarque

Cette enquête est révélatrice de la mentalité des enfants de cette tranche d'âge et c'est une leçon pour l'adulte. L'enfant choisit la personne qui stimule *l'autonomie* (elle est valorisante et stimulante pour lui).

Rôle de l'ATSEM

Le professionnel veillera à :

- respecter une *échelle de valeurs* (ex. : il sera nécessaire de réprimander plus sévèrement l'enfant qui mord son petit copain que celui qui casse un jouet) ;

[5] J. Gassier, *Guide de la petite enfance*, Elsevier Masson.

- donner des *ordres stables et fermes*. Exemples :
  - *ordres stables* : hier Max a tiré les cheveux de Jules. Mme A. n'a pas grondé Max. Aujourd'hui, elle se met en colère ;
  - *ordres fermes* : Émilie a volé un gâteau dans le placard. Mme A. l'a grondée, elle s'est mise à pleurer. Mme A., prise de pitié, lui a finalement permis de le manger.

Que conclut l'enfant ? Est-ce bien ou mal, de tirer les cheveux… de voler un gâteau… ?
L'enfant attend de l'adulte une autorité, il a besoin d'être protégé contre les choses et contre lui-même. Une absence d'autorité le désoriente. La *notion du bien et du mal* n'est pas innée chez l'enfant. Ce sont les adultes qui, par leur façon d'approuver ou de désapprouver certains actes, en fixent les règles.

Trois ans : « Une sorte de majorité ? »[6]

L'enfant maîtrise parfaitement tous les mouvements, toutes les positions. Son habileté manuelle ouvre l'aire de son autonomie : il peut s'habiller seul, manger proprement. De plus, l'enfant acquiert la *maîtrise des sphincters anal et vésical* (propreté diurne et nocturne).
Enfin, l'étape des trois ans marque *l'éclosion du vocabulaire*. C'est l'avalanche de questions. La « *soif des mots* » est intarissable. L'enfant utilise dans beaucoup de phrases le « *je* », le « *moi* ». C'est l'*âge idéal pour l'école maternelle* !

Le développement de l'enfant de 4 à 5 ans

Le développement affectif et social

Selon H. Wallon, l'enfant de cet âge traverse le stade du « *personnalisme* »[7]. Au cours de ce stade, l'enfant parvient à prendre « conscience de soi ». Cette prise de conscience de soi se construit à partir de la conscience que l'on a de l'autre : l'enfant devient sensible au regard de l'autre, ce qui entraîne une recherche d'*affirmation* de soi et d'*opposition* à l'autre. L'enfant veut se mesurer à autrui, vaincre, ou dépasser l'autre, ce qui conduit à des comportements d'agressivité, que l'adulte (en collectivité d'enfants plus particulièrement) doit savoir habilement gérer.

FIG. 3.3. **L'enfant de 5-6 ans aime courir, pousser, envoyer, attraper, crier, etc.**

[6] D'après A. Gesell, *Le jeune enfant dans la civilisation moderne*, PUF.
[7] H. Wallon, *Évolution psychologique de l'enfant*, Armand Colin.

REMARQUE Ce type de jeu répond à différents besoins des enfants :
- courir, se dépenser, se défouler, décharger une agressivité latente, etc. ;
- se faire « peur », avoir des émotions, etc. ;
- avoir des contacts (on se touche lorsqu'on s'attrape). C'est une *émulation collective.*

Le tableau ci-après présente des étapes du développement affectif et social de l'enfant de 4 à 5 ans.

TABLEAU 3.6. Le développement affectif et social de 4 à 5 ans.

Développement affectif et social de 4 à 5 ans	Rôle de l'adulte
A. L'importance de l'affectivité *C'est une période sensible :* – l'enfant est au stade de « l'expérience affective » (H. Wallon), il a besoin d'aimer et d'être aimé de ses parents et des autres, d'être rassuré sur lui-même, écouté, etc. – l'enfant peut être timide, jaloux, etc. Il traverse une période de crainte, d'insécurité affective, etc. Il est très *vulnérable*.	**L'adulte (parent ou professionnel de la petite enfance) veillera à :** – assurer l'enfant de son affection et de son respect ; – dialoguer avec l'enfant, l'écouter, le valoriser ; – savoir lui imposer aussi des limites ; – repérer ses difficultés et les signaler ; – favoriser son intégration au « groupe social » ; – le rassurer, le sécuriser.
B. Le développement social a) *L'adaptation à l'école maternelle* : l'enfant fait connaissance avec un nouveau « niveau social ». L'adaptation à l'école peut poser quelques problèmes… b) *L'insertion dans un groupe d'enfants*. À partir de 3 ans, le groupe est nécessaire au développement de la personnalité de l'enfant : – l'enfant aime *se « mesurer » à autrui*, le petit copain va être un modèle (on l'imite), un moyen (on veut l'utiliser), un obstacle (on veut l'éliminer) ; – l'enfant aime « *dépasser* » l'autre et ainsi « *se valoriser* » au moyen de jeu ou du travail scolaire (c'est l'*émulation*) ; – l'enfant devient « *persévérant* » dans ses jeux et veut terminer ce qu'il a commencé (il aime les jeux utilitaires) ; – l'enfant aime « *se défouler* » dans des jeux agressifs (qui le libèrent de ses tensions, de ses conflits intérieurs, etc.) ; – l'enfant aime les « *jeux de rôle* », qui sont des jeux collectifs (on y joue à plusieurs), des jeux réglementés (chacun doit bien remplir le rôle qui lui est donné, souvent l'enfant se déguise, etc.).	**L'adulte (parent ou professionnel de la petite enfance) veillera à :** – déceler les troubles d'adaptation scolaire et les signaler (ou y remédier) ; – *proposer à l'enfant divers jeux adaptés à ses besoins :* • des jeux collectifs avec des règles qui favorisent la socialisation (ex. : jeux de rôles), • des exercices rythmés qui favorisent la perception du corps, • des activités manuelles qui favorisent l'habileté et l'expression créative, • des jeux vidéo interactifs qui développent sa créativité, son besoin de connaissances, son expression libre, • des jeux utilitaires (ou jeux travail), avec un but posé au départ, qui développent la coopération, l'entraide, la persévérance ; – *canaliser l'agressivité* dans des activités sportives et accepter la décharge agressive dans les jeux ; – *réduire les groupes d'enfants* à 4 ou 5 partenaires pour limiter les conflits ; – *prêter attention aux « jeux de rôles »* qui traduisent les préoccupations et les besoins affectifs de l'enfant.

Le jeu de « la maîtresse »

Situation **Les jeux vers 4-5 ans**

Anna, 5 ans, dit à son frère, Alex, 4 ans : « Va dans le coin de la pièce, transporte ta chaise et assieds-toi. Tu vas dessiner un dessin tout seul ! » Anna gronde Alex : « Tu n'as pas préparé tes crayons et tu bavardes ! Tu es un méchant garçon, vilain ! », et elle tape sur la table. Puis elle boit un verre d'eau, se coiffe et lui dit : « Je le dirai à maman ce soir ! »

Commentaire : cette « mise en scène » évoque souvent les expériences de vie de l'enfant qui ont pu être traumatisantes. À cet âge, il peut d'autant mieux exprimer ses sentiments que son vocabulaire s'est amélioré.

Les jeux collectifs

Situation **« L'émulation collective », « l'exclusion du groupe »…**

Carlos (5 ans), Zohra, Rania et Célia (5 ans ½) jouent ensemble dans la cour de leur immeuble. Flavio (un copain d'école) arrive à leur insu et souhaite s'associer à leur jeu. « Oh, le petit rouquin ! », disent Carlos et Zohra (en ricanant), et Célia ajoute : « Mais c'est encore Rourou qui est là ! » Flavio se sent mal à l'aise ; il repart attristé. Il n'est pas pressé de rentrer chez lui et s'assoit sur un muret. Seul. Il regarde de loin les enfants jouer ensemble. Apparemment, ils ont choisi de jouer au « loup et aux moutons » ; Carlos se désigne « loup » et il engage une course-poursuite derrière ses copines (désignées « moutons »). Elles crient, elles courent, se cachent… et rient beaucoup. Mais au bout de 10 minutes, elles en ont assez et veulent changer les règles du jeu !

Les jeux à l'école maternelle[8]

L'enfant de 4–5 ans va à l'école maternelle qui lui permet d'expérimenter la vie collective. C'est un lieu où les enfants s'organisent en « *clans* » (de trois ou quatre copains). On y observe des rites de tribu. Par exemple : ils lancent des ordres, des menaces (repoussent les intrus !). Ils créent des interdits, des « tabous » ou établissent des démarcations, des « *exclusions* » du groupe. L'adulte doit savoir (habilement) leur enseigner quelques valeurs de *tolérance* et d'*ouverture à autrui*, et favoriser leur socialisation. L'insertion à l'école maternelle doit accélérer le processus d'*adaptation sociale*, amener l'enfant à accepter plus facilement les autres et à contenir ses débordements. Car, à 4–5 ans, l'enfant aspire davantage à devenir un être social qu'à faire de l'opposition. Il le montre bien dans sa passion pour les anniversaires, et, en particulier, dans le phénomène de l'imitation des parents. En imitant, l'enfant adopte les expressions, le comportement de celui qu'il admire ; il pénètre ainsi dans la complexité de la vie des adultes et tente de la comprendre et de l'accepter.

S'ENTRAÎNER

QCM

1. Le développement psychomoteur dépend de :
- **A.** La maturation cérébrale. ☐
- **B.** Le niveau intellectuel des parents. ☐
- **C.** Les stimulations apportées par les parents. ☐
- **D.** La situation géographique de son lieu de vie. ☐
- **E.** Le climat affectif de l'entourage. ☐

2. On appelle « période sensible » chez l'enfant :
- **A.** Un temps d'arrêt du développement dû à un événement douloureux. ☐
- **B.** Un temps propice pour acquérir de nouvelles compétences. ☐
- **C.** La « crise d'angoisse » du 8e mois. ☐

3. Vers 2 ans ½–3 ans, l'enfant généralement :
- **A.** Veut « faire seul ». ☐
- **B.** Préfère jouer seul. ☐
- **C.** Apprécie le tricycle. ☐

[8] J. Gassier, *Guide de la petite enfance*, Elsevier Masson.

4. À 3 ans, l'enfant est (dit) « socialisé ». Cela signifie que :
- **A.** Il sait partager ses jouets. ☐
- **B.** Il accepte les règlements. ☐
- **C.** Il est propre (va aux WC seul). ☐
- **D.** Il n'agresse pas ses copains. ☐
- **E.** Il n'a plus besoin de surveillance. ☐

5. L'enfant de 4-5 ans apprécie les jeux de groupe pour :
- **A.** Se bagarrer. ☐
- **B.** Se mesurer à autrui. ☐
- **C.** Se défouler. ☐
- **D.** Faire des jeux de rôles. ☐

6. Afin de « canaliser l'agressivité » de l'enfant, le professionnel doit lui proposer :
- **A.** Des jeux de réflexion. ☐
- **B.** Des activités physiques. ☐
- **C.** Des livres. ☐
- **D.** Des activités artistiques (ex. : peinture). ☐

7. Les « jeux de rôles » sont des jeux :
- **A.** Individuels. ☐
- **B.** Collectifs. ☐
- **C.** réglementés. ☐
- **D.** Spontanés. ☐
- **E.** Organisés par l'adulte. ☐

CORRIGÉS

1. A, C, E ; **2.** B ; **3.** A, C ; **4.** A, B, C, D ; **5.** B, C, D ; **6.** B ; **7.** B, C.

CHAPITRE 12

Le développement cognitif et l'évolution du langage

CE QU'IL FAUT SAVOIR

Le développement cognitif

Le développement cognitif de 2 à 4 ans : l'intelligence opératoire concrète

L'*intelligence opératoire concrète*[9] est une intelligence qui s'appuie sur une pensée concrète. L'enfant, grâce à des représentations mentales, peut évoquer des situations réelles passées. La pensée a une fonction symbolique.

EXEMPLE Alex (2 ans) sait que sa mère est arrivée car il voit le panier à provisions sur la table de la cuisine.

TABLEAU 3.7. L'intelligence opératoire concrète.

L'intelligence opératoire concrète	Situations
a) La fonction symbolique Elle se manifeste par : – l'*imitation différée*, c'est l'imitation sans la présence du modèle imité (l'enfant prend plaisir à imiter les adultes de son entourage); – le *jeu symbolique* (ou jeu de fiction), c'est la transformation du réel selon les besoins de l'enfant (la poupée, l'ours permettent ces jeux de fiction).	– Zohra (2 ans ½) se plaît à pétrir la pâte pour faire une tarte. Elle a mis le tablier et pris un rouleau à pâtisserie... Elle reproduit les gestes qu'elle a vu faire par sa mère la veille... – Noémie (3 ans) joue «à l'école». Elle mime les gestes de Marc (le professeur des écoles) à qui elle donne le mauvais rôle (elle gesticule, se tortille, transforme sa voix). – Zoé (3 ans) raconte à sa mère les vacances passées au bord de mer chez sa mamie... avec gestes à l'appui!
b) L'évolution de l'imagination Elle est liée à la fonction symbolique. C'est l'âge : – de l'*animisme* : c'est la croyance que les choses sont vivantes; – du *compagnon fictif*.	– Édouard (3 ans) bat la table à laquelle il s'est heurté et lui dit : «Méchante!». – Jules (3 ans) parle à «Toto»... que personne ne voit. Il l'emmène en promenade avec lui, lui fait ses confidences.
c) L'évolution du dessin À partir de 3 ans, l'enfant peut dessiner un bonhomme têtard (représentation globale du corps d'une personne).	Kate (3 ans) dessine un bonhomme têtard et dit : «C'est maman!»

[9] J. Piaget, *Psychologie de l'enfant (stade de l'intelligence opératoire concrète)*, PUF.

© 2015, Elsevier Masson SAS. Tous droits réservés

Le développement cognitif de 4 à 5 ans : la pensée intuitive

Entre 4 et 5 ans, la *pensée intuitive* apparaît, c'est une pensée prélogique. L'enfant acquiert parallèlement les notions de base élémentaires, qui vont lui donner une première approche de la distance, de l'orientation, de la direction et du temps (Tableau 3.8).

TABLEAU 3.8. **Le développement cognitif de 4 à 5 ans.**

La pensée intuitive	Situations
a) *L'enfant est au stade de l'intuition* qui précède celui de la logique.	Gontran (4 ans) remplit deux verres du même nombre de billes. Mais à la vue du résultat, son intuition lui fait dire qu'il y a plus de billes dans le verre A que dans le B (Fig. 3.4).  FIG. 3.4. **La conservation des quantités**
b) *L'enfant parle bien*. Son vocabulaire est riche, donc sa pensée devient plus claire et lui permet une communication plus facile; il cherche à comprendre la réalité et pose beaucoup de questions.	
c) *L'enfant commence à distinguer le réel de l'imaginaire.* Il utilise des mots tels que «pour de rire!», mais il a encore peur lors du récit d'un conte. Il fabule toujours beaucoup et le «compagnon imaginaire» lui tient souvent compagnie.	Merlin (4 ans) raconte à sa maman qu'il a vu des vaches roses dans le pré, que les vaches étaient gardées par des cow-boys, puis il ajoute (devant l'air ahuri de sa mère) : «C'est pour de rire!»
d) *L'enfant acquiert les notions de base élémentaires* – *La notion d'espace proche* L'enfant acquiert la notion de : • distance : *loin-près*; • orientation : *devant-derrière*; • direction : *droite-gauche.* • *La notion de temps proche* Il a la notion de : • *demain-hier* (vers 3–5 ans); • *matin et après-midi* (vers 6 ans). La plupart des enfants de 5 ans savent *compter jusqu'à 20.*	Flavio (5 ans) joue avec Zoé : «Viens *près* de moi, on joue au train... Mets le wagon *derrière* la locomotive. Tourne *à droite*... Non, tourne *à gauche*... Fais-la arrêter *loin.* Célia (5 ans ½) pose souvent des questions à sa mamie : «*Quand* c'est que je retourne chez toi? Demain?». «C'est *demain* dimanche? »; «C'est ce *matin* que maman vient me chercher?»...

L'évolution du langage

Vers 2–3 ans : le langage global significatif

TABLEAU 3.9. **De 2 à 3 ans : du mot-phrase au langage global significatif[a].**

Le langage	Rôle de l'adulte
a) De 2 à 3 ans : l'explosion du vocabulaire Progressivement, l'enfant connaît plus de mots, il utilise le «verbe» et fait des phrases explicites (ex. : «Poupée Lily couchée»).	Pour aider l'enfant à développer son langage : – lui raconter des histoires; – lire avec lui des livres d'images; – faire commenter des photos; – répondre à ses «questions»; – tolérer ses erreurs de langage.
b) À 3 ans, la maîtrise du langage Le vocabulaire est riche, concret et les phrases sont grammaticalement correctes (ex. : «La poupée de Lily est couchée»).	

a Tests de Brunet-Lézine.

Vers 4–5 ans : la conversation

Le langage devient de plus en plus expressif, évocateur et même souvent un peu provocateur! L'enfant adore emprunter des locutions à son milieu socioculturel.

EXEMPLE

«Je te fiche mon billet! Je te le donne en mille! Je parie que...!»
L'enfant adore utiliser les «gros mots» (au grand désespoir de ses parents!) et il apprécie aussi les «mots imagés» (il donne aux objets des noms d'animaux!).

Situation

Conversation autour d'un dessin

Trois enfants de 4 à 5 ans (Carla, Emma, Oscar) dessinent et parlent :

Carla : Regardez tous! J'ai mis des centaines de poussins dans ma prairie!
Emma : Moi, mon poussin, il a un «cadeau» pour ma maman sous son aile! Et je lui fais un perchoir pour qu'il grimpe haut! Même qu'il aille dans l'arbre...
Oscar : Moi, c'est un «bébé poussin», il est dans son nid! Je le protège...
Emma : Je te parie que mon poussin va s'envoler par la fenêtre! J'ai ouvert la fenêtre!
Oscar : A-t-il appris à voler? Il faut lui donner un petit avion?
Carla : Moi, j'ai fait des poussins plus grands que les vôtres. Ils voleront plus haut!
Oscar : Oui, mais on n'entend pas tes poussins faire cui-cui!
Carla : Moi, je les entends parce que j'ai de bonnes oreilles.

Commentaire : *le vocabulaire de l'enfant traduit sa personnalité, sa psychologie profonde, à la fois enfantine et imprégnée de l'environnement social. À cet âge-là, l'enfant est un fantaisiste et un expansionniste. Il «déborde de partout» (dit Gesell)[10].*

[10] Arnold Gesell, *Le jeune enfant dans la civilisation moderne*, PUF.

Le refus de parler d'Antoine (4 ans)[11]

Le refus de parler (ou mutisme) est heureusement un symptôme peu fréquent. Il est pratiquement toujours en relation avec un événement précis. En voici un exemple (narré par le médecin traitant).
« Lorsqu'Antoine (4 ans) entre dans mon cabinet, il se montre parfaitement à l'aise, souriant et curieux des différents objets (jeux et feutres) que j'avais au préalable disposés à son intention sur mon bureau [...]. Au bout de quelques minutes de mise en confiance, je lui demande de me dessiner sa famille. Il la représente ainsi : de gauche à droite, son père et sa mère, dans des proportions normales ; vient ensuite un énorme berceau, plus haut que les parents ; et enfin, lui-même, absolument minuscule. Je lui interprète son dessin de la manière suivante : au moment où il aurait dû commencer à parler, sa petite sœur est arrivée. Il a alors eu l'impression que ses parents le délaissaient au profit du nouveau-né. Il a donc choisi de rester petit pour obtenir les mêmes avantages que le nourrisson. Il s'identifia ainsi à sa petite sœur par l'absence de langage.
À la suite du récit au médecin, la réaction d'Antoine fut immédiate et surprenante : il fut pris d'un véritable fou rire ».
Il est à noter que, dans les psychothérapies d'enfants, leur rire est souvent le signe que l'interprétation du thérapeute sonne juste.

S'ENTRAÎNER

QCM

1. « L'intelligence intuitive » est une intelligence :
- **A.** Avec pensée concrète. ☐
- **B.** Prélogique. ☐
- **C.** Basée sur l'intuition. ☐

2. « L'intelligence intuitive » concerne la période de :
- **A.** 1–2 ans. ☐
- **B.** 2–3 ans. ☐
- **C.** 4–5 ans. ☐

3. « L'intelligence opératoire concrète » est une intelligence :
- **A.** Abstraite. ☐
- **B.** Avec pensée concrète. ☐
- **C.** Basée sur le « symbolisme ». ☐

4. « L'intelligence opératoire concrète » concerne la période de :
- **A.** 1–2 ans. ☐
- **B.** 2–4 ans. ☐
- **C.** 4–5 ans. ☐

5. On appelle « animisme » de l'enfant de 3 ans, le fait de :
- **A.** Apprécier les dessins animés. ☐
- **B.** Animer les choses inanimées. ☐
- **C.** Dessiner des animaux. ☐

6. On appelle « bonhomme têtard », le dessin d'un enfant âgé de :
- **A.** 1 an. ☐
- **B.** 2 ans. ☐
- **C.** 3 ans. ☐

7. On appelle « jeu symbolique », un jeu de :
- **A.** Fiction. ☐
- **B.** Rôles. ☐
- **C.** Imitation. ☐

[11] D'après le Dr M. Rota, *Communiquer avec l'enfant*, Privat.

8. Le «jeu symbolique» concerne l'enfant de :
- **A.** 1 an. ☐
- **B.** 2 ans. ☐
- **C.** 3 ans. ☐

9. L'enfant acquiert la notion d'espace proche (ex. : loin-près) vers :
- **A.** 1–2 ans. ☐
- **B.** 2–3 ans. ☐
- **C.** 4–5 ans. ☐

10. L'enfant acquiert la notion de temps proche (ex. : demain-hier) vers :
- **A.** 2–3 ans. ☐
- **B.** 3–5 ans. ☐
- **C.** 5–6 ans. ☐

11. L'enfant acquiert la notion de nombre réduit (ex. : compter de 1 à 20) vers :
- **A.** 2–3 ans. ☐
- **B.** 3–4 ans. ☐
- **C.** 4–5 ans. ☐

12. L'enfant dit (par exemple) la phrase suivante : «*Poupée Emma couchée*», vers l'âge de :
- **A.** 2–3 ans. ☐
- **B.** 4–5ans. ☐

13. L'enfant dit (par exemple) la phrase suivante : «*La poupée d'Emma est couchée*», vers l'âge de :
- **A.** 2 ans. ☐
- **B.** 3 ans. ☐

14. L'enfant apprécie la «*conversation*» dans le groupe, vers l'âge de :
- **A.** 2–3 ans. ☐
- **B.** 3–4 ans. ☐
- **C.** 4–5 ans. ☐

15. L'enfant utilise le «*langage global significatif*» à :
- **A.** 2 ans. ☐
- **B.** 3 ans. ☐
- **C.** 4–5 ans. ☐

CORRIGÉS

1. A, B, C; **2.** C; **3.** B, C; **4.** B; **5.** B; **6.** C; **7.** A, C; **8.** C; **9.** C; **10.** B; **11.** C; **12.** A; **13.** B; **14.** C; **15.** B.

CHAPITRE 13

Les modes relationnels dans l'enfance

CE QU'IL FAUT SAVOIR

L'analyse des échanges entre les enfants dans le groupe, a mis en évidence des comportements ou attitudes physiques qui sont de véritables moyens de *communication préverbale*.
Leur but est de créer des liens ou, au contraire, de provoquer une rupture de liens, une fuite ou une agression.

Les différents comportements des enfants dans le groupe

En fonction de l'utilisation par l'enfant de telle ou telle attitude, le Pr Montagner[12] a dégagé différents types de comportements.

Le comportement de « leader »

- Cet enfant a une personnalité riche, attractive. Il est imité par les autres enfants, qui le suivent et forment des *groupes (durables)* autour de lui.
- Il réussit toujours à obtenir l'objet qu'il convoite et à occuper la place qu'il désire. Il obtient les choses par l'*apaisement* et non par la force. Ainsi, son attitude est ouverte à autrui : l'enfant incline la tête et le buste sur le côté, il a les mains ouvertes, la mimique agréable. Il sait consoler l'enfant seul ou malheureux et prend souvent sa défense.
- Il utilise des *gestes d'offrande* : il présente spontanément à son camarade un jeu qui lui appartient. Il a un comportement équilibré, stable et s'intègre très vite à toute nouvelle structure.

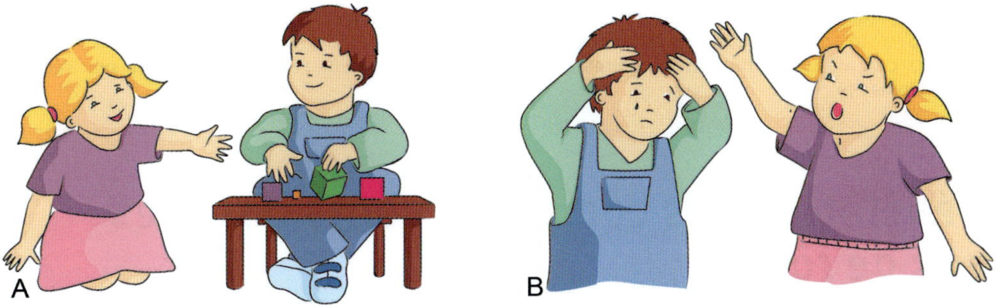

FIG. 3.5. a. Le «*leader*» a un comportement d'apaisement. Il obtient ce qu'il désire par la douceur; b. Le «*dominant agressif*» a un comportement de menace. Il obtient ce qu'il convoite par la force.

© 2015, Elsevier Masson SAS. Tous droits réservés

[12] Hubert Montagner, *L'enfant et la communication*, Stock. Ces observations engagent Hubert Montagner à la suite des travaux effectués dans les crèches sur près de 800 enfants. Il faut toutefois se garder de faire des généralités.

Le comportement du dominant agressif

- Cet enfant a un *comportement de menace*. Il a souvent la bouche ouverte pour crier, les sourcils relevés, les bras projetés vers l'avant, le poing fermé.
- Il a tendance à mordre, frapper, tirer les cheveux. Il obtient ce qu'il désire par la force ou la menace. Ce n'est pas un «meneur» : il forme parfois un groupe autour de lui, mais qui ne dure pas à cause du trop grand nombre d'agressions internes qu'il provoque.

Le comportement du dominé agressif

- Cet enfant a un *comportement passif* : il évite la compétition, imite beaucoup les autres enfants (le leader en particulier). Il a peu d'échanges avec les autres et produit rarement des gestes d'offrande ou d'apaisement.
- En revanche, il *agresse* souvent, sans pour autant arriver à dominer. Alors il s'isole du groupe.

Le comportement du dominé craintif

Cet enfant a un *mental de leader*, mais il est inhibé par sa timidité. Il ne peut manifester sa personnalité qu'en groupes restreints. Attractif, inventif, il n'aime cependant pas la compétition, les démonstrations. Cet enfant est souvent surprotégé par sa famille et ne révèle sa personnalité que vers 5-6 ans, ou même plus tard.

L'influence de la mère sur le comportement psychosocial de l'enfant

Les psychologues ont établi des corrélations entre le profil de comportement de l'enfant et l'attitude de la mère.
H. Montagner a remarqué que les mères des leaders manifestent peu de menaces. Elles sont très à l'écoute de l'enfant, le valorisent, lui parlent beaucoup et lui laissent une grande part d'autonomie. Il a remarqué aussi que les mères des dominés agressifs sont généralement très exigeantes. Elles souhaitent que l'enfant fasse des acquisitions précoces. Elles ont tendance à le diminuer, à le dévaloriser.

La charte parent-enfant[13]

En tant que professionnel de l'enfance, voici ce que vous pourriez dire aux parents d'un enfant de 2 ans (et plus) qui s'oppose souvent :
N° 1 : évitez le combat (vous êtes vaincu d'avance).
N° 2 : ne culpabilisez pas (vous n'êtes pas devin).
N° 3 : ne personnalisez pas (acceptez les échecs).
N° 4 : observez sans interpréter (méfiez-vous de vos émotions).
N° 5 : rétablissez coûte que coûte la communication (opposition et conflit n'ont jamais créé le dialogue).
N° 6 : trouvez un autre terrain d'entente (il est plus facile de comprendre «à froid»).
N° 7 : comme l'opposition est «inévitable» (et «nécessaire»), mieux vaut aborder ce cap avec sérénité et diplomatie !

La révélation des comportements dans les «jeux de rôles»

Pour illustrer les modes relationnels de l'enfant dans le groupe, nous vous proposons d'étudier une situation caractéristique de cette tranche d'âge : quand les jeux symboliques deviennent jeux de rôles.

[13] Extraits de Gisèle Georges, *Mon enfant s'oppose. Que dire? Que faire?*, Odile Jacob.

Les jeux de rôles aident l'enfant à s'affirmer, à se valoriser, à imiter l'adulte. Ils scellent la «camaraderie» infantile; mais les enfants exclus du groupe, ou pris à partie par le groupe, le vivent très mal. Avec le temps, les jeux de rôles deviennent progressivement plus collectifs (les enfants jouent à plusieurs), plus sophistiqués (ils se déguisent) et parfois, avec l'avancée en âge, plus violents (inspirés des émissions de télévision).
Nous voyons ici un jeu de rôle classique observé dans un groupe d'enfants de 3–4 ans.

Situation **« Les jeux de rôles » vers 3-4 ans**

Hugo (4 ans), Léna (3 ans) et Laura (4 ans) se retrouvent chaque mercredi pour jouer ensemble. Aujourd'hui, Laura prend à nouveau l'initiative du jeu. Elle décide que ce sera le « jeu de l'école ». Elle distribue les rôles et donne les consignes du jeu : « Toi Hugo, tu es l'élève bavard, tu vas au fond de la classe... Prends ton cartable ! ». Hugo est embarrassé, car il ne voit rien qui ressemble à cet objet ! Alors Laura lui envoie avec vigueur son écharpe ! « C'est ça, le cartable ! », dit-elle ! Hugo obéit et va s'asseoir par terre... à quelques mètres d'elle, avec son écharpe pliée en quatre.
Puis c'est le tour de Léna, qu'elle fait asseoir devant elle : « Tu es la bonne élève (lui dit-elle), tu ne parles pas ! Attention... je commence à écrire au tableau » et (appuyée sur le muret) elle mime les gestes de sa maîtresse.

Commentaire : *on devine la personnalité de Laura à travers son comportement (ses paroles, ses gestes, les ordres qu'elle donne). On devine la personnalité de ses deux copains. Enfin, on voit l'importance du jeu de rôle. Par ce* jeu de fiction, *Laura veut* imiter *l'enseignante. Peut-être n'est-elle pas elle-même à l'école la bonne élève qu'elle aimerait être, et ce jeu est un moyen d'exorciser son problème.*

Rôle de l'ATSEM

Le rôle de l'ATSEM sera difficile mais capital car il s'agira de stimuler l'enfant, de le valoriser (afin de développer sa confiance en lui) et de l'aider à se *socialiser*. Pour cela, le professionnel veillera à :

- prêter attention aux *jeux de rôles* : ils donnent des informations sur le comportement des enfants, leurs capacités relationnelles, sur le rôle des leaders (qu'il faut parfois recadrer), sur l'exclusion de certains enfants (qu'il faut éviter);
- *canaliser l'agressivité* dans des activités sportives, et réduire le nombre d'enfants par groupe, pour *limiter les conflits*;
- dialoguer avec l'enfant, l'écouter, mais aussi savoir lui imposer des limites, *mettre des balises* (barrières). L'enfant a besoin de cela pour son développement psychosocial;
- *observer l'enfant*, et en particulier son langage non verbal, très révélateur de sa personnalité;
- déceler les *troubles de l'intégration* dans le groupe, ou de l'exclusion du groupe, et y remédier au mieux;
- *prévenir les jeux dangereux* : la presse relate souvent les «jeux de l'extrême» (ex. : le jeu du halte-là où un groupe de jeunes s'acharne sur une victime un jour donné à l'avance [parfois celui de son anniversaire], le jeu du foulard où le jeune se provoque une apnée, etc.). L'adulte doit impérativement *prévenir* ces jeux et associer les parents à la *prévention* de ces jeux;
- donner à l'enfant des *responsabilités* valorisantes au sein du groupe;
- savoir stimuler l'enfant sans jamais le dévaloriser, sans faire usage de menaces, d'humiliations ou de punitions injustifiées;
- dépister «*l'hyposcolarisation*» (l'inadapté scolaire souffre, il faut s'employer à en chercher la cause);

- veiller à ce que l'abus des téléphones mobiles, les mass-médias (télévision, Internet, etc.) ne nuisent pas à *l'équilibre physique et mental* de l'enfant;
- repérer *l'isolement* de certains enfants.

Le professionnel veillera à apaiser l'enfant par une attitude chaleureuse, des paroles douces et valorisantes et à lui éviter les agressions des autres enfants (qui ne font que renforcer l'isolement).

Le système relationnel « MOTIVE »[14]

Le système relationnel « MOTIVE » a pour objectif de motiver l'enfant en utilisant des mots porteurs d'une énergie stimulante. Ce sont des mots qui croient au *potentiel de l'enfant*. Ils vont lui permettre de prendre confiance en lui et d'avoir confiance dans l'adulte référent (parent ou professionnel).
L'adulte référent, qui « motive » l'enfant, doit :

- Mobiliser ses énergies **M**
- Optimiser[15] les situations **O**
- Tolérer ses petits défauts **T**
- Inciter à progresser **I**
- Verbaliser (mettre des mots, ouvrir le dialogue, etc.) **V**
- Écouter et Encourager l'enfant **E**

Exemples du langage utilisé par l'adulte qui « motive ». Il peut dire :

- « Tu es capable de (...), tu peux arriver à (...), je te fais confiance »;
- « Tu as eu 12/20. Je suis sûr(e) que tu peux encore mieux faire... »
- « Je suis fier(e) de toi ».

FIG. 3.6. **Le système relationnel «MOTIVE».**

[14] J. Gassier, *Guide AP (Auxiliaire de Puéricultrice)*, Module «Communication professionnelle», Elsevier Masson, p. 425.
[15] Optimiser signifie rendre le meilleur possible (voir le bon côté des situations, des personnes, etc.).

S'ENTRAÎNER

QCM

1. Le comportement de «leader» dans le groupe se caractérise par :

A. Des gestes d'apaisement. ☐
B. Des gestes de menace et d'agressivité. ☐
C. Des gestes d'offrande et d'ouverture à autrui. ☐

2. L'enfant qui a un comportement de «leader» dans le groupe :

A. Est généralement rejeté des autres enfants. ☐
B. Est généralement admiré et imité par le groupe. ☐
C. Forme un groupe durable autour de lui. ☐

3. Le comportement de «dominant agressif» se caractérise par :

A. Une gestuelle de menaces. ☐
B. Des mimiques agressives (sourcils froncés, etc.) ☐
C. Une attitude de «meneur» très attractive pour les autres enfants. ☐

4. L'enfant qui a un comportement de «dominant agressif» dans le groupe, généralement :

A. Forme un groupe durable autour de lui. ☐
B. Est admiré et imité par le groupe. ☐
C. Est rejeté des autres enfants. ☐

5. L'enfant qui a une attitude d'isolement a tendance à :

A. Refuser de jouer avec ses pairs. ☐
B. Quitter la pièce sans prévenir. ☐
C. Sucer son pouce dans un coin. ☐
D. Se coucher sur le ventre ou se balancer d'avant en arrière. ☐

6. Les «jeux de rôles» sont l'occasion de :

A. Révéler son «comportement» dans le groupe pour l'enfant. ☐
B. Provoquer des rivalités entre enfants. ☐
C. Permettre à l'adulte de connaître les préoccupations des enfants. ☐
D. Favoriser l'imitation, la fiction. ☐
E. Favoriser la socialisation de l'enfant. ☐

7. Donner des responsabilités à l'enfant a pour résultat de :

A. Le stimuler. ☐
B. Le fatiguer. ☐
C. Le valoriser. ☐
D. Le socialiser. ☐
E. Le dominer. ☐
F. L'infantiliser. ☐
G. Le manipuler. ☐

CORRIGÉS

1. A, C; **2.** B, C; **3.** A, B; **4.** C; **5.** C, D; **6.** A, C, D, E; **7.** A, C, D.

CHAPITRE 14

L'approche des troubles et dysfonctionnements chez l'enfant

CE QU'IL FAUT SAVOIR

De nombreux facteurs menacent la santé psychologique et l'épanouissement des jeunes enfants. Les professionnels doivent être capables de repérer les *principaux signes de perturbation* (ou de *mal-être*) et les *dysfonctionnements*, afin de pouvoir les signaler le plus rapidement possible aux responsables des structures d'accueil où ils exercent leurs fonctions (crèches, haltes-garderies, écoles maternelles, etc.)

Les différents troubles à «expression somatique» chez l'enfant

On appelle troubles à expression somatique (*soma* signifie : corps) des troubles (ou perturbations) qui sont d'origine psychologique mais qui se traduisent par des troubles (ou dysfonctionnements) physiologiques.

Les troubles à expression somatique chez l'enfant touchent tous les organes :

- l'*élimination*. Ex. : énurésie;
- la *psychomotricité*. Ex. : hyperactivité, tics, etc.;
- le *langage*. Ex. : bégaiement, mutisme, dyslexie;
- le *domaine comportemental*. Ex. : conduites agressives;
- la *sphère respiratoire*. Ex. : spasme du sanglot;
- la *sphère digestive*. Ex. : boulimie, anorexie, etc.;
- les *troubles du sommeil*. Ex. : insomnies, cauchemars, etc.

Les troubles et dysfonctionnements les plus fréquents

Nous ne pouvons, dans cet ouvrage, développer tous les troubles cités précédemment, nous avons sélectionné les plus fréquemment observés chez le jeune enfant à l'âge de l'école maternelle.

L'énurésie

L'énurésie est dite :

- *primaire* quand l'enfant n'a jamais acquis la propreté;
- *secondaire* quand l'enfant a été propre plusieurs mois ou plusieurs années, puis recommence à mouiller son lit, généralement à la suite d'un événement traumatisant.

© 2015, Elsevier Masson SAS. Tous droits réservés

L'enfant peut :

- mouiller son lit toutes les nuits, parfois plusieurs fois par nuit, ou de façon intermittente, c'est-à-dire qu'il peut être propre plusieurs nuits de suite ou plusieurs semaines;
- mouiller sa culotte dans la journée et avoir des mictions douloureuses (il faut dans ce cas rechercher une cause organique).

L'attitude de l'enfant doit être observée. Paraît-il gêné? apparemment différent? profondément blessé? *L'attitude de la mère* quant à la propreté sphinctérienne doit être recherchée. Comment l'éducation a-t-elle été engagée? de façon précoce? tardive? rigide?

Le symptôme énurétique... Pourquoi ?

L'énurésie chez l'enfant peut avoir deux dimensions :

- *une dimension régressive.* L'enfant exprime le désir d'être traité comme un bébé par peur d'être moins aimé s'il devenait propre;
- *une dimension passive.* L'enfant multiplie les comportements d'échec, comme s'il recherchait la punition; l'énurésie lui permettant d'exprimer inconsciemment son agressivité (agressivité qui est retournée contre lui, comme une recherche de souffrance).

Rôle de l'ATSEM

En présence de troubles de l'élimination chez l'enfant, les professionnels de l'enfance doivent rechercher les mesures éducatives et de soutien à mettre en place avec les parents.

REMARQUE L'aide d'un(e) psychothérapeute permet aux parents de resserrer les liens avec l'enfant et de solutionner le problème. Il faut tout mettre en œuvre pour lui éviter des facteurs d'anxiété et l'apaiser dans ses activités au quotidien.

L'hyperactivité

Le terme «d'hyperactivité» doit être utilisé avec prudence, car il fait l'objet de nombreuses erreurs de diagnostic... Les symptômes les plus caractéristiques sont les suivants : l'enfant ne se tient pas tranquille, court, grimpe partout; il ne peut pas se concentrer (ni sur son travail, ni sur ses jeux). Il est distrait, il perd ses affaires; il a du mal à se conformer aux directives. Des séances de psychothérapie peuvent aider les parents à mieux aider leur enfant.

Les troubles du langage

Quand, vers 3 ans, un enfant n'utilise pas le «je» et n'associe pas les mots, il doit bénéficier d'un bilan : examen somatique, en particulier neurologique, examen ORL, examen psychologique, etc.

Les troubles du langage oral

Citons le zézaiement, le chuintement, le nasonnement, etc. Ils se définissent comme l'incapacité de prononcer de façon correcte un phonème, en particulier les consonnes : *f, ch, z, j, l, r, s*.

Le bégaiement

C'est un trouble de l'élocution, qui peut faire suite à un retard de langage. Le bégaiement clonique est marqué par la répétition explosive d'une syllabe.

Chez le sujet bègue, la communication et la relation à l'autre sont troublées. L'investigation psychologique montre souvent un contexte d'anxiété, de passivité, de soumission, d'agressivité, d'autopunition. Le bégaiement est variable d'un moment à l'autre, selon l'interlocuteur, les émotions, les situations (il peut disparaître à la lecture d'un texte). Son caractère héréditaire est parfois retrouvé.
Le bégaiement disparaît le plus souvent spontanément, avec ou sans thérapie, avant 10 ans (il y a moins d'adolescents et d'adultes bègues que d'enfants bègues).

La dyslexie (langage écrit)

La dyslexie est une difficulté physique spécifique d'apprentissage de la lecture chez les enfants d'intelligence normale, dépourvus de déficit. Elle est caractérisée par la difficulté à identifier, décoder, comprendre les mots imprimés et à les rapprocher (dysorthographie). De ce fait, la lecture est pénible et dénuée de sens. On rencontre le plus souvent à l'origine de ce trouble :

- des facteurs de désorganisation cérébrale, retard de langage, défaut de latéralisation;
- des troubles affectifs et des conséquences d'événements familiaux (deuil, divorce, etc.).

Les conduites agressives

L'agressivité se manifeste de plusieurs manières.

Les colères, les bris d'objets

L'enfant se comporte en tyran familial dans des familles où l'autorité parentale (surtout paternelle) est bafouée, où l'on ne pose aucune limite à l'enfant, où existent des désaccords profonds entre les parents.

L'auto-agressivité

L'auto-agressivité est le fait de retourner contre soi l'agressivité initialement dirigée vers l'extérieur. Elle se rencontre souvent avant l'apparition du langage. Elle est aussi l'expression d'une difficulté à vivre des situations que l'enfant ne peut pas encore mentaliser : frustration, séparation, traumatisme, etc.

Rôle de l'ATSEM

Le rôle de l'adulte (parent ou professionnel de l'enfance) dépend de l'âge et de la personnalité de l'enfant agressif. Au sein de l'équipe, il veillera à :

- *contenir physiquement* l'enfant agressif en l'entourant avec les bras et en ôtant les objets pouvant devenir dangereux;
- *établir un cadre contenant*, sécurisant, chaleureux dans lequel les limites, droits et devoirs de chacun sont établis avec respect, en évitant impérativement les punitions vexantes envers l'enfant;
- *mettre des mots et du sens* sur les difficultés de l'enfant, dialoguer, l'écouter, repérer les facteurs déclenchant les crises, etc.;
- *proposer des activités calmes* (ex. : jeux de cartes, musique, relaxation, sorties accompagnées, jeux de rôles, etc.).

Toute action auprès de l'enfant ne se conçoit qu'en étroite collaboration avec sa famille. Le dialogue entre les parents et l'enfant est capital pour la réussite de la prise en charge.

Le spasme du sanglot

- Le spasme du sanglot est une *perte de souffle* qui interrompt le cri de l'enfant et aboutit à une perte de conscience (et parfois à des convulsions).
- Le spasme du sanglot apparaît dans des *situations de frustration*. L'évolution est toujours favorable; il ne faut jamais dramatiser la situation, malgré son caractère spectaculaire. Il est souhaitable de relâcher quelque temps les limites éducatives, si elles sont strictes, pour laisser à l'enfant le temps de maîtriser davantage ses émotions et l'environnement.

L'eczéma

Certaines affections cutanées peuvent être reliées, en partie, au contexte affectif et relationnel chez le jeune enfant. C'est le cas de l'eczéma. Il apparaît vers 5–6 mois et disparaît vers 18-24 mois, quelquefois relayé par l'*asthme*. Par ailleurs, sa nature *allergique* est admise, du fait des réactions positives aux antigènes spécifiques. Deux facteurs se précisent dans cette orientation psychosomatique : un certain type d'attitude maternelle (personnalité immature rendant les contacts avec l'enfant difficiles) et une prédisposition congénitale du nourrisson.
L'amélioration vers la fin de la 2e année semble résulter des capacités de l'enfant à *remplacer les relations* dont il a été privé (ce besoin de «contact corporel»...) par des contacts dont il est l'initiateur, avec des objets ou d'autres personnes.

Rôle de l'ATSEM

Chaque professionnel (quelles que soient sa formation et sa spécificité) doit avant tout savoir «*observer et écouter*», pour recueillir des informations sur le comportement de l'enfant, à différents moments de la journée, dans différentes situations. Il faut savoir observer les faits, les gestes, et écouter les paroles prononcées par l'enfant. Mais *pour voir, il faut savoir* : pour repérer certains signes, il faut se concentrer et confronter ses points de vue à ceux des autres professionnels, car toute observation est plus ou moins subjective, mettant l'accent sur tel aspect et négligeant tel autre. C'est pourquoi la mise en commun des observations faites par différents intervenants est riche d'enseignement.

Les troubles du comportement de l'enfant[16]

À partir de quand peut-on considérer qu'un comportement est *normal* ou *pathologique*? « La norme n'est pas une limite tranchée. Pour pouvoir qualifier un comportement de pathologique, il faut qu'il y ait une souffrance, au moins une gêne, qui soit ressentie par l'enfant, la famille ou l'entourage ».
« Il faut aussi qu'il existe plusieurs symptômes, qu'ils se traduisent dans différents contextes (à la maison, à l'école, au sport, etc.) et de façon persistante » [...]. Par exemple, les enfants (surtout les garçons) passent par une phase normale d'agressivité. En collectivité (vers l'âge de 3 ans), ils se piquent le ballon, se battent comme des « chiffonniers » [...]. Mais dès qu'ils commencent à parler, l'agressivité disparaît.
Or une petite proportion d'enfants restent agressifs. L'agressivité persistante après l'acquisition du langage peut refléter une vulnérabilité, qu'il est nécessaire de canaliser précocement. Toutefois, le médecin doit faire la part entre ce qui est de l'ordre du développement et ce qui relève de l'éducation par la famille, qui a pour mission d'apprendre à l'enfant les règles de la vie en société.

[16] D'après un entretien avec le Dr M.-F. Le Heuzey, pédopsychiatre à l'hôpital Robert Debré (Paris), in *Quotidien du Médecin*, n° 951.

S'ENTRAÎNER

QCM

1. Associer les situations aux troubles ou dysfonctionnements qu'elles illustrent, dans le tableau ci-après.

	Situations		Troubles ou dysfonctionnements
1	Anna (6 ans) mouille son lit la nuit	A	Tics nerveux
2	Flavio (5 ans) cligne souvent des yeux et tire sur son pantalon	B	Dyslexie
3	Martial (4 ans) ne tient pas en place. À l'école, la maîtresse le fait rasseoir sans cesse	C	Spasme du sanglot
4	L'apprentissage de la lecture est difficile pour Carla. Elle saute des lettres et doit être rééduquée	D	Bégaiement
5	Zohra (4 ans) a fait une crise de larmes qui s'est mal terminée. Elle est devenue bleue et suffoquait	E	Hyperactivité
6	Célia (5 ans ½) dit à sa maman : «Je vais, vais, à l'école avec mon mon frère»	F	Énurésie

2. L'eczéma est une pathologie d'ordre :
- **A.** Cutanée. ☐
- **B.** Respiratoire. ☐
- **C.** Circulatoire. ☐
- **D.** Nerveuse. ☐

3. La dyslexie est un trouble concernant :
- **A.** La parole. ☐
- **B.** La lecture. ☐
- **C.** La vue. ☐
- **D.** L'audition. ☐

4. Le rôle de l'adulte auprès d'un enfant atteint de troubles du comportement sera de :
- **A.** Observer et écouter l'enfant. ☐
- **B.** Interroger l'enfant pour identifier ses problèmes. ☐
- **C.** Utiliser des grilles (ou normes) afin d'évaluer ses symptômes. ☐
- **D.** Ne pas porter de diagnostic immédiat. ☐
- **E.** Transmettre à ses responsables les éléments de son observation. ☐
- **F.** Respecter l'enfant et faciliter son intégration au groupe. ☐

5. Pour pouvoir qualifier un comportement de pathologique, il faut constater :
- **A.** Une souffrance ou une gêne ressentie par l'enfant. ☐
- **B.** Une souffrance ou une gêne ressentie par la famille. ☐
- **C.** Des symptômes caractéristiques d'un dysfonctionnement. ☐
- **D.** Une gestuelle hors des «normes» habituelles. ☐

CORRIGÉS

1. 1 F, 2A, 3E, 4B, 5C, 6D; **2.** A; **3.** B; **4.** A, D, E, F; **5.** A, B, C.

CHAPITRE 15

L'approche du handicap chez l'enfant

CE QU'IL FAUT SAVOIR

Le vécu d'un handicap (moteur, mental, sensoriel) sera très variable d'un enfant à l'autre. Il dépend d'abord de l'aide psychologique de sa famille et de son aptitude à « vivre la différence » par rapport aux autres enfants de son âge.

Les différents handicaps de l'enfant

Le handicap correspond à la perte ou à l'altération d'une fonction motrice, intellectuelle ou sensorielle.

Le handicap moteur

Il correspond à une atteinte de l'appareil locomoteur ; en voici quelques exemples : la myopathie, l'infirmité motrice cérébrale (IMC) et la paralysie, qui présente des formes diverses. Citons :

- *la monoplégie* : paralysie d'un membre, supérieur ou inférieur ;
- *l'hémiplégie* : paralysie d'un seul côté du corps (droit ou gauche) ;
- *la paraplégie* : paralysie des membres inférieurs et du tronc.
- *la tétraplégie* : paralysie des quatre membres (inférieurs et supérieurs)

Le handicap sensoriel

C'est une atteinte du système auditif ou visuel. Les déficiences peuvent atteindre différents degrés.

Le handicap mental

C'est une atteinte de l'intelligence. Il peut être plus ou moins sévère. À titre d'exemple, citons la *trisomie 21* (appelée vulgairement *mongolisme*).

Les handicaps associés

On appelle handicaps associés, les pluri-handicaps et poly-handicaps. C'est l'association de plusieurs handicaps (ex. : handicap moteur associé à un handicap mental).

L'origine et le dépistage des handicaps

L'origine

L'origine du handicap peut être neurologique, génétique ou découler d'une pathologie de la mère au cours de sa grossesse.

© 2015, Elsevier Masson SAS. Tous droits réservés

Le dépistage

Le dépistage se fait chez la femme enceinte au cours des examens prénatals (Tableau 3.10) et également chez le nourrisson lors des examens médicaux dans le cadre de la PMI.

TABLEAU 3.10. **Le dépistage prénatal des handicaps.**

Examens	Dépistage	Exemples
Le 1er examen prénatal (effectué avant la fin du 3e mois)	Dépistage des pathologies de la grossesse	Incompatibilité rhésus, syphilis, rubéole, toxoplasmose
Les autres examens prénatals (4e, 5e, 6e, 7e, 8e mois)	Dépistage d'éléments perturbateurs de la grossesse	Risques d'accouchement prématuré

Rôle de l'ATSEM

Dans le cadre de sa fonction, le professionnel est amené à participer au dépistage précoce du handicap grâce à son observation de l'enfant.
Le professionnel sera tout particulièrement attentif à :

- l'*évolution sensorielle de l'enfant*. Exemples : s'il ne suit pas des yeux ou ne se retourne pas quand il y a un bruit fort. Est-il absorbé par son activité en cours ? Cela peut arriver, mais il faudra observer l'enfant attentivement pour s'assurer qu'il n'a pas un déficit visuel ou auditif ;
- le *sommeil et l'alimentation* : si l'enfant dort trop souvent, mange mal, c'est un signe de malaise. Il faut se poser des questions ;
- l'*évolution motrice* : un retard important, une hypotonie doivent alerter le professionnel.

Toutes ces informations seront transmises à la responsable de la structure d'accueil, qui est seule habilitée à informer les parents.

Les répercussions du handicap chez l'enfant

L'enfant handicapé ressent très tôt sa « différence » avec les autres enfants ; ce qui entraîne des réactions psychologiques. L'aide et le soutien précoce à l'enfant, ainsi qu'à sa famille, favorisent la prévention des troubles.

Les réactions psychologiques générales

Certains enfants handicapés peuvent développer :

- des *besoins affectifs accrus* : l'enfant se montre possessif, il a besoin de caresses à tout moment ;
- des *réactions anxieuses* : elles se traduisent par un manque de confiance en soi et, dans ce cas, souvent par des attitudes de dépassement (il cherche à surmonter les épreuves, à se « surpasser ») ;
- des *réactions d'agressivité* : envers lui-même (s'automutile) ou envers les soignants, ses parents ou ses camarades ;
- des *réactions de passivité* : il se rend malade (pour ne rien faire) ou il s'allonge sur le sol, va aux toilettes, vomit, etc. ;
- des *conduites régressives* : par exemple, il peut mouiller son lit la nuit (énurésie).

Les réactions de l'enfant selon le handicap[17]

La nature du handicap, le degré de l'atteinte, les potentialités de l'enfant, ses interactions avec son environnement, vont influencer le développement de l'enfant sur le plan psychoaffectif. Toutefois, certaines particularités sont observées.

L'enfant handicapé sensoriel

- L'enfant *sourd* a un handicap qui peut induire un retard :
  - du langage et de la relation ;
  - du développement psychomoteur et de la marche.
- L'enfant *aveugle* a un handicap qui peut induire un retard :
  - du développement psychomoteur et de la marche ;
  - de la communication et de la relation.

L'enfant handicapé mental

Ce type de handicap peut induire des troubles de la vie relationnelle.

La prise en charge de l'enfant en établissements spécialisés

Selon la nature du handicap et le souhait des parents, l'enfant avec une déficience peut bénéficier de différentes formules d'accueil assurant l'éducation spéciale dont il a besoin. L'accueil de l'enfant dans ces structures dépend d'une décision de la MDPH. Exemples d'établissements spécialisés :

- l'*institut médico-éducatif (IME)* : il assure une continuité d'action médico-éducative de la petite enfance à l'âge adulte ;
- l'*institut médico-pédagogique (IMP)* : il prend en charge les enfants de 3 à 14 ans. Il leur propose des soins, une éducation spécialisée et une pédagogie adaptée (enseignement général et pratique).

Les techniques d'éveil adaptées aux handicapés sensoriels

Citons, à titre d'exemple, les techniques d'éveil auprès d'enfants atteints de handicaps sensoriels.

Exemples pour l'enfant déficient visuel

Il s'agit de veiller à lui apprendre à développer ses autres sens, lui parler souvent. Lors des exercices d'éveil, il faut « mettre en mots » les situations (car l'enfant vit dans un monde clos et noir) par :

- le *toucher* :
  - lui décrire ce qu'il touche, lui proposer des matières variées,
  - lui faire apprécier l'eau (piscine chauffée), lui tenir souvent la main (le contact est précieux pour lui) ;
- l'*ouïe* : lui faire écouter de la musique, des bruits différents ;
- le *goût* : lui faire goûter des mets différents, lui décrire les couleurs des plats ;
- l'*odorat* : lui proposer des odeurs différentes (fleurs, aliments).

[17] Selon la loi du 11 février 2005, il faut savoir qu'il est préférable de dire « *personne en situation de handicap* », plutôt que « *personne handicapée* ».

Exemples pour l'enfant déficient auditif

Le problème fondamental de l'enfant atteint de surdité est la difficulté à entrer en communication avec les autres. Afin de l'empêcher d'avoir une attitude de retrait face au monde, le professionnel veillera à :

- capter le regard de l'enfant avant de lui parler ;
- associer les gestes à la parole et l'inciter à lui répondre.

Situation **La stimulation de Tony**

Pour Tony (4 ans), atteint de cécité, Manon (ATSEM) développe toutes les situations mettant en jeu l'audition. Elle lui décrit ce qu'il touche, lui propose des matières variées. Elle lui dit : « C'est dur, mou, léger, lourd, froid, chaud... », elle met en place un univers sonore (ballons avec grelots). Certains jeux qui fonctionnent avec l'odorat sont également appréciés de Tony (c'est le cas du « loto des odeurs »). Le soir, Tony raconte à son père tout ce qu'il a « appris » à l'école. Il est fier de lui, et... son père aussi.

Commentaire : *lorsque la professionnelle sait répondre aux besoins de l'enfant, après un temps d'écoute et d'observation suffisant, elle peut considérablement favoriser son épanouissement et ses moyens d'expression.*

La place des parents...[18]

« Être parent d'un enfant handicapé » menace de déshumaniser le parent, de le renvoyer hors du champ de sa parenté ; cette atteinte à la parentalité compromet le cheminement du devenir père, du devenir mère.
Si le handicap de l'enfant « handicape » la famille, et si, par un terrible jeu de confusion, assimilation, ou identification, il rebaptise les parents, en les marginalisant, alors il faut que ces parents puissent rencontrer des professionnels qui sauront veiller à contenir ce pouvoir de déshumanisation [...].
La perception du temps va elle aussi se modifier. Cet enfant va « prendre » tout le temps des parents, psychique et réel [...].
La vie familiale est bouleversée à la fois dans son intimité, son organisation, sa mobilité. La famille devient « un lieu public et les équipes médico-sociales précoces s'invitent au creux de sa vie la plus secrète, pénètrent son domicile, troublent son quotidien ». Les parents ont-ils alors encore une place chez eux ?

L'intégration de l'enfant handicapé à l'école maternelle

L'intégration consiste à reconnaître la différence pour « vivre ensemble ». Il ne suffit pas de mettre un enfant handicapé au milieu d'autres, pour qu'il y ait intégration. Une intégration véritable est un processus d'adaptation réciproque de l'enfant et des professionnels (et autres enfants) du lieu d'accueil. L'intégration à l'école maternelle d'enfants avec un handicap présente plusieurs intérêts, mais a montré aussi ses limites.

Intérêts

L'enfant atteint d'un handicap trouve à l'école maternelle des moyens de stimulation, d'éveil, d'échange avec autrui et de socialisation. Elle lui permet de rencontrer des adultes moins impliqués que ses parents par rapport à son handicap. Étant moins « surprotecteurs », ils lui permettent d'accéder à une plus grande autonomie.

[18] D'après P. Ben Soussan, « Être parent d'un bébé handicapé », in *Aux marges de la vie*, Érès.

Les parents d'un enfant handicapé trouvent à l'école des professionnels compétents, qui les soutiennent, leur donnent des conseils avisés. Par ailleurs, cet accueil valorise leur enfant : ils le voient évoluer dans un groupe d'enfants normaux.
Les professionnels peuvent se sentir motivés de participer à l'éveil et aux apprentissages de l'enfant.

Limites

La présence d'un enfant handicapé à l'école maternelle, surtout s'il est seul dans la classe, peut susciter différentes attitudes à effets négatifs, telles que la surprotection des camarades et des adultes, des sollicitudes multiples et excessives, les rivalités, les jalousies, la régression, la culpabilité, la pitié.

Situation

Les difficultés de Flora à l'école maternelle

Flora (5 ans) présente un retard de développement mental et des troubles du comportement. Après un an à la crèche, elle a appris à communiquer avec les autres enfants, et ce précédent lui a facilité l'intégration à l'école maternelle. Aujourd'hui, elle participe aux différentes activités proposées dans la section des enfants de 3 ans. Toutefois, Flora se lasse très vite des jeux qui exigent une précision et de la manipulation. Capacité qu'elle n'a pas. Alors elle se réfugie près de Laurie, sa meilleure amie, qu'elle regarde coller les gommettes sur son cahier.

Commentaire : *les enseignants sont conscients de l'intérêt social d'une telle intégration. L'école permet à l'enfant handicapé d'acquérir une personnalité plus affirmée, mais les activités qu'elle propose et le rythme de la classe sont souvent trop rapides pour lui ; l'enfant handicapé se sent « dépassé », ce qui peut le mettre en situation d'échec.*

Rôle de l'ATSEM

Le professionnel de l'enfance peut être amené à travailler auprès d'enfants porteurs de handicaps dans une structure d'accueil ordinaire (crèche, école maternelle) ou spécialisée (pouponnière, IME, etc.)
Il devra satisfaire au mieux les besoins spécifiques de ces enfants.

La réponse aux besoins de l'enfant

- *Besoin de sécurité* : il faut créer autour de cet enfant une ambiance calme et sécurisante, afin de permettre de prendre des initiatives.
- *Besoin de relation* : il faut favoriser les contacts de l'enfant avec ses pairs, et avec l'adulte référent (mais il faut veiller à maintenir une certaine distance par rapport à une relation qui deviendrait trop fusionnelle avec l'adulte référent : pas d'investissement personnel mais professionnel).
- *Besoin d'action* : il faut proposer à cet enfant des situations lui donnant « envie de faire », « envie d'agir », car réussir des choses simples correspond à un « exploit » pour un enfant avec un handicap.

La méthodologie pour les « techniques d'éveil »

Afin de répondre aux besoins de l'enfant, le professionnel doit proposer des techniques d'éveil très variées. Il devra en particulier :

- *stimuler l'enfant* pour lui donner « envie de faire » et non « faire à sa place » mais savoir lui poser des interdits pour l'aider à se « structurer » le mieux possible ;
- *éviter de « surestimer » ses compétences, mais aussi de les « sous-estimer »*, donc lui confier des tâches à sa mesure : il faut savoir le « laisser faire seul » ce dont il est capable.

Les rapports avec la famille de l'enfant

Le professionnel de l'enfance abordera les parents dans le « *cadre de son rôle et de ses missions* ». Les auxiliaires de puériculture à la crèche, et les ATSEM à l'école maternelle, parleront aux parents du vécu de l'enfant dans les activités quotidiennes, et laisseront à la responsable de la structure toutes les autres informations relatives à l'enfant.

« Changer le regard » sur le handicap !

Le professionnel de l'enfance doit activement participer aux campagnes d'informations qui ont pour objectif de modifier le regard que porte la société sur les personnes handicapées, et c'est très tôt qu'il faut commencer. La présence d'un enfant handicapé dans une structure d'accueil classique (ex. : crèche, école maternelle, etc.) sensibilise les autres enfants au problème du handicap ; faute de quoi, il est vivement conseillé de favoriser les visites d'établissements d'enfants atteints de handicap (en évitant la confrontation de groupe à groupe : les « normaux » d'un côté, les « anormaux » de l'autre). Au contraire, ce sont les relations interpersonnelles (proches de la réalité) qui doivent être privilégiées lors de ces rencontres.

S'ENTRAÎNER

QCM

1. Associer les situations aux handicaps qu'elles illustrent dans le tableau ci-après.

	Situations		Handicaps
1	Anna (6 ans) est paralysée d'un seul côté du corps (côté gauche).	A	Handicap mental
2	Ben (3 ans) ne voit que les lumières vives. Il se heurte souvent aux meubles.	B	Paraplégie
3	Zohra (1 an) ne se retourne pas lorsqu'on l'appelle.	C	Handicap visuel
4	Hugo (5 ans) est paralysé d'une partie du corps (membres supérieurs et tronc).	D	Hémiplégie
5	Mirja (5 ans) est à côté de Célia (3 ans) à l'école maternelle. Celle-ci dit à sa mère que Mirja ne comprend pas bien ce que dit le professeur.	E	Handicap auditif

2. Le rôle de l'adulte auprès d'un enfant atteint de cécité, sera de :

A. Lui parler souvent (mettre des mots sur les situations). ☐
B. Associer de grands gestes à la parole. ☐
C. Le toucher et lui faire toucher les choses. ☐
D. Lui proposer des techniques d'éveil développant les autres sens. ☐
E. Sécuriser l'enfant (ambiance calme). ☐

3. Le rôle de l'adulte auprès d'un enfant atteint de surdité, sera de :
- **A.** Faire des gestes en lui parlant à proximité. ☐
- **B.** Le toucher en lui parlant. ☐
- **C.** Capter son regard en lui parlant. ☐
- **D.** Développer les autres sens au moyen de techniques d'éveil. ☐
- **E.** Parler fort. ☐
- **F.** Sécuriser l'enfant (ambiance calme). ☐

4. L'intégration d'un enfant atteint de handicap en école maternelle présente des intérêts et des limites. Parmi les intérêts, on peut dire que :
- **A.** L'enfant est « surprotégé » par le groupe. ☐
- **B.** L'enfant est « stimulé » par des techniques d'éveil. ☐
- **C.** L'enfant est « socialisé » grâce au contact des autres enfants. ☐
- **D.** L'enfant est « normalisé » aux yeux de ses proches. ☐
- **E.** L'enfant devient « autonome ». ☐

5. Un handicap moteur regroupe :
- **A.** Une paralysie. ☐
- **B.** La myopathie. ☐
- **C.** La trisomie 21. ☐

6. Un handicap sensoriel regroupe :
- **A.** Un déficit auditif. ☐
- **B.** Une hémiplégie. ☐
- **C.** Une paralysie. ☐
- **D.** La cécité. ☐

7. La paraplégie est définie par :
- **A.** La paralysie d'un membre (supérieur ou inférieur). ☐
- **B.** La paralysie d'un seul côté du corps (droit ou gauche). ☐
- **C.** La paralysie des membres inférieurs et du tronc. ☐

8. Les poly-handicaps associent :
- **A.** Deux paralysies (membres droit et gauche). ☐
- **B.** Deux handicaps (moteur et mental). ☐

9. Quelle est la formulation la plus adéquate (selon la loi du 11 février 2005) ?
- **A.** Handicapé. ☐
- **B.** Personne handicapée. ☐
- **C.** Personne en situation de handicap. ☐
- **D.** Personne déficiente.

CORRIGÉS

1. 1D, 2C, 3E, 4B, 5A ; **2.** A, C, D, E ; **3.** A, B, C, D, F ; **4.** B, C ; **5.** A, B ; **6.** A, D ; **7.** C ; **8.** B ; **9.** C.

CHAPITRE 16

L'adaptation de l'enfant à l'école maternelle

CE QU'IL FAUT SAVOIR

L'école maternelle est, pour l'enfant, une expérience indispensable de socialisation, de découvertes et d'apprentissages. Mais elle peut être pour certains, la source de difficultés d'adaptation, et occasionner des problèmes de santé.

Les conditions pour l'entrée à l'école maternelle

Certaines conditions doivent être réunies pour l'entrée de l'enfant à l'école maternelle. Bien qu'officiellement, la maternelle accepte les enfants à partir de 2 ans, il est déconseillé d'y mettre des enfants de moins de 3 ans. Cependant, ce serait une erreur de se fonder uniquement sur l'âge. Le seul critère qui compte vraiment est celui de la *maturité de l'enfant*.

Les critères retenus

En général, on peut dire qu'un enfant est capable d'aller à l'école maternelle lorsqu'il :

- est « propre » (c'est-à-dire a acquis le « *contrôle des sphincters* ») ;
- marche correctement ;
- peut comprendre et exécuter des « *ordres simples* » ;
- peut « se séparer de sa mère » sans trop de difficultés ;
- a une bonne préhension manuelle ;
- manifeste un « désir de contact » avec d'autres enfants.

Les circonstances défavorables

Il existe certaines *circonstances défavorables* qu'il ne faut surtout pas minimiser, car elles nuiront à l'adaptation de l'enfant à la maternelle.
Ainsi, il est vivement déconseillé de mettre l'enfant à l'école :

- après l'arrivée d'un petit frère au foyer (si cela est possible) ;
- au milieu de l'année scolaire ou s'il est en mauvaise santé.

La famille devra également être alertée lorsque l'enfant a de mauvais contacts avec son professeur (le « maître » ou la « maîtresse »), ou fait l'objet d'agressions répétées de la part de certains camarades de classe (certains enfants sensibles sont parfois les « souffre-douleur » des bagarreurs et des agressifs). Les enseignants doivent impérativement éviter aux enfants ce type de situation.

© 2015, Elsevier Masson SAS. Tous droits réservés

Les réactions de l'enfant à la séparation d'avec sa mère

Lorsque l'enfant va à l'école maternelle, il vit un moment pénible pour lui : celui de la *séparation* d'avec sa famille.
Le jeune enfant vit souvent très mal les séparations (même temporaires !) d'avec ses parents, et en particulier d'avec sa mère. Des sentiments confus l'assaillent et le perturbent. La séparation constitue toujours une épreuve. Tout doit être mis en place pour en réduire les effets négatifs.

Les facteurs favorisants

Les réactions de l'enfant à la séparation sont variables ; elles dépendent de nombreux facteurs :
- de sa sensibilité et de son adaptabilité ;
- de son âge ;
- de la personnalité de sa mère et de la qualité de leur relation ;
- du comportement de la mère et des proches lors de la rentrée scolaire ;
- des rapports avec les autres adultes et les autres enfants.

Les différentes réactions de l'enfant à la séparation

On observe que :
- certains enfants pleurent puis se calment rapidement ;
- d'autres manifestent leur désaccord par des colères ;
- ou, au contraire, certains adoptent une attitude indifférente (ce qui est aussi un signe de souffrance).

Les enfants peuvent également exprimer leurs sentiments par :
- des manifestations psychosomatiques (ex. : diarrhées, vomissements, anorexie, etc.) ;
- ou des petits signes de dépression (ex. : ils dorment beaucoup, ne sourient plus, tètent inlassablement leur pouce, réclament leur « doudou », etc.).

Les troubles dus à une inadaptation à l'école maternelle

Un enfant qui s'adapte mal à l'école ne s'y rendra pas de bon cœur et pourra manifester des troubles qui sont les suivants :
- une *régression* : se remettre à sucer son pouce ou mouiller son lit (énurésie) ;
- des *troubles du sommeil* : cauchemars, insomnies, réveils nocturnes ;
- des *troubles de l'appétit* : avoir un manque d'appétit (anorexie) ;
- des *troubles du comportement* : devenir agressif (envers ses parents, ses camarades de classe), faire des caprices, pleurer sans cesse, voire manifester des signes graves d'anxiété.

C'est souvent le cas des enfants qui ont la « phobie scolaire ». Ils manifestent leur véritable refus d'aller à l'école (la pensée de l'école leur procure des malaises).

REMARQUE

Dans ces cas-là, les parents devront être conseillés par leur médecin, les psychologues de l'enfance, et s'entretenir avec le directeur de l'école pour trouver la meilleure solution.

Les échecs d'adaptation à l'école. Pourquoi ? [19]

Le psychologue Gesell explique que les échecs d'adaptation à l'école maternelle sont souvent dus à « un haut degré de dépendance émotionnelle vis-à-vis de la mère ou du milieu familial » ; que « ces difficultés s'observent davantage à l'âge de 2 ans, alors que vers l'âge de 3 ans, l'enfant devrait accepter l'école avec intrépidité ». Gesell soulève également le problème du temps de fréquentation de l'école ; il pense que « les enfants sont, sans aucun doute, moins fatigués par une expérience à mi-temps en harmonie avec les exigences du processus du développement psychomoteur ». Toutefois, le nombre des heures de présence et le choix des heures doivent être en rapport, si possible, avec la personnalité de chaque enfant.

Rôle de l'ATSEM

Le professionnel veillera à :

Parler « vrai » à l'enfant

Très souvent, l'adulte supporte mal les « pleurs de la séparation » et il ne laisse pas à l'enfant la possibilité d'exprimer sa souffrance et de s'en décharger. Afin de soulager l'enfant, il faut savoir :

- admettre le temps des pleurs : l'enfant a le droit « d'exprimer sa souffrance » ;
- reconnaître la peine de l'enfant et l'aider en verbalisant la situation. Il faut parler « vrai » à l'enfant. À tout âge, il est capable de comprendre une situation.

EXEMPLE Le professionnel peut dire à l'enfant : « Tu pleures parce que ta maman est partie, tu as beaucoup de peine (...) mais elle va revenir te chercher bientôt ».

Conseiller les mamans pour aider l'enfant

On remarque très souvent que la maman n'a pas préparé son enfant à « vivre la séparation » ou parfois est « maladroite » au moment de la séparation. Pour tenter d'atténuer la souffrance de l'enfant, il faut :

- *parler à l'enfant* : mettre des mots sur la séparation (même petit, l'enfant comprend très bien ce qu'on lui dit ; ex. : « Maman te confie à l'ATSEM (dire son prénom) car elle doit aller travailler, tu vas travailler toi aussi, comme maman ») ;
- *lui présenter la personne* qui va s'occuper de lui (ex. : « Zohra va s'occuper de toi ») ;
- *signaler le prénom* de l'enfant à la professionnelle référente (l'enfant a besoin d'être reconnu, identifié) ;
- *ne pas dépouiller* l'enfant brutalement de ses vêtements ou objets familiers (ex. : le manteau, qui est un objet transitionnel, est rassurant pour affronter l'inconnu, il porte l'odeur de la maison, il constitue un lien avec la famille) ;
- *éviter de s'éclipser en douce*, mais embrasser l'enfant en lui disant : « Ce soir, je reviens te chercher » ;
- *maintenir le contact avec l'enfant* (corporel ou par la voix) au moment du « changement de bras » lié à la séparation ;
- les premiers jours, *prolonger cette transition* pour permettre à l'enfant « d'apprivoiser » les gens et les lieux plus facilement (la professionnelle a un grand rôle à jouer !) ;
- laisser à l'enfant *un objet transitionnel* (nounours, foulard, etc.) ; il possède un pouvoir sécurisant très appréciable.

[19] A. Gesell, *Le jeune enfant dans la civilisation moderne*, PUF.

S'ENTRAÎNER

QCM

1. Pour être accepté à l'école maternelle, l'enfant doit :

- **A.** Savoir manger proprement. ☐
- **B.** Savoir parler correctement. ☐
- **C.** Avoir au moins 2 ans et un désir de contacts avec d'autres enfants. ☐
- **D.** Avoir 3 ans. ☐
- **E.** Marcher correctement. ☐
- **F.** Être propre. ☐
- **G.** Se faire comprendre et comprendre, et exécuter des ordres simples. ☐

2. Les réactions de l'enfant le jour de la rentrée à l'école maternelle sont étroitement liées à :

- **A.** Son âge. ☐
- **B.** Sa sensibilité et son adaptabilité. ☐
- **C.** L'attitude de la directrice de l'école ou de l'ATSEM. ☐
- **D.** La réaction de la mère à la séparation. ☐
- **E.** Les comportements des autres enfants. ☐
- **F.** La présence de matériels de jeux. ☐

3. Certains troubles de l'enfant sont passagers et bénins, d'autres doivent alerter les professionnels. Parmi ces derniers :

- **A.** L'enfant pleure 5 minutes d'affilée. ☐
- **B.** L'enfant fait un spasme du sanglot. ☐
- **C.** L'enfant a mal au ventre. ☐
- **D.** L'enfant demande sa mère une fois au cours de la journée. ☐
- **E.** L'enfant mouille à nouveau sa culotte. ☐
- **F.** L'enfant refuse de participer à l'une des activités. ☐

4. On appelle « phobie scolaire » chez l'enfant :

- **A.** Le refus de se rendre à l'école. ☐
- **B.** Le plaisir d'aller à l'école. ☐
- **C.** La souffrance associée à l'idée de l'école. ☐
- **D.** La peur de l'école. ☐

5. Reliez chaque « trouble d'adaptation » à l'école, à sa définition.

	Troubles		Définitions
A	Alix a une énurésie	1	Troubles du comportement
B	Bob fait des cauchemars	2	Absence d'appétit
C	Aglaé a une anorexie	3	Troubles du sommeil
D	Jules est agressif	4	Incontinence d'urine la nuit

CORRIGÉS

1. C, E, F, G ; **2.** A, B, C, D ; **3.** B, E ; **4.** A, C, D ; **5.** A4, B3, C2, D1.

PARTIE

4

L'alimentation de l'enfant

CHAPITRE 17

Les besoins nutritionnels de l'enfant

CE QU'IL FAUT SAVOIR

Pour offrir une alimentation équilibrée, il est nécessaire de proposer à l'enfant des repas qui comportent des *nutriments énergétiques* et des *nutriments non énergétiques*.

Les besoins en nutriments énergétiques (Tableau 4.1)

Compte tenu du rythme rapide de la croissance, les besoins énergétiques de l'enfant sont accrus pendant les premiers mois de la vie.
L'alimentation doit donc fournir tous les jours à l'organisme divers nutriments qui apportent de l'énergie : *protides*, *glucides*, *lipides*. Chacun fournit un certain nombre de kilocalories (*kilojoules*).

Les besoins en nutriments non énergétiques (Tableau 4.2)

L'alimentation doit fournir tous les jours à l'organisme des nutriments non énergétiques. Ils sont indispensables, car ils permettent l'utilisation des autres nutriments.

TABLEAU 4.1. **Les besoins en nutriments énergétiques.**

Nutriments	Sources	Rôles
Les protéines	– *Protéines animales :* • lait et produits laitiers • viandes, poissons, œufs – Protéines végétales : céréales, légumineuses	Croissance cellulaire : fabrication des tissus du corps (apport d'acides aminés)
Les glucides	– *Glucides complexes* : amidon des céréales – *Glucides simples* : • lactose (du lait) • fructose (des fruits) • saccharose	– Énergie musculaire – Croissance cérébrale
Les lipides	– *Lipides animaux* : • lait et produits laitiers ; • viandes, poissons, œufs – *Lipides végétaux* : • huiles végétales (tournesol, olive, etc.) ; • margarine	– Énergie musculaire – Croissance cérébrale (apport d'acide linoléique)

© 2015, Elsevier Masson SAS. Tous droits réservés

TABLEAU 4.2. **Les besoins en nutriments non énergétiques.**

Nutriments	Sources	Rôles
a) Les éléments minéraux – calcium, phosphore – fer	– lait, produits laitiers – foie, viande, légumes verts	– ossification (croissance ++) – transport de l'O_2 dans le sang (anti-anémique)
b) Les vitamines – *les liposolubles* : • vitamine A • vitamine D • vitamine E • vitamine K – *les hydrosolubles* : • vitamine C • vitamine B	– lait – poisson – foie (+ huiles végétales) – œuf – fruits et légumes crus – céréales	– croissance – acuité visuelle – antihémorragique – anti-infectieux, anti-fatigue – croissance
c) L'eau	– boisson ou minérale	– hydratation des cellules – transport des aliments
d) Les fibres	– légumes et fruits	– régulation du transit

Les besoins de chaque groupe d'aliments (Tableau 4.3)

L'enfant a besoin d'une alimentation variée, donc d'avoir dans ses repas des aliments de chaque groupe alimentaire.

Les aliments sont classés en six grands groupes. Les aliments d'un même groupe possèdent des caractéristiques communes, ce qui permet de les remplacer l'un par l'autre, et donc de varier les menus.

Cette liste n'est pas exhaustive. Nous avons volontairement simplifié le tableau 4.3 pour une mémorisation plus facile.

Rôle de l'ATSEM

L'ATSEM doit :

- connaître les *besoins* de l'enfant en fonction de son âge ;
- connaître les *sources* des différents nutriments et leurs rôles ;
- connaître les différents *groupes d'aliments* afin de varier et d'équilibrer les repas ;
- connaître les bienfaits des *vitamines*.

Le besoin d'alimentation équilibrée

Le besoin de « variété alimentaire »

Les aliments se répartissent en plusieurs groupes selon leur richesse en protéines, lipides, glucides, sels minéraux et vitamines. Le régime de l'enfant doit comporter les uns et les autres. De plus, s'il existe de nombreux aliments qui apportent des protéines, chacun d'eux possède une *spécificité* utile à l'organisme :

- la viande est riche en fer, les fromages sont riches en calcium ;
- et si les légumes sont d'une manière générale source de vitamines et de sels minéraux, les uns apportent essentiellement la vitamine A (comme les carottes), les autres du fer (comme les épinards), etc.

TABLEAU 4.3. Les groupes d'aliments.[1]

	Différents groupes d'aliments	Principaux éléments énergétiques	Principaux éléments non énergétiques
	Lait et produits laitiers	– Protéines animales – Lipides animaux	– Vitamines A, B, D – Minéraux (Ca, Ph, etc.)
	Viande, poisson et œuf (VPO)	– Protéines animales – Lipides animaux	– Vitamines A, D, B12 – Fer (viande)
	Féculents	Glucide complexe (amidon)	Vitamine B
	Végétaux frais	Glucides simples variés (fructose, glucose)	– Vitamines C, A, B – Fibres – Minéraux (potassium)
	Corps gras (d'origine animale et végétale)	Lipides animaux et végétaux	Vitamines A, D, E, K
	Produits sucrés	Glucide simple (saccharose)	Sucre
	Eau (apport variable)		Minéraux (variables selon l'origine de l'eau)

1 J. Gassier, *Guide AP (Auxiliaire de puériculture)*, Elsevier Masson, p. 159.

Ainsi, un enfant qui mangerait tous les jours un bifteck et des épinards obtiendrait bien sa ration de protéines et de fer, mais il aurait un mauvais régime car il manquerait d'autres éléments nécessaires.

Les vitamines donnent bonne mine

- La *vitamine C* intervient dans le transport du fer (donc anti-anémique) et dans la synthèse des anticorps (qui aide à lutter contre le risque infectieux).
- La *vitamine D* joue un rôle essentiel dans la régulation du métabolisme du calcium et du phosphore. De ce fait, elle prévient l'apparition du rachitisme et favorise une bonne croissance. On l'appelle la vitamine anti-rachitique.

Le besoin en eau

L'eau, principal constituant de l'organisme, représente (en fonction de l'âge) 60 à 75 % du poids de l'enfant au cours de la première année. Le professionnel veillera à proposer régulièrement à boire à l'enfant entre les repas ; il habituera à l'eau plate et évitera tout particulièrement les sodas trop sucrés (nuisibles à la santé).

S'ENTRAÎNER

QCM

1. Les protéines sont des aliments :

A. De croissance. ☐
B. Énergétiques. ☐
C. Anti-infectieux. ☐
D. Hydratants. ☐

2. Les laitages sont des aliments :

A. De croissance. ☐
B. Anti-infectieux. ☐
C. Énergétiques. ☐
D. Hydratants. ☐

3. Les lipides sont des aliments :

A. Hydratants. ☐
B. Anti-infectieux. ☐
C. Énergétiques. ☐
D. De croissance. ☐

4. Un plat protidique, c'est :

A. Un plat de poisson. ☐
B. Un plat de légumes cuits. ☐
C. Un steak. ☐
D. Un œuf. ☐

5. La vitamine A est une vitamine :

A. Hydrosoluble. ☐
B. Liposoluble. ☐

6. La vitamine B est une vitamine :

A. Hydrosoluble. ☐
B. Liposoluble. ☐

7. La vitamine C est une vitamine :
A. Hydrosoluble. ☐
B. Liposoluble. ☐

8. La vitamine D est une vitamine :
A. Hydrosoluble. ☐
B. Liposoluble. ☐

9. L'amidon contient des :
A. Glucides simples. ☐
B. Glucides complexes. ☐
C. Minéraux. ☐

10. Le lait contient des :
A. Protéines végétales. ☐
B. Protéines animales. ☐
C. Lipides animaux. ☐

11. Les huiles contiennent des :
A. Lipides végétaux. ☐
B. Lipides animaux. ☐
C. Glucides simples. ☐

12. 1 g de protides fournit :
A. 1 672 kJ. ☐
B. 167,20 kJ. ☐
C. 16,72 kJ. ☐

13. 150 mg de calcium sont apportés par :
A. 1 250 mL de lait. ☐
B. 125 mL de lait. ☐

14. 10 g de protéines sont apportés par :
A. 500 g de viande. ☐
B. 50 g de viande. ☐

15. Cochez les principaux nutriments qui entrent dans la composition du menu ci-dessous :

		A Protides	B Lipides	C Glucides	D Minéraux	E Vitamines
1	Radis					
2	Bœuf					
3	Pâtes					
4	Salade verte					
5	Camembert					
6	Salade de fruits					
7	Eau plate + café					

16. Sont appelés féculents :

A. La viande. ☐
B. Le riz. ☐
C. Les légumes. ☐
D. Les pâtes. ☐
E. Les fruits. ☐

17. Entrent dans la catégorie des VPO :

A. La viande. ☐
B. Les prunes. ☐
C. Les œufs. ☐
D. Le poisson. ☐
E. Les oranges. ☐

18. Contiennent des lipides végétaux :

A. La viande. ☐
B. L'huile d'olive. ☐
C. Le beurre. ☐
D. L'huile de tournesol. ☐
E. La margarine. ☐

CORRIGÉS

1. B ; **2.** A ; **3.** C ; **4.** A, C, D ; **5.** B ; **6.** A ; **7.** A ; **8.** B ; **9.** B ; **10.** B, C ; **11.** A ; **12.** C ; **13.** B ; **14.** B ; **15.** 1D, 2A, 3C, 4DE, 5D, 6E, 7D ; **16.** B, D ; **17.** A, C, D ; **18.** B, D, E.

CHAPITRE 18

Les règles de l'équilibre alimentaire : la journée alimentaire d'un enfant d'âge scolaire

CE QU'IL FAUT SAVOIR

Élaborer des repas équilibrés consiste à dresser la liste des menus qui composeront la «journée alimentaire».

Pour équilibrer ces menus, il faut tenir compte :

- de l'âge de l'enfant et de ses besoins alimentaires;
- de la présence de tous les groupes d'aliments;
- de la variété des aliments d'un même groupe (pour substituer les uns aux autres).

Pour composer la journée alimentaire type, la norme est de deux repas principaux auxquels il faut ajouter le petit déjeuner et le goûter et, selon les cas, une collation vers 10 h du matin.

Les règles à respecter pour assurer l'équilibre d'un menu

Il faut proposer à chaque menu :

- une *entrée* (ex. : légumes crus ou cuits non féculents);
- un *plat central protidique* (ex. : VPO accompagné d'une garniture);
- deux *desserts* (ex. : un produit laitier + un fruit cru ou cuit).

TABLEAU 4.4. **Les règles à respecter pour assurer l'équilibre d'un menu.**

Le plat central	Les plats complémentaires	
1 plat protidique + 1 garniture + Pain	Entrée (crudités)	Desserts (1 produit laitier + fruits)

© 2015, Elsevier Masson SAS. Tous droits réservés

Les règles à respecter pour établir une «journée alimentaire»

Pour établir la composition d'une journée, il est conseillé d'établir d'abord la composition du repas principal. C'est souvent celui de midi.

Le repas principal (repas de midi)

En général, il doit comprendre :

- une *entrée* (de légumes crus ou cuits) = un apport minéral et vitaminique;
- un *plat protidique* (VPO) = apport protidique;
- un *plat d'accompagnement* (légumes cuits ou féculents) = apport énergétique;
- un *produit laitier* (fromage ou entremets) = apport calcique;
- un *fruit* (cru ou cuit selon l'entrée) = un apport minéral et vitaminique;
- une *boisson* (eau);
- du *pain* = apport énergétique.

Le repas du soir

Sa composition doit tenir compte de celle du repas du midi. Il comprend le plus souvent :

- un *potage de légumes*;
- un *complément protidique* : il est éventuellement accepté pour certains enfants de plus de 3 ans qui déjeunent à la cantine (proposer, par exemple, une demi-tranche de jambon, la moitié d'un œuf, une cuillère à soupe de thon). Ainsi, la ration quotidienne de protéines est répartie entre les deux repas principaux[2];
- un *plat d'accompagnement* : légumes cuits ou féculents (si l'enfant a eu des féculents à midi, il recevra des légumes cuits le soir);
- un *produit laitier* (fromage ou yaourt ou entremets);
- un *fruit* (*cuit* s'il a été proposé *cru* à midi);
- du *pain*;
- et de l'*eau*.

Le petit déjeuner

Il doit être consistant car il reconstitue les réserves de l'organisme après le long repos de la nuit. Aujourd'hui, par facilité, on propose à l'enfant uniquement un bol de céréales, alors que pour sa santé le petit déjeuner «classique» est conseillé (avec tartines de beurre + produit sucré). Il comprend par exemple :

- un *produit laitier* (lait parfumé ou non, fromage, yaourt, etc.);
- un *féculent* (pain, biscuit, céréales, etc.);
- du *beurre cru*;
- un *produit sucré* éventuellement (miel, confiture);
- un *jus de fruits frais* (pris à jeun si possible) de temps en temps.

[2] Le complément protidique au repas du soir avant l'âge de 3 ans est sujet à polémique entre les spécialistes de la petite enfance.

Le goûter

Il doit comprendre :
- un *produit laitier* (lait, yaourt, etc.);
- un *féculent* (pain, gâteau, biscuit, céréales, etc.).

Si l'enfant ne prend pas de lait, ajouter :
- une *boisson* (eau);
- éventuellement un *jus de fruit frais pressé*.

FIG. 4.1. **Un «plateau-repas» équilibré[3].**

Erreurs alimentaires à éviter

Il faut éviter dans le même repas, d'associer :
- 2 plats de féculents (ex. : riz + pâtes) = déséquilibre nutritionnel ;
- 2 produits laitiers (ex. : yaourt + petits-suisses);
- 2 fruits (pomme + poire) ou fruit féculent (banane) + 1 tarte = déséquilibre nutritionnel.

La méthode pour varier l'alimentation

Pour offrir une alimentation variée, il faut composer avec les groupes d'aliments et utiliser les équivalences alimentaires.

Utiliser les groupes d'aliments

Les aliments d'un même groupe ayant des caractéristiques communes, peuvent être remplacés les uns par les autres, ce qui permet de varier l'alimentation (Tableau 4.5).

Utiliser les équivalences alimentaires

L'utilisation des équivalences permet de varier les menus en remplaçant un aliment par un autre de la même catégorie (Tableau 4.6).

EXEMPLE L'enfant a particulièrement besoin de produits laitiers à chaque repas pour assurer sa croissance. *Une portion de produit laitier*, c'est (au choix) :
- lait (1 petit bol ou 1 grand verre);
- 1 « petit suisse » de 60 g (ou 2 de 30 g);
- yaourt (1 pot);
- fromage frais ou fromage blanc (3 cuillères à soupe).

[3] J. Gassier, *Guide AP (Auxiliaire de puériculture)*, Elsevier Masson, p. 161.

TABLEAU 4.5. Les six groupes d'aliments.

Aliments		Composition des aliments					
N°	Groupes	Nutriments énergétiques			Nutriments non énergétiques		
		Protéines	Lipides	Glucides	Vitamines	Minéraux	Fibres
1	Lait et produits laitiers	X	X	X	A, B, D	X	
2	Viande, poisson et œuf	X	X		A, B, D		
3	Féculents	X		X	B	X	X
4	Végétaux frais			X	A, C	X	X
5	Corps gras		X		A, D, E, K		
6	Produits sucrés			X		X	

TABLEAU 4.6. Les équivalences.

Équivalences énergétiques	1 g de *protide* fournit 16,72 kJ 1 g de *glucide* fournit 16,72 kJ 1 g de *lipide* fournit 37,54 kJ
Équivalences protidiques	10 g de *protéines* sont apportés par : 50 g de viande = 50 g de poisson = 40 g de jambon = 1 œuf
Équivalences calciques	150 mg de *calcium* sont apportés par : 125 mL de lait = 100 g de fromage frais = 1 yaourt

L'intérêt d'une alimentation équilibrée pour l'enfant

Les apports d'aliments variés (de tous les groupes) vont «équilibrer» l'alimentation. Certains aliments présentent des intérêts majeurs pour l'enfant, que nous listons dans le tableau ci-après; ils ont un rôle anti-infectieux, sur la croissance (tissulaire et osseuse), sur l'énergie et sur l'hydratation de l'organisme.

TABLEAU 4.7. L'alimentation équilibrée de l'enfant.

Répartition des repas sur la journée	Aliments proposés	Apports nutritionnels	Intérêts majeurs pour l'enfant
1. Repas du midi			
– entrée	– crudités	– vitaminique	– anti-infectieux
– plat central	– VPO[a]	– protidique	– croissance tissulaire
– plat d'accompagnement	– légumes cuits	– minéral	– anti-infectieux
	– ou féculents	– glucidique	– énergie
– dessert (laitage/fruit)	– fromage	– calcique	– croissance osseuse
	– fruit (cru)	– vitaminique	– anti-infectieux
– boisson	– eau	– minéral	– hydratation
– pain	– pain	– glucidique	– énergie

2. Repas du soir – potage – plat central – plat d'accompagnement – dessert (laitage/fruit) – boisson – pain	 – potage de légumes – VPO – légumes cuits – ou féculents – fromage – fruit (cuit) – eau – pain	 – minéral – protidique – minéral – glucidique – calcique – minéral – minéral – glucidique	 – anti-infectieux – croissance tissulaire – anti-infectieux – énergie – croissance osseuse – anti-infectieux – hydratation – énergie
3. Petit déjeuner – produit laitier – féculent – beurre – produit sucré – fruit	 – lait ou yaourt – pain ou céréales – beurre cru – miel ou confiture – jus de fruit	 – calcique – glucidique – lipidique – glucidique – vitaminique	 – croissance osseuse – énergie – énergie – énergie – anti-infectieux
4. Goûter – produit laitier – féculent – boisson	 – lait ou yaourt – pain ou biscuit – eau[b]	 – calcique – glucidique – minéral	 – croissance osseuse – énergie – hydratation

a. VPO : viande, poisson, œuf.
b. Si l'enfant ne prend pas de lait.

Les journées alimentaires pour l'enfant d'âge scolaire (>2 ans)

L'enfant grandit, la palette alimentaire s'élargit. Quelques suggestions de repas hebdomadaires sont proposées dans le tableau ci-après[4].

TABLEAU 4.8. Les journées alimentaires pour l'enfant de plus de 2 ans (quelques exemples).

	Lundi	Mercredi	Vendredi
Petit déjeuner – fruit (ou jus de fruit) – produit laitier ou lait – corps gras – féculents – produits sucrés	 – jus de raisin – yaourt – beurre – biscottes – confiture de fraises	 – jus de pomme – lait au chocolat – beurre – pain – miel	 – jus d'orange – lait nature – beurre – pain – gelée de groseilles
Repas du midi – crudités – VPO – légumes cuits ou féculents – pain – produits laitiers – fruit – boisson	 – carottes râpées – rôti de bœuf – risotto – pain – crème dessert – mandarine – eau	 – betteraves – poulet – carottes cuites – pain – gruyère – pomme crue – eau	 – tomates – roussette – purée de pommes de terre – pain – yaourt – compote de poires – eau

(Suite)

[4] Ce tableau est établi à titre indicatif par une diététicienne; toutefois, de grandes variations sont possibles selon la saison, les goûts de l'enfant et les habitudes familiales.

TABLEAU 4.8. **Suite.**

	Lundi	Mercredi	Vendredi
Goûter – produit laitier ou lait – féculents – produit sucré – fruit frais	 – lait aromatisé – biscottes beurrées	 – yaourt – pain beurré – miel	 – petit suisse – biscuit – jus d'orange pressée
Repas du soir – potage – VPO[a] – légumes cuits[b] – féculents – produits laitiers – fruit – boisson	 – potage julienne – endives au jambon – pain – fromage blanc – banane – eau	 – potage aux tomates – pâtes à la crème – Saint Nectaire – compote de pommes – eau	 – potage aux carottes – épinards béchamel – pain – tapioca au lait – abricots – eau

a. VPO : si l'on veut servir à l'enfant des VPO au repas du soir, on veillera à servir une demi-portion au déjeuner et une demi-portion au dîner (selon le guide du PNNS, «La santé vient en mangeant»).
b. Plus beurre cru fondu dans l'un des plats ou margarine (au tournesol ou huile d'olive).

Équilibre alimentaire : l'apprentissage de la diversité[5]

« Manger est un plaisir qui se cultive et qui nous construit en tant qu'être social ». En effet, en mangeant, l'enfant fait bien plus que se nourrir ; il s'inscrit dans un cadre social et affectif à l'occasion des repas.
Mais attention, ce n'est pas à lui de choisir les aliments qu'il va manger ; c'est aux parents de constituer le menu et de partager celui-ci avec l'enfant en prenant du plaisir à manger ensemble. L'exemple donné par les parents est essentiel. Comment supposer que l'enfant va manger des épinards si les parents y goûtent à peine ou ont autre chose dans l'assiette ? [...]
Les expériences hors du cocon familial peuvent impulser à l'enfant une autre attitude vis-à-vis des aliments. Ainsi, l'école peut et doit largement participer à l'éducation alimentaire et à l'apprentissage de la diversité alimentaire.

Rôle de l'ATSEM

Le professionnel saura conseiller les parents des enfants (avec tact) dans le domaine des «habitudes alimentaires».
Élaborer un menu consiste à établir une liste détaillée des plats composant les repas de la journée.
Le professionnel prendra en compte l'âge de l'enfant et, en conséquence, ses besoins nutritionnels. Pour l'enfant, avec les conditions de vie moderne, le repas de midi étant pris à l'extérieur de la maison (cantine scolaire), certaines familles préfèrent considérer le repas du soir comme repas principal.
Le professionnel doit rappeler aux parents la composition du repas de midi pour l'aider à établir celui du soir. Dans les cas où il aide une maman à établir le menu, il est nécessaire qu'il valorise le petit déjeuner, qui est si important dans l'alimentation de l'enfant.

[5] D'après le Dr Caro, *Le Quotidien du Médecin*, juin 2011.

FIG. 4.2. L'ATSEM observe et écoute les enfants. Elle les incite aux échanges et veille à l'ambiance sereine du repas.

S'ENTRAÎNER

QCM

1. Équilibrer un menu, c'est utiliser les équivalences :

	A	B	C	D
1. 50 g de viande = 50 g de :	poisson	lait	1 œuf	fromage
2. 50 g de poisson = 50 g de :	légumes	viande	1 œuf	fromage
3. 1 yaourt = 125 g de :	poisson	viande	légumes	fromage
4. 40 g de jambon = 40 g de :	poisson	viande	1 œuf	fromage

2. Équilibrer un menu, c'est le composer de :

A. 2 entrées et 1 laitage. ☐
B. 1 entrée et 2 laitages. ☐
C. 1 entrée, 1 plat protidique, 1 fruit. ☐
D. 1 entrée, 1 plat protidique, 1 légume, 1 laitage, 1 fruit. ☐
E. 1 plat protidique, 1 fruit. ☐
F. 1 entrée, 2 légumes, 2 fruits. ☐

3. Éviter de faire des erreurs dans l'équilibre de notre alimentation, c'est éviter :

A. L'association d'une mandarine et d'un laitage. ☐
B. L'association d'un fruit-féculent et d'une tarte. ☐
C. L'association d'un plat de riz et de pâtes. ☐

4. Pour équilibrer l'alimentation de l'enfant d'âge scolaire, sur la journée, il faut :

A. Alterner les aliments d'un même groupe. ☐
B. Alterner les aliments de groupes différents. ☐

C. Privilégier les produits lactés puis compléter par d'autres aliments. ☐
D. Répartir les quantités d'aliments selon l'importance des repas. ☐
E. Tenir compte du repas de midi pour composer celui du soir. ☐

5. Cocher la bonne réponse. Dans un menu, on appelle les plats suivants :

Plats		A Entrée	B Plat central	C Plat d'accompagnement	D Dessert	E Boisson
1	Poulet					
2	Carottes (cuites)					
3	Riz					
4	Yaourt					
5	Orange					
6	Radis					
7	Eau					

6. Le petit déjeuner équilibré de l'enfant > 2 ans peut associer :
A. Lait + pain + jus de fruits + beurre + confiture. ☐
B. Yaourt + fruit frais + céréales. ☐
C. Lait + fromage + fruit. ☐
D. Yaourt + pomme + biscuit. ☐

7. Le goûter conseillé à l'enfant > 2 ans peut associer :
A. Coca-cola + croissant + eau. ☐
B. Pain + beurre + confiture + lait. ☐
C. Biscuit + lait + raisin. ☐
D. Yaourt + pomme + biscuit. ☐

8. Est appelé fruit-féculent (car riche en amidon) :
A. L'orange. ☐
B. La banane. ☐
C. Le kiwi. ☐

9. Entrent dans le même groupe d'aliments :
A. Le lait et la viande. ☐
B. Le lait et le fromage. ☐
C. La viande et le poisson. ☐
D. Le poisson et les fruits. ☐
E. Le riz et les pâtes. ☐
F. Le riz et les carottes. ☐

CORRIGÉS

1. 1 AC, 2BC, 3D, 4ABC; **2.** D; **3.** B, C; **4.** B, C, E; **5.** 1B, 2C, 3C, 4D, 5D, 6A, 7E; **6.** A; **7.** B, C, D; **8.** B; **9.** B, C, E.

CHAPITRE 19

L'éducation alimentaire de l'enfant

CE QU'IL FAUT SAVOIR

L'alimentation permet la satisfaction d'un besoin fondamental vital, le besoin de se nourrir, mais c'est également une réponse à la recherche d'échanges affectifs de l'enfant avec ses proches.

L'éducation à l'autonomie

L'adulte veillera à stimuler l'autonomie de l'enfant à l'occasion des repas. Pour cela, il faut «jouer» avec ses capacités nouvelles. Ex. : on sait que pour l'enfant, tenir sa cuillère est un exploit nouveau et passionnant. Il faut donc :

- *lui montrer* comment bien la tenir, mais sans s'étonner s'il n'y arrive pas;
- *l'aider* en utilisant une autre cuillère que la sienne, mais lui donner l'impression qu'il se débrouille tout seul;
- *apprendre* à l'enfant à mâcher correctement les aliments, c'est une bonne habitude à prendre dès la petite enfance. C'est excellent pour la digestion et pour la solidité des dents. C'est d'ailleurs pour cette dernière raison que les pédiatres demandent de ne plus mixer ou hacher les aliments dès que l'enfant a des dents. Il faut qu'il apprenne à mâcher;
- *apprendre* à l'enfant à «aimer tous les aliments», et surtout éviter de faire peser des interdits ou de distribuer des récompenses.

Situation **L'attitude des mères face aux aliments**

Des enquêtes montrent que de nombreuses mères (inquiètes de la progression de l'obésité) contrôlent fortement l'alimentation de leur enfant; elles le font en interdisant certains aliments sucrés (type glaces, gâteaux, etc.) qu'elles condamnent, mais qu'elles peuvent aussi utiliser à certains moments comme récompenses. Marie dit à sa fille : « Tu auras une glace si tu manges tes épinards ». De ce fait, l'enfant va valoriser encore plus l'aliment qui lui est offert en récompense, car il comprend que cet aliment est tellement bon que les adultes estiment qu'il faut le mériter. Mais il pense également que l'aliment qui mérite une récompense pour être mangé doit vraiment être mauvais. Autrement dit, l'enfant va apprendre à détester les épinards et à adorer les glaces, ce qui est l'inverse du but recherché.

L'éducation du goût

L'alimentation est une «éducation» du goût qu'il faut savoir imposer à l'enfant avec douceur! Le goût ne dépend pas uniquement de la langue, qui ne perçoit que quatre saveurs de base : le sucré, le salé, l'acide, l'amer. Le goût s'éduque par tous les sens de l'enfant, en particulier par la *vue*, l'*odorat* et le *toucher*. C'est pour cela que l'adulte (parents ou professionnel) en charge de l'enfant favorisera cet apprentissage.

© 2015, Elsevier Masson SAS. Tous droits réservés

L'éducation alimentaire consiste à faire prendre à l'enfant de bonnes habitudes alimentaires en ce qui concerne la variété des aliments. L'alimentation tient une place importante parmi les expériences nouvelles de l'enfant. Il est curieux de tout, il veut voir, toucher, sentir, etc., et les aliments font justement partie des choses familières que l'adulte doit lui apprendre à découvrir et à apprivoiser.

Les conditions favorables à la prise des repas

Les grands principes qui permettent d'être détendu et disponible pour le repas de l'enfant sont avant tout, le calme et l'organisation.

Faire preuve de grande souplesse pour l'éducation à table

En effet, jusqu'à 2 ans, un enfant ne mange pas proprement; lui faire sans cesse des remarques ne sert à rien car il ne les comprend pas encore. De plus, elles lui gâchent le plaisir de manger. Il suffit de jouer sur son désir «d'imitation des grands» pour lui apprendre à se «tenir à table» (comme eux!).

Faire raconter sa journée à chacun des enfants

Ainsi, la table deviendra un lieu d'échanges et le dialogue calmera les plus turbulents.

Créer une ambiance sereine

Pour que manger soit un plaisir, il est nécessaire que les repas se déroulent dans une atmosphère sereine. En collectivité, le professionnel veillera à faire régner le calme. Parfois une musique douce est la bienvenue, sans que celle-ci gêne le dialogue avec le (ou les) enfant(s).

Les trois principes à respecter

Lors des repas de l'enfant, l'adulte (parents ou professionnel) doit respecter cinq grands principes, qui sont les suivants.

Respecter le rythme biologique de l'enfant

Le nourrisson

Le respect du rythme biologique de chaque enfant est d'autant plus important que l'enfant est jeune. Le nourrisson qui pleure n'a pas forcément faim. Le respect du rythme du jeune enfant impose donc de :

- ne pas le réveiller pour manger;
- ne pas l'empêcher de s'endormir parce que c'est l'heure du repas;
- ne pas le nourrir systématiquement lorsqu'il pleure, mais essayer de comprendre le «sens» des pleurs.

L'enfant plus grand

Pour l'enfant plus grand, l'adulte doit savoir que :

- *vers 2 ans*, l'enfant ne peut guère rester plus de 20 à 25 minutes à table. Si le repas se prolonge et si vous estimez qu'il a suffisamment mangé du plat principal, permettez-lui de retourner à ses jouets. Il reviendra s'asseoir à la table familiale pour le dessert;
- *vers 3 ans*, l'enfant pourra faire l'effort de rester à table avec les adultes jusqu'à la fin du repas (si celui-ci est d'une durée normale bien entendu).

Le professionnel veillera à déconseiller les repas devant la télévision. L'enfant ne fait plus attention à ce qu'il mange et à ceux «avec qui» il mange. Or le repas est souvent le seul moment où la famille se trouve réunie et peut parler de sa journée.

Respecter l'appétit et la personnalité de l'enfant

L'enfant connaît ses besoins, il faut lui faire confiance. Parmi les enfants, certains sont des «gros mangeurs», d'autres des «petits mangeurs». Un même enfant peut avoir des variations d'appétit d'un jour à l'autre, comme l'adulte.

- Respecter l'enfant, c'est *respecter ses refus alimentaires* tout en ne les considérant pas comme définitifs (il faudra au contraire refaire une tentative un peu plus tard).
- Respecter *la personnalité de l'enfant*, c'est lui laisser *prendre des responsabilités* le plus tôt possible. Par exemple, dès l'âge de 2 ans ½ à 3 ans, il demande lui-même à mettre le couvert, à desservir la table. Il ne faut pas le lui refuser, même s'il est maladroit! Cette participation lui fait comprendre qu'il peut faire comme les grands, qu'il fait partie de leur clan, c'est très valorisant et c'est aussi une bonne habitude pour plus tard lorsque son aide sera vraiment utile.

Respecter les compétences de l'enfant

L'enfant va acquérir de plus en plus de compétences. Il va progressivement passer du biberon à la tasse, puis du repas pris à la cuillère à celui pris à la fourchette, et ce n'est que vers l'âge de 4 ans qu'il pourra faire usage du couteau (à bout rond) sous la surveillance de l'adulte (*cf.* tableau ci-après).

TABLEAU 4.9. **Compétences de l'enfant selon l'âge.**

Âges approximatifs	Compétences	Rôle du professionnel (ou des parents)
Vers 3 ans	L'enfant peut : – manger avec la fourchette – mettre et ôter seul sa serviette – participer à la préparation des repas	– Lui apprendre la politesse à table[6] – Lui proposer la fourchette – L'inviter à participer à la préparation des repas
Vers 4 ans	L'enfant peut utiliser un couteau	Lui donner un couteau à bout rond, lui en expliquer la manipulation et le surveiller

[6] Dans le domaine de la politesse à table, c'est surtout aux parents que revient cette tâche éducative : le professionnel fera preuve de beaucoup de tolérance avec le jeune enfant, respectant les habitudes et les cultures familiales.

Situation

L'heure du repas à l'école maternelle

Mardi, 11 h 30, à l'école maternelle. Anna (L'ATSEM) regroupe autour d'elle le petit groupe d'enfants qu'elle va accompagner à la cantine.

Mais, avant de passer à table, il y a quelques bonnes habitudes à faire prendre aux enfants. D'abord, elle les conduit aux toilettes, ensuite vers le lavabo pour se laver les mains. Puis c'est l'installation, autour de petites tables, pour le repas.

Anna veille à ce que le repas soit un *moment de plaisir partagé*. Elle veille aussi à ce que chaque enfant « mange de tout un peu », car, dit-elle, « pour bien grandir et devenir un convive apprécié, il faut éviter les « rejets » systématiques de certains plats ». Alors Anna *stimule* les enfants (*sans jamais les forcer*) pour leur faire apprécier les légumes autant que les desserts. Mission difficile, mais qu'elle réussit parfaitement, avec le sourire.

Rôle de l'ATSEM

L'ATSEM a un rôle important à jouer lors des repas de l'enfant en collectivité. Il veillera plus particulièrement aux points suivants.

Apprendre à l'enfant à respecter les autres convives

Par exemple, lui apprendre à :

- partager la nourriture ;
- attendre son tour pour être servi ;
- rester en place avec les autres convives ;
- respecter la nourriture du voisin.

Stimuler l'autonomie :

- s'adapter à l'âge de l'enfant mais aussi à ses compétences ;
- bien observer l'enfant afin de dépister le moment où il est prêt pour *apprendre* ;
- permettre au bébé de toucher ses aliments ;
- proposer aux plus grands des *instruments* adaptés à leurs capacités ;
- proposer à l'enfant dès 3 ans de se servir seul afin de lui apprendre à établir une relation entre la *quantité* des aliments et son appétit ;
- ne pas forcer l'enfant à manger.

Apprendre à l'enfant à respecter les règles d'hygiène :

- proposer à l'enfant de se laver les mains avant et après les repas ;
- proposer à l'enfant de se brosser les dents après les repas.

Être attentif à la sécurité de l'enfant lors des repas :

- surveiller la qualité et la quantité des repas proposés à l'enfant ;
- surveiller la température des plats (attention aux micro-ondes) ;
- respecter les régimes alimentaires de chacun ;
- surveiller les enfants au cours du repas (risque de fausse route, d'allergie) ;
- surveiller (et signaler) les refus répétés, le tri alimentaire, etc.

Informer les parents sur :

- l'appétit de l'enfant ;
- le comportement au cours du repas ;
- le menu du midi (afin qu'ils puissent en tenir compte pour composer le repas du soir).

S'ENTRAÎNER

QCM

1. Stimuler l'enfant à l'autonomie, c'est lui apprendre à :

A. Prévenir l'obésité. ☐
B. Bien tenir sa cuillère. ☐
C. Respecter les autres convives. ☐
D. Se servir (après avoir demandé l'autorisation). ☐
E. Proposer à aider, à desservir (selon l'âge). ☐
F. Utiliser les formules de politesse (ex. : merci). ☐

2. Éduquer le goût de l'enfant, c'est lui apprendre à :

A. Mettre des mots sur ce qu'il n'aime pas. ☐
B. Dire ses préférences (verbaliser). ☐
C. Apprécier chaque plat pour sa différence. ☐
D. Nommer les aliments. ☐

3. Pour que le repas avec les enfants se déroule dans de bonnes conditions, le professionnel doit :

A. Faire preuve d'autorité. ☐
B. Leur permettre d'échanger entre eux dans la convivialité. ☐
C. Favoriser les contacts entre enfants. ☐
D. Respecter leur appétit. ☐
E. Leur permettre de rire et de parler en liberté. ☐
F. Faire preuve de souplesse. ☐
G. Favoriser l'autonomie. ☐

4. Aider l'enfant à manger correctement, c'est :

A. Lui faire des exercices de préparation. ☐
B. Lui donner des exemples parmi ses pairs (copains). ☐
C. Lui proposer d'imiter l'adulte de référence (parent, professionnel, etc.). ☐
D. Lui proposer d'imiter le petit héros de sa BD préférée. ☐
E. Lui proposer une récompense. ☐

5. Apprendre à l'enfant à bien «mâcher» les aliments, c'est :

A. Favoriser la digestion. ☐
B. Apprendre à manger la bouche fermée. ☐
C. Développer la solidité des dents. ☐
D. Favoriser l'autonomie. ☐
E. Favoriser la socialisation. ☐

CORRIGÉS

1. B, D, E, F; **2.** A, B, C, D; **3.** B, C, D, F, G; **4.** C, D; **5.** A, C, D, E.

CHAPITRE 20

Les comportements alimentaires et les troubles liés à l'alimentation

CE QU'IL FAUT SAVOIR

Les déterminants du comportement alimentaire

Le comportement alimentaire est l'attitude de l'individu par rapport aux aliments (appétit, pas d'appétit). Il est conditionné par la perception que l'on a de ces aliments. Cette perspective est liée à trois types de stimuli.

Les trois stimuli

Les trois stimuli sont :

- les *stimuli métaboliques*. Ils sont liés aux constituants alimentaires dans l'organisme (ex. : le sucre, l'eau, etc.);
- les *stimuli socioculturels*. Ils font appel au vécu de l'individu. Il s'agit de la mémoire, l'éducation, la culture, etc.
- les *stimuli psychosensoriels*. Ils sont liés au psychisme (mental), aux organes des sens (exemples ci-dessous).

TABLEAU 4.10. Les différents stimuli psychosensoriels.

Organes	Œil	Nez	Bouche	Oreille	Peau
Sens	Vue	Olfaction	Gustation	Audition	Toucher
Stimuli	Couleur Aspect	Odeur Arôme	Goût	Son	Texture

Les exemples de comportements alimentaires liés aux stimuli

Prenons trois exemples de comportement alimentaire liés à ces trois stimuli.

Les stimuli métaboliques

Notre organisme nous informe de nos besoins alimentaires. Par exemple, le manque de sucre (hypoglycémie) peut se traduire par un léger malaise qui sera corrigé par un apport de nourriture. Le besoin d'eau se traduit par une sensation de soif.

© 2015, Elsevier Masson SAS. Tous droits réservés

Les stimuli socioculturels

Dans certaines sociétés, certains aliments sont appréciés alors qu'ils sont dépréciés par d'autres. Par exemple, les Français apprécient les escargots, les cuisses de grenouilles, aliments méprisés par les Anglais.

Les stimuli psychosensoriels

- Le *psychisme* : les expériences affectives, le relationnel ont un impact sur le comportement alimentaire (toute épreuve douloureuse coupe l'appétit).
- Les *organes des sens* : l'odeur, la vue des aliments, leur saveur jouent un rôle essentiel dans l'envie de manger ou, au contraire, peuvent déclencher le rejet. Par exemple, certains enfants aiment les épinards, d'autres non.

Le repas équivaut à une récréation

Selon une étude de l'Ocha[7], la perception de la cantine par les enfants n'est pas aussi négative qu'on pourrait l'imaginer en écoutant leurs aînés. Ils n'émettent des avis négatifs que lorsque la cuisine ne propose pas au menu des « inconditionnels » (frites et autres cordons bleus). Mais pour la majorité, le moment du repas équivaut à une récréation et la cantine à un lieu où les enfants peuvent échanger entre eux, commettre de petits larcins. Cela relève du besoin de s'affranchir de règles de conduite, d'échapper aux contraintes, de partager un temps de convivialité.

Les différentes formes de comportements alimentaires chez l'enfant

Le manque d'appétit chez l'enfant

Il existe de nombreux facteurs à l'origine d'un manque d'appétit que le professionnel de l'enfance doit savoir déceler.

- *Si l'enfant mangeait bien et perd brusquement l'appétit*, il y a lieu de se poser quelques questions :
  - peut-être est-il malade? (le médecin le dira);
  - peut-être a-t-il des problèmes affectifs? Très jeune, un bébé peut souffrir et cette souffrance se répercute sur son appétit. Les motifs sont divers; ils peuvent être liés au «climat familial». Il faut dans tous les cas conseiller aux parents de rencontrer un psychologue pour l'enfant.
- *Pour l'enfant âgé de 2 ans ½*, c'est le moment de la «*crise de personnalité*» qui souvent l'entraîne à refuser de manger. Évidemment, c'est une manière d'attirer l'attention sur lui. On remarque que l'enfant est moins difficile lorsqu'il est avec ses camarades que lorsqu'il est en présence d'un adulte toujours prêt à céder à sa demande. Il comprend vite qu'il fait partie d'un groupe, et qu'il doit s'adapter (tel enfant difficile devant tous les légumes à la maison ne se fera pas prier pour les goûter à l'école maternelle!)
- Il faut savoir également que, chez *plus de 50 % des enfants*, l'appétit varie d'un jour à l'autre et d'un repas à l'autre, comme parfois chez l'adulte! Il faut respecter le refus de l'enfant.

Rôle de l'ATSEM

L'ATSEM sait qu'il n'y a pas d'exemple d'enfant en bonne santé (physique et psychologique) qui refuse ses repas alors que l'appétit se fait sentir. Il faut simplement que l'adulte n'entre pas dans le conflit, laisse passer un peu de temps et tout rentrera dans l'ordre.
Il faut avoir conscience que dans le domaine alimentaire, il faut éviter «*la rigidité*» :

[7] *Cahiers de l'Ocha*, n° 13 (Nourrir de plaisir), J.-P. Corbeau, in *Valeurs mutualistes*, n° 264.

- si l'enfant a un appétit réduit, si son repas a été léger, un petit «*en-cas*» répondra à un besoin de son organisme et il ne faudra pas l'en priver;
- on dit que les friandises font grossir, certes; mais une bonne glace (faite par un bon pâtissier) a la même valeur nutritive qu'un autre produit laitier (fromage par exemple), que l'enfant aurait refusé à midi.

Par ailleurs, il faut veiller à proposer à l'enfant de boire de l'eau : un verre de temps en temps, outre le bienfait pour sa santé, lui permettra de bien digérer les repas.

Les différents « refus » de l'enfant

L'enfant refuse un aliment nouveau

Le changement peut être la cause du refus de l'enfant. Il est donc conseillé pour le jeune enfant d'adopter le principe de «la progression» qui lui permet de mieux accepter les nouveaux aliments :

- donner successivement une cuillère à café, puis deux, enfin une cuillère à soupe;
- donner de petits morceaux d'aliments, puis des morceaux de plus en plus gros. Il s'agit de commencer par un ou deux morceaux, puis augmenter les doses;
- associer toujours l'aliment nouveau à un aliment déjà bien accepté.

L'enfant refuse systématiquement

- *Si l'enfant refuse le même plat*, cela peut signifier que son goût est déjà bien affirmé. On peut alors certainement le remplacer par d'autres aliments aux propriétés identiques.
- *Si l'enfant refuse tout changement*, qu'il s'agisse de l'aliment ou de l'instrument (cuillère, fourchette, assiette, etc.), il est possible que l'adulte référent (parent ou professionnel) ait voulu aller trop vite : soit (pour le jeune enfant) en sautant trop brusquement du sucré au salé, soit en passant sans transition de la purée aux aliments en morceaux, soit en forçant l'enfant à manger à la cuillère. Dans ce cas, l'adulte doit éviter de s'énerver! La nervosité conduit à un échec et représente une menace d'opposition permanente pour le futur. Avec calme et patience, on obtient le résultat désiré.

Rôle de l'ATSEM

Face à un refus de l'enfant, le professionnel veillera à observer l'enfant et à chercher s'il n'existe pas d'autres symptômes liés à ce refus. Il devra :

- prendre la *température* de l'enfant et vérifier son comportement général;
- noter tout ce qui lui paraît *anormal* (toux, nez qui coule, éruption, etc.);
- vérifier qu'il n'y a pas de *grignotage* entre les repas.

Si l'enfant a tendance à grignoter et à réclamer des sucreries entre les repas, lorsque le repas arrive, il n'a plus faim. Il est évident que toutes les sucreries et les boissons sucrées, non seulement diminuent l'appétit de l'enfant, mais augmentent le risque de caries dentaires.

Les troubles liés à l'alimentation

Les troubles du comportement alimentaire

Il existe deux troubles caractéristiques assez souvent rencontrés chez l'enfant ou l'adolescent :

- l'*anorexie* est une perte de l'appétit. Elle peut être d'origine physique ou psychologique;
- la *boulimie* est une faim excessive et incontrôlable. Elle peut être d'origine physique ou psychologique.

Les troubles de la perception sensorielle des aliments

Les perceptions dites sensorielles peuvent être diminuées. Citons deux exemples :

- le *rhume* ou l'*angine*. Les pathologies de la zone ORL altèrent momentanément l'odorat et le goût et sont souvent cause d'un manque d'appétit;
- la *température de l'aliment*. Un aliment trop *chaud* peut brûler les papilles de la langue; trop *froid*, il peut altérer le goût, ce qui incite l'enfant aux refus.

Les pathologies d'origine alimentaire (excès et carences)

Certains aliments peuvent être pris en excès, ou, au contraire, en quantité insuffisante (on appelle le manque : carence alimentaire).

- Conséquences des excès :
  - en *graisse* : risque d'obésité;
  - en *sucre* : risque d'obésité, caries;
  - en *viandes* : risques de maladies cardiovasculaires.
- Conséquences des carences :
  - en *fer* : risque d'anémie;
  - en *calcium* : risque de rachitisme;
  - en *vitamine D* : risque de rachitisme.

S'ENTRAÎNER

QCM

1. Le comportement alimentaire est lié à trois types de stimuli. Les associer à chaque exemple ci-après.

Exemples	Stimuli
1. Zohra prend son repas dès qu'elle ressent la sensation de faim	**A.** Stimuli psychosensoriels
2. Célia apprécie les escargots de Bourgogne	**B.** Stimuli métaboliques
3. Nora (2 ans) refuse de manger lorsque Maya lui propose son repas	**C.** Stimuli socioculturels

2. Les stimuli psychosensoriels sont liés au fonctionnement des organes des sens. Les relier à chaque exemple ci-après.

Exemples	Organes des sens mis en jeu
1. Zohra à l'eau à la bouche devant le couscous mis sur la table	**A.** Le goût
2. Célia savoure les escargots avec délectation	**B.** L'odorat
3. Maya met le plat odorant devant Nora pour lui donner appétit	**C.** La vue

3. Trois types de troubles liés à l'alimentation perturbent l'enfant. Relier les définitions des troubles aux exemples ci-après.

Définitions des troubles	Exemples
1. Troubles du comportement alimentaire	**A.** Pathologie ORL (rhume, angine), température du plat (trop chaud)
2. Troubles de la perception sensorielle des aliments	**B.** Carences (en fer, en calcium, etc.) et excès (risque d'obésité, etc.)
3. Pathologies d'origine alimentaire	**C.** Perte d'appétit ou faim excessive

4. Cocher vrai ou faux, et rectifier les propositions fausses.

	Vrai	Faux	Rectification
1. Nora refuse le plat que lui propose Maya. Elle est *boulimique.*			
2. Zohra prend son repas dès qu'elle a faim et même grignote entre les repas. Elle est *anorexique.*			
3. Sandro manque de fer. Il est *rachitique.*			
4. Zoé manque de calcium. Elle est *anémique.*			
5. Jules a un excès de poids et continue à manger des frites (son plat favori). Il risque l'*obésité.*			

5. Si l'enfant refuse le repas à plusieurs reprises, c'est parce que :

- **A.** L'adulte est trop rigide dans l'éducation. ☐
- **B.** L'enfant passe la phase du «*négativisme*» (2–3 ans). ☐
- **C.** L'enfant a un goût bien affirmé. ☐
- **D.** L'adulte prépare un repas qui n'est pas adapté à ses besoins. ☐
- **E.** L'enfant a besoin de récompense. ☐
- **F.** L'enfant est malade. ☐

6. Associer les divers risques aux excès alimentaires.

	Risques		Excès alimentaires
A	Risque d'obésité	1	Excès de sucres
B	Risque de caries	2	Excès de viandes
C	Risque de MCV[a]	3	Excès de graisses

a. Maladie cardiovasculaire.

CORRIGÉS

1. 1B, 2C, 3A; **2.** 1BC, 2A, 3BC; **3.** 1C, 2A, 3B; **4.** 1 = faux (anorexie), 2 = faux (boulimie), 3 = faux (anémie), 4 = faux (rachitisme), 5 = vrai; **5.** A, B, F; **6.** A3, B1, C2.

CHAPITRE 21

Les régimes et les allergies alimentaires (le PAI)

CE QU'IL FAUT SAVOIR

On appelle régime alimentaire une alimentation spécifique, prescrite par un médecin ou une diététicienne, dans un but thérapeutique. Cette alimentation doit être équilibrée sur 24 heures. Citons quelques régimes en donnant les grands principes sur lesquels repose le traitement.

Le régime en cas d'obésité

L'obésité, phénomène que l'on rencontre dans les pays occidentaux, est un véritable problème de santé publique.

Principe du régime

- La prise en charge diététique de l'enfant obèse visera à lui apporter un *régime alimentaire* adapté à son âge, afin de permettre sa croissance et d'obtenir un amaigrissement progressif et durable.
- L'essentiel est de corriger les *erreurs alimentaires* : grignotage entre les principaux repas, surconsommation de sucreries et de corps gras, déséquilibre entre les différents repas.
- L'*exercice physique* est également recommandé ainsi qu'une *hygiène de vie* (éviter les heures devant la télévision ou l'ordinateur).
- L'obésité peut avoir une *origine familiale* et la prise en charge de l'enfant doit être accompagnée d'un effort de toute la famille. On encouragera l'enfant et sa famille à consommer suffisamment d'aliments de densité nutritionnelle élevée et de faible densité énergétique : fruits et légumes sous toutes formes, lait demi-écrémé et produits laitiers à 20 % de matières grasses, poisson, pain complet, etc.
- Enfin, l'enfant et sa famille doivent apprendre à *boire souvent de l'eau*.

Rôle de l'ATSEM

L'ATSEM est souvent amené à répondre aux questions des parents. En voici un exemple[8] : «*Manger cinq fruits et légumes par jour, est-ce important? Comment procéder?*»

Oui, il est recommandé de manger cinq fruits et légumes par jour. Ces aliments ne favorisent pas la prise de poids.

- On peut les proposer à l'enfant, sous forme de :
  - fruits frais à croquer, mais aussi compotes, fruits au sirop, fruits cuits, jus de fruits;
  - salade de légumes crus (comme la laitue) ou cuits (comme la betterave), soupe de légumes, légumes cuits servis en plat chaud (comme les épinards à la béchamel).
- On peut répartir ces cinq fruits et légumes sur les quatre repas de la journée selon les goûts, les habitudes et la fantaisie.

[8] Selon les recommandations du Plan national nutrition santé (PNNS).

© 2015, Elsevier Masson SAS. Tous droits réservés

- Pour un enfant qui aime les fruits mais pas trop les légumes, on peut conseiller :
  - un fruit frais au petit déjeuner;
  - un légume cru en salade et un fruit au déjeuner;
  - un verre de jus de fruits ou une compote au goûter;
  - un fruit au dîner et de temps en temps un plat de légumes cuits pour s'habituer peu à peu à de nouveaux aliments.

Le professionnel a un *rôle de soutien et de conseil* dans la mise en œuvre et la poursuite du régime. Il apporte des conseils pour varier les modes de préparations culinaires afin de maintenir la poursuite du régime.

Le régime antidiarrhéique

La diarrhée est un trouble lié à l'accélération du transit intestinal qui provoque l'émission de selles à la fois liquides et nombreuses. Elle provoque une perte en eau et en minéraux (sodium, potassium, etc.) pouvant provoquer une déshydratation plus ou moins grave, notamment chez les nourrissons. Les causes sont très nombreuses. En simplifiant, on peut distinguer :

- les diarrhées d'*origine alimentaire* provenant d'une suralimentation, d'une sous-alimentation ou d'une intolérance;
- les diarrhées d'*origine infectieuse*, elles s'accompagnent en général de fièvre.

Le médecin soignera prioritairement la cause. Le traitement est toujours basé sur un *régime alimentaire*. Certains éléments sont permis et d'autres interdits.

Principe du régime

Le régime est basé sur *trois grands principes* :

- arrêter immédiatement le lait et les laitages;
- supprimer les aliments accélérant le transit;
- donner des aliments riches en pectine ralentissant le transit;
- compenser les pertes d'eau et d'électrolytes.

Aliments permis et interdits

Dans le régime antidiarrhéique, certains aliments sont permis, d'autres interdits (Tableau 4.11).

Le régime anti-constipation

La constipation traduit un *ralentissement du transit intestinal* donnant des selles trop rares, peu abondantes ou trop sèches.

TABLEAU 4.11. Régime antidiarrhéique.

Aliments permis	Aliments interdits
– Légumes : carottes (cuites à l'eau) – Riz (cuit avec un peu d'eau et lavé +++) – VPO : viande, poisson, œuf – Fruits : • pomme râpée (crue ou en compote) • banane bien mûre, sans sucre • coing : confiture ou compote	– Laitages : lait, fromage blanc, etc. – Légumes verts : épinards, poireaux – Fruits : hormis pommes, coings et bananes – Jus de fruits –Sucreries : miel, confiture

Les causes de la constipation sont nombreuses. En simplifiant, on peut citer une alimentation insuffisante en fibres alimentaires, en fruits et en eau.
Le régime anti-constipation va donc privilégier les aliments interdits dans le régime antidiarrhéique (vu ci-dessus).

Les allergies alimentaires

On appelle «*allergie alimentaire*» la réaction anormale de l'organisme au contact d'une substance alimentaire appelée «allergène». Les produits responsables de phénomènes allergiques varient en fonction de l'âge des enfants. Chez le nourrisson, ce sont surtout les protéines du lait de vache qui sont responsables des phénomènes allergiques.

Les allergies aux produits autres que le lait chez l'enfant

Chez l'enfant de moins de 15 ans, les allergies les plus fréquemment rencontrées sont secondaires à l'ingestion de différents produits (ci-après) :

- blanc d'œuf;
- arachide;
- lait de vache;
- poisson;
- fruits : banane, avocat, kiwi, fraise, framboise;
- fruits secs oléagineux : noix, noisette;
- gluten (voir ci-après).

L'intolérance au gluten

Le gluten est la substance protidique de certaines céréales (*blé, orge, avoine et seigle*)[9].
L'intolérance au gluten (maladie cœliaque) est la plus fréquente des malabsorptions. Elle est due à une anomalie de la muqueuse jéjunale. Le traitement est uniquement diététique.

Principe du régime alimentaire

L'alimentation ne doit pas contenir de gluten.
Son application est délicate : le gluten est l'un des principaux *constituants* d'aliments, tels que pain, pâtes, semoule, pâtisseries, préparations du commerce. Dans le cas des aliments vendus emballés, la présence de gluten doit figurer en clair dans la *liste des ingrédients* (*directive européenne*).

Rôle de l'ATSEM

Le traitement de cette affection a changé le pronostic, autrefois mortel. Cependant, de nombreuses difficultés demeurent :

- la rigueur du régime, sa durée, son coût;
- la difficulté de l'adapter en milieu collectif.

Devant ces difficultés, l'enfant et sa famille doivent se sentir entourés et soutenus. Les professionnels de l'enfance pourront apporter ce soutien et faire respecter ce régime lorsque l'enfant sera en structure d'accueil collectif.

Mise en garde pour la prise en charge

Pour qu'un aliment, ou un groupe de produits, soit éliminé de l'alimentation, même s'il n'est pas toujours facile à mettre en évidence, il est indispensable de réunir soit des preuves réelles de son allergénicité, soit un faisceau de présomptions suffisamment significatif.

[9] Mémoriser le mot "boas" (B-O-A-S).

Quand réintroduire un aliment lors d'une allergie alimentaire ? [10]

Un des problèmes essentiels est de déterminer si les allergies alimentaires observées sont définitives ou s'il est possible de réintroduire les aliments, et à quelle période. Il est admis que 97 % des allergies de l'enfant disparaissent vers l'âge de 10 ans. Mais on considère qu'il est dangereux de réintroduire de l'arachide, du poisson, des crustacés et des noix, lorsqu'il existe des allergies à ces produits, dans l'enfance. [...] Par ailleurs, on observe une volonté de mettre en place une meilleure traçabilité des ingrédients utilisés par les industriels et artisans, avec notamment la mention sur les étiquettes de tous les produits identifiés comme étant des allergènes majeurs. Ce qui compte avant tout est non pas la concentration mais leur présence puisque de simples traces suffisent à entraîner une sensibilité [...].
Un numéro vert est disponible pour donner les informations nécessaires : 0800 19 20 21. Il est aussi possible de consulter le site Internet de l'AFSSA : www.afssa.fr.

Le PAI (projet d'accueil individualisé)

Le projet d'accueil individualisé (PAI) est réalisé, à la demande des parents d'un enfant ayant une pathologie (allergie alimentaire en particulier). Il est rédigé en concertation étroite avec le médecin traitant qui transmet au médecin scolaire tous les éléments nécessaires.

- Ce dernier détermine l'aptitude de l'enfant à suivre une scolarité ordinaire et donne son avis sur les *aménagements particuliers* susceptibles d'être mis en place. Le PAI énumère les allergies dont est victime l'élève, les *dispositions à prendre* (adaptation du repas collectif, panier-repas, etc.).
- Il est assorti d'une *ordonnance* et des *médicaments* à prendre en urgence au cas où l'enfant ingèrerait par erreur une substance à laquelle il est allergique.
- La restauration scolaire *collective* est possible et doit être organisée en fonction de la variété des cas individuels.

Le PAI : une arme à double tranchant[11]

Il ne faut pas stigmatiser ces enfants qui présentent des allergies alimentaires et certainement être moins stricts qu'on ne l'a été les premières années, car les connaissances ont évolué. La formation des différents partenaires doit être actualisée.
Par ailleurs, il convient de bien distinguer des PAI purement « informatifs » (par exemple un aliment allergique facilement repérable, comme le kiwi), des PAI qui exigent la mise en place de dispositions spécifiques pour éviter à l'enfant l'ingestion d'aliments courants susceptibles de provoquer des symptômes indésirables, et enfin les cas (très rares heureusement) où l'enfant réagit violemment à des quantités infimes d'allergène et où sa vie peut être en jeu. Il faut tout faire pour éviter de marginaliser des enfants qui pourraient parfaitement mener la même vie que leurs camarades, moyennant quelques aménagements.

[10] Dr. L. Chevallier (nutritionniste).
[11] D'après Dr. Christine Fallet, *Le Quotidien du médecin*, 9 septembre 2010.

S'ENTRAÎNER

QCM

1. Relier les régimes alimentaires à leurs principes de base.

Les régimes	Les principes de base
1. Pour l'enfant diabétique	**A** – Faire boire souvent l'enfant et supprimer le lait – Diminuer les aliments laxatifs – Donner des aliments constipants
2. Pour l'enfant diarrhéique	**B** – Diminuer la quantité d'aliments et faire un choix qualitatif répondant aux besoins de la croissance de l'enfant – Diminuer la consommation de sucreries et les grignotages entre les repas
3. Pour l'enfant obèse	**C** – Diminuer la consommation de sucres simples et bien les répartir dans la journée – Apporter les nutriments nécessaires à la croissance

2. Préciser les propriétés des aliments suivants.

Aliments	A Aliment laxatif	B Aliment constipant
1. Le lait		
2. Le riz		
3. Les carottes (cuites à l'eau)		
4. L'orange pressée		
5. Les légumes verts		
6. Le coing		
7. La banane (mûre)		
8. La pomme râpée		

3. Associer les aliments aux allergies qu'ils sont susceptibles de provoquer en utilisant six mots-clés : A. lait; B. œuf; C. fraises; D. gluten; E. moutarde; F. huile.

Les plats	Risques d'allergies		Les aliments allergisants
	a) oui	b) non	
1. Mayonnaise			
2. Pain et céréales			
3. Salade de fruits			
4. Légumes verts			
5. Gâteau à la crème			

4. Les produits suivants sont interdits pour les enfants allergiques au gluten : vrai ou faux?

Aliments	A) vrai	B) faux
1. Farines pour bébés		
2. Farines pour gâteaux		
3. Pain		
4. Orange		
5. Banane		
6. Fraises		

5. On appelle PAI :

A. Le plan d'aide aux intolérants. ☐
B. Le plan allergies et intolérances. ☐
C. Le projet d'accueil individualisé. ☐
D. Le plan d'aide individuelle. ☐

6. Le PAI s'adresse aux enfants qui présentent certains «risques». Cocher la bonne réponse.

Risques de :	A) oui	B) non
1. Convulsions		
2. Allergies alimentaires		
3. Boulimie		
4. Obésité		

7. Le PAI consiste pour l'enfant à être autorisé à :

A. Quitter la classe sans avoir besoin d'un mot d'excuse. ☐
B. Apporter un panier-repas à l'école. ☐
C. Bénéficier d'un régime spécifique lors du repas à la cantine. ☐
D. Ne pas venir à l'école et ne pas avoir besoin de mot d'excuse. ☐

CORRIGÉS

1. 1C, 2A, 3B; **2.** 1A, 2B, 3B, 4A, 5A, 6B, 7B, 8B; **3.** 1aABEF, 2aD, 3aC, 4b, 5aA; **4.** 1B, 2A, 3A, 4B, 5B, 6B; **5.** C; **6.** 1A, 2A, 3B, 4B; **7.** B, C.

CHAPITRE 22

Les règles d'hygiène pour la préparation, la conservation et la distribution des repas

CE QU'IL FAUT SAVOIR

Les règles d'hygiène pour la préparation des repas

Des règles de base sont à respecter pour assurer l'hygiène de la préparation des repas. Elles concernent le professionnel, les techniques professionnelles et l'environnement matériel.

Règles concernant le professionnel

Le professionnel veillera à :

- avoir une *hygiène corporelle* quotidienne;
- porter des *vêtements propres* et les cheveux attachés;
- porter éventuellement des *gants à usage unique* et un masque couvrant le nez et la bouche (s'il est enrhumé), *se laver régulièrement les mains* ou utiliser la SHA[12];
- avoir tous ses *vaccins en règle*.

Règles concernant les techniques professionnelles

Trois règles garantissent l'hygiène.

La règle des secteurs

Il faut bien différencier et séparer :

- le *secteur souillé* (légumes non épluchés, déchets);
- le *secteur sain* (légumes épluchés, lavés).

La règle de la « marche en avant »

Il faut travailler selon une démarche logique, par exemple :

- lavage des légumes;
- puis taillage (ou épluchage);
- puis stockage.

[12] SHA : solution hydro-alcoolique. C'est un désinfectant des mains très utilisé dans le milieu professionnel.

© 2015, Elsevier Masson SAS. Tous droits réservés

Les règles des circuits

Il est conseillé de :

- ne jamais croiser le *circuit de préparation des repas* (ex. : éplucher les légumes à un endroit de la cuisine, les découper à un autre endroit);
- ne jamais croiser le *circuit d'évacuation des déchets*;
- regrouper tous les déchets vers un seul point de stockage et d'évacuation;
- adopter des règles d'ergonomie pour travailler efficacement sans endommager sa santé, d'où l'intérêt d'aménager correctement son poste de travail.

Règles concernant les locaux

Il est recommandé de :

- laver et désinfecter le sol quotidiennement;
- respecter le balayage humide;
- nettoyer et désinfecter très régulièrement les sanitaires.

Règles concernant les équipements

Il est recommandé de :

- maintenir les équipements en parfait état de propreté;
- ranger la vaisselle après le nettoyage;
- désinfecter le matériel si nécessaire;
- laver, désinfecter les chariots et les plateaux avant leur rangement.

Les règles d'hygiène pour la conservation des repas

Les aliments qui ont dépassé la DLC ou la DLUO présentent un danger pour la santé. Le professionnel sera très vigilant sur la fraîcheur des aliments et les modes de conservation par le froid. Il veillera à :

S'informer sur la DLC ou la DLUO

- La *DLC (date limite de consommation)* : «à consommer avant le (...)». Elle est utilisée pour les produits frais, les laitages, la viande, les aliments frais prêts à la consommation, etc. Au-delà de la DLC, le produit doit être jeté.
- La *DLUO (date limite d'utilisation optimale)* : «à consommer de préférence avant le (...)». Elle est utilisée pour les conserves, le lait UHT (fermé), les aliments secs (biscuits, etc.) Au-delà de la DLUO, le produit perd ses qualités (goût, vitamines, etc.), mais il n'est pas dangereux pour la santé.

Utiliser correctement le réfrigérateur

Le froid permet de conserver les aliments dans de bonnes conditions de salubrité.

Les zones de froid dans l'appareil

Il est indiqué de respecter le groupement des aliments par zone de froid en tenant compte du type de réfrigérateur utilisé. À cet égard, il est utile de lire la notice de l'appareil.
Il est généralement conseillé de placer :

- les *viandes* et les *poissons* dans la zone la plus froide de l'appareil;
- les *végétaux* dans la zone humide et la moins froide (située au bas du réfrigérateur);
- les *produits laitiers* dans la zone intermédiaire;
- les *boissons* sur la clayette du bas de l'appareil;
- les *produits surgelés* dans le congélateur.

Voyons (à titre indicatif) la répartition des aliments dans le réfrigérateur par zones de froid[13] :

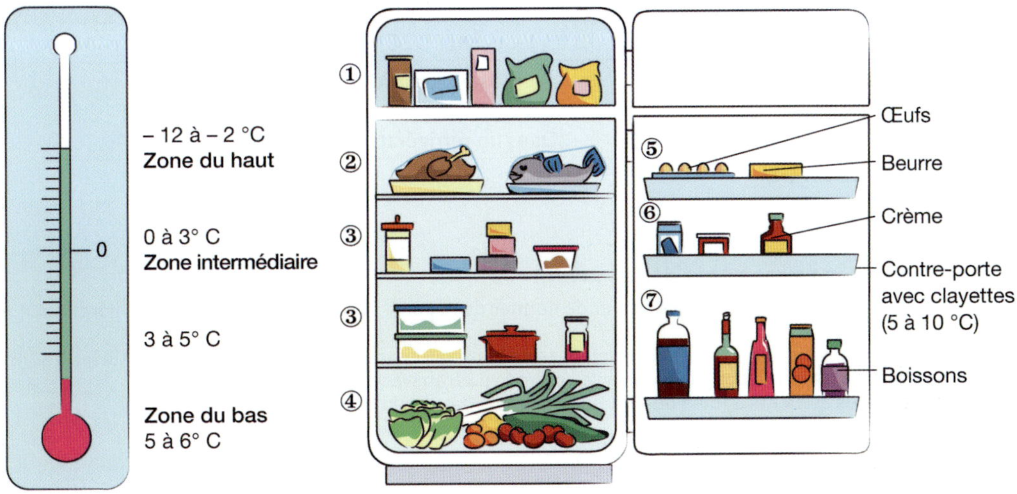

Dans le réfrigérateur
① aliments surgelés, desserts glacés
② viandes, poissons frais, volailles, plats cuisinés sous vide, salade en sachet
③ aliments cuits et restes de nourriture (protégés)
④ végétaux (fruits, légumes, fromage)

Dans la contre-porte
⑤ beurre, œufs
⑥ crème, fromages frais
⑦ boissons

FIG. 4.3. **Rangement des aliments dans le réfrigérateur par zones de froid[14].**

La classification par les étoiles (performance des réfrigérateurs)

- *Aucune étoile* : enceinte comportant un compartiment basse température pour la formation de glaçons, – 3 °C environ.
- * *une étoile* : la température maximale du compartiment basse température est de – 6 °C. Il est apte à assurer un entreposage des denrées surgelées pendant quelques heures.
- ** *deux étoiles* : la température du compartiment basse température est au maximum de – 12 °C. Il peut conserver les denrées surgelées pendant plusieurs jours.
- *** *trois étoiles* : la température du compartiment conservateur s'abaisse à – 18 °C. Il peut conserver les denrées surgelées plusieurs mois, mais ne permet pas de congeler.
- **** *quatre étoiles* : la température du compartiment congélation est inférieure à – 23 °C en position congélation. Ce type d'appareil permet de congeler les produits frais et de conserver les denrées surgelées pendant plusieurs mois.

Le stockage : temps et lieux de conservation des aliments

Pour conserver les aliments dans de bonnes conditions, il faudra prendre certaines précautions (Tableau 4.12).

[13] Pour les appareils ayant le froid ventilé, cette répartition sera moins rigoureuse.
[14] J. Gassier, *Guide AP (Auxiliaire de puériculture)*, Elsevier Masson, p. 180.

TABLEAU 4.12. **Le stockage : temps et lieux de conservation des aliments.**

Produits	Temps et lieu de conservation des aliments	
	Emballage fermé	Emballage ouvert
Produits stérilisés	Dans un placard (voir DLUO)	Au réfrigérateur (noter la date d'ouverture)
Lait ou crèmes (UHT)	3 mois (date de péremption)	1 à 2 jours (zone 4)
Produits pasteurisés	Au réfrigérateur (voir DLC)	
Lait/plats préparés	1 à 5 jours (voir DLC)	1 à 2 jours (zone 4)
Produits surgelés[a]	– Au conservateur à – 18 °C (voir DLUO) – Dans un freezer à – 12 °C (3 jours maximum) – Dans un réfrigérateur : 24 h	

a Emballage fermé ou ouvert.

Évitons le « rancissement » des aliments !

Pour éviter aux aliments de « rancir » et de donner des odeurs nauséabondes dans le réfrigérateur, il est conseillé de :

- transvaser les aliments dans un récipient fermé en matière plastique, ou en verre, ou utiliser un film plastique ;
- ne jamais laisser une boîte de conserve entamée (la transvaser) ;
- emballer les aliments à forte odeur (melon, choux-fleurs, plats aillés).

Rôle de l'ATSEM

L'ATSEM doit impérativement respecter les règles d'hygiène et de sécurité :

- toujours lire les dates de péremption sur les produits;
- vérifier quotidiennement les DLC et les DLUO et jeter les produits quand la date est dépassée;
- ne jamais recongeler un produit décongelé;
- utiliser tout de suite un produit décongelé;
- bien connaître les zones de froid spécifiques au réfrigérateur et ranger les denrées selon ces zones;
- laver les aliments qui se mangent crus à la sortie du réfrigérateur (crudités, etc.);
- transvaser les aliments préemballés dans un autre récipient, ou les emballer dans un film aluminium ou plastique (conserver les dates de péremption bien lisibles);
- éliminer les suremballages de certains produits vendus par lot (ex. : le carton ou le plastique autour des pots de yaourt);
- redoubler de vigilance avec les produits carnés, le poulet et les charcuteries;
- emballer chaque fromage et/ou les mettre dans une boîte hermétique.

Les règles d'hygiène pour la distribution des repas

Les deux formes de distribution et de liaisons

Les repas destinés à une cantine ont pu être préparés quelques heures ou quelques jours auparavant. Il existe deux formes de distribution des repas :

- la *distribution directe* : les plats sont servis sur place le jour même de la cuisson;
- la *distribution indirecte ou différée* : les plats sont préparés de 1 à 3 jours avant le service puis réfrigérés et stockés à + 3 °C.

FIG. 4.4. **La distribution des repas à la cantine[15].**

Il existe deux types de liaisons :
- la *liaison chaude* : dès la fin de la cuisson, les aliments sont conditionnés à + 63 °C;
- la *liaison froide* : dès la fin de la cuisson, les aliments sont réfrigérés à + 10 °C, puis stockés à + 3 °C.

Les règles du circuit de distribution

Les préparations culinaires élaborées à l'avance (PCEA) suivent un circuit depuis la cuisine centrale jusqu'à la table du consommateur. Des contraintes règlementaires d'hygiène sont imposées pour prévenir les TIAC (toxi-infections alimentaires collectives).
Le circuit de distribution des plats préparés est très réglementé (Tableau 4.13).

Modèles de chariots chauffants

La forme de la distribution dépend du type de liaison (chaude ou froide). Le maintien de la température obéit à des contraintes règlementaires strictes. Elles ont pour objectif la protection de la santé des consommateurs.
Il existe de nombreux modèles de chariots destinés à la distribution des repas en collectivité. Prenons par exemple *l'appareil chauffant électrothermique*. Il peut se présenter en un seul bloc ou mixte, c'est-à-dire jumelé : un compartiment chaud et un compartiment neutre. Il maintient la température des mets à + 63 °C pendant leur transport et leur distribution.

Le rappel sur la liaison chaude

Les plats cuisinés sont maintenus à une température de + 63 °C dans le chariot chauffant pendant toute la distribution du repas. Les préparations sont servies au fur et à mesure dans des *assiettes chaudes* présentées sur un chariot distributeur (la température de l'assiette varie de + 45 °C à + 80 °C).
Un chariot électrothermique est également utilisé pour la *liaison froide*. Il diffère au niveau de la température. Le garnissage des assiettes se fait au niveau d'une chaîne de conditionnement.

Rôle de l'ATSEM

L'ATSEM qui entretient le chariot de distribution des repas doit prendre certaines précautions. Après avoir débranché l'appareil, il faut :
- le vider de son contenu;

[15] J. Gassier, C. Daelman, *Guide de l'alimentation*, Elsevier Masson, p. 169.

TABLEAU 4.13. **Les règles d'hygiène du circuit de distribution des plats[a].**

Le circuit illustré	Principe du circuit	Règlementation
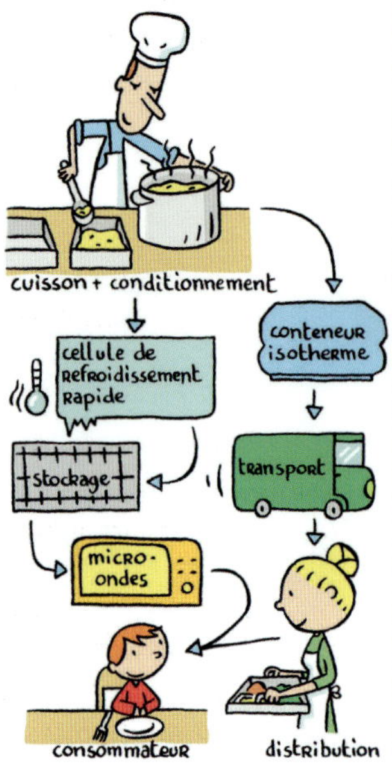 FIG. 4.5.	**1.** Préparation des plats ↓ Cuisson (+90 °C) + Conditionnement (+63 °C)	À la cuisine centrale : – elle se fait le jour de la consommation – dans les barquettes (immédiatement après la cuisson)
	2. Refroidissement des plats	<10 °C durant 2 heures (liaison froide)
	3. Stockage	≤3 °C durant 6 jours (maximum)
	4. Transport	Dans des conteneurs isothermes (≤3 °C)
	5. Distribution des plats au consommateur	Remise à température à + 63 °C, 1 heure maximum dans un four à micro-ondes ou dans un four à convection forcée

a J. Gassier, C. Daelman, *Guide de l'alimentation*, Elsevier Masson.

- pulvériser l'intérieur et l'extérieur à l'aide d'un pistolet de pulvérisation (position désinfectant) et frotter l'intérieur et l'extérieur à l'aide d'une chiffonnette;
- laisser agir pendant 5 minutes puis rincer l'intérieur et l'extérieur du chariot à l'aide d'un pistolet de pulvérisation (position rinçage);
- essuyer à l'aide d'une autre chiffonnette et frotter l'extérieur du chariot (uniquement lorsque le chariot est bien sec).

Les règles d'hygiène pour le service des repas

Il y a deux types de services : le service traditionnel (plats sur table) et le libre-service ou *self-service*.

Le service traditionnel (plats sur table)

Les services dits «de restauration collective» sont le plus souvent observés à l'école maternelle :

- les plats sont amenés de la cuisine jusqu'à la table sur des chariots. Le personnel dépose les plats sur chaque table (prévue pour quatre à huit enfants);
- les chariots peuvent être neutres ou maintenir les plats à température désirée.

Le libre-service (ou *self-service*)

Le consommateur trouvera au libre-service différentes sections :

- la section *neutre* : on dispose sur le chariot des préparations froides (hors d'œuvre, etc.);
- la section *réfrigérée* : on dispose sur le chariot des préparations réfrigérées (desserts à base de crème, etc.);
- la section *chaude* : on dispose sur le chariot des plats chauds (purées, potages, etc.)

Le libre-service présente des avantages et des inconvénients : le personnel fait le service dans un minimum de temps, d'espace et de moyens et le consommateur a la liberté de choix (de table, de mets, de compagnie), mais il est incité à manger en peu de temps (ce qui atténue la convivialité des repas et n'est pas recommandé pour la santé).

Rôle de l'ATSEM

L'ATSEM est amené à manipuler divers matériels; il devra redoubler de vigilance. La législation impose des conditions d'hygiène strictes afin d'éviter les toxi-infections alimentaires collectives (TIAC) transmises surtout par les mains du personnel.
L'ATSEM chargé de la distribution doit :

- porter une blouse, une charlotte, un masque et des gants à usage unique;
- prendre des précautions particulières dans chaque type de liaison :
  - en *liaison chaude*, il doit préchauffer les récipients à + 90 °C, n'ouvrir les récipients qu'*au moment* ou que sur le *lieu* de la consommation,
  - en *liaison froide*, il doit utiliser du matériel aux «normes» (afin de faciliter la baisse de la température dans les délais), éviter tout transvasement et être rapide et efficace.

La distribution du repas doit être *rapide*, *hygiénique* et *efficace*, afin d'éviter le refroidissement, la contamination microbienne et la diminution de la valeur organoleptique des aliments.

S'ENTRAÎNER

QCM

1. Les règles d'hygiène peuvent s'appliquer aux locaux, aux techniques professionnelles ou au professionnel lui-même. Associer chaque action à son objectif.

Actions	Objectifs
1. Avoir une hygiène corporelle stricte	**A.** Hygiène des locaux
2. Différencier le secteur sain du secteur souillé	**B.** Règles des techniques professionnelles
3. Porter des gants à usage unique	**C.** Hygiène du professionnelZZ
4. Pratiquer «la marche en avant»	
5. Nettoyer, désinfecter le sol	

2. La DLC est :

A. La date limite contrôlée. ☐
B. La date limite de consommation. ☐
C. Le droit de libre consommation. ☐

3. La DLUO est :

A. La date de libre utilisation optimale. ☐
B. Le droit de libre usage optimal. ☐
C. La date d'utilisation optimale. ☐

4. Dans le réfrigérateur, les produits alimentaires doivent être placés dans la *zone de froid* correspondant à leur conservation optimale. Répondre par vrai ou faux et rectifier les propositions fausses.

	A) Vrai	B) Faux	Rectification
1. La viande se place vers le bas de l'appareil (zone la moins froide)			
2. Les légumes se placent vers le haut (zone la plus froide)			
3. Le lait et les laitages se placent dans le milieu (zone intermédiaire)			

5. Certaines règles de stockage des produits alimentaires doivent être respectées. Répondre par vrai ou faux pour les produits suivants et rectifier les propositions fausses.

	A) Vrai	B) Faux	Rectification
1. Les produits dans un emballage étanche (ex. : lait UHT) se conservent dans le placard (endroit sec)			
2. Les produits pasteurisés se placent dans le congélateur			
3. Les produits surgelés se conservent dans le réfrigérateur			

6. Associer chaque proposition à son type de liaison.

	A) À chaud	B) À froid
1. Les aliments sont conditionnés à 63 °C dès la fin de la cuisson		
2. Les aliments sont réfrigérés à 10 °C et stockés à 3 °C		

6. Une TIAC signifie :

A. Un trouble intestinal associé à la cuisine. ☐
B. Une toxi-infection à la collectivité. ☐
C. Une toxi-infection alimentaire collective. ☐
D. Un trouble intestinal accidentel. ☐

7. Dans une «liaison chaude», les aliments sont conditionnés à :

A. + de 70 °C. ☐
B. + de 63 °C. ☐
C. Autour de 50 °C. ☐
D. Moins de 50 °C. ☐

8. Dans une «liaison froide», les aliments sont réfrigérés à :

A. + 5 °C. ☐
B. + 10 °C. ☐
C. + 6 °C. ☐
D. + 2 °C. ☐

CORRIGÉS

1. 1C, 2B, 3C, 4B, 5A; **2.** B; **3.** C; **4.** 1B (haut), 2B (bas), 3A; **5.** 1A, 2B (réfrigérateur), 3B (congélateur); **6.** C; **7.** B; **8.** B.

CHAPITRE 23

Les modes de contamination des aliments et la prévention des intoxications alimentaires

CE QU'IL FAUT SAVOIR

Les définitions

Il faut différencier deux types d'intoxications d'origine alimentaire.

Une toxi-infection alimentaire

- C'est une maladie (souvent *infectieuse* et accidentelle) contractée suite à l'ingestion de nourriture contaminée par des agents *pathogènes*, qu'il s'agisse de bactéries, de virus ou de parasites.
- Lorsqu'une toxi-infection alimentaire se produit en collectivité (à partir de deux convives malades), on l'appelle *TIAC (toxi-infection alimentaire collective).*

Une intoxication alimentaire

C'est une maladie d'origine alimentaire provoquée par l'ingestion de produits chimiques non comestibles ou toxiques (intoxications médicamenteuses, métaux lourds, empoisonnement, champignons vénéneux, etc.)

Principaux micro-organismes responsables

- Les bactéries et les virus : dans le cas d'une intoxication alimentaire infectieuse, la fièvre est associée aux symptômes digestifs (vomissements, diarrhées, etc.)
- Les parasites : les aliments jouent le rôle de vecteurs contaminants.

© 2015, Elsevier Masson SAS. Tous droits réservés

Les toxi-infections d'origine bactérienne ou virale

Citons les plus courantes.

Les salmonelloses

Ces intoxications sont dues à des entérobactéries, les « salmonelloses ». La contamination se fait soit par porteurs de germes infectés, soit par des aliments souillés. Ex. : produits à base d'œuf, gâteau à la crème, glace, de la viande, mollusque, poisson, etc.
Après une incubation de 8 à 48 h, apparaissent fièvre, douleurs abdominales intenses, vomissements, diarrhée fétide, pouvant provoquer la mort.

Prévention

Il faut faire cuire au moins 10 minutes à 80 °C les aliments (viande, poisson) et veiller à l'hygiène générale.

Les intoxications à staphylocoques

Ce sont souvent des intoxications collectives, dues à l'ingestion de viande hachée ou de lait contaminés. La contamination est souvent due à la manipulation de l'aliment par un sujet porteur de staphylocoques (ex. : panaris).

Les troubles apparaissent ½ h à 4 h après l'ingestion, brutalement : vomissements abondants, diarrhées. L'évolution est presque toujours bénigne.

Prévention

Veiller à ne pas consommer :

- de viandes préparées à l'avance (surtout la viande hachée);
- de crème, de lait ou laitage ayant subi de mauvaises conditions de conservation par le froid.

Les intoxications dues aux virus entériques

Ce sont des intoxications dues à la consommation de coquillages contaminés. Elles s'expriment ½ h à 4 h après le repas. Les symptômes sont les mêmes que précédemment (vomissements, diarrhées).

Prévention

Veiller à la fraîcheur des coquillages. Déconseiller la consommation des coquillages aux personnes fragiles (enfants, femmes enceintes).

La listériose

Cette intoxication peut s'exprimer par un état pseudo-grippal. Le germe peut se trouver dans la viande, le lait, les fromages, les poissons ayant dépassé la date limite de consommation.

Prévention

Vérifier les DLC et DLUO des produits incriminés.

La brucellose (ou fièvre de malte)

Elle est plus souvent transmise par le lait cru, les fromages frais de chèvre et de brebis. Elle se traduit cliniquement par une fièvre ondulante, des sueurs profuses, des myalgies (douleurs musculaires). Elle est assez rare.

Prévention

S'assurer de la qualité des produits laitiers consommés.

Il y a des « saisons » pour les TIAC

Il y a des saisons pour les TIAC. L'été, ce sont les *salmonelles* qui frappent surtout, ainsi que les *staphylocoques*. L'hiver, les *virus entériques* sont plus souvent présents, en liaison avec la consommation de coquillages. Les autres germes sévissent tout au long de l'année.
Les repas familiaux sont les plus grands pourvoyeurs de TIAC, ainsi que la *restauration collective* (*scolaire* en particulier) [...]. En restauration collective, l'utilisation d'équipements mal entretenus est le plus souvent relevée. En famille, la rupture de la chaîne du froid est en cause dans la majorité des cas.

Situation **10 cas de « salmonellose » à l'école maternelle**

Aujourd'hui, les médias relatent 10 cas de salmonellose à l'école maternelle de la ville de N. Les enfants touchés par cette toxi-infection alimentaire collective ont dû être hospitalisés. Ils ont présenté les mêmes symptômes 10 heures après le repas pris à la cantine de l'école : vomissements, diarrhée liquide et fièvre très élevée (l'un des enfants est dans le coma). Des gâteaux à la crème seraient à l'origine de la TIAC. Les parents ont déposé une plainte. Une enquête est en cours.
Les inspecteurs ont vérifié l'*hygiène* à différents niveaux : tout d'abord la propreté du personnel de cuisine (on sait que les plaies, panaris ou furoncles peuvent être la cause de toxi-infections).
Ils ont vérifié l'état des *cuisines*, des *équipements* (le *réfrigérateur* a été observé de près, son manque d'entretien est souvent mis en cause), des *plans de travail*, des ustensiles utilisés pour la cuisine (comment sont-ils nettoyés ? avec quoi ?). Ils se sont informés des techniques professionnelles pratiquées (règles des « secteurs », de la « marche en avant », etc.) et des méthodes de *stockage* et de *conservation* des aliments par le froid.

Les intoxications d'origine parasitaire

Les intoxications alimentaires provoquées par des parasites sont des « parasitoses ». Citons quelques exemples parmi les plus courantes.

La cysticercose (tæniasis)

C'est la plus répandue des parasitoses transmises à l'homme par la viande. Deux espèces de parasites (ou *tænia*), appelés aussi « *ver solitaire* », sont mis en cause, selon la viande ingérée (porc ou bœuf).

Prévention

Toute viande bleue (ou saignante) peut transmettre le *tænia* ; seule la cuisson à plus de 70 °C assure sa destruction.

La trichinose

Elle est due à un ver rond, transmis par le porc.

Prévention

Le parasite peut être détruit par une cuisson prolongée ou une surgélation à – 20 °C. Sa détection par les services vétérinaires est obligatoire.

La toxoplasmose

Elle est due à un protozoaire, séjournant dans le tube digestif des animaux familiers (chat en particulier) ayant ingéré des viandes crues contaminées. Elle se transmet par des aliments souillés et peut se traduire par une fièvre élevée avec des éruptions cutanées. Parfois, elle se limite à une fébricule et, très souvent, passe totalement inaperçue.

Prévention

Chez la femme enceinte, elle est redoutable, du fait des graves malformations fœtales qu'elle peut entraîner. D'où des précautions d'hygiène accrue.

Rôle de l'ATSEM

La seule arme pour la prévention des TIAC, c'est l'hygiène sous toutes ses formes. Il est vivement recommandé de :

- nettoyer le réfrigérateur toutes les semaines avec du vinaigre ou de la javel (selon les consignes reçues) ;
- bien se laver les mains lorsqu'on fait la cuisine ;
- laver les aliments à consommer crus avant de les ranger dans le réfrigérateur ;
- ôter les suremballages des conserves et produits alimentaires avant de les stocker ;
- bien lire les dates limites sur les emballages (DLC, DLUO, etc.) ;
- éviter de rompre la chaîne du froid ;
- ne pas recongeler un produit décongelé ;
- respecter des règles d'hygiène strictes (nettoyage de la cuisine, des plans de travail), des techniques professionnelles ;
- ne pas conserver les aliments à base de crème pour les repas destinés aux enfants ;
- être suivi sur le plan médical (vaccins à jour, infections cutanées traitées, etc.) ;
- avoir une tenue professionnelle adaptée à la cuisine (blouse, charlotte pour retenir les cheveux, masque en cas de rhume, etc.) ;
- avoir une hygiène personnelle stricte.

Les intoxications d'origine chimique

Les substances chimiques peuvent être à l'origine d'*intoxications chroniques*, à long terme. Certaines substances sont incriminées.

Les pesticides

Parmi les substances toxiques, les insecticides (ex. : DDT), les herbicides, les fongicides, peuvent se trouver dans nos aliments.

Prévention

Une surveillance accrue des aliments par les services vétérinaires permet de prévenir les risques.

Les emballages plastiques

Les matériaux utilisés comme emballage des aliments peuvent présenter un danger.

Prévention
Le bisphénol, présent dans tous les emballages plastiques, a été interdit dans toute la zone euro).

Les substances radioactives

Les animaux peuvent transmettre à l'homme les radioéléments présents dans le sol suite à des retombées radioactives (ex. : la viande ou le lait sont le plus souvent contaminés).

Les sels métalliques (plomb, mercure, etc.)

Citons deux exemples :

- le *plomb* : il s'accumule dans l'organisme et provoque une anémie grave (le saturnisme). Les causes de contamination sont diverses (ex. : les poussières chargées de plomb provenant de peintures anciennes);
- le *mercure* : l'intoxication est due à l'absorption de crustacés ayant accumulé ce toxique rejeté par une usine.

Le choc allergique

À l'histamine

L'histamine est une substance provenant de la dégradation des acides aminés : la langouste, le thon et les coquillages peuvent être la cause d'une intoxication histaminique. Les symptômes apparaissent très tôt après l'ingestion de l'aliment, brusquement le sujet ressent un profond malaise (avec de violentes céphalées). Une éruption généralisée sur le corps y fait suite. La personne doit être hospitalisée (c'est une urgence vitale).

Aux champignons

Certains champignons peuvent provoquer un choc anaphylactique (réaction très violente de l'organisme) susceptible d'entraîner la mort. Une grande vigilance est conseillée lors de la cueillette ou de l'achat des champignons.

Le rôle des inspecteurs de la santé publique vétérinaire (ISVP)
Les ISVP sont chargés, pour l'ensemble de la chaîne alimentaire, de la protection de la santé publique. Ils supervisent la lutte contre les maladies animales transmissibles à l'homme.
Chaque inspection comporte plusieurs points de contrôle :

- *sur l'établissement* : propreté des équipements et du personnel (hygiène des manipulations, etc.), niveau d'hygiène générale (systèmes de nettoyage, etc.);
- *sur les denrées manipulées* : étiquetage, dates de péremption, températures, marquage des œufs.

Des procès-verbaux d'infraction sont souvent dressés et des fermetures d'établissements demandées.

S'ENTRAÎNER

QCM

1. Associer chaque intoxication alimentaire à sa cause.

Intoxications	A. Bactérie	B. Virus	C. Parasite	D. Cause chimique	E. Cause allergique
1. La salmonellose					
2. L'intoxication à staphylocoques					
3. Le *tæniasis*					
4. La toxoplasmose					
5. Le choc histaminique					
6. La listériose					
7. La brucellose					
8. L'intoxication au mercure					
9. L'intoxication au DDT					

2. On appelle TIAC :

A. Un trouble intestinal aux aliments contaminants. ☐
B. Un trouble d'intolérance aux aliments courants. ☐
C. Une toxi-infection alimentaire courante. ☐
D. Une toxi-infection alimentaire collective. ☐
E. Les troubles et intoxications alimentaires collectifs. ☐

3. Associer les aliments aux intoxications alimentaires qu'ils sont susceptibles de provoquer dans certaines conditions.

Aliments incriminés	Intoxications alimentaires
1. Laitages souillés (lait, fromage, crème)	A. Listériose
2. Poissons contaminés	B. Salmonellose
3. Viande périmée (hachée)	C. Virus entérite
4. Coquillages contaminés	D. Choc histaminique
	E. *Tæniasis*

4. Certaines substances radioactives peuvent se transmettre à l'homme et être mises en cause :

A. Le lait. ☐
B. Les manipulations. ☐
C. La viande des animaux malades. ☐
D. Les légumes à larges feuilles de captage (épinards). ☐
E. Les plastiques d'emballage. ☐
F. Les champignons. ☐

5. On appelle histamine, une substance provenant de la dégradation :
- **A.** Des acides gras. ☐
- **B.** Des acides aminés. ☐
- **C.** De l'acide lactique. ☐
- **D.** Des éléments minéraux. ☐

6. La toxoplasmose est une intoxication intestinale causée par :
- **A.** Un colibacille. ☐
- **B.** Un pneumocoque. ☐
- **C.** Un staphylocoque. ☐
- **D.** Un protozoaire. ☐

7. Le cysticercose (ou tæniasis) est une parasitose transmise à l'homme par :
- **A.** Le lait. ☐
- **B.** La viande. ☐
- **C.** Les fruits. ☐
- **D.** Les légumes. ☐

8. La trichinose est un parasite transmis à l'homme par :
- **A.** Le cheval. ☐
- **B.** Le porc. ☐
- **C.** Le mouton. ☐

CORRIGÉS

1. 1A, 2A, 3C, 4C, 5E, 6A, 7A, 8D, 9D ; **2.** D ; **3.** 1A, 2AB, 3AE, 4CD ; **4.** A, C, D, F ; **5.** B ; **6.** D ; **7.** B ; **8.** B.

CHAPITRE 24

Les règles de commercialisation des produits alimentaires

CE QU'IL FAUT SAVOIR

La commercialisation des aliments fait l'objet d'une règlementation stricte. C'est par la lecture de l'étiquetage que le consommateur doit pouvoir être informé des critères de qualité des aliments.

L'étiquetage des produits alimentaires

L'étiquetage des produits alimentaires est réglementé afin de protéger le consommateur. Il doit être précis et fiable. La directive européenne précise que « l'étiquetage ne doit pas induire l'acheteur en erreur ».

Doivent figurer sur l'étiquetage :

- la *dénomination du produit*, qui permet à l'acheteur de connaître la nature du produit, sa qualité et son origine ;
- la *liste des ingrédients qui entrent dans la composition*, ainsi que les additifs utilisés lors de la fabrication. Certains sujets allergiques ont besoin d'être informés sur la présence de ces ingrédients (*cf.* liste ci-après) ;
- la *quantité nette du produit*, mention qui permet d'évaluer le rapport prix/poids ;
- la *date limite de consommation ou d'utilisation*. Il faut distinguer :
  - la *DLC* (date limite de consommation, à consommer avant le...) concerne les denrées périssables (lait, VPO, etc.),
  - la *DLUO* (date limite d'utilisation optimale, à consommer de préférence avant le...) concerne les produits d'épicerie sèche ou les boissons ;
- les *conditions de conservation* (ex. : l'indication de la température de stockage) ;
- les *coordonnées du fabricant* (nom, raison sociale et adresse).

L'étiquetage des produits préemballés[16]

La règlementation applicable en matière d'information du consommateur sur la présence d'allergènes dans les produits et denrées alimentaires préemballées découle d'une directive relative à l'étiquetage. Elle impose la *mention claire* de tout ingrédient allergène sur l'emballage du produit. Parmi les ingrédients allergènes, citons :

- céréales contenant du *gluten* (blé, seigle, etc.) ;
- crustacés et produits à base de crustacés ;
- œufs et produits à base d'œuf ;
- arachide et produits à base d'arachide ;
- lait et produits à base de lait ;
- soja et produits à base de soja ;
- fruits à coque (amande, noisette, noix de cajou, de macadamia) et produits à base de ces fruits, etc. (la liste est longue).

Le projet de règlement relatif à l'information des consommateurs sur les denrées alimentaires va étendre cette obligation aux denrées alimentaires non préemballées, cela signifierait une *avancée notable* de l'information aux consommateurs allergiques.

© 2015, Elsevier Masson SAS. Tous droits réservés

[16] Source : 48e journées d'études de l'Association française des diététiciens nutritionnistes (AFDN).

Les attestations de qualité des produits alimentaires

TABLEAU 4.14. **Attestations et certification de qualité des produits alimentaires.**

Sigles	Dénominations	Garantie
AB	Agriculture biologique	Produit fini contenant : – au moins 95 % d'ingrédients biologiques – 0,9 % maximum d'organismes génétiquement modifiés (OGM) – indication du lieu de production Le label européen est obligatoire sur les emballages
AOC AOP	Appellation d'origine protégée (AOP) coexiste avec l'AOC	– Produit provenant d'une aire géographique délimitée – L'AOC des vins est complétée par un sigle européen : AOP ou IGP
Label	Label Rouge	– Qualité supérieure reconnue – Tests organoleptiques pour démontrer la qualité gustative du produit
Qualité « Fermier »	Production fermière	– Origine du produit : exploitation personnelle d'un producteur – Technique de fabrication : traditionnelle
Sélectionné	Critères Qualité certifiés	Les critères de qualité sont objectifs, mesurables devant un jury sélectionné, traçables et vérifiables

Les produits « entrée de gamme » : moins chers mais pas plus gras ou sucrés

Le Conseil national de l'alimentation (CNA) fait savoir aux consommateurs que, contrairement à une idée répandue, les produits alimentaires les moins chers (entrée de gamme, 1er prix, produits sans attestation particulière, etc.) ne sont pas plus gras ou plus sucrés que les autres [...]. Le Conseil regrette que les médias expliquent une obésité plus répandue dans les populations défavorisées par une trop forte densité énergétique des aliments premiers prix comparativement à celle des aliments de marque. Si les enfants pauvres sont plus sujets à l'obésité, ce n'est pas parce qu'ils mangent des chips premier prix au lieu de chips de marque, mais parce qu'ils consomment des chips au goûter plutôt qu'un yaourt nature.

Rappel des différentes gammes de produits
Première gamme : les produits frais du marché (comme les légumes ou les fruits crus, à l'état brut).
Deuxième gamme : les produits pasteurisés, stérilisés ou appertisés (conserves).
Troisième gamme : les produits surgelés.
Quatrième gamme : les produits frais « prêts à l'emploi » (comme les carottes râpées ou la salade en sachets).
Cinquième gamme : les produits frais ou cuisinés conservés sous vide.

La commercialisation du lait et des produits laitiers

En fonction du groupe auquel ils appartiennent, les aliments ont leurs propres caractéristiques. Celles-ci déterminent les formes de commercialisation, ainsi que les conditions de stockage.

Le lait

Le lait et ses dérivés (les produits laitiers) sont caractérisés par une forte teneur en protéines d'origine animale, en calcium, lipides et vitamines A et D.
Le lait peut subir différents traitements :
- en fonction du *taux de lipides* (matières grasses) maintenu dans le lait, on trouvera trois sortes de lait commercialisées : le lait entier, le lait demi-écrémé, le lait écrémé ;
- en fonction de ses *propriétés bactériologiques*, le lait peut être commercialisé sous différentes formes (Tableau 4.15)

TABLEAU 4.15. Les différentes formes de commercialisation et conditions de stockage du lait.

Formes de commercialisation du lait	Traitements subis	Conditions de stockage
Lait frais pasteurisé	Chauffage autour de 80 °C, les germes pathogènes sont détruits, la flore microbienne est réduite	Au réfrigérateur : + 2 °C à + 4 °C (vérifier la DLC)
Lait stérilisé	Stérilisation UHT à 140 °C pendant quelques secondes. Tous les germes sont détruits	– Emballage fermé : lieu sec et frais (DLUO à vérifier) – Emballage ouvert : + 4 °C et à consommer dans les 4 jours
Lait concentré non sucré	Produit concentré à moitié de son volume sous vide et stérilisé à 120/130 °C (tous les germes sont détruits)	– Emballage fermé : DLC à vérifier – Emballage ouvert : au réfrigérateur + 4 °C
Lait en poudre (lait sec)	Produit obtenu par dessiccation. Tous les germes microbiens sont détruits	Emballage fermé : dans un lieu sec et frais. Après ouverture : 15 jours, vérifier la DLC

Les produits laitiers

TABLEAU 4.16. Les différentes formes de commercialisation des fromages.

Formes de commercialisation	Exemples	Conditions de stockage
Fromages frais	Type : yaourt, fromage blanc, petit-suisse	Au réfrigérateur : + 2 °C à + 4 °C (vérifier la DLC)
Fromages fermentés	À pâte molle : type Brie, camembert, carré de l'Est, Pont-l'Évêque, Livarot	Au réfrigérateur : + 4 °C à + 5 °C dans des boîtes hermétiques, 6 à 7 jours (vérifier la DLC)

Les « prêts à l'emploi » pour enfants

Les produits pour enfants « prêts à l'emploi » sont très nombreux sur le marché. Certains contiennent des légumes (*cf.* ci-après), d'autres des aliments protidiques.
Leur préparation est rapide : il suffit de réchauffer le petit plat au micro-ondes ou au bain-marie.
La plupart des préparations sont garanties sans sel.
Le stockage de ces produits se fait hors du réfrigérateur (donc gain de place).

FIG. 4.6. **Étiquette d'un plat pour bébé (avec morceaux)**[17].

La commercialisation des eaux en bouteille

Il existe deux catégories d'eaux en bouteilles : l'eau de source et l'eau minérale.

Les deux catégories d'eaux

- L'*eau de source* : c'est une eau potable embouteillée sur le lieu de captage, sans traitement.
- L'*eau minérale naturelle* : c'est une eau dotée de propriétés thérapeutiques en provenance d'une source dont l'exploitation a été autorisée par décision ministérielle.

Les conditions de stockage

- *Bouteille non ouverte* : conservation à température ambiante (vérifier la DLC).
- *Bouteille ouverte* : à boire dans la journée ou à conserver au réfrigérateur à + 10 °C (bouteille refermée), 48 heures maximum.

Rôle de l'ATSEM

L'ATSEM veillera à connaître et faire connaître :

- les *règles de l'étiquetage* des produits. Vérifier en particulier :
  - les DLC ou DLUO,
  - la composition (taux de matières grasses, etc.),
  - la présence d'un allergène (gluten, arachide, soja, etc.),
  - les attestations de qualité (label rouge, produit bio, etc.),
  - le traitement subi,
  - les recommandations pour l'alimentation des nourrissons, etc. ;
- les *règles de stockage* des produits en fonction de leur catégorie (lait, produits laitiers, eaux, etc.).

Lorsqu'on a la charge de jeunes enfants, une grande vigilance est conseillée.

[17] J. Gassier, C. Daelman, *Guide de l'alimentation*, Elsevier Masson, p. 183.

S'ENTRAÎNER

QCM

1. Ces mentions doivent obligatoirement figurer sur l'étiquette d'un produit alimentaire :

1. Le prix ou le code barre	**A.** Vrai	**B.** Faux
2. La quantité nette du produit	**A.** Vrai	**B.** Faux
3. Les règles de conservation ou de stockage	**A.** Vrai	**B.** Faux
4. Les recettes à mettre en œuvre avec le produit	**A.** Vrai	**B.** Faux
5. La liste des ingrédients	**A.** Vrai	**B.** Faux
6. La DLC, la DLUO	**A.** Vrai	**B.** Faux
7. Le nom, le prénom et le mail du fabricant	**A.** Vrai	**B.** Faux
8. La marque, l'adresse et le téléphone du fabricant	**A.** Vrai	**B.** Faux
9. Les allégations de santé (ou nutritionnelles)	**A.** Vrai	**B.** Faux
10. Les substances allergènes éventuelles (arachide, soja, etc.)	**A.** Vrai	**B.** Faux

2. Associer les attestations des produits alimentaires à leurs définitions respectives.

Attestations	Définitions
1. AOP	**A.** Qualité garantie par des tests organoleptiques
2. AOC	**B.** Qualité évaluée par un jury de spécialistes
3. Label rouge	**C.** Appellation d'origine contrôlée
4. Grand Jury	**D.** Appellation d'origine protégée
5. AB	**E.** 95 % du produit est d'origine biologique

3. Associer les gammes et les produits. Répondre par vrai ou faux (rectifier si besoin).

Produits	Gammes		
1. Produits frais du marché	1re gamme	**A.** Vrai	**B.** Faux
2. Produits cuisinés et conservés sous vide	2e gamme	**A.** Vrai	**B.** Faux
3. Produits surgelés	3e gamme	**A.** Vrai	**B.** Faux
4. Produits pasteurisés, stérilisés	4e gamme	**A.** Vrai	**B.** Faux
5. Produits prêts à l'emploi	5e gamme	**A.** Vrai	**B.** Faux

4. Associer les produits alimentaires aux transformations subies.

Produits	Transformations subies
1. Pasteurisé	**A.** Obtenu après dessiccation
2. Stérilisé UHT	**B.** Volume réduit
3. Concentré	**C.** Chauffé à ultra haute température (140 °C)
4. En poudre	**D.** Chauffé à une température d'environ 80 °C

5. Associer les sigles et leurs significations.

Sigles	Significations
1. AOC	**A.** Critères qualité
2. AB	**B.** Appellation d'origine protégée
3. CQ	**C.** Agriculture biologique
4. AOP	**D.** Appellation d'origine contrôlée

6. Le CNA est :

A. Le Conseil des normes alimentaires. ☐
B. Le Conseil national de l'alimentation. ☐
C. Le Classement national des aliments. ☐
D. La Classification nutriments et aliments. ☐

7. DLC signifie :

A. Date légale de conservation. ☐
B. Date du lieu de consommation. ☐
C. Date limite de consommation. ☐
D. Date liée à la conservation. ☐

CORRIGÉS

1. 1A, 2A, 3A, 4B, 5A, 6A, 7B, 8A, 9B, 10A ; **2.** 1D, 2C, 3A, 4B, 5E ; **3.** 1A, 2B (5e), 3A, 4B (2e), 5B (4e) ; **4.** 1D, 2C, 3B, 4A ; **5.** 1D, 2C, 3A, 4B ; **6.** B ; **7.** C.

CHAPITRE 25

Les techniques professionnelles associées aux repas

CE QU'IL FAUT SAVOIR

Fiche 1 – La présentation et la distribution du repas aux enfants

Objectifs :

- surveiller la *composition du repas* (équilibre alimentaire) et le respect d'un régime (éventuellement) ;
- surveiller la *présentation et la distribution des repas*, dans le respect des règles HSCR (hygiène, sécurité, confort et respect de l'enfant) ;
- surveiller le *comportement des enfants* lors de la distribution du repas (dépister les troubles éventuels).

Le professionnel veillera à :

Surveiller l'équilibre alimentaire du repas

Pour cela :

- veiller au respect de l'équilibre alimentaire du repas ;
- veiller au respect du régime alimentaire (si besoin) et du PAI (pour les enfants allergiques) ;
- proposer à boire aux enfants aussi souvent que nécessaire.

Surveiller la présentation du repas

Pour cela, utiliser :

- des assiettes attrayantes (colorées) ;
- des couverts adaptés à l'âge et aux compétences des enfants.

Surveiller la distribution du repas à l'enfant

Lors de la distribution du repas, veiller à :

- rester dans le système de liaison froide ;
- respecter les règles de remise en température ;
- ne pas réchauffer plusieurs fois le repas ;
- ne pas laisser séjourner un plateau-repas à température ambiante ;
- veiller à ce que les plats soient servis chauds ;

© 2015, Elsevier Masson SAS. Tous droits réservés

- se laver les mains et revêtir sa blouse avant de donner le repas aux enfants ;
- ne pas mettre les doigts dans les verres ou les assiettes (hygiène) ;
- distribuer les couverts en les prenant par le manche (hygiène) ;
- observer les enfants ;
- écouter les commentaires des enfants lors de la distribution du repas.

Transmettre les informations

Le professionnel veillera à signaler les réactions ou troubles des enfants au directeur ou au responsable (ou aux parents selon les consignes reçues).

Fiche 2 – L'installation des enfants pour le repas

Objectifs :
- favoriser l'hygiène et le confort des enfants pour le repas ;
- favoriser l'autonomie et la socialisation (relationnel ++).

TABLEAU 4.17. **L'installation des enfants pour le repas.**

Matériel	Protocole	Exemples
– Table et couverts – Lavabo – Radio, CD – Serviettes de table	**a) Préparation** Le professionnel veillera à : – se laver les mains – respecter les « règles d'HSC »	Le professionnel assurera : – l'hygiène du matériel – le confort des enfants – la sécurité de l'environnement
	**b) Action** *Favoriser l'autonomie et la socialisation des enfants :* – inviter les enfants à s'installer calmement à table – proposer les serviettes de table – favoriser l'impression de « se sentir bien à sa place » à table – favoriser les contacts entre les enfants (relationnel ++) – participer au repas – maintenir le contact avec les enfants	– expliquer aux enfants le rôle et l'emplacement sur la table des divers matériels et ustensiles destinés au repas (ex. : couteaux, cuillères, verres, assiettes, etc.) – stimuler les échanges entre enfants dans le calme et la convivialité. Ex. : leur parler, les écouter, les regarder, etc.
FIG. 4.7. **L'enfant doit être installé confortablement pour le repas[18].**	**c) Transmission** Le professionnel veillera à transmettre au responsable toutes les informations relatives au comportement des enfants à table	

[18] J. Gassier, *Guide de la petite enfance*, Elsevier Masson, p. 268.

Fiche 3 – La participation au repas des enfants

Objectifs :
- donner le repas à l'enfant en favorisant son autonomie, son confort et son plaisir ;
- favoriser les liens relationnels entre enfants (socialisation).

TABLEAU 4.18. **La participation au repas des enfants.**

Matériel	Protocole	Exemples
– Couverts – Assiettes – Eau – Verre	**a) Préparation** Le professionnel veillera à respecter l'hygiène de la préparation et à présenter le repas aux enfants de façon attrayante et chaleureuse.	– se laver les mains – faire se laver les mains aux enfants
 FIG. 4.8. **L'ATSEM doit savoir stimuler l'enfant à manger seul[19].**	**b) Action** – aider les enfants à prendre leur repas en respectant leur rythme, leurs goûts, leurs demandes et leurs besoins – ne pas mélanger les aliments – leur proposer à boire – leur couper la viande (selon leur âge et capacités) – parler aux enfants au cours du repas – nettoyer le matériel et le ranger – se laver les mains	– favoriser l'observation, la gustation – favoriser l'*autonomie* et la *socialisation* – autoriser les enfants à se servir eux-mêmes (si nécessaire) – les inciter à la politesse (dire merci quand on les sert) – les inciter à respecter leur voisin de table – ne pas les forcer à finir leur repas
	c) Transmission Transmettre les informations au responsable, relatives au comportement des enfants à table et aux symptômes ou réactions constatés	Exemples : signaler le refus de manger ou l'absence d'appétit des enfants, les nausées ou le rejet éventuel après le repas, les commentaires préoccupants, etc.

[19] J. Gassier, *Guide de la petite enfance*, Elsevier Masson, p. 270.

Fiche 4 – Les soins d'hygiène associés au repas des enfants

Objectifs :
- assurer l'hygiène et le confort des enfants pour le repas ;
- éduquer les enfants à l'hygiène pour favoriser les « *bonnes habitudes* ».

TABLEAU 4.19. Les soins d'hygiène associés aux repas des enfants.

Matériel	Protocole	Exemples
– Eau courante – Savon liquide – Gant de toilette + savon – Serviette de toilette 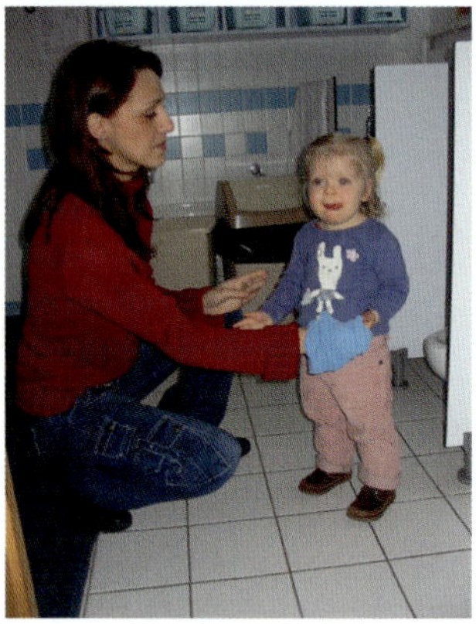 **FIG. 4.9. L'ATSEM veille à l'hygiène avant et après le repas (lavage des mains, passage aux WC, etc.)[20].**	**a) Préparation** Le professionnel veillera à : – assurer l'hygiène avant le repas – expliquer le déroulement des actions aux enfants – créer une ambiance gaie, ludique, détendue, conviviale, etc.	– se laver les mains et faire laver les mains aux enfants – favoriser les échanges entre les enfants
	b) Action Procéder aux soins d'hygiène en trois temps • *Premier temps* Effectuer la toilette du visage dans l'ordre suivant : – aller du plus propre (les joues) – au plus sale (le nez)	– inciter à l'autonomie – inciter les enfants à se laver seuls (selon leur âge) pour favoriser leur autonomie – les aider à se sécher en tapotant doucement
	• *Deuxième temps* Aider les enfants à se nettoyer les mains avant le repas	– utiliser le savon liquide – les aider à nettoyer dans les espaces interdigitaux – bien rincer et essuyer
	• *Troisième temps* Après le repas : – proposer aux enfants d'aller aux WC. – faire laver les mains et les dents aux enfants – pour les soins des dents, apprendre aux enfants d'abord à les brosser à l'eau. Leur expliquer de brosser les dents de haut en bas (du rouge vers le blanc !) – leur demander de bien se rincer si le dentifrice a été utilisé	Dans ce cas, veiller au lavage des mains après le passage aux toilettes
	c) Transmission Transmettre à la directrice toutes les actions effectuées auprès des enfants	

[20] J. Gassier, *Guide de la petite enfance*, Elsevier Masson, p. 271.

S'ENTRAÎNER

QCM

1. Remettre dans l'ordre logique les neuf opérations suivantes relatives à la préparation d'un biberon de lait en poudre.

- **A.** Nettoyer le plan de travail. ☐
- **B.** Évaluer la température du liquide avant d'offrir le biberon. ☐
- **C.** Préparer le matériel. ☐
- **D.** Vérifier les dates de péremption et d'ouverture des produits. ☐
- **E.** Se laver les mains. ☐
- **F.** Remplir le biberon d'eau. ☐
- **G.** Verser les mesurettes de lait dans le biberon et secouer. ☐
- **H.** Araser les mesurettes de lait. ☐
- **I.** Revêtir la blouse. ☐

2. Remettre dans l'ordre logique les neuf opérations suivantes relatives au repas des enfants.

- **A.** Nettoyer le matériel et transmettre les informations au responsable. ☐
- **B.** Proposer aux enfants de se laver les mains. ☐
- **C.** Présenter les plats aux enfants. ☐
- **D.** Annoncer le repas aux enfants. ☐
- **E.** Favoriser les échanges entre les enfants. ☐
- **F.** Leur proposer d'aller aux toilettes. ☐
- **G.** Aérer la pièce. ☐
- **H.** Se laver les mains. ☐
- **I.** Faire asseoir les enfants à table et mettre une musique douce. ☐

3. Indiquer le matériel utile pour les *soins d'hygiène* des enfants avant ou après le repas.

- **A.** Serviettes de table. ☐
- **B.** Eau et savon liquide. ☐
- **C.** Assiettes et verres. ☐
- **D.** Serviettes de toilette. ☐
- **E.** Couverts. ☐

4. Indiquer le matériel utile pour le *repas des enfants*.

- **A.** Serviettes de table. ☐
- **B.** Eau et savon liquide. ☐
- **C.** Assiettes et verres. ☐
- **D.** Serviettes de toilette. ☐
- **E.** Couverts. ☐

CORRIGÉS

1. E, I, A, C, D, F, H, G, B ; **2.** H, D, F, B, I, C, E, A, G ; **3.** B, D ; **4.** A, C, E.

PARTIE

5

L'hygiène et la sécurité à l'école

CHAPITRE 26

Symboles, codes et sigles relatifs à la sécurité

CE QU'IL FAUT SAVOIR

Une information codée est abrégée sous forme de lettres, chiffres ou dessins (pictogrammes) afin de la rendre compréhensible rapidement et par le plus grand nombre de personnes. Les informations codées (*symboles*, *codes*, *sigles*) deviennent une véritable forme de langage, accessible à tous.

Les différents symboles

Le symbole est une représentation imagée (pictogramme) qui a une *signification* précise. Il existe de nombreux symboles. Nous nous limiterons ici aux symboles relatifs à l'hygiène et à la sécurité de l'environnement. Les couleurs et les formes ont autant de signification que l'image :

- les *couleurs*. Ex. : le *rouge* représente un signe d'interdiction ;
- les *formes*. Ex. : le *triangle* signifie un avertissement, le *carré* ou le *rectangle* signifient une information.

Les symboles de danger

Ils doivent figurer sur les étiquettes de tous les produits représentant un ou plusieurs risques particuliers.

TABLEAU 5.1. **Les symboles de danger.**

Symboles	Recommandations
	**Toxique** – engrais agricole – antigel pour voitures – naphtaline (antimites)
	**Irritant/nocif** – produits de lessive – eau de javel – encaustique
	**Explosif** – gaz butane – gaz propane
	**Inflammable** – white spirit – alcool à brûler

(*Suite*)

© 2015, Elsevier Masson SAS. Tous droits réservés

TABLEAU 5.1. Suite.

Symboles	Recommandations
	**Comburant** – graisses industrielles – oxygène et azote
	**Corrosif** – acide chlorhydrique – soude caustique, potasse – acide sulfurique, acide nitrique
	**Danger pour la santé** – cancérigène, mutagène, allergène, etc.

Les symboles de conservation des produits

TABLEAU 5.2. Les symboles de conservation des produits.

Symboles	Recommandations
	Conserver entre + 2 °C et + 8 °C
	Tenir à l'abri de la chaleur
	Tenir à l'abri de l'humidité
	Tenir à l'abri de la lumière
	Tenir à l'abri d'une flamme

Les symboles de la protection de l'environnement

TABLEAU 5.3. Les symboles de protection de l'environnement.

Symboles	Recommandations
	Pictogramme incitant le consommateur à jeter l'emballage dans une poubelle
	Pictogramme signifiant que le produit ne nuit pas à la couche d'ozone

	Pictogramme signifiant que le producteur cotise à une société chargée de la récupération des emballages
ACIER RECYCLABLE	Acier recyclable Qualité magnétique de l'acier qui facilite son tri au moment du recyclage
	Éco Label européen : délivré par l'AFNOR Produit de qualité respectueux de l'environnement sur le marché européen

Les codes d'entretien des textiles

Définition

Le code d'entretien d'un textile est un système symbolique immédiatement compréhensible par l'utilisateur (ex. : le lavage, la javellisation, le repassage).
L'objectif est de permettre à l'utilisateur des textiles d'assurer l'hygiène du linge en toute sécurité : éviter les incidents, la détérioration lors de l'utilisation des équipements ménagers (lave-linge, sèche-linge, fer à repasser, etc.) et être efficace dans son travail.

Les différents symboles

TABLEAU 5.4. **Les symboles d'entretien des textiles.**

Entretien	Symboles	Signification
Le lavage		*La cuve* est le symbole des indications de lavage : – la température indiquée est la température maximale de lavage (ici à 60 °C) – le dessin d'une main indique que le lavage à la main est possible – le trait du dessous : l'essorage doit être modéré
La javellisation		*Le triangle* est le symbole de la javellisation : – le symbole du chlore (Cl) indique que l'utilisation de l'eau de javel est possible – l'absence de ce symbole Cl indique qu'il ne faut pas utiliser d'eau de javel (dans ce cas le triangle est parfois barré)
Le repassage		*Le fer* indique que le textile peut être repassé. Toutefois, il faut respecter les *températures indiquées* : – fer tiède 110 °C – fer moyen 150 °C – fer chaud 200 °C Si le fer est barré, le repassage est interdit
Le détachage		Les symboles du détachage sont : – un *cercle* (représenté ici) – une *lettre* (A, P ou F) Ils sont destinés aux teinturiers pour le détachage à sec des textiles

(*Suite*)

TABLEAU 5.4. **Suite.**

Entretien	Symboles	Signification
Le séchage		*Un cercle inscrit dans un carré* : – si dans le cercle figurent un ou deux points, ils indiquent les deux niveaux de température de séchage du textile (séchage effectué chez les teinturiers) – s'il est barré, il y a une indication particulière de séchage à prendre en compte (ex. : séchage en machine interdit)

Le code barre : que signifie-t-il ?

Il ne s'agit pas véritablement d'un moyen d'information du consommateur. Néanmoins, celui-ci est confronté à son existence sur l'étiquetage et à son utilisation lors du paiement du produit.
Comme son nom l'indique, c'est un code composé :

- de barres permettant la lecture optique par un lecteur approprié ;
- de chiffres permettant l'identification du produit :
  - les premiers chiffres indiquent le pays (pour la France 3.0 à 3.7),
  - les suivants identifient le fabricant ou l'importateur,
  - les suivants identifient le produit chez le fabricant,
  - le dernier chiffre permet un contrôle.

Les normes et les sigles

Définition

Normes

La « norme » est une *donnée de référence*. Elle atteste la conformité du produit sur les plans de la sécurité, de la santé, du service et de la satisfaction, et elle garantit le contrôle régulier de cette conformité.

EXEMPLE

L'AFNOR délivre les normes « NF » (normes françaises) (*cf.* les labels d'homologation dans le tableau ci-après).
Les normes européennes (CE) permettent la mise sur le marché au sein de l'Union européenne.

Sigles

Les « sigles » sont des lettres initiales qui, regroupées, servent d'abréviations.

EXEMPLE

CE = Communauté européenne (*cf.* le label ci-dessous) ; AFNOR = Agence française des normes ; UPEC = Usure, poinçonnements, eau et produits chimiques (cf. tableau ci-après).

FIG. 5.1. **Label de la communauté européenne.**

Différentes normes

De nombreux industriels demandent l'homologation de leurs produits dans divers domaines. De ce fait, il existe différents types de normes. Des exemples des différentes catégories créées et des labels utilisés sont donnés dans le tableau ci-après.
Objectif : informer l'utilisateur, garantir la sécurité, préserver la santé.

TABLEAU 5.5. **Signification de diverses normes d'homologation.**

Normes	Exemples	Signification
Les normes du matériel		
	Les réfrigérateurs	La norme de cet appareil homologué détermine les volumes exprimés en litres. Les performances sont représentées par des étoiles à 6 branches entourées d'un cadre.
Les normes d'équipement des locaux		
La sécurité électrique	Les radiateurs électriques	Un chiffre (de 1 à 8) indique la protection de l'appareil contre les projections d'eau
Le gaz de ville	Une chaudière	Pour le gaz, les normes de sécurité concernent les tuyaux de raccordement
Les revêtements de mur	Les papiers peints	La norme garantit les critères de qualité des papiers peints (solides, lavables)
Les revêtements de sol	– Les moquettes – Les parquets	La classification UPEC indique la résistance du matériel (U à l'usure, P aux poinçonnements, E à l'eau, C aux produits chimiques)
Le mobilier	– Le mobilier scolaire : tables, chaises, etc. – Le mobilier de cuisine	Les normes offrent des garanties d'hygiène, de sécurité et de confort (ergonomie) pour les élèves
Les normes de l'aménagement		
Les dimensions des ouvertures	Les largeurs des portes et fenêtres sont fixées par des normes	
Les passages et couloirs	La largeur des couloirs doit être suffisante pour permettre à deux personnes de se croiser	
	La répartition des pièces d'un local : le nombre de pièces, les surfaces, les orientations sont fixés préalablement sur un plan fait par un architecte	

Rôle de l'ATSEM

Pour les personnes ayant du mal à déchiffrer le message écrit, les pictogrammes sont plus « parlants ».
Il faut enseigner aux enfants, dès leur plus jeune âge, la signification des pictogrammes. Cela se fera par étapes en fonction de leur âge et de leur capacité de compréhension.
Le professionnel peut utiliser quelques exemples du *Code de la route* (qui, généralement, capte l'intérêt des enfants !)
L'éducation se fera par étapes. On utilisera d'abord les symboles des couleurs et des formes. Exemples :

- le *rouge* : c'est un signe d'interdiction (comme le feu rouge !) ;
- le *triangle* : c'est un signe de danger, etc.

Les règles de sécurité pour les produits dangereux

Définition

On appelle produit dangereux tout produit qui, par sa composition, peut porter atteinte à la santé, voire à la vie, de l'utilisateur. Il s'agit d'inciter l'utilisateur à prendre des mesures de précaution à différents niveaux, notamment pour le stockage et pour l'utilisation des produits.

Les effets dangereux de certains produits

Les produits dangereux peuvent porter atteinte à la santé.

TABLEAU 5.6. Les effets des produits dangereux.

Catégories de produits	Risques
Produits toxiques	Ces produits peuvent être sensibilisants, cancérogènes, mutagènes, tératogènes. Ils se différencient par la quantité nécessaire pour aboutir à un même effet.
Produits irritants	Ces produits, par contact avec la peau et les muqueuses, peuvent provoquer des réactions inflammatoires : rougeur, irritation, démangeaisons, conjonctivite, etc.
Produits nocifs	Ces produits peuvent provoquer des nausées, des vomissements des troubles nerveux, le coma et parfois la mort.
Produits explosifs et inflammables	La violence de l'explosion ou de l'incendie dépend de la quantité du produit qui a provoqué l'accident et du degré de confinement. Outre les brûlures graves provoquées, les effets peuvent être mortels.
Produits corrosifs et comburants	Ces produits, en contact avec l'organisme, peuvent exercer une action destructrice sur les tissus vivants (peau, muqueuse). D'où des lésions graves et irréversibles (selon la quantité de produit mise en cause).

Rôle de l'ATSEM

Des précautions doivent être prises. Nous aborderons plus particulièrement ici les règles de sécurité concernant les *produits d'entretien* présentant un danger pour le manipulateur.

Pour le stockage

Pour stocker les produits dits dangereux, les règles de sécurité sont :

- fermer le local de rangement ;
- l'équiper d'étagères assez larges (sécurité) ;
- ventiler le local ;
- mettre les produits à hauteur de main (pour favoriser une bonne prise du produit) ;
- les conserver dans leur emballage d'origine et ne pas détacher les étiquettes ;
- ne pas stocker ensemble certains produits.

Pour l'emballage et l'étiquetage

Pour les produits très dangereux, certaines précautions sont à prendre, en particulier :

- l'emballage contenant un produit dangereux doit présenter toutes les garanties de solidité et d'étanchéité, il doit être inaltérable ;
- l'étiquette doit être apparente et lisible ; sa taille doit être en rapport avec la taille de l'emballage (si le produit est conditionné dans plusieurs emballages, il doit y avoir une étiquette sur chacun d'eux).

L'étiquette doit mentionner :
- le ou les symboles de danger présentés par le produit ;
- le nom et l'adresse du fabricant ;
- le nom du produit et la nature des substances dangereuses ;
- les risques particuliers présentés par ce produit ;
- les conseils de prudence concernant les substances dangereuses.

■ **Pour l'utilisation**

Il est vivement recommandé de :
- lire les conseils de prudence du fabricant ;
- ne pas utiliser des bouteilles alimentaires pour répartir les produits dans des récipients plus petits ;
- penser à noter le nom du produit sur le contenant en cas de transvasement ;
- faire toute manipulation hors de la présence d'un enfant (à qui l'on ne doit jamais donner les emballages vides pour jouer).

S'ENTRAÎNER

QCM

1. Ces symboles signifient que le produit est :

1. Irritant **2.** Toxique **3.** Explosif	A 	B 	C 

2. Ces symboles signifient que le produit est :

1. Comburant **2.** Inflammable **3.** Corrosif	 A	B 	C 

3. Associer chaque produit à sa catégorie :

	A Toxique	B Irritant	C Explosif
1. Engrais agricole, antigel			
2. Gaz butane, gaz propane			
3. Eau de javel, détergent			

4. Associer chaque produit à sa catégorie :

	A Corrosif	B Comburant	C Inflammable
1. Acide chlorhydrique			
2. Oxygène, azote			
3. Alcool à brûler			

5. Associer chaque symbole à la recommandation de conservation qu'il indique :
Les recommandations :

1. tenir à l'abri de la chaleur. ☐
2. tenir à l'abri de l'humidité. ☐
3. tenir à l'abri de la lumière. ☐
4. tenir à l'abri d'une flamme. ☐

Les symboles

A	B	C	D

6. Associer chaque symbole à la recommandation de protection de l'environnement qu'il indique :
Les recommandations :

1. ce produit se jette dans une poubelle. ☐
2. ce produit est recyclable. ☐
3. ce produit ne nuit pas à la couche d'ozone atmosphérique. ☐
4. ce produit de qualité est respectueux de l'environnement. ☐

Les symboles

A	B	C	D
			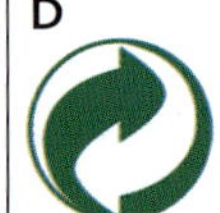

7. Associer chaque symbole d'entretien des textiles à la consigne qu'il indique :
Les recommandations :

1. consignes pour l'usage d'eau de javel. ☐
2. consignes pour le repassage. ☐
3. consignes pour le détachage à sec (blanchisseur). ☐
4. consignes pour le séchage. ☐
5. consignes pour la température. ☐

Les symboles

A	B	C	D	E
				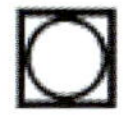

8. Le code d'entretien de ce vêtement signifie : 

A. Lavage à 30 °C. ☐
B. Lavage au-dessus de 30 °C. ☐
C. Lavage au-dessous de 30 °C. ☐

9. Le code d'entretien de ce vêtement signifie : 

A. Javel autorisée. ☐
B. Javel conseillée. ☐
C. Javel interdite. ☐
D. Javellisation = danger. ☐

10. Identifier les symboles de température du fer pour le repassage des textiles :

	A	B	C
1. Fer tiède (110 °C)			
2. Fer moyen (150 °C)			
3. Fer chaud (200 °C)			

11. Ce sigle signifie : CE

A. Conformité de l'équipement. ☐
B. Communauté européenne. ☐
C. Conformité européenne. ☐
D. Conformité de l'étiquetage. ☐
E. Contrôle effectué. ☐

12. Le code-barre est un code qui permet de :

A. Connaître la date de fabrication du produit. ☐
B. Identifier le produit (prix, nature, origine, fabricant, importateur, etc.). ☐
C. Obtenir la liste de ses composants. ☐
D. Limiter les vols à l'étalage. ☐

13. Pour respecter les règles de stockage des produits dits dangereux, il faut :

A. Ne pas fermer la porte du lieu de stockage pour permettre la ventilation. ☐
B. Les placer en hauteur sur des étagères stables. ☐
C. Fermer la porte à clé. ☐
D. Ventiler mécaniquement le local. ☐
E. Ne pas transvaser les produits. ☐
F. Transvaser les produits dans des conteneurs étanches. ☐

CORRIGÉS

1. 1B, 2A, 3C ; **2.** 1A, 2B, 3C ; **3.** 1A, 2C, 3B ; **4.** 1A, 2B, 3C ; **5.** 1C, 2A, 3D, 4B ; **6.** 1B, 2D, 3C, 4A ; **7.** 1B, 2C, 3D, 4E, 5A ; **8.** A ; **9.** C ; **10.** 1B, 2A, 3C ; **11.** B ; **12.** B ; **13.** B, C, D, E.

CHAPITRE 27

Identification des matériels et des produits

CE QU'IL FAUT SAVOIR

Les documents techniques ont pour but d'informer les distributeurs et les consommateurs. Ils sont élaborés par les fabricants et les constructeurs. Ces documents peuvent être plus ou moins complets selon qu'ils s'adressent à des professionnels ou à de simples utilisateurs.

- On appelle «*fiches d'identification*» des documents écrits qui informent l'utilisateur sur les caractéristiques du matériel ou du produit qu'il achète ou qu'il utilise.

Ces fiches sont en fait des condensés. Les informations sont plus développées dans la notice.

- *L'objectif* est d'apprendre à utiliser l'appareil ou le produit dans des conditions optimales, d'assurer sa sécurité et de préserver sa santé.

Les documents techniques d'un appareil

Parmi les documents, prenons un exemple : la fiche technique d'un aspirateur (ci-après) et son schéma (Fig. 5.2).

Fiche technique de l'Electrolux UltraOne Z8820

L'**Electrolux UltraOne Z8820** ne s'appelle pas ultra pour rien. C'est un aspirateur avec sac qui a de très bonnes performances sur de nombreux points. Il est très efficace pour le nettoyage et de manière constante (pas de perte d'aspiration). Avec ses 72 décibels, il fait partie des aspirateurs silencieux et il est rare d'avoir un aspirateur qui soit à la fois performant et silencieux. D'autre part, il filtre bien l'air restitué à la pièce, et a une grande capacité de sac. Finalement, sa roulette multidirectionnelle et ses grandes roues le rendent très maniable. Son seul point faible serait qu'il est un peu gourmand en énergie, mais cela va souvent de pair avec la performance.

Caractéristiques principales

- Type d'aspirateur : traîneau.
- Puissance maximale : 2 200 W.
- Puissance utile : 427 W.
- Dépression : 39 kPa.
- Débit d'air : 54 dm^3/s.
- Niveau sonore : 72 dB.
- Poids (nu) : 7 kg.
- Filtre de sortie d'air : HEPA H13 lavable.
- Enrouleur de câble : 9 m.

Autres caractéristiques

- Sac à poussière synthétique 6 parois sbag® Ultra Longue performance. Capacité du sac : 5 L.
- Tube télescopique en aluminium brossé de grand diamètre (36 mm) avec VHS (Verrouillage Haute Sécurité).
- Accessoires 3 en 1 intégrés sous le capot (3 fonctions : brosse meubles, suceur long, petit suceur).
- Largeur de brosse : 310 mm.
- Variateur électronique de puissance avec positions préréglées et voyants lumineux.
- Sécurité de présence de sac.
- Sécurité thermique.
- Poignée de transport ergonomique confort avec pare-chocs souple intégré.
- Roues souples pour protéger les sols fragiles et atténuer le bruit.

© 2015, Elsevier Masson SAS. Tous droits réservés

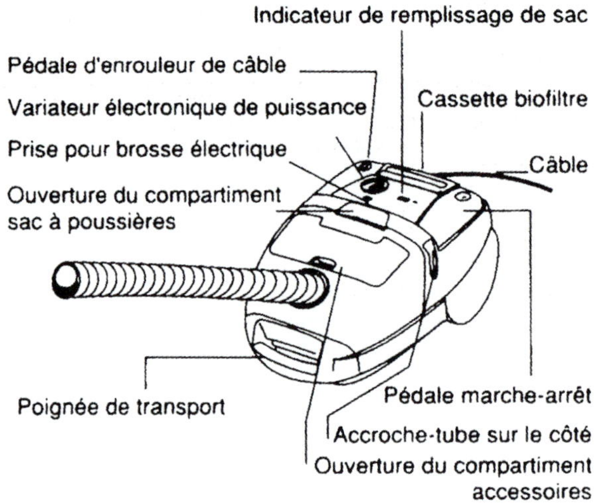

FIG. 5.2. **L'exemple de l'aspirateur.**

REMARQUE

Aujourd'hui, de nombreux utilisateurs choisissent des aspirateurs sans sac, ce qui présente trois intérêts :
- visibilité du niveau des poussières ;
- économie (pas d'achat de sac) ;
- hygiène.

La fiche technique

Elle donne des informations générales. Les éléments essentiels figurant sur les fiches techniques sont les caractéristiques de l'appareil ou du produit. Ainsi, pour un revêtement de sol, la fiche technique précise (Fig. 5.3 et 5.4).

- la nature du produit ;
- ses dimensions ;

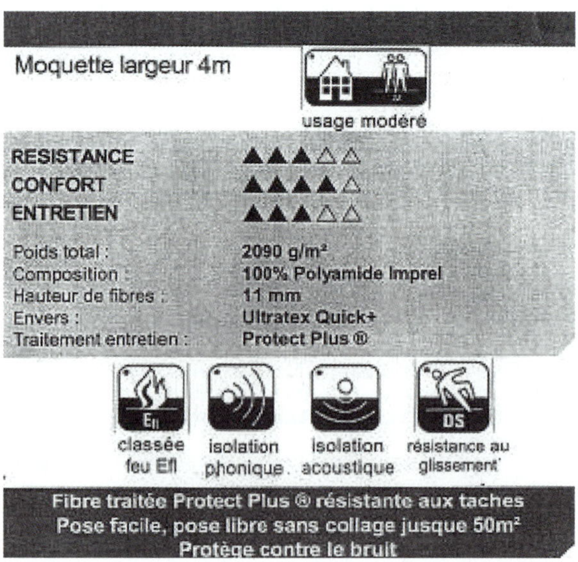
Moquette largeur 4m

usage modéré

RESISTANCE	▲▲▲△△
CONFORT	▲▲▲▲△
ENTRETIEN	▲▲▲△△
Poids total :	2090 g/m²
Composition :	100% Polyamide Imprel
Hauteur de fibres :	11 mm
Envers :	Ultratex Quick+
Traitement entretien :	Protect Plus ®

classée feu Efl — isolation phonique — isolation acoustique — résistance au glissement

Fibre traitée Protect Plus ® résistante aux taches
Pose facile, pose libre sans collage jusque 50m²
Protège contre le bruit

FIG. 5.3. **Fiche technique d'une moquette.**

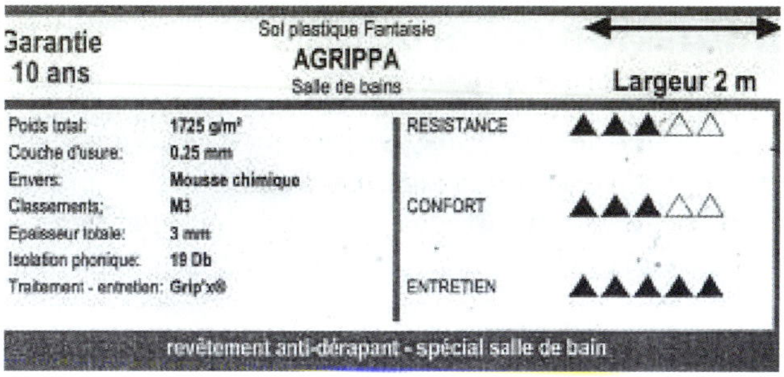
Garantie 10 ans

Sol plastique Fantaisie
AGRIPPA
Salle de bains

Largeur 2 m

Poids total:	1725 g/m²	RESISTANCE	▲▲▲△△
Couche d'usure:	0.25 mm		
Envers:	Mousse chimique		
Classements:	M3	CONFORT	▲▲▲△△
Epaisseur totale:	3 mm		
Isolation phonique:	19 Db		
Traitement - entretien:	Grip'x®	ENTRETIEN	▲▲▲▲▲

revêtement anti-dérapant - spécial salle de bain

FIG. 5.4. **Fiche technique d'un sol plastique.**

- les matériaux utilisés ;
- les performances techniques ;
- l'utilisation ;
- l'entretien.

La notice technique

Les notices accompagnent les appareils. Elles sont plus descriptives que les fiches techniques. Sur ces documents figurent :

- une *présentation de l'appareil* avec rappel des caractéristiques et performances techniques ;
- une *nomenclature des différentes parties de l'appareil* avec les schémas correspondants. Une nomenclature se trouve généralement hors schéma ;
- le *mode d'emploi avec des schémas explicatifs*, ce qui facilite la compréhension ;
- des *conseils d'utilisation et d'entretien* qui fournissent des renseignements complémentaires et insistent souvent sur les règles de sécurité à respecter ;
- des *conditions de garanties* dans lesquelles sont précisées la durée de la garantie, les causes de non-garantie (détérioration du fait de l'usager), la liste des réparateurs agréés.

Rôle de l'ATSEM

Il est recommandé de consacrer un peu de temps à la compréhension de ces documents afin d'éviter de mauvaises manipulations qui peuvent entraîner (dès la première utilisation) des dysfonctionnements qui ne seraient pas couverts par la garantie.

L'étiquetage doit respecter les droits des consommateurs

Ces cinq droits sont valables pour tous les produits :

1. Protection de la *santé* des consommateurs.
2. Protection de la *sécurité* des consommateurs.
3. Protection des *intérêts économiques* des consommateurs.
4. Droit des consommateurs d'être *informés* et *éduqués*.
5. Droit à *réparation* : les procédures prévues pour répondre aux plaintes doivent être simples, abordables et rapides.

L'étiquetage des produits alimentaires

L'étiquetage des produits alimentaires est réglementé afin de protéger le consommateur.
L'étiquetage doit être précis et fiable : il ne doit pas induire l'acheteur en erreur.
Doivent figurer sur l'étiquetage les mentions suivantes :

La dénomination du produit

Elle permet à l'acheteur de connaître non seulement la nature du produit, sa qualité, son origine, mais aussi de le distinguer des produits avec lesquels il pourrait être confondu (ex. : confiture tous fruits, confiture pur sucre pur fruit). La dénomination précise le traitement subi, l'état physique ou les modifications apportées (ex. pour le lait : pasteurisé, stérilisé, concentré, ou les céréales destinées au jeune enfant, Fig. 5.5).

La liste des ingrédients qui entrent dans la composition

- Ils doivent être indiqués par ordre de poids décroissant, ainsi que les additifs utilisés lors de la fabrication. Certains sujets allergiques (ex. : au lait, aux œufs, à l'huile d'arachide) ont besoin d'être informés sur la présence de ces ingrédients.
- Certains termes prêtant à confusion (tels que *pauvre*, *allégé*, *réduit*, *faible*, pour les produits alimentaires frais) devront être précisés. Ceci va dans le sens d'une meilleure information des consommateurs (*cf.* l'étiquette d'un fromage frais, Fig. 5.6).

La quantité nette du produit

Cette mention permet d'évaluer le rapport prix/poids.

La date limite de consommation ou d'utilisation

Il faut distinguer la DLC (date limite de consommation, à consommer avant…) et la DLUO (date limite d'utilisation optimale, à consommer de préférence avant le…) :

- la DLC concerne les denrées périssables qu'il serait dangereux de consommer au-delà de la date indiquée (ex. : viande, poisson, etc.) ;
- la DLUO concerne les produits dont la durée de conservation est supérieure à six semaines (ex. : produits d'épicerie sèche ou boissons). Le fait que la date soit atteinte ne signifie pas que le produit soit impropre à la consommation. Mais les qualités organoleptiques peuvent être modifiées.

Les coordonnées du fabricant

Son nom, sa raison sociale, son adresse.

Les conditions de conservation

Ex. : indication de la température de stockage.

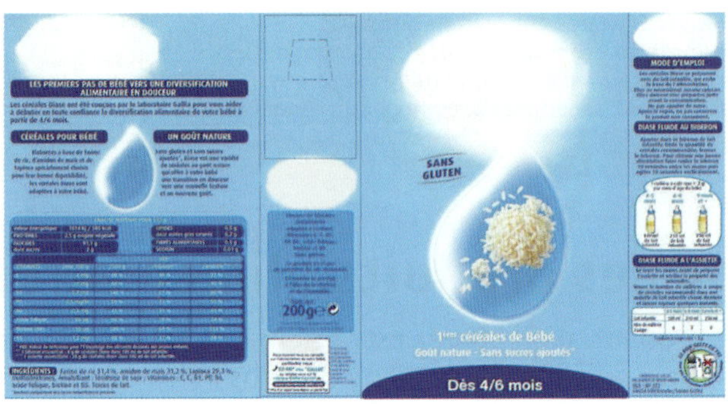

FIG. 5.5. **Farine pour bébé.**

FIG. 5.6. **Étiquette d'un fromage frais.**

L'étiquetage des produits d'hygiène corporelle

Les professionnels qui travaillent en structure d'accueil de l'enfant sont souvent amenés à lire les étiquettes des produits d'hygiène corporelle.
Prenons à titre d'exemple les produits d'hygiène corporelle pour enfant (Fig. 5.7).

Rôle de l'ATSEM

L'ATSEM veillera à :

- vérifier l'indication du *produit* et sa prescription pour tel enfant ;
- lire attentivement l'*étiquette* ;
- tenir compte des *conseils* et des *précautions* lors de l'utilisation du produit ;
- s'assurer de son *efficacité* ;
- agir dans le cadre de ses *compétences*.

FIG. 5.7. **Quleques produits d'hygiène corporelle pour enfants.**

L'étiquetage des produits antiseptiques

Les professionnels qui travaillent en situation d'accueil de l'enfant sont souvent amenés à lire les étiquettes de produits antiseptiques.
Ces produits permettent de désinfecter les petites plaies des enfants, lors d'écorchures, d'égratignures, afin d'éviter qu'elles ne s'infectent.
Prenons l'exemple de l'étiquette d'un produit antiseptique (Fig. 5.8).

FIG. 5.8. **Un produit antiseptique très utilisé : le Dakin.**

L'étiquetage des produits d'entretien

Le produit nettoyant-désinfectant

L'étiquetage doit être précis. L'utilisateur doit pouvoir vérifier sur l'emballage :

- le type de produit (ex. : « nettoyant-désinfectant », « désinfectant », etc.). Ex. : l'Aniosgel® (gel désinfectant) ;
- le mode d'action (ex. : agit sur les bactéries, agir sur le virus, etc.) ;
- les dangers (ex. : risques pour la peau, les yeux, l'appareil respiratoire, etc.) ;
- les conditions d'emploi (à diluer ou non avec de l'eau, etc.) ;
- le domaine d'utilisation (WC, sol, mobilier, etc.) ;
- les précautions particulières (ex. : en cas d'éclaboussures lors de la manipulation) ;
- la quantité nette du produit ;
- les conditions de conservation, la DLUO (date limite de consommation) ;
- les conditions de stockage ;
- les coordonnées du fabricant ;
- le prix.

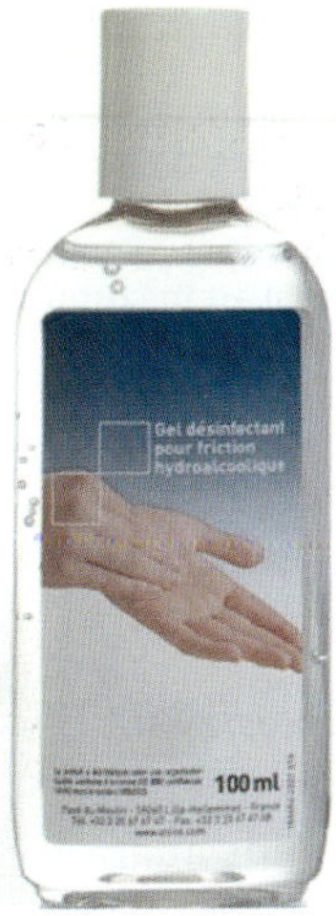

FIG. 5.9. **Un produit nettoyant-désinfectant.**

Le produit désinfectant : l'eau de Javel

L'eau de Javel est le produit désinfectant le plus utilisé. Voyons, ci-après, ses caractéristiques essentielles.

TABLEAU 5.7. **L'eau de Javel.**

a) Mode d'action	L'eau de Javel a un fort pouvoir *bactéricide*[1]. Elle agit par oxydation. Les souillures sont transformées en matières incolores qui sont ensuite éliminées au rinçage.
b) Présentation 	L'eau de Javel se présente : – soit en bouteilles plastifiées d'1 L ; – soit en petits emballages (berlingots).
c) Mode d'utilisation 	– *Diluer les petits berlingots* Par *mesure de sécurité*, il faut diluer dès que possible les berlingots d'extrait de Javel à 36 °Chl de manière à obtenir de l'eau de Javel à 9 °Chl. – *Ouvrir correctement le berlingot* : - procéder sur l'évier, le bec de l'emballage tourné vers le mur (utiliser des ciseaux) ; - tenir entre le pouce et l'index, couper l'extrême pointe (ou bec), verser doucement le contenu dans un récipient d'un litre et compléter avec de l'eau froide.

[1] L'eau de Javel est un produit à base d'hypochlorite de sodium.

La prévention des risques

Surtout, ne jamais utiliser des bouteilles alimentaires pour l'eau de Javel, même bien étiquetées, les jeunes enfants ne savent pas lire, c'est une source de risques.
Attention : l'eau de Javel doit être utilisée seule !
Un dégagement de chlore peut se produire lorsqu'on a mélangé de l'eau de Javel avec un produit détartrant ou détergent. Dans ce cas, il faut aérer le local au maximum et quitter la pièce immédiatement. Ce dégagement est *très nocif* pour les voies respiratoires (toux, etc.), pour les yeux (picotements, etc.), maux de tête, etc.

Rôle de l'ATSEM

L'ATSEM veillera à :

- prendre le temps de *lire les étiquettes* avant d'utiliser les produits ;
- prendre en compte les risques potentiels ;
- se *protéger du danger* par des moyens adaptés :
  - gants,
  - lunettes,
  - blouse, etc. ;
- respecter les *règles de stockage* :
  - placer les produits dans un local spécifique et fermé,
  - placer les produits en hauteur (afin que les enfants n'y ait pas accès).

Le produit détergent : la crème à récurer[2]

- *Mode d'emploi* :
  - verser le produit sur une éponge humide ou directement sur la surface à nettoyer ;
  - nettoyer ;
  - rincer à l'eau ;
  - refermer le bouchon après usage.
- *Composition (lue sur l'étiquette)*. Contient entre autres composants :
  - moins de 5 % de tensioactifs non ioniques ;
  - tensioactifs anioniques ;
  - tensioactifs biodégradables à plus de 90 % ;
  - également des conservateurs.

Rôle de l'ATSEM

L'ATSEM veillera à :

- conserver les produits hors de la portée des enfants ;
- ne pas associer l'eau de Javel (*cf.* page précédente) ;
- prévenir les risques :
  - en cas de contact avec les yeux, laver immédiatement et abondamment avec de l'eau et consulter un spécialiste,
  - en cas d'ingestion, consulter immédiatement un médecin et lui montrer l'emballage ou l'étiquette : Fabricant X (adresse)/code-barre.

[2] J. Gassier, *Guide AS (Aide-soignant)*, Elsevier Masson, p. 452.

La prévention des risques

Une règlementation s'impose pour l'utilisation des produits potentiellement dangereux. Les précautions à prendre touchent aussi bien le stockage que l'emballage.

- *Au niveau du stockage* : le local de rangement doit être fermé, équipé d'étagères de rangement et être ventilé. Il faut mettre les produits en hauteur et ne pas détacher les étiquettes qui contiennent des renseignements très utiles.
- *Au niveau de l'étiquetage*, l'étiquette doit mentionner :
  - le ou les symboles de danger présentés par le produit ;
  - le nom et l'adresse du fabricant ;
  - le nom du produit et la nature des substances dangereuses ;
  - les risques particuliers présentés par ce produit ;
  - les conseils de prudence concernant les substances dangereuses.

L'étiquetage des textiles

Les spécialistes reconnaissent une matière textile à la vue et/ou au toucher, mais le plus sûr est encore de lire les étiquettes de composition.

Les étiquettes de composition (avec le code entretien)

Ce sont les seules étiquettes obligatoires. Elles signalent la nature de la matière textile, et pour les mélanges, les pourcentages (par ordre décroissant) respectifs des matières utilisées.

Les labels

Ils garantissent que l'article remplit des conditions bien précises, lui conférant des qualités prouvées par un organisme qui lui a fait subir des contrôles techniques.

EXEMPLES

- *Pour la laine* : la Woolmark® est la marque collective des produits en pure laine vierge. Les industriels qui souhaitent identifier leurs produits avec l'étiquette Woolmark®, signent un contrat de licence par lequel ils s'engagent à respecter les normes internationales.

WOOLMARK

FIG. 5.10.

- *Pour le coton* : le label Cotonflor® s'applique surtout au linge tels que draps, taies, et garantit certaines qualités (irrétrécissabilité, composition 100 % coton).

COTONFLOR

FIG. 5.11.

FIG. 5.12.

Classification des matières textiles en fonction de leur origine

Une matière textile est une matière qui peut être transformée en fibres, en fils et/ou en tissus.

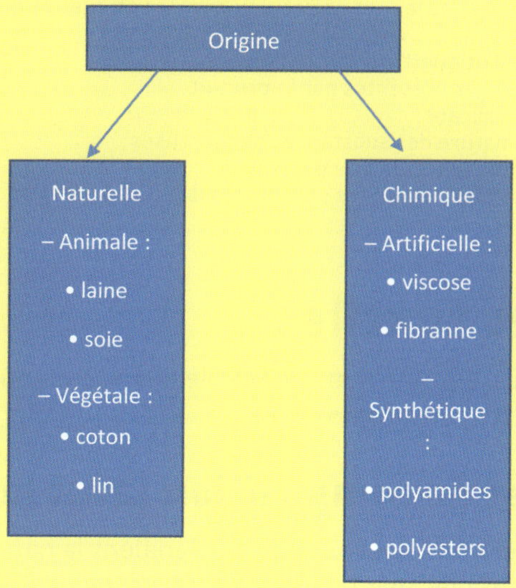

S'ENTRAÎNER

QCM

1. Chacun de ces documents informe l'utilisateur d'un appareil. Cocher les mentions qu'ils contiennent :

2. Sur l'étiquette d'un produit alimentaire, les mentions obligatoires sont :

Documents de l'appareil	A Présentation générale	B Mode d'emploi	C Schémas détaillés	D Entretien	E Dimensions	F Précisions sur l'utilisation
Fiche technique						
Notice						

A. La liste des ingrédients. ☐
B. Le téléphone du fabricant. ☐
C. La quantité nette du produit. ☐
D. Les allégations de santé. ☐
E. La DLC. ☐

3. Entrent dans la catégorie des produits d'hygiène corporelle pour l'enfant :

A. Les désinfectants. ☐
B. Les shampoings. ☐
C. Les antiseptiques. ☐
D. Les savons. ☐

4. Entrent dans la catégorie des produits antiseptiques locaux :
A. Les produits utilisés pour désinfecter la peau (écorchure, etc.) ☐
B. Les produits utilisés pour désinfecter les locaux (sols, etc.) ☐
C. Les produits utilisés par voie externe (ne s'avalent pas). ☐

5. Sur l'étiquette d'un produit désinfectant pour les sols, on peut lire les mentions suivantes. Associer chacune à sa définition.

6. Sur l'étiquette de la crème à récurer, on peut lire les mentions suivantes :
A. À utiliser pour les carrelages. ☐
B. Rincer à l'eau. ☐
C. Diluer dans l'eau. ☐
D. Verser directement sur la surface à nettoyer. ☐
E. Ne pas associer à l'eau de Javel. ☐

Mentions	Définitions
1. Bactéricide	**A.** Détruit les champignons
2. Virucide	**B.** Détruit les spores
3. Fongicide	**C.** Détruit les bactéries
4. Sporicide	**D.** Détruit les virus

7. L'eau de Javel est un produit :
A. Nettoyant des équipements. ☐
B. Désinfectant des surfaces inertes (sols, WC, etc.) ☐
C. Antiseptique de la peau. ☐
D. Irritant (dégage du chlore). ☐

8. Sur un textile, le symbole suivant signifie : WOOLMARK
A. Laine purifiée. ☐
B. 100 % laine. ☐
C. Marque : Woolmark. ☐

9. Sur un textile, le symbole suivant signifie : COTONFLOR
A. Coton purifié. ☐
B. 100 % coton. ☐
C. Marque : Coton. ☐

10. Sur des chaussures, le symbole suivant signifie :
A. Cuir. ☐
B. Plastique. ☐
C. Viscose. ☐

CORRIGÉS

1. 1 = A, D, E ; 2 = A, B, C, D, E, F ; **2.** A, C, E ; **3.** B, D ; **4.** A, C ; **5.** 1C, 2D, 3A, 4B ; **6.** A, C, D ; **7.** B, D ; **8.** B, C ; **9.** B ; **10.** A.

CHAPITRE 28

Critères d'hygiène, de sécurité et de confort dans l'aménagement et l'équipement des locaux

CE QU'IL FAUT SAVOIR

Aussi bien pour les usagers, en particulier les enfants à l'école, que pour les personnels, le nombre important d'heures passées en milieu professionnel nécessite de satisfaire au maximum les règles d'*hygiène*, de *sécurité* et de *confort* des locaux (règles HSC).

L'orientation des locaux

L'orientation des locaux est un facteur important d'ambiance et de salubrité. On sait que les rayons UV du soleil ont un effet *bactéricide*. Des locaux ensoleillés sont plus sains (moins d'humidité, donc moins de risques de moisissures) et plus agréables à vivre (*plus de lumière* et *de chaleur*).

La ventilation de l'air

L'air que l'on respire doit être le plus pur possible.

Définition de l'air pur

L'air pur est dépourvu de :

- poussières en suspension;
- gaz nocifs;
- odeurs.

Définition de l'air vicié

Il y a trois types de viciations :

- la *viciation bactérienne*. Elle provient de l'augmentation de la densité en micro-organismes;
- la *viciation chimique*. L'air peut être vicié par :
  - la respiration humaine qui dégage du dioxyde de carbone,
  - la fumée de tabac;
- la *viciation physique*. Elle provient de l'augmentation du degré hygrométrique et de la température ambiante. L'air se retrouve saturé en vapeur d'eau et plus chaud.

© 2015, Elsevier Masson SAS. Tous droits réservés

Les risques sur la santé

Le *degré hygrométrique* doit être équilibré. Il faut savoir que l'air trop humide favorise les pathologies respiratoires et l'air trop sec favorise le dessèchement des voies respiratoires. Un climatiseur peut être utilisé. La climatisation vise à lutter contre la sensation d'inconfort provenant de la chaleur et aussi de l'humidité.

Les procédés de ventilation

Il existe plusieurs procédés de ventilation :

- la *ventilation naturelle*. Elle peut être ponctuelle (aération par ouverture des fenêtres et des portes);
- la *ventilation mécanique*. Elle est basée sur le système d'aspiration d'air neuf et de rejet de l'air vicié. Il y a plusieurs types de ventilation mécanique. Ex. : la ventilation à *double flux* ci-après.

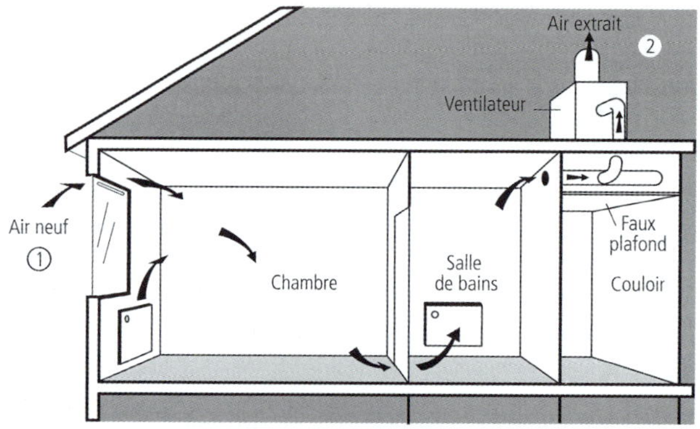

Ventilation semi-mécanique ou simple flux

On observe :
– une admission d'air ; naturelle en ①
– une extraction mécanique ; l'air vicié est aspiré et rejeté vers l'extérieur ②. Le renouvellement de l'air est permanent.

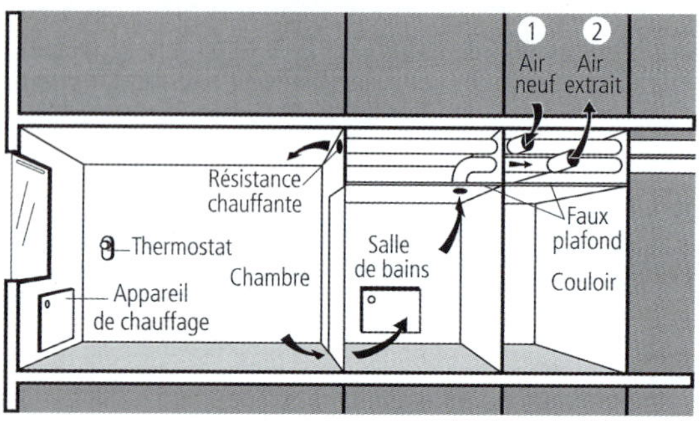

Ventilation mécanique à double flux

L'arrivée de l'air ① et l'extraction ② sont centralisées. C'est un procédé stable permettant un bon contrôle de la ventilation et apportant une bonne qualité d'air.

FIG. 5.13. **Exemple de ventilation forcée.**

L'arrivée de l'air (1) et l'extraction (2) sont centralisées. C'est un procédé stable permettant un bon contrôle de la ventilation et apportant une bonne qualité d'air.

Le chauffage

Les modes de chauffage

Il y a deux grands modes de chauffage :

- le *chauffage central*. La chaleur est produite par un seul appareil (générateur ou chaudière) et est distribuée dans chaque pièce, soit par le principe de circulation d'eau (avec convecteurs) soit par un plancher chauffant;

- le *chauffage divisé*. Ce chauffage est réalisé grâce à des appareils individuels, il s'agit d'appareils fixes (fixés au mur et reliés au circuit électrique).

L'isolation thermique

L'isolation thermique est le complément indispensable d'un chauffage bien conçu; elle permet d'améliorer le confort et de contribuer aux économies d'énergie en limitant les déperditions de chaleur. Cette isolation doit être prévue dès la construction des bâtiments. Elle est réalisée grâce à l'utilisation de *matériaux isolants* pour les combles, les murs, les sols.

L'éclairage

L'ambiance lumineuse correspond à la quantité de lumière émise par la lampe par nombre de watts consommés. Elle s'exprime en lumens par watt (lm/W). L'ambiance lumineuse a une influence très importante sur l'homme.

L'éclairage rationnel

Un éclairage rationnel tient compte des usagers (ex. : les enfants pour l'école maternelle) et des dimensions du local. Il doit être :

- *suffisant* : le *niveau d'éclairement* (exprimé en lux) doit tenir compte des activités. Ex. : à l'école, l'éclairage doit s'adapter aux *activités* des enfants (collages de gommettes, jeux, dessins, toilettes, etc.);
- *ne pas éblouir* : l'*éblouissement* dû à des reflets ou à une source vive de lumière dirigée vers les yeux entraîne une grande fatigue visuelle (dans les dortoirs, l'éclairage sera très doux);
- *ne pas provoquer d'ombres parasites*.

Les modes d'éclairage

L'éclairage peut être :

- *direct* : la totalité de la lumière est concentrée sur la surface à éclairer;
- *indirect* : la totalité de la lumière est concentrée sur le plafond ou le mur;
- *mixte* : c'est l'association des deux modes précédents.

Les belles « ampoules LED » !

Les ampoules LED présentent plusieurs qualités. Elles sont plus :

- *économiques* (elles consomment très peu d'électricité);
- *solides* (elles ne chauffent pas et ont une durée de vie plus longue);
- *écologiques* (elles ne contiennent ni plomb ni mercure, donc respectent l'environnement).

Enfin, ces ampoules ne sont pas laides. Elles ont des formes très variées et très « design » et elles respectent les couleurs (ce qui participe au *confort visuel*).

Les « niveaux d'éclairement »

Pendant la présence du personnel et des enfants, les niveaux d'éclairement doivent être au moins égaux aux valeurs indiquées ci-après :

- voies de circulation intérieures (couloirs) : 40 lux ;
- escaliers et paliers : 60 lux ;
- vestiaires, sanitaires : 120 lux ;
- salles de classe : 200 lux.

L'isolation du bruit (isolation acoustique)

Le niveau sonore, dont l'unité est le décibel (dB), se mesure à l'aide d'un *sonomètre*. Pour isoler du bruit, on peut :

- *insonoriser les locaux*. À ce niveau, la qualité de la construction intervient pour protéger l'individu des bruits extérieurs et intérieurs; l'épaisseur des murs, l'utilisation de matériaux absorbants, la présence d'un double vitrage permettent de diminuer le niveau sonore;
- *isoler les lieux bruyants*. Ex. : utiliser des écrans acoustiques dans une cantine scolaire.

Le choix de l'implantation des locaux est aussi un facteur de lutte contre le bruit.

Les risques sur la santé

Le bruit est perçu différemment selon les personnes. Cependant, on fixe des seuils où le bruit est source de risques sur notre santé :

- le *seuil de tolérance*. C'est le niveau d'intensité à partir duquel le bruit devient *gênant*. Ce seuil se situe vers 70 dB;
- le *seuil de douleur*. C'est le niveau d'intensité à partir duquel il y a danger. Il se situe à 120 dB (ce qui correspond au bruit d'un marteau pilon). À ce stade, les lésions auditives peuvent être *irréversibles*.

L'alimentation en eau

L'eau est omniprésente dans notre vie quotidienne. La qualité repose sur deux aspects :

- celui de la santé et de l'hygiène;
- celui de la disponibilité et du confort.

Définition de l'eau potable

L'eau doit :

- être limpide et fraîche à son arrivée au robinet (température environ 15 °C);
- n'avoir ni odeur ni saveur désagréable;
- ne contenir ni excès de minéraux, ni germes pathogènes, ni parasites.

En revanche, l'eau potable peut contenir du calcaire (qui n'est pas nuisible pour la santé).

L'adoucissement de l'eau

L'eau potable peut être riche en sels de calcium et de magnésium (eau dite dure) et provoquer ainsi la formation de calcaire. Le calcaire en excès obstrue les canalisations (tartre). Certaines personnes font «*adoucir*» l'eau pour éviter ce phénomène.

Les risques de l'eau « adoucie »

Il faut veiller à contrôler l'adoucissement de l'eau (13 °TH correspond à un titre convenable) car l'eau douce favorise la formation de mousse avec les détergents, d'où la *difficulté de rinçage* (rinçage de la peau, rinçage des vêtements, etc.). Par ailleurs, pour la consommation, une eau adoucie est une eau pauvre en calcium et magnésium, mais qui contient du sodium, ce qui peut être un inconvénient si elle est bue par des personnes soumises à des *régimes hyposodés*.

L'alimentation en électricité

L'installation électrique participe au confort, mais elle doit respecter des règles strictes de sécurité.

Les dispositifs de sécurité

La sécurité est assurée par :

- des *dispositifs différentiels* à «haute sensibilité» (qui coupent le courant au moindre incident);
- la *mise à la terre* de *toutes* les prises de courant (quel que soit le type de local).

En règle générale, il est recommandé d'utiliser du matériel portant la marque de conformité NF.

Les symboles de sécurité

Des symboles de sécurité sont utilisés pour les appareils électriques utilisés dans des locaux humides. Ex. : pour les salles de bains.

FIG. 5.14. **Matériel protégé contre les projections d'eau.**

Les risques sur la santé

Les accidents d'origine électrique sont fréquents. On déplore :

- des accidents corporels (brûlures);
- des incendies;
- et des décès (>300 par an).

Les équipements des locaux

Quels que soient les locaux à équiper, il faut privilégier :

- le respect des règles de sécurité (conformité aux normes);
- l'adaptation aux besoins des usagers (ici les enfants dans le cadre de l'école maternelle);
- la facilité de déplacement et de rangement (ergonomie);
- la facilité d'entretien (respect des règles d'hygiène);
- l'esthétique et le bien-être (respect des règles de confort).

Caractéristiques des équipements

Selon les types de locaux, une ou plusieurs caractéristiques ci-dessous deviennent prédominantes (Tableau 5.8).

TABLEAU 5.8. Caractéristiques de quelques équipements.

Locaux	Exemples d'équipements	Critères d'hygiène, de sécurité, de confort
Espaces de repos	– lits, matelas, oreillers – couvertures	– lits bas (pour éviter les chutes des petits enfants) – facilité d'entretien et de désinfection[a] – facilité de rangement (empilables) – facilité de déplacements (légers)
Espaces de repas (cantine)	– tables rondes ou rectangulaires (8 convives est un maximum pour assurer les échanges et le calme) – chaises	– facilité d'entretien et de désinfection – facilité de déplacement (matériel léger) et silencieux – adaptation à l'âge des enfants (normes) – stabilité et solidité
Espaces sanitaires	– lave-mains – distributeurs de savon – matériels pour le séchage des mains – WC	– facilité d'entretien – adaptation à l'âge (hauteur des toilettes, des lavabos et WC) – conformité aux normes de sécurité[b]
Espaces d'activités (ou de jeux)	Selon les activités (ou jeux) : – tables – chaises – matériels de jeux – tableaux de papier – rangements	– adaptation à l'âge des enfants (normes) – formes ergonomiques – solidité et stabilité – conformité aux normes de sécurité[c] – facilité de déplacement (léger) et de rangement (empilables) – esthétique (couleurs attrayantes)
Espaces de circulation (couloirs, etc.)	Pas d'équipements particuliers	– absence d'obstacles (sécurité) – bonne largeur (pour le passage d'un fauteuil roulant) – sols antidérapants – murs peints avec des couleurs claires

a. Certains matelas sont désinfectés en cas d'énurésie.
b. Sécurité électrique.
c. Sécurité des jouets.

L'adaptation des équipements aux enfants

Dans toutes les structures d'accueil de la petite enfance, les équipements devront s'adapter à l'âge et à la taille des enfants.

EXEMPLE

Les *équipements mobiliers* tels que chaises, tables, rangements, ont des hauteurs d'assise ou de plateau calculées selon la stature de l'enfant.

TABLEAU 5.9. Normes en vigueur pour les dimensions du mobilier scolaire selon la stature de l'enfant.

Stature de l'enfant	Chaise : hauteur d'assise	Table : hauteur de plateau
80/100	21 cm	40 cm
95/115	26 cm	47 cm
110/135	31 cm	54 cm

L'accessibilité aux enfants handicapés

La loi impose l'accessibilité des locaux. Il faut prévoir en conséquence :

- les plans inclinés;
- les rampes de soutien, les ascenseurs;
- l'élargissement des portes d'entrée et l'aménagement d'aires de déplacement (1,50 m pour qu'un fauteuil roulant tourne sur son aire);
- l'aménagement de toilettes adaptées (espace suffisant, siège surélevé);
- l'utilisation de commandes accessibles et facilement préhensibles (poignées, robinets, interrupteurs);
- les plateaux de tables devront permettre le passage du fauteuil roulant sans que les genoux de la personne soient cognés;
- les étagères seront situées à hauteur des yeux de la personne assise dans le fauteuil ou à hauteur de son épaule afin de favoriser la préhension.

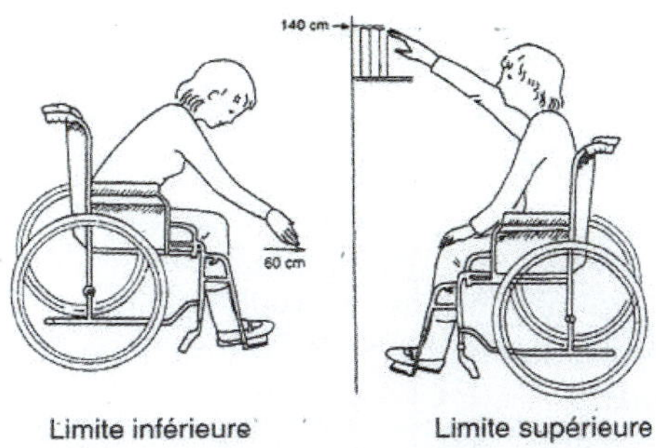

FIG. 5.15. **Les locaux seront accessibles aux enfants handicapés.**

L'adaptation des équipements aux espaces de vie

Dans les espaces aux fonctions bien déterminées, qu'ils servent au repos, aux activités, aux loisirs, ou qu'ils aient une fonction sanitaire ou simplement de passage, les aménagements des équipements seront judicieusement choisis. C'est un gage pour la qualité de vie des usagers.
Dans tous les cas, les équipements devront répondre à plusieurs critères, tels que la conformité aux «normes de sécurité, de confort et d'hygiène». Voyons quelques suggestions pour les écoles maternelles.

TABLEAU 5.10. **Aménagement des espaces de vie (ex. : salle de jeux).**

	Matériau(x) choisi(s)	Justification des choix
Sol	– dalles plastiques – revêtements thermoplastiques souples – carrelage	– la surface : elle peut être lavée et désinfectée – pour atténuer la dureté, on peut utiliser des tapis
Murs	– peinture lavable – carrelage	– ces surfaces sont résistantes, lessivables et peuvent être désinfectées – pas de matériaux inflammables

Les risques à prévenir
- Le choix des matériaux : le revêtement des sols et des murs doit résister au feu et aux fortes températures (matériau ignifugé, ininflammable).
- Les tables ne doivent présenter aucun danger (ex. : éviter les échardes du bois) donc bois peint ou matériaux plastifiés, la marque NF garantit à la fois *la qualité et la conformité aux normes* (Fig. 5.16).
- Des barrières de sécurité (aux escaliers, aux portes, aux fenêtres, etc.).
- Des joints caoutchoutés (à toutes les portes) pour prévenir les pincements de doigts.
- La présence de détecteurs de fumée, la présence d'extincteurs contre le feu.
- Le plan d'évacuation des locaux.

NF
MOBILIER
ÉDUCATION

FIG. 5.16. **NF-Éducation.**

C'est une marque de qualité garantie par les fabricants de mobilier scolaire.

Rôle de l'ATSEM

L'ATSEM doit être capable d'apprécier les critères d'*hygiène*, de *sécurité* et de *confort* de l'environnement.

Il est souvent amené à participer en équipe au choix des équipements lors du renouvellement de matériels et doit pouvoir donner des conseils éclairés.

Le professionnel veillera à *actualiser* sans cesse ses connaissances dans ce domaine très évolutif et à garder l'*esprit critique*.

S'ENTRAÎNER

QCM

1. L'orientation des locaux est un élément d'hygiène et de confort :

	A) Vrai	B) Faux
1. L'orientation Sud donne le maximum de soleil		
2. L'orientation Nord est conseillée pour les salles de classe		
3. L'orientation Sud renforce la chaleur des pièces		
4. L'orientation Nord favorise l'humidité		
5. L'orientation Nord ne voit jamais le soleil		

2. L'air pur est un air :

A. Chaud. ☐
B. Frais. ☐
C. Sans gaz nocif. ☐
D. Sans poussière en suspension. ☐

3. Associer chaque type de viciation de l'air à sa (ou ses) cause(s) :

Causes	A) Viciation chimique	B) Viciation physique	C) Viciation bactérienne
1. Les micro-organismes			
2. Le degré hygrométrique			
3. La respiration humaine			
4. Le degré d'humidité			
5. Le degré de sécheresse			

4. La ventilation mécanique d'un local se fait par :

A. L'ouverture des fenêtres. ☐
B. L'installation d'un appareil spécifique. ☐

5. L'isolation thermique d'un local se fait par :

A. L'installation de vecteurs muraux. ☐
B. L'isolation des combles. ☐
C. L'isolation des murs, des sols, etc. ☐
D. L'installation d'un chauffage central. ☐

6. Il y a trois modes d'éclairage. Les associer à leurs définitions respectives :

Définitions	A) Direct	B) Indirect	C) Mixte
1. La totalité de la lumière est dirigée sur la surface à éclairer.			
2. La lumière est dirigée à la fois vers la surface à éclairer et vers le plafond ou un mur.			
3. La totalité de la lumière est dirigée vers le plafond ou vers un mur.			

7. Les ampoules LED sont :

	A) Vrai	B) Faux
1. Solides		
2. Écologiques		
3. Fragiles (se cassent facilement)		
4. Économiques en énergie		

8. Pour isoler un local du bruit, il faut :

A. Installer des matériaux absorbants dans les murs. ☐
B. Mettre des fenêtres double vitrage. ☐
C. Installer des matériaux absorbants dans le sol. ☐
D. Installer des rideaux épais. ☐

9. Le seuil de tolérance au bruit est :

A. De 70 dB. ☐
B. De 120 dB. ☐
C. Variable selon les personnes. ☐
D. De 20 dB. ☐

10. Une eau potable est une eau :

A. Fraîche à son arrivée au robinet. ☐
B. Tiède à son arrivée au robinet. ☐
C. Avec un goût légèrement chloré. ☐
D. Sans goût particulier et sans odeur. ☐
E. Sans germe pathogène, ni parasite. ☐

11. La sécurité électrique est assurée par :

A. Le chauffage central. ☐
B. La mise à terre des prises de courant. ☐
C. Le chauffage par le sol. ☐
D. Les dispositifs différentiels à haute sensibilité. ☐

12. L'accessibilité pour les enfants handicapés à l'école est réalisée par :

A. La hauteur des tables et des chaises de la classe. ☐
B. L'installation de plans inclinés à l'extérieur. ☐
C. L'installation d'ascenseurs ou de monte-charges. ☐
D. L'installation de rampes de soutien. ☐
E. L'installation de portails télécommandés. ☐
F. L'aménagement d'aires de déplacement pour les fauteuils roulants. ☐

CORRIGÉS

1. 1A, 2B, 3A, 4A, 5A; **2.** C, D; **3.** 1C, 2B, 3A, 4B, 5A; **4.** B; **5.** B, C; **6.** 1A, 2C, 3B; **7.** 1A, 2A, 3B, 4A; **8.** A, B, C; **9.** A, C; **10.** A, D, E; **11.** B, D; **12.** B, C, D, F.

CHAPITRE 29

Critères d'hygiène, de sécurité et de confort pour le choix du matériel destiné au jeune enfant

CE QU'IL FAUT SAVOIR

Le choix du matériel destiné au jeune enfant se fera selon des critères d'*hygiène*, de *sécurité* et de *confort* (HSC) auxquels il faut associer ceux d'économie, d'ergonomie et d'esthétique.

Le choix du lit

Les critères d'HSC

Le lit doit être :
- *lavable* ;
- *solide* ;
- *stable* (pour éviter les chutes) ;
- *mobile* (pour faciliter les déplacements) ;
- *adapté* à la taille de l'enfant (sentiment de sécurité) ;
- *bas* (*cf.* ci-après).

L'adaptation du lit aux besoins

Le lit bas

Ce lit est composé d'un matelas déposé sur un sommier.
- Il est *d'accès facile*; il permet à l'enfant d'aller se coucher ou de se lever lorsqu'il le désire. Il s'adresse donc à des enfants de l'école maternelle.
- Il doit être *léger* (pour faciliter sa manipulation) et de rangement facile (certains sont empilables).
- Le matelas doit être *protégé* avec une housse imperméable d'entretien facile (certains enfants ayant de l'énurésie, elle doit pouvoir être désinfectée).

Le choix de la literie

Sont conseillés :
- un matelas-mousse compact ou à ressorts (car très ferme) ;

© 2015, Elsevier Masson SAS. Tous droits réservés

- un protège-matelas (alèse en caoutchouc, tissu-éponge, etc.) facilitant l'entretien ;
- une couverture (très légère).

On recommande d'habiller le jeune enfant pour la nuit, d'une « turbulette »[3], qui permet de le protéger du froid sans utiliser le drap et la couverture (d'où liberté de mouvements). Notons que cette recommandation est particulièrement importante dans le cadre de la *prévention de la MIN (mort inattendue du nourrisson)*.

Autres recommandations

Dans le cadre de la prévention des risques :

- l'oreiller, la couette et l'édredon sont proscrits du fait des risques d'asphyxie ;
- les attache-couvertures sont interdites (car elles présentent un risque de strangulation).

Rôle de l'ATSEM

L'ATSEM doit être capable d'apprécier les critères d'*hygiène*, de *sécurité* et de *confort* à privilégier lors du choix d'un matériel destiné au jeune enfant, qu'il s'agisse du matériel de sommeil ou de celui des sorties.

Le professionnel veillera à *actualiser* sans cesse ses connaissances dans ce domaine très évolutif et à garder l'*esprit critique* afin de conseiller au mieux les parents.

S'ENTRAÎNER

QCM

1. Pour être conforme aux critères d'HSC, le lit doit être :

- **A.** Léger. ☐
- **B.** Lavable. ☐
- **C.** Esthétique. ☐
- **D.** Stable. ☐
- **E.** Bas. ☐
- **F.** Haut. ☐

2. Le lit bas est adapté au dortoir de l'école maternelle, car il est :

- **A.** Économique. ☐
- **B.** À claire-voie (facilite la surveillance). ☐
- **C.** Facile d'accès (favorise la mobilité de l'enfant). ☐
- **D.** Léger. ☐
- **E.** Empilable (facilite le rangement). ☐

3. Pour prévenir le risque de MIN, il faut utiliser :

- **A.** Un matelas mou. ☐
- **B.** Une turbulette (vêtement d'une pièce). ☐
- **C.** Un matelas ferme. ☐
- **D.** Une couverture. ☐
- **E.** Un oreiller. ☐
- **F.** Une couette. ☐

CORRIGÉS

1. B, D, E ; **2.** A, B, C, D, E ; **3.** B, C.

[3] Turbulette : vêtement d'une seule pièce (moelleux et léger).

CHAPITRE 30
Méthodes d'entretien des locaux et des équipements

CE QU'IL FAUT SAVOIR

Entretenir des locaux, c'est assurer l'*hygiène* de l'environnement, donc la *sécurité* et le *confort* des utilisateurs. Cela est particulièrement important dans les structures d'accueil des jeunes enfants. Pour que la réalisation d'un travail d'entretien soit efficace, il faut d'abord procéder à une analyse de la situation, déterminer la nature du travail à réaliser, choisir la technique adaptée et prévoir les moyens.

Les paramètres d'efficacité du nettoyage

Quelques définitions sont à connaître afin de mieux comprendre la tâche de nettoyage :

- le *nettoyage* est une opération d'élimination des salissures visibles par un procédé respectant l'état des surfaces traitées et respectant quatre paramètres d'efficacité :
  - *chimique* : le produit utilisé,
  - *mécanique* : l'action de nettoyage,
  - *de temps* : la durée du nettoyage,
  - *de température* : eau plus ou moins chaude selon le type de salissures;
- le *nettoyage* est une opération préliminaire indispensable à toute désinfection! Mieux vaut nettoyer sans désinfecter que désinfecter sans nettoyer. Aujourd'hui, de nombreux produits combinent deux actions : nettoyage et désinfection (ce sont les *nettoyants-désinfectants* que nous étudierons);
- on appelle *méthode* une technique précise et rationnelle (c'est-à-dire logique et efficace). Le nettoyage en collectivités fait l'objet de protocoles d'entretien.

Les objectifs visés par le nettoyage

Le nettoyage des locaux doit viser trois objectifs d'HSC :

- *assurer l'hygiène* (H). Il est indispensable d'accueillir les enfants dans des locaux propres. Leur santé en dépend;
- *assurer la sécurité* (S). Un local entretenu permet d'éviter les dégradations, donc il vise à assurer la sécurité des utilisateurs;
- *assurer le confort* (C). Vivre dans un lieu propre, bien équipé et agréablement décoré, participe au bien-être et au confort.

© 2015, Elsevier Masson SAS. Tous droits réservés

Situation **Le nettoyage des classes à l'école maternelle**

Marie-Lou est ATSEM à l'école maternelle de la ville de R. Aujourd'hui, l'une de ses collègues (agent technique de surface) est en arrêt maladie et elle doit effectuer à sa place le ménage de trois classes avant l'arrivée des enfants.

Marie-Lou va utiliser une *méthodologie de travail* basée sur le questionnement logique. C'est la « *méthode du QQQOCP* » (*Que* dois-je nettoyer? *Quand*? *Où*? *Comment*? Avec *quoi*? *Pourquoi*?).

- Dans un premier temps, elle va *préparer* le matériel sur le *chariot de ménage* (le balai trapèze sera utilisé).
- Elle vérifie la présence sur le chariot du produit de nettoyage : un « *détergent désinfectant* » (DD) qu'elle devra diluer dans l'eau. Marie-Lou lit attentivement l'étiquette, puis elle récapitule le matériel.
- Marie-Lou réfléchit ensuite aux deux *méthodes de nettoyage* qui lui ont été demandées par la directrice. Elle les a déjà pratiquées : il s'agit de la *méthode à la « godille »* (on se déplace en reculant en traçant des S sur le sol) pour les salles de classe (surfaces larges) et de la *méthode au « poussé »* pour le nettoyage des couloirs (on pousse le balai devant soi).
- Marie-Lou renouvellera les gazes du balai en fonction du degré de saleté de la salle (elle en a prévu un stock sur son chariot de ménage).
- Mais, avant de nettoyer les salles, elle va tout d'abord revêtir sa *tenue* professionnelle, mettre les *gants* de ménage, *débarrasser* le local des déchets, et passer *l'aspirateur*.

Commentaire : le nettoyage des salles de classe doit respecter une procédure précise. Il fait appel à une organisation du travail qui ne s'improvise pas. Au final, les objectifs d'HSC (hygiène, sécurité, confort) doivent être satisfaits.

TABLEAU 5.11. **Modification du nombre de micro-organismes par m³ en fonction du mouvement des enfants.**

Nombre/m³	100000 à 300000 micro-organismes	1000000 à 3000000 de micro-organismes	5000000 à 10000000 de micro-organismes
Nombre/m³	100000 à 300000 micro-organismes	1000000 à 3000000 de micro-organismes	5000000 à 10000000 de micro-organismes
Activités des enfants	Immobilité	Mouvements légers	Mouvements importants

Rôle de l'ATSEM

Avant d'effectuer une tâche de nettoyage, il faut l'évaluer selon la « *méthode du QQQOCP* » :

- *Q : que nettoyer?* un sol? des équipements?
- *Q : avec quoi?* choisir le matériel et les produits adaptés (respecter les critères imposés par la direction)

- *Q : quand?* organiser l'entretien de la salle de classe quand les enfants ne sont pas là (respecter les directives données)
- *O : où?* est-ce une salle ou un couloir? (laquelle? lequel?)
- *C : comment?* choisir la méthode de nettoyage : méthode à la *godille* ou méthode au *poussé pour les couloirs*
- *P : pourquoi nettoyer?* apprécier l'état de salissures et la nature des salissures afin d'adapter le choix des produits

Les matériels de nettoyage et de dépoussiérage en collectivités

Les matériels d'entretien des locaux et des équipements sont très nombreux. En milieu scolaire, les chariots de ménage multifonctions, les aspirateurs et les monobrosses restent les plus utilisés.

Le chariot de ménage multifonctions

- *Cet appareil présente plusieurs intérêts* :
  - le matériel est à portée de main;
  - le matériel reste en place et est protégé, d'où une «sécurité accrue».
- *Le chariot de ménage «multifonctions»* comprend principalement :
  - un sac pour les déchets;
  - des étagères et des paniers destinés à recevoir le petit matériel et les produits de nettoyage;
  - le balai trapèze ou le balai à franges (dit Faubert) avec la presse;
  - des mini-seaux pour les lavettes et des seaux pour les balais.

Le matériel de nettoyage du sol

Il comprend les balais et les petits matériels associés les plus couramment utilisés, tels que les balais trapèzes et à franges (dit balai Faubert).

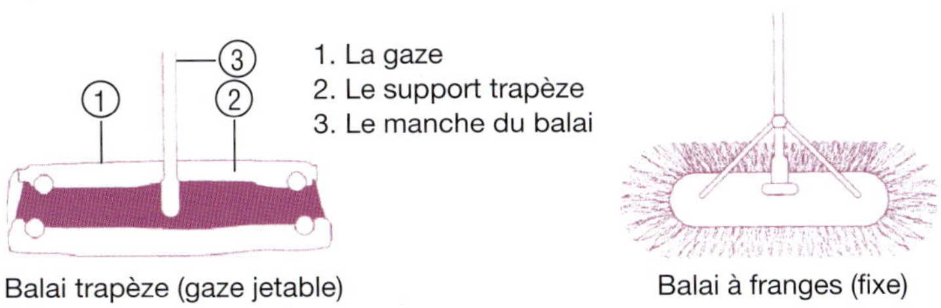

FIG. 5.17. Le balai trapèze et le balai à franges.

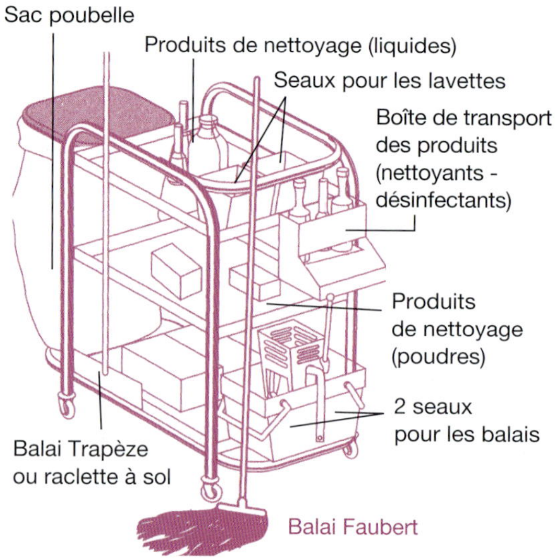

FIG. 5.18. **Schéma d'un chariot de ménage.**

FIG. 5.19. **Un chariot de ménage.**

Le matériel de dépoussiérage

Il faut différencier le matériel utilisé pour le mobilier de celui des sols.

- Matériel utilisé *pour le mobilier* : les gazes imprégnées (ou lingettes prêtes à l'emploi) permettent l'agglutination des poussières.
- Matériel utilisé *pour les sols* : aspirateurs et monobrosses.

FIG. 5.20. **L'aspirateur.**

L'aspirateur est un appareil à moteur destiné à absorber les poussières et les déchets solides et liquides. Un courant d'air créé par une turbine entraîne les poussières à l'intérieur d'un réceptacle. Il comprend plusieurs organes.

FIG. 5.21. **La monobrosse.**

La monobrosse est un appareil qui, avec l'aspirateur, constitue l'équipement de base pour l'entretien des sols lisses. C'est une machine que l'on peut utiliser à la fois pour le nettoyage, le ponçage, le décapage et le polissage. Elle est (le plus souvent) utilisée pour les grandes surfaces.

La prévention des risques
- Le dépoussiérage à sec est totalement PROHIBÉ, car il favorise le déplacement des particules dans l'air et accroît la multiplication des micro-organismes.
- Le dépoussiérage s'effectue toujours AVANT le nettoyage.

Les méthodes de nettoyage du sol

Selon les types de locaux, on choisira entre deux méthodes de nettoyage[4] :

- *la méthode «à la godille»* (Fig. 5.22). L'utilisateur travaille à reculons et tire le balai vers lui, en lui imprimant un mouvement en S. Elle est utilisée pour les grandes surfaces;
- *la méthode au «poussé»* (Fig. 5.23). L'utilisateur déplace le balai en le poussant devant soi, tout en lui imprimant un léger mouvement oscillant pour favoriser le déplacement des salissures et les maintenir devant le balai. Elle est surtout utilisée pour les couloirs et pour faire le détourage des pièces.

FIG. 5.22. Méthode de balayage «à la godille».

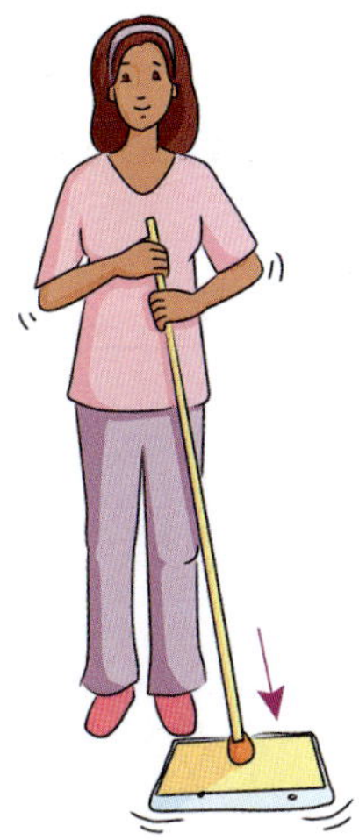

FIG. 5.23. Méthode de balayage «au poussé».

[4] J. Gassier, *Guide AS (Aide-soignant)*, chapitre «Hygiène», Elsevier Masson, pp. 453-455.

La prévention des risques

Afin que le travail soit sans danger, l'utilisateur doit se tenir droit, la colonne vertébrale dans l'axe du corps et les pieds bien stables (importance du choix des chaussures). Ce sont les bras qui impriment le mouvement au balai et non le corps tout entier.

Rôle de l'ATSEM

Quelle que soit la méthode choisie pour le nettoyage de la pièce, le travail commence par le «*détourage*» (*balayage au contact des plinthes de la pièce*) en commençant par le fond du local (partie opposée à la porte).

TABLEAU 5.12. **La méthode à la godille.**

Technique – il faut procéder dans l'ordre suivant :	Technique – il faut procéder dans l'ordre suivant :
– 1re entrée dans le local en 1A – détourage de la pièce – 1re sortie de la pièce en 1B (avec le 1er déchet) – 2e entrée dans le local (dans la partie la plus éloignée en 2A) mouvements en S dans la pièce (Fig. 5.24a) – 2e sortie de la pièce en 2B (avec le 2e déchet)	– 1re entrée dans le local en 1A – détourage de la pièce – 1re sortie de la pièce en 1B (avec le 1er déchet) – 2e entrée dans le local (dans la partie la plus éloignée en 2A) mouvements en S dans la pièce (Fig. 5.24b) – 2e sortie de la pièce en 2B (avec le 2e déchet)

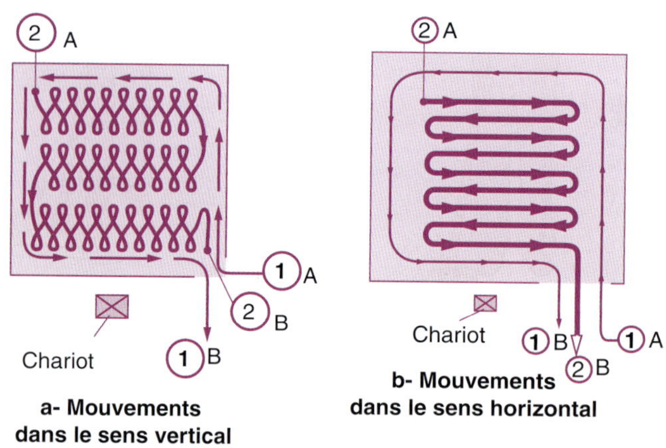

FIG. 5.24.

a. Mouvements dans le sens vertical.
b. Mouvements dans le sens horizontal.

Les méthodes d'entretien des équipements

L'entretien devra être adapté aux différents équipements (Tableau 5.13).

TABLEAU 5.13. Modalités d'entretien des divers équipements.

Type d'équipement	Exemples	Déroulement de l'action	Matériels Produits	Précautions à prendre
Mobilier	– Tables – Chaises	Lavage, rinçage, séchage : – des plateaux – des assises – des piètements	– Lavette – Seau et eau – Abrasif doux – Détergent neutre – Sopalin	– Ne pas utiliser d'abrasifs (rayent) – Travailler en série pour aller plus vite
Équipements divers	– Étagères – Tablettes – Tiroirs – Casiers	– Vider le contenu – Nettoyer – Rincer – Essuyer – Ranger (réorganiser le contenu)	– Lavette – Brosse – Seau et eau – Détergent – Sopalin	– Nettoyer *du moins sale au plus sale* – Reproduire le rangement initial – Ne pas oublier les coins
Objets	Boîtes en métal	– Vider le contenu – Nettoyer – Rincer – Sécher – Ranger	– Lavettes – Cuvette et eau – Détergent – Torchon ou sopalin	Prendre en compte la notice d'utilisation du matériel
Vitres	Vitres de séparation interne	– Laver à l'éponge ou au mouilleur – Racler les traces de peinture – Rincer – Sécher	– Éponge, eau – Produit pour vitres – Racloir à vitres – Raclette en caoutchouc	Essuyer régulièrement la raclette sur l'éponge propre et essorée

La prévention des risques

Au moment de l'entretien d'un local avec des produits de nettoyage, le personnel doit prévenir les risques. Pour cela, il doit :

- vérifier si le produit est inoffensif pour l'utilisateur ;
- porter des gants de ménage individuels (ou nominatifs), dont la solidité est correcte ;
- ne pas mélanger les produits ;
- utiliser des récipients de stockage s'il y a lieu (ils doivent être spécifiques, identifiables et hors de portée des enfants) ;
- bien lire la notice ;
- respecter le mode d'emploi des produits utilisés ;
- respecter les précautions d'utilisation (diluer correctement les produits : le dosage dans l'eau est indiqué sur l'emballage).

Rôle de l'ATSEM[5]

Lors d'une tâche de nettoyage, l'ATSEM doit impérativement respecter deux règles :

- nettoyer *du moins sale au plus sale*;
- nettoyer *du haut vers le bas*.

(*Cf.* figure ci-après.)

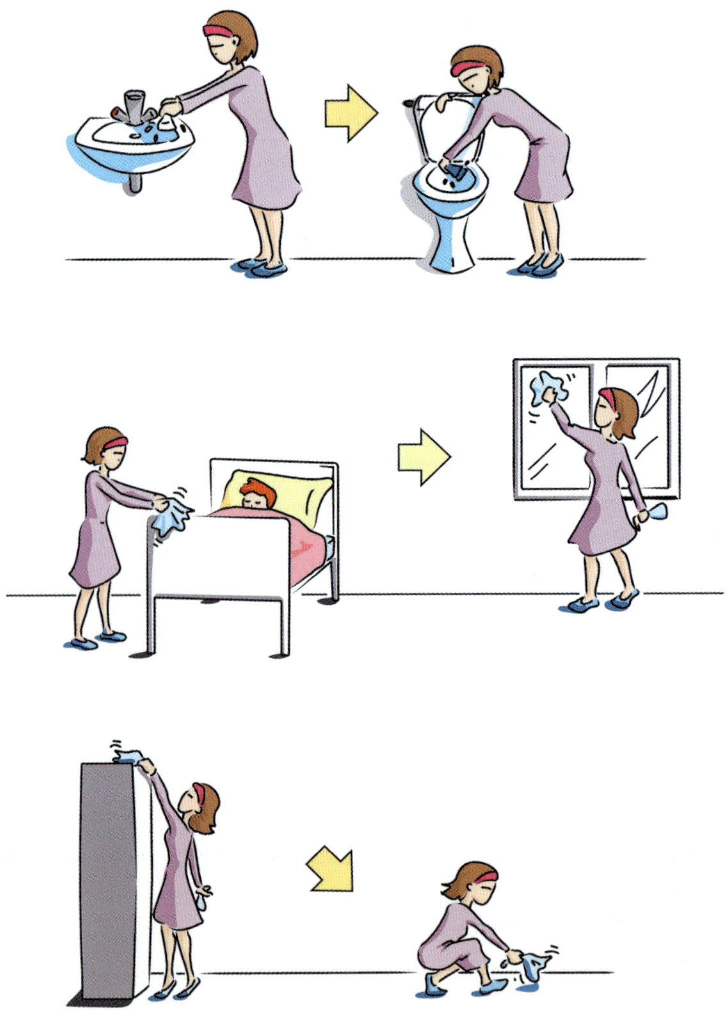

FIG. 5.25. **Les deux règles à retenir : nettoyer en allant du moins sale au plus sale et du haut vers le bas.**

[5] *Ibid.*

S'ENTRAÎNER

QCM

1. Associer les actions et les moyens aux quatre paramètres d'efficacité du nettoyage.

Actions et moyens	A) Action mécanique	B) Action chimique	C) Durée de l'action	D) Action Température
1. J'utilise un nettoyant-désinfectant				
2. Le produit ne se rince pas				
3. L'eau utilisée est chaude				
4. J'utilise un balai trapèze				

2. Associer le questionnement du professionnel avant une tâche de nettoyage aux six lettres de la méthodologie QQQOCP (quoi? avec quoi? quand? où? comment? pourquoi?).

Questionnement du professionnel		1 Quoi?	2 Avec quoi?	3 Quand?	4 Où?	5 Comment?	6 Pourquoi?
A	Quels produits me seront utiles?						
B	Quelle méthode dois-je utiliser?						
C	Quel local dois-je nettoyer?						
D	Quelle est la nature du nettoyage?						
E	Quel est l'objectif de ce nettoyage?						
F	À quelle heure dois-je nettoyer?						

3. Le chariot de ménage est très utilisé pour l'entretien des collectivités (ex. : écoles). Ce qui fait son intérêt, c'est :

- **A.** Le regroupement des produits. ☐
- **B.** La légèreté du matériel. ☐
- **C.** La présence d'une presse. ☐
- **D.** La facilité de déplacement. ☐
- **E.** Le coût modique. ☐
- **F.** La facilité de rangement. ☐

4. Souvent utilisé pour le ménage dans les écoles, le balai trapèze :

- **A.** A une large surface de nettoyage. ☐
- **B.** Est ergonomique pour l'utilisateur. ☐
- **C.** Est lourd à manipuler. ☐
- **D.** Est léger à manipuler. ☐
- **E.** Est facile à ranger. ☐

5. La méthode «à la godille» est :
- **A.** Une méthode efficace pour l'entretien des vitres. ☐
- **B.** Un exercice ergonomique utilisé par le personnel de ménage. ☐
- **C.** Une méthode d'entretien du sol. ☐
- **D.** Une méthode rapide d'entretien des équipements. ☐

6. La méthode «au poussé» est :
- **A.** Une méthode pour nettoyer les chaises «en séries» pour aller plus vite. ☐
- **B.** Une méthode pour nettoyer les couloirs. ☐
- **C.** Une méthode pour se nettoyer les mains. ☐
- **D.** Une méthode de balayage à sec. ☐

7. Quelle que soit la méthode de nettoyage utilisée, il faut commencer le travail par :
- **A.** Le fond du local. ☐
- **B.** Le détourage. ☐
- **C.** Le centre du local. ☐
- **D.** La sortie du local. ☐

8. Pour nettoyer le sol de la salle de classe, j'utilise le détergent X qui se dilue à 0,25 % pour 8 litres d'eau, ce qui correspond à une dose du produit de :
- **A.** 30 mL. ☐
- **B.** 200 mL. ☐
- **C.** 20 mL. ☐
- **D.** 250 mL. ☐

9. Pour nettoyer les tiroirs de la table du réfectoire, je dois :
- **A.** Vider le contenu. ☐
- **B.** Pousser le contenu. ☐
- **C.** Aller du plus propre au plus sale. ☐
- **D.** Aller du plus sale au plus propre. ☐

10. Pour nettoyer les chaises et les bureaux de classe peints, j'utilise :
- **A.** Un abrasif pur. ☐
- **B.** De la Javel diluée. ☐
- **C.** De l'eau et un nettoyant-désinfectant. ☐
- **D.** De l'eau vinaigrée. ☐
- **E.** De la cire diluée. ☐

11. Sont considérés comme des critères d'hygiène, de sécurité et de confort des équipements d'une salle de classe :
- **A.** La facilité d'entretien. ☐
- **B.** La conformité aux normes. ☐
- **C.** La stabilité. ☐
- **D.** Le choix de la marque. ☐
- **E.** L'adaptation à l'âge et aux capacités des usagers. ☐
- **F.** La mobilité. ☐

CORRIGÉS

1. 1B, 2C, 3D, 4A; **2.** A2, B5, C4, D1, E6, F3; **3.** A, C, D, F; **4.** A, B, D, E; **5.** C; **6.** B; **7.** A, B; **8.** C; **9.** A, C; **10.** C; **11.** A, B, C, E.

CHAPITRE 31
Recyclage des déchets

CE QU'IL FAUT SAVOIR

Les définitions

- *Recycler un produit*, c'est lui donner une autre fonction.
- *Recycler les déchets*, c'est leur donner une autre utilisation.

Cinq matériaux sont récupérés pour être réutilisés comme matière première par les industriels : le papier, le plastique, le verre, l'acier, l'aluminium.
Des conteneurs de grande capacité sont mis en place pour recueillir les déchets à différents points de la ville.

Les objectifs visés par le recyclage

Recycler les déchets, c'est assurer l'hygiène et la sécurité de notre *environnement* ; c'est également une mesure d'*économie* par la réutilisation de la matière première.

L'intérêt du recyclage

Recycler est un geste citoyen. Il revêt plusieurs intérêts :

- *recycler du papier* : c'est épargner des millions d'arbres qui produisent notre oxygène ;
- *recycler des bouteilles en plastique* : c'est éviter de polluer notre environnement (campagne, mer) ;
- *recycler le verre* : c'est faire une économie considérable d'énergie ;
- *recycler des boîtes en métal (acier, aluminium)* : c'est éviter de puiser à une source qui ne cesse de s'appauvrir.

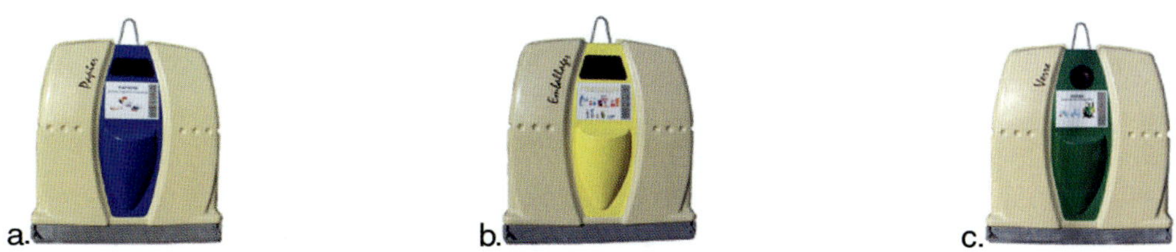

FIG. 5.26. Conteneurs pour le recyclage des déchets.

a. Conteneur pour le recyclage du *papier*.
b. Conteneur pour le recyclage de l'*emballage*.
c. Conteneur pour le recyclage du *verre*.

© 2015, Elsevier Masson SAS. Tous droits réservés

La démarche à suivre

Il faut différencier les objets destinés à la poubelle classique de ceux destinés aux conteneurs.

Objets à déposer dans la poubelle

La destination des objets déposés dans la poubelle diffère selon leur nature. Citons quelques exemples.

Objets en plastique

Exemples :
- films plastiques (emballages des denrées alimentaires) ;
- pots de yaourt.

Destination : seront valorisés en énergie.

Objets en verre

Exemples :
- verres en cristal ;
- vaisselle en verre ;
- vitres.

Destination : les verres du ménage sont des verres spéciaux, ils ne peuvent être recyclés.

Objets en acier

Exemples :
- boîtes ;
- ciseaux ;
- couteaux, etc.

Destination : les matériaux en acier sont triés automatiquement par des machines à la sortie des fours d'incinération (*cf.* figure ci-après).

Objets à déposer dans les conteneurs

Il faut déposer dans les conteneurs :
- les bouteilles :
  - en *plastique* (ex. : eaux minérales),
  - en *verre* (ex. : vin) ;
- le papier :
  - les journaux,
  - les cartons (ex. : boîtes, briques de jus de fruits, etc.).

Destination : ils seront recyclés (*cf.* figure ci-après).

Notions sur le recyclage

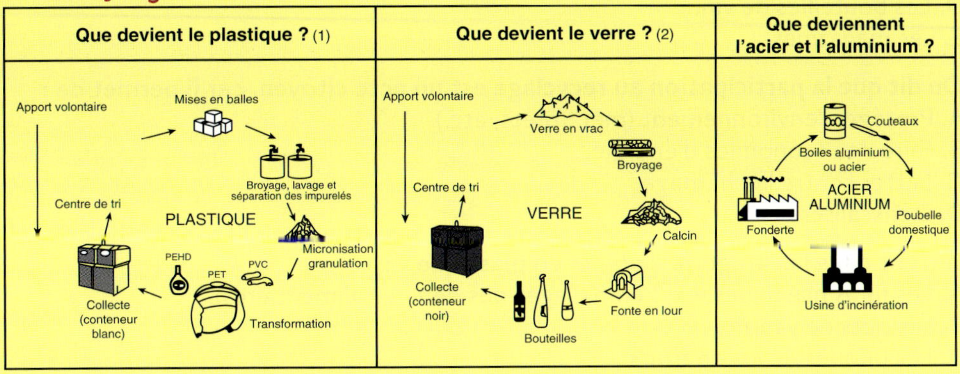

FIG. 5.27.

1. Concerne uniquement les bouteilles en plastique.
2. Concerne uniquement les bouteilles en verre.

Rôle de l'ATSEM

Pour participer efficacement à l'opération de recyclage des déchets ménagers, il faut bien différencier le contenu des objets jetés, ne pas ficeler les objets, ne pas jeter d'objets piquants, coupants ou toxiques.

L'adulte (parent ou ATSEM) doit éduquer l'enfant dès son jeune âge à ces gestes de sécurité et de protection de l'environnement.

S'ENTRAÎNER

QCM

1. Recycler les déchets, c'est :
- **A.** Organiser un cycle pour la collecte. ☐
- **B.** Organiser une collecte à un rythme régulier. ☐
- **C.** Donner aux déchets un autre usage. ☐
- **D.** Donner une autre utilisation aux déchets. ☐
- **E.** Inciter à l'économie et protéger l'environnement. ☐

2. Pour préserver l'environnement, je dépose dans des conteneurs spécifiques :
- **A.** Les journaux. ☐
- **B.** Les briques en carton (ex. : jus de fruits, pots de yaourt). ☐
- **C.** Les bouteilles en verre (ex. : vin). ☐
- **D.** Les papiers sales et déchets ménagers. ☐
- **E.** Les bouteilles en plastique (eaux minérales). ☐

3. Je peux déposer dans la poubelle ménagère :
- **A.** Les débris de verres et d'assiettes. ☐
- **B.** Les vieux couteaux (avec protection). ☐

C. Les bouteilles d'eau minérale. ☐
D. Les bouteilles de vin. ☐
E. Les magazines. ☐

4. On dit que la participation au recyclage est un acte citoyen, car il permet de :
A. Protéger l'environnement (mer, forêts, etc.) ☐
B. Faire des économies d'énergie. ☐
C. Lutter contre le chômage. ☐
D. Défiscaliser. ☐

5. Entrent dans la catégorie « objets en plastique » :
A. Les films plastiques (ex. : emballages des denrées alimentaires). ☐
B. Les pots de yaourt. ☐
C. Les briques de jus de fruits. ☐
D. Les couteaux. ☐
E. Les journaux. ☐

6. Entrent dans la catégorie « objets en acier » :
A. Les ciseaux. ☐
B. Les couteaux. ☐
C. Les bouteilles de vin. ☐
D. Les pots de yaourt. ☐
E. Les boîtes de conserve. ☐

7. Entrent dans la catégorie « objets en verre » :
A. Les coupes de champagne. ☐
B. La vaisselle en porcelaine. ☐
C. Les vitres des fenêtres. ☐
D. Les pots de yaourt. ☐
E. Les bouteilles d'eau minérale. ☐

CORRIGÉS

1. C, D, E ; **2.** A, C, E ; **3.** A, B ; **4.** A, B ; **5.** A, B ; **6.** A, B, E ; **7.** A, B, C.

CHAPITRE 32

Règles d'ergonomie (la sécurité au travail)

CE QU'IL FAUT SAVOIR

Le port des enfants et le maintien de la posture debout sur des périodes prolongées et répétitives peuvent entraîner chez les professionnels, une fatigue au niveau de la région lombaire et un ralentissement de la circulation sanguine au niveau des jambes. Pour éviter les TMS (*troubles musculo-squelettiques*), il faut respecter les principes et règles de l'ergonomie.

La prévention des TMS

Le but de l'ergonomie est de travailler en respectant la physiologie du corps humain. Les professionnels mesurent vite les risques qu'ils encourent au quotidien et l'intérêt qu'ils ont à préserver leur santé au travail. Les principaux risques sont les *troubles musculo-squelettiques* (TMS).

Les principaux TMS[6] (Fig. 5.28)

- La *lombalgie* : fatigue des vertèbres lombaires provoquant des douleurs au bas du dos (d'où le terme de lombalgie, *cf.* Fig. a).
- Le *tassement des disques* : réduction de l'espace entre les vertèbres provoquant une douleur sourde et une fatigue importante (*cf.* Fig. b).
- La *hernie discale* : déplacement du noyau d'une vertèbre provoquant une douleur vive lombaire (*cf.* Fig. c).

Les principes de base de l'ergonomie

Pour diminuer les risques de TMS, il faut respecter deux principes de base.

Travailler en souplesse

Les mouvements effectués doivent être fluides et souples. Les mouvements brusques sont dangereux (car il n'y a pas eu de temps pour préparer les articulations et les muscles). La majorité des lombalgies aiguës sont dues à des mouvements brusques et à de faux mouvements (*cf.* ci-après).

[6] J. Gassier, *Guide de la petite enfance*, Elsevier Masson, p. 392.

© 2015, Elsevier Masson SAS. Tous droits réservés

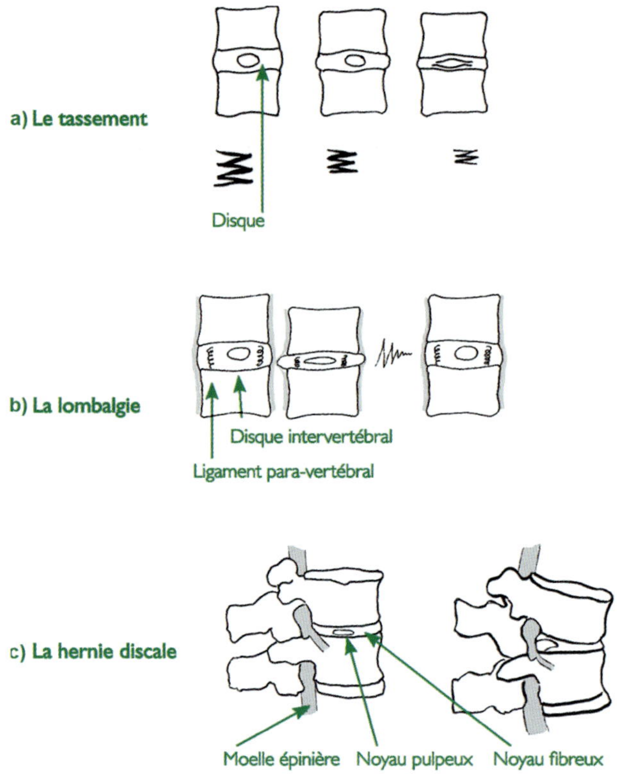

FIG. 5.28. **Les troubles musculo-squelettiques (ou TMS).**

a. Le tassement des disques.
b. La lombalgie.
c. La hernie discale.

Situation **Préserver son « capital santé » au quotidien**

Julie, 30 ans, ATSEM, accueille chaque matin plusieurs enfants à l'école maternelle où elle exerce ses fonctions. Dès 8 h 30, elle *prend dans ses bras* la petite Anaïs (2 ans) qui a du mal à se séparer de sa maman ; elle accompagne au vestiaire Méryl et Selma et se penche pour les aider à ôter leurs manteaux. Puis elle rattache les lacets d'Hugo et se baisse pour ramasser la petite Charline, qui vient de tomber dans la cour de récréation et pleure...

Au moment du passage aux toilettes, certains enfants ont besoin d'aide et Julie s'occupe d'eux.

Il a été prouvé que le corps humain peut effectuer, dans le cadre d'un « *travail dynamique* » (qui est celui des professionnels de l'enfance), jusqu'à mille mouvements par jour ! Les mouvements les plus fréquents sont la *flexion du corps* (on se baisse) et l'*extension-abduction* et l'*adduction* (pour prendre l'enfant dans ses bras ou pour saisir des objets à transporter).

Julie consulte aujourd'hui son médecin, car elle « *souffre du dos* ». Il ne lui prescrit aucun médicament, mais il lui conseille de se reposer et d'adopter de *bonnes postures*, aussi bien dans le cadre de son travail que dans ses activités au quotidien. Il lui dit que cette discipline l'aidera à préserver son « *capital santé* » et il lui remet un petit livret où sont illustrées les « *règles de l'ergonomie* ».

Commentaire : l'ATSEM (comme tous les professionnels de l'enfance) est confronté aux risques des troubles musculo-squelettiques (TMS). L'ergonomie de l'activité de travail vise à comprendre les positions et les gestes des professionnels, les conditions et l'organisation du travail. L'objectif de l'ergonomie est entré dans le cadre de la *prévention* et de la *promotion* de la santé.

Équilibrer les charges

Lorsque l'on transporte des charges (que ce soit au travail, ou lorsqu'on fait «ses courses»), il faut les répartir de chaque côté du corps, car porter des charges déséquilibrées provoque une inclinaison latérale de la colonne vertébrale, ce qui augmente la fatigue lombaire.

FIG. 5.29. **L'équilibre des charges prévient la fatigue lombaire.**

Entretenir la souplesse de son corps pour le préparer à l'effort

Il est vivement conseillé de faire de la culture physique. Un *corps souple* sera préparé à l'effort et donc aura moins de risques d'avoir des troubles musculo-squelettiques.

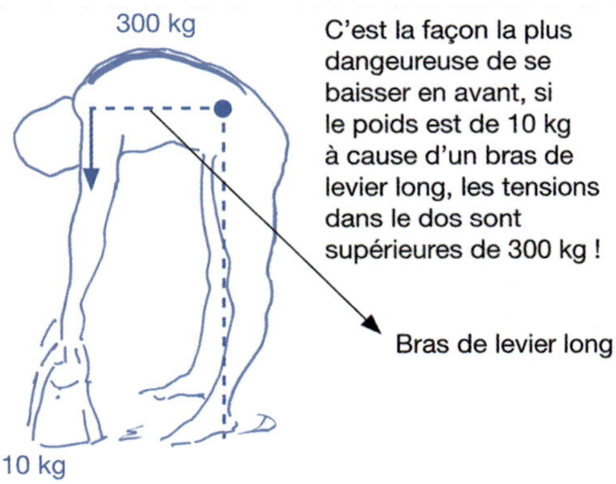

FIG. 5.30. **Une posture à éviter.**

La posture à éviter ![7]

FIG. 5.31. **Un exemple de posture à éviter : pour soulever un enfant.**

Les règles de l'ergonomie[8]

Le professionnel va effectuer diverses tâches au quotidien qui font appel à la mobilisation (mobilisation de l'enfant, port de charges, etc.).

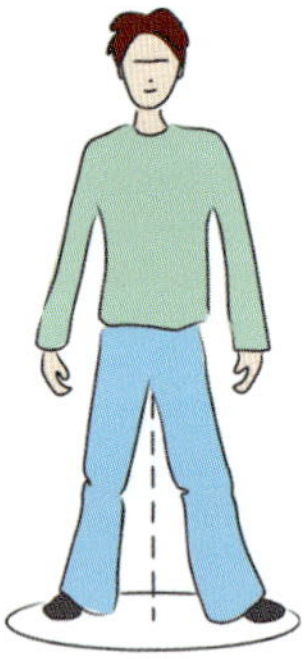

FIG. 5.32.

- *Veiller à trouver la position d'équilibre*. Pour cela, il faut :
  - écarter les pieds de la largeur des épaules (légèrement décalés),
  - répartir le poids du corps sur les deux pieds,
  - rentrer le ventre et serrer les fesses,
  - mettre les genoux en légère flexion;

FIG. 5.33.

- *Veiller à garder le dos droit*. Quel que soit le mouvement, ou la posture choisie pour protéger son dos, il est indispensable de verrouiller la région lombaire. Cette position est maintenue par la contraction des muscles abdominaux et le fléchissement des jambes;
- *Veiller à se rapprocher de la charge à déplacer*. Lorsque l'on doit porter une charge ou un enfant, il faut travailler corps à corps, le plus près possible de l'axe central de gravité. Plus on est près de lui, plus c'est facile; plus on est loin, plus l'effort demandé est grand;

[7] J. Gassier, *Guide AP (Auxiliaire de puériculture)*, Elsevier Masson, p. 395.

[8] J. Gassier, *Guide de la petite enfance*, Elsevier Masson, p. 393.

FIG. 5.34.

■ *Veiller à utiliser les membres inférieurs*. Pour soulever une charge, il faut surtout faire travailler les muscles fessiers et les muscles des cuisses qui sont les parties les plus fortes de notre corps et éviter de charger les lombaires;

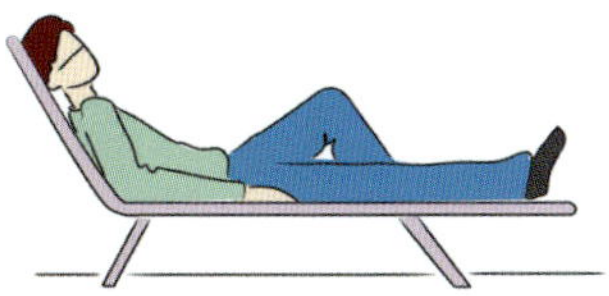
FIG. 5.35.

■ *Veiller à se reposer après le travail*. Il est nécessaire de permettre à l'organisme de se reposer après le travail. Le sommeil joue un rôle capital dans la récupération après l'effort.

Règle n° 1 : soyons « équilibrés » !

L'équilibre physique dépend de la *bonne position des pieds*. Les pieds portent tout le poids du corps. Un pied décalé vers l'avant, en fente, permet de résister à un déséquilibre du corps vers l'avant, l'arrière ou le côté.
La surface ainsi obtenue entre les pieds est appelée « polygone de sustentation » (Fig. 5.36). La verticale du centre de gravité doit se situer dans ce polygone pour maintenir l'équilibre du corps.

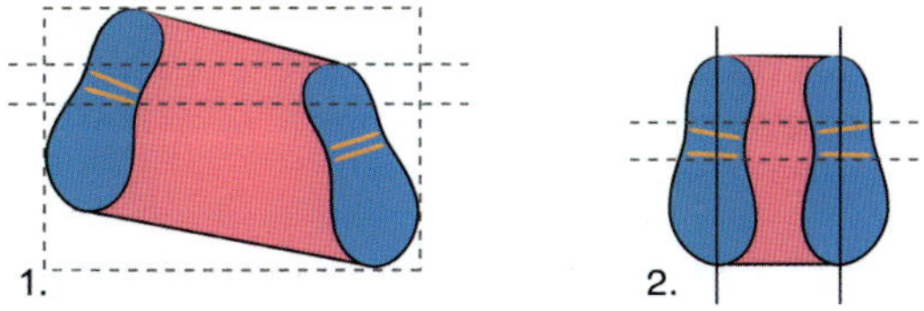

FIG. 5.36. **Le polygone de sustentation.**

1. Pieds écartés, pied gauche avancé : **bon équilibre**.
2. Pieds trop serrés, le polygone a une faible surface : **manque d'équilibre**.

L'application des « règles d'ergonomie » à l'école maternelle

Les ATSEM auront de multiples occasions de mettre en pratique à l'école maternelle les règles d'ergonomie.

Situation **Anna (ATSEM) participe aux activités des enfants**

Après avoir distribué aux enfants le matériel destiné aux activités du jour, Anna veille à ce que chacun d'eux ait bien compris ce qu'on attend d'eux. Alors elle se met à leur niveau pour leur expliquer la marche à suivre.

Commentaire : à l'école maternelle, les professionnels sont confrontés à de nombreuses situations où ils doivent se mettre au niveau des enfants. Certains se courbent (ce qu'il faut éviter !) La bonne posture est de s'*agenouiller*, ce qui allège considérablement le travail de la colonne vertébrale (rachis) et diminue la fatigue.

Rôle de l'ATSEM

L'ATSEM rappellera la prévention aux grands enfants de l'école maternelle. Il leur conseillera de :

- maintenir leur *dos bien droit* lorsqu'ils sont assis à table pour faire leurs devoirs scolaires ou pour leurs repas;
- éviter de porter un cartable d'un côté (il est préférable d'utiliser le *sac à roulettes*);
- *répartir les charges* : porter deux sacs au lieu d'un, si les charges sont lourdes;
- limiter l'usage du tabouret qui facilite la courbure de la colonne vertébrale;
- faire du sport après la classe.

S'ENTRAÎNER

QCM

1. On appelle TMS :

A. Le travail médico-social. ☐
B. Les troubles musculo-squelettiques. ☐
C. Le travail musculaire et squelettique. ☐

2. Une lombalgie est :

A. Une douleur au bas du dos (lombaire). ☐
B. Une longue maladie. ☐
C. Un trouble musculo-squelettique. ☐

3. Dans le cadre d'un «travail dynamique», le corps d'un professionnel de l'enfance peut effectuer jusqu'à :

A. 100 mouvements par jour. ☐
B. 1000 mouvements par jour. ☐
C. 2000 mouvements par jour. ☐

4. Les principes de base de l'ergonomie sont de :

A. Travailler en souplesse. ☐
B. Se préparer à l'effort. ☐
C. Se reposer régulièrement dans la journée. ☐
D. Utiliser des aides techniques. ☐

5. Les règles d'ergonomie indiquent les positions à adopter pour assurer sa sécurité et celle des personnes prises en charge. Cocher vrai ou faux dans le tableau ci-après.

Les positions conseillées	A. Vrai	B. Faux
1. Utiliser de préférence les membres supérieurs pour soulever un enfant		
2. Se courber légèrement pour accomplir une tâche		
3. Garder le dos droit pour toutes les tâches à accomplir		
4. Pour transporter un enfant, le porter à bout de bras		
5. Pour transporter un enfant, le tenir le plus près de soi		
6. Utiliser de préférence les membres inférieurs pour soulever un enfant		
7. Trouver la position d'équilibre en portant un enfant		

6. Pour trouver la «position d'équilibre», il faut :

- **A.** Répartir le poids du corps sur les deux pieds. ☐
- **B.** Répartir le poids du corps sur un pied. ☐
- **C.** Mettre les pieds en léger décalé. ☐
- **D.** Écarter les pieds de la largeur des épaules. ☐
- **E.** Ne pas écarter les pieds. ☐
- **F.** Pointer les fesses vers l'arrière. ☐
- **G.** Rentrer le ventre et serrer les fesses. ☐
- **H.** Maintenir les genoux en légère flexion. ☐

7. Dans le cadre des conseils d'ergonomie, le professionnel à l'école peut conseiller aux enfants de :

- **A.** Choisir un sac à roulettes. ☐
- **B.** Choisir un sac à dos. ☐
- **C.** Maintenir le dos légèrement courbé en travaillant. ☐
- **D.** Maintenir le dos droit. ☐
- **E.** Préférer le tabouret à la chaise. ☐
- **F.** Pratiquer une activité physique le week-end. ☐

8. Au cours de son travail à l'école maternelle, l'ATSEM peut utiliser de bonnes ou de mauvaises postures pour son dos. Lister en A) les bonnes postures, et en B) les mauvaises postures (Tableau à compléter).

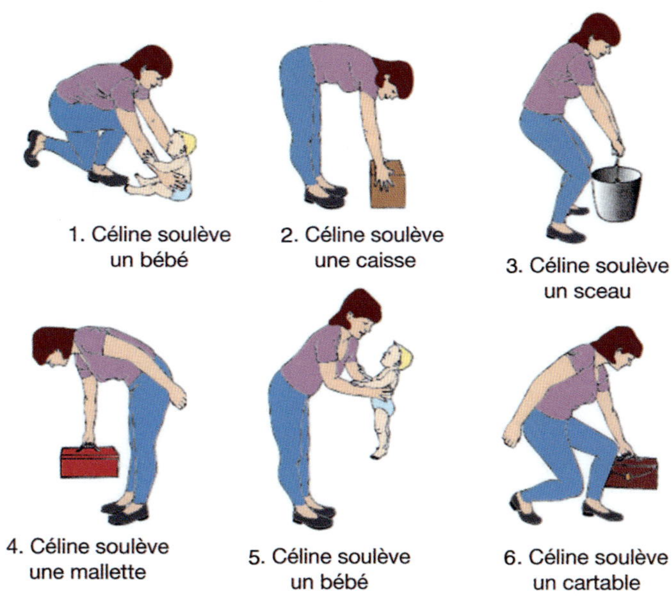

A) Bonnes postures	B) Mauvaises postures

FIG. 5.37. **Les bonnes et les mauvaises postures.**

CORRIGÉS

1. B; **2.** A, C; **3.** B; **4.** A, B; **5.** 1B, 2B, 3A, 4B, 5A, 6A, 7A; **6.** A, C, D, G, H; **7.** A, B, D, F; **8.** A = 1, 3, 6; B = 2, 4, 5.

PARTIE

6 La prévention des risques, les gestes de sécurité et les premiers soins

CHAPITRE 33

Conduite à tenir en cas d'ADVC (accident de la vie courante)

CE QU'IL FAUT SAVOIR

Définition

Concernant l'enfant, on appelle *accident de la vie courante* (ADVC) tout accident survenant à la maison, à l'école ou dans leurs abords immédiats (ex. : cour de l'immeuble, cour de récréation), ou encore dans l'environnement proche (ex. : aires de loisirs et de sports).

Objectif

- L'adulte (parent ou professionnel de la petite enfance) doit tout mettre en œuvre *pour prévenir l'accident* chez l'enfant et, s'il survient, il doit savoir organiser les premiers secours et adopter des gestes d'urgence efficaces.
- La conduite à tenir procède de deux types de comportement : «*ce qu'on peut faire, ce qu'on ne doit pas faire*».

Prévention et conduite à tenir en cas d'accident

Nous avons regroupé dans le tableau ci-après les gestes élémentaires de secourisme pour les accidents les plus courants[1] de la vie quotidienne de l'enfant.

TABLEAU 6.1. Conduite à tenir en cas d'accident de la vie courante.

Accidents	Exemples	Conduite à tenir
Brûlures		
Brûlures thermiques	– Eau des casseroles – Potages – Allumettes – Fer à repasser – Barbecue, etc.	– Si les vêtements sont imbibés de liquide chaud : déshabiller l'enfant – Si les vêtements sont en feu : envelopper l'enfant dans une couverture – *Pour les brûlures légères et peu étendues* : • immerger le membre dans l'eau froide[a] • sécher et recouvrir d'un linge propre • ne pas crever les cloques – Appeler le médecin d'urgence

(*Suite*)

[1] Selon les statistiques de l'INSEE.

© 2015, Elsevier Masson SAS. Tous droits réservés

TABLEAU 6.1. **Suite.**

Accidents	Exemples	Conduite à tenir
Brûlures chimiques	Soude caustique	– *Pour les brûlures avec des produits chimiques* : • déshabiller l'enfant • rincer la brûlure avec de l'eau froide • recouvrir d'un linge propre et sec • appeler le médecin en urgence
Brûlures électriques	– Prises de courant – Rallonges	– *Pour les électrisations* : • ne jamais toucher directement le sujet électrisé • couper le courant Sinon : • s'isoler du sol et écarter l'enfant du courant avec un morceau de bois • respiration artificielle (si besoin) • appeler le médecin en urgence
Blessures		
Plaies	Chutes	– Laver au savon et à l'eau – Mettre un antiseptique et faire un pansement
Coupures	Ciseaux	– Idem et – Vérifier si la vaccination antitétanique est à jour
Morsures	Animaux	– Idem et – Vérifier si l'animal est vacciné contre la rage – Appeler le médecin
Piqûres	Insectes	– Désinfecter – Vérifier s'il n'y a pas de gonflement – Prévenir l'allergie (œdème de Quincke) par un médicament (rôle du médecin)
Intoxications		
Produits toxiques Médicaments Plantes toxiques	Produits ménagers (moussants, caustiques)	– *Ce qu'il ne faut pas faire* : • ne jamais donner de lait à boire • ne jamais faire vomir[b] • ne jamais tenter de neutraliser un produit sans l'avis formel d'un spécialiste – *Ce qu'il faut faire* : • retrouver l'emballage du produit • essayer d'évaluer la quantité ingérée • conserver un échantillon du produit • contacter le centre antipoison régional ou le médecin
Chutes		
	– Escaliers – Fenêtres – Toboggan, etc.	– *En cas de suspicion de traumatisme crânien* : • ne jamais relever immédiatement la victime • observer son état de conscience (pleurs ou non, coloration) : si l'enfant est inconscient, le mettre en position latérale de sécurité (PLS) • prévenir le médecin et surveiller l'enfant : déceler tout signe d'alerte (vomissements, pupille dilatée d'un côté, saignement d'oreilles, perte de conscience, etc.)

Asphyxies		
Introduction de corps étrangers Privation d'air ambiant	– Petits objets (perles, riz, cacahuètes, etc.) ou – Sacs plastiques	– *En cas d'inhalation de corps étrangers*, réaliser la méthode d'Heimlich (cf. figure. 6.1) par de brusques poussées sous-diaphragmatiques permettant d'évacuer le corps inhalé : • placer l'enfant devant soi, debout ou assis • poser un poing contre son estomac • saisir le poing de l'autre main • exercer 4 à 5 pressions vives vers l'arrière de bas en haut  FIG. 6.1. **Méthode de Heimlich.** – *En cas d'asphyxie confirmée*, il faut rapidement appeler le médecin

a. Le froid atténue la douleur.
b. Le produit moussant peut provoquer un étouffement, voire la mort (sur-accident).

Installation de l'enfant en position latérale de sécurité (PLS) (cf. figure. 6.2)

- Mettre l'enfant sur le côté.
- Faire fléchir la jambe au contact du sol.
- Allonger l'autre jambe.
- Poser la tête sur un petit coussin.
- Basculer la tête légèrement en arrière (la bouche doit être ouverte et tournée vers le sol).
- Dégager les bras du thorax.
- Glisser un coussin sous le bras en contact avec le sol et un coussin derrière le dos.

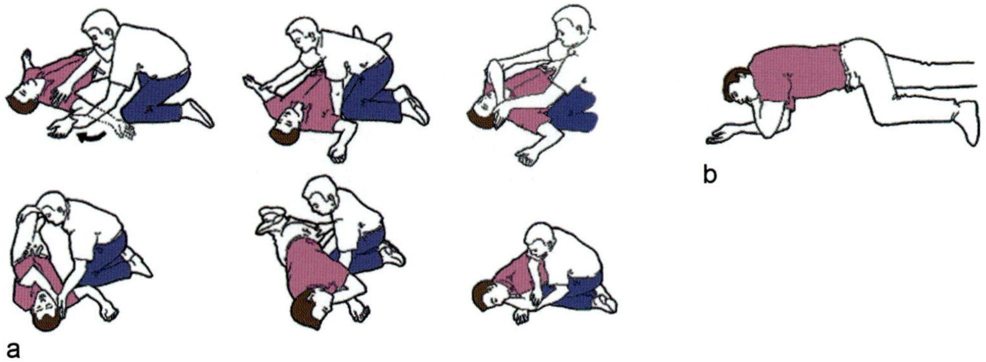

FIG. 6.2. **La mise en PLS.**

a) la mise en oeuvre de la PLS b) la position finale.

Situation

La mise en PLS de Paolo (4 ans)

Marie (ATSEM en grande section de l'école maternelle) surveille les enfants en train de jouer à la récréation. Elle observe Paolo qui est devenu tout rouge, il tousse, puis il vomit abondamment. Immédiatement elle jette un œil à l'environnement (elle ne voit rien de suspect !). Elle met vite l'enfant en PLS (position latérale de sécurité) et, en même temps, *fait alerter* la directrice par une collègue. Pendant ce temps, elle rassure Paolo, le couvre et veille à faire surveiller les autres enfants par Jade (sa collègue). La cause de l'accident sera rapidement élucidée et l'enfant mis hors de danger.

Commentaire : *l'alerte est l'acte par lequel une personne, témoin d'un accident, signale l'accident à sa direction et aux secours (Samu, Smur, médecin). Alerter, c'est être efficace rapidement (la répartition des rôles et la répétition des conduites à tenir sont indispensables). Il faut aussi veiller à protéger les autres enfants afin d'éviter le sur-accident.*

La variabilité des ADVC[2]

La prévention des accidents de la vie courante (ADVC) est essentielle, car ils sont la cause d'un taux important de mortalité infantile et les enfants qui y survivent ont souvent des séquelles graves. Les professionnels de l'enfance auront donc un rôle important à jouer pour anticiper l'accident et donc le prévenir.
La variabilité des accidents dépend :

- *de l'âge de l'enfant* (c'est entre 1 et 4 ans que le pic d'accidents est le plus élevé);
- *du degré de son développement psychomoteur et intellectuel.* Il existe une période de la vie où l'enfant est incapable de concevoir la notion de danger. L'adulte devra être particulièrement vigilant;
- *des rapports de l'enfant avec son entourage familial.* Il y a des parents très pédagogues avec l'enfant qui savent interdire mais également expliquer les interdits. Certains enfants cherchent à enfreindre les interdits pour s'opposer à l'adulte;
- *du lieu de vie de l'enfant* : les risques varient selon que l'enfant vit en milieu urbain ou rural, maison particulière ou appartement;
- *des habitudes de vie de l'enfant.* Les risques d'accidents sont fréquents à l'âge de la découverte de l'environnement, âge auquel l'enfant ne maîtrise pas encore ses gestes et ne peut pas anticiper les conséquences de ses actes.

[2] J. Gassier, *Guide de la Petite enfance*, chapitre «ADVC», Elsevier Masson.

Rôle de l'ATSEM

Il est indispensable, pour l'ATSEM :
- d'évaluer les facteurs de risques dans la vie de l'enfant au quotidien;
- d'effectuer des actions préventives;
- d'induire des attitudes éducatives permettant de réduire les risques;
- de connaître les gestes d'urgence à adopter en cas d'accident.

S'ENTRAÎNER

QCM

1. On appelle accident de la vie courante (ADVC) un accident survenant :
- **A.** Au domicile. ☐
- **B.** Dans la cour de récréation de l'école. ☐
- **C.** Lors d'un voyage scolaire. ☐
- **D.** Lors d'une course à pied au centre sportif municipal. ☐
- **E.** Lors d'une brûlure avec le courant électrique à la maison. ☐
- **F.** Dans la cour de son immeuble. ☐

2. On appelle brûlure thermique, une brûlure causée par :
- **A.** Un produit ménager. ☐
- **B.** Un gaz asphyxiant. ☐
- **C.** Un radiateur. ☐
- **D.** Un fer à repasser. ☐

3. Une intoxication peut être causée par :
- **A.** Un produit ménager. ☐
- **B.** Un gaz asphyxiant. ☐
- **C.** Un médicament. ☐
- **D.** Une plante verte. ☐

4. L'enfant peut s'asphyxier en :
- **A.** Absorbant un produit ménager. ☐
- **B.** Absorbant un petit objet (perle, cacahuète, etc.) ☐
- **C.** Étant piqué par une guêpe. ☐
- **D.** Manipulant un sac plastique. ☐

5. La vaccination antitétanique est indispensable en cas de :
- **A.** Coupure avec un sécateur. ☐
- **B.** Morsure de chien. ☐
- **C.** Piqûre d'insecte. ☐
- **D.** Morsure de chat. ☐

CORRIGÉS

1. A, B, D, E, F; **2.** C, D; **3.** A, C, D; **4.** B, D; **5.** A, B, D.

CHAPITRE 34

Conduite à tenir en cas de troubles de la vigilance

CE QU'IL FAUT SAVOIR

Définition

Les troubles de la vigilance sont des *troubles du système nerveux* central consécutifs à une diminution de l'alimentation en oxygène des cellules nerveuses. C'est souvent le cas lors des *traumatismes crâniens* (avec ou sans fracture). Ils se manifestent sous trois formes : l'évanouissement, la syncope et le coma.

Objectifs

Le secouriste veillera à éviter les *risques majeurs* liés à cet état, en particulier le *relâchement musculaire* avec, pour la victime, le risque de s'étouffer par obstruction des voies aériennes supérieures.

Conduite à tenir lors d'une «perte de conscience» de l'enfant

Il faut veiller à :

- *ne pas bouger* un enfant suspecté d'un traumatisme crânien;
- *rassurer l'enfant* (même s'il paraît inconscient);
- *immobiliser la tête*, desserrer ses vêtements et le couvrir;
- selon les consignes reçues, l'allonger sur le dos, tête basse, les jambes surélevées (ce qui fait refluer le sang vers le cœur et le cerveau).

On peut aussi lui tapoter les joues, tout en lui parlant et en le rassurant.

Rôle de l'ATSEM

L'ATSEM veillera à induire des *attitudes éducatives* permettant de réduire les risques.

Il ne s'agit pas de faire vivre l'enfant dans un univers sans danger, ni de le faire vivre dans la crainte, mais de l'avertir du danger. Son esprit, très réceptif à l'idée de la maladie (du «bobo» qui fait mal), enregistrera les avertissements; et l'image de l'endroit où il existe des risques restera pour toujours gravée dans son esprit (ex. : l'échelle sur laquelle il ne faut pas monter).

En ce qui concerne l'organisation de l'environnement, le professionnel doit :

- participer à l'entretien du matériel utilisé pour les enfants;
- vérifier le fonctionnement des différents appareils pour assurer une sécurité suffisante.

© 2015, Elsevier Masson SAS. Tous droits réservés

S'ENTRAÎNER

QCM

1. En cas de suspicion d'un traumatisme crânien lors d'une chute, on doit :

A. Relever l'enfant. ☐
B. Le faire boire. ☐
C. Ne pas le relever. ☐
D. Avertir un médecin ou le Samu. ☐
E. Ne pas le faire boire. ☐
F. Surveiller son état de conscience. ☐

2. On appelle «troubles de la vigilance», des troubles :

A. De l'appareil visuel. ☐
B. De l'appareil respiratoire. ☐
C. Du système nerveux central. ☐
D. De l'attention.

3. Sous quelles formes un traumatisme crânien se manifeste-t-il?

A. La syncope. ☐
B. Les troubles respiratoires. ☐
C. Le coma. ☐
D. L'évanouissement. ☐
E. L'accident vasculaire cérébral (AVC). ☐

4. En cas de troubles de la vigilance, le secouriste doit éviter un risque majeur pour la victime, qui est de :

A. S'étouffer par obstruction des voies aériennes supérieures. ☐
B. Prendre froid. ☐
C. Vomir. ☐
D. Se déshydrater. ☐

CORRIGÉS

1. C, D, E, F; **2.** C; **3.** A, C, D; **4.** A.

CHAPITRE 35

Conduite à tenir en cas d'incendie

CE QU'IL FAUT SAVOIR

Conduite à tenir dès le début

Il est conseillé de voir rapidement la cause, puis de :

- *attaquer les flammes* en jetant de l'eau à la base, régulièrement, par petites quantités;
- *si le feu est dû à un produit huileux* (poêle à frire, friteuse) : l'étouffer avec une couverture ou du linge humide;
- *si le feu est dû à un court-circuit* : couper l'électricité au compteur, ne pas jeter d'eau avant.

Conduite à tenir dans un deuxième temps

Si le feu n'est pas éteint rapidement

Si le feu n'est pas éteint au bout d'une minute, vous devez *appeler les pompiers* et, en attendant :

- calmer les personnes autour de vous;
- vous calfeutrer dans une pièce (si vous n'avez pas pu quitter les lieux);
- fermer portes et fenêtres.

En présence de monoxyde de carbone ou de gaz

En présence de monoxyde de carbone ou de gaz (butane-propane), vous devez :

- ouvrir les fenêtres;
- inspirer profondément de l'air pur;
- sortir rapidement la personne;
- prévenir les pompiers;
- faire attention aux risques d'explosion, toute étincelle suffit à provoquer une explosion :
  - n'allumez pas l'électricité, ni de lampe électrique,
  - n'allumez ni allumette, ni bougie, ni cigarette,
  - ne manipulez pas les boutons électriques, les sonnettes électriques.

Premiers gestes de secours

Soustraire le blessé au danger immédiat

Par exemple :

- couper le courant;
- éteindre un feu, etc.

© 2015, Elsevier Masson SAS. Tous droits réservés

Mais ne pas déplacer le blessé (sauf en cas de nécessité absolue ou de risque vital).

Prévenir les secours

Prévenir les secours, c'est-à-dire appeler (au choix) :
- Police secours : composer le 17;
- les pompiers : composer le 18;
- le SAMU : composer le 15.

Situation **L'alerte incendie à l'école maternelle**

Aujourd'hui a lieu l'exercice de prévention contre les risques d'incendie à l'école maternelle du Fresnay.
À 10 h 07, la sirène s'est déclenchée. C'est « l'alerte à l'école » ! Les enfants sont inquiets… Marie les rassure aussitôt, mais elle ne leur dit pas qu'il s'agit d'un exercice. Elle leur demande de bien suivre ses consignes : « Restez calmes et groupés ; c'est le signal du feu. Nous allons descendre dans la cour de récréation ». Marie les fait sortir et vérifie qu'il ne reste aucun enfant dans la classe, puis ferme bien la porte.
Toutes les classes se retrouvent dans le jardin dans un délai record. Les consignes de sécurité ont été bien appliquées.

Commentaire : *ces exercices doivent se répéter au moins deux fois dans l'année afin que le jour où l'incendie aura réellement lieu, personne ne soit pris au dépourvu et que chacun adopte l'attitude qui s'impose, aussi bien l'adulte responsable que les enfants.*

Rôle de l'ATSEM

L'ATSEM veillera à :
- *programmer* souvent des exercices «*alerte incendie*» afin de familiariser les enfants avec ce risque majeur;
- *éduquer* les enfants afin de leur faire comprendre l'*intérêt* de cet exercice («supprimer la peur mais adopter le comportement de sécurité»);
- *informer* les familles des enfants afin qu'elles participent activement à cette éducation (qui peut être utile dans différents lieux de vie).

S'ENTRAÎNER

QCM

1. En cas d'incendie, on doit :

A. Appeler la mairie ou la gendarmerie. ☐
B. Appeler les pompiers. ☐
C. Couper l'électricité au compteur. ☐
D. Jeter tout de suite de l'eau en petite quantité. ☐
E. Faire aérer les locaux en ouvrant les fenêtres. ☐
F. Recouvrir la personne, dont les vêtements brûlent, par une couverture ☐

2. En présence de gaz (ou monoxyde de carbone), on doit :

- **A.** Fermer les fenêtres. ☐
- **B.** Ne pas respirer dans la pièce polluée. ☐
- **C.** Sortir rapidement. ☐
- **D.** Allumer l'électricité pour mieux voir la victime. ☐
- **E.** Ouvrir les fenêtres. ☐
- **F.** Faire du courant d'air. ☐
- **G.** Respirer de l'air pur. ☐

3. La conduite adéquate dès le début d'un incendie, c'est d'attaquer les flammes en :

- **A.** Jetant à la base de petites quantités d'eau, très régulièrement. ☐
- **B.** L'étouffant avec une couverture. ☐
- **C.** L'étouffant avec de la sciure. ☐
- **D.** Aérant immédiatement. ☐

4. Si le feu n'est pas éteint au bout d'une minute, on doit :

- **A.** Fermer les portes et fenêtres (se «*calfeutrer*», si on ne peut partir). ☐
- **B.** Ouvrir les portes et fenêtres et téléphoner aux secours. ☐
- **C.** Crier : «Au feu!» (pour alerter les voisins). ☐
- **D.** Téléphoner aux voisins pour partir ensemble. ☐
- **E.** Sortir très vite (en fermant la porte si possible). ☐

5. Soustraire une victime au danger immédiat, c'est :

- **A.** Couper le courant. ☐
- **B.** Éteindre le feu. ☐
- **C.** Appeler les voisins pour avoir de l'aide. ☐
- **D.** Déplacer le blessé dans un appartement voisin. ☐

6. Prévenir les secours, c'est appeler :

- **A.** Le 15. ☐
- **B.** Le 18. ☐
- **C.** Le 20. ☐
- **D.** Le 17. ☐
- **E.** Le 14. ☐
- **F.** Le 118 712 ☐

CORRIGÉS

1. B, C, D, F; **2.** B, C, E, F, G; **3.** A; **4.** A, E; **5.** A, B; **6.** A, B, D.

CHAPITRE 36

Conduite à tenir en cas d'hémorragies et de petits accidents

CE QU'IL FAUT SAVOIR

Définitions

Petites hémorragies

On appelle petite hémorragie (ou saignement) un écoulement sanguin d'origine capillaire, externe ou interne.

Hémorragies importantes

On appelle hémorragie importante tout écoulement abondant de sang hors des vaisseaux sanguins (artère ou veine).

Caractéristiques

- Une hémorragie peut être :
  - *externe*. Le sang s'écoule hors du corps ;
  - *interne*. Le sang s'écoule à l'intérieur du corps (en cas de traumatisme crânien, le sang s'épanche dans la boîte crânienne).
- Une petite hémorragie est *capillaire* : due à une rupture de vaisseaux capillaires.
- Une hémorragie importante peut être :
  - *artérielle* : le sang coule par saccades, le sang est alors rouge vermeil ;
  - *veineuse* : le sang coule en nappe, le sang est alors rouge sombre.

Conduite à tenir en cas de petite hémorragie

À l'école, l'enfant peut être victime de petites hémorragies. L'ATSEM doit pouvoir lui apporter les premiers soins de façon efficace.

Le saignement de nez (épistaxis)

- Consoler et rassurer l'enfant (anxiété ++ face à la perte de sang).
- Faire recracher le sang : l'enfant ne doit pas déglutir son sang (risque de vomissement).
- Recueillir le sang sur le mouchoir.

© 2015, Elsevier Masson SAS. Tous droits réservés

- Demander à l'enfant de se moucher
- Puis comprimer la narine en pinçant le nez pendant 2 à 5 min afin que le sang puisse coaguler.
- Suggérer à l'enfant de respirer par la bouche.
- Introduire un tampon hémostatique dans la narine si le saignement continue.
- Éviter que l'enfant se gratte les narines même si le caillot le gêne.
- Persister, et surveiller l'enfant pendant 1 h minimum.
- Consulter un médecin si le saignement ne s'arrête pas.

La bosse

- Rassurer l'enfant qui est tombé et qui pleure.
- Lui expliquer ce qui va être fait pour le soigner.
- Appliquer de la glace ou de la pommade d'arnica au niveau du choc.
- Penser à l'éventualité d'un traumatisme crânien et consulter un médecin.
- Avertir rapidement le responsable.

Le doigt pincé

Par exemple : doigt pincé dans une porte, un tiroir, etc. Dans les collectivités de jeunes enfants, les portes sont obligatoirement capitonnées de mousse (à domicile, le doigt pincé est un accident fréquent chez l'enfant). La conduite à tenir est identique à celle citée ci-dessus :

- l'application de glace calme dans un premier temps la douleur ;
- l'application de pommade apaise dans un second temps.

Il est recommandé de consulter un médecin selon le degré de la douleur.

Conduite à tenir lors d'hémorragies externes

Il faut agir vite et veiller à :

- appeler un médecin ;
- allonger le blessé, le couvrir ;
- surélever le membre atteint au-dessus du cœur ;
- surveiller l'état général de l'enfant et son pouls.

Il faut comprimer le vaisseau (selon consignes) : compression directe d'abord, puis compression à distance (*cf.* ci-dessous).

Compression directe

Il faut :

- appuyer sur la plaie fortement pendant 10 minutes ;
- veiller à surélever le membre plus haut que le cœur (interdire la pratique d'un garrot).

Il faut ensuite fixer un pansement compressif, sans trop serrer.

Compression à distance

En cas d'échec de la compression directe, on utilise la compression à distance. Il s'agit de connaître la technique et de savoir où pratiquer les points de compression. Le point de compression à distance est *toujours* situé en amont de la *plaie*, entre la plaie et le cœur.

- La compression s'effectue entre deux plans durs : l'os et la main de l'opérateur.
- Il faut réaliser la compression, suivant l'importance de l'hémorragie, avec les doigts (ou le pouce) ou la main (ou le poing).
- Il existe différents points de compression en fonction de la localisation de l'hémorragie.

Situation **L'accident de Joe (2 ans) à l'école maternelle**

Joe est un enfant vif, très actif, à la personnalité de *leader*. Toutes les occasions sont bonnes pour se faire remarquer du groupe de ses copains. Aujourd'hui, trompant la vigilance de Marie (l'ATSEM), il a sauté d'un banc et s'est heurté à la partie acérée d'un petit objet placé par mégarde sur le terrain de jeux. Un petit saignement s'est produit à la jambe. Tous les enfants se sont attroupés autour de lui. Marie est intervenue pour lui porter secours. Elle a recherché immédiatement la *cause* de la plaie, et a appelé sa collègue afin qu'elle prenne en charge les autres enfants et les rassure.

Commentaire : *la personne qui est témoin d'un accident doit se poser x questions : quelle est la nature de la blessure ? la blessure est-elle superficielle ou profonde ? propre ou souillée ? et quelle est la cause (verre, fer) ? Ici, les objectifs visés sont les suivants : arrêter l'écoulement sanguin, éviter l'aggravation de l'état de la victime, surveiller les autres enfants.*

Déterminer la nature de l'hémorragie

L'hémorragie peut être :

- *Externe* : le sang coule hors du corps. Ex. : épistaxis (saignement du nez) ;
- *Interne* : le sang coule à l'intérieur du corps. Ex. : traumatisme crânien, hémorragie cérébrale ;
- *interne extériorisée* : le sang coule à l'intérieur du corps et en ressort à distance. Ex. : hématémèse (saignement de l'estomac, vomissement de sang) ;
- *artérielle* : le sang coule par saccade. C'est un sang rouge vermeil ;
- *veineuse* : le sang coule en nappe. C'est un sang rouge sombre ;
- *capillaire* : le sang coule très faiblement. C'est un sang rouge vermeil ou rouge sombre.

Rôle de l'ATSEM

L'ATSEM aura une attitude éducative auprès des enfants. En matière d'éducation-prévention, il faut savoir impliquer l'enfant, plutôt que supprimer tous les risques. Que ce soit à la maison ou en milieu scolaire, l'adulte responsable de l'enfant veillera à :

- *expliquer les interdits à l'enfant*. L'explication doit être en rapport avec son degré de compréhension et doit solliciter sa participation. Au fur et à mesure que l'enfant grandit, des précautions s'imposent toujours, mais il est nécessaire de :
  - *le laisser s'exercer à utiliser les objets usuels*. Ce n'est pas en lui en interdisant l'usage que l'on rend l'enfant adroit de ses mains, il faut toujours faire une démonstration devant lui avant de le laisser manipuler seul,
  - *respecter les règles simples de sécurité*. Remettre chaque chose à sa place, ranger, faire ranger (lui apprendre l'ordre, c'est lui apprendre la prudence) ;
- *apprécier la « personnalité » de l'enfant*. Il ne faut pas sous-estimer les facteurs favorisant les risques d'accidents, tels que la personnalité de certains enfants (intrépides, téméraires, hyperactifs). Ces derniers réclament une surveillance particulière. Certaines activités (notamment sportives) permettent de canaliser leur énergie et donc de minimiser les risques d'accidents.

S'ENTRAÎNER

QCM

1. On appelle petite hémorragie :
- **A.** Un saignement artériel. ☐
- **B.** Un écoulement de sang veineux. ☐
- **C.** Un saignement d'origine capillaire. ☐
- **D.** Une hémorragie interne. ☐

2. Les points de compressions peuvent être faits :
- **A.** Au thorax. ☐
- **B.** Devant l'oreille. ☐
- **C.** Au poignet. ☐
- **D.** Aux pieds. ☐
- **E.** À l'estomac. ☐
- **F.** Au sexe. ☐

3. On appelle hémorragie importante :
- **A.** Un saignement d'origine capillaire. ☐
- **B.** Une hémorragie interne. ☐
- **C.** Une hémorragie externe. ☐
- **D.** Un écoulement artériel. ☐
- **E.** Un écoulement veineux. ☐

4. Une hémorragie peut être externe, lorsqu'elle s'écoule :
- **A.** Hors du corps. ☐
- **B.** Hors des organes. ☐
- **C.** Hors des vaisseaux. ☐
- **D.** De l'anus. ☐

5. Une hémorragie artérielle :
- **A.** Coule en nappe. ☐
- **B.** Coule par saccades. ☐
- **C.** Coule par intermittence. ☐
- **D.** Évacue un sang de couleur rouge « vermeil ». ☐
- **E.** Évacue un sang de couleur rouge « sombre ». ☐

6. Une « épistaxis » est un saignement :
- **A.** Du nez. ☐
- **B.** De la bouche. ☐
- **C.** Des oreilles. ☐
- **D.** Des yeux. ☐

CORRIGÉS

1. C ; **2.** B, C ; **3.** B, C, D, E ; **4.** A ; **5.** B, D ; **6.** A.

CHAPITRE 37

Conduite à tenir en cas de fièvre

CE QU'IL FAUT SAVOIR

Définition

La température est le degré de chaleur du corps :

- on appelle *hyperthermie* l'élévation de la température du corps ;
- on appelle *hypothermie* la baisse de la température du corps.

La température peut être prise à l'enfant lorsqu'une infection est suspectée.
On appelle « *courbe de température* » l'appréciation de l'évolution quotidienne de la température du corps. Elle se fait sur une « *feuille de température* ».

Conduite à tenir

Chez les enfants, la prise de la température est axillaire (sous l'aisselle), frontale (au front) ou auriculaire (dans l'oreille). Prenons l'exemple de la température axillaire (Tableau 6.2).

Les différents thermomètres

Le thermomètre frontal

Il est en matière plastique noire et dispose d'une échelle de graduation de degré en degré, du bleu (température normale) au rouge (fièvre). La graduation est assez peu précise mais permet de repérer rapidement un enfant fiévreux en appliquant ce thermomètre sur le front, ce qui évite de le déshabiller.
L'entretien se fait par lavage à l'eau et au savon, suivi éventuellement d'une désinfection à l'alcool.

TABLEAU 6.2. Prise de la température axillaire chez l'enfant.

Moyens	Actions	Précautions
– Thermomètre digital électronique	– Mettre l'embout sous les aisselles – Faire serrer le bras contre le thorax – Respecter le temps nécessaire – Lire la température	– Expliquer le soin à l'enfant – Bien installer l'enfant contre soi pour lui maintenir le bras – Durée : 1 min
– Cahier de transmission – Feuille + stylo	– Faire les transmissions écrites	– Noter la température (en spécifiant « température axillaire ») sur le cahier
– Dakin + coton	– Nettoyer et désinfecter le thermomètre	
– Étui	– Ranger le thermomètre	– Le mettre dans un étui

© 2015, Elsevier Masson SAS. Tous droits réservés

Le thermomètre auriculaire

On glisse l'embout dans l'oreille, sans aller jusqu'au tympan : l'appareil capte les infrarouges émis par le tympan ; la température du corps s'affiche en quelques secondes. Après chaque prise de température, le protège-embout stérile doit être changé.
L'appareil est nettoyé avec un coton imbibé d'alcool et ne doit jamais être mis dans l'eau.

Le thermomètre digital

C'est un thermomètre en plastique (résistant et incassable) avec affichage électronique de la température. Il permet de mesurer la température dans l'anus (anale) ou sous l'aisselle (axillaire). Il fonctionne avec une pile, et ne doit pas être mis dans l'eau : le nettoyage s'effectue avec un coton imbibé d'eau savonneuse, puis une désinfection au Dakin ou à l'alcool à 70°.

Situation **Maya a de la « fièvre »...**

Ce matin, Maya (5 ans) est revenue à l'école maternelle après une absence de 24 h. Sa maman dit à Aurore (L'ATSEM) qu'elle a eu « *un petit rhume et qu'elle est guérie* ».
Mais, vers 10 h, Aurore remarque que Maya est très *fatiguée*... Elle est sur le point de s'endormir sur son petit bureau. Lorsqu'elle s'approche d'elle, elle voit que ses yeux sont *larmoyants*, que son visage est *rouge*, qu'elle *transpire*. Elle touche son front, il est *brûlant* ! Maya à *38,8 °C*. Aussitôt, la directrice de l'école demande qu'on lui administre un médicament antipyrétique (afin de faire baisser sa température et surtout d'améliorer son confort). Elle avertit sa maman en lui demandant de venir la chercher et de consulter son médecin rapidement.

Commentaire : la température révèle un *état infectieux* contre lequel l'organisme se défend. Dans la situation de Maya, on peut en déduire que son « *petit rhume* » n'est pas guéri ! Seul le médecin saura poser un diagnostic sur son état. Mais, dans l'immédiat, le rôle de l'ATSEM est d'*alerter* et de *lutter contre* l'hyperthermie aux conséquences rarement graves (convulsions).

S'ENTRAÎNER

QCM

1. Pour prendre la température de l'enfant, on utilise un thermomètre à application :
- **A.** Frontale. ☐
- **B.** Brachiale. ☐
- **C.** Anale. ☐
- **D.** Axillaire. ☐
- **E.** Fémorale. ☐
- **F.** Auriculaire. ☐

2. La température axillaire se prend :
- **A.** Sous la jambe. ☐
- **B.** Sous le bras. ☐
- **C.** À l'anus. ☐
- **D.** Dans l'oreille. ☐
- **E.** Sur le front. ☐
- **F.** Sous le pied. ☐

3. On appelle hyperthermie :
- **A.** La baisse de la température du corps. ☐
- **B.** L'élévation de la température du corps. ☐
- **C.** L'élévation de la tension artérielle. ☐
- **D.** La baisse de la tension artérielle. ☐

4. Un thermomètre auriculaire est :
- **A.** Posé sur le front. ☐
- **B.** Introduit dans l'oreille. ☐
- **C.** Placé sous le bras (aisselle). ☐
- **D.** Introduit dans la bouche. ☐
- **E.** Introduit dans l'anus. ☐

5. Un thermomètre digital est :
- **A.** Introduit dans l'anus. ☐
- **B.** Introduit dans la bouche. ☐
- **C.** Introduit dans l'oreille. ☐
- **D.** Placé sous le bras (aisselle). ☐
- **E.** Placé sur le front. ☐

6. Un thermomètre digital est :
- **A.** En verre. ☐
- **B.** En plastique. ☐
- **C.** En porcelaine. ☐
- **D.** En silicone. ☐
- **E.** Jetable (usage unique). ☐

CORRIGÉS

1. D, F ; **2.** B ; **3.** B ; **4.** B ; **5.** A, D ; **6.** B.

CHAPITRE 38

Conduite à tenir en cas de pédiculose

CE QU'IL FAUT SAVOIR

Définition

On appelle pédiculose la présence de poux sur le cuir chevelu. Les poux sont des *parasites* qui se nourrissent du sang de la personne contaminée, ce qui provoque des démangeaisons importantes. Cette affection atteint surtout les enfants, et se transmet par les contacts, par l'échange de bonnets, de brosses, de peignes, etc. Les lentes sont visibles près de la racine des cheveux ; contrairement aux pellicules, elles ne glissent pas le long du cheveu. Les poux sont plus difficiles à voir et se déplacent entre les cheveux.

Conduite à tenir

Il faut considérer deux stades différents : le dépistage des poux et les soins de la pédiculose.

Dépistage des poux

TABLEAU 6.3. Le dépistage des poux.

Signes cliniques	Observation	Action
– Démangeaisons importantes et intermittentes du cuir chevelu et du cou – Lésions de grattage surinfectées	Observer la tête et le cuir chevelu avec une petite loupe. On découvre : – *les poux* : petits parasites grisâtres, longs et mobiles – *les lentes ou œufs* : éclosion en 8 jours, de petite taille, grisâtres ou blanchâtres, adhérentes aux cheveux	– Peigner les cheveux au peigne fin au-dessus d'un papier blanc : les poux tombent – Les recueillir sur un papier, les jeter, nettoyer, désinfecter le matériel

Soins de la pédiculose

TABLEAU 6.4. Les soins de la pédiculose.

Matériel	Actions	Précautions
– Shampoing anti-poux	– Faire le shampoing	– Renouveler le shampoing au bout de 8 jours
– Peigne fin – Sèche-cheveux	– Ôter les lentes avec le peigne fin (*cf.* plus haut)	– Réaliser l'hygiène immédiate
– Ciseaux à ongles	– Couper les ongles	– Éviter les lésions de grattage
	– Surveiller la chevelure (un retour des poux est toujours possible)	– Garder la chevelure propre

© 2015, Elsevier Masson SAS. Tous droits réservés

Situation **La pédiculose de Samira à l'école maternelle**

Samira (3 ans) joue dans la cour de récréation, sous les yeux vigilants de Manu (ATSEM). Ce dernier remarque que l'enfant est gênée dans ses activités. À plusieurs reprises, Samira stoppe brutalement les jeux pour se gratter la tête. Alors, Manu s'approche d'elle et lui demande ce qu'elle a. Samira lui dit : « Ça me chatouille ! ». Manu regarde, mais ne voit rien.

En observant de près les cheveux de l'enfant, Manu décèle des *lentes*. Il explique à Samira qu'elle a « *de petits insectes* » qui se sont installés dans ses cheveux, et que pour les « *chasser* » il faut pulvériser un produit. L'enfant accepte le soin. Il lui dit qu'il va avertir sa maman pour qu'elle poursuive le soin afin de « *tuer* » définitivement ces petits insectes qui « *le chatouillent* ».

Commentaire : le rôle de l'adulte est de « *parler vrai* » à l'enfant sans dire le mot « poux » (pour éviter de propager une panique parmi les autres enfants). Il faut aussi expliquer à l'enfant l'*intérêt* des soins et y associer rapidement les parents pour assurer la *prévention collective*.

S'ENTRAÎNER

QCM

1. Les poux sont de petits :

- **A.** Parasites. ☐
- **B.** Œufs. ☐
- **C.** Insectes. ☐
- **D.** Champignons. ☐
- **E.** Papillons. ☐

2. La pédiculose provoque :

- **A.** Des saignements au cuir chevelu. ☐
- **B.** Des lésions de grattage. ☐
- **C.** Des démangeaisons. ☐
- **D.** Des maux de tête. ☐
- **E.** Des rougeurs (parfois). ☐

3. Pour traiter localement contre les poux, on utilise :

- **A.** Un shampoing. ☐
- **B.** Un antiseptique. ☐
- **C.** Un antibiotique. ☐
- **D.** Un produit spécifique. ☐
- **E.** Un antihistaminique. ☐

CORRIGÉS

1. A ; **2.** B, C, E ; **3.** A (éventuellement), D.

CHAPITRE 39

Pansements et bandages

CE QU'IL FAUT SAVOIR

Définition

- Le pansement sert à panser (soigner) une plaie.
- Le bandage sert à entourer, envelopper, protéger et soutenir.

Il faut savoir éviter une surinfection de la plaie lors d'un accident, protéger la partie blessée des agressions externes et assurer la contention (maintien) du pansement.

Conduite à tenir

Le pansement simple

Le pansement permet de protéger et d'éviter la surinfection pour toute plaie provoquée par une chute, une coupure (Tableau 6.5).

TABLEAU 6.5. **Réalisation d'un pansement simple.**

Moyens	Actions	Précautions
– Savon liquide	– Se laver les mains	– Aller du plus propre au plus sale
– Eau et savon	– Nettoyer la plaie	
– Compresses stériles – Produit désinfectant[3] : • *eau oxygénée* • *ou chlorhexidine* (pour les muqueuses)	– La désinfecter avec un produit désinfectant déposé sur une compresse stérile	– Ne pas utiliser d'alcool (sensation de brûlure)
– Colorant : éosine aqueuse	– Appliquer un colorant	– L'application du colorant se fera sur prescription
– Compresses stériles	– Recouvrir de compresses stériles	
– Micropore	– Réaliser un pansement adhésif	– Le fixer par du sparadrap ou par une bande. Le pansement protège contre les risques de souillure et doit être changé souvent
	– Surveiller les signes d'infection : *rougeur, douleur, gonflement, chaleur*	– Consulter un médecin.

[3] Sur avis médical.

© 2015, Elsevier Masson SAS. Tous droits réservés

Le bandage simple

Le bandage permet de protéger le pansement d'une plaie ou d'assurer la pression, la contention ou le soutien sur certaines parties du corps (*cf.* tableau ci-après).

Situation **Le pansement d'Anna à l'école maternelle**

Anna (2 ans ½) est tombée en courant dans la cour de récréation. Elle a pleuré et aussitôt Johanne (L'ATSEM) est venue la chercher.
Elle a constaté que la plaie d'Anna saignait légèrement et qu'elle était souillée de terre. Johanne a immédiatement conduit Anna dans le bureau de la directrice (Mme D.) afin que les premiers soins lui soient donnés. Mme D. (après avoir frictionné ses mains avec une SHA[4]) a expliqué à Anna qu'elle allait d'abord « nettoyer son bobo » (avec de l'eau et du savon) puis qu'elle allait lui appliquer un produit (désinfectant) qui pique un peu !
Anna a été très courageuse. Elle n'a pas pleuré, et elle a même accepté volontiers le petit *pansement* qui a été appliqué sur sa peau pour protéger la plaie.

Commentaire : le professionnel doit veiller à toujours *expliquer* à l'enfant le soin qui va lui être fait. C'est une façon de le *rassurer*, de lui faire accepter le soin et de le rendre plus *coopérant*.

TABLEAU 6.6. Réalisation d'un bandage simple.

Moyens	Actions
– Bande en toile, gaze ou crêpe (de dimension appropriée)	– *Commencer par deux circulaires* : cercles formés par la bande autour d'une région du corps – *Faire ensuite une spirale* : ensemble de circulaires qui s'éloignent de plus en plus de leur point de départ ou – *Faire un croisé* : tours de bande disposés symétriquement en forme d'épis
– Une bande élastique terminée par des crochets métalliques ou	– *Terminer par deux circulaires* et les fixer
– Sparadrap	– Le bandage doit : • recouvrir le pansement • n'être ni trop serré, ni trop lâche • s'appliquer dans le sens de la circulation veineuse

[4] SHA : solution hydro-alcoolique (c'est un désinfectant des mains à appliquer avant les soins).

S'ENTRAÎNER

QCM

1. Un bandage croisé est constitué de :
- **A.** Cercles formés par la bande autour d'une région du corps. ☐
- **B.** Tours de bande disposés symétriquement en forme d'épis. ☐
- **C.** Circulaires qui s'éloignent de plus en plus de leur point de départ. ☐

2. Le pansement sert à :
- **A.** Prévenir le saignement. ☐
- **B.** Absorber l'écoulement du sang. ☐
- **C.** Panser (soigner) une plaie. ☐
- **D.** Désinfecter la plaie. ☐

3. Le bandage sert à :
- **A.** Protéger le pansement. ☐
- **B.** Envelopper le pansement. ☐
- **C.** Soutenir le pansement. ☐
- **D.** Faire une contention d'un membre. ☐
- **E.** Faire une pression. ☐

4. Pour éviter une surinfection d'une plaie, on utilise un produit :
- **A.** Colorant (type éosine). ☐
- **B.** Désinfectant (type chlore). ☐
- **C.** Antiseptique (type chlorhexidine). ☐
- **D.** À base de chlore. ☐

5. Un bandage doit être :
- **A.** Lâche. ☐
- **B.** Très serré. ☐
- **C.** Ni trop serré, ni trop lâche. ☐
- **D.** Appliqué dans le sens de la circulation veineuse. ☐
- **E.** Appliqué dans le sens opposé de la circulation. ☐

CORRIGÉS

1. B; **2.** C; **3.** A, B, C, D, E; **4.** C; **5.** C, D.

CHAPITRE 40

Organisation de l'armoire à pharmacie

CE QU'IL FAUT SAVOIR

Définition

On appelle armoire à pharmacie un petit meuble à étagères, fermé à clé, qui regroupe les produits, le matériel de soins, ainsi que les médicaments de première nécessité (dans la famille, l'armoire peut être remplacée par la trousse à pharmacie).

Composition

TABLEAU 6.7. **Composition de l'armoire à pharmacie.**

Les produits et le matériel de soins	Les médicaments et produits de première nécessité
– Un thermomètre – Des compresses stériles – Des pansements hypoallergéniques – Du micropore – Des bandes – Du coton hydrophile – Une paire de ciseaux – Une pince à échardes – Des sachets d'antiseptiques cutanés – Des protections solaires – Une poche de glace – Parfois un stéthoscope et un tensiomètre	– Un antihistaminique[a] – Des produits antalgiques et antipyrétiques[b] – Des produits antiseptiques d'utilisation locale – De l'eau oxygénée (hémostatique), de l'alcool à 70° – Un produit de rinçage de l'œil ou du nez (sérum physiologique en doses individuelles) – Des collyres – Un produit pour les contusions[c] – Un produit pour les brûlures[d] – Un produit pour les piqûres d'insectes (abeilles, guêpes, etc.) – Un produit anti-poux[e]

a Produit contre l'allergie.
b Produits contre la fièvre (type ibuprofène et paracétamol).
c Type pommade à l'arnica.
d Type Biafine.
e Type Para poux, Marie Rose, etc.

© 2015, Elsevier Masson SAS. Tous droits réservés

Conseils d'utilisation des produits de soins

- Vérifier les indications des médicaments.
- Respecter les voies d'administration.
- Vérifier les dates de péremption.
- Bien refermer les flacons après usage.

Recommandations

- Il faut éviter de jeter les médicaments :
  - dans les poubelles (où ils peuvent être ramassés et réutilisés) ;
  - dans les WC (car certains produits sont toxiques et peuvent polluer l'environnement).
- Il faut fermer à clé l'armoire à pharmacie, ou la placer hors de portée des enfants.

Conseils d'organisation de l'armoire à pharmacie

- Regrouper soigneusement les médicaments selon leur usage.
- Les tenir dans un endroit frais et sec.
- Les conserver dans leur emballage d'origine avec leurs notices.
- Lister les médicaments et matériels de soins sur une feuille, et la coller sur la porte de l'armoire à pharmacie, ce qui permettra de vérifier plus facilement son contenu.
- Renouveler régulièrement les produits (alcool, Dakin).
- Éliminer les médicaments qui ne sont plus nécessaires ou qui sont périmés.

Situation **La pharmacie du « groupe scolaire »**

Aujourd'hui, Faustine (ATSEM) se rend à l'infirmerie pour aider Julia (l'infirmière) à nettoyer l'*armoire à pharmacie* et à mettre de l'*ordre* dans les médicaments.
Elles vont ensemble, dans un premier temps, vider le meuble, et déposer délicatement le contenu sur la table.
Puis Faustine nettoie les étagères de l'armoire (avec un nettoyant-désinfectant), pendant que Julia vérifie les *dates de péremption* des médicaments (ceux qui sont périmés seront déposés à la pharmacie). Elle demande à Faustine de lister les médicaments à renouveler afin que le stock soit complet.
Lorsque ce travail est terminé, elles rangent les médicaments dans l'armoire en respectant un ordre de classement précis qui facilite leur recherche.

Commentaire : l'armoire à pharmacie doit être *propre*, et les médicaments *renouvelés* et bien *rangés* (afin que l'on puisse les identifier très rapidement). C'est le rôle de l'infirmière d'effectuer ce travail à un rythme régulier. L'ATSEM peut y participer activement.

L'étiquetage du médicament

L'étiquetage du médicament fournit des indications précieuses. Notons les différentes mentions portées sur l'étiquette du collyre D.

TABLEAU 6.8. **L'étiquetage du collyre D.**

Mentions	Le collyre D
Composition du produit	– Chlorure de benzalkonium - 0,004 g – Chlorure de sodium - 0,09 g
Forme d'administration	Locale (compte-gouttes prêt à l'emploi)
Classe pharmaco-thérapeutique	Anti-infectieux par voie locale (organe à l'œil)
Indications	Préconisé dans le traitement des affections de l'œil
Recommandations	– Se laver les mains au préalable – Éviter de toucher l'œil ou les paupières avec l'embout compte-gouttes
Conservation (stockage)	Doit être conservé à une température inférieure à 20 °C
Date limite d'utilisation	02/08/20..

Rôle de l'ATSEM

La pharmacie d'un groupe scolaire permet d'assurer les premiers soins aux enfants. C'est une *armoire* fermée à clé, loin d'une source de chaleur et de l'humidité. Elle contient le matériel, les médicaments indispensables et parfois des documents de santé (tels que carnets de vaccination).

Le responsable doit s'assurer :

- de la présence de tous les médicaments indispensables ;
- des conditions correctes de stockage (certains médicaments ou vaccins seront conservés au réfrigérateur) ;
- des conditions de rangement des produits ;
- des dates limites d'utilisation. Certains médicaments périmés seront retournés à l'officine du pharmacien qui les confiera à l'association Cyclamed pour les détruire ou les redistribuer (après contrôle) aux organisations humanitaires.

Il faut :

- éviter de jeter les médicaments dans les poubelles où ils peuvent être ramassés ;
- éviter de les jeter dans les WC (car certains médicaments peuvent polluer l'environnement).

S'ENTRAÎNER

QCM

1. L'armoire à pharmacie peut contenir des :

A. Antiseptiques locaux. ☐
B. Antibiotiques. ☐
C. Seringues. ☐
D. Bandes. ☐
E. Compresses stériles. ☐

2. On appelle armoire à pharmacie :

A. Un meuble ouvert, qui se trouve uniquement dans les écoles et les lycées. ☐
B. Un meuble fermé à clé qui regroupe les produits, matériels de soins et médicaments. ☐
C. Un meuble qui contient uniquement des médicaments. ☐
D. Un meuble qui se trouve dans une officine. ☐
E. Un meuble qui se trouve dans les groupes scolaires ou dans les structures d'accueil du jeune enfant. ☐

CORRIGÉS

1. A, D, E ; **2.** B, E.

PARTIE

7 L'organisation et le fonctionnement des collectivités

CHAPITRE 41

L'organisation administrative de l'État

CE QU'IL FAUT SAVOIR

L'État

Définition

- *L'État* : c'est une personne morale, juridiquement responsable, représentant la nation et dont l'autorité souveraine s'exerce sur l'ensemble d'une population et d'un territoire déterminés. Il est le fruit de la volonté d'un peuple.
- *L'homme d'État* : c'est un personnage qui exerce une autorité au nom de l'État. Le président de la République n'est pas l'État mais le représente.
- *La nation* : c'est une communauté humaine caractérisée par son identité historique, culturelle et linguistique, et formant une entité politique.

Le système démocratique

Dans un système démocratique, le pouvoir du peuple est exercé soit par le peuple lui-même, soit par ses représentants. Dans ce cas, ces représentants agissent au nom et pour le bien du peuple. Les décisions sont prises au nom du peuple, mais s'imposent à lui : l'État souverain a toute autorité sur le peuple et sur le territoire de la France. Ce système est le fruit de la volonté d'une communauté d'hommes ayant un projet et un destin communs.

Le texte fondateur : la Constitution

Le premier des textes fondateurs de l'État est la *Constitution* (datant du 4 octobre 1958). Elle prévoit la mise en place des différents éléments du pouvoir, les liens entre eux, leurs attributions, leurs limites, leurs responsabilités. Cette distribution actuelle des pouvoirs met en place la ve République. Si cette répartition des pouvoirs était amenée à changer, nous passerions à la vi[e] République.
Afin d'éviter que tous les pouvoirs ne soient concentrés entre les mains d'un seul homme ou d'un seul groupe, la Constitution a institué le principe de la séparation des pouvoirs.
Pour modifier quoi que ce soit dans la Constitution, le président de la République n'a que deux possibilités : proposer la modification au référendum national ou la faire adopter par le Parlement réuni pour l'occasion en Congrès à Versailles.

La séparation des pouvoirs

Il existe trois pouvoirs : le pouvoir exécutif, le pouvoir législatif et le pouvoir judiciaire.

Le pouvoir exécutif

L'exécutif est bicéphale (à deux têtes). Il est représenté par un *président de la République*, élu au suffrage universel direct pour 5 ans, et un gouvernement, dirigé par un *Premier ministre*.

© 2015, Elsevier Masson SAS. Tous droits réservés

Le président de la République nomme le Premier ministre, puis, sur proposition de celui-ci, il nomme les autres membres du gouvernement.

Le pouvoir législatif

Le pouvoir législatif est composé de deux assemblées :

- *l'Assemblée nationale*, élue au suffrage universel direct. Les députés qui y siègent sont élus pour 5 ans;
- *le Sénat*, élu au suffrage universel indirect. Les sénateurs ont un mandat de 6 ans, et leur assemblée est renouvelée par moitié tous les 3 ans.

Ces deux assemblées constituent *le Parlement* qui est chargé de voter les lois. Si le Parlement est chargé de contrôler l'action du gouvernement, seule l'Assemblée nationale a le pouvoir de le renverser.

Le pouvoir judiciaire

Ce pouvoir est chargé de régler les conflits entre particuliers ou personnes publiques. L'indépendance du pouvoir judiciaire par rapport aux deux autres pouvoirs est inscrite dans la Constitution. Il est constitué, par exemple, du *Conseil d'État*, du *tribunal d'instance*, du *tribunal des prud'hommes*, de la *cour d'assises*, etc.

Le préfet

Le préfet est le *représentant de l'État* sur le territoire géographique de la région ou du département. C'est un fonctionnaire de l'État, nommé en Conseil des ministres. Il est chargé de veiller au respect des lois sur le département ou la région.

REMARQUE Le préfet *n'est pas un élu*, c'est un agent nommé par l'État donc soumis au pouvoir hiérarchique de l'État. Il y a deux types de préfets : les préfets de département et les préfets de région.

Le préfet de département

Le préfet représente l'État dans le département; à ce titre, il assume plusieurs fonctions : certaines sont d'ordre politique, d'autres de nature juridique, d'autres enfin relèvent d'une tâche de «police administrative».

Fonctions « politiques »

- Le préfet informe les dirigeants sur tous les événements locaux et, inversement, informe les administrés de la politique gouvernementale.
- Il assure la direction des services déconcentrés de l'État (ex. : la DDT, la DDAC, etc.[1]).
- Certains services échappent à l'autorité du préfet : l'autorité militaire, l'Éducation nationale, les finances, la justice, etc.

Fonctions « juridiques »

- Le préfet représente l'État en signant des contrats en son nom, etc.
- Il contrôle la légalité des actes pris par les collectivités territoriales ou par les établissements publics. S'il estime illégal un de ces actes, il peut le déférer devant le tribunal administratif

[1] DDT : Direction départementale des territoires; DDAC : Direction départementale des affaires culturelles.

(ex. : un arrêté municipal nommant sur le grade d'ATSEM un agent qui ne serait pas lauréat du concours correspondant).

Fonctions de « police administrative »

- Prévention : le préfet prend des mesures de sûreté, de sécurité ou de salubrité publique. Le préfet peut, par exemple, prendre des mesures de police en matière de manifestation ou en cas d'atteinte à la tranquillité publique.
- Il peut constater des crimes et délits concernant la sûreté de l'État, il peut déférer les auteurs devant les tribunaux.
- Il peut mettre en œuvre certains plans d'urgence : ORSEC, POLMAR, etc. C'est par exemple au préfet de déclencher le plan ORSEC en cas de catastrophe.

Le préfet de région

Le préfet de région assure la représentation de l'État dans la région, en tant que «circonscription administrative». C'est un fonctionnaire de l'État, nommé en Conseil des ministres.
- Il assume les mêmes fonctions politiques et juridiques au niveau de la région.
- Il coordonne la politique de l'État en matière de culture, d'environnement, de la ville et de l'espace rural.

La hiérarchie des normes

Définition

- La *norme* est une règle à laquelle tout citoyen doit se conformer. Ce sont des actes administratifs qui donnent aux administrés des droits ou des obligations comme une loi ou un arrêté.
- La *hiérarchie des normes* signifie que chaque norme doit respecter celles qui lui sont supérieures, sous peine d'annulation par une juridiction.

Différents types de normes

Ces actes administratifs se nomment de différentes façons suivant les autorités qui en sont l'auteur et selon le contenu du texte. Les différents types de normes sont donnés ici dans l'ordre hiérarchique.

Les règles communautaires et les traités européens

Il s'agit des règlements et directives de l'Union européenne. Le droit européen influence de plus en plus la vie locale.

EXEMPLE La suppression des décharges publiques en pleine nature a été imposée à la France par une directive européenne.

La Constitution française de 1958

La Constitution française est la règle supérieure de l'État. C'est le texte qui définit l'organisation des pouvoirs et des institutions politiques et juridiques de l'État.
La Constitution a plusieurs rôles, notamment :

- elle détermine la compétence des divers organes de l'État et organise leurs rapports (ex. : elle précise les pouvoirs propres du président de la République et ceux du Premier ministre; elle définit la libre administration des collectivités territoriales);
- elle donne au Parlement et au gouvernement le pouvoir d'édicter des règles de droit;
- elle contient également la Déclaration des droits de l'homme et du citoyen.

RAPPEL Pour modifier le texte de la Constitution, il n'y a que deux possibilités : soit par un vote du Parlement, soit suite à un référendum national.

Les règles internationales (autres que les règles européennes)

Ce sont par exemple *les traités* de paix, les traités de commerce, *les accords* sur le droit d'asile.

EXEMPLE L'accueil des personnes immigrées pour motif politique, ou les tarifs postaux à appliquer entre la France et chacun des autres pays du monde.

Les lois

Elles sont votées par le Parlement (Assemblée nationale et Sénat).

EXEMPLE Les lois de finances, les lois sur la durée du temps de travail, sur le tabagisme, etc.

Toutefois, le Conseil constitutionnel est là pour veiller à la conformité de la loi à la Constitution. C'est le gardien vigilant de la Constitution (il peut aussi être saisi pour avis).

Les décrets

Ils sont signés par le président de la République et/ou le Premier ministre, en fonction de leurs pouvoirs respectifs.

EXEMPLE Les décrets d'application des lois, les décrets de nomination de hauts fonctionnaires comme les préfets, les magistrats, les officiers, etc.

En bas de la hiérarchie, tous les autres documents qui produisent du droit

Les arrêtés

Ils sont signés par toutes les autres *personnes* représentant l'État (un préfet), les collectivités locales (un maire ou un président de Conseil départemental) ou les établissements publics (un président de conseil d'administration).

EXEMPLE *Un arrêté de nomination* d'un agent de la fonction publique, tel qu'une directrice de crèche.

Les délibérations

Ce sont les actes pris par les *assemblées délibérantes* des collectivités territoriales : les conseils municipaux, les conseils départementaux, les conseils régionaux ou les conseils communautaires. Ils sont le reflet des choix votés à la majorité de l'assemblée.

EXEMPLE *Une délibération* pour la création d'un service municipal comme une crèche.

Les contrats, les marchés publics, les conventions, etc

Les contrats, les marchés publics sont aussi des documents qui produisent du droit.

EXEMPLE Passer un *marché public* pour choisir une entreprise en vue de la construction d'une route, puis signer *le contrat* avec l'entreprise choisie.

Les actes des collectivités territoriales

Les délibérations et les arrêtés sont des actes administratifs des collectivités territoriales. Ils créent des *droits* ou imposent des *obligations*. Ils s'intègrent à la hiérarchie des normes et doivent donc respecter les règles qui leur sont supérieures.

EXEMPLE *L'arrêté de nomination* d'un agent dans une collectivité territoriale doit respecter toutes les lois sur le recrutement des fonctionnaires.

L'exécution des actes administratifs

Pour être exécutoires (c'est-à-dire appliqués), les actes administratifs sont soumis à deux obligations.

- Pour les *actes administratifs collectifs* : ils doivent être à la fois publiés (par exemple au *Journal officiel*) **et** transmis au préfet pour le contrôle de la légalité. Ex. : *une délibération* décidant de la réfection d'une route départementale.
- Pour les *actes administratifs individuels* : ils seront notifiés aux intéressés **et** transmis au préfet. Ex. : *l'arrêté de nomination* d'un agent de la fonction publique.

Règles communautaires
et traités européens

⇩

Constitution de 1958

⇩

Règles internationales

⇩

Lois

⇩

Décrets

⇩

Arrêtés des représentants de l'État et tous les actes des *collectivités territoriales* par exemple :

Contrats
Délibérations
Arrêtés
Marchés publics

FIG. 7.1. **Schéma récapitulatif de la hiérarchie des normes.**

Le service public

Définition

Les activités dites de «service public» sont les activités majeures des administrations de l'État, des collectivités territoriales ou des établissements publics. Ces activités sont extrêmement variées.

- *Les missions de service public peuvent être obligatoires* :
  - organiser l'enlèvement et le traitement des ordures ménagères;
  - assurer la distribution de l'eau;
  - assurer l'éducation scolaire;
  - organiser les transports scolaires.
- *On trouve également des missions facultatives* :
  - organiser la restauration scolaire;
  - mettre en place un moyen de garde d'enfants;
  - proposer des activités culturelles à la population.

Il s'agit d'activités qui doivent répondre à un besoin d'intérêt général. Mais il faut distinguer les notions d'intérêt général et de service public.

L'intérêt général

Une activité d'intérêt général prend en compte un besoin collectif, c'est-à-dire d'une partie importante de la population. L'intérêt général est une notion en continuelle évolution et qui varie d'une région, d'une époque ou d'une société à l'autre.

EXEMPLE Les besoins d'une collectivité locale à forte densité de population et jeune (qui aura besoin de crèches, de logements, de métro/bus, d'emploi, etc.) ne sont pas les mêmes que ceux d'une petite commune rurale montagnarde (accueil touristique, déneigement des routes, vieillissement de la population, etc.).

Si les élus de la collectivité territoriale envisagent de répondre aux besoins par la mise en place d'un service public, il faut que deux conditions soient réunies :

- le service public doit correspondre à un besoin d'intérêt général (ex. : 250 familles cherchent des places d'accueil pour leurs bébés);
- la collectivité territoriale doit avoir mis en évidence une carence de l'initiative privée (plus de place chez les assistantes maternelles agréées, pas de crèche associative ou d'entreprise sur la commune).

L'intérêt général, ou local, peut éventuellement s'opposer à l'intérêt particulier.

EXEMPLE Les maisons qui se trouvent sur l'unique parcours possible pour le TGV.

La notion de service public

Lorsqu'une assemblée d'élus reconnaît un besoin d'intérêt général pour la population, assorti d'une carence de l'initiative privée, et qu'elle décide d'y répondre, elle met alors en place un service public. Ce terme recouvre ici deux sens.

- Dans un premier temps, il s'agit ***d'une activité*** qui répond au besoin d'intérêt général. Ex. : la création de logements sociaux, la distribution de l'électricité, l'éducation, les transports publics, un moyen de garde d'enfants, etc.
- Dans un second temps, il va s'agir ***d'une structure*** qui encadrera l'activité reconnue d'intérêt général. Ex. : l'OPH[2] encadrant la création de logements sociaux, la SNCF qui encadre les transports publics, une crèche collective, etc.

Le service public peut :

- soit être géré directement par l'État ou une collectivité, il est alors dit «en régie». C'est le cas des services de la préfecture ou du service d'état civil de la mairie;
- soit être géré par une autre personne qui agira par délégation. C'est ce que l'on appelle la «délégation de service public» :
  - cette autre personne peut être un établissement public créé avec une mission spéciale (la SNCF pour le transport de la population, un OPH pour la gestion des logements sociaux),
  - ou le service rendu à la population peut être confié à une entreprise privée comme, par exemple, une entreprise d'élagage qui assurera l'élagage des avenues communales.

TABLEAU 7.1. **Activités de services publics et structures correspondantes.**

Activités de services publics	Exemples de structures pouvant prendre en charge ces activités
Un moyen de garde d'enfant	La Commune ouvre une crèche collective
L'éducation	Un établissement public scolaire
La santé	Un hôpital
L'entretien d'une route départementale	Le Département qui construit et entretient cette route
La distribution du courrier	La Poste
La production d'eau potable	Un syndicat intercommunal
Le transport de la population	La SNCF, la RATP

Les principes de gestion du service public

Le service public a des missions d'intérêt général. Il doit, de ce fait, respecter trois principes : les principes d'égalité, de continuité et de mutabilité (adaptation).

Le principe d'égalité

Ce principe exige qu'aucune distinction ne soit faite entre les usagers quant à l'accès au service public.
La non-discrimination d'accès entre les usagers n'interdit pas de différencier les modes d'action du service public afin de lutter contre les inégalités économiques et sociales.

EXEMPLE Les quotients familiaux appliqués pour le paiement de la cantine scolaire ou de la crèche.

Les réponses peuvent être différenciées en fonction des situations des usagers.

[2] OPH : Office public de l'habitat (ex. : OPHLM).

À ce principe d'égalité s'ajoute la notion de *neutralité*, qui garantit le libre accès de tous aux services publics. Elle interdit toute discrimination fondée sur les convictions politiques, philosophiques, religieuses, syndicales ou tenant à l'origine sociale, au sexe, à l'état de santé, à un éventuel handicap ou à l'origine ethnique.

Le principe de continuité

Le principe de continuité suppose le fonctionnement régulier du service public. Il exige la permanence des services essentiels pour la vie sociale (police, pompier), les *services de santé* (hôpitaux), les *services de communication* (train, avions, bus, etc.), certains *services techniques* (électricité, gaz, eau, etc.). Mais tous les services publics ne nécessitent pas leur ouverture 24 h/24. Ce principe implique que tout service doit fonctionner avec régularité. Toutefois, le droit de grève des fonctionnaires atténue cette exigence.

Le principe de mutabilité (adaptation)

L'intérêt général évolue dans le temps. De ce fait, les actions mises en place pour y répondre doivent s'adapter périodiquement. Ainsi, par exemple, les agents publics ne peuvent-ils s'opposer à une modification de leurs métiers si les techniques évoluent...

Les établissements publics

Définition

L'établissement public est une personne morale de droit public, créée par l'État ou une collectivité territoriale, en vue d'assurer la gestion d'un ou plusieurs services publics. Cette structure est :

- dotée d'élus qui peuvent prendre des décisions, passer des contrats et des marchés;
- dotée de l'autonomie financière puisqu'elle possède son propre budget (voté par son organe délibérant).

La collectivité conserve le pouvoir de contrôler le gestionnaire. Celui-ci doit assumer sa tâche conformément au contrat conclu avec lui et aux exigences de l'intérêt général.
Le préfet contrôle la légalité des actes pris par ces établissements.

Exemples d'établissements publics

Nous donnerons deux exemples : le CCAS et l'école maternelle ou primaire.

Le Centre communal d'action sociale (CCAS)

C'est un établissement public chargé de gérer la politique sociale de la commune.

Organisation

Il est dirigé par un conseil d'administration, a son propre budget et recrute son propre personnel. Le président du conseil d'administration est de droit le maire de la commune. Quant aux autres membres, ils sont choisis parmi les membres du conseil municipal et des personnalités engagées sur la commune dans le domaine social, familial, celui des personnes handicapées ou âgées, etc. Dans les régions rurales, les communes se regroupent souvent pour créer un CCAS intercommunal : le CIAS.

Rôle

Il gère la politique sociale de la municipalité. Pour des raisons de proximité avec la population, le conseil général peut confier aux CCAS la constitution des dossiers d'aides sociales (ces dossiers, une fois complets, seront ensuite retournés au Conseil général pour leur traitement).

L'école primaire et l'école maternelle

Ces structures sont elles aussi constituées en établissements publics.

Organisation

Le conseil d'école est composé du directeur de l'école, des enseignants, des représentants des parents d'élèves, du maire et d'un représentant de l'Éducation nationale (de l'inspection académique). Le conseil se réunit chaque trimestre.
Le directeur prépare l'ordre du jour.

Rôle

Il vote le règlement intérieur, organise le fonctionnement de l'école, construit le «projet d'école» (les grandes orientations pédagogiques des activités scolaires : aide aux enfants en difficulté, environnement/jardinage, etc.), règle les problèmes d'effectif, de sécurité, de cantine, de travaux, etc.

S'ENTRAÎNER

QCM

1. Actuellement, sous quelle République sommes-nous?
A. Première République. ☐
B. Quatrième République. ☐
C. Cinquième République. ☐
D. République du Président en place. ☐

2. En quelle année la Constitution de la République actuelle a-t-elle été adoptée?
A. 1935. ☐
B. 1945. ☐
C. 1958. ☐
D. 1968. ☐

3. Comment la Constitution française peut-elle être révisée?
A. Par décret du Président. ☐
B. Par vote du Parlement réuni en congrès. ☐
C. Par décision du gouvernement. ☐
D. Par référendum national. ☐

4. Les lois sont votées par :
A. L'Assemblée nationale seule. ☐
B. Le Premier ministre. ☐
C. Le président de la République. ☐
D. Le Parlement. ☐

5. La continuité du service public :
A. Impose un fonctionnement régulier des services. ☐
B. Rend illégale la fermeture des services le dimanche. ☐
C. Est la cause de l'interdiction faite aux fonctionnaires territoriaux de se mettre en grève. ☐
D. Est un des grands principes du service public. ☐

6. Dans la gestion des services publics, le principe d'égalité :

A. Impose la gratuité des services. ☐
B. Interdit toute discrimination entre les usagers. ☐
C. N'interdit pas l'établissement de tarifs en fonction des revenus. ☐
D. Est un des principes dont le juge administratif peut sanctionner la violation. ☐

7. Le Centre communal d'action sociale (CCAS) est :

A. Un des services administratifs de la mairie, de même nature que, par exemple, le service de l'état civil. ☐
B. Une collectivité territoriale. ☐
C. Un établissement public local. ☐
D. Un établissement public industriel et commercial. ☐
E. Géré par un conseil d'administration présidé par le maire. ☐

8. Les grands principes de gestion du service public sont :

A. L'égalité. ☐
B. La fraternité. ☐
C. L'équité. ☐
D. L'adaptabilité. ☐
E. La gratuité. ☐
F. La continuité. ☐
G. La liberté. ☐

9. L'expression «délégation de service public» désigne :

A. Le fait qu'une collectivité territoriale délègue à une personne privée la gestion d'un service public. ☐
B. La délégation de fonctionnaires chargés de promouvoir le service public dans une collectivité territoriale. ☐
C. Le fait que le maire délègue des pouvoirs à des adjoints. ☐
D. Le fait qu'une collectivité territoriale délègue à une autre personne publique la gestion d'un service public. ☐

10. La caisse des écoles est :

A. Une annexe de la mairie. ☐
B. Une personne morale de droit privé. ☐
C. Un établissement public. ☐
D. Présidée par le maire. ☐
E. Une personne morale de droit public. ☐

CORRIGÉS

1. C; **2.** C; **3.** B, D; **4.** D; **5.** A, D; **6.** B, C, D; **7.** C, E; **8.** A, D, F; **9.** A, D; **10.** C, D, E.

CHAPITRE 42

Les élections

CE QU'IL FAUT SAVOIR

Définition

L'élection est un procédé démocratique qui permet à chaque citoyen de manifester son adhésion ou sa désapprobation des orientations politiques proposées par les candidats. Elle peut avoir un caractère national ou local.

Le citoyen

- Être citoyen, c'est appartenir à une *communauté nationale* (avoir la nationalité d'un État), être conscient d'y appartenir et reconnaître sa juridiction.
- Être citoyen, c'est être *responsable*, c'est-à-dire avoir une connaissance suffisante des lois du pays pour assumer son rôle dans la communauté nationale : connaître ses droits et ses devoirs et les respecter.

Le droit de vote

Selon la réglementation, les caractéristiques du droit de vote sont les suivantes.

- Le droit de vote est *universel*, c'est-à-dire ouvert à tous les hommes et femmes, sans condition hormis la nationalité. Il s'effectue selon deux modes : direct ou indirect.
- Le droit de vote est *égal* : chaque électeur a une voix.
- Le droit de vote est *facultatif* : c'est un droit que l'on est libre d'exercer.
- Le droit de vote est *secret* : interdiction de savoir pour qui l'électeur a voté.
- Le droit de vote est *personnel* : chaque électeur est titulaire du droit de vote qu'il ne peut donner à personne d'autre. Il existe cependant une exception : le vote par procuration. L'électeur, le mandant, ne peut donner qu'une seule procuration à une autre personne, le mandataire.

Le mode de suffrage

Le suffrage est l'acte par lequel on déclare sa volonté, son opinion. Ce droit de suffrage est universel quand l'électorat n'est pas restreint par des conditions de fortune, d'hérédité, etc. Il peut être universel direct ou universel indirect.

- *Suffrage universel direct* : les citoyens élisent eux-mêmes leurs représentants. C'est le cas pour les élections des assemblées délibérantes (les conseillers municipaux, généraux et régionaux par exemple).
- *Suffrage universel indirect* : ce sont des élus qui, à leur tour, élisent en leur sein de nouveaux représentants. C'est le cas pour l'élection du maire : ce sont les conseillers municipaux, élus par les citoyens, qui élisent le maire.

© 2015, Elsevier Masson SAS. Tous droits réservés

Les modes de scrutin

Ce sont les modalités particulières des élections permettant de déterminer les conditions d'élection et l'attribution des sièges.

Le scrutin majoritaire

C'est un scrutin qui peut être uninominal, à un ou deux tours, ou plurinominal.

- *Scrutin uninominal à un tour* : on vote pour une personne. Est élu le candidat ayant obtenu le plus grand nombre de voix.
- *Scrutin uninominal à deux tours* :
  - est élu dès le 1er tour le candidat qui a obtenu 50 % des voix + 1 voix, c'est-à-dire la *majorité absolue*. Sinon un 2e tour a lieu;
  - est élu au 2e tour celui qui a obtenu le plus grand nombre de voix, c'est-à-dire la *majorité relative*.
- *Scrutin de liste (plurinominal)* :
  - est élue dès le 1er tour la liste ayant la majorité absolue des voix;
  - est élue au 2e tour la liste ayant le plus grand nombre de voix.

Le scrutin proportionnel

Chaque liste a un nombre d'élus, proportionnellement au nombre de voix recueillies.

Le scrutin mixte

Ce mode de calcul cumule les deux scrutins ci-dessus : une partie des sièges est donnée à la liste qui a obtenu la majorité des voix, l'autre partie est partagée suivant le système de la proportionnelle.

Exemples de modes de scrutin

Élections municipales

- Dans les communes de moins de 1000 habitants, scrutin majoritaire à deux tours avec panachage possible.
- Dans les communes de plus de 1000 habitants, scrutin mixte :
  - la moitié des sièges sont attribués à la liste qui obtient la majorité des voix;
  - l'autre moitié est distribuée à la proportionnelle entre toutes les listes.

Élections départementales – pour élire le conseil départemental

C'est un scrutin *majoritaire binominal* à deux tours (un homme et une femme pour chaque canton) :

- est élu dès le 1er tour le binôme candidat qui a obtenu la *majorité absolue* sur son canton;
- au 2e tour, la *majorité relative* suffit.

Élections régionales – pour élire le conseil régional

C'est un scrutin de *liste mixte* :

- 1/4 des sièges à la liste qui a obtenu la majorité;
- 3/4 répartis à la proportionnelle.

La parité

La loi prévoit la présence d'autant de femmes que d'hommes sur les listes électorales. À défaut, le parti politique présentant la liste est pénalisé financièrement.

Repères

2015 : élections départementales en mars, et régionales exceptionnellement en décembre.
2017 : élections présidentielles, législatives, sénatoriales (pour une moitié de l'assemblée).
2019 : élections européennes.
2020 : élections municipales, sénatoriales (pour l'autre moitié).
2021 : élections départementales, régionales.

S'ENTRAÎNER

QCM

1. Parmi ces propositions, lesquelles sont exactes?

A. Au suffrage universel direct, le citoyen élit lui-même son représentant. ☐
B. Au suffrage universel indirect, le citoyen élit un représentant qui élit à son tour un autre représentant. ☐
C. Pour être élu à la majorité relative, il faut obtenir plus de la moitié des voix. ☐
D. On a une majorité absolue quand le candidat élu est celui qui obtient le plus grand nombre de suffrages. ☐

2. Parmi les affirmations suivantes, lesquelles sont exactes?

A. Pour voter, en France, il faut être âgé de 20 ans. ☐
B. Les conseillers municipaux sont élus au suffrage universel direct. ☐
C. Les sénateurs sont élus au suffrage universel direct. ☐
D. Les députés sont élus pour 4 ans. ☐
E. Le 31 décembre est la date limite d'inscription sur une liste électorale. ☐

3. En France, le droit de vote des femmes remonte à :

A. 1846. ☐
B. 1944. ☐
C. 1956. ☐
D. 1972. ☐

4. Lors des élections cantonales, sont élus :

A. Les conseillers départementaux. ☐
B. Les conseillers cantonaux. ☐
C. Les conseillers généraux. ☐
D. Les députés. ☐

5. Lors des élections municipales, les électeurs votent pour élire :

A. Le président du Conseil. ☐
B. Le maire. ☐
C. Le conseil municipal. ☐
D. Le directeur général. ☐

6. La parité aux élections municipales se traduit, sur les listes présentées par les candidats, par :

- **A.** L'alternance d'un homme et d'une femme. ☐
- **B.** La formation de couples. ☐
- **C.** Autant d'élus hommes que d'élus femmes. ☐
- **D.** Trois femmes par tranche de six candidats. ☐

7. Les élections municipales se déroulent normalement :

- **A.** Tous les 3 ans. ☐
- **B.** À guichet fermé. ☐
- **C.** Sur 3 jours. ☐
- **D.** Tous les 6 ans. ☐
- **E.** Tous les 5 ans. ☐
- **F.** Au suffrage universel direct. ☐

8. Parmi les autorités suivantes, lesquelles sont des autorités élues?

- **A.** Le recteur d'académie. ☐
- **B.** Le conseil régional. ☐
- **C.** Le président du conseil départemental. ☐
- **D.** Le préfet. ☐

9. Pour voter, il faut notamment :

- **A.** Avoir au minimum 21 ans. ☐
- **B.** Être inscrit sur les listes électorales. ☐
- **C.** Résider depuis au moins un an dans la même commune. ☐

10. En matière électorale, une procuration :

- **A.** Ne peut être donnée qu'à un membre de sa famille. ☐
- **B.** Permet de désigner un mandataire qui votera à la place du mandant. ☐
- **C.** Est impossible sans justificatif médical. ☐
- **D.** Est interdite pour les élections municipales. ☐
- **E.** Permet de désigner un mandant qui vote à la place du mandataire. ☐

CORRIGÉS

1. A, B; **2.** B, E; **3.** B; **4.** A; **5.** C; **6.** D; **7.** D, F; **8.** B, C; **9.** B; **10.** B.

CHAPITRE 43

Les collectivités territoriales

CE QU'IL FAUT SAVOIR

Déconcentration – Décentralisation

La notion de déconcentration

Définition

La déconcentration consiste à accorder à des organes locaux de l'administration de l'État, un pouvoir de décision limité, *par délégation.* La décision est prise au nom de l'État.
Le représentant de l'État au niveau local est :

- sur le territoire d'une commune : *le maire*;
- sur le territoire d'un département : *le préfet*;
- sur le territoire d'une région : *le préfet de région*.

Organisation

Chaque ministère ou service de l'État est composé d'une administration centrale. Il délègue des pouvoirs de l'État à des administrations locales, réparties sur tout le territoire. Ce sont les services déconcentrés, par exemple : la DDT (Direction départementale du travail), l'inspection académique, la DDAC (Direction départementale des affaires culturelles), les services fiscaux, etc. Ils sont chargés de la mise en application des lois et règlements de chaque ministère sur l'ensemble du territoire national.

Intérêt

L'intérêt de la déconcentration réside dans l'unité du pouvoir de décision puisqu'une seule personne, l'État, décide pour l'ensemble du territoire.

La notion de décentralisation

Définition

- La décentralisation consiste à *transférer* certains pouvoirs de l'État aux collectivités territoriales. Les collectivités territoriales sont dotées de la *personnalité juridique*, cela veut dire qu'elles sont indépendantes et responsables des décisions qu'elles prennent. L'État leur a transféré des compétences et des moyens pour prendre en charge ces compétences.
- Les *collectivités territoriales sont* :
  - les communes;
  - les départements;
  - les régions.

© 2015, Elsevier Masson SAS. Tous droits réservés

Organisation

Elles sont organisées en assemblées élues par la population. Elles gèrent les affaires de ces collectivités territoriales. À leur tête, un élu est chargé d'exécuter les décisions votées à la majorité.

Intérêt

Il a été nécessaire d'instaurer la décentralisation afin de :

- rapprocher le plus possible la décision des attentes de la population locale;
- raccourcir les délais de prise de décision;
- donner de vrais pouvoirs de décision aux élus locaux sans que l'État n'intervienne dans les choix.

Les collectivités territoriales, malgré une certaine autonomie, ont l'obligation de respecter les lois et sont donc soumises au contrôle de l'État. Ce contrôle est exercé par le représentant local de l'État : le préfet.

Les collectivités territoriales

Définition

Une collectivité territoriale est une structure administrative française chargée des intérêts des personnes vivant sur son territoire. Elle est distincte de l'administration de l'État. C'est la loi du 2 mars 1982, dite loi Defferre, qui, en mettant en place la décentralisation, donne leur autonomie à ces collectivités et leur transfère des compétences de services publics. L'article 72 de la Constitution attribue aux collectivités territoriales le principe d'autonomie, dit de libre administration.

Caractéristiques

Une collectivité territoriale pourrait se définir par les caractéristiques suivantes :

- *un nom* : «Marseille», «Haute-Savoie», «Île-de-France»;
- *un territoire* géographique;
- *une population* : celle qui vit sur ce territoire;
- *c'est une personne morale* (par opposition à une personne physique);
- *dotée de la personnalité juridique*, donc responsable de ses décisions. Elle dispose ainsi de son propre personnel et de son propre budget, contrairement aux ministères ou aux services de l'État (qui ne sont pas des personnes juridiques, mais seulement des administrations émanant de l'État);
- *qui détient des pouvoirs*, c'est-à-dire la capacité à faire des choix qui vont s'imposer à la population.

Les collectivités territoriales sont :

- *les Communes* : 36679 (source INSEE);
- *les Départements* (101) dont les cinq départements d'outre-mer (Guadeloupe, Martinique, Guyane, Réunion et Mayotte);
- *les Régions* (18) dont les cinq régions monodépartementales d'outre-mer (Guadeloupe, Martinique, Guyane, Réunion et Mayotte[3]);

[3] Toutefois, Mayotte a le statut particulier de collectivité unique, dû à la fusion du département et de la région. Suite à un référendum favorable de la population, la Guyane et la Martinique accéderont à ce statut de collectivité unique, probablement lors des élections régionales de décembre 2015.

- *les collectivités à statut particulier* : Paris, Lyon, Marseille.
- *les collectivités d'outre-mer* : Saint-Pierre-et-Miquelon, les îles Wallis-et-Futuna, la Polynésie française, etc.

Statuts, attributions

Les collectivités territoriales sont désormais dotées :

- de la *libre administration* (notion inscrite dans la Constitution) qui leur attribue un pouvoir de décision dans la gestion des affaires de la collectivité;
- de *compétences propres* qu'elles ont obligation d'assurer;
- de *ressources* sur lesquelles les collectivités vont pouvoir compter pour faire face aux dépenses qu'elles doivent désormais prendre en charge.

Fonctionnement

Elles sont composées :

- d'une *assemblée délibérante* élue au suffrage universel direct (ex. : conseils municipal, général ou régional);
- d'un *exécutif* élu en son sein par l'assemblée (ex. : le maire, le président du conseil général et celui du conseil régional).

Les régions, en sus de ces deux organes, sont dotées d'un *organe consultatif* : le conseil économique, social et environnemental régional.
Toutefois, suivant les types de collectivités territoriales, les règles de fonctionnement ne sont pas toutes identiques – notamment pour les collectivités à statut particulier (Paris, Lyon et Marseille), les collectivités uniques et les collectivités d'outre-mer.

S'ENTRAÎNER

QCM

1. Lorsque l'État décentralise, il :
A. Délègue des pouvoirs à des agents ou organismes locaux placés sous son autorité hiérarchique. ☐
B. Transfère des compétences à des collectivités territoriales qui s'administrent librement. ☐
C. Exerce un pouvoir de tutelle sur les autorités décentralisées. ☐
D. Prend lui-même en charge des compétences décentralisées. ☐

2. Parmi ces autorités, lesquelles sont des autorités déconcentrées?
A. Le Premier ministre. ☐
B. Le préfet. ☐
C. Le recteur d'académie. ☐
D. Le maire. ☐

3. Aux termes de l'article 72 de la Constitution, les collectivités territoriales :
A. Sont administrées par des représentants de l'État. ☐
B. Peuvent voir leur existence prendre fin par arrêté du ministre de l'Intérieur. ☐
C. S'administrent librement par des conseils élus. ☐
D. Sont la commune, le canton, le département. ☐

4. Quelle est la loi qui a posé les grands principes de la décentralisation?
- **A.** Loi du 5 juillet 1972. ☐
- **B.** Loi du 2 mars 1982. ☐
- **C.** Loi du 6 janvier 1986. ☐

5. La France compte :
- **A.** Environ 23000 communes. ☐
- **B.** Environ 37000 communes. ☐
- **C.** Environ 52000 communes. ☐
- **D.** 13 régions métropolitaines. ☐
- **E.** 18 régions métropolitaines. ☐
- **F.** 96 départements métropolitains. ☐

6. Sont des collectivités territoriales :
- **A.** Le Centre communal d'action sociale (CCAS). ☐
- **B.** La commune. ☐
- **C.** La communauté d'agglomérations. ☐
- **D.** L'Office départemental d'habitations à loyer modéré. ☐
- **E.** Le département. ☐
- **F.** La région. ☐

7. L'enseignement dispensé dans les écoles maternelles et élémentaires est un service public géré par :
- **A.** Le ministère de l'Éducation nationale. ☐
- **B.** La commune. ☐
- **C.** La région. ☐

8. Pour caractériser les lois du 2 mars 1982, on parle :
- **A.** Des lois «Defferre» du nom du ministre de l'Intérieur de l'époque. ☐
- **B.** De la charte de la décentralisation. ☐
- **C.** Du statut de la décentralisation. ☐
- **D.** De la révolution de velours. ☐

CORRIGÉS

1. B; **2.** B, C; **3.** C; **4.** B; **5.** B, D; **6.** B, E, F; **7.** A; **8.** A.

CHAPITRE 44

La Commune

CE QU'IL FAUT SAVOIR

Définition

La Commune est une collectivité territoriale de proximité. Elle est gérée par des représentants élus par sa population : les conseillers municipaux qui, à leur tour, élisent parmi eux le maire et ses adjoints.

REMARQUE

Le même nom, « commune », signifie bien deux éléments différents :
- d'une part, il définit un territoire géographique ;
- d'autre part, c'est le nom de cette personne morale, responsable qui va prendre un certain nombre de décisions pour le bien-être des habitants qui vivent ou passent sur son territoire. Pour une meilleure lecture, et afin de mieux les dissocier dans cet ouvrage, il est mis une majuscule à la personne morale.

Organisation

La Commune a un double statut, c'est-à-dire que deux systèmes d'administration et de gestion des affaires locales coexistent :

- l'administration de l'État dans le système de la ***déconcentration***. Sur ce découpage de territoire, l'État y assure certaines missions : l'état civil, les élections, les cartes d'identité, la définition des programmes scolaires, etc. ;
- une gestion locale autonome dans le cadre de la ***décentralisation*** par la mise en œuvre des compétences transférées et celles librement choisies par le conseil municipal.

En tant que collectivité territoriale décentralisée, la Commune est composée de deux organes :

- une assemblée d'élus (le nombre de conseillers municipaux varie en fonction de la population, de 9 à 16 %) appelée le conseil municipal : c'est *l'organe délibérant* ;
- le maire, élu en son sein : c'est *l'organe exécutif.*

Le maire est le seul personnage à posséder les «deux casquettes» : tantôt représentant de l'État avec des attributions et des fonctions particulières, tantôt exécutif de la collectivité territoriale «Commune», avec les fonctions spécifiques que nous allons voir ci-après.

Le conseil municipal : organe délibérant

Le mode d'élection du conseil municipal

Le conseil municipal est élu au suffrage universel direct avec un mandat de 6 ans. Le nombre de conseillers varie en fonction de la population de la commune. Nul ne peut être membre de plusieurs conseils municipaux.

© 2015, Elsevier Masson SAS. Tous droits réservés

Le statut du conseil municipal

Le conseil municipal est l'autorité *délibérante* de la collectivité territoriale.

Les attributions du conseil municipal

Le conseil municipal prend des *délibérations.* Ce sont des actes administratifs qui produisent du droit. Elles sont donc transmises au préfet pour le contrôle de la légalité.
Le conseil municipal règle, par ses délibérations, les affaires de la Commune :

- il élit le maire et les adjoints au maire (les adjoints au maire ne sont pas désignés par le maire, mais élus par le conseil);
- il vote le budget municipal;
- il vote la création et l'organisation des services publics locaux (ex. : l'organisation de l'enlèvement des ordures ménagères, la crèche municipale, la cantine scolaire, les horaires d'ouverture aux usagers, etc.);
- il vote la création et la suppression des emplois communaux, liés à un besoin (ex. : la création d'un poste d'agent territorial des écoles maternelles à l'école Y de la commune);
- il vote la construction, l'entretien et l'équipement des bâtiments scolaires (écoles maternelles et primaires);
- il a compétence en matière d'urbanisme (ex. : schéma de développement urbain, PLU[4]).

Le contrôle

Le conseil municipal peut être :

- suspendu par arrêté du préfet (ex. : à cause d'une illégalité relevée dans la procédure d'élection);
- dissous par décret du président de la République.

Le maire : organe exécutif

Le mode d'élection du maire

- Le maire et les adjoints au maire sont élus par les membres du conseil municipal, choisis parmi les conseillers municipaux.
- L'élection doit avoir lieu dans les huit jours suivant l'élection du conseil municipal.
- Le mode de scrutin est le suffrage universel indirect, majoritaire à trois tours.
- La durée de son mandat est de 6 ans.

La représentativité du maire

Le maire est aussi représentant de l'État (dans le système de la *déconcentration*).
En tant que représentant de l'État, le maire remplit ses fonctions sous l'autorité du préfet et du Procureur de la République.

[4] Plan local d'urbanisme, anciennement : POS.

Sous l'autorité du préfet

Sous l'autorité du préfet, le maire est chargé :

- de veiller à l'application des lois, à la publication et à l'exécution des textes officiels (ex. : affichage officiel, exécution du plan Vigipirate, etc.);
- d'organiser les élections (ex. : organisation et déroulement des élections présidentielles);
- de participer au recensement sur le territoire de la commune.

Sous l'autorité du Procureur de la République

En qualité d'officier de police judiciaire (police répressive), le maire est chargé :

- de recevoir les plaintes des habitants de la commune;
- de constater les infractions à la loi;
- de dresser les contraventions, etc.;
- en qualité d'officier d'état civil, de procéder à l'enregistrement des naissances, des mariages, des décès ou des divorces, contrôler les Pacs, etc.

Le statut du maire, exécutif local

- Le maire est l'un des conseillers municipaux, c'est l'exécutif de la Commune.
- Il lui est interdit de cumuler plus de deux mandats exécutifs (ex. : il peut être député-maire, mais pas député-sénateur-maire).
- Il a droit à une indemnité et à la protection sociale due aux élus (il bénéficie d'une couverture sociale et d'une retraite).

Les attributions du maire

Avec le conseil municipal, le maire est chargé de :

- préparer et diriger les réunions du conseil municipal;
- exécuter les délibérations du conseil municipal;
- engager les recettes et les dépenses : après accord du conseil municipal, il peut régler une facture ou encaisser une recette;
- représenter la Commune : il peut signer les contrats au nom de la Commune ou défendre les intérêts de la Commune devant les tribunaux.

Le maire peut déléguer les pouvoirs qui ne lui sont pas propres à ses adjoints (célébration de mariages).

Les pouvoirs propres du maire

- Le maire est l'autorité de police municipale (police administrative de prévention); à ce titre, il doit faire respecter :
  - *le bon ordre* : notion large qui peut prendre en compte la moralité, l'esthétique ou la protection des individus contre eux-mêmes;
  - *la sécurité* : toute mesure qui vise à la limitation des risques d'accident (Plan Vigipirate, stationnement, limitation de vitesse, police des baignades, etc.);
  - *la tranquillité* : interdiction de faire du bruit après 22 h, etc.;
  - *la salubrité* : évacuation des ordures ménagères, recherche de l'amiante, prévention des risques de saturnisme dans les logements anciens, prévention des épidémies ou épizooties, etc.

- Le maire signe des *arrêtés* municipaux concernant la circulation, le stationnement, la police des marchés, des fêtes, etc. (ex. : en été, il est difficile de circuler dans certaines communes touristiques, surtout les jours de marché, le maire peut mettre en place des déviations temporaires).
- Le maire dirige les services municipaux. Il est le *chef hiérarchique* du personnel communal :
  - il recrute le personnel, en prenant l'arrêté de nomination d'un agent sur un poste (ex. : nomination de Mme X sur un poste d'agent territorial des écoles maternelles, ce poste aura été préalablement voté par le conseil municipal et inscrit au budget);
  - il procède à l'affectation d'un agent dans un service municipal, à sa notation/évaluation du travail. Il délivre des sanctions disciplinaires, du blâme à la révocation (ex. : pour abandon de poste ou manquement grave au secret professionnel pour un agent de la mairie);
- Il délivre les autorisations d'urbanisme (permis de construire).

Les adjoints au maire

Le maire est seul responsable de l'administration de la Commune. Toutefois, il est assisté par des adjoints (conseillers municipaux), élus comme lui par le conseil municipal, auxquels il peut déléguer une partie de ses pouvoirs.

Les agents de la fonction publique (ou agents territoriaux)

Le maire va s'appuyer sur les fonctionnaires ou agents de la fonction publique territoriale (FPT), chargés de mettre en œuvre les décisions du conseil municipal. Ces personnels sont, après le maire, placés sous l'autorité du directeur général de la Commune. Celui-ci est le collaborateur direct du maire. Tous ces agents travaillent dans la collectivité, au service de la population locale (*cf.* organigramme de la collectivité ci-dessous – organigramme tout aussi valable pour le Département et la Région).

Les élus

Lors des élections municipales la population élit pour 6 ans :

Le conseil municipal

Le conseil municipal élit pour 6 ans

Le maire

Le conseil municipal vote le budget de la commune, crée ou supprime les services municipaux, crée ou supprime les emplois municipaux, vote toutes les grandes orientations nécessaires à la vie des habitants de la commune, …

Le maire dirige les services municipaux et nomme les fonctionnaires avec à leur tête le directeur général des services municipaux

Les fonctionnaires

Tous ces agents sont chargés de mettre en œuvre les décisions prises par le conseil municipal.

Le directeur général des services municipaux									
Direction générale adjointe de l'administration générale et des ressources humaines		**Direction générale adjointe de l'urbanisme et de l'environnement**			**Direction générale de la petite enfance et de la scolarité**		**Direction générale adjointe des finances et des affaires juridiques**		
Direction de l'état civil	Direction des ressources humaines	Direction de l'environnement	Direction de l'urbanisme	Direction des services techniques et du patrimoine	Direction des services à la petite enfance	Direction de l'enseignement	Direction du budget	Direction des finances publiques	Direction des affaires juridiques
Service de l'accueil et état civil	Service recrutement et gestion des carrières	Service des études et projets	Service des bâtiments municipaux	Service des affaires foncières	Service crèche et halte - garderie	Service des bâtiments scolaires	Service du Contrôle budgétaire	Service des marchés publics	Service juridique
Service Communication	Service formation	Service des espaces verts	Service l'assainissement et des routes	Ateliers municipaux	Services loisirs et culture	Service projets éducatifs	Service comptabilité	Service des finances municipales	Service du contentieux et assurance

FIG. 7.2. **Organigramme de la collectivité.**

REMARQUE Le directeur général *n'est pas un élu* : il a été *nommé* par arrêté municipal, par le maire, comme tous les autres agents publics de la Commune.

Repères

1789 : la Commune, dans la forme que nous lui connaissons aujourd'hui, est née à la Révolution française. Elle remplace les villes, paroisses, bourgs ou communautés de campagne.
Il y a aujourd'hui *36679 communes en France*, dont 32000 ont moins de 2000 habitants[5].
Les prochaines élections municipales auront lieu en 2020.

L'intercommunalité

Définition

La coopération entre les Communes permet de regrouper leurs efforts par la mise en commun des moyens humains, techniques et financiers.
Beaucoup de Communes (notamment parmi les quelque 32000 communes de moins de 2 000 habitants) n'ont en effet que très peu de moyens, et ne peuvent pas faire face, seules, à leurs obligations. Les lois dites Chevènement (1991) ont largement ouvert de nouvelles possibilités pour les Communes de se regrouper pour mutualiser la gestion de leurs services à la population.

Les différentes formes de coopération

Retenons les quatre types d'établissements publics de coopération intercommunale (EPCI) les plus utilisés.

- Les syndicats à vocation unique (SIVU) ou à vocation multiple (SIVOM) :
  - les SIVU n'ont qu'une mission (ex. : la construction et la gestion d'une usine de traitement des ordures ménagères);
  - les SIVOM ont plusieurs missions (ex. : le ramassage des ordures ménagères, les transports publics locaux et la piscine intercommunale).
- Les communautés de Communes (CC).
- Les communautés urbaines (CU).
- Les syndicats d'agglomérations nouvelles (SAN).

Les caractéristiques

- Ce sont des établissements publics gérés par un conseil communautaire composé de délégués élus par les conseils municipaux des Communes membres. Chaque Commune adhérente envoie un ou plusieurs membres pour la représenter au conseil communautaire.
- Le conseil de l'EPCI prend des délibérations.
- Le président de l'établissement public est l'organe exécutif. Il est élu par les membres du conseil de l'EPCI. Il prend des arrêtés.
- Les EPCI recrutent leur propre personnel qui peut être soumis au statut de la fonction publique territoriale.

[5] Mais ce chiffre évolue toujours un peu, des Communes fusionnent, d'autres sont créées.

- Leur budget est constitué, entre autres, par :
  - des ressources fiscales;
  - des subventions de l'État;
  - une cotisation des Communes adhérentes, etc.
- Le préfet effectue le contrôle de la légalité des actes pris par l'EPCI.

S'ENTRAÎNER

QCM

1. Le maire est élu :

A. Au suffrage universel direct. ☐
B. Par les conseillers municipaux. ☐
C. Par les «grands électeurs». ☐
D. Par les adjoints au maire. ☐

2. La tenue des listes électorales et l'organisation des élections relèvent de la compétence :

A. De la commune. ☐
B. Du département. ☐
C. De la région. ☐
D. Du préfet. ☐

3. Quelles sont les affirmations exactes?

A. L'organe exécutif prend des arrêtés. ☐
B. L'organe exécutif prend des délibérations. ☐
C. L'organe délibérant prend des ordonnances. ☐
D. L'organe délibérant vote des délibérations. ☐
E. L'organe exécutif de la commune peut voter des arrêtés. ☐

4. Une délibération :

A. Est une décision devant être soumise à l'avis de l'organe délibérant. ☐
B. Est une décision adoptée par l'organe délibérant d'une collectivité territoriale. ☐
C. Est une décision adoptée par délibération des citoyens de la collectivité. ☐

5. Le maire est :

A. Un conseiller municipal élu maire par ses pairs. ☐
B. Élu pour 3 ans. ☐
C. Élu pour 6 ans. ☐
D. Un adjoint au maire nommé maire par ses pairs. ☐
E. L'organe délibérant de la commune. ☐

6. Les conseillers municipaux sont élus, quel que soit le nombre d'habitants de la commune :

A. Au suffrage universel direct. ☐
B. Au suffrage universel indirect. ☐
C. Au scrutin proportionnel. ☐
D. Au suffrage uninominal à trois tours. ☐

7. Sous l'autorité du préfet, il organise les élections, publie et exécute les textes officiels, participe au recensement de la population. C'est :

A. Le Procureur de la République. ☐
B. Le président du tribunal de grande instance. ☐

C. Le maire. ☐
D. Le commissaire de police. ☐
E. Le président du conseil régional. ☐

8. L'organe exécutif d'un établissement public de coopération intercommunale est :
A. L'assemblée délibérante. ☐
B. Les délégués de la commune. ☐
C. Le président du conseil communautaire. ☐
D. Les conseillers municipaux. ☐

9. En sa qualité d'agent déconcentré de l'État, le maire est :
A. Officier d'état civil. ☐
B. Officier de la Légion d'honneur. ☐
C. Officier de police judiciaire. ☐

10. En France, la coopération intercommunale est mise en œuvre par :
A. Des groupements d'intérêt public. ☐
B. Des établissements publics. ☐
C. Des contrats de partenariat. ☐
D. Des délégations de service public. ☐

11. L'intercommunalité :
A. Désigne différentes formes de coopération entre les communes. ☐
B. Désigne la réunion de plusieurs organisations syndicales au sein d'une même collectivité territoriale. ☐
C. Permet aux communes de se regrouper au sein d'un établissement public. ☐
D. Permet aux communes de se regrouper à seule fin de porter une pétition auprès du préfet. ☐

12. Cocher la (ou les) bonne(s) affirmation(s) :
A. Les compétences des communes diffèrent selon leur taille. ☐
B. Les compétences des communes sont identiques, quelle que soit leur taille. ☐
C. La France compte environ 16500 communes. ☐
D. La France compte environ 36500 communes. ☐

13. Par arrêté, le maire peut, dans sa commune et sous certaines conditions :
A. Instaurer un couvre-feu pour les mineurs de moins de treize ans après 23 h. ☐
B. Interdire les actes de mendicité. ☐
C. Sanctionner un professeur des écoles en cas de faute professionnelle. ☐
D. Réglementer le stationnement des véhicules. ☐

CORRIGÉS

1. B; **2.** A; **3.** A, D; **4.** B; **5.** A, C; **6.** A; **7.** C; **8.** C; **9.** A, C; **10.** B; **11.** A, C; **12.** B, D; **13.** A, B, D.

CHAPITRE 45
Le Département

CE QU'IL FAUT SAVOIR

Définition

Le département est une portion du territoire français (ex. : le Val-de-Marne, la Haute-Savoie ou la Martinique). Le Département est aussi une collectivité territoriale. Doté de la personnalité juridique, cela en fait une personne publique autonome.

Organisation

La collectivité territoriale «Département» est composée de deux organes :

- une assemblée d'élus, appelée le conseil départemental : c'est *l'organe délibérant*;
- un président du conseil départemental, élu en son sein : c'est *l'organe exécutif*.

Le conseil départemental, organe délibérant

- Le conseil départemental règle les affaires du Département. Toutes les décisions du conseil s'appellent des *délibérations*. Elles sont soumises au contrôle de la légalité exercé par le préfet au nom de l'État.
- Le conseil départemental se réunit soit dans sa totalité, soit dans une forme plus restreinte : *la commission permanente*. Celle-ci est composée :
  - du président;
  - de vice-présidents élus par le conseil (qui peuvent remplacer le président par suppléance ou par délégation);
  - de conseillers départementaux.
- Le conseil départemental peut déléguer une partie de ses attributions à cette commission permanente, sauf en matière budgétaire.

Le rôle du conseil départemental

- Il procède à l'élection du président du conseil départemental et des vice-présidents, après chaque élection de la moitié des membres de l'assemblée.
- Il vote le budget du Département.
- Il vote la création et l'organisation des services publics départementaux : transports scolaires, services sociaux (ex. : création d'une maison pour personnes handicapées), etc.
- Il vote la création et la suppression des emplois départementaux (mais pas les nominations à ces emplois). Ex. : création d'un emploi d'adjoint administratif au service du RSA.
- Il élabore la politique sociale : aide à l'enfance, aux familles, aux personnes handicapées, aux personnes âgées, la PMI, le RSA, etc.
- Il prend les décisions concernant la construction, l'équipement et l'entretien des collèges, la voirie départementale, etc.

© 2015, Elsevier Masson SAS. Tous droits réservés

Le mode d'élection

- Chaque département est découpé en *cantons*. Certains cantons, en zone rurale, regroupent plusieurs communes. Par contre, une grande ville peut être divisée en plusieurs cantons. Chaque canton d'un département doit avoir à peu près le même nombre d'habitants. Il n'y a donc pas un conseiller départemental qui représente 2000 habitants et son voisin qui en représenterait 80000. Le poids de leurs votes ne serait pas du tout le même.
- Lors des *élections départementales*, les conseillers sont élus avec un mandat de 6 ans, au suffrage universel direct (scrutin binominal majoritaire à deux tours). Depuis 2015, on vote pour deux candidats par canton (obligatoirement un homme et une femme) et non pour une liste de candidats.
- Le conseil départemental est désormais renouvelé en intégralité *tous les 6 ans*.

Le président du conseil départemental : organe exécutif

La règle du cumul interdisant l'addition de deux mandats exécutifs locaux, un président du conseil départemental ne peut être en même temps président du conseil régional ou maire, mais il peut être aussi député ou sénateur.

Le mode d'élection du président du conseil départemental

Le président du conseil départemental est élu pour 6 ans parmi les membres du conseil départemental. Puis l'assemblée élit en son sein les vice-présidents.

Le rôle et les attributions du président du conseil départemental

En tant qu'*exécutif du Département*, il est chargé de :

- préparer, convoquer et présider les réunions du conseil départemental;
- exécuter les délibérations;
- préparer, présenter et exécuter le budget départemental. Il ordonne les dépenses et les recettes;
- passer des marchés publics ou signer des contrats (ex. : les contrats d'assurances).

Les pouvoirs du président du conseil départemental

- Il est *le chef hiérarchique du personnel.* De ce fait, il nomme les agents aux emplois publics (ex. : il recrute et signe l'arrêté de nomination de madame Z sur le poste d'agent d'entretien dans le centre de PMI qui avait été préalablement créé et budgété par l'assemblée délibérante).
- Il détient un pouvoir de *police spéciale* : la police de la circulation sur la voirie départementale, hors agglomération.

Repères

- Les départements, en tant que découpage de territoire, sont nés en 1790, au lendemain de la Révolution française, et sont dotés d'une assemblée élue depuis 1871.

- La France compte aujourd'hui *101 départements* : 96 départements en France métropolitaine et 5 départements d'outre-mer : la Martinique, la Guadeloupe, la Guyane, la Réunion et Mayotte.
- La loi de décentralisation de 1982 a largement bénéficié au Département puisqu'elle lui a donné son autonomie en le dotant de la personnalité juridique et d'un exécutif élu.
- Prochaines élections départementales : 2021.

S'ENTRAÎNER

QCM

1. Le département a été créé :
A. En 1982, avec les lois de décentralisation. ☐
B. En 1944, après la Seconde Guerre mondiale. ☐
C. En 1790, après la Révolution française. ☐

2. Les conseillers départementaux sont élus pour :
A. 3 ans. ☐
B. 5 ans. ☐
C. 6 ans. ☐

3. Les élections du conseil départemental s'appellent :
A. Les élections départementales. ☐
B. Les cantonales. ☐
C. Les législatives. ☐

4. Les conseillers départementaux sont élus au scrutin binominal majoritaire à deux tours. Cela signifie que :
A. Les électeurs votent pour des listes de candidats. ☐
B. Les candidats se répartissent les sièges proportionnellement aux voix obtenues. ☐
C. Les électeurs votent pour un candidat qui se présente individuellement. ☐

5. Le président du conseil départemental est élu :
A. Par les conseillers généraux. ☐
B. Directement par les électeurs du département. ☐
C. Pour 3 ans. ☐

6. En France, il y a :
A. 96 départements. ☐
B. 101 départements. ☐
C. 102 départements. ☐

7. Le président du conseil départemental, en tant qu'exécutif du Département, agit par :
A. Lois. ☐
B. Décrets. ☐
C. Arrêtés. ☐
D. Délibérations. ☐

8. Le Département est :
A. Un établissement public. ☐
B. Une personne morale de droit privé. ☐
C. Une collectivité territoriale. ☐

D. Un syndicat intercommunal. ☐
E. Une personne morale de droit public. ☐

9. L'organe exécutif du Département :
A. Prépare, présente et exécute le budget départemental. ☐
B. Est le préfet. ☐
C. Est élu au suffrage universel direct par les électeurs du département. ☐
D. N'est pas élu au suffrage universel direct par les conseillers municipaux. ☐
E. Est un conseiller départemental élu président du conseil départemental par ses pairs. ☐
F. Est le président du conseil départemental. ☐

CORRIGÉS

1. C; **2.** C; **3.** A; **4.** C; **5.** A, C; **6.** B; **7.** C; **8.** C, E; **9.** A, D, E, F.

CHAPITRE 46

La Région

CE QU'IL FAUT SAVOIR

Définition

La région est une portion du territoire français. À compter du 1er janvier 2016, la France compte 18 régions dont 13 métropolitaines. Ex. : la région Île-de-France, la région Normandie, la région Provence-Alpes-Côte d'Azur, etc. Chacune des 13 régions de France *métropolitaine* regroupe plusieurs départements. En revanche, les 5 régions d'outre-mer sont monodépartementales : elles n'ont compétence que sur le territoire d'un seul département. La Corse a un statut un peu particulier.

FIG. 7.3. **La carte des régions.**

Source : Ministère de l'Intérieur, www.interieur.gouv.fr

© 2015, Elsevier Masson SAS. Tous droits réservés

Organisation

Contrairement aux deux autres niveaux de collectivité territoriale, la Région est constituée de trois organes :

- une assemblée délibérante, *le conseil régional*;
- un organe exécutif, *le président du conseil régional*;
- une assemblée consultative, *le conseil économique, social et environnemental*. Comme son nom l'indique, il conseille, c'est-à-dire qu'il donne des avis aux membres du conseil régional.

Le conseil régional : organe délibérant

Le mode d'élection

- Le nombre de conseillers régionaux varie en fonction de la population, de 41 à 209.
- Les conseillers régionaux sont élus sur des listes au suffrage universel direct par les citoyens. Le scrutin est mixte (1/4 des sièges à la liste majoritaire, le reste à la proportionnelle).
- Les conseillers ont un mandat de 6 ans.
- Les prochaines élections régionales auront exceptionnellement lieu en décembre 2015 avant de retrouver leur date normale en mars 2021.

Le rôle du conseil régional, ses attributions

Le conseil régional a pour attributions essentielles :

- l'élection du président du conseil régional et des vice-présidents;
- le vote du budget régional;
- la création et la suppression des services publics régionaux (création et exploitation des musées, des canaux et ports fluviaux, des parcs naturels régionaux, etc.);
- la création et la suppression des emplois du conseil régional;
- l'élaboration de la politique de formation professionnelle et d'apprentissage;
- l'aménagement du territoire et le schéma d'aide au développement économique (interventions économiques sous forme de primes à l'emploi ou d'aide à la création d'entreprises, etc.);
- la construction et l'entretien des lycées.

La Région est associée à l'élaboration de la politique nationale de la recherche. Elle veille au développement des nouvelles technologies, à la formation scientifique et technique, et au développement social et culturel de la région.

La délégation des attributions

Le conseil régional (comme les assemblées des autres types de collectivités) peut créer des commissions pour suivre certains dossiers : développement de la formation professionnelle, développement économique, etc.

Le président du conseil régional : organe exécutif

Le mode d'élection

- Le président du conseil régional est *l'organe exécutif*.
- Il est élu au suffrage universel indirect, parmi les membres du conseil régional.
- Il a un mandat de 6 ans.

Le rôle et les attributions du président du conseil régional

En qualité d'exécutif, le président est chargé de :
- préparer, convoquer et présider les réunions du conseil régional;
- exécuter les délibérations;
- préparer, présenter et exécuter le budget. C'est lui qui ordonne les recettes et les dépenses inscrites au budget voté par le conseil régional.

Il peut passer des marchés, des contrats.

EXEMPLE Il peut passer un marché pour choisir une entreprise de travaux en vue de la construction d'un lycée, signer un contrat avec une entreprise pour l'achat de fournitures de bureau, etc.

Les pouvoirs

Le président est le chef hiérarchique du personnel régional (ex. : il nomme aux emplois régionaux). En revanche, à la différence du président du conseil général ou du maire, il ne possède pas de pouvoirs de police sur le territoire régional.

Le conseil économique, social et environnemental : organe consultatif

Le conseil économique, social et environnemental régional a un rôle *consultatif.* Il doit notamment être obligatoirement consulté sur le projet de budget régional.

Le mode d'élection

Ses membres sont désignés pour 6 ans par différentes organisations de la Région : organisations patronales et syndicales, associations, union des associations familiales, personnes qualifiées, etc.

Le rôle, les attributions

- Il donne obligatoirement son avis, *avant* que le conseil ne délibère, sur :
  - la préparation et l'exécution du plan national dans la région;
  - le projet de plan régional;
  - les orientations générales du budget régional;
  - les orientations dans le domaine des compétences transférées.
- Il peut aussi être saisi par le président pour toute demande d'avis et d'études sur tout projet à caractère économique, social ou culturel.

TABLEAU 7.2. **Tableau récapitulatif du fonctionnement des collectivités territoriales.**

	Commune	Département	Région
Nom des élections	**Municipales**	**Départementales**	**Régionales**
Élection	Scrutin de liste à 2 tours : – Communes de – de 1000 hab. → majoritaire avec panachage possible – Communes de + de 1000 hab. → mixte : majoritaire + proportionnelle	Scrutin binominal majoritaire à 2 tours 2 élus par canton (1 homme et 1 femme)	Scrutin de liste mixte : majoritaire + proportionnelle
Organe délibérant	Conseil municipal	Conseil départemental	Conseil régional
Durée du mandat de l'organe délibérant	6 ans	6 ans	6 ans
Attributions de l'organe délibérant	– Gère par ses *délibérations* les affaires de la commune – Élit l'organe exécutif – Vote le budget – Crée et supprime les emplois communaux	– Gère par ses *délibérations* les affaires du département – Élit l'organe exécutif – Vote le budget – Crée et supprime des emplois du conseil départemental	– Gère par ses *délibérations* les affaires de la région – Élit l'organe exécutif – Vote le budget – Crée et supprime les emplois du conseil régional
Organe exécutif	Maire	Président du conseil départemental	Président du conseil régional
Durée du mandat de l'organe exécutif	6 ans	6 ans	6 ans
Attributions de l'organe exécutif	– Prend des arrêtés – Prépare et préside les réunions – Prépare le budget – Exécute le budget – Ordonne les dépenses – Organise les élections, le recensement – Délivre certains permis	– Prend des arrêtés – Prépare et préside les réunions – Prépare le budget – Exécute le budget – Ordonne les dépenses	– Prend des arrêtés – Prépare et préside les réunions – Prépare le budget – Exécute le budget – Ordonne les dépenses
Fonctions	– Chef du personnel – Autorité de police municipale – Officier d'état civil et de police judiciaire	– Chef du personnel – Autorité de police administrative	– Chef du personnel
Organe consultatif			**Conseil économique, social et environnemental**
			Doit être consulté avant que les élus ne prennent leurs décisions
Nature du contrôle exercé sur les décisions	Contrôle de la légalité exercé *a posteriori* par *le préfet du département*	Contrôle de la légalité exercé *a posteriori* par *le préfet du département*	Contrôle de la légalité exercé *a posteriori* par *le préfet de région*

S'ENTRAÎNER

QCM

1. Combien de régions compte la France métropolitaine?

A. 13. ☐
B. 18. ☐
C. 22. ☐

2. Le président du conseil régional est :

A. Élu directement par les électeurs de la région. ☐
B. Élu pour 6 ans. ☐
C. Nommé par le préfet. ☐
D. L'exécutif de la région. ☐

3. Les décisions du conseil régional s'appellent :

A. Des ordonnances. ☐
B. Des consultations. ☐
C. Des délibérations. ☐
D. Des décisions. ☐
E. Des arrêtés. ☐

4. La collectivité territoriale région est dotée de trois organes :

A. Un organe exécutif, le préfet régional. ☐
B. Un organe délibérant, le conseil régional. ☐
C. Un organe de contrôle, la chambre régionale des comptes. ☐
D. Un organe consultatif, le conseil économique, social et environnemental. ☐
E. Un organe exécutif, le président du conseil régional. ☐
F. Un organe de conseil, la commission permanente. ☐

5. Le conseil régional :

A. Est réélu tous les 5 ans. ☐
B. Est réélu tous les 6 ans. ☐
C. Est élu au scrutin majoritaire. ☐
D. Est élu au scrutin mixte. ☐
E. La parité sur les listes n'y est pas obligatoire ☐

6. La collectivité territoriale région :

A. Est hiérarchiquement supérieure au département. ☐
B. Est sous la hiérarchie du ministre des collectivités territoriales. ☐
C. Est juridiquement indépendante. ☐

7. Cochez la (ou les) bonne(s) réponse(s) :

A. Le conseil municipal est l'organe exécutif de la commune. ☐
B. Le conseil général est l'organe délibérant du Département. ☐
C. Le président du conseil régional est l'organe exécutif de la Région. ☐
D. Le maire est l'organe exécutif de la commune. ☐

8. Quel est le 3e organe qui constitue la collectivité territoriale Région?

A. La chambre régionale des comptes. ☐
B. Le conseil économique, social et environnemental. ☐
C. Le centre hospitalier régional. ☐

9. Pour être élu au conseil régional, il faut avoir :
- **A.** 18 ans. ☐
- **B.** 21 ans. ☐
- **C.** 35 ans. ☐

10. Élire les conseillers régionaux au scrutin mixte veut dire :
- **A.** Qu'il doit y avoir autant d'hommes que de femmes sur les listes électorales. ☐
- **B.** Qu'il doit y avoir autant d'hommes que de femmes parmi les conseillers régionaux. ☐
- **C.** Que la moitié des sièges est donnée à la liste qui a obtenu la majorité des sièges, l'autre moitié est répartie proportionnellement entre les autres listes. ☐
- **D.** Qu'un quart des sièges est donné à la liste qui a obtenu la majorité des sièges, les trois autres quarts sont répartis proportionnellement entre les autres listes. ☐

CORRIGÉS

1. A; **2.** B, D; **3.** C; **4.** B, D, E; **5.** B, D; **6.** C; **7.** B, C, D; **8.** B; **9.** A; **10.** D (l'affirmation A est vraie mais ne concerne pas le scrutin, mais la parité aux élections).

CHAPITRE 47
Les contrôles

CE QU'IL FAUT SAVOIR

Définition

Les contrôles sont destinés à sanctionner les illégalités qui pourraient être commises par les collectivités territoriales si elles ne respectaient pas les lois. Ces contrôles incombent aux préfets, au nom de l'État.

Le contrôle administratif

La nature du contrôle

- *Le préfet*, en qualité de représentant de l'État, est chargé de veiller au respect des lois et des règlements pris par les collectivités et les établissements publics : il exerce, *au nom de l'État*, un contrôle sur les actes administratifs des collectivités et des établissements publics locaux.
- *Les actes administratifs* sont : les délibérations, les arrêtés, les contrats, les marchés publics, etc.

Il s'agit d'un contrôle *a posteriori*, c'est-à-dire *après* que l'acte a été signé ou voté par les élus de la collectivité territoriale. Ce contrôle ne porte pas sur l'opportunité de la décision, *mais uniquement sur sa légalité* : l'acte respecte-t-il les lois ?

La procédure de contrôle

- Tous les arrêtés et délibérations les plus importants pris par les collectivités sont transmis en préfecture. Le préfet dispose de deux mois pour en estimer la légalité.
- Si le préfet estime qu'un acte est illégal, il tente une mesure de conciliation avec la collectivité.
  - Mais si elle échoue, alors il saisit le *juge administratif*. On appelle cette intervention un *déféré préfectoral*.
  - Cependant, tant que le juge n'a pas pris sa décision, l'acte reste « exécutoire », c'est-à-dire qu'il est toujours applicable.
  - Par contre, en l'attente du jugement du tribunal, le préfet peut demander au juge administratif un sursis à exécution de l'acte qu'il estime illégal. Cette mesure d'urgence *suspend* l'exécution d'un acte administratif (mais ne l'annule pas), et ce jusqu'à la décision définitive du juge du tribunal.
- Seul le juge administratif détient le pouvoir de déclarer un acte « illégal » et peut donc l'annuler. Annuler un acte veut dire que l'on retourne à la situation antérieure, d'avant son existence.

Le recours des citoyens

Chaque citoyen peut demander au préfet de saisir le juge s'il peut justifier qu'il est lésé par l'application de l'acte. Il peut aussi saisir lui-même le juge administratif. Les associations, les syndicats disposent du même droit. Cette demande doit être faite dans les 2 mois qui suivent la parution de l'acte.
Toutefois, le préfet n'est pas obligé de saisir le tribunal suite à la demande d'un citoyen.

© 2015, Elsevier Masson SAS. Tous droits réservés

Le contrôle budgétaire et financier des collectivités territoriales

Les chambres régionales des comptes sont chargées du contrôle financier des collectivités.

La nature du contrôle

Le contrôle de légalité

La chambre régionale des comptes vérifie si les documents budgétaires des collectivités territoriales sont conformes à la loi. Ainsi, tous les comptes des collectivités territoriales font l'objet d'un contrôle systématique *a posteriori*, donc après que le budget ait été voté par l'assemblée délibérante.

Le contrôle spécifique

Ce contrôle intervient dans les cas :

- d'absence de vote du budget dans le délai légal ;
- de vote du budget en déséquilibre ;
- d'omission d'inscription d'une dépense obligatoire ;
- d'inscription d'une dépense interdite par la loi française, etc.

La procédure de contrôle

Le préfet saisit la chambre régionale des comptes, qui émet alors un avis et tente une conciliation. Après une mise en demeure de la collectivité, le préfet peut se substituer à la collectivité territoriale et lui imposer un budget légal.

EXEMPLE Le préfet inscrira lui-même la dépense obligatoire oubliée et les moyens d'y faire face.

Le contrôle politique des citoyens

- À chaque élection, les citoyens expriment leur adhésion ou leur désapprobation de la politique locale, c'est le *contrôle politique*. Il s'exprime dans les urnes, c'est la sanction politique du citoyen vis-à-vis de l'action de l'équipe sortante (ex. : la non-réélection d'une équipe municipale dont le travail, durant son mandat, n'a pas été apprécié par la majorité de la population).
- Le contrôle peut aussi prendre la forme d'une dissolution de l'organe délibérant, par décret, pour impossibilité d'exercice de ses attributions (ex. : en raison de dissensions graves au sein du conseil municipal, départemental ou régional).

Repères

- Les collectivités produisent près de 6 millions d'actes par an.
- Il n'y a qu'environ 2000 recours au tribunal administratif dans le cadre du contrôle de légalité, soit 4 pour 10000.

Le cheminement d'une décision

S'ENTRAÎNER

QCM

1. Le contrôle de la légalité des actes des collectivités :

A. Est un contrôle d'opportunité exercé par le préfet. ☐

B. Est un contrôle hiérarchique : le président du conseil régional contrôle le président du conseil départemental qui contrôle le maire. ☐

C. Est un contrôle *a posteriori*, portant sur la seule légalité des actes, exercé par le préfet. ☐

D. Permet au préfet de se comporter comme un juge en annulant les actes illégaux. ☐

E. Peut conduite le préfet à déférer au juge administratif les actes qu'il estime illégaux. ☐

2. Le contrôle de la légalité des décisions des autorités de la commune n'est pas effectué par :

A. Le président du conseil départemental. ☐

B. Le préfet. ☐

C. Le ministre de l'Intérieur. ☐

3. Quand le préfet estime qu'un acte est illégal :

A. Il peut l'annuler. ☐

B. Il peut demander au juge sa suspension. ☐

C. Il le défère au juge du tribunal administratif. ☐

D. Il a deux mois pour exercer son pouvoir de contrôle. ☐

4. Les autorités qui exercent le contrôle de légalité des actes administratifs des collectivités territoriales sont, dans l'ordre chronologique :

A. Le juge administratif puis le préfet. ☐

B. Le préfet puis le juge administratif. ☐

C. Le préfet puis le juge administratif puis le ministre de l'Intérieur. ☐

D. Le conseil supérieur de la fonction publique puis le préfet. ☐

5. Depuis la loi du 2 mars 1982 relative aux droits et libertés des communes, départements et régions :

A. Le contrôle *a posteriori* du préfet sur les actes des collectivités territoriales est supprimé. ☐

B. Le préfet exerce un contrôle *a posteriori* des actes des collectivités territoriales. ☐

C. Le président du conseil départemental assure l'exécution des délibérations du conseil départemental. ☐

D. L'assemblée délibérante du conseil régional assure l'exécution des mesures prises par la région. ☐

CORRIGÉS

1. C, E ; **2.** A, C ; **3.** B, C, D ; **4.** B ; **5.** B, C.

CHAPITRE 48

La réforme des collectivités territoriales

CE QU'IL FAUT SAVOIR

La création de « communes nouvelles »

- Une commune nouvelle peut être créée en lieu et place de communes contiguës. C'est la fusion des communes existantes en une commune unique.
- En cas de création d'une commune nouvelle en lieu et place de communes appartenant à un même établissement public de coopération intercommunale à fiscalité propre, la commune nouvelle se substitue à cet établissement public. L'ensemble des biens, droits et obligations de l'établissement public de coopération intercommunale supprimé et des communes dont est issue la commune nouvelle est transféré à cette dernière.
- La commune nouvelle se substitue donc à l'établissement public de coopération intercommunale supprimé ***et*** aux communes dont elle est issue, par une fusion de l'ensemble.

Le regroupement et la modification des limites territoriales des départements et des régions

Il est désormais possible de modifier les périmètres des territoires des départements ou des régions ainsi que d'envisager la fusion de certaines collectivités. Ainsi, la loi autorise :

Le regroupement de départements

- Plusieurs départements formant, dans la même région, un territoire d'un seul tenant peuvent, par délibérations concordantes de leurs conseils généraux, demander à être regroupés en un seul département.
- Deux départements fusionnent pour n'en faire plus qu'un. Exemple en cours : le Haut-Rhin et le Bas-Rhin.

Le changement de région pour un département

Un département et deux régions contiguës peuvent demander, par délibérations concordantes de leurs assemblées délibérantes, une modification des limites régionales visant à inclure le département dans le territoire d'une région qui lui est limitrophe. C'est le droit d'option qui ne pourra être exercé qu'entre 2016 et 2019 sous certaines conditions.
Un département peut changer de région de rattachement.

Le regroupement de régions

Plusieurs régions formant un territoire d'un seul tenant et sans enclave peuvent, par délibérations concordantes de leurs conseils régionaux, demander à être regroupées en une seule région. Deux régions fusionnent pour n'en faire plus qu'une seule.

© 2015, Elsevier Masson SAS. Tous droits réservés

La fusion d'une région et des départements qui la composent

Une région et les départements qui la composent peuvent, par délibérations concordantes de leurs assemblées délibérantes, demander à fusionner en une unique collectivité territoriale exerçant l'ensemble de leurs compétences respectives. Ex. : Mayotte, et bientôt la Guyane et la Martinique.

La consultation de la population

Toutefois, chacun des quatre changements ci-dessus (hors droit d'option des départements) doit faire l'objet d'un référendum local. Le gouvernement ne peut donner suite à la demande que si ce projet de regroupement recueille, dans chacun des départements concernés, l'accord de la majorité absolue des suffrages exprimés, correspondant à un nombre de voix au moins égal au quart des électeurs inscrits. La modification est ensuite officialisée par décret en Conseil d'État.

La clarification des compétences

Depuis le 1er janvier 2015, seule la Commune conserve intégralement la clause de compétence générale qui lui permet de mettre en place tous les services publics qu'elle estime nécessaires aux besoins de sa population.
Par contre, les Départements et les Régions n'ont plus que des compétences exclusives, sauf en matière de culture, sport et tourisme. Toutefois ces conseils peuvent encore se saisir de tout objet d'intérêt communal, départemental ou régional pour lequel la loi n'a donné compétence à aucune autre personne publique.
Afin de faciliter la clarification des interventions publiques sur le territoire de la région et de rationaliser l'organisation des services des départements et des régions, le président du conseil régional et les présidents des conseils généraux des départements de la région peuvent élaborer conjointement dans les six mois qui suivent les élections des conseillers territoriaux (mars 2014) un projet de schéma qui permet de définir la répartition optimale des compétences entre la région et les départements (développement économique, éducation, transports, environnement, aménagement du territoire, etc.) et d'en tirer les conséquences en termes de réorganisation des interventions financières et de mutualisation des services. Concrètement, les conseillers territoriaux peuvent adapter la répartition des compétences aux spécificités locales.

La réforme de l'intercommunalité

Les lois du 16 décembre 2010, renforcée par la loi de modernisation de l'action publique territoriale et d'affirmation des métropoles (MAPTAM) du 27 janvier 2014 mettent en place de nouvelles structures intercommunales et intensifient la place de l'intercommunalité en France, la rendant obligatoire.

Les conseils communautaires des structures intercommunales

C'est la nouvelle dénomination des conseils d'administration des structures intercommunales. S'il n'y a toujours pas d'élections directes des membres de ces conseils, ceux-ci seront désormais élus lors des élections municipales, au suffrage universel direct, sur les listes électorales municipales. Un fléchage permettra de les distinguer dès la campagne électorale. S'ils sont élus sur la commune, ils siégeront de droit au conseil communautaire.

La création de métropoles

La métropole est un nouvel établissement public de coopération intercommunale – EPCI (et non une collectivité territoriale) réunissant le territoire de plusieurs communes d'un seul tenant et sans enclave. Au sein d'un espace de solidarité, elle associe les communes dans l'élaboration et la conduite d'un projet d'aménagement et de développement économique, écologique, éducatif, culturel et social de leurs territoires afin d'en améliorer la compétitivité et la cohésion.

- Elle ne se substitue pas aux Communes.
- La métropole regroupe une agglomération d'au moins 400000 habitants se situant au centre d'une aire urbaine de plus de 650000 habitants.
- La loi MAPTAM a créé 10 autres métropoles intitulées :
  - Bordeaux métropole ;
  - Brest métropole ;
  - Grenoble-Alpes métropole ;
  - Métropole européenne de Lille ;
  - Montpellier méditerranée métropole ;
  - Nantes métropole ;
  - Rennes métropole ;
  - Métropole Rouen Normandie ;
  - Strasbourg Eurométropole ;
  - Toulouse métropole.

Ces dix métropoles rejoignent la métropole de Nice Côte d'Azur qui avait déjà été constituée dès le 1er janvier 2012.
Les métropoles d'Aix-Marseille-Provence et celle du Grand Paris seront créées au 1er janvier 2016.

REMARQUE Ne pas confondre commune et agglomération. La commune a son propre territoire, alors que l'agglomération regroupe plusieurs communes urbanisées, comme l'agglomération lyonnaise ou l'agglomération bordelaise.

La métropole exerce de plein droit, en lieu et place des Communes membres, *les compétences en matière* :

- de développement et d'aménagement économique, social et culturel ;
- d'aménagement de l'espace métropolitain ;
- de politique locale de l'habitat ;
- de politique de la ville ;
- de gestion des services d'intérêt collectif ;
- de protection et de mise en valeur de l'environnement et de politique du cadre de vie.

La métropole exerce de plein droit, à l'intérieur de son périmètre, en lieu et place du Département, les *compétences suivantes* :

- transports scolaires ;
- gestion des routes classées dans le domaine public routier départemental, ainsi que de leurs dépendances et accessoires ;

- compétences relatives aux zones d'activités et à la promotion à l'étranger du territoire et de ses activités économiques.

Mais elle peut aussi exercer à l'intérieur de son périmètre, *par convention, en lieu et place du Département* :

- tout ou partie des compétences qui, dans le domaine de l'action sociale, sont attribuées à cette collectivité territoriale ;
- la compétence en matière de construction, d'aménagement, d'entretien et de fonctionnement des collèges. À ce titre, elle assure l'accueil, la restauration, l'hébergement ainsi que l'entretien général et technique, à l'exception des missions d'encadrement et de surveillance des élèves, dans les collèges dont elle a la charge.

La métropole exerce de plein droit, à l'intérieur de son périmètre, en lieu et place de la Région, les compétences relatives à la promotion à l'étranger du territoire et de ses activités économiques. Mais elle peut aussi exercer à l'intérieur de son périmètre, *par convention en lieu et place de la Région* :

- la compétence en matière de construction, d'aménagement, d'entretien et de fonctionnement des lycées. À ce titre, elle assure l'accueil, la restauration, l'hébergement ainsi que l'entretien général et technique, à l'exception des missions d'encadrement et de surveillance des élèves, dans les lycées dont elle a la charge ;
- tout ou partie des compétences exercées par cette collectivité territoriale en matière de développement économique.

La métropole se substitue de plein droit aux établissements publics de coopération intercommunale à fiscalité propre inclus en totalité dans son périmètre.

REMARQUE La métropole n'est pas une nouvelle collectivité, mais un nouveau type d'établissement public de coopération intercommunale destiné aux très grandes agglomérations.

La métropole de Lyon

La métropole de Lyon, créée le 1er janvier 2015 fait exception. Ce n'est pas un EPCI comme les autres, mais bien une nouvelle collectivité territoriale. Elle fusionne l'EPCI de la communauté urbaine de Lyon avec la portion de la collectivité territoriale département sur ce même territoire lyonnais. Le département du Rhône est donc amputé d'une partie de son territoire. Les conseillers métropolitains seront élus au suffrage universel, pour six ans, et renouvelés en même temps que les conseillers municipaux. La première élection devrait avoir lieu en 2020. 14 circonscriptions électorales ont été définies sur le territoire de la métropole de Lyon, où seront élus les 166 membres de cette assemblée.

Le pôle métropolitain

C'est aussi un nouvel EPCI, mais pour des agglomérations de plus de 300000 habitants. Il est créé en vue d'actions en matière de développement économique, en matière d'innovation, de recherche, d'enseignement supérieur, de culture et d'aménagement de l'espace.
Ses objectifs sont :

- la promotion d'un modèle de développement durable ;
- l'amélioration de la compétitivité et l'attractivité de son territoire ;
- l'aménagement du territoire.

Le « Grand Paris »

Tout concourt aujourd'hui à faire de la région la plus riche de France et d'Europe, un espace sans véritable cohésion urbaine et sociale où cohabitent richesse économique et grande pauvreté.
Les objectifs du Grand Paris sont énoncés dans la loi n° 2010-597 du 3 juin 2010.

- *Le Grand Paris est un projet urbain, social et économique* d'intérêt national qui unit les grands territoires stratégiques de la région Île-de-France, au premier rang desquels Paris et le cœur de l'agglomération parisienne, et promeut le développement économique durable, solidaire et créateur d'emplois de la région capitale. Il vise à réduire les déséquilibres sociaux, territoriaux et fiscaux au bénéfice de l'ensemble du territoire national. Les collectivités territoriales et les citoyens sont associés à l'élaboration et à la réalisation de ce projet. À terme, il est envisagé, dans un premier temps, la fusion de Paris avec les trois départements de la petite couronne.

Ce projet s'appuie sur la création d'un réseau de transport public de voyageurs dont le financement des infrastructures est assuré par l'État.

- *Le projet du Grand Paris favorise également la recherche*, l'innovation et la valorisation industrielle au moyen de pôles de compétitivité et du pôle scientifique et technologique du plateau de Saclay dont l'espace agricole est préservé.

Ce projet intègre un objectif de croissance économique afin de soutenir la concurrence des autres métropoles mondiales.

- *La ville du Grand Paris s'articulera autour de plusieurs pôles* et ne procédera plus par cercles concentriques comme aujourd'hui. La question des banlieues sera prise « à bras le corps » et Paris devra les intégrer comme jadis elle sût intégrer les faubourgs. L'avenir est aux îlots urbains ouverts, aux quartiers évolutifs. Il s'agit de retisser les liens entre l'Est et l'Ouest de la région, entre Paris et sa banlieue.
- *Plusieurs syndicats et instances ont été créés* et œuvrent à la mise en place progressive du Grand Paris :
  - la Société du Grand Paris (SGP) qui a la charge de mettre en place le projet du réseau de transport francilien Grand-Paris-Express ;
  - création d'un pôle scientifique et technologique « Paris-Saclay ». Cet EPCI a pour objectif de favoriser l'implantation d'activités d'enseignements, de recherche et d'innovation scientifiques et technologiques de pointe sur un même campus ;
  - l'Atelier international du Grand Paris a pour mission la réflexion sur les idées et les enjeux de l'avenir du territoire urbain.

La métropole du Grand Paris (MGP)

- La métropole du Grand Paris (MGP) est une *future intercommunalité (EPCI)* définie dans la loi du 27 janvier 2014 de modernisation de l'action publique territoriale et d'affirmation des métropoles (MAPTAM) dans le cadre de l'Acte III de la décentralisation. Sa création est prévue pour le 1er janvier 2016.
- La métropole *regroupe les communes de Paris*, les 123 communes des trois départements de la petite couronne (Hauts-de-Seine, Seine-Saint-Denis et Val-de-Marne) et les communautés franciliennes appartenant à un EPCI comprenant au moins une commune dans la petite couronne. Ont pu s'y ajouter toutes communes en continuité de territoire avec au moins une commune d'un des trois départements de la petite couronne.

« La métropole du Grand Paris est constituée en vue de la définition et de la mise en œuvre d'actions métropolitaines afin d'améliorer le cadre de vie de ses habitants, de réduire les inégalités entre les territoires qui la composent, de développer un modèle urbain, social et économique durable, moyens d'une meilleure attractivité et compétitivité au bénéfice de l'ensemble du territoire national. La métropole du Grand Paris élabore un projet métropolitain. Les habitants sont associés à son élaboration selon les formes déterminées par le conseil de la métropole sur proposition du conseil de développement.
Ce projet métropolitain définit les orientations générales de la politique conduite par la métropole du Grand Paris. Il participe à la mise en œuvre du schéma directeur de la région d'Île-de-France. Il comporte un diagnostic général, social, économique et environnemental du territoire métropolitain, des orientations stratégiques pour le développement de la métropole ainsi que des domaines d'intervention prioritaires. Le projet métropolitain peut être élaboré avec l'appui de l'Agence foncière et technique de la région parisienne, de l'Atelier international du Grand Paris, des agences d'urbanisme et de toute autre structure utile. »[6]

Calendrier de la réforme de l'organisation territoriale

Examen de la Loi NOTRe : 16 décembre 2014

Le Sénat a entamé ses travaux sur le projet de loi portant sur la nouvelle organisation territoriale de la République (« NOTRe »). C'est le troisième volet de l'acte III de la décentralisation qui va porter sur la clarification des compétences : qui fait quoi entre l'État, les communes, les intercommunalités, les départements et les régions ?

Métropoles : janvier 2015

La loi de modernisation de l'action publique territoriale et d'affirmation des métropoles, dite « loi MAPTAM » du 27 janvier 2014, crée un nouveau statut pour les EPCI métropoles afin de leur permettre d'exercer pleinement leur rôle en matière de développement économique, d'innovation, de transition énergétique et de politique de la ville. Elles sont créées par la transformation des intercommunalités de plus de 400 000 habitants se situant au centre d'une aire urbaine de plus de 650 000 habitants. En 2015, le Grand Lyon est créé par fusion avec le département ainsi que 10 autres métropoles de droit commun : Bordeaux, Brest, Grenoble, Lille, Montpellier, Nantes, Rennes, Rouen, Strasbourg, Toulouse, qui s'ajoutent à celle de Nice créée en 2012.

Élections départementales : mars 2015

Les élections départementales se tiendront les 22 et 29 mars 2015. Premier scrutin binominal, deux conseillers par canton, mais deux fois moins de cantons. Un redécoupage des cantons est intervenu dans chaque département.

Élections régionales : décembre 2015

Les élections régionales, tenant compte de la nouvelle carte des régions de France, auront lieu en décembre 2015.

13 régions : janvier 2016

Les régions métropolitaines passent désormais de 22 à 13. Elles sont dotées de compétences stratégiques accrues. 1er janvier 2016 : création des métropoles du Grand Paris et de Marseille-Aix-en-Provence.

[6] Paragraphes 4 et 5 de l'article L.5219-1 I du Code général des collectivités territoriales.

État : janvier 2017

Réforme des sous-préfectures en créant des maisons de l'État pour regrouper les services administratifs et maintenir une présence sur le territoire.

Renforcement de l'intercommunalité : janvier 2017

Il se fait par la loi NOTRe en transférant les compétences des communes vers les intercommunalités pour mutualiser davantage. Mais de tailles différentes, ces intercommunalités ont aujourd'hui des moyens trop faibles pour porter des projets d'envergure. La réforme amplifie le processus d'intégration des communes pour faire changer les intercommunalités d'échelle. Chacune d'entre elles devra regrouper au moins 20 000 habitants à partir du 1er janvier 2017, contre 5 000 aujourd'hui. Des adaptations seront prévues pour les zones de montagne et les territoires faiblement peuplés.

Réforme des départements : janvier 2020

Quant à l'avenir des conseils départementaux, leur suppression pure et simple requerrait une révision constitutionnelle. Aussi, trois solutions semblent envisagées pour s'adapter aux situations existantes :

- dans les départements dotés d'une métropole (comme Lyon par exemple aujourd'hui), la fusion des deux structures pourra être retenue ;
- lorsque le département compte des intercommunalités fortes, les compétences départementales pourront être assumées par une fédération d'intercommunalités. Les élus des conseils communautaires constitueront les membres du conseil départemental ;
- enfin, dans les départements – notamment ruraux ou de montagne – où les communautés de communes n'atteignent pas la masse critique, le conseil départemental sera maintenu, avec des compétences clarifiées.

TABLEAU 7.3. **Comment sont prises les décisions au sein des collectivités territoriales ?**

Les étapes d'une décision		Une situation concrète
Le recensement de la demande	À l'origine du projet : les citoyens, les associations, les services communaux, les conseillers municipaux, etc. expriment une demande.	
	Exemple : ils ont besoin d'un terrain de sport, d'une piscine, d'une crèche, d'une médiathèque, d'une aire de jeu pour les jeunes, etc.	Des associations de quartiers demandent au maire d'installer une aire de jeu pour jeunes enfants au sein d'un square communal. Il n'existe en effet aucune surface de jeu dans ce quartier de la ville.
	L'exécutif prend en compte la demande qui semble correspondre à un besoin d'intérêt général pour la population.	Le maire entend la demande des associations et constate le besoin pour les nombreuses familles installées récemment.
La période de concertation	Une commission spécialisée composée d'élus et/ou de personnalités qualifiées, prépare un dossier d'études pour les membres du conseil municipal.	Au sein de la commune, le maire propose la mise en place d'une commission composée d'élus et de personnalités qualifiées (associations de parents, services techniques de la mairie, service jeunesse et sports, etc.) qui aura pour mission de préparer un dossier d'études détaillées.

(Suite)

TABLEAU 7.3. **Suite.**

Les étapes d'une décision		Une situation concrète
	Cette commission doit envisager toutes les possibilités.	Qu'est-il possible de faire ? Où ? Avec qui ? Pour quel coût ? Existe-t-il d'autres solutions ? Lesquelles ? Quelle réglementation ?
	L'exécutif retient le projet et l'inscrit à l'ordre du jour d'une prochaine séance du conseil municipal.	Le maire inscrit le projet à l'ordre du jour d'une prochaine séance et convoque le conseil municipal.
L'adoption du projet	Le conseil délibère, c'est-à-dire étudie le dossier, le discute, le modifie éventuellement et vote à la majorité : – soit rejette le projet ; – soit donne son accord sur des propositions ; – soit demande un complément d'information.	Le conseil municipal étudie les diverses propositions soumises par la commission. Il délibère et vote à la majorité parmi les propositions de la commission : – choix du terrain ; – choix du type de jeux qui y sera installé ; – évaluation et décision du montant qui sera inscrit au budget de la commune pour réaliser cette aire de jeux.
La mise en application	La délibération faisant état du vote des élus est publiée et transmise en préfecture. Elle peut donc être exécutée immédiatement (mais demande souvent des actes complémentaires d'application : ouverture d'un marché public pour choisir l'entreprise de travaux, arrêtés, etc.).	La délibération faisant état du vote favorable à la majorité des élus est publiée et transmise en préfecture. Le maire lance la procédure de marchés publics afin de choisir l'entreprise qui effectuera les travaux. Et le projet devient réalité...
Le contrôle de légalité	En cas d'irrégularité juridique, seul le juge du tribunal administratif, saisi par le préfet ou un administré qui s'estime lésé, peut annuler la décision.	

S'ENTRAÎNER

QCM

1. La réforme des collectivités prévoit la possibilité :

A. De regroupement de départements entre eux. ☐
B. De regroupement de communes et de départements entre eux. ☐
C. De regroupement de départements avec une région. ☐
D. Pour deux départements, même non limitrophes, de se regrouper. ☐

2. Les conseillers territoriaux :

A. Seront élus au suffrage universel sur des listes. ☐
B. Seront élus par un scrutin uninominal sur des cantons. ☐
C. Ne sont pas concernés par la parité. ☐
D. Siègent aussi bien au conseil départemental du département qu'au conseil régional de la région. ☐

3. **Une commune nouvelle :**
   A. Résulte d'un accord passé entre deux communes pour prendre en charge des services à la population. ☐
   B. Est la fusion de plusieurs communes en une seule commune. ☐
   C. Est un établissement de coopération intercommunale. ☐
   D. Est une commune qui change de nom. ☐

4. **La métropole :**
   A. Est un nouveau niveau de collectivité territoriale. ☐
   B. Est un nouvel établissement de coopération intercommunale. ☐
   C. Se substitue à la commune existante. ☐
   D. Se substitue aux syndicats intercommunaux existant sur son territoire. ☐
   E. Sur son territoire, peut prendre en charge certaines compétences des départements et des régions. ☐
   F. Sur son territoire, est dotée de la clause générale de compétence. ☐

CORRIGÉS

1. A, C ; **2.** B, D ; **3.** B, C ; **4.** B, D, E.

CHAPITRE 49

Le statut de la fonction publique

CE QU'IL FAUT SAVOIR

Définition

On entend par fonction publique (FP) l'ensemble des fonctionnaires qui travaillent dans les différentes administrations françaises, qu'elles dépendent de l'État, des collectivités territoriales, des hôpitaux ou de leurs établissements publics (intercommunalités, CCAS, etc.). Le statut est l'ensemble des règles qui vont organiser le recrutement et la carrière des fonctionnaires.

Caractéristiques du statut de la fonction publique

Le statut de la fonction publique est l'équivalent du *droit du travail* pour les fonctionnaires. Des textes fixent les règles générales communes à tous les fonctionnaires. D'autres vont préciser les spécificités appliquées dans telle ou telle fonction publique ou s'appliquant à tel ou tel cadre d'emplois – ces dispositions particulières ont toutefois un caractère national.
Il ne faut pas confondre secteur public et fonction publique.

Le secteur public

Le secteur public regroupe tous les *services* à la population dont le budget comporte une part plus ou moins importante d'argent public. Ce peut être l'État, les collectivités territoriales ou des établissements publics exerçant des missions de service public comme les syndicats intercommunaux, mais aussi des établissements publics comme la Sécurité sociale, la SNCF, la RATP, le Pôle emploi, etc. Les agents y travaillant ne sont pas tous des fonctionnaires. Certains sont des agents soumis au droit privé du travail, même s'ils exercent des missions de service public.
Différents types d'agents travaillent dans les services publics :

- un *fonctionnaire* est un agent d'une administration de l'État, des collectivités locales, des hôpitaux ou de certains établissements publics ; il est stagiaire puis *titulaire de son grade. Sa carrière obéit aux règles du statut de la fonction publique* ;
- *l'agent public* a un sens plus large : il inclut les fonctionnaires (stagiaires et titulaires), les contractuels et les vacataires, les CDI[7] ou les apprentis ;
- *les contractuels* en CDI ou CDD, les vacataires, les CAE[8] ou les apprentis, même s'ils travaillent dans des collectivités ou pour l'État et doivent obéir aux règles du service public : leur contrat les lie à leur employeur et suit les règles du droit du travail et non celles du statut de la fonction publique.

© 2015, Elsevier Masson SAS. Tous droits réservés

[7] CDI : contrat à durée indéterminée.
[8] CAE : contrats d'accompagnement dans l'emploi.

La fonction publique française représente environ 5 millions de fonctionnaires, et la fonction publique territoriale un peu plus du tiers, soit environ 1 800 000 agents.

La fonction publique

C'est plus précisément *l'ensemble des fonctionnaires* obéissant aux règles du statut de la fonction publique et travaillant dans une administration relevant de l'État, des collectivités territoriales, d'établissements publics hospitaliers ou intercommunaux pour l'essentiel.

- *On distingue trois fonctions publiques* :
  - la fonction publique *d'État (FPE)* ;
  - la fonction publique *territoriale (FPT)* ;
  - la fonction publique *hospitalière (FPH)*.
- *Le statut est organisé en quatre grands chapitres qu'on appelle des titres.*
  - On trouve dans le *titre I* tout ce qui est commun à tous les fonctionnaires, quel que soit leur employeur :
    - les conditions d'accès à l'emploi public ;
    - le principe du concours et de la liste d'aptitude ;
    - les droits et obligations des fonctionnaires ;
    - la valeur du point indiciaire de rémunération.
- On trouve dans le *titre II* les spécificités des agents travaillant pour l'État : les différents corps d'emplois, les conditions d'accès, le déroulement de carrière, le régime indemnitaire (ex. : toutes les règles concernant les enseignants).
- On trouve dans le *titre III* les spécificités liées aux cadres d'emplois des agents travaillant dans une collectivité territoriale ou un de ses établissements publics (ex. : toutes les règles concernant les ATSEM).
- On trouve dans le *titre IV* toutes les spécificités des agents travaillant dans un établissement public hospitalier ou para-hospitalier (ex. : toutes les règles concernant les personnels hospitaliers).

Les textes de référence

Titre I

La loi du *13 juillet 1983* fixe les dispositions communes à l'ensemble des fonctionnaires (*Titre I*). On y trouve les conditions générales d'accès aux emplois de la fonction publique – mais également les droits et obligations s'imposant à tous les fonctionnaires.

Titre II

La loi du *11 janvier 1984* fixe les statuts particuliers des agents de la fonction publique d'État (*Titre II*).

Titre III

La loi du *26 janvier 1984* fixe les statuts particuliers des agents de la fonction publique territoriale (*Titre III*). Le titre III regroupe l'ensemble des cadres d'emplois des agents travaillant dans l'une des collectivités territoriales – commune, département, région –, mais également dans leurs établissements publics locaux (CCAS,[9] OPH[10]) ou intercommunaux (SIVU, SIVOM), etc.

[9] CCAS : Centre communal d'action sociale.
[10] OPH : Office public de l'habitat.

Titre IV

La loi du *9 janvier 1986* fixe les statuts particuliers des agents de la fonction publique hospitalière (*Titre IV*).

Les conditions d'accès à la fonction publique

Les dispositions communes

Les dispositions communes au recrutement de l'ensemble des fonctionnaires sont au nombre de cinq :

- posséder la nationalité française ou celle d'un État membre de l'Union européenne ;
- jouir de ses droits civiques ;
- ne pas avoir subi de condamnation incompatible avec l'exercice des fonctions (ex. : une condamnation pour conduite en état d'ivresse est incompatible avec les fonctions de chauffeur de car scolaire !) ;
- avoir effectué la « journée défense et citoyenneté » pour les candidats nés à partir de 1983 (et si vous avez moins de 25 ans) ou, pour les plus âgés, être en règle avec le service national (ne pas être déserteur) ;
- remplir les conditions d'aptitude physique exigées pour l'exercice de la fonction. Le handicap n'interdit pas l'accès à la fonction publique, mais l'accès à certaines fonctions.

Les dispositions particulières

Peuvent s'y ajouter des conditions spécifiques comme :

- la nécessité d'un diplôme professionnel (ex. : le diplôme d'État d'infirmier pour exercer les fonctions d'infirmier) ;
- la nécessité d'un diplôme ou d'un niveau d'études pour l'accès à certains concours ;
- parfois des conditions d'âge ;
- des dérogations en faveur des mères et pères ayant élevé trois enfants et pour les sportifs de haut niveau.

REMARQUE Un diplôme professionnel valide les connaissances acquises pour exercer un métier, mais ne fait pas du détenteur un fonctionnaire de droit !

Les organismes de la fonction publique territoriale

Définition

Le principe de participation des agents de la fonction publique à la vie de leur collectivité se met en œuvre au travers de divers organismes aux fonctions bien définies.

Le Centre national de la fonction publique territoriale (CNFPT)

Composition

Le Centre national de la fonction publique territoriale est un organisme paritaire, c'est-à-dire qu'il est composé de membres élus, représentant les collectivités territoriales, et de membres désignés par les syndicats pour représenter le personnel. C'est un établissement public national, avec 28 délégations régionales.

Missions

Ses missions sont, par exemple :

- assurer les formations obligatoires et les formations professionnelles tout au long de la vie des agents des collectivités locales ;
- assurer la publicité des vacances de postes des agents de catégorie A.

Les centres de gestion de la fonction publique territoriale

Composition

Les centres de gestion (CG) ou centres interdépartementaux de gestion (CIG) ne sont pas des organismes paritaires : le conseil d'administration n'est géré que par des élus locaux.
Ce sont des établissements publics locaux. Il y a un centre de gestion par département – sauf pour la région Île-de-France où il y a deux centres interdépartementaux :

- le CIG première couronne à Pantin ;
- le CIG grande couronne à Versailles.

Missions

Leurs principales missions sont :

- organiser des concours et examens professionnels comme le concours des ATSEM ou celui des auxiliaires de puériculture ;
- établir les listes d'aptitude ;
- tenir la bourse de l'emploi ;
- assurer le fonctionnement des commissions administratives paritaires (CAP) et des conseils de discipline des collectivités affiliées.

Les organes locaux de participation

La Commission administrative paritaire (CAP)

- Il y a une CAP par catégorie (A, B ou C).
- La CAP est un organe paritaire : composée à parts égales de représentants de la collectivité et de représentants des fonctionnaires élus sur les listes syndicales.
- La CAP émet des avis sur *la situation individuelle* des agents : avancement, promotion interne, notation, sanctions disciplinaires.
- L'avis de la CAP est obligatoire, mais ne lie pas l'autorité territoriale, ce qui signifie que l'exécutif (le maire) n'est pas tenu de suivre l'avis émis par la CAP.

Le Comité technique paritaire (CTP)

- Le CTP est attaché au CG ou CIG pour toutes les collectivités ou établissements de moins de 50 agents. L'affiliation est facultative pour les autres.
- C'est un organe paritaire.
- Il est consulté *pour tout ce qui concerne les agents collectivement* : l'organisation et le fonctionnement des services (horaires, durée du temps de travail, etc.), la suppression des emplois, les orientations générales pour l'accomplissement des tâches, les méthodes de travail, la modernisation des techniques, le plan de formation, le régime indemnitaire, etc.

- Le CTP est aussi consulté en matière d'hygiène et de sécurité lorsqu'il n'existe pas de CHS dans la collectivité ou l'établissement.
- L'avis du CTP est obligatoire, mais ne lie pas l'autorité territoriale.

Le Comité d'hygiène et de sécurité (CHS)

- Le CHS est créé par l'organe délibérant de la collectivité ou de l'établissement public, après avis du CTP. Il n'est obligatoire que lorsqu'il existe dans la collectivité, ou l'établissement public, un service employant plus de 200 agents exposés à des risques professionnels spécifiques par leur fréquence et leur gravité.
- C'est un organe paritaire.
- Le CHS est un organe de conseil, d'enquête et de proposition. Il émet des avis en matière de prévention des risques professionnels, de maladies professionnelles et d'accidents de service. Il est consulté sur tout ce qui concerne l'hygiène, la sécurité et la médecine préventive.

S'ENTRAÎNER

QCM

1. Dans la fonction publique territoriale, la séparation du grade et de l'emploi signifie que :

A. Dans les 15 jours qui suivent sa réussite à un concours, un fonctionnaire doit choisir entre le grade et l'emploi. ☐
B. En cas de suppression d'emploi, un fonctionnaire demeure titulaire de son grade. ☐
C. En cas de suppression de grade, un fonctionnaire demeure titulaire de son emploi. ☐

2. Cet organe paritaire créé pour chaque catégorie de fonctionnaires donne notamment son avis sur les refus de titularisation ou les avancements d'échelon. C'est :

A. Le Centre national de la fonction publique territoriale. ☐
B. La commission administrative paritaire. ☐
C. Le Conseil supérieur de la fonction publique territoriale. ☐
D. Le comité technique paritaire. ☐

3. Établissement public national, il a en charge la formation des fonctionnaires territoriaux et l'organisation de certains concours d'accès à la fonction publique territoriale. C'est :

A. Le Conseil supérieur de la fonction publique (CSFPT). ☐
B. La Direction générale des collectivités locales (DGCL). ☐
C. Le Centre national de la fonction publique territoriale (CNFPT). ☐
D. Le centre de gestion de la fonction publique territoriale. ☐
E. Le ministère de la Fonction publique. ☐

4. L'accès à la fonction publique territoriale s'effectue :

A. Exclusivement par concours. ☐
B. Par recommandation. ☐
C. Par concours ou, dans certains cas, par recrutement direct. ☐

5. Le Comité technique paritaire donne son avis :

A. Sur les notations. ☐
B. Sur les horaires de travail dans la collectivité. ☐

C. Sur l'indemnité à verser à Monsieur X. ☐
D. Sur le régime indemnitaire à mettre en place dans la collectivité. ☐
E. Sur les accidents et maladies professionnelles survenus dans la collectivité. ☐

6. Il existe trois fonctions publiques. Lesquelles ?
A. La fonction publique d'État. ☐
B. La fonction publique ministérielle. ☐
C. La fonction publique communale. ☐
D. La fonction publique territoriale. ☐
E. La fonction publique hospitalière. ☐
F. La fonction publique préfectorale. ☐

CORRIGÉS

1. B ; **2.** B ; **3.** C ; **4.** C ; **5.** B, D ; **6.** A, D, E.

CHAPITRE 50

Les droits et obligations des agents de la fonction publique

CE QU'IL FAUT SAVOIR

Définition

Les droits et les obligations sont des dispositions juridiques qui s'appliquent à l'ensemble des agents publics. L'agent a pour mission de participer à l'exécution d'une mission de service public afin de répondre à un besoin d'intérêt général. Dans ce sens, il est au service de la population. Ses droits et ses obligations obéissent à des règles particulières énoncées essentiellement par la loi du 13 juillet 1983.

Les droits des fonctionnaires

Les droits des agents de la fonction publique sont les suivants.

- *La non-discrimination* : aucune distinction ne doit être faite entre les fonctionnaires en raison de leur sexe, de leur état de santé, d'un éventuel handicap ou de leur appartenance ethnique.
- *La liberté d'opinion* : aucune distinction ne doit être faite entre les fonctionnaires en raison de leurs opinions politiques, syndicales, philosophiques ou religieuses.
- *Le droit syndical* : les fonctionnaires peuvent librement créer des organisations syndicales, y adhérer et y exercer des mandats.
- *Le droit de participation* à l'organisation des services publics par l'intermédiaire de leurs délégués siégeant dans des organismes consultatifs (CAP, CTP, CHS).
- *Le droit de grève*, dans le cadre des lois qui le réglementent.
- *Le droit à la protection de la santé et de l'intégrité physique* : il peut se traduire par des formations aux gestes et postures pour éviter les problèmes de dos, ou le port de masques et casques sur les chantiers, etc.
- *Le droit à congés et décharges de service* : congés annuels, maternité, maladie, formation, syndicaux, etc.
- *Le droit à la rémunération*, après services faits.
- *Le droit à la formation tout* [illegible] *ng de la vie* : des lois en 2007 et 2008 ont fait beaucoup évoluer ce droit, rendant oblig [illegible] ertaines formations. En effet, les fonctionnaires peuvent être tenus de suivre de [illegible] e formation professionnelle dans les conditions fixées par les statuts particuli [illegible] lusieurs dispositifs sont donc mis en place.

© 2015, Elsevier Masson SAS. Tous droits réservés

Des formations obligatoires, dites statutaires

Conformément au décret d'application, à compter du 1er juillet 2008, la formation professionnelle statutaire obligatoire se décline ainsi :

- *la formation d'intégration* : tous les agents nommés dans un cadre d'emplois, qu'ils soient de catégories A, B ou C, bénéficient de 5 jours de formation dans la première année suivant la nomination. La titularisation dépend de l'accomplissement effectif de ces journées de formation. Autrement dit, pas de titularisation si les 5 jours ne sont pas faits ;
- *la formation de professionnalisation au premier emploi* : de 3 à 10 jours pour les agents de catégorie C, de 5 à 10 jours pour les agents de catégories A et B, à effectuer obligatoirement dans les deux années après la nomination ;

REMARQUE *Des réductions de la durée de ces deux dispositifs* peuvent être envisagées en fonction des diplômes, de l'expérience et des formations déjà suivies par l'agent.

- *la formation de professionnalisation tout au long de la carrière* : de 2 à 10 jours obligatoires, par périodes de 5 ans ;
- *la formation de professionnalisation lors de l'affectation sur un poste à responsabilité* : lorsque l'agent intègre un poste à responsabilité, dans les 6 mois suivant sa nomination, il a l'obligation de suivre une formation de 3 à 10 jours.

REMARQUE Pour ces trois dernières formations statutaires obligatoires, si l'agent ne peut présenter l'attestation de présence du CNFPT validant une formation au titre de tel ou tel parcours de formation obligatoire, le CIG refusera plus tard d'inscrire l'agent sur la liste d'aptitude pouvant lui permettre de bénéficier d'une promotion interne (avancement de cadre d'emplois, par exemple adjoint administratif cat. C à rédacteur cat. B). Et cette interdiction est définitive durant la carrière du fonctionnaire.

Les dispositifs de professionnalisation

« Les fonctionnaires peuvent également bénéficier de périodes de professionnalisation comportant des actions de formation en alternance et leur permettant soit d'exercer de nouvelles fonctions au sein d'un même corps ou cadre d'emplois, soit d'accéder à un autre corps ou cadre d'emplois. »[11]

Le DIF

- « Sans préjudice des actions de formation professionnelle prévues par les statuts particuliers, tout agent bénéficie chaque année, en fonction de son temps de travail, d'un *droit individuel à la formation* (DIF) de 20 heures qu'il peut cumuler pendant 6 années pour atteindre un maximum de 120 heures. Ce droit est mis en œuvre à l'initiative de l'agent en accord avec son administration. Celle-ci prend en charge les frais de formation. »[12]
- Le DIF concerne des actions inscrites dans le plan de formation et accompagne les projets de formation à « *vocation professionnelle* ».

[11] Loi 2007-148 du 2 février 2007.
[12] Décret 2007-1845 du 26 février 2007.

Les obligations

Les principales obligations des agents de la fonction publique sont les suivantes.

- *L'obligation de servir* : les agents de la fonction publique doivent respecter la durée hebdomadaire de service et l'accomplissement personnel des fonctions.
- *L'interdiction de cumul* : les agents de la fonction publique ne peuvent exercer, à titre professionnel, une activité privée lucrative de quelque nature que ce soit[13]. Il n'est donc pas possible de travailler de jour à l'école et de nuit dans une entreprise, sauf si votre emploi n'est budgétairement pas prévu à temps plein. Dans ce cas, vous pouvez être à employeurs multiples, jusqu'à cumuler un temps plein.
- *Le secret professionnel* : il s'applique à tout agent qui aurait vu, lu, entendu, constaté ou compris une information qui doit rester secrète. Les agents de la fonction publique ne doivent pas diffuser d'informations connues dans l'exercice de leurs fonctions, relatives à une personne, que ce soit un autre fonctionnaire ou un usager. Le secret s'applique aussi pour des secrets de brevet (en laboratoire par exemple) ou de procédure (pour des marchés publics). Toutefois, ne pas oublier les cas d'obligations pénales de levée du secret professionnel par un signalement, notamment en cas de suspicion de maltraitance à un mineur de moins de 15 ans ou à une personne qui n'est pas en mesure de se protéger en raison de son âge ou de son état physique ou psychique.
- *La discrétion professionnelle* vise à protéger l'administration contre *la divulgation de faits*, d'informations ou de documents dont les agents ont connaissance dans l'exercice de leurs fonctions. Elle concerne des faits de service. Elle implique un devoir de loyauté vis-à-vis de sa collectivité.
- *L'obligation de réserve.* Les agents de la fonction publique ne doivent exprimer leurs opinions personnelles qu'avec réserve dans et hors de l'exercice de leurs fonctions. « *Elle proscrit l'injure, l'utilisation de termes outranciers, la grossièreté des propos, des écrits, des attitudes.* »
- *L'obligation d'obéissance hiérarchique* : tout agent de la fonction publique doit se conformer aux instructions de son supérieur hiérarchique sous peine de sanctions disciplinaires. Par exemple, l'agent ne peut refuser une tâche, même si elle n'est pas inscrite dans son profil de poste, tant que son exécution n'entraîne pas une situation de dangerosité.
- *Le devoir de désobéissance* : il ne s'applique que dans la mesure où l'ordre donné est manifestement illégal *et* de nature à compromettre gravement un intérêt public (ou la vie de quelqu'un).
- *L'obligation de satisfaire aux demandes d'information du public* : cette obligation s'exerce dans le respect de la discrétion professionnelle et du secret professionnel.

Exemples de jurisprudence

Constitue un manquement aux obligations professionnelles constitutif d'une faute disciplinaire, le fait :

- de ne pas respecter les obligations de service, notamment l'obligation d'être présent au service, l'obligation d'assurer personnellement ses fonctions ;
- de ne pas se présenter à son poste d'affectation ;
- de ne pas respecter les instructions données par le supérieur hiérarchique ;
- de ne pas faire preuve d'assiduité et de ponctualité ;
- de faire preuve de négligence dans l'exécution des tâches à accomplir, de retards excessifs et répétés dans l'exécution de son travail ;
- de refuser d'obéir aux ordres des supérieurs ;
- de faire preuve d'incorrection à l'égard des supérieurs hiérarchiques ;

[13] Exceptions : les rémunérations provenant de la création d'œuvres scientifiques, littéraires ou artistiques (art. 15 du décret du 17 février 1995), et les heures d'enseignement ou de conseil, si ces activités correspondent aux savoirs spécifiques professionnels de l'agent, et après accord de son employeur.

- de ne pas respecter l'obligation de discrétion professionnelle (ex. : le fonctionnaire avait publié des propos mettant gravement en cause le fonctionnement de son service) ;
- de ne pas respecter le principe du non-cumul des emplois (interdiction d'exercer une activité privée lucrative) ;
- pour un instituteur, de s'être rendu coupable dans l'exercice de ses fonctions de gestes indécents sur les fillettes de sa classe ;
- pour un agent qui accompagnait des enfants, de ne pas procéder à leur recensement lors d'une sortie et d'oublier l'un d'entre eux dans le bus.

Faute justifiant la révocation : un postier qui intervient en faveur de certaines personnes en contrepartie de sommes d'argent, de services ou de cadeaux.

Constitue un manquement en dehors de l'exercice de ses fonctions, un fait de nature à jeter la déconsidération sur le corps auquel appartient l'intéressé :

- le fait pour un fonctionnaire de police d'avoir cohabité avec une personne se livrant à la prostitution ;
- le fait d'avoir, au cours d'un repas de mariage, porté des coups à son épouse et un invité et d'avoir proféré des menaces de mort ;
- le fait pour un professeur d'avoir eu avec une élève des relations ayant porté atteinte à l'honneur de l'université et compromis la dignité de la fonction professorale ;
- le fait pour un officier de police adjoint d'avoir été condamné pour conduite en état d'ivresse et eu précédemment des manifestations d'éthylisme.

REMARQUE

Ne pas oublier qu'un agent public l'est 24 h/24 et 7 jours/7. Ces obligations s'appliquent donc en permanence, y compris sur les réseaux sociaux (Facebook, etc.).
Toute faute commise par un fonctionnaire dans ou hors de l'exercice de ses fonctions peut l'exposer à une sanction disciplinaire.

S'ENTRAÎNER

QCM

1. Les fonctionnaires :

A. Ne sont pas responsables de l'exécution des tâches qui leur sont confiées puisqu'ils doivent se conformer aux instructions de leur supérieur hiérarchique. ☐
B. Sont tenus au secret professionnel dans le cadre des règles instituées par le Code pénal. ☐
C. Ne sont pas exposés à des peines pénales pour les fautes commises dans l'exercice de leurs fonctions puisqu'ils encourent une sanction disciplinaire. ☐
D. Ont le devoir de satisfaire aux demandes d'information du public. ☐
E. Ont droit à des congés de formation professionnelle. ☐

2. La discrétion professionnelle :

A. Concerne uniquement les agents sociaux. ☐
B. Concerne uniquement les professions médicales. ☐
C. Concerne tous les fonctionnaires. ☐
D. Impose la neutralité concernant ses opinions personnelles dans l'exercice de ses fonctions. ☐
E. Impose la discrétion concernant le fonctionnement du service. ☐
F. Impose de ne donner aucune information sur la vie privée des individus. ☐

3. Le droit de grève des fonctionnaires :

A. Est inscrit dans le statut général des fonctionnaires. ☐
B. A des conséquences pécuniaires pour les fonctionnaires grévistes. ☐

C. Peut s'exercer de manière spontanée sans préavis. ☐
D. Doit faire l'objet d'un préavis adressé par écrit à l'autorité territoriale. ☐

4. L'exercice du droit de retrait :
A. Autorise un agent à démissionner de son poste en cas de changement de majorité municipale. ☐
B. Autorise un agent à se retirer d'une situation de travail présentant un danger grave et imminent pour sa vie ou pour sa santé. ☐
C. Autorise un agent à quitter son lieu de travail si son supérieur hiérarchique exerce un abus d'autorité. ☐

5. Le secret professionnel :
A. Ne s'impose qu'aux fonctionnaires de la filière médico-sociale. ☐
B. S'impose à tous les fonctionnaires. ☐
C. Ne s'impose qu'aux médecins et aux assistants sociaux. ☐
D. A été remplacé par le devoir de discrétion professionnelle. ☐
E. Consiste notamment à ne pas révéler d'informations sur les familles en dehors de l'école. ☐

6. Dans ses missions, un agent spécialisé des écoles maternelles a le devoir d'obéissance. Cela signifie :
A. L'obligation de se conformer aux instructions émanant de son supérieur hiérarchique. ☐
B. L'obligation de se conformer à un ordre de son supérieur, même illégal. ☐
C. L'obligation d'apprendre aux enfants à obéir à leurs parents. ☐

7. Les droits et obligations des fonctionnaires sont énumérés dans :
A. La Constitution de 1958. ☐
B. La loi du 13 août 2004 relative aux libertés et responsabilités locales. ☐
C. Le décret du 13 juillet 1983 portant droits et obligations des fonctionnaires. ☐
D. La circulaire du 2 mars 1982 du ministère de la Fonction publique. ☐
E. La loi du 13 juillet 1983 portant droits et obligations des fonctionnaires. ☐

8. En qualité de fonctionnaire, vous avez droit :
A. À l'accès à votre dossier individuel. ☐
B. À la formation. ☐
C. Au cumul des emplois. ☐
D. À une rémunération au début du mois. ☐

9. Pour un fonctionnaire, le devoir de réserve signifie :
A. Qu'il ne doit pas dépenser tous les crédits dont il dispose. ☐
B. Qu'il doit se constituer une retraite. ☐
C. Qu'il doit exprimer avec retenue ses opinions dans le service comme à l'extérieur du service. ☐
D. Qu'il ne doit donner aucune information au public. ☐

CORRIGÉS

1. B, D, E ; **2.** C, E (D concerne le droit de réserve, F concerne le secret professionnel) ; **3.** A, B, D ; **4.** A, B, D ; **5.** B, E ; **6.** A ; **7.** E ; **8.** A, B ; **9.** C.

CHAPITRE 51

Le déroulement de carrière d'un agent de la fonction publique territoriale

CE QU'IL FAUT SAVOIR

Définition

La Déclaration des droits de l'homme et du citoyen dit que « tous les citoyens sont également admissibles à toutes dignités, places et emplois publics selon leurs capacités et sans autre distinction que celle de leurs vertus et de leurs talents ». Ainsi, la meilleure façon de mettre le candidat à égalité d'accès à l'emploi public est une épreuve anonyme, le concours. Il en va de même quant à l'égalité de traitement concernant le déroulement de carrière de tous les fonctionnaires.

Les conditions d'accès à la fonction publique

Le concours

- Le concours est ouvert aux candidats remplissant les conditions d'accès à la fonction publique – et, éventuellement, sous certaines conditions, justifiant d'un diplôme pour l'exercice de certaines professions (médicales, paramédicales, sociales, techniques, etc.).
- Dans la fonction publique territoriale (FPT), *être reçu à un concours ne garantit pas une nomination* : l'autorité territoriale choisit librement les candidats qu'elle souhaite recruter.

La liste d'aptitude

Dans la fonction publique territoriale, les candidats reçus sont inscrits sur une *liste d'aptitude*, par ordre alphabétique. La durée d'inscription sur la liste d'aptitude est de 1 an. En l'absence de nomination à l'issue de la première année, la validité de l'inscription peut être prorogée de 2 années supplémentaires, *sous réserve d'en faire la demande expresse, dans le mois précédant la date d'expiration, au titre de chaque année*. Le décompte de cette période maximale de 3 ans est suspendu en cas de congé maternité ou de congé parental.

La voie directe

- Il existe une possibilité de recrutement par voie directe (sans concours) pour certains cadres d'emplois de la catégorie C : adjoint technique 2e classe, adjoint administratif 2e classe, etc.
- Les collectivités peuvent aussi procéder au recrutement d'agents hors liste d'aptitude par voie contractuelle : contractuels, vacataires et agents de droit privé (CDI, apprentis, etc.)

© 2015, Elsevier Masson SAS. Tous droits réservés

Le stage

Le stage est *une période d'essai* destinée à vérifier que l'agent correspond bien à ce que l'on attend de lui, tant du point de vue professionnel que de sa capacité à devenir fonctionnaire.
Il y a stage lors du premier recrutement et lors de l'accès à un autre cadre d'emplois (après concours ou par promotion interne). Sa durée minimum est de 1 an (maximum : 2 ans).

La titularisation

La titularisation intervient après la période de stage. Les fonctionnaires sont titulaires de leur grade (ATSEM) et non de leur emploi (à l'école X, auprès du professeur, Madame Y).

L'organisation des statuts

Les fonctionnaires soumis au même statut particulier sont regroupés dans un *cadre d'emplois* (ex. : le cadre d'emplois des ATSEM).

- Chaque cadre d'emplois comporte *un grade initial* (ex. : celui des agents spécialisés de 1re classe des écoles maternelles) et un ou plusieurs *grades d'avancement* (ex. : celui des agents spécialisés principaux de 2e classe des écoles maternelles et agents spécialisés principaux de 1re classe des écoles maternelles).
- Les cadres d'emplois sont répartis en *trois catégories* : A, B et C, qui correspondent à un classement hiérarchique (Tableau 7.4).
- Les cadres d'emplois sont aussi classés en *huit filières*. Chaque filière correspond à un secteur d'activités (administratif, médico-social, technique, animation, etc.).
- Le titulaire d'un grade a vocation à occuper un ensemble d'emplois. Il y a *séparation du grade et de l'emploi*. Il existe 51 cadres d'emplois, mais environ 250 métiers dans la fonction publique territoriale.

TABLEAU 7.4. **Cadres d'emplois de la fonction publique territoriale.**

Filières	53 cadres d'emplois territoriaux		
	Catégorie A	Catégorie B	Catégorie C
Administrative	– Administrateur – Attaché – Secrétaire de mairie	– Rédacteur	– Adjoint administratif[a]
Technique	– Ingénieur	– Technicien supérieur – Contrôleur de travaux	– Agent de maîtrise – Adjoint technique[a] – Adjoint technique des établissements d'enseignement[a]
Culturelle *Patrimoine et bibliothèques*	– Conservateur du patrimoine – Conservateur des bibliothèques – Attaché de conservation du patrimoine – Bibliothécaire	– Assistant de conservation du patrimoine et des bibliothèques	– Adjoint du patrimoine[a]

Enseignement artistique	– Directeur d'établissement d'enseignement artistique – Professeur d'établissement d'enseignement artistique	– Assistant d'enseignement artistique	
Médico-sociale			
Médico-sociaux	– Médecin – Cadre de santé infirmier et technicien paramédical Sage-femme – Puéricultrice, cadre de santé – Psychologue – Puéricultrice – Infirmier en soins généraux	– Infirmier (cadre d'emplois en voie d'extinction)	– Auxiliaire de puériculture – Auxiliaire de soins
Médico-techniques	– Biologiste – Vétérinaire – Pharmacien	– Technicien paramédical	
Sociaux	– Conseiller socio-éducatif	– Assistant socio-éducatif – Moniteur-éducateur et intervenant familial – Éducateur de jeunes enfants	– Agent social[a] – Agent spécialisé des écoles maternelles
Sportive	– Conseiller des activités physiques et sportives	– Éducateur des activités physiques et sportives	– Opérateur des activités physiques et sportives
Animation		Animateur	– Adjoint d'animation[a]
Sapeurs-pompiers	– Colonel, lieutenant-colonel, commandant, capitaine de sapeurs-pompiers – Médecin, pharmacien de sapeurs-pompiers – Infirmier d'encadrement de sapeurs-pompiers	– Major et lieutenant de sapeurs-pompiers – Infirmier de sapeurs-pompiers	– Sapeur-pompier professionnel non-officier
Police	– Directeur de police municipale	– Chef de service de police municipale	– Agent de police municipale – Garde-champêtre

a Ce sont les seuls cadres d'emplois dans lesquels on peut entrer dans le premier grade sans concours.

La rémunération

- À chaque grade correspond *une échelle indiciaire*. Chaque échelle comprend plusieurs échelons. À chaque échelon est associé *un indice majoré* qui sert à calculer le traitement.
- La rémunération mensuelle de base (hors prime) s'obtient en multipliant *l'indice majoré* par la valeur du point[14]. On obtient ainsi le salaire mensuel (hors prime).

[14] La valeur du point est publiée au Journal officiel, et valable pour l'ensemble de la fonction publique française.

EXEMPLE Pour un grade correspondant à un indice majoré de 323 points, avec une valeur du point de 4,63 euros, le salaire de base sera de : 323 × 4,63 soit 1 495,49 euros bruts[15].

- S'ajoute ensuite *le régime indemnitaire*. Celui-ci, fixé par les textes, est en partie laissé à l'appréciation de l'organe délibérant.

Les éléments obligatoires d'une rémunération sont :

- le salaire indiciaire (salaire de base) ;
- l'indemnité de résidence si la collectivité est sur le territoire permettant d'y participer (trois zones en France, à 3 % du salaire de base, à 1 % ou nulle) ;
- le supplément familial (si le conjoint ne le touche pas) ;
- 50 % du Pass Navigo en Île-de-France (sur 11 mois).

Tout autre régime indemnitaire est laissé à l'appréciation de la collectivité. Sur proposition de l'exécutif, l'assemblée délibérante devra voter une ligne de dépenses budgétaires afin de pouvoir attribuer un régime indemnitaire aux agents de la collectivité. Autrement dit, elle devra augmenter les impôts locaux pour verser des primes aux agents territoriaux.

Les positions administratives

Chaque agent titulaire est placé par sa collectivité dans une position qui correspond à sa situation administrative. Les plus habituelles sont les suivantes.

La position d'activité

C'est la plus courante : elle concerne l'agent qui exerce à temps plein ou à temps partiel ses fonctions dans la collectivité. Un agent en congé annuel, en formation, en maladie ou en maternité est considéré comme étant en activité.

Le congé parental

Il est accordé sous certaines conditions concernant la vie familiale de l'agent, et au maximum jusqu'au 3e anniversaire de l'enfant. Il garantit de retrouver ensuite un emploi dans sa collectivité.

La mise à disposition

Elle peut permettre d'exercer ses fonctions dans un autre organisme (ex. : une association ou une organisation syndicale). La rémunération et la carrière sont dans ce cas gérées par la collectivité d'origine, qui reste l'employeur.

La disponibilité

Elle permet à l'agent, pour des raisons qui lui sont propres, et pour une certaine période, de suspendre son activité professionnelle, sans rémunération. La réintégration n'est pas automatique.

Le détachement

Il peut permettre à un agent de demander à travailler dans une autre fonction publique que celle d'origine de l'agent.

---

[15] Valeur en 2015.

EXEMPLE

- Un agent municipal demande à aller travailler dans un service de l'État (Préfecture).
- Un agent hospitalier souhaite venir travailler dans une commune.

- Son *statut*, sa *carrière* et sa *rémunération* seront gérés par le nouvel employeur, tandis que son administration d'origine conserve son dossier et lui fait bénéficier, en parallèle, de l'avancement à l'ancienneté. Son employeur d'origine prend un arrêté plaçant cet agent en détachement pendant un an.
- Cette période *peut se renouveler*. Il peut demander soit son intégration définitive dans sa nouvelle administration, soit sa réintégration dans son administration d'origine, dans la limite des postes vacants. La réintégration n'est pas automatique.

La mutation

La mutation *n'est pas* une position administrative, puisqu'elle ne traduit que le passage d'un agent de la fonction publique territoriale d'une collectivité territoriale dans une autre collectivité territoriale (de commune à commune, de commune à conseil général) ou d'une administration de l'État à une autre administration de l'État ou d'un hôpital public à un autre hôpital public. C'est une décision qui permet de changer d'employeur mais en restant dans la même fonction publique, donc avec le même statut, contrairement au détachement où l'agent change de fonction publique.

Synthèse

La carrière d'un agent de la fonction publique territoriale se déroule en sept étapes, qui sont résumées dans le tableau 7.5.

TABLEAU 7.5. Récapitulatif du déroulement de la carrière du fonctionnaire territorial.

1. Recrutement	Sur liste d'aptitude après concours ou par voie directe
2. Nomination	Dans le 1er grade du cadre d'emplois
3. Stage	Période probatoire
4. Titularisation	Si tout s'est bien passé, l'agent devient fonctionnaire titulaire
5. Avancement	D'échelon (de droit à l'intérieur du grade) ou de grade dans le cadre d'emplois (sous conditions)
6. Accès à un nouveau cadre d'emplois	Après concours ou examen professionnel ou promotion interne
7. Cessation de fonction	Retraite, démission, licenciement

S'ENTRAÎNER

QCM

1. Les agents territoriaux spécialisés des écoles maternelles constituent :

A. Un cadre d'emplois de catégorie C. ☐
B. Un cadre d'emplois de catégorie B. ☐
C. Un cadre d'emplois médico-social. ☐
D. Un cadre d'emplois technique. ☐
E. Un poste. ☐
F. Une filière. ☐
G. Un corps. ☐

2. Qui est le chef hiérarchique de l'ensemble du personnel communal ?

A. Le préfet. ☐
B. Le chef de service. ☐
C. Le directeur général des services communaux. ☐
D. Le maire. ☐
E. Le directeur de l'école. ☐

3. Pour vous nommer agent territorial spécialisé des écoles maternelles, le maire prend :

A. Une délibération. ☐
B. Une circulaire. ☐
C. Un arrêté réglementaire. ☐
D. Une ordonnance. ☐
E. Un arrêté individuel. ☐

4. Le fonctionnaire territorial est titulaire :

A. De son poste. ☐
B. De son emploi. ☐
C. De son grade. ☐
D. De son cadre d'emplois. ☐

5. Un fonctionnaire territorial qui rejoint la fonction publique de l'État :

A. Fait jouer son droit à détachement. ☐
B. Fait jouer son droit à mutation. ☐
C. Effectue une rotation. ☐

6. Les professeurs des écoles publiques :

A. Sont des fonctionnaires de l'État. ☐
B. Sont des fonctionnaires territoriaux. ☐
C. Sont nommés par le maire. ☐
D. Sont nommés par l'Inspection académique. ☐

7. La promotion interne :

A. Permet de changer de cadre d'emploi. ☐
B. Permet parfois de changer de catégorie. ☐
C. Permet de changer de grade dans un même cadre d'emplois. ☐
D. Dépend exclusivement de la volonté du maire. ☐
E. Est un droit. ☐

8. Les positions administratives que peut avoir un fonctionnaire sont :

A. L'activité. ☐
B. Le détachement. ☐
C. Le congé parental. ☐
D. La mutation. ☐
E. Les disponibilités. ☐
F. La mise à la retraite. ☐
G. Le congé maternité (ou paternité). ☐

9. La titularisation des ATSEM intervient, sauf dispense :

A. À l'issue d'une année de stage. ☐
B. Dès le recrutement par la collectivité. ☐
C. Avant la réussite du concours d'ATSEM. ☐

10. La liste d'aptitude :

A. A une valeur nationale. ☐
B. N'est valable que dans le département où a été passé le concours. ☐
C. Est valable un an. ☐
D. Est valable deux ans. ☐
E. Est valable un an renouvelable deux fois. ☐

CORRIGÉS

1. A, C ; **2.** D (le DGSM et la DRH n'agissent que par délégation du maire) ; **3.** E (l'arrêté réglementaire a une portée collective) ; **4.** C ; **5.** A ; **6.** A, D (les enseignants sont des agents de l'État) ; **7.** A, B (à l'intérieur du cadre d'emplois, cela s'appelle un avancement de grade, la promotion interne permet de changer de cadre d'emplois) ; **8.** A, B, C, E (la mutation n'est qu'un simple changement d'employeur dans la même fonction publique. L'agent est rayé des cadres de son ancien employeur. L'employeur d'origine transfère le dossier de l'agent à son nouvel employeur) ; **9.** A ; **10.** A, E.

PARTIE

8

Concours externe : annales corrigées

CHAPITRE 52

Épreuve écrite d'admissibilité

Sujet 1 – Indre[1]

Barème de notation :

- réponse juste : + 1 point;
- réponse fausse ou incomplète : 0 point;
- absence de réponse : 0 point.

1. L'organisation du travail des ATSEM durant le temps scolaire :

A. Est établie par les services de la mairie. ☐
B. Est sous la responsabilité du directeur de l'école. ☐
C. Est établie par l'équipe pédagogique de l'école. ☐
D. Peut être établie par le directeur de l'école après concertation entre tous les partenaires enseignants et ATSEM. ☐
E. La mairie peut avoir un droit de regard lorsqu'il y a conflit. ☐

2. Concernant le travail de l'ATSEM durant le temps scolaire :

A. Il y a un lien hiérarchique entre ATSEM et enseignant. ☐
B. Le rôle de l'ATSEM est complémentaire de celui de l'enseignant. ☐
C. En tant qu'ATSEM, vous pouvez prendre des initiatives dans le cadre pédagogique. ☐
D. En tant qu'ATSEM, vous pouvez animer une activité de classe en suivant les consignes de l'enseignant et en les reformulant au besoin. ☐

3. Dans le cadre de la réforme des rythmes scolaires, les TAP sont :

A. Les territoires d'action périscolaire. ☐
B. Les temps d'activités périscolaires. ☐
C. Les temps d'aide pédagogique. ☐

4. L'autorité :

A. Est un acte éducatif. ☐
B. Est essentielle au développement de l'enfant et le sécurise. ☐
C. Favorise l'intégration sociale de l'enfant. ☐
D. Permet de sanctionner l'enfant qui a transgressé la règle. ☐
E. Permet de corriger physiquement un enfant. ☐
F. Implique la verbalisation de la transgression pour donner du sens à la sanction. ☐

5. Concernant les attributions de poste :

A. Le maire, seul, peut décider du nombre d'ATSEM affecté à l'école maternelle. ☐
B. Chaque classe doit bénéficier du service d'un ATSEM. ☐
C. L'équipe enseignante peut exiger l'affectation d'un ATSEM par classe. ☐
D. Certains personnels peuvent exercer la fonction d'ATSEM sans avoir la qualification. ☐

[1] 2014

© 2015, Elsevier Masson SAS. Tous droits réservés

E. L'ATSEM le plus ancien dans l'école a un statut qui lui permet de choisir ses attributions dans le cadre d'un programme équitable de répartition entre ATSEM. ☐
F. Certains ATSEM peuvent se voir confier des responsabilités particulières comme la gestion des produits d'entretien. ☐

6. Concernant votre rôle d'ATSEM :
A. Vous ne participez à l'éducation de l'enfant que dans les moments d'apprentissage d'habiletés à se vêtir, à gérer ses besoins primaires et à rester dans un bon état d'hygiène. ☐
B. Vous participez à l'éducation de l'enfant dans toutes les activités où vous êtes en contact avec lui. ☐
C. Vous intervenez dans les apprentissages de l'élève. ☐
D. Vous participez à l'organisation des apprentissages. ☐

7. Vous êtes l'ATSEM attaché à une classe qui accueille un enfant handicapé sans AVS (ou AESH) :
A. Vous ne pouvez pas vous occuper de cet enfant parce que vous n'êtes pas AVS (ou AESH). ☐
B. Vous vous occupez exclusivement de cet enfant. ☐
C. Vous vous informez du PAI qui cadre l'accueil de cet enfant. ☐
D. Vous vous occupez de cet enfant sous la responsabilité de l'enseignant. ☐

8. Concernant l'hygiène corporelle de l'enfant :
A. Un enfant atteint de pédiculose ne doit pas être admis à l'école. ☐
B. Si la famille ne se charge pas du traitement contre la pédiculose, vous pouvez l'administrer dans l'intérêt de l'enfant et de ses camarades. ☐
C. Vous devez être vigilant pour que les autres élèves ne soient pas contaminés. ☐
D. Le directeur de l'école peut traiter l'enfant pour combattre la propagation de l'épidémie. ☐

9. Pour le déroulement d'un atelier de peinture, l'enseignant peut attendre de l'ATSEM :
A. Qu'il installe le matériel nécessaire. ☐
B. Qu'il apprenne à l'enfant comment effectuer le mélange de couleur. ☐
C. Qu'il encadre une partie de l'effectif de la classe sous la responsabilité de l'enseignant. ☐
D. Qu'il assure le nettoyage du matériel après l'atelier. ☐
E. Qu'il explique à l'enfant les consignes de l'enseignant. ☐

10. La fonction d'ATSEM a été conçue pour :
A. Assister l'enseignant à l'accueil des enfants et aux divers moments d'activités. ☐
B. Apporter aide et soins d'hygiène aux enfants. ☐
C. Assurer la propreté des locaux et du matériel servant aux enfants. ☐
D. Surveiller seul les enfants en l'absence de l'enseignant. ☐
E. Surveiller seul les enfants pendant la récréation. ☐

11. Pour éviter la propagation de la gastro-entérite, il faut :
A. Se laver les mains régulièrement. ☐
B. Apprendre aux enfants les gestes pour se laver efficacement les mains. ☐
C. Porter un masque de propagation. ☐
D. Désinfecter chaque jour les poignées de portes. ☐
E. Éviter les contacts physiques avec les enfants. ☐
F. Nettoyer les toilettes deux fois par jour. ☐

12. Sur une étiquette, vous lisez les indications suivantes :
Détergent – détartrant ☐
Bactéricide – fongicide ☐

Norme EN 72150 ☐
Dilution au 1/1000e ☐
pH6 – ne pas mélanger ☐
Port de gants conseillé ☐

A. Ce produit est faiblement acide. ☐
B. Ce produit peut s'utiliser dans l'office alimentaire. ☐
C. Le dosage correct de ce produit est : 8 mL pour un seau d'une contenance de 8 L. ☐
D. Ce produit ne détruit pas les moisissures microscopiques. ☐

13. Le balayage humide :

A. Permet de dépoussiérer et laver les sols en une seule opération. ☐
B. Permet d'éviter que les plus petits inhalent des poussières. ☐
C. Permet de diminuer l'encrassement des sols par un dépoussiérage correct. ☐
D. Peut n'être effectué qu'une fois par semaine. ☐
E. Permet d'éviter le lavage des sols. ☐

14. La marche en avant est :

A. Une activité ludique qui permet aux enfants d'apprendre à marcher plus rapidement. ☐
B. Un jeu facilitant le développement moteur de l'enfant. ☐
C. Une pratique qui permet d'éviter les bousculades d'enfants. ☐
D. Une méthode de travail qui permet d'éviter la contamination des aliments servis en allant du sale vers le propre. ☐
E. Une activité physique consistant à faire marcher l'enfant sur une poutre placée à faible hauteur pour lui faire prendre confiance en lui. ☐

15. Depuis la rentrée scolaire 2014/2015, la réforme des rythmes scolaires est applicable dans toutes les écoles publiques. Cocher les affirmations qui sont justes :

A. Les temps scolaires sont obligatoirement répartis sur 9 demi-journées. ☐
B. La nouvelle organisation des temps scolaires vise à mieux répartir les heures de classe sur la semaine afin de permettre les apprentissages fondamentaux dans les meilleures conditions. En effet, il est prouvé que les enfants sont plus réceptifs aux apprentissages le matin. ☐
C. Les temps d'animation périscolaires mis en place à l'issue des journées de classe sont obligatoires pour tous les enfants. ☐
D. Les ATSEM doivent obligatoirement proposer et encadrer des activités pour les temps d'animation périscolaires. ☐

16. Vous êtes chargé d'assurer la taille des crayons de couleur qui serviront aux élèves au cours d'un atelier d'arts plastiques. Cette tâche sera effectuée dans le local qui vous est réservé, en dehors de la présence des enfants. Vous constatez que le seul taille-crayon mis à disposition présente un défaut sur le câble d'alimentation : vous pouvez apercevoir le fil de cuivre sous la gaine qui semble usée. Quelle sera votre attitude?

A. Vous isolez le câble d'alimentation en utilisant de la bande adhésive prévue pour cet usage. ☐
B. Vous débranchez la fiche et le signalez au service chargé de la maintenance. ☐
C. Vous débranchez l'appareil et effectuez la réparation du câble d'alimentation en utilisant de la bande adhésive prévue pour cet usage. ☐
D. Vous signalez le défaut au service chargé de la maintenance et effectuez votre tâche de façon prudente jusqu'à l'intervention du service. ☐
E. Vous effectuez votre tâche sans prévenir le service de maintenance sachant que ce n'est pas votre responsabilité ☐

17. Après le retour des enfants dans leur classe, en début d'année scolaire, vous constatez qu'un enfant reste seul dans le couloir en pleurant. Il ne retrouve pas la salle de classe. Que pouvez-vous faire?

A. Connaissant l'enfant, vous poursuivez votre chemin. ☐
B. Vous saisissez l'enfant par la main et le reconduisez en classe auprès de son enseignant. ☐
C. Vous consolez l'enfant et l'invitez à vous accompagner dans le local qui vous est dédié pour qu'il se calme. ☐
D. Vous le grondez car ce n'est pas la première fois qu'il fait une colère, puis le ramenez dans la classe auprès de son enseignant. ☐
E. Vous ramenez l'enfant dans la classe du directeur en dénonçant cette situation préjudiciable à l'enfant. ☐

18. Vous intervenez quotidiennement au moment du réveil des enfants de la section des petits. Une maman vous a demandé en début de journée, au moment de l'accueil (temps scolaire), de réveiller désormais son fils à 15 h précises. Elle affirme qu'une heure de sieste lui suffit et qu'en cas de sieste longue, il ne parvient à s'endormir que tardivement le soir et qu'il éprouve ensuite des difficultés à se réveiller le matin pour venir à l'école. Comment réagissez-vous?

A. Vous comprenez bien la demande de la maman et vous réveillez systématiquement l'enfant à 15 h. ☐
B. Vous répondez à la maman que son fils est sous la responsabilité de l'école pendant le temps solaire et qu'il serait souhaitable de prendre rendez-vous avec le directeur pour trouver une solution adaptée. ☐
C. Vous répondez à la maman qu'il n'est pas question qu'il soit réveillé à 15 h car tous les enfants doivent dormir jusqu'à 15 h 30 afin de respecter le planning du service des ATSEM. ☐
D. Vous réveillez l'enfant à 15 h mais vous n'en informez pas l'enseignant pour éviter d'avoir à vous justifier. ☐
E. Vous répondez à la maman qu'elle doit s'adresser à l'enseignant. ☐

19. Vous assurez le service des «TAP», dans le cadre de la réforme des rythmes scolaires, à la demande de votre collectivité. Une altercation avec l'enseignant au sujet de l'utilisation des espaces a lieu.

A. Vous êtes sous la responsabilité de l'enseignant, vous devez écouter les consignes. ☐
B. Vous continuez d'accueillir les enfants en utilisant les espaces de l'école. ☐
C. Vous avez une conversation ferme avec lui pour lui rappeler que vous assumez cette situation et qu'il n'est pas en droit de vous dicter ce que vous devez faire. ☐
D. Vous vous adressez à votre employeur pour signaler cette situation. ☐
E. Vous avertissez les parents en fin de journée. ☐

20. Qu'est-ce qu'un jeu symbolique?

A. Un jeu pour décompter les enfants d'une classe. ☐
B. Un jeu pour apprendre les symboles, les chiffres et les lettres. ☐
C. Un jeu pour enfant avec des cartes où figurent des symboles. ☐
D. Un jeu qui doit être chronométré. ☐
E. Un jeu où les enfants «font semblant» de simuler des personnages, des rôles, etc. ☐

CORRIGÉS

1. A et E. L'organisation du travail des ATSEM pendant le temps scolaire relève du directeur de l'école. Bien sûr, en cas de conflit, le responsable municipal peut intervenir.
2. B et D. L'ATSEM travaille pendant le temps de classe sous la responsabilité de l'enseignant qui peut lui confier la tenue d'un atelier. Dans cet atelier, l'ATSEM doit respecter les cadres de travail établis par l'enseignant. Il est toujours souhaitable de répéter et de faire redire la consigne de travail par les élèves pour s'assurer qu'elle est bien comprise.
3. B.
4. B, C et F. L'autorité doit être naturelle chez l'adulte qui s'occupe de jeunes enfants. Dans le cadre scolaire, l'autorité permet aux élèves d'intégrer les règles de vie. L'autorité rassure l'enfant qui teste l'adulte pour trouver les limites. La verbalisation des règles et des explications en cas de transgression sont indispensables dans le cadre de l'école maternelle où la langue orale structure toutes les activités et est le principal vecteur des apprentissages sociaux.
5. A, D et F. Le maire décide du nombre d'ATSEM qu'il affecte aux écoles maternelles de sa commune. Des agents peuvent exercer des fonctions d'ATSEM dans une école sans en posséder le diplôme. La répartition des tâches et des missions au sein de l'école dépend du directeur.
6. B. L'ATSEM participe à l'éducation des enfants à tous les moments de la journée et dans toutes les activités que l'enseignant lui demande d'organiser, qu'il s'agisse de soins aux enfants ou d'apprentissages.
7. D. L'ATSEM doit s'occuper d'un enfant handicapé scolarisé dans la classe où elle travaille. Elle le fait sous la responsabilité de l'enseignant. Un enfant handicapé n'a pas obligatoirement une aide humaine (AVS ou AESH) ni un PAI.
8. C. La pédiculose n'est pas un cas d'exclusion. Aucun traitement ne peut être dispensé à l'école.
9. A, C, D et E. L'ATSEM doit installer l'atelier peinture selon les directives de l'enseignant, elle gère un groupe d'élèves sous la responsabilité de l'enseignant et fait appliquer par les élèves les consignes données par l'enseignant.
10. A, B et C. Les missions des ATSEM sont de trois ordres : aide aux élèves dans les activités sous les directives de l'enseignant, soins aux enfants et mise en propreté des locaux et du matériel.
11. A, B, D et F. Dans le cas d'épidémie de gastro-entérite, il faut renforcer les mesures d'hygiène : se laver les mains plusieurs fois par jour, après les passages aux toilettes et après avoir changé un enfant, apprendre aux enfants à se laver les mains soigneusement et efficacement. Les toilettes seront également lavées plusieurs fois par jour et les poignées de portes désinfectées au quotidien.
12. A, B et C.
13. A, B et C. Le balayage humide est une excellente technique de nettoyage des sols qui associe le dépoussiérage et le lavage. Il est donc très hygiénique et évite l'encrassement des sols; il faut le pratiquer au quotidien.
14. D.
15. A et B. La nouvelle organisation des rythmes scolaires organise le temps scolaire sur 9 demi-journées afin de favoriser les apprentissages des élèves le matin. Selon les études produites par des spécialistes, les enfants sont plus réceptifs aux apprentissages le matin.
16. B. Il n'est pas question de bricoler, il faut respecter à la lettre les règles de sécurité.
17. B. En début d'année, il n'est pas rare qu'un enfant s'égare; l'enfant rassuré, il faut le raccompagner en classe, l'enseignant sera content de retrouver tous ses élèves.
18. B et E. Seuls l'enseignant ou le directeur peuvent expliquer à cette maman l'intérêt de faire la sieste pour son enfant ou trouver un aménagement spécifique si cela s'impose.

19. B et D. La nouvelle organisation des rythmes scolaires prévoit l'organisation de TAP sur le temps périscolaire. À ce moment-là, c'est la mairie qui est responsable de l'utilisation des locaux. Pas de polémiques devant les enfants, vous poursuivez l'activité et vous en référerez auprès du responsable du périscolaire.
20. E. Le jeu symbolique se trouve aussi sous la définition «jeu d'imitation».

Sujet 2 – Haute-Garonne[2]

1. Rappeler le rôle de la PMI (plusieurs réponses attendues) :

A. Proposition d'agrément des assistantes maternelles. ☐
B. Contrôle sanitaire des établissements accueillant des enfants de moins de 6 ans. ☐
C. Aide financière des établissements accueillant des enfants de moins de 6 ans. ☐
D. Agrément des établissements et services publics et privés qui concourent au placement des enfants de moins de 6 ans. ☐
E. Aide au recrutement du personnel qualifié. ☐

2. Quelles sont les règles de nettoyage et de décontamination de l'environnement? (plusieurs réponses attendues)

A. Aller du plus propre au plus sale. ☐
B. Procéder à un dépoussiérage humide. ☐
C. Utiliser une serpillière différente pour chaque pièce. ☐
D. Nettoyer du bas vers le haut. ☐
E. Nettoyer du haut vers le bas. ☐

Quelle est l'utilité d'un code couleur pour des lavettes de nettoyage?

F. Permet d'utiliser une couleur différente pour chaque type de surface. ☐
G. Permet d'utiliser une couleur spécifique par type de contamination. ☐
H. Permet d'utiliser une couleur différente par pièce. ☐

3. Une maman vous informe que son enfant est atteint de saturnisme. Il s'agit : (une bonne réponse attendue)

A. D'une maladie des yeux. ☐
B. D'une allergie. ☐
C. D'une intoxication au plomb. ☐
D. D'une maladie de la peau. ☐

4. Le projet d'école est : (une bonne réponse attendue)

A. Un recueil de procédure d'hygiène. ☐
B. Un référentiel de compétences. ☐
C. Un règlement intérieur. ☐
D. Un document de l'équipe pédagogique décrivant les objectifs éducatifs. ☐

5. Vous êtes en désaccord avec les méthodes d'un enseignant remplaçant : (plusieurs bonnes réponses attendues)

A. Vous ne pouvez pas continuer à travailler avec lui. Vous refusez de suivre ses consignes.
B. Vous dites aux enfants que vous-même, vous ne comprenez pas et laissez les enfants faire ce qu'ils peuvent. ☐
C. Vous en parlez au directeur sans plus attendre. ☐
D. Vous n'avez pas à intervenir sur ce qu'il a décidé de mettre en place. ☐

---

2. 2014

E. Vous en discutez avec l'enseignant hors de la présence des enfants et lui faites part de ce que vous avez pu observer. ☐

6. Vous êtes en surveillance dans le dortoir, il y'a de la fumée. L'alarme incendie se déclenche : (plusieurs bonnes réponses attendues)

A. L'air le moins vicié se trouve en hauteur. ☐
B. L'air le moins vicié se trouve près du sol. ☐
C. L'air le moins vicié se trouve à mi-hauteur. ☐
D. L'air le moins vicié se trouve derrière une armoire. ☐
E. Vous allez chercher le directeur. ☐
F. Vous demandez aux enfants de rejoindre leur classe. ☐
G. Vous appliquez le protocole d'incendie affiché. ☐

7. L'enseignante se trouve dans la salle de classe avec un groupe d'enfants. Elle vous propose de prendre en charge le groupe d'enfants installé dans la bibliothèque qui jouxte la salle de classe : (plusieurs bonnes réponses attendues)

A. Vous n'êtes pas autorisé à animer l'atelier car l'enseignante n'est pas dans la même salle.
B. Vous animez l'animation comme vous l'entendez, l'enseignante n'étant pas à vos côtés.
C. Vous pouvez animer le groupe après avoir reçu les consignes de l'enseignante.
D. Vous pouvez animer le groupe car la salle de classe se situe juste à côté de la bibliothèque.

8. Les ATSEM sont tenus à une obligation de réserve et de discrétion professionnelle, cela signifie que : (une bonne réponse attendue)

A. Vous pouvez informer les parents du travail de leur enfant en classe. ☐
B. Vous pouvez informer les parents des petits soucis de leur enfant quand ça n'est pas sur le temps de classe. ☐
C. Vous devez informer l'enseignant en cas de doute sur un enfant. ☐
D. Vous ne pouvez donner aucune information sur les enfants et l'école à des personnes extérieures à la communauté éducative. ☐

9. Un enfant saigne du nez : (plusieurs bonnes réponses attendues)

A. Vous lui faites cracher le sang et rincer la bouche. ☐
B. Vous lui mettez la tête en arrière quelques instants. ☐
C. Vous lui comprimez la narine. ☐
D. Vous lui mettez un morceau de coton dans la narine. ☐

10. À la cantine, un enfant de 5 ans semble s'étouffer avec un morceau de pomme. Que faites-vous? (plusieurs bonnes réponses attendues)

A. Vous lui tapotez le dos. ☐
B. Vous lui donnez à boire. ☐
C. Vous essayez de retirer le morceau de pomme avec vos doigts. ☐
D. Vous pratiquez la méthode de Heimlich. ☐
E. Vous faites prévenir l'enseignante. ☐

11. Un enfant vient de se brûler superficiellement le doigt en touchant une bougie d'anniversaire : (plusieurs bonnes réponses attendues)

A. Vous appliquez un glaçon sur la brûlure. ☐
B. Vous laissez couler de l'eau froide sur la brûlure. ☐
C. Vous désinfectez avec un antiseptique. ☐
D. Vous passez une pommade grasse. ☐
E. Vous protégez à l'aide d'un pansement. ☐

12. Vous accueillez un enfant intolérant au gluten pour lequel un PAI a été établi. Un PAI est : (plusieurs bonnes réponses attendues)

A. Un projet d'aide individualisé ☐
B. Un projet d'accueil aux intolérances ☐
C. Un projet d'aide et intervention ☐
D. Un projet d'accueil individualisé ☐

Parmi ces aliments, lesquels ne donnerez-vous pas à un enfant intolérant au gluten?

E. Les pâtes ☐
F. Les bananes ☐
G. Les haricots verts ☐
H. Les yaourts ☐
I. Le pain

13. Au lever de la sieste, un enfant à 38,6 °C de fièvre : (plusieurs bonnes réponses attendues)

A. Vous lui donnez un bain. ☐
B. Vous découvrez l'enfant. ☐
C. Vous lui donnez un antithermique et appelez les parents. ☐
D. Vous lui donnez à boire de l'eau régulièrement. ☐

14. Pierre, 4 ans, arrive à l'école avec les yeux collés et des écoulements jaunes. Il se frotte par ailleurs régulièrement les yeux : (une bonne réponse attendue)

A. Vous lui passez un gant humide sur le visage pour calmer ses démangeaisons. ☐
B. Vous lui dites qu'il a encore oublié de se laver ce matin. ☐
C. Vous le nettoyez avec un mouchoir en papier. ☐
D. Vous le signalez aux parents le soir. ☐

15. À partir de quel âge un enfant joue-t-il à des jeux symboliques? (une bonne réponse attendue)

A. 2 ans. ☐
B. 3 ans. ☐
C. 4 ans. ☐
D. 5 ans. ☐

16. Un enfant apyrétique est : (une bonne réponse attendue)

A. Un enfant ayant des incontinences urinaires. ☐
B. Un enfant qui émet des selles incontrôlées. ☐
C. Un enfant qui n'a pas de fièvre. ☐
D. Un enfant qui a des terreurs nocturnes. ☐
E. Un enfant insensible à la douleur. ☐

17. Quelle quantité de détergent allez-vous utiliser dans 15 litres d'eau si vous avez un produit qui se dilue à 0,6 %?

A. 9 mL ☐
B. 15 mL ☐
C. 90 mL ☐
D. 150 mL ☐

Un détergent est un produit qui :

E. S'attaque aux micro-organismes. ☐
F. Élimine les matières grasses. ☐
G. Évite la dispersion des salissures. ☐
H. Nettoie en dissolvant les impuretés. ☐

18. Vous êtes ATSEM, vous devez protéger votre dos. Que devez-vous faire? (plusieurs bonnes réponses attendues)

- **A.** Arrondir votre colonne vertébrale à chaque fois que vous vous baissez. ☐
- **B.** Éviter de porter les enfants longtemps. ☐
- **C.** Pour porter une charge, se baisser en pliant les jambes. ☐
- **D.** Garder la colonne vertébrale droite. ☐
- **E.** Se pencher en avant pour porter une charge. ☐

19. Pendant la récréation, un enfant hurle, il vient de se faire piquer par une guêpe : (plusieurs bonnes réponses attendues)

- **A.** Vous calmez l'enfant. ☐
- **B.** Vous essayez de faire sortir le dard en pressant la peau pour soulager l'enfant. ☐
- **C.** Vous refroidissez la piqûre. ☐
- **D.** Vous prévenez l'enseignante. ☐

20. La maman de Lucie vous demande d'interdire au père de sa fille de venir la prendre à la sortie de l'école car ils sont séparés : (une bonne réponse attendue)

- **A.** Vous prenez en compte sa demande. ☐
- **B.** Vous lui expliquez qu'il faut un justificatif juridique et vous en parlez à l'enseignante. ☐
- **C.** Vous ne remettez pas l'enfant. ☐
- **D.** Vous lui dites que vous préviendrez le père. ☐

CORRIGÉS

1. A, B et C.

2. A, B, E et F. Les règles de nettoyage et de décontamination sont précises : il faut toujours nettoyer en allant du plus propre au plus sale, et il faut procéder à un dépoussiérage *humide*; le dépoussiérage sec est totalement prohibé car il remet les poussières en suspension.

Attention : la «serpillière» est bannie de toutes les collectivités. On utilise aujourd'hui des gazes ou des franges dans la procédure du «*balayage humide*»; celles-ci doivent être changées pour chaque pièce.

Rappelons que le nettoyage s'effectue du haut vers le bas en utilisant des lavettes de couleurs différentes. Chaque structure d'accueil des enfants établit son propre «*code de couleurs*» qui correspond aux surfaces. Ex. : rouge pour les WC, bleu pour les lavabos, vert pour les vitres, jaune pour le dépoussiérage humide des meubles, etc.

3. C.

4. D.

5. C, D et E. L'ATSEM n'est pas en situation d'évaluer les méthodes pédagogiques d'un enseignant, même s'il est remplaçant. Il sera utile d'en parler à l'enseignant qui aidera certainement l'ATSEM à comprendre ses procédures et ses méthodes d'apprentissage. Seul l'inspecteur peut évaluer les enseignants. Si l'ATSEM pense que les enfants sont «en danger», il est effectivement utile et judicieux d'en parler au directeur.

6. B et G. En cas d'incendie, il faut appliquer les consignes de sécurité.

7. C et D. L'enseignante peut confier un groupe d'enfants à l'ATSEM, elle lui donne les consignes de travail à appliquer.

8. D. Un ATSEM ne doit donner aucune information concernant un enfant à un parent.

9. C. L'objectif est de freiner l'écoulement du sang de l'enfant le plus rapidement possible par une action «*mécanique*» (comprimer la narine). Si besoin, selon l'importance du saignement, l'infirmier du groupe scolaire peut lui mettre dans la narine une mèche imbibée d'un produit coagulant qui a une action efficace et rapide.

10. D et E.

11. B. Le fait de laisser couler de l'eau froide sur la brûlure (au moins 5 minutes) permet une action *antalgique* (atténue considérablement la douleur) et freine l'extension de la brûlure.

12. D, E, H et I. Le gluten est une protéine des céréales (blé, avoine, seigle, orge, etc.). Un enfant intolérant au gluten ne doit manger ni pâtes, ni yaourts, ni pain.

13. C et D. En attendant les parents, il faut découvrir l'enfant et le faire boire. Pour mémoire, il n'y a aucun médicament à l'école sauf dans le cas d'un PAI.

14. D.

15. A.

16. C.

17. C, F et H.

- La quantité du détergent est de 90 mL.
- Le détergent est un produit qui élimine les matières grasses et dissout les impuretés. Toutefois, il ne s'attaque pas aux micro-organismes comme le font les produits *détergents-désinfectants (DD)*.

18. C et D. Les règles d'ergonomie précisent que pour protéger le dos, il faut avant tout «*savoir porter une charge*». Il est donc conseillé de se baisser en pliant légèrement les jambes (l'effort portera sur les muscles des cuisses) et de garder la colonne vertébrale bien droite.

19. A, C et D.

20. B. Il faut toujours se tenir à ce qui est stipulé dans le jugement que, dans ces situations spécifiques, les parents ont dû remettre à l'enseignant. Sans jugement, les deux parents sont réputés avoir l'autorité parentale conjointe.

Sujet 3 – Gard[3]

1. L'enseignant vous informe que les crédits budgétaires alloués au petit matériel (pâte à modeler, peinture, etc.) par la mairie sont épuisés au 30 avril, que faites-vous?

A. Ce n'est pas votre problème, l'enseignant résoudra cette difficulté avec le directeur de l'école. ☐
B. Vous proposez d'organiser des activités jusqu'à la fin de l'année scolaire ne nécessitant pas de besoin en fournitures pour les activités manuelles. ☐
C. Vous établissez une liste de matériel à acheter par les parents. ☐
D. Vous informez les parents que leurs enfants ne pourront plus faire d'activités manuelles jusqu'à la fin de l'année scolaire. ☐
E. Vous demandez à vos collègues ATSEM des autres classes si elles peuvent vous dépanner. ☐

2. Les enfants sont dans la cour de récréation à 16 h 45, durant le temps des études surveillées réalisées par les enseignants. Vous êtes affecté(e) à leur surveillance, lorsque vous vous apercevez qu'un enfant vient de franchir la grille de l'école et s'enfuit en courant :

A. Vous alertez sans délai l'enseignant qui assure dans sa classe l'étude surveillée. ☐
B. Vous partez à la poursuite de l'enfant en laissant les autres enfants sans surveillance. ☐
C. Vous prévenez le responsable du service éducation de la mairie. ☐
D. Vous prévenez le directeur de l'école. ☐
E. Vous informez les parents. ☐

[3] 2013

3. Les ATSEM :

A. Sont des agents de catégorie C. ☐
B. Ont pour supérieur hiérarchique le directeur de l'école. ☐
C. Participent à la communauté éducative. ☐
D. Sont des agents territoriaux. ☐
E. Peuvent cumuler leur emploi à temps plein avec un emploi salarié dans le privé. ☐
F. Sont membres du conseil d'école. ☐

4. Au moment de laisser Paul à l'école, sa maman, une amie de longue date, vous donne discrètement les médicaments que Paul doit prendre au moment du repas pour soigner son allergie :

A. Vous mettez le médicament dans votre sac pour pouvoir le donner à Paul au moment du repas. ☐
B. Vous orientez la maman vers l'enseignant. ☐
C. Vous acceptez en notant bien la posologie et l'heure. ☐
D. Vous refusez sous prétexte que vous avez peur d'oublier. ☐
E. Vous refusez car ce n'est pas de votre responsabilité. ☐

5. Vous accompagnez les enfants durant la sieste et Léa, 3 ans et demi, se réveille après 10 minutes de sieste et pleure dans son lit :

A. Vous élevez la voix et lui demandez de cesser ses pleurs. ☐
B. Vous la raccompagnez tout de suite dans la classe auprès de l'enseignante. ☐
C. Vous vous assurez de l'absence d'anomalie et de son état de santé. ☐
D. Vous échangez avec elle pour tenter de comprendre la cause de ses pleurs. ☐
E. Vous insistez sur la nécessité du sommeil durant la sieste pour aller jouer ensuite. ☐

6. Vous accompagnez les enfants de grande section pendant le repas à la cantine :

A. Les enfants disposent de fourchette et cuillère et vous coupez la viande pour aller plus vite. ☐
B. Les enfants disposent de couteau et fourchette et vous leur apprenez à s'en servir. ☐
C. Vous leur présentez les plats et leur commentez l'origine des aliments. ☐
D. Vous leur demandez de respecter la règle du silence pendant le repas. ☐
E. Vous exigez de finir le contenu de l'assiette pour obtenir le dessert. ☐

7. Au cours de l'atelier peinture dont vous êtes responsable, un enfant porte à la bouche son pinceau imprégné de peinture, que faites-vous?

A. Vous le changez de groupe d'activité. ☐
B. Vous l'essuyez, enlevez l'excédent de peinture et rincez sa bouche. ☐
C. Vous appelez le centre anti-poison. ☐
D. Vous lui expliquez que la peinture n'est pas comestible. ☐
E. Vous le montrez à tous les enfants comme contre-exemple. ☐

8. La directrice de l'école vous confie la responsabilité du dortoir pour la journée :

A. Vous changez les draps après la sieste. ☐
B. Vous aérez la pièce dès le matin. ☐
C. Vous nettoyez le sol. ☐
D. Vous désinfectez les lits en fin de journée. ☐
E. Vous vaporisez avant la sieste le dortoir d'un spray désodorisant. ☐

9. Vous devez assurer l'entretien du bloc sanitaire quotidiennement :

A. Vous désinfectez les murs autour des toilettes. ☐
B. Vous versez un détartrant dans les cuvettes. ☐

C. Vous lavez et désinfectez l'extérieur des cuvettes. ☐
D. Vous nettoyez les distributeurs de savon. ☐
E. Vous lavez le lavabo avec un détergent. ☐

10. En cas d'épidémie de poux :
A. Vous lavez toute la literie du dortoir. ☐
B. Vous lavez tous les doudous des enfants. ☐
C. Vous appliquez un produit préventif sur les cheveux des enfants. ☐
D. Vous portez obligatoirement une charlotte pour protéger vos cheveux. ☐

11. Pendant la récréation, un enfant tombe et se fait une bosse au front :
A. Vous prévenez tout de suite les parents. ☐
B. Vous informez l'enseignant responsable de la récréation. ☐
C. Vous mettez une compresse chaude sur le front. ☐
D. Vous appliquez une pommade que vous utilisez couramment avec vos enfants. ☐
E. Vous observez le comportement de l'enfant durant la suite des activités. ☐

12. Deux enfants se bagarrent pendant la récréation :
A. Vous intervenez physiquement pour les séparer. ☐
B. Vous n'intervenez pas dans le conflit. ☐
C. Vous criez pour faire cesser la bagarre. ☐
D. Vous suscitez un dialogue explicatif avec les enfants. ☐
E. Vous punissez les enfants en les privant de jeux. ☐

13. Vous assurez l'accueil le matin durant le temps périscolaire, vous avez un rôle de :
A. Surveillance. ☐
B. Garderie. ☐
C. Transmission de l'information. ☐
D. Animation. ☐
E. Soutien scolaire. ☐

14. Pour vous, l'entrée de l'enfant à l'école maternelle est :
A. Un passage de la maison à l'école qui doit respecter le rythme de l'enfant. ☐
B. Un temps et un lieu d'apprentissage des règles de la vie en collectivité. ☐
C. Une rupture nécessaire sur un temps court. ☐
D. Un temps et un lieu que les parents ne doivent pas trop investir. ☐
E. Un temps d'échange avec les parents pour mieux connaître l'enfant. ☐

15. L'ATSEM doit s'adapter à l'évolution du contexte professionnel, pour cela elle peut :
A. Suivre des formations. ☐
B. Participer aux séances du conseil d'école. ☐
C. Passer des examens qualifiants. ☐
D. S'abonner à des revues spécifiques. ☐
E. Susciter des temps de rencontres avec d'autres ATSEM. ☐

16. Lors de la sortie hebdomadaire à la piscine :
A. Vous faites partie obligatoirement de l'encadrement. ☐
B. Vous animez un atelier d'activité nautique. ☐
C. Vous vous occupez de déshabiller et d'habiller les enfants. ☐
D. Vous assurez dans la classe un atelier d'activité manuelle avec trois enfants de la classe ayant une contre-indication médicale pour l'activité piscine. ☐
E. Vous accompagnez à la piscine avec votre véhicule un enfant arrivé en retard. ☐

17. À 8 h 20, heure de rentrée des classes, l'enseignant n'est pas arrivé :
- **A.** Vous avertissez la mairie. ☐
- **B.** Vous assurez l'accueil des enfants. ☐
- **C.** Vous en référez au directeur. ☐
- **D.** Vous démarrez les activités. ☐
- **E.** Vous demandez de l'aide à l'autre ATSEM de l'école. ☐

18. L'ATSEM assiste l'enseignant pour les activités dans la classe :
- **A.** Vous choisissez l'activité que vous souhaitez mettre en place. ☐
- **B.** Vous préparez le matériel nécessaire pour l'atelier. ☐
- **C.** Vous restez en classe avec un groupe pendant que l'enseignant est en salle de motricité. ☐
- **D.** Après l'atelier, vous nettoyez le matériel pendant que l'enseignant est avec la classe dans la bibliothèque de l'école. ☐
- **E.** Vous définissez les objectifs pédagogiques de l'atelier que vous prenez en charge. ☐

19. Un enfant refuse de participer à l'atelier découpage que vous animez :
- **A.** Vous lui tenez la main avec les ciseaux pour qu'il réalise les activités. ☐
- **B.** Vous le mettez à l'écart du groupe. ☐
- **C.** Vous en référez à l'enseignant. ☐
- **D.** Vous discutez avec lui sur son refus. ☐

20. Léa vient de faire pipi à la culotte pour la troisième fois cette semaine :
- **A.** Vous lui mettez une couche. ☐
- **B.** Vous dites aux parents qu'elle ne sera plus acceptée à l'école. ☐
- **C.** Vous informez l'enseignant. ☐
- **D.** Vous lui proposez régulièrement le passage aux toilettes. ☐
- **E.** Vous la changez devant les autres enfants. ☐

CORRIGÉS

1. E. Il est possible de demander aux ATSEM des autres classes s'ils peuvent vous dépanner. L'enseignant peut demander aux parents d'apporter du matériel de récupération; la caisse de coopérative scolaire, s'il en existe une dans l'école, peut exceptionnellement dépanner, mais seul le directeur est qualifié pour établir des commandes selon les crédits alloués par la mairie.
2. A et D. Même si partir à la poursuite de l'enfant qui s'enfuit peut paraître urgent, la première chose à faire est de prévenir l'enseignant et le directeur et de continuer la surveillance des autres élèves.
3. A, C et D. Les ATSEM sont des agents de catégorie C de la fonction publique territoriale. Leur supérieur hiérarchique est le maire de la commune. Le directeur de l'école organise le service pendant le temps scolaire. Les ATSEM ne sont pas membres du conseil d'école toutefois, ils peuvent y participer avec voix consultative s'ils y ont été invités.
4. B et E. Aucun médicament ne peut être administré par un ATSEM à l'école si les parents n'ont pas fait la démarche d'établir un PAI.
5. C. L'ATSEM qui surveille le dortoir doit s'assurer que l'enfant qui pleure n'a pas de problème de santé. Il est bon de se placer à côté d'elle et un bref échange à voix basse devrait résoudre le problème.

6. B et C. Le temps du repas est un temps éducatif par excellence. Apprendre à se servir de ses couverts, à couper sa viande, à connaître et reconnaître ce que l'on mange, identifier les goûts, les familles d'aliments sont autant d'occasions d'échanges langagiers entre l'ATSEM et les enfants mais aussi entre enfants. Bien sûr, on parle à voix basse, il ne doit pas y avoir de chahut, mais pas non plus le silence! Pourtant, il arrive que D soit cité comme bonne réponse...
7. B et D. L'ATSEM fait rincer la bouche à l'élève et lui explique que ça ne se mange pas. L'enfant peut reprendre une activité normale car en principe, les produits utilisés à l'école ne sont pas toxiques. Toutefois, il est prudent de surveiller l'enfant et d'appeler le centre anti-poison à la moindre manifestation suspecte. Il ne faut pas oublier de prévenir l'enseignant.
8. B et C. Le dortoir doit être aéré et le sol nettoyé chaque jour.
9. C, D et E. L'entretien quotidien est rapide, les autres procédures concernent le nettoyage complet.
10. A. La tâche qui vous revient c'est de laver toute la literie pour limiter la propagation. Aucun produit ne peut être appliqué à l'école, sur la chevelure des enfants, que ce soit à titre préventif ou à titre curatif. L'enseignant se chargera de prévenir les parents et de leur préconiser un traitement.
11. B et E. Prévenir l'enseignant et observer le comportement de l'enfant pendant la suite des activités sont les seules choses à faire. La poche de froid peut diminuer la bosse mais en aucun cas, il ne faut appliquer quelque médicament que ce soit et la pommade en est un.
En cas de pâleur, vomissement ou malaise, il faut appeler le SAMU et prévenir les parents.
12. A et D. Il est essentiel d'arrêter la bagarre même s'il faut intervenir physiquement. Il ne sert à rien de crier ni de punir sans donner d'explications. Établir des relations sociales apaisées entre les élèves est un des objectifs du vivre ensemble à l'école maternelle.
13. A et D. L'ATSEM employé sur le temps périscolaire a un rôle de surveillance et une fonction d'animation. Les observations qu'il pourra faire sur ces temps pourront être transmises à l'enseignant afin de compléter les approches concernant un enfant. Aujourd'hui, le terme «garderie» n'est plus utilisé.
14. A et B. L'école est un lieu de socialisation et d'apprentissages. L'enfant y apprend à son rythme.
15. A, B, D et E. Tous les actes de formation collective ou personnelle permettent de mieux investir la dimension du métier. Les échanges entre collègues et avec les membres de l'équipe pédagogiques sont essentiels et formateurs.
16. C. À la piscine, pas de baignade pour l'ATSEM ni d'animation d'atelier... L'ATSEM est chargé de déshabiller et d'habiller les enfants. Jamais il ne sera demandé à un ATSEM ni à un enseignant de transporter un enfant dans son véhicule personnel. C'est même formellement interdit. L'ATSEM n'est pas non plus habilité à garder seul des enfants dans la classe, par contre il peut les garder dans la classe d'un autre enseignant.
17. C. C'est le directeur qui demande des moyens humains pour remplacer les enseignants en congé. En attendant l'arrivée du remplaçant, il procède à l'appel et répartit les élèves dans les autres classes de l'école.
18. B et D. L'ATSEM est chargé de la préparation matérielle et de la remise en état du matériel et des locaux après les activités. Pendant le temps scolaire, c'est l'enseignant qui détermine les objectifs pédagogiques, alors que l'ATSEM peut proposer et conduire des activités dont il a déterminé les objectifs pendant le temps périscolaire.
19. C. L'enseignant doit être averti et c'est l'enseignant qui va gérer le refus de l'élève. Il est probable qu'avec un peu d'aide et quelques mots d'encouragement, l'élève soit motivé et se décide à participer à l'activité.
20. C et D. L'enseignant évoquera avec les parents le problème rencontré par leur enfant. La tâche de l'ATSEM consiste à changer l'enfant sans se fâcher, sans le culpabiliser et surtout hors du regard des autres pour respecter son intimité. Pour prévenir les accidents, il est judicieux de lui proposer plusieurs fois par jour de passer aux toilettes.

CHAPITRE 53

Épreuve orale d'admission

Sujet 1

Définissez les rôles et missions de l'ATSEM pendant le temps scolaire et pendant le temps périscolaire. Expliquez les similitudes et les différences.

CORRIGÉ

Pour traiter cette question, il faut s'appuyer sur son expérience en prenant des exemples sur les deux temps, périscolaire et scolaire, qui rythment les journées et les semaines des ATSEM. Une entrée par le déroulé de l'emploi du temps est une piste intéressante.

- Dès l'arrivée des élèves, le *temps d'accueil* est différent selon que l'enfant débute sa journée au centre d'accueil ou en classe. L'ATSEM est l'adulte qui matérialise le lien entre l'école et la famille, mais aussi le lien entre le temps périscolaire et le temps de classe.

L'individualisation avec chaque enfant est essentielle lors de cette première transition.

- Les *temps d'hygiène* nécessaires tout au long de la journée sont similaires avec une attention toute particulière toutefois pour le lavage des mains avant le temps des repas du midi et du goûter pour les enfants qui y participent.
- La conduite des *activités éducatives* est différente selon les moments de la journée.

En classe, l'ATSEM travaille sous la responsabilité de l'enseignant; il ne propose pas les activités, c'est l'enseignant qui les conçoit selon les objectifs pédagogiques fixés par les programmes et les compétences visées. L'ATSEM assure la préparation matérielle en respectant les préconisations de l'enseignant et conduit l'atelier en respectant le déroulement prévu pour atteindre l'objectif déterminé par l'enseignant.

- Pendant les *temps d'activités périscolaires* (TAP), l'ATSEM est le concepteur de l'activité. Il fixe les cadres. Les activités à conduire sont davantage tournées vers le ludique et les apprentissages sociaux.
- Quel que soit le moment de la journée de l'enfant, l'ATSEM doit veiller à la *sécurité* matérielle et affective de chacun, soigner la *qualité* de la langue orale pour faire entrer chaque enfant dans la compréhension et la communication.

Chargé de la surveillance des récréations et de la sieste sur les temps périscolaires, l'ATSEM en est dégagé pendant le temps scolaire.

- La *pause méridienne* est le moment où le travail de l'ATSEM se montre dans toute sa dimension : l'accompagnement éducatif pendant le repas suivi d'un temps d'activités ludiques puis de temps de surveillance et enfin, hors de la présence des enfants, de tâches matérielles de lavage et remise en ordre.

En toutes circonstances, l'ATSEM doit savoir travailler en équipe.

- Pour conclure, depuis la *réforme des rythmes scolaires* de 2013, le rôle éducatif de l'ATSEM est de plus en plus marqué.

© 2015, Elsevier Masson SAS. Tous droits réservés

Sujet 2

À l'aide d'exemples précis, décrivez et expliquez le rôle, les placements et les relations aux élèves pendant, avant et après les activités physiques.

CORRIGÉ

- En vous appuyant sur votre expérience, il faut évoquer différentes *situations d'activités physiques* : les activités à l'extérieur ou en salle de gymnastique, qu'il s'agisse d'ateliers ou de parcours avec prises de risques, les jeux à règles, les activités aquatiques ou de patinage, les jeux à l'extérieur, la danse, etc.
- Tout d'abord, racontez, s'il y a lieu, la *préparation des élèves* : mettre les chaussons de gymnastique ou simplement enlever les chaussures et rester en chaussettes, en insistant bien sur l'importance du langage en situation : «enfiler, lacer, attacher ou détacher, etc.», se rhabiller après le bain à la piscine ou mettre les casques pour pratiquer le roller, etc. sont autant d'activités du quotidien à commenter ou à faire verbaliser. Assurer la *sécurité*, lors des déplacements à pied vers le stade par exemple ou en autocar jusqu'à la piscine ou tout simplement dans l'escalier qui conduit à la salle de sport, fait partie intégrante de l'activité.
- Expliquez aussi comment le *matériel a été installé*, c'est-à-dire selon les prescriptions de l'enseignant, avec lui ou en équipe dans le cadre d'un projet défini par plusieurs enseignants.

Décrivez sommairement les matériels utilisés et les *règles d'utilisation* en toute sécurité dans le cadre de parcours avec prises de risques. Parlez de votre *rôle d'accompagnement* et de votre placement selon les demandes de l'enseignant : observer, aider, encourager, solliciter, rassurer, stimuler et féliciter, etc. les élèves en assurant leur sécurité à tout moment.

- Il est utile de préciser votre *implication dans l'activité* : la participation, souhaitable en danse ou dans les jeux à règles si l'enseignant le demande, est interdite à la piscine ou à la patinoire.

À la fin de l'activité, la *remise en ordre* ou le rangement est indispensable.

Sujet 3

Comment concevez-vous votre rôle auprès des enfants à besoins particuliers, malades ou porteurs de handicaps?

CORRIGÉ

Depuis la loi de 2005, tous les enfants ont *droit à une scolarisation* dans l'école publique de leur secteur.

- Il faut, pour répondre à cette question, dans un premier temps montrer que vous connaissez les *procédures*. L'ATSEM a un rôle primordial pour faire en sorte que l'accueil de tous les élèves se passe dans des conditions de sécurité affective optimum, et plus spécifiquement encore pour les enfants à besoins éducatifs particuliers, en *situation de handicap*, ou des enfants atteints de *maladies* au long cours nécessitant la prise d'un traitement sur le temps scolaire, des enfants qui peuvent faire des crises sur le temps scolaire ou plus simplement allergiques à certains aliments.

- Des *dispositifs spécifiques* existent : le PAI (projet d'accueil individualisé) et le PPS (projet personnalisé de scolarisation). Ces projets, établis à la demande des parents, sont rédigés et signés par tous les acteurs : les parents, le directeur, le médecin scolaire et, pour le PAI, le maire si l'enfant fréquente la cantine ou les activités périscolaires.
- Le PPS doit être validé par la MDPH (Maison départementale des personnes handicapées).

La présence d'un AVS (auxiliaire de vie scolaire), désormais appelé AESH (accompagnant des élèves en situation de handicap), n'est pas une condition pour l'accueil d'un élève handicapé. De toute façon, le *service maximum* d'un accompagnant est de 20 heures pour 24 heures de classe et la quotité horaire se partage souvent entre deux élèves qui ne sont pas dans la même classe. Il est utile de montrer que vous connaissez le nom de *certains handicaps*, comme les troubles du spectre autistique (autisme) qui entraînent des difficultés importantes dans la communication, les retards de développement souvent accompagnés de troubles moteurs, les difficultés auditives ou visuelles ainsi que le nom de maladies qui font préconiser des traitements réguliers comme le diabète ou des protocoles d'urgence comme l'asthme ou les crises convulsives.

- La *relation éducative* spécifique que doit établir l'ATSEM se caractérise souvent par davantage de proximité, la redite des consignes de travail, l'aide et l'accompagnement dans l'exécution des tâches, qu'elles soient de travail ou de la vie quotidienne. La mise en place d'un éventuel matériel spécifique (fauteuil) est aussi du ressort de l'ATSEM. Il est utile de rappeler qu'il s'agit d'un projet collectif dans lequel tous les adultes de l'école ainsi que les élèves sont impliqués.
- L'ATSEM doit faire en sorte que les *règles de vie* soient respectées par tous et établir des relations positives entre l'enfant à besoins spécifiques et les autres élèves de la classe.

Dans le cas des PAI pour allergies alimentaires, il faut être *particulièrement vigilant* et suivre à la lettre les restrictions. Il faut porter une attention toute particulière aux enfants pour qui figure dans le PAI un risque de crise qui implique la mise en place immédiate du protocole d'urgence, comme surveiller la température ou la qualité de la respiration.

- Dans les cas d'*énurésie* ou d'*encoprésie*, l'ATSEM doit changer l'enfant autant de fois qu'il le faut, sans le culpabiliser et à l'abri du regard des autres pour préserver son intimité.
- La scolarisation des *enfants à besoins particuliers* s'inscrit dans une dynamique croissante et la place des ATSEM est essentielle pour que l'élève et sa famille en retirent tous les bénéfices attendus.

Annexe 1

Notions historiques pour comprendre la création et l'évolution de l'école maternelle en France.

Dès la fin du XVIIIe **siècle**, des lieux d'accueil de jeunes enfants s'ouvrent dans les villes mais aussi dans les villages. Ces lieux sont destinés aux enfants des classes laborieuses. Ils ont pour **vocation la garde des enfants dans de bonnes conditions d'hygiène et de sécurité et pour objectif le développement des enfants et l'éducation par le jeu.**

- C'est surtout au début du **XIXe siècle**, avec la révolution industrielle, que ce type de structures se développe. Elles apparaissent sous différentes dénominations : la «salle de charité» de la marquise de Pastoret, la «salle d'essai», l'«*infant school*» en Angleterre. Le contexte social et économique, la nécessité de protection des enfants des ouvrières pour les soustraire aux dangers de la rue expliquent le développement rapide de ces structures.
- **Les «salles d'asile» sont créées en 1825** par le Dr Cochin, ce sont des structures privées qui ont un rôle essentiellement social, à caractère charitable.

Le nombre de salles d'asile se multiplie sous le Second Empire. Une salle d'asile accueille de 20 à 400 enfants avec une moyenne de 150 élèves. Un *manuel des salles d'asile* définit le programme des activités. Il s'agit d'inculquer aux élèves une instruction morale et religieuse. Des apprentissages scolaires sont pratiqués : lecture, écriture, calcul, chant, dessin, etc.

En 1845, Marie Pape-Carpentier, inspectrice générale, demande que soit dispensée dans les salles d'asile une éducation plus maternelle prenant en compte les besoins de l'enfant.

- **En 1881 et 1882, sont promulguées les lois Ferry** qui créent l'école maternelle et instaurent la gratuité de l'école primaire publique. «Ce sont des établissements d'éducation où les enfants des deux sexes reçoivent ce que réclame leur développement physique, intellectuel et moral» (article 1er). Elles accueillent les enfants de 2 à 7 ans en deux sections :
  - la petite section de 2 à 5 ans;
  - la grande section de 5 à 7 ans.
- **Pauline Kergomard**, inspectrice générale, travaille à obtenir des locaux convenables et un mobilier adapté. Elle milite pour une formation spécifique des institutrices, le personnel est exclusivement féminin. Pauline Kergomard souhaite que dans les écoles maternelles soit favorisé le développement global de l'enfant et qu'il prime sur l'instruction.
- Dès lors, un grand nombre de **textes officiels** vont contribuer à fonder une politique préscolaire pour le premier maillon du système éducatif.
  - **1950 :** l'école maternelle est fréquentée par les enfants des ouvriers et des employés.
  - **1960 :** l'école accueille les enfants de tous les milieux.
  - **1975 :** loi qui met en place les comités de parents d'élèves et préconise que tout enfant de 5 ans puisse être accueilli à l'école maternelle.
  - **1977 :** le triple rôle de l'école maternelle est affirmé :
    - un rôle éducatif;
    - un rôle de gardiennage;
    - le lieu d'appropriation des premiers savoirs.

© 2015, Elsevier Masson SAS. Tous droits réservés

Les programmes définissent les finalités, les méthodes et les objectifs de l'école maternelle. «L'école doit contribuer au développement de la personnalité de l'enfant sous toutes ses formes.»

- **1989 : la loi d'orientation organise l'école en trois cycles.** La pédagogie est centrée sur l'enfant qui devient «acteur de ses apprentissages».
- **2002 :** les programmes mettent la priorité sur «**le langage au cœur des apprentissages**».
- **2008 :** l'école maternelle a une place fondamentale dans la mise en place du «**socle commun de connaissances et de compétences**». On insiste tout particulièrement sur les apprentissages et sur la liaison GS/CP. Le développement des compétences sociales et du «devenir élève» est essentiel pour construire les compétences du socle.
- **2013 :** loi sur la refondation de l'école dont le grand principe est la lutte contre les inégalités sociales et territoriales. Cette loi pose les «*fondements d'une école juste, exigeante pour chacun*». Les nouveaux rythmes scolaires alternent le temps des apprentissages scolaires et les temps périscolaires dans le cadre de projets éducatifs territoriaux. La scolarisation des enfants de moins de trois ans ou le dispositif «*plus de maîtres de classes*» sont appliqués en priorité aux écoles qui accueillent les populations les plus fragiles. Le renforcement des Rased (Réseaux d'aides spécialisées aux élèves en difficulté) est également acté.
- **2014 :** publication des nouveaux programmes qui entreront en vigueur en 2015. La maternelle a retrouvé son unité en étant tout entière intégrée au cycle1. Elle est définie comme une école «*bienveillante*». Elle devra mettre l'accent sur le développement de l'enfant et répondre à l'objectif : «*donner envie aux enfants d'aller à l'école pour apprendre et grandir*».

En deux siècles, les enjeux de l'école se sont profondément modifiés. D'abord «*abri social*», elle accueille les enfants pour les protéger des dangers de la rue, leur dispenser des soins et une première éducation morale et religieuse. L'école fait ensuite un virage important, se préoccupant davantage du bien-être de l'enfant. L'école devient le lieu de l'expression et de l'épanouissement de la personnalité de l'enfant. La prise en compte des recherches sur le développement affectif et psychomoteur de l'enfant, la prise en compte des travaux en sciences de l'éducation vont mener les enseignants à réfléchir sur les démarches d'apprentissages de leurs élèves. Le travail en partenariat et l'ouverture culturelle vont permettre à l'école maternelle d'assumer ses missions dans un climat de confiance réciproque avec les parents.
Aujourd'hui, les parents sont associés aux projets éducatifs. Ils sont «un levier de la refondation de l'école».

Annexe 2

La réorganisation de la semaine scolaire : les petits écoliers français, au regard de ceux des autres pays de l'OCDE, subissaient des journées trop longues et un nombre de jours scolaires bien trop faible. La réforme des rythmes scolaires vise à mieux répartir les heures de classe sur la journée et sur la semaine, en supprimant la rupture du mercredi.

Une réforme des rythmes scolaires qui rapproche la France de ses voisins européens, dans l'intérêt des élèves

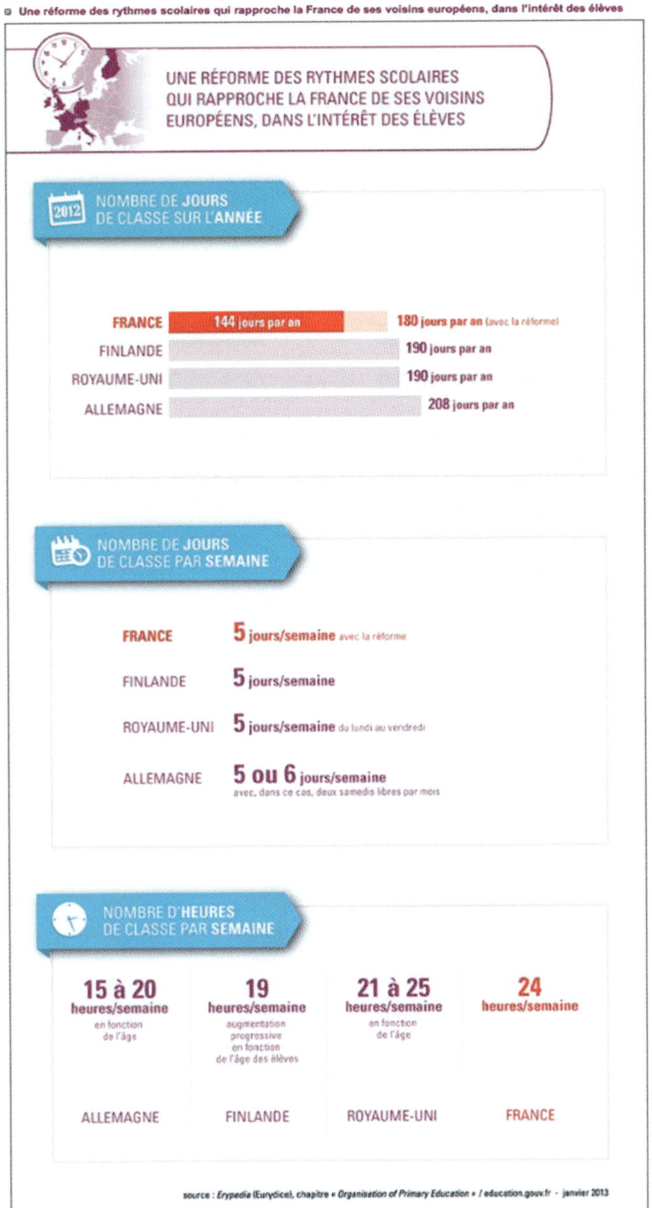

© MEN / Délégation à la communication

© 2015, Elsevier Masson SAS. Tous droits réservés

Annexe 3

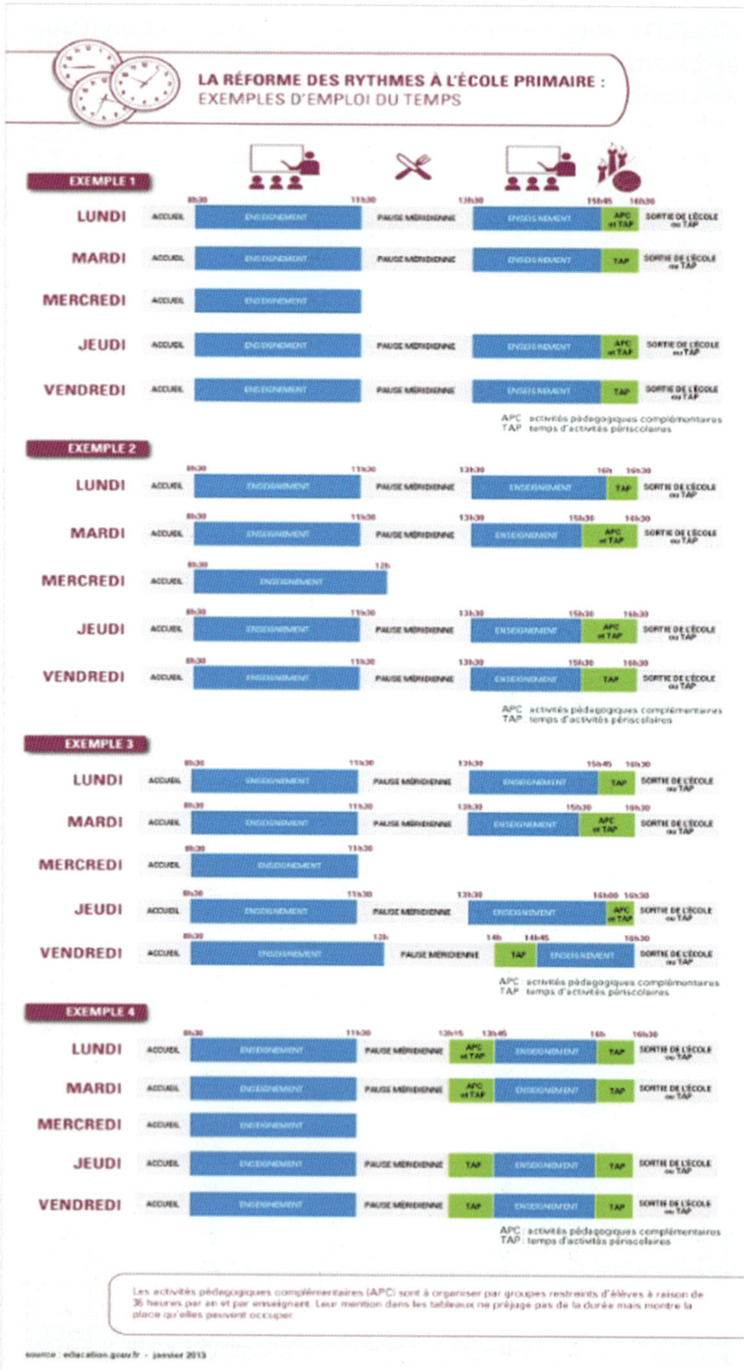

© 2015, Elsevier Masson SAS. Tous droits réservés

Annexe 4 : emploi du temps (PS)

© 2015, Elsevier Masson SAS. Tous droits réservés

Horaires	Les temps	Domaines d'apprentissage	Activités				
			Lundi	Mardi	Mercredi	Jeudi	Vendredi
8 h 20–8 h 50	Accueil	Vivre ensemble	Mettre son étiquette de présence Jeux libres, jeux d'imitation dans les différents coins jeux de la classe Rangement une fois la musique de rangement entendue.				
8 h 50–9 h	Rituels de vie de classe	Vivre ensemble Numération Se repérer dans le temps	Participer à l'appel en répondant : « Je suis là » Dénombrer les absents, placer l'étiquette correspondante dans la maison des absents La date : déplacer la mascotte Lulu dans le train de la semaine, repérer la bonne étiquette du jour par le responsable de la date ainsi que le quantième du jour. Puis écriture de la date au tableau				
9 h–9 h 05	Regroupement	La voix et l'écoute	Comptine, jeux de doigts, poésie				
9 h–9 h 10	Regroupement	S'approprier le langage Découvrir l'écrit	Lecture d'un album autour du thème de la période				
9 h 10–9 h 15	Regroupement	Devenir élève	Explication des activités et répartition des élèves dans les différents ateliers				
9 h 15–9 h 35	Activités en groupe	S'approprier le langage Découvrir l'écrit Percevoir, sentir imaginer, créer	Différents ateliers sont proposés et mis en place en fonction des progressions de la période				
9 h 35--9 h 45	Regroupement	S'approprier le langage Devenir élève	Bilan des activités Apprendre à devenir autonome : habillage				
9 h 45–10 h 15	Récréation						
10 h 15–10 h 30	Regroupement	Percevoir, sentir, imaginer, créer	Écoute musicale en fonction des thèmes abordés				
10 h 30–10 h 55	Classe entière	Agir et s'exprimer avec son corps	Développer ses capacités motrices fondamentales	Coopérer individuellement ou collectivement	Développer ses compétences motrices fondamentales	Adapter ses déplacements à des environnements ou des contraintes variés	Réaliser des actions à visée artistique, esthétique ou expressive

Annexe 4 : emploi du temps (PS)

Horaires	Les temps	Domaines d'apprentissage	Activités				
			Lundi	Mardi	Mercredi	Jeudi	Vendredi
10 h 55–11 h 05	Regroupement		Explication des activités et répartition des élèves dans les différents ateliers				
11 h 05–11 h 20	Activités en groupes	Découverte du monde	Différents ateliers sont proposés et mis en place en fonction des progressions de la période				
11 h 20–11 h 30	Regroupement	S'approprier le langage Devenir élève	Bilan de la matinée, comptine et jeux de doigts et/ou du chef d'orchestre Apprendre à devenir autonome : habillage				
Repas							
13 h	**APC le lundi et le mardi de 12 h45 à 13 h15**						
14 h 15–15 h	Réveils échelonnés, jeux libres, graphisme au tableau, dessin libre						
15 h–15 h 30	Activités en ateliers	S'approprier le langage Découvrir l'écrit Percevoir sentir, imaginer, créer	Différents ateliers de motricité fine type Montessori sont proposés aux élèves, les élèves choisissent leur activité et change toutes les 15 minutes, atelier semi-autonome de peinture et remédiation avec les élèves pour les élèves qui en ont besoin par rapport aux activités du matin, ou activité de langage.				
15 h 30–15 h 45	Rituels de fin de journée	S'approprier le langage Devenir élève La voix et l'écoute Découvrir le monde : se repérer dans le temps	Chants et comptines, jeux de doigts Bilan de la journée : «Qu'a-t-on appris aujourd'hui ? Qu'avons-nous fait?» Lecture d'album autour du thème de la période				

Annexe 5 : emploi du temps (GS)

Heure	Domaines	Lundi	Mardi	Mercredi	Jeudi	Vendredi
8 h 20	Devenir élève – Découvrir le monde – Imaginer	Accueil : dire bonjour, signaler sa présence à la cantine, au goûter, ou pas; jeux de manipulation (puzzles, laçages, etc.), dessins libres, jeux d'imagination, écriture de la date avec le responsable				
8 h 45	Devenir élève	Ranger la classe				
8 h 50	Devenir élève – Découvrir le monde – Langage écrit	Regroupement : comptine/chanson, appel, dénombrement des absents et des présents, écriture des nombres correspondants, énoncé de la date par le responsable – Présentation des ateliers autonomes				
9 h 05	Découvrir le monde – Langage écrit – Percevoir, imaginer, sentir, créer	Ateliers autonomes à choisir sur le plan de travail / Fin d'ateliers en cas de besoin / Remédiation				
9 h 45	Récréation					
10 h 20	Devenir élève – Langage oral	Regroupement : présentation des consignes des ateliers, éventuellement en faisant le bilan des activités déjà réalisées		Regroupement	Regroupement : présentation des consignes des ateliers en faisant éventuellement le bilan des activités déjà réalisées	
10 h 25	Découvrir le monde – Langage écrit – Percevoir, imaginer, sentir, créer	Ateliers : un dirigé, un avec l'ATSEM, deux autonomes	Chorale avec les MS/GS	Décloisonnement avec les CP : la maîtresse des CP vient lire des histoires aux GS	Ateliers : un dirigé, un avec l'ATSEM, deux autonomes	
10 h 55	Devenir élève	Ranger la classe				
11 h	Langage oral – Découvrir le monde – Langage écrit	Regroupement : jeux de phonologie, de numération, de prélecture				
11 h 20		**Départ pour le déjeuner**				
11 h 30		APC			APC	
13 h 30	Langage oral	Regroupement : lecture d'album			Regroupement : lecture d'album	
13 h 45	Devenir élève	Regroupement : présentation des consignes des ateliers			Regroupement : présentation des consignes des ateliers	
13 h 55	Découvrir le monde – Langage écrit – Percevoir, imaginer, sentir, créer	Ateliers : un dirigé, un avec l'ATSEM, deux autonomes			Ateliers : un dirigé, un avec l'ATSEM, deux autonomes	

© 2015, Elsevier Masson SAS. Tous droits réservés

Annexe 5 : emploi du temps (GS)

Heure	Domaines	Lundi	Mardi	Mercredi	Jeudi	Vendredi
14 h 25	Devenir élève	Ranger la classe			Ranger la classe	
14 h 30	Langage oral	Bilan des ateliers			Bilan des ateliers	
14 h 45		Récréation			Récréation	
15 h	Agir dans le monde	Motricité (salle du bas)	Motricité (salle du haut)		Motricité (salle du bas)	Motricité (salle du haut)
15 h 30	Langage oral	Regroupement : phrase dite par un élève pour faire le bilan de la journée et écrite sur le cahier de la classe			Regroupement : phrase dite par un élève pour faire le bilan de la journée et écrite sur le cahier de classe	
15 h 40	**Départ pour le goûter**				**Départ pour le goûter**	

Annexe 6 : emploi du temps CLIS

	Lundi	Mardi	Mercredi	Jeudi	Vendredi
8 h 20–8 h 40	Accueil libre dans la classe				
8 h 40–9 h	Rituels				
9 h–10 h 15	Découverte du texte Compréhension	Lecture Grammaire	Découverte du monde	Chorale Conjugaison	Lecture Grammaire
10 h 15–10 h 30	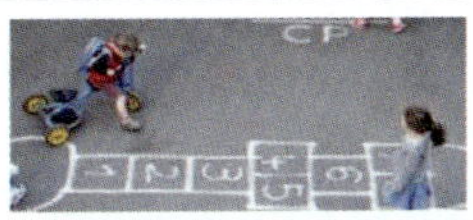 **Récréation**				
10 h 30–11 h 30	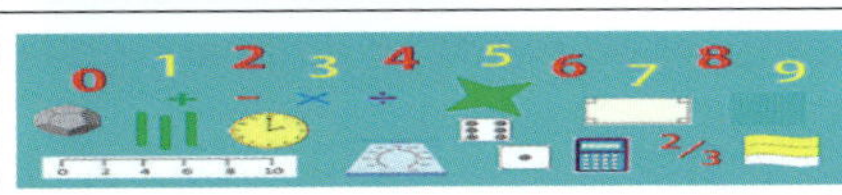 Mathématiques				
11 h 30–13 h 30	**Déjeuner**				
13 h 30–14 h	Temps du conte 			Temps du conte 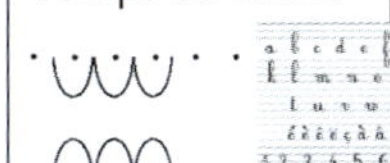	EPS 
14h00–14h30	Graphisme/Écriture 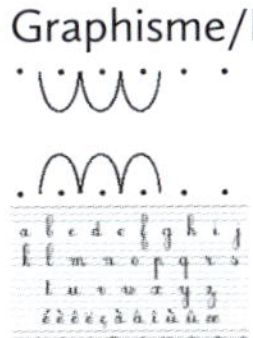			Graphisme/ Écriture 	
14 h 30–14 h 45	**Récréation**			**Récréation**	
14 h 45–15 h 30	Jeux de société  Écoute musicale Arts visuels	Arts visuels  Jeux de société Écoute musicale		Écoute musicale  Arts visuels Jeux de société	Graphisme/ écriture 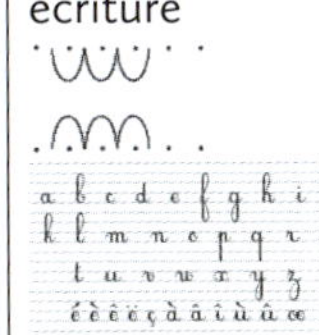
15 h 30–15 h 45	Devoirs	Devoirs		Devoirs	Devoirs

© 2015, Elsevier Masson SAS. Tous droits réservés

Annexe 7 : règlement intérieur

Admission à l'école maternelle

- En application de l'*article L.113-1 du Code de l'éducation*, les classes enfantines ou les écoles maternelles sont ouvertes aux enfants qui n'ont pas atteint l'*âge de la scolarité obligatoire*. Tout enfant doit pouvoir être accueilli, à l'âge de trois ans, dans une école maternelle ou une classe enfantine le plus près possible de son domicile, si sa famille en fait la demande.
- Les enfants sont scolarisés jusqu'à la rentrée scolaire de l'année civile au cours de laquelle ils atteignent l'âge de six ans, âge de la scolarité obligatoire.

Le maire de la commune dont dépend l'école délivre un *certificat d'inscription* qui indique, lorsque la commune dispose de plusieurs écoles publiques, celle que l'enfant doit fréquenter.
Le directeur procède à l'*inscription* sur présentation du certificat d'inscription.
En cas de changement d'école, un *certificat de radiation* émanant de l'école d'origine doit être présenté.

- Les enfants accueillis à l'école doivent être en bon état de santé et avoir acquis une propreté corporelle suffisante et régulière. Le directeur et les enseignants veillent à ce bon état de santé et de propreté en liaison avec les familles.
- Le système d'information «*Base élèves premier degré*» est mis en œuvre dans les écoles maternelles, élémentaires et primaires publiques et privées. Il a pour objet d'assurer la gestion administrative et pédagogique des élèves.
- En cas de changement d'école, un certificat de radiation émanant de l'école d'origine et édité, de préférence depuis «*Base élèves*», doit être présenté. L'admission de l'élève radié permet d'avoir accès, via le dossier administratif, au cursus scolaire de l'élève.

Fréquentation et obligation scolaire

- L'inscription à l'école maternelle implique l'engagement, pour la famille, d'une bonne fréquentation. Une *fréquentation régulière* est en effet souhaitable pour le développement de la personnalité de l'enfant qui se prépare ainsi à recevoir la formation donnée par l'école élémentaire.
- En cas de *fréquentation irrégulière*, le directeur devra insister sur ce point auprès de la famille. Il pourra décider de radier l'enfant de la liste des inscrits et le rendre à sa famille, après avoir réuni l'équipe éducative.
- Le *calendrier des vacances scolaires* est établi par le ministère de l'Éducation nationale, il doit être respecté. Il est publié trois mois au moins avant la fin de l'année scolaire en cours.
- Les *absences sont consignées*, chaque demi-journée, dans un registre spécial tenu par le maître.

Toute absence devra être immédiatement justifiée. Les familles sont tenues de produire un *certificat médical* lors du retour en classe de l'enfant ayant contracté une maladie contagieuse.

- La *durée hebdomadaire* de la scolarité à l'école maternelle est fixée à 24 heures d'enseignement réparties sur neuf demi-journées.

© 2015, Elsevier Masson SAS. Tous droits réservés

- Les classes ont lieu le lundi, le mardi, le mercredi, le jeudi et le vendredi de 8 h 30 à 11 h 30 et le lundi, le mardi, le jeudi et le vendredi de 13 h 30 à 15 h 45.
  - Les portes de l'école ouvrent à 8 h 20 et à 13 h 20.
  - Les portes de l'école sont fermées à 8 h 30 et 13 h 30.
  - Les entrées et sorties des élèves de l'école maternelle se font par le portail de la rue du Moulin.
  - Les portes de l'école sont fermées à 8 h 40 et 13 h 40 car les retards perturbent la vie des classes.

Au-delà de ces horaires, les enfants ne seront plus acceptés.

Vie scolaire

- Le caractère laïc du service public de l'Éducation impose le respect des principes de tolérance et de neutralité aux plans *politique*, *philosophique* et *religieux*.

Conformément aux dispositions de l'article L.141-5-1 du Code de l'éducation, le port de *signes* ou de *tenues*, par lesquelles les élèves manifestent ostensiblement une appartenance religieuse, est interdit. Lorsqu'un élève méconnaît l'interdiction posée par l'alinéa précédent, le directeur organise un dialogue avec cet élève et sa famille avant l'engagement de toute procédure disciplinaire.

- Les *marques de politesse* sont exigées dans la vie de chaque jour.

Les élèves, comme leur famille, doivent s'interdire tout comportement, geste ou parole qui porterait atteinte à la fonction ou à la personne du maître et au respect dû à leurs camarades ou aux familles de ceux-ci.

- L'école joue un rôle primordial dans la *socialisation de l'enfant* : tout doit être mis en œuvre pour que son épanouissement y soit favorisé. Un enfant momentanément difficile pourra cependant être isolé pendant le temps nécessaire à lui faire retrouver un comportement compatible avec la vie du groupe. Toutefois, quand le comportement d'un enfant perturbe gravement et de façon durable le fonctionnement de la classe et traduit une évidente inadaptation au milieu scolaire, la situation de cet enfant doit être soumise à l'examen de l'équipe éducative.
- Une décision de *retrait provisoire* peut être prise par le directeur, après un entretien avec les parents et en accord avec l'Inspecteur de l'Éducation nationale.

Utilisation des locaux, hygiène et sécurité

- L'ensemble des locaux scolaires est confié au directeur, responsable de la sécurité des personnes et des biens.
  - La *circulation* dans les locaux scolaires est interdite à toute personne étrangère au service. Les parents n'accèdent aux classes que sur autorisation du directeur.
  - En vue de leur maintien en bon état, les *conditions d'utilisation* des locaux scolaires, des équipements et du matériel d'enseignement sont fixées par le directeur.
- Le personnel de statut communal est chargé de l'assistance aux personnels enseignants pour les soins corporels à donner aux enfants.
- Le *règlement intérieur* de l'école prévoit une liste de matériels ou objets dont l'introduction à l'école est prohibée : biberons, tétines, chewing-gum, sucettes, bijoux, pin's, parapluies, etc. Les parents doivent veiller à ce que leur enfant n'apporte pas à l'école de jeu, de jouet, de livre ou d'objet sans l'autorisation du maître. L'attention des familles est attirée sur les vêtements qui peuvent se montrer dangereux en cours de récréation : les écharpes, les foulards, etc.
- Les parents sont tenus de remplir avec précision la *fiche d'urgence* qui leur est remise au début de chaque année scolaire.

Aucun médicament ne peut être donné à l'école. Dans le cas d'enfant malade ou handicapé, le traitement est stipulé dans un *projet d'accueil individualisé* (PAI) rédigé par l'école, la famille et l'équipe médicale.

- Pour un élève suivant régulièrement des soins ou des séances de rééducation pendant le temps scolaire : les *sorties* doivent être obligatoirement inscrites dans le *projet personnalisé de scolarisation* (PPS) validé par la *Maison départementale des personnes handicapées* (MDPH). Ce projet précise les jours et heures pendant lesquels l'élève doit s'absenter et le nom de la personne qui l'accompagne.

Lorsqu'un élève est victime d'un accident ou d'un malaise, le directeur prévient la famille dans les meilleurs délais pour qu'elle vienne le chercher.

Dans les cas graves, le directeur fait immédiatement *appel au 15* et prévient la famille.

- L'*assurance des élèves*, quoique vivement conseillée, est facultative pour les activités obligatoires conduites pendant le temps scolaire, y compris les sorties. Dans tous les autres cas, elle est obligatoire. Les familles ont libre choix de l'assurance.

Les chiens n'ont pas accès à l'école.

Surveillance

L'*accueil* des élèves est assuré 10 minutes avant l'entrée en classe.

Les enfants sont remis par les parents ou les personnes qui les accompagnent, soit au service d'accueil, soit au personnel enseignant chargé de la surveillance. Ils sont repris, à la fin de chaque demi-journée, par les parents ou par toute personne nommément désignée par eux par écrit et présentée au directeur. Le choix de ces personnes est de la *responsabilité des parents*. À partir du moment où les enfants leur sont remis, ils sont considérés comme étant placés sous la responsabilité des parents.

Participation de personnes étrangères à l'enseignement

- Certaines formes d'organisation pédagogique nécessitent la *répartition des élèves* en plusieurs groupes rendant impossible une surveillance unique. Dans ces conditions, le maître, tout en prenant en charge l'un des groupes, assure la *coordination* de l'ensemble du dispositif.
- Le maître, par sa présence et son action, assure de façon permanente la *responsabilité pédagogique* de l'organisation et de la mise en œuvre des activités scolaires. Le maître doit savoir constamment où tous ses élèves se trouvent en fonction de l'organisation qu'il a mise en place.
- L'intervention ponctuelle de personnes apportant une contribution à l'éducation dans le cadre des activités obligatoires d'enseignement, est soumise à l'*autorisation du directeur d'école*, après avis du conseil des maîtres.
- En cas de nécessité et pour l'encadrement des élèves au cours d'activités scolaires se déroulant à l'extérieur de l'école pendant les temps scolaires, le directeur peut accepter ou solliciter la *participation de parents* volontaires agissant à titre bénévole.
- Le directeur peut également, sur proposition du conseil des maîtres de l'école, autoriser des parents d'élèves à apporter aux maîtres une participation à l'action éducative. Il sera précisé à chaque fois le nom du parent, l'objet, la date, la durée et le lieu de l'intervention sollicitée.

Le personnel spécialisé de statut communal *accompagne, au cours des activités scolaires* à l'extérieur de l'école, les élèves ou un groupe de ces élèves désignés par le directeur.

Concertation entre les familles et les enseignants

- Les parents d'élèves sont membres de la communauté éducative. Ils sont les *partenaires permanents* de l'école. Leur droit à l'information et à l'expression, leur participation à la vie scolaire, le dialogue avec les enseignants dans le respect mutuellement consenti des compétences et des responsabilités, sont assurés dans l'école.

- Le directeur réunit l'ensemble des parents de l'école, au moins *une fois par an*, au moment de la rentrée, et chaque fois que lui-même ou le conseil des maîtres le juge nécessaire. Les parents participent par leurs représentants aux conseils d'école.
- Le *livret scolaire* est régulièrement communiqué aux deux parents. Il est transmis à l'école d'accueil en cas de changement d'école.
- L'*autorité parentale* est un ensemble de droits et de devoirs ayant pour finalité l'intérêt de l'enfant. En conséquence, les décisions éducatives relatives à l'enfant requièrent l'accord des deux parents.
- Lorsque les parents détenteurs de l'autorité parentale sont en désaccord sur ce qu'exige l'intérêt de leur enfant, le *juge aux affaires familiales* peut être saisi par l'un d'eux. Dans ce cas, la copie de la décision judiciaire, pour ce qui a trait au domaine scolaire, doit être transmise au directeur.

Si les parents ne vivent pas ensemble et si le directeur en a été averti, il envoie systématiquement à chacun des deux parents les mêmes documents et convocations sous réserve que les adresses aient été communiquées.

- Le *règlement intérieur* est établi par le conseil d'école compte tenu des dispositions du règlement départemental. Il est affiché dans l'école et remis aux parents d'élèves. Ce règlement a été approuvé par Madame l'Inspectrice de l'Éducation nationale de la 29ᵉ circonscription.

Lu et approuvé | Signature des parents

Lexique

Arrêté : acte administratif pris par une autorité administrative dite inférieure (c'est-à-dire ni le président de la République, ni le Premier ministre). Exemples : arrêté préfectoral, arrêté municipal, arrêté du président du conseil général ou du président du conseil d'administration de l'OPHLM, etc.
Cadre d'emplois : regroupe les fonctionnaires soumis au même statut particulier. Un cadre d'emplois regroupe un ensemble de grades. Le cadre d'emplois des agents territoriaux spécialisés des écoles maternelles (ATSEM), comporte trois grades : le grade des agents spécialisés de 1re classe, le grade des agents spécialisés principal de 2e classe, et le grade des agents spécialisés principal de 1er classe.
CAP : commission administrative paritaire.
Canton : circonscription électorale. Un découpage administratif du territoire, sans personnalité juridique, permet l'élection des conseillers généraux.
Catégorie : classement hiérarchique des cadres d'emplois. Il existe trois catégories : A, B et C.
Centralisation : système dans lequel l'ensemble des décisions relatives aux tâches administratives relève des organes centraux de l'administration d'État.
CHS : comité d'hygiène et de sécurité.
CIG : centre interdépartemental de gestion.
Circonscription électorale : division du territoire servant de cadre à une élection. Exemples : commune pour les élections municipales, canton pour les élections du conseil général.
CNFPT : Centre national de la fonction publique territoriale.
CNRACL : Caisse nationale de retraite des agents des collectivités territoriales.
Collectivité territoriale : portion du territoire dotée d'un nom, d'un territoire, de la personnalité juridique, d'organes élus et de compétences. Il existe trois niveaux de collectivité territoriale : la commune, le département et la région.
Commission permanente : groupement de conseillers généraux (ou régionaux) élus à la proportionnelle par le conseil, et délibérant à sa place, sauf en matière budgétaire.
Concours : mode de recrutement de droit commun (sauf dérogation prévue par la loi) ; il permet l'accès à un cadre d'emplois de la fonction publique. La réussite à un concours de la fonction publique *territoriale* n'entraîne pas automatiquement la nomination dans un grade.
Contractuel : agent non titulaire, dont les conditions d'emploi et de rémunération sont fixées par un contrat passé entre l'autorité territoriale et l'agent.
Contrôle administratif : nom donné au contrôle pesant sur les collectivités territoriales depuis 1982. C'est un contrôle *a posteriori,* de légalité et juridictionnel.
CSFPT : Conseil supérieur de la fonction publique territoriale.
CTP : comité technique paritaire.
Cumul des mandats : détention simultanée de mandats de natures différentes (ex. : député-maire). La loi du 30 décembre 1985 limite le cumul à deux mandats exécutifs importants.
Décentralisation : système d'organisation administrative dans lequel des pouvoirs de décision sont confiés à des autorités autonomes par rapport au pouvoir central. La décentralisation territoriale de 1982 a permis le *transfert* de compétences et de ressources à des élus locaux, agissant dans le cadre d'une collectivité territoriale, soumis à un contrôle de légalité *a posteriori* et juridictionnel.
Déconcentration : modalité de la centralisation du pouvoir consistant à accorder à des organes locaux de l'administration de l'État, dans le cadre d'une circonscription administrative (simple

© 2015, Elsevier Masson SAS. Tous droits réservés

découpage géographique sans personnalité morale), un pouvoir de décision limité, par délégation. Les agents sont nommés et soumis au pouvoir hiérarchique.

Délibération : acte administratif émanant d'une autorité collégiale, l'assemblée délibérante (conseil municipal, général ou régional, conseil d'administration d'un établissement public [OPHLM ou CCAS], etc.)

Démocratie locale : procédé permettant aux administrés de participer aux décisions locales : consultations locales (loi ATR 1992, LOADT 1995), élections, associations, etc.

Dotation : somme versée par l'État aux collectivités territoriales qui l'utilisent librement (DGE, DGF, etc.).

Établissement public : personne morale de droit public chargée de la gestion d'une activité de service public dans le cadre limité de sa spécialité. Exemple : OPHLM. L'établissement public de coopération intercommunale (EPCI) est une personne morale tendant à regrouper, dans un souci de plus grande efficacité, des communes, en vue de l'établissement de tâches ou de réalisations d'intérêt commun.

Fonctionnaire : agent public «titulaire» d'un grade de la fonction publique.

FPT : fonction publique territoriale, l'une des trois fonctions publiques.

IRCANTEC : institution de retraite complémentaire des agents non titulaires de l'État ou des collectivités publiques.

Juridiction administrative : ensemble de «tribunaux» de l'ordre administratif, c'est-à-dire réglant en principe le contentieux dans lequel une personne publique est partie : tribunal administratif, cour administrative d'appel, Conseil d'État.

Juridiction judiciaire : ensemble de tribunaux civils et répressifs soumis au contrôle de la Cour de cassation : tribunal d'instance, tribunal de grande instance, cour d'appel, tribunal de police, tribunal correctionnel, cour d'assises.

Liste d'aptitude : liste des personnes admises après un concours (mais aussi après un examen professionnel ou au choix, et après consultation de la CAP, selon le cas). Les candidats peuvent être recrutés par l'autorité territoriale une fois qu'ils sont portés sur cette liste. L'inscription sur la liste d'aptitude ne vaut pas nomination automatique dans le grade concerné. La durée d'inscription sur cette liste ne peut excéder 3 ans.

Ordonnateur : autorité qui exécute les recettes et les dépenses publiques, mais incompétente pour manier des fonds publics, sous peine de «gestion de fait» .

OPHLM : office public d'habitation à loyer modéré.

Organe délibérant : assemblée délibérante ayant pour attribution de gérer par ses délibérations les affaires de la personne publique concernée. Exemples : le conseil municipal, général ou régional, le conseil d'administration d'un OPHLM, d'un CCAS, etc.

Organe exécutif : maire ou président d'un conseil, ayant le rôle d'exécuter les délibérations de l'organe délibérant.

Personne morale : groupement de personnes qui possède la personnalité juridique et donc est titulaire de droits et d'obligations.

PLU : plan local d'urbanisme.

Police administrative : en cas *d'action préventive* ayant pour objet le maintien de l'ordre public (sécurité, salubrité et tranquillité, notamment).

Police judiciaire : en cas *d'action répressive* de recherche et de constat des infractions.

POS : plan d'occupation des sols (en voie d'extinction).

Préfet : fonctionnaire nommé par décret en Conseil des ministres, représentant de l'État dans le département, ou dans la région pour le préfet de région.

RMI : revenu minimum d'insertion.

Scrutin : modalité de vote lors d'une élection (public ou secret, uninominal ou de liste, etc.) et mode de répartition des sièges (à la majorité ou à la proportionnelle, etc.).

Statut de l'élu : ensemble de droits des élus (loi du 3 février 1992, ex. : droit à la formation).

Suffrage : vote, voix donnés en matière d'élection (choix exprimé ou non, universel, direct ou indirect, etc.)

Glossaire

ACSE	Agence nationale pour la cohésion sociale et l'égalité des chances
AED	Assistance éducative à domicile
AEMO	Aide éducative en milieu ouvert
AESH	Accompagnant des élèves en situation de handicap
APC	Activités pédagogiques complémentaires
APS	Activités physiques et sportives
ASE	Aide sociale à l'enfance
AVS	Assistant de vie scolaire
ATSEM	Agent territorial spécialisé des écoles maternelles
BAFA	Brevet d'aptitude aux fonctions d'animateur
BE1D	Base élèves 1er degré
BO	Bulletin Officiel
BOEN	Bulletin officiel Éducation nationale
CAMSP	Centre d'action sociale précoce
CDAPH	Commission des droits et de l'autonomie pour les personnes handicapées
CDDP	Centre départemental de documentation pédagogique
CFC	Centre français d'exploitation du droit de copie
CLAE	Centre de loisirs associé à l'école
CNIL	Commission nationale informatique et liberté
CMPP	Centre médico-psycho-pédagogique
CPC	Conseiller pédagogique de circonscription
CLSF	Langage des signes français
CSP	Conseil supérieur des programmes
DASEN	Directeur académique des services de l'Éducation nationale
DSDEN	Direction des services départementaux de l'Éducation nationale
DRH	Directeur des ressources humaines
EMP	Externat médico-pédagogique
EPS	Éducation physique et sportive
ESS	Équipe de suivi de scolarité
EVS	Emploi vie scolaire
FCPE	Fédération Cornec de parents d'élèves
Geva-Sco	Guide d'évaluation scolaire
IEN	Inspecteur de l'Éducation nationale
IME	Institut médico-éducatif
IMP	Internat médico-pédagogique
INE	Identifiant national élève
INPES	Institut national de prévention et d'éducation à la santé
INSERM	Institut national de la santé et de la recherche médicale
IUFM	Institut universitaire de formation des maîtres
JO	Journal Officiel
MDPH	Maison départementale des personnes handicapées
OMS	Organisation mondiale de la Santé
ONS	Observatoire national de la sécurité

© 2015, Elsevier Masson SAS. Tous droits réservés

OCDE	Organisation de coopération et de développement économique
PAAS	Pôle d'accompagnement et de scolarisation des enfants sourds
PAI	Projet d'accueil individualisé
PAP	Projet d'accompagnement personnalisé
PEDT	Projet éducatif territorial
PEEP	Parents d'élèves de l'enseignement public
PES	Professeur des écoles stagiaire
PMI	Protection maternelle et infantile
PPS	Projet personnalisé de scolarisation
PPNS	Plan national nutrition santé
PPMS	Plan particulier de mise en sûreté
RASED	Réseau d'aide aux enfants en difficulté
RTT	Rattrapage du temps de travail
SEAM	Société des éditeurs et des auteurs de musique
SESSAD	Service d'éducation spécialisée et de soins à domicile
T1	Titulaire 1re année
TAP	Temps d'activités périscolaires
TDAH	Troubles du déficit de l'attention avec ou sans hyperactivité
TED	Troubles envahissants du développement
TSA	Troubles du spectre autistique
UE	Unité d'enseignement
SMA	Service minimum d'accueil
SNE	Syndicat national des enseignants
SNU IPP	Syndicat national unifié des instituteurs, des professeurs des écoles et des PEGC

474499 – (I) – (7) – CSB90

Elsevier Masson S.A.S
62, rue Camille-Desmoulins
92442 Issy-les-Moulineaux Cedex

Dépôt Légal : Septembre 2015

Composition : SPI Global, Pondichéry (Inde)

Imprimé en Italie par Printer Trento